AF224851

L'ART

DU TREILLAGEUR,

OU

MENUISERIE DES JARDINS.

Par M. ROUBO fils, Maître Menuisier.

QUATRIEME ET DERNIERE PARTIE

DE L'ART DU MENUISIER.

M. DCC. LXXV.

L'ART
DU TREILLAGEUR,
OU
MENUISERIE DES JARDINS.

Par M. R o u b o *fils*, *Maître Menuisier.*

QUATRIEME PARTIE DE L'ART DU MENUISIER.

L'Art dont je vais faire la defcription, eft un des plus modernes, & dont l'invention eft dûe aux François, ainfi que la perfection du Jardinage, dont il faifoit anciennement partie. Le Treillage fut, ainfi que les autres Arts, fimple dans fon origine, & borné aux chofes de néceffité, comme de foutenir les treilles ou feps de vigne : d'où eft venu le nom de *Treillage.* On s'en fervit auffi pour foutenir les arbriffeaux d'efpaliers, puis à féparer les routes des taillis & les diverfes parties des Jardins-potagers, qui étoient les feuls que l'on connût anciennement en France. Ces fortes de Treillages étoient faits par les Jardiniers, (comme ils les font encore quelquefois), & le plus fouvent fans ordre ni régularité ; mais lorfque fous le regne de Louis XIV, l'Art du Jardinage devint un art important quant à la décoration, & qu'il fut porté tout de fuite à un très-grand degré de perfection par *le Nôtre* & *Jules Hardouin Manfart*, l'Art du Treillage commença à faire une partie diftincte & féparée de celle du Jardinage, pour ce qui étoit de l'exécution, qui fut abandonnée par les Jardiniers à des Ouvriers qui en firent leur unique occupation, & qui prirent le nom de *Treillageurs*, lefquels travaillerent librement fous la conduite des Architectes, ou d'après leurs propres deſſins, juſqu'en 1769, qu'ils furent réunis au Corps des Menuiſiers (*).

Depuis ſon origine, c'eſt-à-dire, depuis le regne de Louis XIV, l'Art du Treillageur n'a ceſſé de faire des progrès; de ſorte que maintenant les ouvrages de cet Art entrent pour beaucoup dans la décoration des Jardins de propreté, où on fait non-ſeulement des Treillages de paliſſade, tant de hauteur que d'appui, & des Berceaux, mais encore des Cabinets, des Sallons, des Portiques, des Galleries, des Colonnades, dans leſquels on rencontre à la fois l'élégance & la légéreté jointes à la ſévérité des regles de l'Architecture, n'y ayant aucun ouvrage de cet Art qu'on n'imite, ou qu'on ne puiſſe imiter en Treillage, lequel ſe lie beaucoup mieux avec les berceaux & les portiques naturels, que ne pourroient faire des bâtiments conſtruits avec des matieres ſolides, telles que la pierre & même le plâtre, qui, quelque légers qu'ils ſoient en apparence, oppoſent encore trop de maſſe dans un Jardin, dont il faut que l'air ſoit libre; ce qui doit faire préférer les ouvrages de Treillage, dont les vuides annoncent une légéreté réelle & apparente, & aux ornements artificiels deſquels on peut, dans la belle ſaiſon, en joindre de naturels, comme les guirlandes de jaſmins, de roſes, de chevre-feuille & d'autres plantes courantes & légeres, qui, diſpoſées avec un heureux déſordre, feroient douter deſquels nous devrions être plus agréablement affectés, de la Nature ou de l'Art, toujours ſoumis & uni à cette derniere.

Qu'on y faſſe bien attention, toute la ſcience des Treillageurs, quant à ce qui a rapport à la diſpoſition & à la théorie, n'eſt pas renfermée dans leurs atteliers; ce n'eſt pas un Art de routine; il faut de l'expérience, du goût, & ils doivent acquérir beaucoup de connoiſſances pour ſe rendre habiles dans leur Art: car, ſans parler des éléments de Géometrie, dont la connoiſſance leur eſt abſolument néceſſaire, ainſi qu'aux autres Menuiſiers, il faut qu'ils entendent bien l'Architecture, du moins quant à la décoration; qu'ils ſachent deſſiner l'ornement, & ſur-tout les fleurs, afin d'être en état de les bien découper, & d'en compoſer des guirlandes & des bouquets. Il faut auſſi qu'ils ayent quelques notions de l'Art du Trait, pour la conſtruction des Berceaux, des Dômes & autres ouvrages de cette nature. A ces connoiſſances élémentaires, ils doivent non-ſeulement joindre celles de la pratique; pour ce qui a rapport au Treillage proprement dit, mais encore il faut qu'ils entendent bien la Menuiſerie pour ce

---

(*) C'eſt au temps de ces deux grands Architectes, qu'on peut fixer la naiſſance de l'Art du Treillage proprement dit. Les berceaux des Jardins de Clagny (détruits depuis peu de temps), & ceux des Jardins de Verſailles & de Marly, qui ſont les plus anciens Ouvrages de cet Art que l'on connoiſſe, furent faits ſous leur conduite; & il y a tout à croire qu'ils furent les créateurs de l'Art du Treillage, comme ils l'avoient été de l'Art du Jardinage, conſidéré du côté de la décoration; car, quoiqu'il ſoit fait mention d'un très-grand Treillis qui faiſoit un des principaux ornements des Jardins des Rois Charles VI & ſes Succeſſeurs, lorſqu'ils demeuroient à l'Hôtel de Saint Pol, & dont la rue *Beau-Treillis* a tiré ſon nom; ce Treillis n'étoit ſûrement ſuſceptible d'aucune régularité, non plus que les Jardins dont il faiſoit partie, leſquels n'étoient que des vergers ſpacieux, où l'utile étoit préféré à l'agréable, ce qui faiſoit des Jardins moins brillants, mais beaucoup plus utiles que ceux d'à-préſent.

qui concerne le corroyage & l'affemblage des bois, tant droits que courbes, & l'art de profiler & de pouffer les moulures; ce qui les oblige de travailler quelque-temps à la Menuiferie de bâtiment, afin d'acquérir plus promptement les connoiffances pratiques de cet Art, dont ils ont abfolument befoin, & des outils defquels ils ne fauroient fe paffer, du moins pour le plus grand nombre, comme les outils d'affûtage, les rabots de toute efpece, les bouvets, feuillerets, & outils de moulures, comme rabots ronds & mouchettes, &c. Ils fe fervent auffi de fermoirs, cifeaux, becs-d'âne, gouges, rapes, fcies, tant à refendre qu'autres, des fergents, vilebrequins, vrilles, niveaux & autres outils propres à pofer l'ouvrage; ce qui fait que l'Art du Treillageur eft intimement lié avec celui du Menuifier, ou que, pour mieux dire, cet Art n'eft qu'une nouvelle branche de la Menuiferie, qui a pour objet les ouvrages qui entrent pour quelque chofe dans la décoration des Jardins, laquelle branche eft devenue affez étendue pour être traitée à part, non pas comme un Art particulier, mais comme faifant fuite d'un autre qui en eft la bafe & le principe.

Ce font ces confidérations qui m'ont engagé à donner la defcription de l'Art du Treillageur fous le nom de *Menuiferie des Jardins*, & par conféquent comme fuite de l'Art du Menuifier, tant pour rendre complette la defcription de l'Art du Menuifier, que pour abréger celle de l'Art du Treillageur, que je n'aurois pu traiter à part fans être obligé de répéter une partie des chofes dont j'ai parlé dans la premiere Partie de l'Art du Menuifier, ce qui n'auroit fait qu'augmenter l'Art du Treillageur, fans pour cela le rendre d'une plus grande utilité.

C'eft pourquoi après avoir traité fommairement des connoiffances théoriques néceffaires aux Treillageurs, comme les notions les plus indifpenfables des principes d'Architecture, de l'Art du Trait, & des divers Compartiments, je me bornerai à décrire le travail du Treillageur, en commençant par les chofes les plus fimples, & allant de fuite jufqu'aux plus compofées, dont je ne donnerai des exemples qu'autant qu'ils feront applicables à la pratique, les préceptes étant plus néceffaires ici que les exemples, qui varient fuivant les différents befoins, les ouvrages de Treillages n'étant pas des ouvrages de modes, ou affujétis à une certaine forme & grandeur, comme les Voitures & les Meubles, dont il a fallu donner abfolument des exemples de toutes les efpeces, ce que je n'ai pas fait à la Menuiferie de bâtiment & à l'Ebénifterie, dont je n'ai donné que des regles générales applicables à des cas particuliers, ces fortes d'ouvrages étant dans le même cas que le Treillage. Au refte, je fuivrai toujours ma méthode ordinaire, c'eft-à-dire, que j'infifterai toujours fur la néceffité où font les Ouvriers en général, d'acquérir non-feulement les connoiffances néceffaires & relatives à leur état, mais encore celles qui y font acceffoires, & à les perfuader, s'il eft poffible, qu'ils n'en ont jamais affez acquis, & qu'en tout genre la demi-fcience eft plus à craindre que l'ignorance parfaite, puifqu'on ne fauroit fe flatter de connoître ce qu'on ignore abfolument, & par conféquent en tirer vanité. Puiffe mon travail & les réflexions, qui en font le fruit, être utiles à mes Confreres ! Je ne dis pas à tous, mais à quelques-uns ; je ferai trop payé fi je puis avoir infpiré à un petit nombre, le défir d'atteindre à la perfection dont j'ai effayé de leur tracer le chemin, & fi j'en ai affez occupé d'autres pour les diftraire des occupations capables de nuire à leurs mœurs ou à leurs intérêts ; l'efpece d'étude que je recommande ici ne pouvant qu'être utile à la confervation & même à la perfection des mœurs des hommes qui, par état, font obligés de travailler la plus grande partie du temps pour fe procurer les moyens de vivre.

CHAPITRE PREMIER.

Notions Elémentaires des principes d'Architecture & de l'Art du Trait, dont la connoiffance eft abfolument néceffaire aux Treillageurs.

COMME l'Art dont je fais ici la defcription a plus pour objet la décoration que la conftruction, & que les Ordres d'Architecture & les différentes parties qui y font relatives, entrent pour beaucoup dans la décoration des Treillages, qui, pour la plûpart, imitent les ouvrages de cet Art, j'ai cru ne pouvoir pas me difpenfer de donner ici quelques notions élémentaires, nonfeulement des trois Ordres Grecs, mais encore des différentes parties d'Architecture, qui, avec ces mêmes Ordres, entrent dans la compofition des façades, comme les foubaffements, les attiques, les frontons, les amortiffements, les baluftrades, les croifées, les portes, & les niches, les figures, trophées, vafes, caffolettes, &c. dont je donnerai les proportions relativement à la grandeur de chacune de ces différentes parties, & à celles des Ordres d'Architecture qu'elles accompagnent ou qu'elles font fuppofées accompagner, y ayant des occafions où les Ordres font fupprimés dans la décoration des façades, comme je le dirai en fon lieu. Ces notions d'Architecture font d'autant plus néceffaires ici, que les Treillageurs ne peuvent abfolument pas s'en paffer, & qu'ils ne les trouveront pas ainfi raffemblées dans aucun des livres d'Architecture connus fous le nom de *Vignole*, qui ne traitent même qu'affez imparfaitement des Ordres proprement dits ; de plus, les principes d'Architecture que je raffemble ici, ne fe trouvent qu'épars ou vaguement décrits dans divers Ouvrages d'Architecture inconnus aux Ouvriers, ou trop chers pour qu'ils puiffent en faire l'acquifition : c'eft, à ce que je crois, un double fervice que je leur rendrai en leur épargnant une dépenfe très-confidérable, & le

temps

temps que leur coûteroit une longue & férieufe étude des principes d'Architecture relativement à la décoration , vu que le plus grand nombre des
Ouvriers n'eft pas à la portée de faire ces deux fortes de dépenfes, qui font,
autant l'une que l'autre, au-deffus de leurs pouvoirs ; les jeunes gens fur-
tout , quoiqu'avec toute la bonne volonté poffible, n'ayant pas, ainfi que
moi, le bonheur de trouver des Maîtres qui veuillent fe charger gratuitement
du foin de les inftruire.

Ce font les mêmes raifons qui m'ont engagé à donner auffi quelques notion
de l'Art du Trait, néceffaires aux Treillageurs, lefquels n'ont pas befoin d'un
Traité complet de cet Art, mais feulement des parties de ce dernier qui entrent dans la compofition, ou, pour mieux dire, dans la conftruction de leurs
ouvrages ; c'eft pourquoi je ne ferai que donner la maniere de tracer les différentes courbes, foit d'arêtes ou autres, & de tracer les développements des
furfaces, le tout confidéré comme axiome & fans aucune efpece de démonftration, afin de ne point répéter ce que j'ai déja dit dans le courant de mon
Art du Menuifier, fur-tout à la partie qui a pour objet l'Art du Trait, à laquelle
on pourra d'ailleurs avoir recours, fuppofé qu'on voulût faire une étude plus
particuliere de cette Science ; ce qui, quoique très-louable, n'eft cependant
pas abfolument néceffaire aux Treillageurs, du moins à ceux qui ne veulent
acquérir que les connoiffances relatives & utiles à leur état.

SECTION PREMIERE.

Des trois Ordres Grecs ; de leurs proportions & divifions générales.

LES trois Ordres d'Architecture Grecque dont je vais faire la defcription,
font le Dorique, *fig.* 7, l'Ionique, *fig.* 8, & le Corinthien, *fig.* 9, qui tous
trois différent l'un de l'autre, non-feulement par le rapport du diametre du
fût de leurs colonnes avec la hauteur de ce même fût (ce qui eft le vrai
caractere diftinctif d'un Ordre), mais encore par la forme de leurs chapiteaux,
le nombre & la richeffe des membres de moulures qui accompagnent ces
Ordres, ou les parties qui leur font acceffoires (*).

PLANCHE 338.

Je n'entrerai ici dans aucun détail touchant la partie hiftorique des Ordres d'Architecture, ni fur les rapports que chacun d'eux a avec la forme
humaine, prife en différents fexes & en différents âges, ces rapports étant

(*) Si je ne parle ici que ces trois Ordres
Grecs, c'eft que deux raifons m'y obligent ; la
premiere & la plus effentielle eft, que comme
les ouvrages de Treillage font toujours d'une
certaine richeffe, & que leur conftruction annonce beaucoup de légereté, il ne feroit pas
raifonnable d'y employer un Ordre d'une expreffion ruftique, tel que l'Ordre Tofcan ; l'Ordre Dorique étant même encore d'un caractere
un peu ferme pour être employé dans les ouvrages de Treillage fufceptibles de quelque
magnificence. La feconde raifon, c'eft que des
cinq Ordres qu'on connoît en Architecture, il
n'y a que les trois Ordres Grecs, qui méritent
ce nom, renfermant en eux trois les expreffions
folides, moyennes & délicates qui font les vrais
termes de la nature, dont elle ne s'écarte jamais
que par bizarrerie ou accident, mais fans aucune
apparence de néceffité.

peut-être plus ingénieux qu'ils ne font vrais : je me bornerai donc feulement
à repréfenter ces mêmes Ordres felon l'opinion de Vignole , qui eft celui des
Commentateurs de Vitruve qui eft le plus généralement fuivi en France , &
cela à quelques changemens près , lefquels ont paru néceffaires aux Maîtres
de l'Art , dont je me fais un devoir de fuivre les opinions , qui peuvent &
même doivent fervir de préceptes , lorfquelles font fondées fur de bons principes. Avant d'entrer dans le détail de chacun des Ordres , je vais donner la
maniere de faire la divifion générale & particuliere de ces mêmes Ordres , &
le nom des principales parties dont ils font compofés , afin d'abréger autant
qu'il fera poffible les détails particuliers.

Un Ordre d'Architecture quelconque , eft compofé de trois parties principales ; favoir, l'entablement *A*, *fig.* 6, la colonne *B* , & le piedeftal *C* :
chacune de ces parties fe divife en trois parties; favoir, pour l'entablement
la corniche a, la frife b, & l'architrave c ; pour la colonne , le chapiteau d ,
le fût e , & la bafe f ; & pour le piedeftal enfin , la corniche g , le dé ou
focle h , & la plinthe i. Chacune de ces fecondes divifions fe fubdivife en
parties, qui prennent différens noms ; favoir, pour la corniche , une cimaife fupérieure *a* , qui eft une partie toujours ornée de moulures ; un
larmier *b* , qui eft une partie toujours liffe & faillante , dont le deffous fe
nomme *foffite*, laquelle partie eft toujours placée entre deux cimaifes ou parties compofées de moulures qui prennent différens noms, comme je le dirai
ci-après ; un autre larmier *c* , nommé *larmier mutulaire , denticulaire*, ou
modillonnaire, felon qu'il porte des mutules, des denticules, ou des modillons,
& une cimaife inférieure ou *encorbellement*.

Toutes les corniches n'ont pas, ainfi que celle-ci, deux cimaifes & deux
larmiers: il y en a qui ont trois cimaifes & deux larmiers, comme celle de
l'Ordre Ionique ; d'autres trois cimaifes & trois larmiers, comme à l'Ordre
Corinthien; d'autres, moins de cimaifes ou de larmiers : mais de quelque maniere qu'elles foient compofées, elles ne peuvent pas avoir moins de deux
cimaifes & d'un larmier, & toujours ce dernier placé entre deux cimaifes,
pour faire un repos , & par conféquent empêcher la confufion que produiroient
plufieurs cimaifes placées au-deffus les unes des autres. Par la même raifon il ne
faut pas non plus placer deux larmiers au-deffus l'un de l'autre , fans une cimaife
entre deux , ou du moins un petit membre de moulure , comme à l'Ordre
Dorique, *fig.* 7, lequel eft repréfenté en maffe, *fig.* 6. Les cimaifes font
ordinairement compofées de plufieurs moulures ; & quand il n'y en a qu'une,
il faut toujours qu'elle foit accompagnée d'un filet , foit en-deffus ou en-deffous,
pour la dégager d'avec les larmiers.

Je viens de dire que la cimaife inférieure fe nommoit auffi *encorbellement* ;
lorfqu'il y aura trois cimaifes à une corniche , on nommera celle du milieu
encorbellement fupérieur , & celle du bas *encorbellement inférieur* ; & on ne

donnera le nom de *Cimaise*, qu'à celle qui couronne tout l'ouvrage, ainsi que
ce nom semble l'indiquer.

Les frises des entablements sont ordinairement lisses & droites sur leurs
faces ; cependant quelques Architectes les ont fait bombées comme la courbe
o p, *fig. 6*, ou plus ou moins que cette derniere, ce qui ne me paroît pas fort
nécessaire, ce bombage ne pouvant guere avoir lieu que quand on réserve
des masses pour être taillées d'ornements qui doivent être appliqués sur la
frise, & non pas pris aux dépens de sa surface.

L'architrave est composée de plusieurs membres méplats, nommés *faces*,
lesquels sont en saillie les uns au-dessus des autres, comme à l'Ordre Ionique,
fig. 8, ou séparés par de petites moulures, comme au Corinthien, *fig. 9*.
Ces facettes sont toujours couronnées par une partie saillante, soit un listeau,
comme à l'Ordre Dorique, *fig. 7*, ou une cimaise, comme aux Ordres Ionique
& Corinthien, *fig. 8 & 9*.

Le chapiteau est composé de trois parties, du moins dans l'Ordre Dorique ;
savoir, *l'abaque* ou *tailloir*, qui est toujours d'une forme quarrée par son
plan, *l'ove* ou *échine*, qui suit le plan de la colonne, (ces parties sont toutes
deux en masse dans la *fig. 6*, cote *e*,) & le gorgerin *d*, lequel est ordinairement lisse & semble être une continuation du fût de la colonne, dont il est
séparé par l'astragale *f*, qui, dans tous les cas, est composé d'un demi-
rond, ou, pour mieux dire, d'un boudin & d'un filet au-dessous. Les chapiteaux des Ordres Ionique & Corinthien différent de celui dont je parle ici,
comme on peut le voir aux *fig. 8 & 9* ; mais je n'expliquerai cette différence
qu'en faisant le détail de ces mêmes chapiteaux plus en grand, parce qu'ils
demandent une étude toute particuliere.

Les bases des colonnes sont composées d'une partie ornée de moulures *l*,
fig. 6, lesquelles suivent le contour du plan de la colonne, & d'une plinthe
m, qui est toujours d'une forme quarrée par son plan.

En général, les entablements & les piedestaux ont une hauteur proportionnée à celle de la colonne, dont le diametre est plus ou moins considérable, selon l'expression solide, moyenne ou délicate de l'Ordre.

La hauteur des piedestaux est ordinairement le tiers de celle de la colonne,
& jamais moins que le quart. Celle des entablements est toujours le quart de
la hauteur de la colonne, quoiqu'il y ait des Architectes qui ne leur ayent
donné que le cinquieme, ce qui les rend trop petits, proportion gardée avec
la hauteur & le diametre de la colonne ; c'est pourquoi quand on veut diminuer la hauteur des entablements, il faut seulement réduire cette hauteur
entre le cinquieme & le quart, & cela dans le cas seulement où l'on craindroit que l'entablement ne parût lourd proportionnellement avec les autres
parties qui l'accompagnent.

Quand on veut mettre un Ordre d'Architecture quelconque en proportion,

& que sa hauteur, y compris celle de son entablement & de son piedestal, est donnée, on divise toute cette hauteur en dix-neuf parties égales, dont quatre servent pour la hauteur du piedestal, douze pour celle de la colonne, (dont quatre est le tiers), & trois pour celle de l'entablement, qui se trouve par ce moyen le quart de la colonne, puisque 3 est à 12, comme 1 est à 4.

Si la hauteur d'un Ordre étoit donnée, & qu'on ne voulût point y faire de piedestal, on diviseroit cette hauteur en cinq parties égales, dont une serviroit pour la hauteur de l'entablement. *Voyez la fig.* 6, où j'ai fait ces deux divisions sur le côté, pour les rendre plus sensibles.

Si dans une hauteur donnée, on vouloit avoir la colonne & son piedestal sans entablement, on diviseroit toute cette hauteur en quatre parties égales, dont une seroit pour le piedestal, & les trois autres pour la colonne, ce qui ne souffre aucune difficulté, & est, je crois, très-aisé à concevoir.

La hauteur de la colonne étant bornée, comme je viens de l'enseigner, reste à déterminer la largeur de son diametre, ce qui se fait de la maniere suivante.

On commence d'abord par se rendre compte si la colonne dont on veut déterminer le diametre, doit être d'Ordre Dorique, Ionique ou Corinthien, afin de lui donner un diametre plus ou moins fort, relativement à l'expression de ces Ordres; ensuite on divise toute la hauteur de la colonne en seize parties égales, dont deux donnent la largeur du diametre pour l'Ordre Dorique, en 18 pour l'Ordre Ionique, & en 20 pour l'Ordre Corinthien; de sorte que le diametre du premier est à sa hauteur, comme 1 est à 8; celui du second, comme 1 est à 9 ; & celui du troisieme, comme 1 est à 10. Cette proportion des colonnes des trois Ordres Grecs, est celle qui a été la plus constamment suivie depuis que ces Ordres ont été portés à leur perfection ; & c'est, comme je l'ai déja dit, le vrai caractere distinctif de chacun d'eux, plutôt que la forme & les ornements de leurs bases & chapiteaux, ainsi que des divers membres dont leurs entablements sont composés. *Voyez les fig.* 7, 8 & 9, où sont marquées les divisions de la colonne, ainsi que je viens de l'expliquer.

Chacune de ces divisions se nomme *module*; & ces modules servent d'échelles sur lesquelles on prend la mesure des différentes parties qui ornent soit la colonne, son piedestal ou son entablement : chaque module est divisé en plusieurs parties égales ; savoir, celui de l'Ordre Dorique en 12, & ceux des Ordres Ionique & Corinthien en 18, pour faciliter le détail des parties qui sont plus petites à ces Ordres qu'au Dorique, & pour, autant qu'il est possible, éviter les fractions. C'est pour cette même raison qu'il y a des Architectes qui ont divisé leurs modules en 30 ; cependant la division en 18 est la plus généralement suivie, & c'est celle de Vignole, dont j'ai suivi l'opinion dans les trois Ordres représentés dans cette Planche.

Ces

Ces Ordres font ou colonnes ou pilaftres; les colonnes font des cylindres
paralleles jufqu'au tiers inférieur de leur fût, & qui diminuent de diametre jufqu'à
leur extrémité fupérieure (comme je l'expliquerai ci-après), lefquels cylindres doivent toujours être ifolés, du moins autant qu'il eft poffible. Les pilaftres , au contraire, font des prifmes d'une forme quarrée par leur plan ,
d'une largeur égale dans toute leur hauteur , & qui ne font jamais ifolés ,
mais au contraire engagés dans des corps d'Architecture fur lefquels ils
ne failliffent que d'un fixieme de leur diametre , ou d'un quart tout au
plus.

. La diminution du diametre des colonnes eft d'un fixieme de ce même
diametre , & cela à tous les Ordres. Cette diminution fe fait, comme je viens
de le dire , depuis le tiers inférieur du fût , indiqué par la ligne *h* , *fig.* 6 ,
jufqu'au deffus de l'aftragale , & cela non pas par une ligne droite , mais par une
courbe dont les différents points font donnés de la maniere fuivante. Au tiers
inférieur de la colonne, indiqué par la ligne horizontale *a b*, *fig.* 10 , on
trace le demi-cerle *a q b*; enfuite le diametre fupérieur étant déterminé, comme celui *c d*, du point *c*, on abaiffe la perpendiculaire *c r*, laquelle coupe
le demi-cercle au point 6; enfuite on divife l'arc de cercle , compris depuis
a , jufqu'à 6 , en autant de parties égales qu'on le juge à propos : on divife
de même la partie fupérieure du fût de la colonne en un même nombre de
parties égales ; & par ces divifions on fait paffer les lignes horizontales *e f*,
g h, *i l*, *m n* & *o p*, auxquelles on mene autant de perpendiculaires élevées des points de divifions de l'arc de cercle qui leur font correfpondants ;
favoir, du point 5 , à la ligne *e f*; de celui 4 , à celle *g h*; du point 3 , à
celle *i l*; du point 2 , à celle *m n*; & de celui 1 , à la ligne *o p*; puis par les
points *a* , *o* , *m* , *i* , *g* , *e* & *c*, on fait paffer une ligne qui eft la courbe
demandée.

Il y a une autre maniere de tracer la courbure de la diminution des colonnes,
qui fe fait ainfi qu'il fuit.

Les diametres fupérieurs & inférieurs étant donnés comme dans la *fig.* 10 ,
on prend avec un compas la diftance *s b*, qu'on porte de *d* en *t*, fur l'axe
de la colonne ; & par ces deux points on fait paffer une ligne qu'on prolonge
jufqu'à ce qu'elle rencontre la ligne horizontale du diametre inférieur *a b* ,
auffi prolongée au point *u*, duquel point , comme centre, on fait partir autant de lignes qui traverfent le fût fupérieur de la colonne à la rencontre de
l'axe , de laquelle on porte fur ces lignes la diftance *s b*, ou celle *t d* , ce
qui eft la même chofe, comme, par exemple, de *x* à *y*, & de *z* à *&* , &
ainfi des autres ; puis par chacun de ces points & celui *b*, on fait paffer la
courbe demandée.

Si on vouloit que la colonne diminuât du bas, on fe ferviroit de la même
opération , ainfi qu'on peut le voir dans cette figure, en obfervant toutefois

que fi le diametre inférieur étoit borné , comme il arrive prefque toujours , le centre *u* , ne pourroit plus fervir que par hazard , & qu'il pourroit s'en trouver un autre plus près ou plus loin que ce dernier , en raifon du plus ou du moins de différence du diametre inférieur avec le vrai diametre *a b*. La maniere de trouver le centre de la diminution inférieure de la colonne , eft la même que pour la diminution du diametre fupérieur ; c'eft pourquoi je n'en parlerai pas davantage.

La diminution inférieure des colonnes , quoique mife en ufage par beaucoup d'Architectes , ne doit point être imitée , à moins qu'on n'ait de fortes raifons pour le faire , comme je le dirai ci-après ; & je n'en parle ici que pour terminer tout de fuite ce qui a rapport à cette partie.

Il faut faire attention que la colonne , *fig.* 10 , eft très-courte pour fa groffeur , & fes deux diametres *E F* très-différents l'un de l'autre ; ce que j'ai fait pour faciliter l'intelligence du difcours , & l'exécution des opérations , lefquelles euffent été moins fenfibles , & fe fuffent même confondues fi je les euffe faites fur une colonne proportionnée comme celle de la *fig.* 6.

En général , il faut que toutes les parties qui couronnent les colonnes , comme les entablements & les focles *D* , *fig.* 6 , qui les furmontent quelquefois , tombent bien à-plomb du fût fupérieur de la colonne , comme l'indique la ligne *q r* , & que toutes celles qui leur fervent de fupport , comme les piedeftaux , les foubaffements , &c , tombent à-plomb du nud de la plinthe de leur bafe , comme de *s* à *t* ; à l'exception que quand les piedeftaux font convertis en focles , c'eft-à-dire , que l'on a fupprimé la corniche & la plinthe du piedeftal , il faut que la partie du dé qui refte liffe (& qui alors fe nomme *focle*) , failliffe le nud de la bafe d'une à deux parties , comme l'indique la ligne *u x*.

Le deffus des entablements fe termine ordinairement par une ligne droite ; cependant il eft bon d'y obferver un petit glacis *n* , nommé *reverdeau* , lequel ne doit point faire partie de l'entablement , mais être pris aux dépens du focle , comme je l'ai obfervé ici , *fig.* 6.

J'ai donné ci-deffus la maniere de faire la divifion des Ordres , leur hauteur totale étant donnée : s'il arrivoit au contraire que ce fût le diametre de la colonne qui fût donné , on feroit l'opération à l'inverfe de la premiere , c'eft-à-dire , qu'après avoir fait le choix de l'Ordre , & une échelle de modules fur le diametre donné , on chercheroit , pour la hauteur du piedeftal , le nombre qui eft le tiers de celui de la hauteur de la colonne , qui étant de 16 modules à l'Ordre Dorique , par exemple , on trouve 5 modules & 4 parties de modules qui , multipliés par 3 , égalent 16 : on a de même la hauteur de l'entablement , en prenant pour le même Ordre le quart de 16 , qui eft 4 , & ainfi des autres Ordres , à proportion du rapport de leur hauteur avec leur diametre , ce qui eft fort aifé à comprendre.

S'il arrivoit que les piedeſtaux fuſſent d'une proportion moyenne, comme, par exemple, entre le tiers & le quart de la hauteur de la colonne, on prendroit les deux ſommes de ces différentes proportions, qu'on additionneroit enſemble, & dont la moitié du produit donneroit la hauteur demandée : ainſi de même pour les entablements & toute autre partie moyenne proportionnelle arithmétique entre deux grandeurs données.

Il arrive ſouvent, & même preſque toujours, qu'il y a deux échelles différentes dans un deſſin d'Architecture ; ſavoir, une échelle de modules propre à régler les différentes parties de l'Ordre d'Architecture ; l'autre échelle, qui repréſente ſoit des pieds ou des toiſes ſervant à faire connoître les différents rapports que cette même Architecture a avec la grandeur humaine & les meſures connues, comme les toiſes, les pieds, &c.

Ces deux ſortes d'échelles embarraſſent beaucoup les Commençants, qui ont peine à bien entendre à quoi elles peuvent être utiles ; cependant pour peu qu'ils veuillent y faire attention, ils doivent ſentir que l'échelle de modules ne peut ſervir que pour mettre en proportion les différentes parties d'un Ordre d'Architecture ; & celle de toiſes ou de pieds à leur rendre compte de la grandeur qu'auroient ces mêmes Ordres s'ils étoient exécutés, puiſqu'il eſt indifférent, par rapport à l'Ordre qu'on deſſine ou qu'on exécute, que ſon diametre ait un pied ou quatre pieds, cela ne changeant rien aux dimenſions & aux proportions de ce même Ordre.

Voilà tout ce qui concerne la proportion & la diſpoſition générale des Ordres d'Architecture : reſte maintenant à décrire chacun de ces mêmes Ordres, & à en donner les proportions, ce qui fera l'objet du Paragraphe ſuivant.

§. I. *Deſcription des trois Ordres Grecs ; leurs proportions & diviſions particulieres.*

L'Ordre Dorique, repréſenté *fig.* 7, eſt le plus ancien des Ordres d'Architecture, & celui dont l'expreſſion annonce le plus de ſolidité, le rapport du diametre de ſa colonne étant à ſa hauteur comme 1 eſt à 8. Cet Ordre eſt auſſi le plus ſuſceptible de régularité par rapport aux ornements de ſa friſe, leſquels, joints aux mutules de ſa corniche, gênent beaucoup dans la diſtribution des plans où on emploie cet Ordre, comme je le dirai en ſon lieu.

L'entablement Dorique a quatre modules de hauteur, dont la corniche occupe un module & demi, ſa friſe un module & demi; reſte un module pour la hauteur de l'architrave, laquelle eſt compoſée de deux faces & d'un liſteau qui les couronne, dont les proportions ſont cotées dans la *fig.* 7.

La friſe eſt ornée de triglyphes, leſquels ont douze parties de largeur & une de ſaillie, & ils ſont creuſés de deux canaux & deux demi-canaux, de maniere qu'ils laiſſent autant de plein comme ils occupent de vuide.

PLANCHE
338.

Le milieu des triglyphes doit tomber à-plomb de l'axe de la colonne, & la diftance qui eft entre deux triglyphes, laquelle eft nommée *métope*, doit être égale à la hauteur de la frife, & cela dans tous les cas, ce qui oblige d'y faire quelques changements lorfqu'on accouple deux colonnes, comme je l'expliquerai ci-après.

Au-deffous du lifteau de l'architrave, & à l'à-plomb des triglyphes font placées fix gouttes, dont le milieu répond à l'arête de chaque lifteau du triglyphe, & elles font féparées de celui de l'architrave par un filet d'une demi-partie de largeur ; de forte qu'elles ont une partie & demie de hauteur fur à-peu-près deux parties de largeur, moins le jeu qui doit être entre chacune, pour qu'elles ne fe pénétrent pas. Les gouttes font d'une forme rectangulaire par leur plan ; cependant il y a des Architectes qui les ont fait rondes, ce qui eft peut-être plus conforme avec leur étymologie.

La cimaife inférieure ou encorbellement, a quatre parties & demie de hauteur : elle eft compofée d'un quart de rond de deux parties de haut, d'un filet & d'un lifteau auffi de deux parties de hauteur, qui fait reffaut fur chaque triglife, fur lequel il eft en faillie d'une demi-partie, tant fur la face que fur chaque côté. Cette faillie du lifteau fe nomme *chapiteau triglyphe*.

La faillie de toute la cimaife inférieure eft de quatre parties & demie, y compris la demi-partie de faillie que le larmier mutulaire fait fur le quart de rond, qui a deux parties de faillie, ainfi que de hauteur (*).

Le larmier mutulaire a quatre parties & demie de hauteur, y compris une partie pour la hauteur du talon qui le couronne, ainfi que le mutule ou mo-dillon plat.

Les mutules ont treize parties de largeur & de faillie, & leur axe doit tomber à-plomb de celui de chaque triglyphe : le larmier fupérieur a trois parties & demie de hauteur, & vingt parties de faillie, prifes du nud de l'entablement, ce qui fait qu'il refte un petit champ liffe d'une partie & demie de largeur du devant du larmier au devant du talon qui couronne le mutule, lequel champ doit tourner au pourtour de tous les compartiments du plafond ou foffite du larmier repréfenté en plan *fig.* 11, cote *H*.

La cimaife eft compofée d'un lifteau, d'une doucine, d'un filet & d'un talon, & a cinq parties & demie de hauteur ; favoir, une partie pour le lifteau, trois parties pour la doucine, une demi-partie pour le filet, & une partie pour le talon, fa faillie eft de quatre parties, dont trois pour la doucine, & l'autre pour le talon & le filet.

(*) Je ne faurois me difpenfer de donner ici les mefures, tant de hauteur que de faillie, des parties de détail des Ordres dont je fais la defcription, vu qu'étant deffinées dans cette Planche fur un petit module, il n'eft pas poffible de les coter auffi exactement qu'on pourroit le fouhaiter, & que je n'ai pas voulu faire les développements plus en grand, afin de ne pas multiplier les figures, & par conféquent les Planches ; cette partie, quoique très-néceffaire ici, n'étant cependant pas le principal objet de cet ouvrage, c'eft ce qui m'a fait préférer une explication un peu plus longue, à la multiplicité des figures.

Il y a encore un autre entablement Dorique *fig.* 2 , qui differe de celui dont je viens de faire la description, en ce qu'il n'a pas, comme celui-ci, des mutules, mais au contraire des denticules *d* , *d* , dont la hauteur est à la largeur comme 3 est à 2 ; la distance qu'il y a entre elles doit être la moitié de cette même largeur, à laquelle leur saillie doit être égale , de maniere qu'elles sont quarrées par leurs plans, ce qui est général pour toutes les denticules , à moins que quelque raison n'oblige de les disposer autrement.

Cet entablement differe encore de l'autre, en ce qu'il n'a qu'une face à son architrave, & que les moulures qui composent les cimaises de sa corniche , sont d'un autre profil, quoique dans les mêmes grandeurs. *Voyez la fig.* 2 , qui est cotée le plus exactement possible.

Le chapiteau Dorique , *fig.* 7 , a un module de hauteur , & est divisé en trois parties égales , dont une est pour le gorgerin, l'autre pour l'eschine, & l'autre pour le tailloir, qui est couronné par un talon & un filet d'une partie & demie de hauteur les deux ensemble, reste deux parties & demie pour la partie lisse du tailloir. L'eschine est composée d'un quart de rond de deux parties & demie de hauteur, d'une baguette d'une partie & d'un filet d'une demi-partie, ce qui fait en tout quatre parties. La saillie du chapiteau est de cinq parties, prise du nud de la colonne , ce qui , joint à dix parties de la moitié de son fût supérieur , fait en tout quinze parties depuis l'axe de la colonne jusqu'au nud de la saillie du chapiteau.

L'astragale qui est pris aux dépens du fût de la colonne, a une partie & demie de hauteur, y compris son filet qui a une demi-partie sur trois-quarts de partie de saillie, qui est la moitié de la saillie totale de l'astragale, qui n'en a en tout qu'une partie & demie.

La base Dorique a un module de haut en tout, dont la moitié est occupée par la plinthe ; reste six parties, dont quatre pour le tore, un & un quart pour la baguette , & trois-quarts pour le filet, ce qui fait mieux que de faire ce dernier d'une hauteur égale à celle de la baguette , qui alors devient trop petite, comparaison faite avec le tore, & même avec le filet ; la saillie de la base est de cinq parties, prise du nud de la colonne. *Voyez la fig.* 13 de la Planche 339, où j'ai dessiné cette base, ainsi que celles Ionique & Corinthienne, sur une échelle beaucoup plus grande que celle des figures de cette Planche.

La corniche du piedestal Dorique a six parties de hauteur, non compris le revers-d'eau d'une partie de haut, & elle est composée de deux cimaises & d'un larmier. La cimaise supérieure est un filet d'une demi-partie , & un talon d'une partie, ce qui fait en tout une partie & demie. Le larmier a deux parties & demie de haut , & est refouillé en-dessous sur la largeur de deux parties & demie du devant du larmier au-devant du filet qui couronne la cimaise inférieure , laquelle est composée d'un quart de rond d'une partie & demie de haut, & d'un filet en-dessous d'une demi-partie.

TREILLAGEUR.   M 12

La plinthe du piedeſtal a neuf parties de hauteur, dont le ſocle en occupe ſix, les trois autres étant pour le filet & le talon renverſé : toute la ſaillie de cette plinthe eſt de trois parties.

Quand on orne le dé du piedeſtal Dorique d'une table, ainſi que dans cette *fig. 7*, on donne quatre parties de largeur au champ, une partie & demie de largeur au ravalement qui regne entre le champ & la table, laquelle doit déſaffleurer d'une demi-partie en ſaillie ſur le nud des champs, comme on peut le voir dans la *fig. 6*.

Je ne parlerai pas ici des ornements dont l'Ordre Dorique peut être ſuſceptible, réſervant à le faire après la deſcription des deux autres Ordres Grecs.

L'Ordre Ionique, repréſenté *fig. 8*, nommé auſſi *Ordre moyen*, à cauſe qu'il tient le milieu entre le Dorique & le Corinthien, eſt celui dont on fait le plus d'uſage dans les ouvrages de Treillage, parce qu'il eſt moins ſuſceptible de régularité dans la diſtribution des plans, qu'on peut varier autant qu'on le juge à propos, ſon entablement peu ſaillant & pour l'ordinaire denticulaire, ne gênant en aucune maniere dans la compoſition de ces mêmes plans.

Cet Ordre a auſſi l'avantage d'être d'une expreſſion plus élégante & moins ſolide que le Dorique, ce qui contribue beaucoup à le rendre propre aux ouvrages du Treillage.

L'entablement Ionique a quatre modules & demi de hauteur, dont un module & un quart pour l'architrave, un module & demi pour la friſe, & un module trois quarts pour la corniche, qui eſt compoſée de trois cimaiſes & de deux larmiers, dont un eſt denticulaire ; la cimaiſe ſupérieure a neuf parties de hauteur ; ſavoir, une partie & demie pour le liſteau, cinq parties pour la doucine, une demi-partie pour le filet, & deux parties pour le talon.

Le larmier ſupérieur a ſix parties de hauteur, & eſt refouillé en-deſſous, comme on peut le voir à la *fig. 12*, cote *L*, qui repréſente le plafond de la corniche Ionique vue en-deſſous.

L'encorbellement ſupérieur ou cimaiſe intermédiaire a cinq parties & demie de hauteur ; ſavoir, quatre pour le quart de rond, une pour la baguette, & une demie pour le filet.

Le larmier denticulaire a ſept parties de hauteur, dont les denticules en occupent ſix ; reſte une qui forme un filet ſervant à couronner l'encorbellement inférieur, qui a quatre parties de hauteur, & à le ſéparer d'avec les denticules, qui ont quatre parties de largeur & de ſaillie, & deux parties d'eſpace entre elles.

On doit obſerver qu'il faut, autant qu'il eſt poſſible, qu'il y ait une denticule à là-plomb de l'axe de chaque colonne, & que dans les angles rentrants il ſe trouve un eſpace entre les deux denticules angulaires, ce qui fait, ce me ſemble, mieux que de faire approcher les deux denticules l'une contre l'autre, comme beaucoup d'Architectes l'ont pratiqué.

La ſaillie de la corniche Ionique eſt égale à ſa hauteur, ce qui fait trente-une parties & demie du nud de l'entablement, dont sept & un quart pour la cimaise supérieure, cinq pour l'encorbellement inférieur, quatre pour le larmier denticulaire, & quatre & demie pour l'encorbellement supérieur; reste dix parties & trois quarts pour la saillie du larmier supérieur.

L'architrave Ionique est composée de trois faces & d'une cimaise, laquelle a quatre parties & demie de hauteur, y compris son listeau d'une partie & demie; la premiere face a sept parties & demie de hauteur, ou, pour mieux dire, de largeur; la seconde six parties, & la troisieme, quatre & demie; ce qui fait en tout vingt-deux parties & demie, qui est la hauteur totale de l'architrave, dont la saillie est de cinq parties en tout.

La corniche Ionique se fait quelquefois modillonaire, comme celle de l'entablement, *fig.* 3, ce qui ne change rien aux dimensions principales de cet entablement, non plus qu'aux membres supérieurs de la corniche, qui sont les mêmes qu'à l'autre entablement, excepté que le larmier supérieur est plus haut d'une partie qu'à ce dernier, ce qui fait d'autant mieux que l'entablement dont je parle est d'une expression plus ferme qu'à l'autre, où le larmier est déja un peu petit. Les modillons se distribuent ordinairement de maniere qu'il s'en trouve un dont le milieu réponde à l'axe de la colonne, & l'autre à l'angle du profil, & la distance qu'il y a de l'axe de la colonne à cet angle, détermine la largeur des modillons, qui doit être à-peu-près la moitié de l'espace qu'il y a d'un modillon à l'autre, ce qui donne à-peu-près sept parties de largeur pour les modillons de cet entablement, & quatorze parties pour l'espace qui doit être entre deux.

Je dis à-peu-près, parce qu'il n'y a que vingt-quatre parties depuis l'axe de la colonne jusqu'à l'angle du larmier modillonaire, qui, divisées par sept, ne donnent pas tout à fait trois parties & demie au quotient, s'en manquant à peu de chose près d'un demi-tiers de partie. La largeur du modillon dont je parle doit être à sa longueur ou saillie (ce qui est la même chose), comme 2 est à 3, ce qui fait à peu de chose près dix parties & demie : on le taille en doucine en-dessous pour le rendre plus léger, & on affecte même quelquefois de le diminuer de hauteur sur le devant pour en augmenter la légéreté, comme je l'ai observé à la *fig.* 3.

Ces deux entablements Ioniques ne doivent pas s'employer indifféremment, mais au contraire avec beaucoup de réflexion, afin qu'ils soient parfaitement en rapport avec tout l'ensemble de la partie qu'ils couronnent.

Le chapiteau de la colonne Ionique a à-peu-près un module de hauteur, & est remarquable à cause de ses volutes contournées.

Il y a diverses sortes de chapiteaux Ioniques, les uns, comme celui de la *fig.* 8, qui a le tailloir quarré & les faces dissemblables, se nomme *antique*; les autres ont des tailloirs contournés, comme celui du chapiteau Corinthien, *fig.* 9, & les faces semblables. Comme ces chapiteaux sont très-détaillés, je remets leur explication à la Planche fuivante , dans laquelle j'ai deffiné en grand les chapiteaux Ionique, Corinthien & Compofite.

La bafe que Vignole a donnée à l'Ordre Ionique , étant d'une forme abfolument vicieufe , on a fubftitué à fa place celle nommée *Attique* , parce qu'elle fut inventée par les Athéniens : elle a un module de hauteur, non compris le filet fupérieur , qui eft en fus d'un module , & par conféquent pris aux dépens du fût de la colonne.

Comme cette bafe eft compliquée , je l'ai deffinée plus en grand dans la figure 14 de la Planche 339 , où je l'expliquerai comme je l'ai annoncé plus haut en parlant de la bafe Dorique.

Le piedeftal de l'Ordre Ionique a fix modules de hauteur , dont onze parties pour la corniche & le revers-d'eau , & quatorze autres parties pour la plinthe.

La corniche eft compofée d'un talon d'une partie & demie de hauteur , couronné par un lifteau d'une partie , d'un larmier de trois parties de hauteur , d'une doucine formant cimaife inférieure , dont le haut fe profile dans le deffous de la faillie du larmier , d'une baguette & d'un filet.

Cette cimaife inférieure a quatre parties & demie de hauteur ; favoir , deux parties & demie pour la partie apparente de la doucine , une partie & demie pour la baguette , & une demi-partie pour le filet. La faillie de cette corniche eft de neuf parties , dont deux pour la cimaife fupérieure , une & demie pour la baguette & le filet de la cimaife inférieure.

Des quatorze parties de la bafe du piedeftal , il y en a huit pour la plinthe ; refte fix , dont une au lifteau , trois un quart à la doucine , une un quart à la baguette , & une demie au filet ; la faillie de cette bafe eft de fix parties , dont une & demie pour la baguette & le filet.

Quand le focle eft orné d'une table , on donne cinq parties de largeur au champ , & deux parties & demie tant à la moulure qu'à la plate-bande du paneau , qui doit être fimple , c'eft-à-dire , fans filet : on doit obferver que ce paneau ne défaffleure pas le nud des champs , qu'il eft bon de laiffer dominer un peu fur ce dernier.

L'Ordre Corinthien , repréfenté *fig.* 9 , eft le plus riche de tous les Ordres , & celui dont l'expreffion eft la plus élégante , tant par rapport à la forme & à la quantité de fes ornements , que par la forme fvelte & élégante de fa colonne , dont le diametre eft à la hauteur , y compris bafe & chapiteau , comme 1 eft à 10.

L'entablement de cet Ordre a cinq modules de hauteur , dont un & demi pour l'architrave , un & demi pour la frife , & deux pour la corniche , non compris la baguette & le filet de deffous l'encorbellement inférieur , qui font pris aux dépens de la frife.

La corniche Corinthienne eft compofée de trois cimaifes & de trois larmiers , dont un eft modillonaire , & l'autre denticulaire.

La cimaife fupérieure a huit parties de hauteur ; favoir , une pour le lifteau , cinq pour la doucine , & deux pour le talon & fon filet , qui a une demi-par-tie de hauteur.

Le larmier fupérieur a cinq parties de hauteur , & eft ravalé en-deffous dans les efpaces que laiffent les modillons , comme on peut le voir à la *fig.* 13 , cote *N* : ces ravalements fe nomment *caffes* ou *caffettes* , & font ordinairement remplis par des rofaces d'ornements , comme je le dirai en fon lieu.

Le larmier modillonaire a huit parties de hauteur , y compris une partie & demie pour la hauteur du talon qui couronne les modillons , & une demi-par-tie qui refte du deffous de ces derniers jufqu'à l'arête du larmier ; de forte qu'il ne refte que fix parties pour la hauteur du modillon , dont je donnerai la diftribution en parlant des faillies de cette corniche , qu'il eft néceffaire d'é-tablir auparavant , comme on a pu le voir à l'Ordre Ionique.

L'encorbellement fupérieur a cinq parties & demie de hauteur ; favoir , quatre pour le quart de rond , une pour la baguette , & une demie pour le filet.

Le larmier denticulaire a fix parties & demie de hauteur , y compris une demi partie pour le filet qui refte apparent du deffous des denticules , lefquels n'ont que fix parties de hauteur.

L'encorbellement inférieur a quatre parties & demie de hauteur , dont trois font pour le talon (qui eft le feul membre de cet encorbellement qui foit pris dans la hauteur des deux modules donnés à la corniche) , une partie à la baguette , & une demi-partie au filet.

La faillie de cette corniche eft de deux modules deux parties , dont cinq pour l'encorbellement inférieur , quatre pour la faillie des denticules , quatre & demie pour la faillie de l'encorbellement fupérieur ou cimaife intermédiaire , dix-fept parties & demie pour le larmier fupérieur , & fept pour la cimaife qui le couronne.

J'ai donné la maniere de déterminer la largeur & la diftance des modillons , en parlant de l'entablement Ionique , *fig.* 3 ; c'eft pourquoi je ne me répéterai pas ici , où ils font difpofés de cette maniere , c'eft-à-dire , qu'ils ont de largeur à-peu-près la moitié de l'efpace qui les fépare , les modillons ayant huit par-ties de largeur , & les entre-modillons feize parties & demie. La largeur des modillons Corinthiens eft la moitié de leur longueur , qui , par conféquent , eft de feize parties.

Cette maniere d'efpacer les modillons a deux difficultés ; la premiere eft que fi on vouloit mettre deux colonnes proches l'une de l'autre , ou les mo-dillons ne tomberoient pas à-plomb de la feconde colonne , ou s'ils y tom-boient , il faudroit néceffairement que les chapiteaux de ces colonnes fe péné-traffent de deux parties , les deux diftances des modillons pris de leur axe ne donnant que quarante-neuf parties , lorfqu'il en faut cinquante-une pour que les chapiteaux ne faſſent que ſe joindre ſans ſe pénétrer, ce qu'il eſt très-eſſentiel d'éviter.

La ſeconde difficulté qui réſulte de l'arrangement des modillons, tels que Vignole nous les préſente, conſiſte en ce que les modillons affleurant à une demi-partie près l'arête du larmier, ils interrompent la continuité du liſteau inférieur de ce même larmier, ou pour mieux dire, des caſſettes qui y ſont fouillées, leſquelles préſentent une forme barlongue, au lieu d'être quarrée, ce qui ſeroit beaucoup mieux, comme on peut le remarquer à la *fig.* 13, cote *N.* Pour obvier à ces deux difficultés, je crois qu'il faudroit donner vingt-ſix parties de diſtance d'axe en axe à chaque modillon, c'eſt-à-dire, ſept parties de largeur à chacun, & dix-neuf parties d'intervalle entre deux, ce qui ſeroit cinquante-deux parties d'axe en axe pour accoupler les colonnes, & ce qui ſeroit plus que ſuffiſant, puiſqu'à la rigueur il ne faudroit que cinquante-une parties pour que les chapiteaux ne ſe pénétraſſent pas.

Ce changement dans l'arrangement des modillons, ſeroit très-avantageux pour pouvoir accoupler les colonnes, ainſi qu'on a pu le voir; mais il ſerviroit auſſi à rendre le plafond de la corniche plus régulier, parce qu'en donnant dix-huit parties de ſaillie au larmier ſupérieur, à compter du nud du larmier modillonaire, on auroit des caſſettes de dix-ſept parties en quarré, & les modillons n'auroient que quinze parties & demie de longueur en mettant une partie & demie de largeur au champ des caſſettes, ce qui n'eſt pas beaucoup plus du double de leur largeur; proportion dont on pourroit approcher encore de plus près, en forçant la largeur des modillons d'un quart de partie ſeulement, ce qui diminueroit la largeur, & par conſéquent la longueur des caſſettes d'une demi-partie, ainſi que le modillon, qui n'auroit plus que quinze parties de longueur.

Cette maniere d'arranger les modillons de la corniche Corinthienne, ne change rien à ſon profil, ſi ce n'eſt qu'elle en augmente la ſaillie d'une partie & demie; ſavoir, une partie à la portion inférieure de l'entablement, qui, au lieu de treize parties & demie, doit en avoir quatorze & demie, & une demie-partie à la ſaillie du larmier ſupérieur, ce qui donne à cet entablement deux modules trois parties & demie de ſaillie, au lieu de deux modules deux parties, ce qui eſt peu de choſe en comparaiſon du bien qui réſulte de cet arrangement.

L'architrave eſt compoſée de trois faces & d'une cimaiſe, qui a ſix parties de hauteur; ſavoir, une pour ſon liſteau, quatre pour le talon, & une pour la baguette de deſſous.

La premiere face a ſept parties de hauteur, & eſt ſéparée de la ſeconde, qui n'en a que ſix, par un talon de deux parties de largeur; la derniere face a cinq parties de largeur, & eſt ainſi ſéparée de la ſeconde par une baguette d'une partie de largeur: la ſaillie de cette architrave eſt de cinq parties en tout.

L'architrave Corinthienne, telle que je la repréfente ici d'après Vignole, eſt un peu haute, comparaiſon faite avec la friſe qui eſt réellement diminuée par la baguette & le filet de l'encorbellement inférieur, & qui ſemble encore l'être davantage, du moins en apparence, par la ſaillie de l'architrave qui en maſque une partie, & cela plus ou moins, en raiſon de l'élévation de l'Ordre, & du point de diſtance d'où il eſt apperçu. Ces conſidérations ont fait ſouhaiter qu'on diminuât de la hauteur de l'architrave trois ou quatre parties, afin de grandir un peu la largeur de la friſe. Cette architrave ainſi diminuée, on en met les différents membres en proportion, en faiſant une échelle exprès, dont un module égale les deux tiers de la hauteur de l'architrave, ce qui eſt tout naturel, puiſque la hauteur totale de l'architrave en contient un & demi (*).

Le chapiteau Corinthien eſt le plus grand & le plus orné de tous ; ſa hauteur, y compris le tailloir, eſt de deux modules ſix parties ; l'aſtragale eſt pris aux dépens du fût de la colonne, comme aux autres Ordres ; de maniere que la colonne Corinthienne, entre baſe & chapiteau, n'eſt pas plus élégante que la colonne Ionique. Je réſerve pour la Planche ſuivante le détail du chapiteau Corinthien, ainſi que de ſa baſe, qui eſt à-peu-près ſemblable à la baſe Attique, à quelques augmentations près, & dont le filet ſupérieur eſt toujours pris aux dépens de la colonne.

Le piedeſtal Corinthien a ſix modules douze parties de hauteur, dont quatorze parties & demie pour la corniche & ſon gorgerin ; ſavoir, une partie pour le revers-d'eau, une partie & demie pour le talon, & une partie pour ſon liſteau ; trois pour le larmier, une partie & demie pour la partie apparente de la doucine formant cimaiſe inférieure, une partie & demie pour la baguette de deſſous avec ſon filet, & cinq parties pour le gorgerin. La ſaillie de cette corniche eſt de huit parties en tout. L'aſtragale a une partie & demie de hauteur, & eſt pris aux dépens du ſocle, comme je l'ai déja dit.

La baſe du piedeſtal a ſeize parties & demie de hauteur, dont huit pour la plinthe, deux & demie pour le tore, un pour le liſteau, deux & demie pour la doucine, une & demie pour la baguette, & une partie pour le filet audeſſus : la ſaillie de cette baſe eſt de ſix parties.

Quand on orne le dé du piedeſtal Corinthien d'une table entourée de mou-

---

(*) Ce que je dis par rapport au changement de grandeur de l'architrave Corinthienne, peut & doit s'appliquer à tous les entablements & piédeſtaux qu'on fera hors de la proportion ordinaire, c'eſt à-dire, qui auront moins du quart ou du tiers de la colonne, auxquels entablements ou piedeſtaux il faudra faire d'autres échelles que celles qui auront ſervi à mettre la colonne en proportion, ce qui eſt très-aiſé à faire, puiſqu'il n'y a qu'à diviſer les hauteurs données en autant de modules & de parties de modules qu'ils doivent en contenir à l'Ordre Dorique ; par exemple, on diviſera la hauteur donnée pour l'entablement en quatre parties égales, dont chacune ſera un module à l'Ordre Ionique ; comme l'entablement contient quatre modules & demi, on cherchera le plus grand diviſeur exaɛt de cette quantité, & combien de fois ce diviſeur eſt contenu dans un module, que l'on conſtruira par ce moyen ; ainſi pour l'Ordre Ionique, on diviſera toute la hauteur donnée en neuf parties égales, dont deux feront le module demandé, & de même pour les autres parties où il ſe trouvera des fraɛtions.

Planche 338.

lures, le champ du pourtour doit être de cinq parties de largeur, la moulure & la plate-bande du paneau de trois parties & demie ; ce paneau doit être orné d'un filet fur l'arête de fa plate-bande, & être renfoncé d'après le nud des champs.

Les trois Ordres Grecs, tels que je viens de les décrire, font les feules productions dans ce genre auxquelles on puiffe donner ce nom, & cela par rapport à la gradation de richeffe & d'élégance qu'on y remarque, & qui fe fait fentir jufque dans les moindres parties qui les compofent, lefquelles nonfeulement font analogues à l'Ordre auquel elles font employées, mais encore font connoître, par leurs formes & par leur nombre, à chaque Ordre, un paffage prefqu'infenfible, quoique bien marqué, qui ne laiffe pas de place à des Ordres intermédiaires, tous ceux qu'on a faits jufqu'à préfent n'étant que des imitations plus ou moins imparfaites de ceux-ci, mais qui ne pourront jamais être des Ordres, puifqu'ils n'ont pas de formes & de proportions qui leur foient propres ; conditions qui font abfolument néceffaires pour conftater l'exiftance d'un Ordre ; ce qui ne pourra jamais être, vu que tout eft trouvé depuis l'expreffion la plus folide jufqu'à la plus délicate, malgré les efforts toujours impuiffants qu'on a faits depuis plus de 2000 ans, & notamment dans le dernier fiecle.

Il faut cependant excepter de cette regle l'Ordre Tofcan, qui mérite vraiment ce nom, tant par rapport à la hauteur de fa colonne, qui eft à fon diametre comme 7 eft à 1, que par la forme & la quantité des diverfes parties dont il eft compofé ; ce qui a fait que beaucoup d'Architectes n'ont pas fait difficulté de l'admettre au nombre des Ordres, tandis qu'ils ont conftamment refufé de reconnoître l'Ordre Compofite, foit Romain, François ou autre, lefquels font tous de la proportion de l'Ordre Corinthien, dont ils ne différent que par la forme des profils de leur entablement, & fur-tout par celle du chapiteau, qui, dans l'Ordre Compofite Romain, eft un affemblage des chapiteaux Ionique & Corinthien placés l'un fur l'autre, & toujours dans les proportions de ce dernier, comme je le dirai en fon lieu.

L'entablement Compofite, tel que Vignole le donne, repréfenté *fig.* 4, eft denticulaire, & eft dans les mêmes proportions générales que le Corinthien ; c'eft pourquoi je n'en parlerai pas davantage, parce qu'on peut avoir recours aux cotes de la figure.

La bafe Compofite eft la même que la Corinthienne, à laquelle on fupprime la baguette de deffus le petit tore.

Quant au piedeftal, c'eft le même qu'à l'Ordre Corinthien, à l'exception qu'on y fupprime quelques membres de moulures, & qu'on fait celles qui reftent un peu plus mâles.

On fait quelquefois la corniche de l'entablement de l'Ordre Compofite, avec des modillons, foit comme ceux de l'Ordre Corinthien, ou des modillons

quarrés

quarrés qui font doubles fur la hauteur ; mais je n'en parlerai pas ici, vu que ces fortes de corniches modillonaires ne fe font guere en treillage, & que de plus mon deffein n'eft pas de faire un Traité des Ordres d'Architecture en général, mais feulement de donner une idée nette & concife des trois Ordres d'Architecture Grecs, que j'ai détaillés dans cette Planche avec tout le foin poffible, du moins autant que la petiteffe des figures a pu me le permettre, & aux élévations defquels j'ai joint les plans au-deffous, dont la moitié, cote *G, I, M, fig.* 11, 12 & 13, repréfente la coupe tranfverfale de la colonne, prife au-deffus de la bafe, avec la faillie de la corniche des piedeftaux ; l'autre moitié de ces plans, cotée *H, L, N,* repréfente les entablements vus en deffous, & la coupe tranfverfale de la colonne prife à fon plus petit diametre.

Il y a des occafions où, quand on eft borné pour fa hauteur, ou par quelque autre raifon, on ne fait pas d'entablement complet au-deffus des Ordres, mais une efpece de corniche repréfentée *fig.* 1, qui fe nomme *corniche architravée*, laquelle n'eft autre chofe que la corniche ordinaire d'un entablement d'Ordre quelconque, à laquelle on joint l'architrave du même Ordre, dont on a fupprimé la partie fupérieure, ainfi qu'on peut le voir dans cette figure, qui repréfente une corniche Ionique architravée pareille à celle de la *fig.* 8, excepté que les denticules ne font pas refendues, ce qui ne fait rien à la chofe.

Quand on met de ces fortes de corniches au-deffus d'un Ordre, le dernier membre de l'architrave doit toujours y tomber à-plomb du nud de la colonne ; fi au contraire les Ordres, colonnes ou pilaftres, font fupprimés, le corps qui porte cette corniche doit être en arriere-corps d'une ou deux parties, comme l'indique la ligne *y z*, ce qui eft général dans tous les cas, tant pour les corniches architravées, que pour les entablements réguliers, & pour les entablements décompofés, comme la *fig.* 5.

Les entablements décompofés peuvent être d'expreffion Dorique, Ionique, Corinthienne, &c ; mais ils ne doivent jamais s'employer qu'aux parties dans la décoration defquelles on ne fera pas entrer d'Ordre d'Architecture, mais feulement l'expreffion de ces mêmes Ordres, comme je le dirai en fon lieu.

La principale partie de ces entablements, c'eft-à-dire, la corniche, doit toujours être en proportion avec la grandeur de l'Ordre qui eft deffous, ou qui du moins eft fuppofée y être, comme je l'ai obfervé à cette *fig.* 5, où la corniche qui eft d'expreffion Ionique a un module trois quarts de hauteur, ainfi que la corniche de cet Ordre. Ces fortes d'entablements n'ont pas de frife ni d'architrave, du moins d'une même grandeur que les autres ; la partie liffe m, fe nomme *gorgerin*, & eft réduite à la moitié de la hauteur de la corniche ; & celle qui fert d'architrave, & qui prend le nom d'*aftragale*, a la moitié de la hauteur de la frife, de forte que toute la hauteur d'un entablement décomposé étant donnée, on la divise en sept parties égales, dont on en donne quatre à la corniche, deux au gorgerin, & un à l'aftragale.

Pour qu'une corniche ou un entablement foit d'expreffion d'un Ordre quelconque, il faut que fa hauteur foit en rapport avec celle de cet Ordre, foit qu'il exifte ou non, & que le nombre & la forme des parties qui le compofent foient eux-mêmes d'accord avec ce même Ordre, dont il faut qu'elles annoncent le caractere folide, moyen ou délicat; c'eft pourquoi aux corniches d'expreffion Dorique, on mettra quatre membres principaux; favoir, deux cimaifes & deux larmiers; à celles d'une expreffion Ionique, cinq membres; favoir, trois cimaifes & deux larmiers; & à celles d'une expreffion Corinthienne, on mettra fix membres, favoir, trois cimaifes & trois larmiers, afin de fuivre autant qu'il fera poffible la progreffion de richeffe qui fe trouve non-feulement dans les corniches des trois Ordres Grecs, mais encore dans toutes leurs autres parties, lefquelles font compofées avec le même foin depuis la bafe jufqu'au fommet de ces mêmes Ordres, ce qui en fait la beauté & en même-temps ce qui fait affez connoître qu'il n'eft guere poffible de rien faire de nouveau en fait d'Ordres d'Architecture.

§. II. *Defcription des Chapiteaux Ionique, Corinthien & Compofite.*

Les Chapiteaux Ioniques font de deux efpeces; favoir, les antiques & les modernes. Les premiers repréfentés *fig.* 1, 2 *& 6*, différent des feconds en ce qu'ils ont leurs faces diffemblables, & que leur tailloir eft d'une forme quarrée, comme on peut le voir dans les *fig. 2 & 6.*

Le tailloir du Chapiteau Ionique antique a trois parties de hauteur, fur cinq de faillie, dont deux & demie du devant des volutes.

Il y a quatre parties de diftance du deffous du tailloir au-deffus de l'ove ou échine qui tourne autour de la colonne, ainfi que la baguette & le filet; l'ove ou échine a cinq parties de hauteur, fur quatre de faillie du devant de la baguette, qui a deux parties de hauteur, & fon filet une, ce qui fait trois pour les deux, fur deux parties de faillie; favoir, une partie & un quart pour la baguette, & trois quarts pour le filet, ce qui donne fix parties de faillie du devant de l'ove jufqu'au nud de la colonne. *Voyez la fig.* 1, où toutes ces mefures font exactement cotées.

La volute vue de face, *fig.* 2, cote *A*, & de côté *même figure*, cote *B*, eft un ornement tout-à-fait étranger au fût de la colonne, qu'elle femble recouvrir & féparer d'avec le tailloir qui la recouvre en partie; la volute forme une fpirale qui a feize parties de diametre perpendiculaire fur quatorze parties de largeur, dont l'axe perpendiculaire paffe à dix-huit parties du milieu de la colonne, & laiffe à la volute huit parties de largeur en dehors, & fix en dedans; l'axe horizontal de la volute paffe à neuf parties de diftance du deffous

du tailloir, ce qui lui laisse sept parties en-dessous, comme on peut le voir
dans la *fig.* 2, cote *A.*

La volute se trace au compas de différentes manieres, dont voici la plus
ordinaire. On trace au centre ou œil de la volute, un quarré nommé *Cathete*,
fig. 5, dont la diagonale *b d*, a deux parties de hauteur, ainsi que celle *a c*.
On divise chaque côté de ce quarré en deux parties égales, par lesquelles
divisions on fait passer les lignes 1, 3 & 2, 4, qu'on divise ensuite en trois
parties égales jusqu'au centre, comme l'indiquent les points 5, 6, 7, 8, 9,
10, 11 & 12. Ce qui étant fait, on porte une pointe du compas au point 1,
& l'autre au point *e*, *fig.* 2, (en supposant que le cathete *fig.* 5, soit au
centre de la volute, *fig.* 2), & on décrit l'arc de cercle *e f*; on reporte
ensuite la pointe du compas au point 2 ; & à la rencontre du premier arc de
cercle au point *f*, on en décrit un second de *f* à *g*, ainsi des autres, en
observant toujours d'arrêter aux points *h*, *i*, *l*, *m*, *n*, *o*, *p*, *q*, *r*, *s*, qui doivent se rencontrer à l'angle de la cathete au point *b*, duquel & du centre de la
volute, on décrit un petit cercle qui termine la volute.

Lorsqu'on décrit la volute, il ne faut pas faire commencer ou finir les
arcs de cercle qui la composent directement aux lignes perpendiculaires &
horizontales qui passent par le centre de cette derniere, mais au contraire à
des lignes perpendiculaires & horizontales provenantes de chaque centre de la
cathete, comme je l'ai observé à la *fig.* 5, où les lignes ponctuées partent de
chaque point de division, & sont cotées des mêmes lettres qu'à la *fig.* 2, sur
laquelle je n'ai pas fait ces différentes opérations, par rapport à la petitesse de
la figure, qui a cependant été tracée au compas selon la méthode que je viens
d'enseigner.

L'intérieur du listeau de la volute, qui a une partie de hauteur au-dessous
du tailloir, se trace aussi au compas, non pas par les mêmes centres, mais on
divise l'espace qu'il y a entre les points de centre de la cathete, en quatre
parties égales, dont un quatrieme en dessous des chiffres est le centre des
révolutions qui se tracent à l'ordinaire. *Voyez la fig.* 5, où ces seconds centres
sont indiqués par de petits traits seulement, afin d'éviter la confusion.

La plûpart des volutes antiques sont arrasées sur leurs faces ; cependant elles
sont beaucoup mieux lorsqu'elles sont le limaçon, comme on peut le voir à la
volute vue de côté, *fig.* 2, cote *B.*

Les fûts des colonnes sont quelquefois ornés de cannelures, qui sont des
cavités creusées perpendiculairement & en forme de demi-cercles par leurs
plans, comme on peut le voir aux *fig.* 2 & 6. Ces cannelures sont ordinairement au nombre de vingt-quatre au pourtour de la colonne, & jamais moins
de vingt, encore n'est-ce qu'à l'Ordre Dorique. La largeur du listeau qui
sépare les cannelures, est à celle de ces dernieres, comme 1 est à 3, c'est-à-
dire, le tiers. Cette proportion n'est bonne que pour l'Ordre Ionique ; & au

Corinthien on ne leur donne que le quart. Quelquefois les cannelures font ornées de filets & de baguettes, ce qui diminue de leur largeur, ainfi que de celle des lifteaux qui les féparent.

Quand on fait des cannelures aux pilaftres, on en met cinq à l'Ordre Dorique, & fept aux autres Ordres, & jamais fix, parce qu'il faut toujours qu'il fe trouve une cannelure au milieu des pilaftres, ainfi qu'aux colonnes.

Quand l'échine des Chapiteaux eft taillée en ove, comme aux *fig.* 2 *& 6*, il faut que le milieu de ces dernieres réponde toujours au milieu des cannelures, afin que ces ornements foient plus fymmétriques, & fe préfentent toujours bien à l'œil du fpectateur. *Voyez la fig.* 6, qui repréfente le Chapiteau Ionique antique vu en deffous, le côté *C* avec la volute & fon couffinet (ainfi qu'à la *fig.* 2, cote *B*), & fes oves, & l'autre coté *D*, où la colonne eft fuppofée coupée au-deffus des oves, de maniere qu'on découvre le deffous du tailloir tout entier, la partie étant prife pour le tout.

Le Chapiteau Ionique moderne, repréfenté *fig.* 3, 4 *& 7*, a les quatre faces égales; & fon tailloir, qui eft d'une forme creufe par les faces, a fix parties de hauteur, favoir, deux pour le quart de rond, un pour le filet, & trois pour le congé de deffous. L'ove eft diftant de deux parties du deffous du tailloir, & eft de même proportion que dans le Chapiteau antique, quoique plus bas d'une partie que dans ce dernier. *Voyez la fig.* 4, qui repréfente le profil de ce Chapiteau, dont le plan du tailloir fe trace de la maniere fuivante.

On trace un quarré *E F G H*, *fig.* 7, dont la diagonale doit avoir quatre modules de longueur, & par conféquent fa moitié *I G*, deux modules. Vers l'extrémité de cette diagonale, on éleve une perpendiculaire *b c*, dont la longueur doit être de quatre parties, & toucher par fes extrémités aux lignes du quarré au point *b c*, ce qu'on doit répéter aux quatre angles du Chapiteau; enfuite on prend avec un compas la diftance *a b*; & de ces deux points, on fait deux fections en *L*, (au-deffus de la *fig.* 3), & à la rencontre defquelles, comme centre, on trace la courbe du tailloir, ainfi que les faillies de fon profil, qu'on prend fur le profil, *fig.* 4, ce qu'on fait des quatre côtés du tailloir, ainfi qu'aux quatre angles, où on eft obligé de forcer la faillie du profil pour empêcher que les lignes du bas du congé ne fe pénétrent.

Quand le plan du tailloir eft tracé, on trace le plan des volutes auxquelles on fait fuivre, à peu de chofe près, le parallélifme de la cavité du tailloir, & dont on borne la faillie extérieure à l'à-plomb du filet de ce dernier; puis cette même volute étant tracée à part felon la méthode ordinaire, on en prend toutes les révolutions horizontales, qu'on porte fur le plan des points *f*, *g*, *h*, *i*, duquel plan on les reporte à l'élévation, dont la volute fe trace à la main, parce que fon inclinaifon en-dedans du Chapiteau la fait paroître un peu ovale, quoiqu'en la regardant fuivant la courbure de fon plan, elle foit femblable à la

volute

volute antique, à laquelle elle est parfaitement semblable, tant pour la hauteur que pour la largeur ; & si elle paroît un peu plus basse que cette derniere, ce n'est que parce qu'il y a un intervalle entre le dessus de son listeau & le filet du tailloir, ce qu'il est nécessaire de faire pour que le filet du tailloir & le listeau de la volute ne paroissent pas se pénétrer ou ne faire qu'une seule & même partie, ce qu'il faut absolument éviter.

Les Chapiteaux Ioniques, tant antiques que modernes, sont souvent enrichis d'ornements de sculpture, comme des ornements courants dans les révolutions de leurs volutes, des guirlandes de fleurs, des fruits, &c, desquels ornements je n'ai donné ici qu'une idée, m'étant plus attaché à la construction de ces Chapiteaux qu'à la maniere de les orner, laquelle peut être infiniment variée, en évitant cependant que ces différents ornements ne portent trop de richesse, ou n'y fassent de la confusion, ce qui est encore pis.

Le Chapiteau Corinthien, représenté *fig. 9 & 11*, est le plus beau de tous les Chapiteaux, tant pour la richesse que pour la régularité de sa composition, qui, quoique très-riche, ne laisse pas de plaire infiniment par rapport à l'ordre & à la belle proportion qui regnent dans toutes les parties de ce Chapiteau.

La hauteur du Chapiteau Corinthien est de deux modules six parties, y compris le tailloir, qui en occupe six, & qui est tout semblable à celui du Chapiteau Ionique moderne ; c'est pourquoi je n'en parlerai pas davantage (*).

Il ne reste que deux modules de hauteur pour le Chapiteau, dont le corps ou tambour est un cylindre du même diametre que le fût supérieur de la colonne, dont la partie inférieure est un peu arondie en-dedans, & la partie supérieure évasée en-dehors de six parties de chaque côté. Cet évasement ne monte pas directement au-dessus du tambour, mais à deux parties d'intervalle dont l'excédent est arondi en-dessus à-peu-près comme à un vase. *Voyez la fig. 9*, cote *N*, où le tambour est vu à nud, & son profil terminé par la ligne *l m n*.

Au pourtour de ce tambour, sont placées huit tigettes, qui prennent leur naissance sur le plan *fig. 11*, au point *U*. De ces tigettes *Q, fig. 9*, sortent les feuilles nommées *Caulicoles*, qui embrassent la naissance des grandes volutes *O*, & des petites volutes ou hélices *P*.

Après les tigettes, sont deux rangs de feuilles au nombre de huit à chaque rang, dont celles *R* nommées *grandes feuilles* ou *feuilles de dessus*, sont placées aux huit points principaux du cercle, ainsi que celles *X, X, fig. 11*.

(*) Quoique je dise que le tailloir du Chapiteau Corinthien est semblable à celui du Chapiteau Ionique moderne, ce n'est pas que l'un soit fait à l'imitation de l'autre ; tout au contraire, c'est le tailloir du Chapiteau Ioni-que qui a été fait à l'imitation de celui du Chapiteau Corinthien, & ce que je dis ici n'est que pour suivre l'ordre de la description de ces Chapiteaux, & ne me point répéter, du moins autant qu'il est possible.

Les huit autres petites feuilles ou feuilles de deſſous, ſont placées entre les premieres, de maniere que leur milieu recouvre directement le milieu des tigettes, comme on peut le voir à la *fig.* 11. Quant à la hauteur & à la ſaillie de ces feuilles, on la trouve de la maniere ſuivante.

On diviſe la hauteur totale du Chapiteau, priſe du deſſous du tailloir, en trois parties égales, & les deux parties inférieures *o p*, & *q r*, *fig.* 9, donnent la hauteur des deux premiers rangs de feuilles, dont la retombée, qui eſt de trois parties, eſt indiquée par les lignes *s t* & *u x*. Le tiers reſtant de la partie ſupérieure du Chapiteau ſe diviſe en trois parties égales, dont deux ſont pour la hauteur des grandes volutes, & une pour les quatre petites feuilles *T*, leſquelles ſont placées aux quatre angles du Chapiteau, derriere les grandes feuilles, & montent juſque deſſous les volutes qu'elles ſemblent ſoutenir. *Voyez* la *fig.* 9, cote *M*, & la *fig.* 8, où ſont cotées les meſures des différentes parties du Chapiteau Corinthien.

Les petites volutes ou hélices *P* deſcendent au niveau des grandes volutes *O*; mais elles ſont moins hautes, étant bornées par la levre du vaſe ou tambour.

Après avoir ainſi borné la hauteur des feuilles & des volutes, reſte à en déterminer la ſaillie ; pour cet effet, on trace un profil du tailloir vu ſur l'angle, comme à la *fig.* 9, cote *N*, de l'extrémité duquel à l'angle du filet de l'aſtragale, on mene une ligne oblique *y z*, laquelle borne toutes les ſaillies, tant des volutes que des feuilles, comme on peut le voir dans cette figure, où elles ſont toutes deſſinées de profil.

Les ſaillies des volutes & des feuilles étant ainſi bornées, on abaiſſe de leurs extrémités autant de perpendiculaires, leſquelles avec la rencontre de l'axe horizontal de ce même plan, donnent naiſſance à des cercles cotés 1, 2 ; 3, 4; 5, 6, 7, & 8, 9; qui bornent ces ſaillies ſur le plan où on deſſine la maſſe des feuilles; ce qui étant fait, on éleve du milieu & des extrémités de ces mêmes feuilles autant de perpendiculaires à l'élévation, ce qui donne la courbure & l'inclinaiſon des feuilles & des volutes, le Chapiteau vu étant de face, comme la *fig.* 9, cote *M*, où toutes les feuilles ſont deſſinées en maſſes pour en mieux faire ſentir les contours.

Le milieu du tailloir du Chapiteau Corinthien eſt orné d'une fleur ou roſe, laquelle deſcend juſqu'au deſſus des petites volutes ou hélices & remonte juſqu'au deſſus du tailloir, qu'elle ne déborde pas, du moins pour l'ordinaire.

Je n'entrerai pas dans un plus grand détail touchant la forme du Chapiteau Corinthien, ce que j'en ai dit, & l'inſpection des figures, étant, je crois, ſuffiſant pour en bien faire entendre la conſtruction; & on obſervera que le profil tracé ſur la *fig.* 9, cote *N*, eſt une ligne de milieu que j'ai tracée dans toute la hauteur du Chapiteau, & qui n'en ſuit les contours que parce qu'elle eſt vue diagonalement.

Le Chapiteau Compoſite, repréſenté *fig.* 10 & 12, eſt tout-à-fait ſemblable au Chapiteau Corinthien , du moins dans sa partie inférieure , sur laquelle est placé le Chapiteau Ionique moderne , dont cette partie ne differe que par la saillie des volutes , & leur inclinaison qui se rapproche plus de la diagonale du tailloir vu en plan , *fig.* 12 , que dans le Chapiteau Ionique ; à cette différence près , tout est égal des deux côtés. Les volutes sont de même grandeur , & se tracent de la même maniere qu'au Chapiteau Ionique. La saillie de ces volutes & des feuilles de ce Chapiteau est bornée de la même maniere qu'au Chapiteau Corinthien , comme on peut le voir dans la *fig.* 10, dont un côté représente le Chapiteau vu de face , & ses feuilles taillées en feuilles de persil , & de l'autre côté ce même Chapiteau nud , & vu sur l'angle avec son profil pris au milieu du tailloir.

Les feuilles des Chapiteaux Corinthien & Composite , se taillent en feuilles de laurier , d'olivier , d'acanthe & de persil ; mais comme j'ai à parler ailleurs de ces différentes feuilles & de beaucoup d'autres , je n'en parlerai pas du tout ici.

Ce que je viens de dire ne regarde que les Chapiteaux des colonnes ; cependant on peut l'appliquer aux Chapiteaux des pilastres , à quelques différences près , comme on va le voir ci-après.

En général , les Chapiteaux à pilastres doivent être plus larges que ceux des colonnes de six parties , vu que le fût des pilastres ne diminue pas par le haut , ainsi que celui des colonnes ; c'est pourquoi dans l'Ordre Ionique antique on doit reculer le centre des volutes de trois parties de chaque côté ; mais comme dans une ordonnance où il y auroit des pilastres & des colonnes , cette différence de largeur des Chapiteaux des pilastres & des colonnes , pourroit faire un mauvais effet , on feroit très-bien de donner moins de saillie aux volutes des pilastres , & un peu plus à celles des colonnes , ce qui rendroit la différence de largeur des Chapiteaux , colonnes & pilastres , moins sensible. Il faut aussi faire attention , à ces sortes de Chapiteaux , que l'ove ne peut avoir sa véritable saillie que dans le milieu du pilastre , & qu'il faut diminuer cette saillie de trois parties au moins par les extrémités , afin qu'elle n'excede pas les volutes ; cette diminution se fait en arrondissant de maniere que la surface supérieure des oves soit sur un plan bombé.

Le Chapiteau des pilastres de l'Ordre Ionique moderne , doit aussi être plus grand que celui de la colonne ; & lorsqu'on trace le plan de son tailloir , il faut avoir soin qu'il ait la même saillie sur le nud du pilastre que sur la colonne , & que son angle soit toujours de quatre parties de largeur , sans s'embarrasser si l'arc que forme sa partie creuse est celui d'un triangle équilatéral ; & dans le cas où il y auroit des Chapiteaux-colonnes & des Chapiteaux-pilastres à côté les uns des autres , on feroit très-bien de diminuer le saillie des angles du tailloir de ces derniers , pour les raisons que j'ai données en parlant du Chapiteau Ionique antique.

Les Chapiteaux des pilaſtres Corinthiens ſont ſemblables à ceux des colonnes , quant à la forme & au nombre des parties dont ils ſont compoſés ; mais comme le pourtour du pilaſtre eſt au pourtour du fût ſupérieur de la colonne comme 144 eſt à 94 , du moins à peu de choſe près , les feuilles du Chapiteau-pilaſtre deviennent près d'un quart plus larges que celles des colonnes , ce qui oblige à forcer leur hauteur , & à donner au Chapiteau-pilaſtre trois parties de hauteur de plus qu'au Chapiteau-colonne , leſquelles trois parties ſont également réparties ſur les deux rangs de feuilles. Cette augmentation de hauteur de Chapiteau ne ſouffre aucune difficulté , quand même il y auroit des pilaſtres & des colonnes employés dans la même façade , parce qu'on augmente également la hauteur des Chapiteaux des colonnes , qui n'en font pas plus mal pour cela. Quant à l'arrangement des feuilles du Chapiteau-pilaſtre , il eſt le même qu'au Chapiteau-colonne : des huit feuilles de deſſus , quatre ſont placées au milieu de la face du Chapiteau , & les quatre autres reployées par leur extrémité inférieure ſur l'angle qu'elles embraſſent : des huit feuilles de deſſous , il y en a deux à chaque face également diſtantes entre elles , ainſi qu'au Chapiteau-colonne.

Le tailloir du Chapiteau-pilaſtre d'Ordre Corinthien ſe trace de la même maniere que celui du Chapiteau Ionique moderne ; c'eſt pourquoi je n'en parlerai pas davantage , non plus que du Chapiteau-pilaſtre d'Ordre Compoſite , lequel n'eſt , comme je l'ai dit plus haut , qu'un aſſemblage des Chapiteaux Ionique & Corinthien.

Les *fig.* 13 , 14 *&* 15 , repréſentent les baſes Dorique , Ionique (ou Attique) & Corinthienne , dans le détail deſquels je n'entrerai pas ici , parce que j'ai fait des échelles diviſées en parties tant ſur la hauteur que ſur la ſaillie de ces mêmes baſes , auxquelles on pourra avoir recours.

Ce que je viens de dire touchant les trois Ordres d'Architecture Grecque , renferme tout ce qu'il eſt abſolument néceſſaire aux Treillageurs de ſavoir ſur cette partie de l'Architecture. Il me reſte maintenant à faire l'application de ces mêmes Ordres aux divers genres d'édifices qu'ils imitent en Treillage , & à donner le détail & les proportions des différentes parties qui accompagnent les Ordres d'Architecture , ſoit comme faiſant parties eſſentielles de l'édifice , ou ſeulement comme parties acceſſoires & purement de décoration.

§. III. *Application des Ordres Grecs à la décoration des Edifices, & le détail des différentes parties d'Architecture, comme les Attiques, les Soubassements, &c.*

LES Ordres d'Architecture entrent plutôt dans l'enfemble des Edifices, comme partie toute de décoration, que comme partie effentielle à la conftruction, quoique ce foit de cette derniere embellie qu'ils tirent leur origine.

Quand on veut employer les Ordres d'Architecture dans la décoration d'un Edifice quelconque, il faut avant toute chofe, fe rendre compte du rang & de l'ufage de cet Edifice, afin de faire choix d'un Ordre dont l'expreffion & la richeffe foient en rapport avec l'enfemble de ce même Edifice.

PLANCHE 340.

Après avoir fait choix de l'Ordre, il faut fe rendre compte fi on l'emploiera colonne ou pilaftre, ou enfin l'un & l'autre ; fi fon entablement fera modillonaire ou denticulaire, afin qu'au moyen de ces connoiffances primitives, on puiffe décider de la forme des entre-colonnements, & par conféquent de la forme & de la grandeur des avant ou arriere-corps, & de la faillie de ces mêmes corps, ce qui ne peut être qu'en faifant une étude particuliere de la corniche de l'Ordre qu'on veut employer, & cela avant que de rien arrêter touchant la largeur des corps & de leur faillie.

On nomme *entre-colonnement*, la diftance qu'il y a d'une colonne à une autre, depuis le nud de ces dernieres, ce qui étoit la maniere dont les Anciens comptoient leurs entre-colonnements, qui étoient au nombre de cinq ; favoir, ceux d'un diametre & demi ou de trois modules, ceux de deux diametres ou quatre modules, ceux de deux diametres & un quart ou de quatre modules & demi, ceux de trois diametres ou fix modules, ceux enfin de quatre diametres ou huit modules. Les Modernes comptent leurs entre-colonnements de l'axe d'une colonne à l'autre, & cela par rapport à la diftance, foit des mutules ou des modillons, qui doivent tomber à l'à-plomb de chaque colonne, ainfi que je l'ai dit plus haut.

Les plus petits entre-colonnements des Modernes, font les colonnes accouplées, comme celles *D E*, *fig.* 2, lefquelles font approchées l'une de l'autre autant qu'il a été poffible, fans que leurs bafes ou leurs chapiteaux fe pénétraffent. Depuis cet entre-colonnement qui eft le plus petit poffible, on peut faire varier les entre-colonnements felon que l'exige la forme générale des avant ou arriere-corps, ou la grandeur des ouvertures placées dans ces entre-colonnements.

Ces ouvertures font des portes, comme celles *H I*, *fig.* 1 & 2, ou des croifées, comme celle *L*, *fig.* 2, ou enfin des niches, comme celle *M*, qui

TREILLAGEUR.   Q 12

est encadrée dans le chambranle de la croisée *L*, lequel peut également servir à recevoir une niche.

Les ouvertures dont je viens de parler, ont des hauteurs proportionnées à leur largeur, selon l'expression des Ordres qui décorent les Edifices où ils sont placés.

Celles d'Ordre Dorique, comme dans les figures de cette Planche, doivent avoir de hauteur deux fois & un sixieme de leur largeur, prise du dedans de leurs pieds droits *P*, *fig.* 2; au-dessous du socle, les ouvertures Ioniques doivent avoir de hauteur deux fois & un quart leur largeur; & les Corinthiennes, deux fois & demi. Ces ouvertures sont quelquefois bombées par le haut, mais plus communément droites ou à plate-bande, comme celles *H* & *L*, *fig.* 1 & 2, ou bien en plein cintre, comme celle *I*; dans ce dernier cas, la partie supérieure de l'ouverture *N*, se nomme *archivolte*.

Quand les ouvertures sont quarrées, comme celle *H*, on peut leur donner un peu moins de hauteur, proportion gardée avec leur largeur, vu que les ouvertures quarrées paroissent toujours plus élégantes que celles dont la partie supérieure est circulaire. Le pourtour des ouvertures quarrées, soit portes ou croisées, est ordinairement orné d'un chambranle *U*, *fig.* 1, dont le profil doit être le même que celui de l'architrave de l'Ordre, ou du moins à peu de différence près. La largeur du chambranle doit être le sixieme de la largeur de l'ouverture au plus, & le septieme au moins, & leur saillie sur le nud du mur doit être le sixieme de leur largeur. Au-dessus des chambranles, soit des portes ou des croisées, on met quelquefois des corniches *R*, lesquelles sont séparées des chambranles par une frise *S*, à laquelle la partie supérieure du chambranle sert d'architrave; de sorte que la partie supérieure ou couronnement d'une ouverture quarrée lorsqu'elle est terminée, comme je l'ai représentée dans cette figure, forme un entablement régulier, dont les proportions & le module sont donnés par la largeur du chambranle & de la corniche. Cet entablement doit être de même expression que celle de l'Ordre qui décore l'Edifice, sans cependant être le même : il est bon qu'il soit d'un profil un peu plus simple, ou que du moins les membres qui le composent soient moins chargés de moulures.

Quand la place le permet, on met derriere le chambranle un double champ ou contre-chambranle *T*, qui monte de fond, & qui sert à porter la corniche qui profile à l'à-plomb de ce dernier, dont la largeur doit être au moins égale à la moitié de celle du chambranle, ou les deux tiers au plus, à moins qu'ils ne soient ravalés en forme de pilastres: dans ce dernier cas, ils peuvent être d'une largeur égale & même plus considérable que celle du chambranle, qui, alors, ne peut pas avoir de crossettes sur le côté ainsi que dans cette figure.

Les crossettes sont des ressauts *a*, qu'on fait faire à la partie supérieure des

montants des chambranles , & au dernier membre de son profil seulement ;
leur saillie doit être d'un sixieme de la largeur du chambranle , & leur hauteur
le quart de la hauteur de ce dernier, ou le cinquieme au moins quand le chambranle tourne au pourtour d'une croisée , & qu'on met des croffettes à la partie de deffous, on leur donne de longueur le quart de celle du chambranle pris
du dehors en-dehors, ou le cinquieme au moins.

PLANCHE
34ᵉ.

Les corniches des chambranles font quelquefois foutenues par des confoles ,
foit méplattes, comme celle *X*, ou chantournées en *S* ; dans ce dernier cas,
il faut qu'elles montent jufqu'au deffous du larmier de la corniche , à moins
que la cimaife inférieure de cette derniere ne faffe faillie à l'endroit des confoles ,
auxquelles, alors, elles ferviroient de couronnement. La partie inférieure d'un
chambranle ne doit pas être terminée au-deffus du focle , parce que cela diminueroit trop de fa hauteur , à moins cependant que le focle ne fût très-bas ,
comme de la hauteur de deux à trois modules ; mais quand il eft un peu
haut , comme à la *fig.* 1 , il faut faire defcendre le chambranle en contre-
bas du focle , & le terminer par une plinthe *Y* , dont la hauteur foit à-peu-
près le double de la largeur du chambranle. Quand les ouvertures font terminées par un demi-cercle , comme celle *I* , *fig.* 2 , on n'y met pas de chambranle ; mais au nud du point de centre de leurs archivoltes, on met des impoftes qui reçoivent les retombées de ces dernieres.

Les *impoftes O* , font des parties ornées de moulures , d'un profil à-peu-
près femblable à celui de l'architrave ; quelquefois, comme aux ordonnances
Ionique & Corinthienne , fon profil eft femblable à celui de la corniche du
piedeftal de l'Ordre , dont on diminue la faillie autant qu'il eft poffible , & on
y ajoute un aftragale , fuppofé qu'il n'y en ait pas.

La hauteur des impoftes doit être d'un module moins la hauteur de l'aftragale , fuppofé qu'il y en ait un ; la partie *P*, qui foutient l'impofte , fe nomme
pieds droits ; ils doivent toujours être liffes & d'à-plomb , malgré les avis de
quelques Architectes anciens , & les exemples contraires.

Les archivoltes *N*, doivent avoir un module de largeur , & être d'un profil
femblable à celui de l'architrave de l'Ordre , ainfi que les chambranles dont j'ai
parlé ci-deffus ; & il faut obferver de ne jamais mettre d'archivoltes fans impoftes , ni d'impoftes où il n'y aura point d'archivoltes.

La proportion que je viens de donner pour les impoftes & les archivoltes ,
n'eft bonne que pour les grandes arcades telles que celles-ci (où elles font
même un peu petites , n'ayant de largeur que le huitieme de celle de l'ouverture) , & à toutes les autres on leur donnera de largeur le feptieme de l'ouverture , qui, dans tous les cas, eft la mefure la plus convenable.

Le milieu des archivoltes eft quelquefois orné d'un claveau liffe , comme
celui *b c* , *fig.* 2 , dont la largeur la plus forte doit être égale au fixieme de
l'ouverture , & fa direction tendue au centre *d* de l'archivolte. Les claveaux

peuvent être ornés , soit d'une console en sculpture, ou d'une tête ou masque, ce qui est moins bien qu'une console : ces têtes étant ainsi placées sont également opposées à la vraisemblance & à l'humanité.

Quand on mettra des impostes & des archivoltes aux arcades, il sera bon, du moins autant qu'il sera possible, qu'ils soient entourés d'une niche quarrée Q , *fig.* 2, qui en ferme toute l'ouverture, & empêche les impostes de venir pénétrer dans les colonnes ou les pilastres placés aux deux côtés des arcades. La saillie de la niche quarrée doit être égale à celle de l'imposte, qu'elle doit même excéder un peu, ainsi que cette derniere excede celle de l'archivolte, entre laquelle & l'arête de la niche quarrée, on doit laisser un peu de jeu, afin qu'elle ne joigne pas contre, & que par conséquent ils ne semblent pas se pénétrer l'une l'autre.

La largeur des niches quarrées, ou, pour mieux dire, de leurs alettes, doit être d'un module pris du nud inférieur des colonnes ; cependant comme il arrive quelquefois qu'on est borné par la distance des modillons de la corniche , ou par les triglyphes de la frise, comme à la *fig.* 2 , cette largeur est sujette à varier un peu, soit en plus, soit en moins, comme dans la *fig.* 2. Il faut observer cependant que cette variation ne soit pas trop considérable, ce qu'on parvient à faire en haussant ou diminuant la hauteur du socle qui porte l'Ordre , ce qui donne le moyen de grandir ou diminuer l'ouverture, & par conséquent toutes les parties qui l'accompagnent.

Les portes & les croisées peuvent également être décorées de la maniere que je viens de le décrire, ainsi que les niches M , *fig.* 2 & 4, en observant cependant que comme elles sont pour l'ordinaire circulaires tant en plan qu'en élévation, (du moins aux ordonnances Dorique, Ionique & Corinthienne) lorsqu'on les décorera d'archivoltes & d'impostes, ces derniers doivent tourner dans l'intérieur de la niche ; & que quand elles seront enfermées par un chambranle, il doit rester entre elles & ce dernier un espace L , qui égale au moins la moitié de la largeur du chambranle.

Quand il n'y a pas d'ouvertures placées dans les entre-colonnements, mais seulement des tables, comme celle Z , *fig.* 1, ou toute autre partie, soit d'Architecture ou de Sculpture, on doit toujours se rendre compte de leur forme & de leur grandeur, ainsi que de celle des portes, des croisées & niches dont j'ai parlé ci-dessus, afin de déterminer au juste la largeur des entre-colonnements , & par conséquent le nombre de modillons ou de triglyphes qui doivent se trouver d'un axe à un autre.

L'Ordre Dorique , tel que Vignole le donne, & que je l'ai représenté dans la *fig.* 7, de la Planche 338, ne peut souffrir d'accouplement, parce qu'il n'y a que trente parties de distance de l'axe d'un triglyphe à l'axe d'un autre, & qu'il en faut au moins trente-quatre pour que les bases ne se pénétrent pas. Il n'y a pas d'autre moyen pour remédier à cet inconvénient, que d'augmenter la

hauteur

hauteur de la frife, & par conféquent la largeur des métopes, de trois par-
ties, & la largeur des triglyphes d'une partie, ce qui donne les quatre parties
dont il s'en faut que les colonnes puiffent s'accoupler, en fuivant les mefures
de Vignole. Cette augmentation de la frife, & par conféquent de tout l'enta-
blement, change fon rapport avec la hauteur de la colonne; mais il n'eft pas
poffible de faire autrement, à moins que de faire le métope, qui eft au-deffus
des colonnes accouplées de quatre parties plus large que les autres, ce qui
eft un défaut de fymmétrie qu'il faut abfolument éviter. Au refte, on n'eft
obligé d'élever ainfi la hauteur de la frife de l'Ordre Dorique, qu'autant
que l'on fera ufage des colonnes accouplées; & toutes les fois qu'il n'y en
aura pas, on fera très-bien de remettre la hauteur de l'entablement dans fa
proportion ordinaire, c'eft-à-dire, au quart de la colonne (*).

Quand il y a des angles rentrants, il faut d'abord fe rendre compte fi ces
angles portent fur deux colonnes, comme celle *A B*, *fig.* 1 & 5, ou s'ils
portent d'un côté fur une colonne, comme celle *E*, *fig.* 2 & 6, & de l'autre
fur un pilaftre *F*, *même figure*.

Dans le premier cas, il faut que la diftance des axes, vue de face & de côté,
foit égale entre elles, c'eft-à-dire, que la diftance *A e*, *fig.* 5, foit égale à
celle *B e*, *même figure*. Dans le fecond cas, l'axe du pilaftre *F*, *fig.* 2 & 6,
vu de face, ne doit pas être plus éloigné de la colonne *E*, que fi l'angle étoit
porté par deux colonnes; mais vu de côté, il doit être plus diftant de la
moitié de la diminution de la colonne, de maniere que la diftance *f F*, *fig.* 6,
foit égale à celle *A e*, ou *e B*, *fig.* 5; & que la diftance *f E*, foit plus confi-
dérable que ces dernieres de deux parties de modules, qui font la moitié de
la diminution de la colonne; ce qui eft tout naturel, puifque le pilaftre ne
diminue pas par le haut comme cette derniere, & qu'il faut toujours que
l'entablement tombe à-plomb du fût fupérieur des colonnes & des pilaftres,
fur-tout quand ces derniers font apparents, comme ceux *F & G*, *fig.* 6.

Quand ce font des pilaftres qui forment un angle, ainfi que ceux *F*, *G*, la
diftance de leur axe doit être à égale celle *E f*, c'eft-à-dire, avoir de plus qu'à
des angles formés par des colonnes, la moitié de la diminution de ces mêmes
colonnes, qui eft, comme je viens de le dire, de deux parties pour l'Ordre
Dorique, & de trois parties pour les Ordres Ionique & Corinthien; & on doit
auffi obferver que les diftances des axes de ces pilaftres foient égales entre
elles, ainfi qu'on peut le voir dans la *fig.* 6, où la diftance *F g*, eft égale à
celle *g G*, & ces deux dernieres à celle *f E*.

(*) Si j'ai fait choix de l'Ordre Dorique pour donner des exemples de la maniere d'appliquer les Ordres d'Architecture à la décoration des façades, ce n'eft pas qu'on faffe beaucoup d'ufage de cet Ordre dans les ouvrages de Treillage; mais c'eft parce que cet Ordre étant le plus difficile à traiter, à caufe de la régularité des compartiments de fa frife & de fa corniche, il fournit plus de moyens de faire fentir la difficulté de l'application de ces mêmes Ordres & en même-temps ceux dont il faut fe fervir pour le faire avec tout l'avantage & la perfection poffibles, rien n'étant fi commun que l'emploi des Ordres d'Architecture, mais auffi rien de plus rare qu'un Ordre bien exécuté, foit en tout ou en partie.

En difposant les angles rentrants des entablements ainfi que je viens de l'enfeigner, il arrive que quand il y a des pilaftres derriere les colonnes, l'angle *h*, *fig.* 5, rentre de deux parties en arriere du nud du pilaftre, ce qui eft égal, quand ce dernier n'eft pas apparent; mais s'il arrivoit que la colonne *A*, fût fupprimée, cette rentrée de l'entablement fur le nud du pilaftre feroit un mauvais effet; auquel on ne peut remédier qu'en partageant la différence par la moitié, c'eft-à-dire, en faifant porter l'entablement à faux fur le nud fupérieur de la colonne d'une partie feulement, & au contraire en le faifant rentrer d'une partie fur le pilaftre, ce qui alors oblige de rentrer l'axe de la colonne *B*, & par conféquent du pilaftre qui eft derriere, d'une partie de plus que fa diftance ordinaire, prife de l'angle faillant de l'entablement.

Quand les pilaftres regnent feuls fur un avant-corps, comme celui *I*, *fig.* 6, l'entablement tombe à-plomb du nud de ces derniers, ainfi que je l'ai obfervé à cette figure; mais quand ils font fupprimés, & que s'il y en a un, il eft caché derriere une colonne, comme au corps *H*, *fig.* 5, l'entablement ne doit plus tomber à-plomb du nud du pilaftre, mais rentrer en arriere, & faire avant-corps fur le nud de la partie *H* d'une ou deux parties tout au plus, comme je l'ai obfervé dans cette figure.

Quant à la maniere de connoître le nombre de modules ou de parties de modules qui doivent fe trouver depuis un axe d'une colonne faifant avant-corps, jufqu'à celui de la colonne qui fait arriere-corps, elle eft très-facile à quelque Ordre que ce foit, puifqu'il ne s'agit que de compter combien de parties il y a depuis l'axe de la colonne jufqu'au nud de l'entablement, enfuite la faillie de ce dernier jufqu'au devant de la moulure qui couronne le modillon ou le mutule; plus, la moitié de la largeur de ce dernier, y compris la faillie de cette moulure, ce qui, additionné le tout enfemble, donne la diftance demandée, par le moyen de laquelle le compartiment de la corniche de l'entablement devient régulier & fans aucune efpece de mutilation ni de pénétration, puifque les angles des moulures qui couronnent les modillons ne font que fe toucher fans fe joindre.

Pour rendre les compartiments plus parfaits, on met entre la faillie de la moulure qui couronne le modillon vu de face, & celle qui couronne le modillon vu de côté, une diftance égale au champ qui regne au-devant du modillon jufqu'à l'arête du larmier; ce qui fait d'autant mieux, que toutes les caffettes des angles deviennent égales, ainfi qu'on peut le voir à la *fig.* 5, où les caffettes *i*, *l*, des angles rentrants, font égales à celles des angles faillants *m*, *n*.

Cette méthode eft générale pour tous les Ordres; cependant à ceux où il y a un modillon placé fur l'angle de la corniche, comme, par exemple, à l'Ordre Corinthien, & qu'on emploie cet Ordre en colonnes & pilaftres, fi ces derniers fe trouvent à des angles, il faut, pour que les caffettes de la corniche

foient régulieres , & par conféquent les entre-modillons égaux, il faut, dis-
je , donner moins de faillie aux membres inférieurs de la corniche , afin qu'il n'y
ait pas plus de diftance du dehors du modillon de l'angle jufqu'à l'axe du pilaftre , que fi l'entablement étoit porté par une colonne. Comme cette différence
de faillie dans la partie fupérieure de la corniche eft de trois parties , on pourroit
la faire un peu moindre , foit en forçant la largeur du modillon de l'angle ,
ou bien la largeur de la caffette ou des champs de côté , afin de lui conferver
fa forme quarrée autant qu'il eft poffible.

Que les angles foient droits , comme dans les *fig. 5 & 6* , ou qu'ils foient
aigus ou obtus , comme il arrive quelquefois, il faut prendre les mêmes précautions pour l'arrangement des corniches des entablements , qu'il faut toujours tracer toutes détaillées , du moins à l'endroit des angles , & cela avant
que de rien arrêter , tant pour le plan que pour l'élévation d'un Edifice quelconque , fi on veut éviter les défauts dans lefquels tombent fouvent ceux qui
ne veulent pas prendre le foin de faire ces développements. *Voyez les fig. 3
& 4* , qui repréfentent les plans des élévations *fig. 1 & 2* , dont les principales
dimenfions n'ont été arrêtées d'une maniere fixe, qu'après que le plan de la
corniche a été tracé , ou du moins qu'après que je me fuis rendu compte ,
par le moyen du calcul , des diftances que pouvoient avoir les différents entre-
colonnements des *fig. 1 & 2* , & de celles des axes des colonnes & des pilaftres
des angles.

Les avant-corps d'un Edifice s'annoncent ordinairement par quelques cou-
ronnements, comme les frontons, les amortiffements , &c.

Les frontons *fig. 1* , font des corps d'Architecture dont l'ufage eft de terminer les principaux corps d'un Edifice, dont ils annoncent l'extrémité du comble, auquel leur forme aiguë eft à-peu-près femblable.

Ils font compofés de deux corniches inclinées qui viennent fe joindre au
milieu en b, & s'appuyent au point a , fur la corniche horizontale a c , dont
on a fupprimé le premier membre de la cimaife fupérieure, de maniere que
c'eft la moulure fupérieure de la cimaife rampante qui vient profiler fur la
moulure inférieure de la cimaife horizontale, & avec la cimaife horizontale
de l'arriere-corps, ce qui rend la faillie de la moulure rampante un peu ca-
mufe, ainfi qu'on peut le voir à la *fig. 1*.

Les corniches rampantes des frontons font compofées des mêmes membres
que les corniches horizontales , & on y met également des modillons ou des
mutules, qu'on place à l'à-plomb des corniches horizontales, ce qui augmente
un peu la largeur de ces derniers. Les modillons ou les mutules des corniches
des frontons font ordinairement biais, ainfi que les profils des moulures qui
les couronnent : il feroit cependant plus raifonnable qu'ils fuffent perpendiculaires à leur corniche ; mais ce n'eft pas l'ufage.

La proportion de la hauteur des frontons, eft à leur largeur, comme 1 eft à 5 , pris du deſſous de la premiere moulure de la cimaiſe inclinée , juſqu'au deſſus du premier membre de la cimaiſe horizontale , & aux deux extrémités de cette derniere.

On a encore la hauteur des frontons , en prenant la diſtance *o c* , qu'on porte de *c* en *p* ; & de ce point , comme centre , & de la diſtance *p o* , on décrit un arc de cercle *o q* b , dont la rencontre avec la ligne perpendiculaire , donne la hauteur du fronton priſe du deſſous de la principale moulure de la cimaiſe. Cette ſeconde maniere de déterminer la hauteur du fronton , eſt celle dont j'ai fait uſage dans la *fig.* 1 , & elle revient à peu de choſe près , à la proportion de la premiere.

Les frontons ſont quelquefois d'une forme circulaire, comme la ligne *o q* b ; mais il eſt rare qu'on en faſſe uſage dans des décorations d'une expreſſion un peu délicate , vu que leur forme lourde convient plutôt aux ordonnances d'un caractere ſolide , ce qui n'eſt pas du reſſort des ouvrages de Treillage.

L'eſpace d , compris entre les corniches inclinées des frontons , ſe nomme *tympan* , & eſt ordinairement rempli par des bas-reliefs , comme dans la *fig.* 1 , ou bien par un cartel , dans lequel on place des chiffres ou des armoiries.

Quand les avant-corps ſont d'une très-grande largeur , on ne doit pas les couronner par un fronton , parce que la hauteur de ce dernier deviendroit trop conſidérable , comparaiſon faite avec la hauteur de l'Ordre , dont il ne faut pas qu'il ſurpaſſe la moitié , ou tout au plus les deux-tiers.

Si les frontons trop larges , & par conſéquent trop hauts , font un mauvais effet , ceux qui , au contraire , ſont trop petits , ne font pas mieux , vu que leur tympan ſe trouve réduit preſqu'à rien ; c'eſt ce qui m'a déterminé à écarter la colonne de l'angle *B* , de celle *C, fig.* 1 , au lieu de les accoupler comme celles *D E, fig.* 2 , parce qu'un fronton élevé ſur ces dernieres ſeroit devenu trop petit. On met des frontons ſur des corniches de chambranles , de croiſées & de niches , ainſi que celui e , *fig.* 2 ; & c'eſt la ſeule place , excepté les principaux avant-corps d'un Edifice , où l'emploi des frontons puiſſe être toléré.

Que les frontons ſoient triangulaires ou circulaires , il ne faut jamais les couper par des reſſauts , & encore moins les enrouler , ce qui eſt un abus dont on doit bien ſe donner de garde , malgré les exemples qu'on en a.

Les amortiſſements ſont des corps d'Architecture ordinairement couronnés d'une corniche , & dont la partie principale f g , *fig.* 2 , eſt d'une forme ſinueuſe , tant de face que de profil , ce qui les diſtingue des attiques dont je parlerai ci-après. Les amortiſſements ſervent à couronner des avant-corps qui ſont trop étroits pour qu'on puiſſe y mettre un fronton , & ſupportent ordinairement un couronnement de Sculpture quelconque, comme des trophées , des figures aſſiſes ou couchées , des armoiries , &c.

Le

Le milieu des amortissements est ordinairement orné d'une table plus ou moins riche, selon l'expression de l'Ordre qu'ils couronnent; & leur premier socle doit toujours être d'une largeur égale à celle du corps sur lequel il est placé, comme on peut le voir dans la *fig.* 2. La hauteur des amortissements ne doit pas surpasser celle de la moitié de la hauteur de la colonne, & cela du dessus de leur corniche au-dessous de leur socle, qu'on fera plus ou moins haut, selon la plus ou moins grande saillie de l'entablement, & la distance d'où ils peuvent être apperçus.

Les entablements sont, en général, toujours couronnés, ou, pour mieux dire, surmontés par un corps d'Architecture quelconque, soit par un simple socle, comme à la *fig.* 2, ou bien par une balustrade, comme à la *fig.* 1.

Les balustrades sont des especes de piedestaux, dont le dé est percé à jour de distance en distance, & rempli par des especes de petites colonnes d'une forme contournée, nommées *balustres*. Quand les balustrades servent de couronnement aux Edifices, comme dans cette figure, leur hauteur est relative avec celle de la colonne, ou, pour mieux dire, avec son diametre, parce qu'à toutes les ordonnances la balustrade doit avoir quatre modules & demi de hauteur; savoir, un demi-module pour la corniche ou tablette *r*, *fig.* 1, deux modules pour la hauteur du dé, & par conséquent du balustre *s*, un demi-module pour celle du premier socle *t*, & un module & demi pour le second socle ou piedouche *u*. Si l'on n'avoit pas de diametre de colonne donné, mais seulement la hauteur de la balustrade, on diviseroit cette hauteur en neuf parties égales, dont une pour la tablette, quatre pour le balustre, un pour le premier socle, & trois pour le second.

Le balustre est composé de quatre parties; savoir, son chapiteau 1, le col 2, la panse 3, & la base 4, dont on a les proportions de la maniere suivante.

On divise toute la hauteur du balustre en cinq parties égales, dont on prend une pour la base. Cette premiere division se subdivise en douze parties égales, lesquelles servent à déterminer la grosseur du balustre, comme je le dirai ci-après; le reste de la hauteur du balustre se divise en cinq autres parties, dont une est la hauteur du chapiteau, qu'on subdivise en trois parties égales, dont une pour le gorgerin, une pour les moulures qui le couronnent, & l'autre pour le tailloir. Le reste de la hauteur du balustre, c'est-à-dire, l'espace qui reste entre la base & le chapiteau, se divise encore en cinq parties égales, dont deux servent à déterminer la hauteur de la panse, & les trois autres celle du col, dont la grosseur est la moitié de celle de la panse, laquelle est plus ou moins grosse, selon l'expression de l'Ordre sur lequel le balustre est placé; à l'Ordre Dorique, la panse doit avoir vingt-trois douziemes de la hauteur de sa base, c'est-à-dire, deux fois cette base moins un douzieme; à l'Ordre Ionique, vingt-deux douziemes, au Composite vingt-un, & au Corinthien vingt. La panse de ce dernier balustre n'est séparée de son col par aucune moulure ; mais elle eft taillée en forme de poire ; de forte que le col & la panfe ne font pas deux parties féparées comme aux baluftres des autres Ordres , qui tous font ronds par leurs plans , à l'exception du Dorique , qui eft quarré. Aux baluftres qui font ronds par leur plan , il faut toujours que la plinthe de leur bafe & le tailloir de leurs chapiteaux foient quarrés , malgré les exemples contraires.

Les baluftres doivent être efpacés , tant pleins que vuides , c'eft-à-dire , qu'il y ait entre deux cols la largeur d'une panfe , & entre deux panfes la largeur d'un col. Le nombre des baluftres doit toujours être non-pair , afin qu'il s'en trouve un au milieu de la travée ; que leur nombre ne foit pas moindre que cinq , & ne furpaffe pas celui de treize , du moins autant qu'il eft poffible. A l'extrémité de chaque travée de baluftre , il faut mettre des petits pieds-droits *x* , nommés auffi *acroteres* , lefquels doivent avoir à-peu-près la largeur d'un baluftre , & être diftants de la panfe du dernier baluftre de la largeur d'un col.

La longueur des travées de baluftrade , ou , pour mieux dire , leur largeur , eft déterminée par celle des entre-colonnements , à l'à-plomb defquels il faut que les piédeftaux reffautent , encore que l'entablement paffe droit.

En général , les baluftrades & les baluftres doivent être d'une richeffe analogue à celle de l'Ordre fur lequel ils font placés ; & lorfque leur dé eft orné de tables , il faut que ces dernieres foient difpofées comme celles des piédeftaux des colonnes des Ordres , en obfervant toutefois de les faire un peu moins riches.

Au - deffus des baluftrades ou des focles placés fur les entablements , on met quelquefois des ouvrages de Sculpture , comme des figures , des trophées , des vafes , des caffolettes , &c ; chacun de ces différents ornements doit être en rapport avec la hauteur de la colonne. Les figures doivent avoir de hauteur le tiers de celle de la colonne , plus celle d'un focle placé deffous , dont la hauteur doit être égale à celle de la moitié de la tête de la figure ; cette proportion eft toujours la même , foit qu'elles foient placées fur les colonnes ou dans une niche , comme celle *M , fig.* 2 ; dans ce dernier cas , il faut que l'œil de la figure foit placé au centre de la niche , ce qui fait qu'on met quelquefois fous la figure un piédouche ou ftylobate qui l'éleve à la hauteur convenable , quand il arrive , comme dans cette figure , que la niche eft plus haute qu'il ne faut pour que la figure qu'on y place atteigne à la hauteur du centre de cette derniere. Quand à la place des figures on mettra des enfants , on leur donnera de hauteur la moitié de celle de la figure , ou le fixieme de celle de la colonne. Les trophées , foit de guerre , de pêche , de chaffe ou autres , doivent avoir de hauteur les deux tiers de celle des figures , ou les deux neuviemes de la hauteur de la colonne , ce qui eft la même chofe. Les vafes doivent avoir la même hauteur que les trophées. Enfin les caffolettes auront la moitié de la hauteur du vafe , ou un neuvieme de la colonne.

Les Edifices dans la décoration defquels on emploie les Ordres d'Architecture ,

ne font pas toujours à un feul étage, ce qui a fait imaginer de mettre plufieurs
Ordres les uns fur les autres, pour décorer chaque étage, ou même pour en
décorer un feul, comme on a fait long-temps à nos portails d'Eglifes, &
à la décoration des façades des Palais.

Comme ce n'eft pas ici le lieu de faire connoître les défauts qui réfultent
de l'abus qu'on a fait de furmonter les Ordres au-deffus les uns des autres, je
me contenterai de dire que pour éviter ces défauts, on a cru ne devoir employer qu'un feul Ordre à la décoration de la plupart des Edifices, quoique
ces derniers ayent plufieurs étages, & cela en plaçant l'Ordre d'Architecture
fur un foubaffement, comme le repréfente la *fig.* 1, ou en le furmontant d'un
Attique, comme dans la *fig.* 2, ou en faifant ufage de l'un & de l'autre, au
milieu defquels l'Ordre fe trouve placé.

Les foubaffements ne font, à proprement parler, que des piédeftaux très-
élevés, dans lefquels on perce des ouvertures *A, A, fig.* 1, pour éclairer ou
donner entrée dans les étages au rez-de-chauffée. La hauteur des foubaffements doit être égale aux deux tiers de celle de l'Ordre placé deffus (ou qui
eft fuppofé y être, ce qui eft égal), y compris celle de l'entablement, plus
un focle de deux modules, qu'on fuppofe être placé fous les colonnes, quoique ce focle puiffe être plus haut, & qu'il puiffe y avoir même des piédeftaux, ce qui ne change rien à cette proportion, qui eft la plus grande qu'on
puiffe donner aux foubaffements, qui peuvent être réduits jufqu'à la moitié
de la hauteur de l'Ordre, y compris l'entablement & même un focle de deux
modules. La corniche *B* des foubaffements, doit avoir de hauteur un module
de l'Ordre de deffus; fon gorgerin *C*, la moitié de la largeur de la corniche ;
& l'aftragale *D*, le tiers du gorgerin, ou tout au plus la moitié. Cette corniche, ainfi que les ouvertures des foubaffements, doivent être d'une expreffion plus folide que celle de l'Ordre qui eft placé deffus, ainfi que je l'ai obfervé à la *fig.* 1, où la corniche & les ouvertures du foubaffement font d'expreffion Dorique : cependant comme les foubaffements font des efpeces de
piédeftaux, il feroit raifonnable que leurs corniches fuffent d'un même profil
que celle du piédeftal de l'Ordre qui eft placé fur le foubaffement.

Les focles des foubaffements doivent avoir de hauteur le fixieme de celle
de ces derniers, ce qui revient à-peu-près à deux modules de l'Ordre de
deffus; & quand on y met un double focle, il faut qu'il ait de hauteur le tiers
du premier.

La décoration des foubaffements doit être très-fimple, pour faire valoir
l'Ordre du deffus : on emploie quelquefois dans la décoration des foubaffements
les refends, les boffages ou autres membres d'Architecture, dont je ne parlerai
pas ici, vu qu'on n'en fait jamais aux ouvrages de Treillage.

L'Ordre Ionique de cette figure eft difpofé en forme de colonnade, autrement dit périftyle, ce qui n'eft autre chofe qu'une gallerie qui eft quelquefois

adoſſée, ou bien iſolée comme celle-ci, dont le plan eſt repréſenté *fig.* 3. Les colonnes des périſtyles peuvent être ſolitaires ou accouplées, comme dans les *fig.* 1 & 3, ſur-tout quand ils ſont d'une certaine longueur, parce que les colonnes ainſi accouplées annoncent plus de ſolidité. Que les colonnes ſoient accouplées ou ſolitaires, il faut que leurs entre-colonnements ſoient d'une ouverture proportionnée avec l'expreſſion de l'Ordre : cette proportion doit être priſe du deſſous de l'entablement au-deſſus de l'appui de la baluſtrade, ainſi que je l'ai obſervé dans la *fig.* 1, du moins à peu de choſe près.

La largeur d'un périſtyle doit être égale à celle des entre-colonnements, afin que les plates-bandes ſoient égales de longueur, & que le plafond qui eſt entre elles ſoit exactement quarré.

On nomme *plates-bande*, le deſſous de l'entablement, ou, pour mieux dire, de l'architrave, lequel paſſe droit d'une colonne à l'autre, ſoit ſur la longueur, ſoit ſur la largeur d'un périſtyle, ainſi que celles *E, E, fig.* 3, que j'ai indiquée par des lignes ponctuées ſur le plan des baſes des colonnes. La largeur des plates-bandes doit être égale au fût ſupérieur des colonnes ; & elles ſont ornées de l'architrave de l'Ordre dans l'intérieur des entre-colonnements. Ces architraves ſupportent les plafonds de ces derniers (c'eſt-à-dire, des entre-colonnements) & ces plafonds ſont ordinairement creuſés en vouſſures, comme je l'ai indiqué par des lignes ponctuées, tracées ſur l'élévation, *fig.* 1.

Quand les colonnes ſont accouplées, comme dans cette figure, comme l'eſpace *F, fig.* 3, qui reſte entre les deux plates-bandes, n'eſt pas fort conſidérable, on ne fait pas régner l'architrave de l'Ordre dans ce vuide, c'eſt-à-dire, ſur les côtés des plates-bandes ; mais on ſe contente de ſéparer ces dernieres par un renfoncement dont la hauteur eſt à-peu-près égale à la premiere face de l'architrave. *Voyez la fig.* 1, où j'ai indiqué ce renfoncement par des lignes ponctuées.

Le deſſous des plates-bandes *E, fig.* 3, eſt orné ſoit de caſſettes & de roſaces, ou ſimplement d'un ravalement dans toute leur longueur, dans lequel on met des ornements courants. Le deſſous des plafonds *G, G, même figure,* eſt auſſi orné de divers compartiments, ſoit ronds ou quarrés, leſquels ſont enrichis de Sculpture, comme des trophées en bas-relief, des guirlandes, &c.

Quand les périſtyles ſont élevés ſur un ſoubaſſement, comme à la *fig.* 1, le vuide de leur entre-colonnement entre les ſocles qui portent les colonnes, doit être rempli par des travées de baluſtres ou des entre-lacs, comme ceux *H, fig.* 1. Que ces travées ſoient remplies d'une façon ou de l'autre, il faut que leur hauteur, du deſſus de leur tablette, ſoit aſſujétie à la grandeur humaine, ce qui fait qu'elles ne peuvent pas avoir plus de deux pieds & demi de hauteur, pris du deſſus du ſol intérieur, & autant qu'il eſt poſſible, on fait régner le deſſus des tablettes avec le deſſus des ſocles des colonnes, qu'on aſſujétit à la hauteur des baluſtrades, ainſi que je l'ai fait ici.

Les

Les travées des baluſtres ſe placent quelquefois au milieu de l'axe des colonnes ; mais on fait mieux de les faire tomber à l'à-plomb de l'entablement
extérieur , ce qui grandit l'intérieur du périſtyle , & donne à ceux qui s'y pro-
menent la facilité d'appercevoir plus aiſément ce qui ſe paſſe au-dehors.

Quand la partie ſupérieure des périſtyles n'eſt pas terminée en terraſſe , &
qu'elle ne peut pas ſervir à la promenade, il n'eſt pas néceſſaire de les couronner
d'une baluſtrade , à la place de laquelle on fait beaucoup mieux d'y mettre un
ſocle orné de tables , ſoit ſaillantes ou renfoncées , au-deſſous deſquelles on fait
régner une plinthe ou premier ſocle , qui profile à l'à-plomb du nud du fût
ſupérieur des colonnes.

Cette maniere de terminer un périſtyle, vaut d'autant mieux, qu'on ne répete
point les baluſtrades , & qu'on ne doit employer ces dernieres qu'où elles
peuvent & doivent ſervir d'appui.

Les *fig.* 2 & 4, repréſentent l'élévation & le plan d'une ordonnance Ionique , placée ſur un piédeſtal , & ſurmontée d'une Attique , eſpece d'ordonnance
employée par les Athéniens pour couronner leurs Edifices , & en cacher le
comble.

Les Modernes ont fait des Attiques une eſpece d'Ordre-pilaſtre , dont le diametre eſt à ſa hauteur comme 1 eſt à 6 , & on l'emploie dans les étages ſupérieurs, en y perçant des croiſées, malgré l'exemple & l'autorité des Anciens,
qui ne faiſoient, comme je l'ai déja dit , uſage des Attiques que pour couronner leurs édifices.

L'Ordre Attique , tel que les Modernes l'emploient, & que je l'ai repréſenté ici , doit avoir de hauteur du deſſus de ſa corniche au-deſſous de ſon
ſocle, la moitié de celle de l'Ordre qui eſt placé au-deſſous , à compter du
deſſus de ſon entablement au-deſſous de ſon ſocle ou du piédeſtal , ſuppoſé
qu'il y en ait un, comme dans la *fig.* 2.

Cette hauteur eſt la plus conſidérable qu'on puiſſe donner aux Attiques ,
qui peuvent être réduits juſqu'au tiers de la hauteur de l'Ordre, y compris
l'entablement & le ſocle ou le piédeſtal.

Toute la hauteur de l'Attique ſe diviſe en huit parties égales , dont une à
la corniche *I* , *fig.* 2 , ſix au pilaſtre *L* , & une partie pour le ſocle *M* ; une
des ſix parties du pilaſtre ſert pour la hauteur du chapiteau *H* avec ſon tailloir,
non compris l'aſtragale , & une demi-partie pour la hauteur de la baſe : reſte
quatre parties & demie pour le fût du pilaſtre, qui eſt ordinairement ravalé ,
& qui a de largeur le ſixieme de ſa hauteur , y compris baſe & chapiteau. La
corniche de l'Ordre Attique Moderne, eſt ordinairement architravée, & ſon
profil doit être d'une même expreſſion que l'Ordre de deſſous ; & quand on mettra des baluſtrades, figures , vaſes , &c, au-deſſus des Attiques, il faut leur
donner de hauteur les cinq ſixiemes de ceux du même Ordre.

Les chapiteaux Attiques ſont plus ou moins riches , ſelon l'expreſſion de

TREILLAGEUR.   T 12

l'Ordre fur lequel ils font placés. Les uns, comme celui *N*, font compofés de deux rangs de feuilles, dont celles de deſſus portent fous le tailloir, &
font au nombre de trois; favoir, une au milieu, & les deux autres reployées
fur l'angle. Il y a quatre feuilles au rang de deſſous, dont deux de face, &
les deux autres de profil.

L'autre chapiteau *O* a des volutes comme le chapiteau Corinthien, & un
rang de feuilles au nombre de trois, dont une de face, & les deux autres
reployées fur l'angle; les bafes des pilaftres Attiques font auſſi plus ou moins
riches, & la faillie du pilaftre doit être d'un fixieme de fon diametre.

Les croifées Attiques doivent avoir de largeur les cinq fixiemes de celle de
l'Ordre de deſſous, & avoir de hauteur une fois & demie leur largeur. Comme
dans les ouvrages de Treillage, on ne fait pas ufage des croifées Attiques, je
ne m'étendrai pas davantage à ce fujet. L'efpace que ces croifées occupent,
doit être remplacé par des tables *P*, fur lefquelles on met des trophées ou
autres ornements de fculpture.

L'ordonnance Ionique, repréſentée dans la *fig.* 2, peut fervir à décorer
la principale entrée d'un Jardin; & dans le cas où on voudroit qu'elle fervît à
terminer le point de vûe d'une allée, on pourroit convertir fon arcade en une
grande niche, fur le plan de laquelle on mettroit deux colonnes, comme
je l'ai indiqué dans le plan *fig.* 4, où le plan de cette niche eft marqué par
des lignes ponctuées.

Il faut faire attention que le point de centre de cette niche; doit être placé
au devant de la faillie de l'entablement, afin que la faillie de ce dernier
ne rentre point en-dedans, comme il arriveroit néceſſairement, fi ce point de
centre étoit placé au nud du devant des colonnes.

Ce que je viens de dire touchant les trois Ordres d'Architecture Grecs,
leur application à la décoration des Edifices, & les diverfes parties qui accompagnent ces Ordres, renferme à-peu-près tout ce qu'il eft néceſſaire que les
Treillageurs fachent d'Architecture, pour être en état non-feulement d'exécuter
les deſſins qui leur font donnés par les Architectes, mais encore pour en
compofer eux-mêmes, du moins exempts de fautes groſſieres. Si je me fuis un
peu étendu fur cette partie de l'Architecture, qui a pour objet la décoration,
ce n'eft pas que les ouvrages de Treillage foient abfolument aſſujétis à toute
la févérité des regles de l'Architecture; au contraire, c'eft, à ce que je crois,
le cas où l'on peut le plus s'écarter des regles, & fe permettre des licences,
qui, fans faire tort à l'enfemble de la décoration, donnent la facilité de laiſſer
plus de carriere au génie pour produire des décorations d'une expreſſion en
même-temps riche & légere. Mais pour s'écarter des regles, il faut du moins
les connoître pour être en état de diftinguer celles qu'il eft abfolument eſſentiel de fuivre, & celles dont on peut s'écarter. La route que j'enfeigne ici, eft
peut-être un peu longue & difficile à fuivre; mais c'eft cependant l'unique &
celle qu'ont fuivie tous ceux qui fe font diftingués dans leur état.

Section Seconde.

Notions élémentaires de l'Art du Trait, relatives à celui du Treillageur.

L'Art du Treillageur a pour objet non-feulement la décoration des jardins, mais encore la conftruction de différentes pieces propres à procurer l'ombre & le frais, comme les Sallons & les Cabinets de Treillages, les Galleries ou Berceaux, &c, lefquelles font toutes recouvertes en deffus par des parties de treillages, formant foit des dômes ronds ou en impériales, des calottes, des voûtes, foit en arcs de cloître ou en berceaux, des vouffures de toutes les efpeces, des trompes, des queues de paons ou panaches, des lunettes, &c, dont il faut déterminer non-feulement les différentes courbures prifes géométralement, (c'eft-à-dire, perpendiculairement à leurs faces), mais encore celles que produifent les angles de ces voûtes, lefquelles font toutes difpofées en différents compartiments réguliers, du moins autant que ces différentes parties peuvent le permettre. Il eft donc effentiel que les Treillageurs foient bien inftruits de la partie de l'Art du Trait qui a pour objet la maniere de déterminer la courbure des arêtiers & des différentes parties de voûtes, & auffi le développement des furfaces de ces mêmes voûtes, pour pouvoir parvenir à y tracer toutes fortes de compartiments. Ces notions de l'Art du Trait, font d'autant plus néceffaires aux Treillageurs, que c'eft eux qui tracent aux Serruriers la courbure, ou, comme ils difent, le fimblo des fers qui entrent dans la conftruction des voûtes de treillage, dont non-feulement ils augmentent la folidité, mais encore auxquels ils affûrent une forme conftante & durable, le fer n'étant pas, ainfi que le bois, fujet à fe cintrer inégalement ni à fe redreffer quand une fois il a reçu la forme convenable.

Je n'entrerai pas ici dans le détail de la forme que peuvent prendre les différentes voûtes des ouvrages de Treillage, vu que ces formes peuvent être variées à l'infini ; je me contenterai donc de donner quelques exemples généraux applicables à tous les cas, du moins autant qu'il me fera poffible de le faire.

La *fig.* 1, repréfente le plan d'un Berceau en angle, dont les faces repréfentées en élévation, *fig.* 2 & 4, font d'inégale largeur, quoique d'une même hauteur, & dont la courbe d'arête, repréfentée en plan par la ligne *A B*, *fig.* 1, fe trace de la maniere fuivante. Le cintre de l'élévation de face, *fig.* 2, étant donné, on le divife en un nombre de parties quelconques, comme aux points *a*, *b*, *c*, *d*, *e* ; puis on abaiffe de chacun de ces points des lignes perpendiculaires fur le plan, & que l'on prolonge jufqu'à ce qu'elles rencontrent la diagonale *A B*, *fig.* 1, aux points *f*, *g*, *h*, *i*, *l*, defquels, ainfi que de celui *B*, on éleve autant de perpendiculaires, dont la hauteur étant égale à celles de la fig. 2 , donnent les points *m , n , o , p , q* & *r* , par lesquels on fait paſſer une ligne courbe, qui eſt celle d'arête demandée , & repréſentée en plan par la ligne *A B*.

Si cette courbe au lieu d'être placée directement dans l'angle ; comme celle *A B* , s'étendoit davantage ſur la longueur du berceau, comme, par exemple , la ligne *A C* , on ſe ſerviroit toujours de la même méthode pour tracer la courbe élevée ſur cette ligne, laquelle ne différeroit de celle élevée ſur la ligne *A B* , que par ſon étendue , ainſi qu'on peut le voir à la *fig.* 5 , où j'ai repréſenté cette courbe avec les lignes qui ont ſervi à ſa conſtruc-tion.

Les côtés du plan repréſenté *fig.* 1 , ſont d'une largeur inégale , comme je l'ai dit plus haut ; ce que j'ai fait afin d'avoir occaſion , & cela ſur la même figure , de démontrer la maniere de tracer le cintre de la face d'inégale largeur , ce qui ſe fait ainſi qu'il ſuit.

Le cintre de face étant donné , comme la fig. 2 , on abaiſſe des diviſions de ce cintre des lignes qu'on mene juſqu'à la diagonale du plan , aux points de rencontre de laquelle on les fait retourner parallelement à l'autre côté du plan , & on les prolonge au-delà juſqu'au travers de l'élévation du petit côté repréſenté *fig.* 4 , dont on a le cintre en donnant à chacune des perpendicu-laires qui la traverſent , une longueur égale à celle de la fig. 2 , qui leur ſont correſpondantes ; c'eſt-à-dire, que la diſtance 6 *s* , *fig.* 4 , doit être égale à celle 1 *a* , *fig.* 2 ; celle 7 *t* , égale à celle 2 *b* ; celle 8 *u* , égale à celle 3 *c* ; celle 9 *x* , égale à celle 4 *d* ; celle 10 *y* , égale à celle 5 *e* ; & celle *G z* , égale à celle *E H*. Si au lieu d'avoir le cintre du grand côté donné , on avoit celui du petit côté , cela ne changeroit rien à la maniere d'opérer , puiſqu'au lieu de prendre des meſures ſur la fig. 2 , on les prendroit ſur la fig. 4.

Il faut cependant obſerver qu'il vaut mieux déterminer la forme du plus grand côté le premier , ſur-tout quand elle eſt réguliere , comme la fig. 2 , qui eſt un demi-cercle (la moitié étant priſe pour le tout) : ſi , au contraire , c'étoit le petit côté qui fût d'une forme réguliere , ainſi qu'à la fig. 3 , on commenceroit , dans ce cas , par déterminer la forme de ce petit côté , pour avoir enſuite celle du plus grand , repréſenté *fig.* 6 , comme je l'ai obſervé dans cette Planche , où la fig. 2 , ſert également de cintre original à la fig. 1 , & à la fig. 3 , dont elle eſt le petit côté , & par le moyen duquel j'ai tracé le grand repréſenté *fig.* 6.

Quand au lieu d'un cintre, comme dans la fig. 2 , on n'a qu'une ligne inclinée , comme de *D* à *H* , on a la longueur de cette ligne dans l'angle du plan , *fig.* 1 , par la même méthode que la courbe de cet angle, c'eſt-à-dire , qu'il faut élever ſur la ligne *A B* , une perpendiculaire *B r* , dont la hauteur ſoit égale à celle *E H* , *fig.* 2 ; puis du point *A* , *fig.* 1 , on mene une ligne droite au point *r* , dont la longueur eſt celle de la ligne d'arête développée ſelon l'in-clinaiſon de la ligne *D H* , *fig.* 2.

Quand

Quand les berceaux font d'une forme circulaire ou ovale fur le plan, comme dans la fig. 3, on trace fur ce plan autant de cercles ou d'ovales concentriques qu'on a de points donnés par les perpendiculaires de l'élévation de face, ou, pour mieux dire, prife fur un des axes du plan, fi ce dernier eft de figure ovale, comme la fig. 3; & par le moyen de ces cercles ou ovales concentriques, on a le cintre non-feulement du grand côté repréfenté *fig. 6*, mais encore des courbes prifes à tel point du plan qu'on le juge à propos, comme, par exemple, celle *L I N*, prife fur la ligne *M N*, toujours par la méthode ordinaire.

Quand les plans fupérieurs & inférieurs des voûtes ne font pas paralleles entre eux, & par conféquent de formes femblables, comme à la fig. 7, dont la partie fupérieure *A B C* eft un cercle, & la partie inférieure *D E F* un quarré-long, de maniere que la diftance *D A* foit plus grande que celle *C F*, on commence par déterminer les deux cintres de face, *fig.* 8 & 11, fuivant la méthode que j'ai donnée ci-deffus, *fig.* 1, 2 & 4; ce qui donne fur le plan les points *a*, *b*, *c*, *d*, *e* & *f*, *g*, *h*, *i*, *k*; enfuite fur la diagonale du plan, prife de l'angle *E*; & du milieu du cercle *I* en *B*, on trace une courbe de la même efpece que celle des cintres de face, c'eft-à-dire, une portion d'ovale; enfuite des points de divifion du cintre de face, *fig.* 8, (ou de l'autre *fig.* 11, ce qui eft égal), on trace, *fig.* 8, les lignes horizontales *l m*, *n o*, *p q*, *r s*, & *t u*, qu'on porte fur la fig. 7, en obfervant que leurs diftances à la ligne *E B*, foient égales aux diftances des premieres à la ligne *F C*; & des points 1, 2, 3, 4 & 5, où ces lignes horizontales (ou pour mieux dire paralleles à la ligne *E B*, *fig.* 7) rencontrent la courbe d'arête, on abaiffe autant de perpendiculaires à la ligne *E B*, lefquelles la rencontrent aux points *x*, *y*, *z*, &, *x*. Ces points font néceffaires pour avoir fur le plan des lignes, par le moyen defquelles on trouve des courbes prifes à telles parties du plan qu'on le juge à propos. Comme les extrêmités fupérieure & inférieure du plan ne font pas paralleles entre elles, par conféquent de nature différente, il faut que les lignes qu'on trace fur le plan, dont les extrêmités ont été données par la retombée des trois courbes de face & d'arête, il faut, dis-je, que ces lignes approchent plus ou moins de la nature de celles des extrêmités du plan, en raifon de ce qu'elles feront plus ou moins éloignées de ces mêmes extrêmités; c'eft pourquoi dans le cas dont il eft ici queftion, les lignes du plan font autant d'arcs de cercles qui paffent par les points donnés, & dont les centres font toujours placés fur les lignes *A G*, & *C G*, prolongées autant qu'il eft néceffaire, de maniere que les dernieres lignes, comme celles *f x*, ou *x a*, deviennent prefque droites.

Si le plan intérieur, ou, pour mieux dire, fupérieur, étoit un ovale au lieu d'être un cercle, comme celui *A B C*, il faudroit que toutes les lignes

PLANCHE
342.

fuſſent elliptiques, du moins celles qui approcheroient le plus de la partie intérieure du plan.

Les lignes fx, gy, $h\chi$, &c, étant tracées, on a le cintre de toutes les
courbes priſes ſur le plan, en ſuivant la méthode que j'ai donnée ci-deſſus,
& par le moyen de laquelle j'ai trouvé le cintre des courbes *fig.* 12 & 13, priſes ſur les lignes $H\,I$, & $L\,M$, leſquelles lignes diviſent le plan en parties égales, tant à l'intérieur qu'à l'extérieur.

Si le cintre de la voûte repréſentée en plan, *fig.* 7, au lieu d'être cintré,
ſoit en demi-cercle ou en demi-ovale, ſurhauſſé comme le petit cintre de
face, *fig.* 8, ou ſurbaiſſé comme la courbe priſe ſur la diagonale $E\,B$,
ſi, dis-je, ce cintre étoit en S, cela ne changeroit rien à la maniere d'opérer ; car après avoir tracé à part les deux cintres des bouts, *fig.* 9 & 11, & celui
de la diagonale, *fig.* 10, on diviſeroit la hauteur de ces cintres en un nombre de parties égales quelconques, & des points où ces diviſions rencontrent
les cintres de ces courbes, on abaiſſeroit autant de perpendiculaires qui donnent
la naiſſance des lignes intermédiaires du plan ; ce qui, je crois, eſt très-facile
à entendre, ſi on a fait un peu d'attention à ce que je viens de dire ci-deſſus.

Il faut obſerver que toutes les opérations ſont faites de la face intérieure
des courbes, parce que j'ai ſuppoſé que c'étoit la partie apparente de l'ouvrage ; ſi au contraire c'étoit la face extérieure qui fût apparente, on mettroit
l'épaiſſeur des courbes en-dedans, au lieu de la mettre en-dehors, comme je
l'ai fait ici.

PLANCHE
343.

Ce que je viens de dire renferme tout ce qui concerne les arêtes des berceaux ſuppoſés à une même hauteur. Il faut maintenant donner la maniere
de tracer la courbure que produit la rencontre de deux berceaux d'inégale hauteur de cintre, ce qui ſe nomme en Architecture, *une voûte formant lunette*,
ce qui s'entend de la moins haute, laquelle ſe trace de la maniere ſuivante.

Le cintre de face du grand berceau étant donné, comme la fig. 1, on le
diviſe à l'ordinaire en un nombre de parties égales quelconques, qu'on trace
ſur le plan, comme je l'ai enſeigné ci-deſſus, & qu'on peut le voir dans la
fig. 4. On trace pareillement ſur l'élévation le petit cintre $A\,B\,C$, *fig.* 1,
dont le diametre eſt borné ſur le plan, *fig.* 4, ce qui étant fait, des points
de diviſion du cintre de face du grand berceau, on mene autant de paralleles,
juſqu'à ce qu'elles rencontrent le petit cintre $A\,B\,C$, aux points C, a, b, c, d,
deſquels on abaiſſe autant de perpendiculaires au plan, & que l'on prolonge
juſqu'à ce qu'elles rencontrent les lignes de ce dernier, qui leur ſont correſpondantes, c'eſt-à-dire, qui proviennent des mêmes points de diviſion du grand
cintre de face, *fig.* 1 ; & par chaque point de rencontre de ces lignes, on fait
paſſer une courbe $D\,E\,F$, qui forme l'arête de la lunette vue en plan,
dont on a la véritable longueur en développant la partie du grand cintre de
face, dans laquelle le cintre de la lunette eſt compris, ainſi qu'à la fig. 2, où

la diftance qu'il y a entre chaque ligne parallele eft égale aux divifions du grand cintre de face, *fig.* 1.

Ce développement étant ainfi fait, des points *F*, *e*, *f*, *g*, *h*, du plan, on éleve autant de perpendiculaires, qui venant à rencontrer les lignes de l'élévation développée, *fig.* 2, donnent le cintre de la courbe de la lunette développée, dont on a la véritable longueur en développant enfuite cette derniere courbe fur une ligne droite; ce qu'il eft quelquefois néceffaire de favoir, fur-tout quand ces fortes de courbes font conftruites en fer, ce qui eft la meilleure façon de les faire.

Lorfqu'à la rencontre de deux voûtes, ou, pour mieux dire, de deux berceaux qui fe croifent à angle droit, on fait une voûte plus élevée, foit en dôme ou en calotte, dont le plan circulaire prend naiffance au-deffus du cintre des berceaux, ainfi que celui *G H I*, *fig.* 4, en plan & en élévation, *fig.* 3, coté des mêmes lettres, l'efpace qui refte du point *H* au point *L*, qui eft l'angle du plan inférieur, fe nomme *pendentif*, ou *queue de Paon*, par rapport à l'évafement que forme cet angle pour regagner la différence des plans fupérieur & inférieur; la ligne du milieu de ces pendants ne forme pas une ligne droite en élévation, mais une courbe dont on a le cintre de la maniere fuivante.

Le cintre de face d'un des berceaux étant donné & divifé comme je l'ai enfeigné ci-deffus, de chacune de ces divifions on abaiffe fur le plan autant de perpendiculaires, jufqu'à ce qu'elles rencontrent la ligne *M I*, du plan *fig.* 4, laquelle repréfente l'extrêmité de l'un des berceaux, & qui fait par conféquent tangente avec le cercle *G H I*, du plan fupérieur : de chacun de ces points de rencontre, & du centre *N*, on décrit autant d'arcs de cercle, lefquels venant à couper la ligne *L H*, donnent fur cette derniere autant de points, d'après lefquels on trace fur le plan même, ou bien à part, comme je l'ai fait, *fig.* 5, la cerce de la courbe du milieu du pendentif, cotée des mêmes lettres que fur le plan & fur l'élévation, *fig.* 3.

Si au lieu d'une feule courbe, on vouloit en avoir plufieurs, on fe ferviroit toujours de la même méthode, ce qui ne fouffre aucune difficulté, du moins tant que cette courbe formera une ligne droite fur le plan, comme celle *i l*, *fig.* 4, ce qui ne peut pas toujours être, comme quand, par exemple, on veut que ces lignes divifent en parties égales chaque cerce du plan, comme celle *m n o*; alors il arrive que cette cerce devient cintrée fur le plan, comme on peut le voir dans cette figure.

Il arrive fouvent qu'il fe trouve des vouffures de diverfes fortes dans des parties de Treillage, lefquelles font données par différentes hauteurs de berceaux, ou par des ouvertures de portes ou autres; c'eft pourquoi je vais donner un exemple de celles qui font les plus compliquées, d'après lequel on pourra en conftruire d'autres d'une forme différente, & cela en fuivant la même méthode que pour celle-ci.

Soit, *fig.* 6, l'élévation d'une arriere-vouſſure en queue de Paon, ou contre-partie de Marſeille ; ſoit pareillement ſon plan *fig.* 10, (la moitié étant priſe pour le tout, comme ci-deſſus), & ſa coupe priſe au milieu, *fig.* 7, on commence par diviſer cette derniere en un nombre de parties égales à volonté, & de chaque point de diviſion on abaiſſe autant de perpendiculaires qu'on porte ſur le plan, pour y tracer les lignes paralleles *a* 4, *b* 3, *c* 2 & *d* 1, cotées de même que ſur la coupe ; & à chaque point où ces lignes rencontrent le côté du plan, on éleve autant de lignes juſqu'à la naiſſance du cintre de l'élévation. Cette premiere opération étant faite, de chaque point de diviſion de la coupe, on mene autant de lignes horizontales ſur la ligne du milieu de la vouſſure, où elles donnent les points *i*, *l*, *m* & *n*, par leſquels, & par ceux *e*, *f*, *g*, *h*, on fait paſſer autant de demi-cercles ou de demi-ovales, ſoit ſurhauſſés ou ſurbaiſſés, ſelon la diſtance qu'il y a de chacun de ces points à celui *I*, centre de la vouſſure. Ces cerces étant tracées, repréſentent en élévation les lignes paralleles du plan, & ſervent à donner la cerce de toutes les coupes qu'on voudra faire à la vouſſure, comme, par exemple, la ligne *A B*, *fig.* 6, ce qui ſe fait de la maniere ſuivante.

On trace à part *fig.* 8, un parallélogramme, dont un des côtés *D M* eſt égal à la largeur du plan, ou à la ſaillie de la coupe, ce qui eſt la même choſe ; & l'autre *C D*, égal à la ligne *A B*. On trace ſur ce parallélogramme autant de lignes paralleles & à même diſtance que ſur le plan ; enſuite on prend ſur la ligne *A B*, *fig.* 6, tous les points de rencontre, qu'on porte ſur la ligne *C D*, *Fig.* 8, où on fait la diſtance *C s*, égale à *A o* ; celle *C t*, égale à *A p* ; celle *C u*, égale à *A q* ; & celle *C x*, égale à *A r* ; puis des points *s*, *t*, *u* & *x*, on abaiſſe autant de perpendiculaires ; & où elles rencontrent les lignes paralleles *a* 4, *b* 3, *c* 2 & *d* 1, elles donnent des points par où paſſe la courbe demandée, repréſentée en élévation par la ligne *A B*. Si on veut avoir une ſeconde cerce, comme celle *E F*, on fait un ſecond parallélogramme, dont le petit côté *G H*, *fig.* 9, repréſente la longueur de la cerce vue de face, & le reſte comme à l'autre que j'ai démontrée ci-deſſus ; ce qui eſt général pour toutes les vouſſures dans leſquelles on voudra placer des cerces de fer pour en maintenir la forme & pour la rendre plus parfaite.

Il faut obſerver que lorſque les cerces repréſentent une ligne droite ſur l'élévation, elles deviennent courbes ſur le plan, ainſi que celles tracées ſur la *fig.* 10, leſquelles ont été données par des perpendiculaires abaiſſées de l'élévation ſur le plan ; & que ces lignes ne peuvent être droites ſur le plan, que quand elles ſont tracées ſur l'élévation perpendiculairement à ce même plan.

Les trompes, *fig.* 11, s'exécutent rarement en treillage ; cependant comme cela arrive quelquefois, il eſt néceſſaire d'en donner du moins une idée. Leur figure eſt ſemblable à un cône, dont l'axe eſt horizontal, ou, pour parler plus clairement, elles repréſentent la moitié d'un entonnoir couché ſur le côté, & dont les

côtés

côtés sont échancrés, soit par une ligne droite, comme celle *A C*, où bien Planche 343.
par une ligne courbe, comme celle *C G B*; de maniere que la coupe transversale d'une trompe de *A* à *B*, présente un demi-cercle sur lequel on prend des points de division à volonté, desquels on abaisse des lignes perpendiculaires jusque sur la ligne *A B*, où ils donnent les points *a*, *b*, *c* & *d*, par lesquels, & de l'angle *D* du plan, on fait passer autant de lignes qu'on prolonge jusqu'à celle *A C*, qui est le dehors du plan de la trompe; ensuite des points *e*, *f*, *g* & *h*, on trace des lignes horizontales paralleles à celle *E C*, qu'on prolonge jusqu'à ce qu'elles rencontrent le côté du plan de la trompe prolongé jusqu'en *E*; & à chaque point de rencontre on abaisse des perpendiculaires sur la ligne horizontale *E C*, à la rencontre de laquelle elles donnent naissance à des demi-cercles dont le centre est en *C*. L'extrémité du plan de la trompe qui est en élévation, se termine en un point, parce que le côté du cône ou de l'entonnoir est coupé; car s'il étoit continué jusqu'en *E*, sa face seroit un demi-cercle comme celui *E y F*, & ainsi des autres lignes horizontales tracées sur l'excédent du plan de la trompe, & représentées en élévation par autant de demi-cercles concentriques à celui *E y F*.

Ces différentes opérations étant faites, donnent le moyen de tracer la cerce de la courbe d'arête de la trompe, représentée en plan par la ligne *A C*, ce qui se fait de la maniere suivante.

Des points *e*, *f*, *g*, *h*, *C*, on abaisse autant de perpendiculaires à la ligne *E C*, qu'on prolonge jusqu'aux cercles qui leur sont correspondants; ensuite des mêmes points *e*, *f*, *g*, *h* & *C*, on éleve d'autres lignes perpendiculaires à celle *A G*, dont la longueur doit être égale à celle des premieres provenantes des mêmes points, c'est-à-dire, qu'on fait la longueur *C y*, égale à celle *C F*; celle *h x*, égale à celle *n r*; celle *g u*, égale à celle *m q*; celle *f t*, égale à celle *l p*; & celle *e s*, égale à celle *i o*; puis par les points *A*, *s*, *t*, *u*, *x* & *y*, on fait passer une ligne qui est la courbe demandée, c'est-à-dire, le cintre de la face d'un des côtés de la trompe, lequel sert également pour les deux, lorsqu'il est d'une forme réguliere par son plan.

Si les côtés de la trompe, au lieu d'être coupés droits par leur plan, comme la ligne *A C*, étoient terminés par une ligne courbe, comme celle *C G B*, on se serviroit toujours de la même méthode pour tracer le cintre de son élévation, comme on peut le voir dans cette figure; & pour avoir la vraie longueur de cette courbe, il faudroit développer son plan *C G B*, sur une ligne droite, ainsi que je l'ai recommandé ci-dessus, en parlant des courbes des lunettes, *page* 1083.

Il arrive quelquefois que le plan des trompes est d'une forme irréguliere, comme la *fig.* 12; dans ce cas la courbe de chaque côté se prend à part, & le centre de chaque demi-cercle, représentant l'élévation des coupes paralleles de la trompe, est donné par des perpendiculaires abaissées de la rencontre

TREILLAGEUR. X 12

de ces paralleles avec l'axe *a b*, de la trompe, ce qui donne fur la ligne *c d*, qui eft l'extrêmité de cette derniere, les points *e*, *f*, *g*, centres des demi-cercles *h i*, *l m* & *n o*, repréfentés en plan par les lignes *p q*, *r s* & *t u*.

Ce que je viens de dire touchant la maniere de tracer les courbes des angles des berceaux, renferme à-peu-près tout ce qu'il eft abfolument néceffaire à un Treillageur de favoir de l'Art du Trait, pour conftruire toutes fortes d'ouvrages en Treillage; & encore pour conduire le travail du Serrurier, auquel appartient la conftruction d'une partie des courbes dont je viens de parler, qui, pour être bonne & d'une courbure parfaite, doivent non-feulement être faites en fer, & affujéties à la forme & à la groffeur des bois du Treillage, mais encore en faire partie, du moins autant qu'il eft poffible de le faire; c'eft pourquoi avant de paffer au développement des furfaces des berceaux, & à la maniere d'en tracer les compartiments, je vais entrer dans quelques détails touchant la difpofition de ces fers, fur-tout pour ceux des parties cintrées dont je viens de parler ci-deffus.

§. I. *De la difpofition des fers fervant à foutenir les Treillages.*

LES ouvrages de Treillage, quoique légers & délicats en apparence, doivent cependant avoir une folidité réelle, pour qu'ils puiffent réfifter aux injures de l'air, auxquelles ils font continuellement expofés. Cette folidité confifte non-feulement dans les foins qu'on prend lors de leur conftruction, comme je le dirai en fon lieu, mais encore dans les moyens qu'on emploie pour les arrêter fûrement en place, & pour lier toutes les parties les unes avec les autres, les bois dont on fe fert étant trop foibles pour réfifter long-temps à l'air, & pour conferver la forme qu'on leur a donnée.

Le meilleur moyen de donner aux ouvrages de Treillage toute la folidité poffible, eft de faire entrer le fer dans la conftruction des diverfes parties qui les compofent, foit pour les arrêter en place, ou pour les lier les unes avec les autres, ou enfin pour les affujétir à une forme donnée, ou pour leur confer-ver cette même forme; dans ce dernier cas les fers doivent faire partie du Treillage, afin qu'étant peints de la même couleur, on n'en puiffe pas faire la différence, du moins au premier coup-d'œil.

Les parties de Treillage où le fer eft le plus néceffaire, font celles qui font cintrées foit fur le plan, foit fur l'élévation, ou enfin fur l'un ou l'autre fens, comme les voûtes ou couvertures de berceaux dont je viens de parler ci-deffus, les fers font fur-tout néceffaires dans les angles de ces voûtes, foit qu'elles foient difpofées en arcs de cloître, en voûtes d'arête, &c.

J'ai donné plus haut la maniere de tracer la courbe, ou, pour mieux dire, la cerce de chacun de ces cintres: refte maintenant à parler de leur forme, afin que le Treillageur foit en état de conduire le travail du Serrurier, qui ne doit rien faire que par son ordre, ou du moins en suivant ses avis, ce qui est tout naturel, puisque c'est le Treillageur qui lui trace tous ces fers, & qui en détermine tant la forme que la longueur & la grosseur.

La construction & la forme des fers qui terminent les cintres de face des berceaux, comme celui représenté *fig.* 1, n'a rien de particulier, vu que sa grosseur & sa courbure étant données, est qu'il doit être d'équerre sur tous les sens; mais quand c'est une courbe qui doit occuper un angle soit rentrant, comme la *fig.* 4, ou bien saillant, comme la *fig.* 5, représentée en élévation *fig.* 2, il faut que la forme de cette courbe change à mesure qu'elle s'éleve, & que d'un quarré vu sur l'angle qu'elle représente par son plan, à l'endroit de sa naissance *fig.* 5 & 7, cote *A*, elle devienne un hexagone irrégulier, comme celui cote *B*, & se termine enfin par un parallélogramme comme celui cote *C*. Ce changement de forme est donné par le reculement du calibre qu'on mene de *c* à *b*, *fig.* 2, & toujours horizontalement, afin que les lignes de division prises sur la *fig.* 1, & représentées en plan *fig.* 4 & 5, se trouvent toujours de niveau, & toujours d'équerre sur ce sens, pourvu que le plan soit à angle droit, comme je l'ai supposé ici, *fig.* 4 & 5.

Ce que je dis pour le dedans de la courbe, doit s'entendre pour le dehors, c'est-à-dire, qu'après avoir tracé son calibre extérieur par la même méthode que celui du dedans, on rapproche ce calibre de *a* à *b*, *fig.* 2, ce qui lui donne la forme demandée, en observant de tracer le milieu de la courbe tant en dessus qu'en dessous, comme l'indique la ligne *e f g h*, *fig.* 4 & 5, afin d'avoir la ligne d'arête, qui, peu-à-peu, s'efface & se termine à rien au haut de la courbe, *fig.* 2, tant en dessus qu'en dessous.

Cette courbe ainsi disposée, peut également servir pour les angles saillants & rentrants, parce que lorsqu'on y appuie les échalas horizontaux, soit en dessus, soit en dessous, ils porteront toujours également; cependant, si dans le cas d'un angle rentrant, comme la *fig.* 4, on vouloit que la courbe représentât en plan un angle creux, comme celui *i f l*, on feroit la courbe de deux pieces sur l'épaisseur pour en faciliter l'exécution, & on en disposeroit la courbure en reculant le calibre du dedans & du dehors, comme à la courbe précédente. *Voyez la fig.* 3, qui représente la partie inférieure de la courbe élevée sur le plan *fig.* 4, & cotée des mêmes lettres qu'à ce dernier.

Chaque moitié de courbe forme, par son plan, un parallélogramme oblique, comme celui *i f g m*, *fig.* 4, de maniere que le côté extérieur de la courbe se trouve biais avec la face du plan, ce qui est indifférent pour le cas dont il est ici question. Cependant si on vouloit que le côté de la courbe se retrouvât d'équerre avec la face du plan, comme de *i* à *n*, cela ne changeroit rien à la maniere d'opérer: il n'y auroit que la moitié de la courbe qui seroit plus épaisse par le bas en venant à rien du haut, comme l'indique la ligne *o n*, laquelle n'est pas une ligne droite, mais une courbe donnée par des lignes paralleles à celle *i n*, qui partent de la rencontre des divifions du plan avec la largeur intérieure de la courbe, & dont la longueur eft terminée par d'autres divifions du plan prifes à l'extérieur de la courbe, *fig.* 1, non pas à l'endroit des lignes paralleles provenantes des divifions intérieures, mais aux points donnés par des lignes qui paffent par chacun de ces points de divifion, & tendantes au centre de la courbe, *fig.* 1.

Comme il eft très-rare qu'on faffe retourner d'équerre les courbes des angles rentrants du Treillage, je n'entrerai pas dans un plus grand détail touchant la maniere d'en tracer les équerres extérieures, que je n'ai fait qu'indiquer ici pour en donner feulement une idée, cette partie étant traitée à fond dans mon Art du Trait, *page* 354 *& fuiv.*

Quand les courbes des angles creux font difpofées comme je viens de l'enfeigner, on les joint enfemble par le moyen de quelques clavettes qui paffent au travers de leur épaiffeur, & qu'on rive enfuite, de maniere qu'elles ne femblent faire qu'une feule & même piece, ce qui vaut autant pour les ouvrages dont il eft ici queftion, que fi on creufoit l'angle rentrant dans une feule piece de fer, laquelle deviendroit très-coûteufe, vu la difficulté de fon exécution.

Les courbes d'arêtes des lunettes, repréfentées *fig.* 6, doivent auffi changer de forme dans la longueur de leur contour, foit qu'on veuille que leurs côtés fe retournent d'équerre, en fuivant le cintre de la voûte, comme à la fig. 6 & à la fig. 8, (qui repréfentent en grand la coupe du milieu de la courbe, *fig.* 6), ou que l'on fe contente de faire le deffus de la courbe parallele à fa face intérieure, comme l'indique la ligne *p q*; dans le premier cas, il faut, après avoir tracé le cintre de la courbe & fon développement fur une ligne droite, pour en avoir la véritable longueur, il faut, dis-je, renverfer peu-à-peu un des côtés de la piece pour qu'elle devienne dans fon milieu comme la coupe *r s q t*; au lieu d'un quarré parfait qu'elle doit préfenter à fes deux extrêmités, ainfi que celui *r u x t*. Dans le fecond cas, comme la furface du parallélogramme oblique *p r q t*, eft moindre que celle du quarré *r u x t*, & qu'il faut diminuer la piece pour la réduire à la forme du parallélogramme oblique, on commence par lui donner cette forme qui l'allonge peu-à-peu, & on n'en termine la longueur que quand elle eft tout-à-fait forgée; alors fes deux extrémités doivent être parfaitement quarrées, comme dans le premier cas. Quand les courbes d'arêtes des lunettes font ainfi préparées, on les cintre d'abord fur la face, comme je l'ai enfeigné ci-deffus, & enfuite fur le côté, c'eft-à-dire, fuivant le cintre de la voûte, ce qui n'eft pas très-aifé à faire; c'eft pourquoi je crois qu'à des ouvrages de conféquence, on feroit très-bien de conftruire un modele de plâtre ou de bois cintré comme l'intérieur de la voûte, où feroit tracé l'ouverture de la lunette, & fur lequel on cintreroit la courbe d'arête de cette derniere, dont le développement, quant à ce qui regarde la

maniere

maniere d'en tracer les équerres, deviendroit très-compliqué, s'il falloit qu'ils
fussent faits avec beaucoup de précision, ce qui n'est pas nécessaire ici ; au reste
on peut voir ce que j'en ai dit dans mon Art du Trait, *page 390 & suiv.*

Quand les courbes des berceaux s'élevent obliquement à leur plan, comme
les fig. 9 & 10, on les cintre d'abord à l'intérieur, & on refoule la matiere
sur l'angle qui s'évase, en observant que le second cintre soit parfaitement
semblable au premier ; puis on acheve de mettre la courbe d'équerre toujours en
tendant à son centre, & ainsi des autres courbes de quelque forme qu'elles
soient, dont je ne donnerai aucun exemple ici, vu que ce que je viens de
dire est suffisant pour donner aux Treillageurs toute l'intelligence de ces fortes d'ouvrages, qui, quelque compliqués qu'ils puissent être, se font toujours
par les mêmes principes, du moins à peu de différence près.

Après les fers des voûtes dont je viens de parler, ceux qui servent à soutenir les corniches ou autres parties saillantes, sont ceux qui demandent le plus
d'attention, parce qu'il faut non-seulement qu'ils supportent ces mêmes corniches, mais encore qu'ils leur conservent la forme qui leur est donnée lors
de l'exécution ; c'est pourquoi avant que de rien déterminer touchant la forme
de ces fers, il faut d'abord tracer en grand le profil de la corniche, comme,
par exemple, les fig. 11 & 12, & ensuite le détail de toutes les parties qui
les composent ; après quoi on dispose la branche de support *F G*, *fig.* 11, de
maniere qu'elle avoisine tous les membres le plus près possible, ce qui oblige
quelquefois à la cintrer comme dans la fig. 12. Quant aux parties saillantes,
comme les larmiers, on les soutient par des brides de fer comme celle *H*,
fig. 11, lesquelles passent par-dessus la branche horizontale *D F*, & sont
recourbées en dessous en forme d'un mentonet qui entre dans l'épaisseur du
bois, & qui en supporte le poids. Ce que je dis pour le larmier supérieur,
doit s'entendre pour le larmier inférieur, ainsi que pour toutes les autres parties saillantes. Quand il y a de grandes parties cintrées, comme celles *I L*,
fig. 12, il faut ajouter à la branche du support d'autres fers plus légers, qui
suivent exactement la forme du cintre, comme je l'ai observé dans cette figure, ce qui est très-nécessaire dans le cas d'une corniche d'une très-grande étendue, afin qu'elle ne puisse pas se déranger. En général, il faut avoir soin, autant
qu'il est possible, de faire la même chose à toutes les parties cintrées qui ont
un peu de grandeur, & faire ensorte que toutes les pieces qui composent une
corniche soient arrêtées avec les fers qui la soutiennent, soit par le moyen des
brides ou par des enfourchements, comme le bout de la branche *M*, *fig.* 12,
ce qui vaut mieux que des liens de fil de fer, qui ne sont pas capables de soutenir long-temps un fardeau un peu considérable.

Il faut aussi faire ensorte que tous ces fers ne soient pas apparents, (à moins
qu'ils ne fassent partie du corps de l'ouvrage) rien n'étant si ridicule que de
voir les échafauds d'un bâtiment lorsqu'il est entiérement construit. Si des fers

ainsi apparents font un mauvais effet, c'est encore bien pis quand à leur place on met des pieces de charpente, comme on a fait aux Treillages du Colisée, (les plus grands ouvrages de cet Art qu'on ait faits jusqu'à présent) où on imagine voir des étayes qui en empêchent la chûte, plutôt que des pieces nécessaires à leur construction, qui, comme je l'ai déja dit, doivent être de fer, & le moins apparentes qu'il est possible, les pieces de bois de charpente étant d'un trop gros volume pour entrer dans la construction des Treillages, dont elles masquent nécessairement les vuides, ce qui fait un très-mauvais effet. On ne peut cependant disconvenir que l'emploi des fers ne devienne très-coûteux; mais il est impossible de s'en passer pour donner aux ouvrages de Treillage toute la solidité nécessaire, & pour en prévenir la prochaine destruction; c'est pourquoi cette dépense, lorsqu'elle est faite avec prudence, devient une épargne par la suite, puisqu'elle empêche des réparations trop multipliées, & même la ruine totale de l'ouvrage, qui ne peut absolument pas résister long-temps aux intempéries des saisons & à son propre poids, s'il n'est soutenu par des fers qui, autant qu'il est possible, doivent en faire partie, afin d'être moins apparents, ainsi que je l'ai déja dit plus haut (*).

Je ne fais pas ici mention des autres fers servant aux différents ouvrages de Treillage, parce que j'en parlerai en traitant de ces mêmes ouvrages, afin de joindre l'exemple au précepte & d'éviter les répétitions.

§. II. *Maniere de faire le développement des surfaces des Treillages cintrés, & d'en disposer les compartiments.*

Il est nécessaire aux Treillageurs de savoir faire le développement des surfaces des parties cintrées de leurs ouvrages, non-seulement pour en faire le toisé, mais encore pour disposer les compartiments de ces mêmes parties, & déterminer au juste la longueur des pieces dont elles font composées; c'est pourquoi je vais donner quelques exemples de ces développements applicables à tous les cas, du moins les plus ordinaires.

Soit, par exemple, *fig.* 5 & 7, le plan d'un Cabinet d'une forme quarrée, & voûté en arc de cloître, dont on veut avoir le développement de la voûte, ou du moins d'une partie (ce qui est égal, la partie pouvant être prise pour le tout), on commence par tracer sur le plan la diagonale *A C*, ce qui étant fait, on éleve perpendiculairement à la ligne *B C*, le cintre de face de la voûte, *fig.* 6, qu'on divise en un nombre de parties égales à volonté aux

---

(*) Pour se convaincre de la vérité de ce que j'avance ici, qu'on examine avec attention les Treillages du Colisée, construits depuis peu de temps, on verra que toutes les parties saillantes où on a négligé de mettre des fers, tombent déja en ruine, ou du moins ne conservent plus leur premiere forme, les bouts d'échalats qu'on a substitués aux fers étant pour la plû-part rompus ou détachés, de maniere qu'avant qu'il soit peu de temps il faudra y faire des réparations très-considérables, lesquelles coûteront certainement beaucoup plus que les fers, que par économie, ou pour toute autre raison que je ne connois pas, on a négligé de mettre lors de la construction de ces Treillages.

points *a* , *b* , *c* , *d* , *e* , *f* , *g* , *h* & *i* ; desquels points on abaisse autant de perpendiculaires sur la ligne *B C* , *fig.* 5 , & on les prolonge jusqu'à ce qu'elles
rencontrent la diagonale *A C*, aux points *l* , *m* , *n* , *o* , *p* , *q* , *r* , *s* & *t*; puis on
trace le développement de la partie de la voûte représentée en plan *fig.* 5 ,
de la maniere suivante.

On trace à part la ligne *A B* , *fig.* 2 , (d'une longueur égale & parallele
à celle *A B* , *fig.* 5) , à l'extrémité de laquelle on éleve une ligne perpendiculaire *B i*, dont la longueur est égale au développement de l'arc de cercle
B e i , *fig.* 6 ; on divise cette ligne en autant de parties que l'arc de cercle ,
aux points *a* , *b* , *c* , *d* , &c. par lesquels on fait passer autant de paralleles à la
ligne *A B* , *fig.* 2 , dont la longueur doit être égale à celles du plan qui leur
sont correspondantes , c'est-à-dire , qu'on fait la ligne *l a* , *fig.* 2 , égale à celle
l 1 , *fig.* 5 ; celle *m b* , égale à celle *m* 2 ; celle *n c* , égale à celle *n* 3 ; celle *o d*,
égale à celle *o* 4 ; celle *p e* , égale à celle *p* 5 ; celle *q f* , égale à celle *q* 6 ;
celle *r g* , égale à celle *r* 7 ; celle *s h* , égale à celle *s* 8 ; & celle *t i* , égale à
celle *t D* ; puis par les points *A* , *l* , *m* , *n* , *o* , *p* , *q* , *r* , *s* & *t*, on fait passer
une ligne courbe qui termine la surface demandée.

Que les angles des voûtes soient dirigés à 45 degrés , comme dans la fig. 5 ,
ou qu'ils soient plus ou moins ouverts , on se sert toujours de la même méthode
pour en tracer le développement , laquelle est très-facile ; cependant quand les
côtés , ou , pour mieux dire , les cintres de face des voûtes , sont d'une largeur inégale , comme dans le plan *fig.* 15 , leur développement devient un peu
plus compliqué , comme en le verra ci-après , lorsque j'aurai donné la maniere
de disposer les compartiments des surfaces dont j'ai tracé le développement ,
fig. 2.

Si le berceau au lieu d'être cintré comme dans la *fig.* 6 , n'étoit couvert que
par une surface inclinée , comme de *B* à *i* , on auroit le développement de
cette surface en portant la distance *B i* , de *B* à *P* , *fig.* 2 , par lequel point on
tireroit une ligne horizontale *P O* , d'une longueur égale à celle *t i* , ou à celle
t D, *fig.* 5 , ce qui est la même chose ; puis du point *A*, *fig.* 2 , on méneroit une
ligne droite au point *O* , ce qui termineroit la surface demandée.

De quelque maniere qu'on dispose les compartiments formés par des lignes
droites , ces dernieres sont toujours disposées horizontalement & perpendiculairement , ou diagonalement; le premier cas est le plus ordinaire , & c'est
celui par lequel je vais commencer.

Lorsqu'on veut faire des compartiments quarrés à la naissance des voûtes , on
commence par les tracer sur le plan *fig.* 5 , en faisant tendre toutes les divisions à son centre *C* ; puis les lignes horizontales de l'élévation développée ,
fig. 2 , étant tracées , on porte sur chacune d'elles des distances prises sur le plan
depuis la rencontre de chacune des lignes tendantes à son centre *C* , avec
les lignes horizontales provenantes des divisions du cintre de face , jusqu'à la

ligne *B C*, ce qui donne fur l'élévation développée, la courbure de chacune des lignes montantes, lefquelles fervent à former les quarrés qui font tous
d'une même hauteur, & qui vont tous en diminuant également de largeur
jufqu'au haut, où ils finiroient en un feul point, fi le milieu de la voûte n'é-
toit pas fuppofé vuide depuis *D* jufqu'à *C.*

Cette maniere de divifer les quarrés des voûtes eft la plus ordinaire ;
cependant elle n'eft pas fans défaut, parce que les carreaux du haut deviennent très-allongés ; à quoi on peut remédier de différentes façons. La plus
fimple eft de faire tous les carreaux de l'élévation développée, *fig.* 4, parfaitement quarrés & paralleles entre eux, ce qui ne fouffre de difficulté qu'à
la rencontre des angles où il y a des carreaux qui fe trouvent coupés, ce qui
fait un très-mauvais effet ; auffi ne fe fert-on de cette méthode qu'aux ouvrages les plus communs. Il n'y a d'autre moyen d'éviter la trop grande inégalité
de la divifion des carreaux de la fig. 2, qu'en les divifant fur la hauteur par
une progreffion arithmétique, ce qui peut fe faire de deux manieres. La premiere, repréfentée *fig.* 1, eft la moins heureufe, & fe fait de la maniere fuivante.

Après avoir tracé la furface développée & fes divifions montantes,
comme je l'ai enfeigné pour la figure 2, on conftruit à côté de l'élévation
développée un trapeze *a b c d*, dont la hauteur moyenne *e f*, eft égale à la
hauteur des carreaux de la fig. 2, laquelle fe trouve comprife neuf fois dans
la hauteur *G H*, & par conféquent dans la longueur de la bafe du trapeze,
qu'on divife enfuite en neuf parties égales, y compris les deux points des
extrémités ; & à chaque point de divifion on éleve une perpendiculaire fur
la ligne *a c* ; & la longueur de chaque perpendiculaire prife entre les lignes
a c & *b d*, donne la hauteur des carreaux, de maniere que la hauteur *H* 1, eft
égale à celle *c d* ; celle 1 *u*, égale à celle *s t* ; celle *u* 2, égale à celle *q r* ; celle
2 *x*, égale à celle *o p* ; celle *x* 3, égale à celle *e f* ; celle 3 *y*, égale à celle
m n ; celle *y* 4, égale à celle *i l* ; celle 4 ʒ, égale à celle *g h* ; enfin celle ʒ *G*,
égale à celle *a b* : puis par les points ʒ, 4, *y*, 3, *x*, 2, *u* & 1, on fait paffer autant de lignes horizontales paralleles à celle *E H*, lefquelles donnent la hauteur des carreaux, qui, par le moyen de cette divifion, deviennent tous
oblongs proportionnellement les uns avec les autres.

La feconde efpece de divifion repréfentée *fig.* 8, fait beaucoup mieux, parce
que tous les carreaux deviennent à-peu-près quarrés à chaque rangée, & on a
leur hauteur en faifant un trapeze, *fig.* 9, dont la hauteur du plus grand côté
c d, eft égale à la largeur des carreaux prife fur la ligne *I N*, *fig.* 8 ; & celle
de fon petit côté *a b*, eft égale à la largeur d'un des carreaux pris fur la ligne
L M ; enfuite on divife la longueur de la ligne *a c*, *fig.* 9, en un nombre
de parties quelconque, afin d'avoir autant de perpendiculaires dont toutes les
longueurs ajoutées enfemble, y compris celles des deux bouts du trapeze,
égalent celle de fa bafe. La divifion que j'enfeigne ici ne peut être exactement

bonne

bonne que dans le cas où la surface développée seroit elle-même un trapeze, & que par conséquent toutes les lignes de division montantes seroient des lignes droites, comme je l'ai indiqué par des lignes ponctuées *fig.* 8 ; car dans le cas dont il s'agit ici, plus les quarrés approchent du milieu de la figure, plus ils deviennent barlongs, & cela par rapport au bombage du côté de la figure ; c'est pourquoi on feroit mieux de prendre une largeur de quarré sur la ligne *I M*, & de la porter en contre-haut sur la ligne *M N*, de *N* à *e*, ce qui donneroit la hauteur de la premiere ligne, qu'on diviseroit en autant de parties que celle *I N*; & une de ces divisions portée de *e* en *f*, donneroit la hauteur de la seconde, ainsi des autres. Cette maniere de faire les divisions est très-aisée ; mais elle a le défaut de ne pas finir juste à son extrémité supérieure, où il ne reste quelquefois que la moitié d'un quarré ; car s'il arrive qu'il s'y trouve un quarré parfait, ce ne sauroit être qu'un effet du hazard, & non un effet de la justesse de l'opération.

A ces sortes de compartiments, ainsi qu'à ceux faits par le moyen d'un trapeze, comme celui *fig.* 9, on ne peut tracer les divisions horizontales du plan *fig.* 12, qu'après avoir porté toutes les distances des lignes horizontales sur le pourtour du cintre de face, *fig.* 13, d'où on les abaisse sur le plan à l'ordinaire, comme je l'ai indiqué par des lignes ponctuées qui passent de la *fig.* 13 à la *fig.* 12.

Quand on veut faire des compartiments diagonaux, ou, pour mieux dire, en lozange ou quarrés sur l'angle, & cela à des surfaces de voûtes développées, on commence par y tracer des compartiments quarrés à l'ordinaire, par les angles desquels on fait passer des lignes courbes qui forment les lozanges demandées, comme on peut le voir aux *fig.* 3 & 10.

Quand les cintres de face des berceaux sont d'une largeur inégale, comme dans le plan, *fig.* 15, la distance des carreaux ne peut être égale que sur le développement de la surface, sur le cintre de face de laquelle on a fait la premiere division, comme on peut le voir ici. Le cintre de face du petit côté, *fig.* 16, étant divisé en parties égales donne des distances égales sur le développement, *fig.* 14; tandis qu'au développement, *fig.* 11, toutes ces distances sont inégales, & vont en augmentant par le haut, ce qui est tout naturel; parce que le cintre de face de ce développement étant une demi-ellipse couchée sur son grand diametre, (que, faute de place, j'ai tracé dans la figure même) l'arc le plus surbaissé de cette ellipse donne de plus grandes distances à mesure qu'il approche le plus de la ligne horizontale. Si au contraire cette ellipse étoit divisée en parties égales, le petit cintre de face, & par conséquent le développement, *fig.* 14, seroit divisé en parties inégales qui augmenteroient en descendant en contre-bas. Si le grand cintre de face étoit un plein-cintre, & que par conséquent le petit cintre de face devînt une demi-ellipse posée sur son petit axe, la différence des hauteurs des carreaux deviendroit encore plus grande , foit que la divifion en parties égales fût faite fur le grand ou fur le petit cintre de face, ces difficultés font infurmontables ; c'eft pourquoi on doit éviter , autant qu'il eft poffible , de faire des voûtes de berceaux dont la largeur des côtés foit trop inégale.

Quant aux lignes montantes des furfaces développées de ces voûtes irrégulieres , on les difpofe toujours à l'ordinaire, c'eft-à-dire, qu'on les releve de deffus le plan , au centre duquel on les fait toujours tendre ; cependant s'il arrivoit qu'il y eût un vuide au milieu du berceau , & que ce vuide ne fût pas en même raifon que fon plan extérieur, on feroit les divifions fur les lignes intérieure & extérieure du plan , & cela en parties égales à chacune d'elles , fans s'embarraffer fi elles tendent au centre de ce même plan.

Tant que les plans des voûtes font formés par des lignes droites, le développement de ces mêmes voûtes eft très-aifé à faire, comme on l'a vu ci-deffus mais quand les plans & les coupes font compofés de lignes courbes, leur développement en entier devient impoffible , & ne peut fe faire que par parties ; de forte que les compartiments de ces fortes de voûtes ne peuvent être tracés que géométralement, ce qui fe fait de la maniere fuivante.

Quand une voûte ou calotte eft d'une forme réguliere , c'eft-à-dire, que fa hauteur égale la moitié de fon diametre, comme aux *fig.* 1 & 4 , on trace à part, *fig.* 2 , fon cintre de face (ou fa coupe , ce qui eft la même chofe ,) & on le divife en un nombre de parties égales felon le nombre des quarrés dont on a befoin ; puis de chaque point de divifion , on abaiffe autant de perpendiculaires fur fa bafe $A B$, qui eft égale à la longueur du demi-diametre du plan $C D$, *fig.* 4 , fur lequel on porte les mêmes diftances que fur la premiere, c'eft-à-dire, qu'on fait la diftance $D r$, *fig.* 4 , égale à celle $B h$, *fig.* 2; celle $D q$, égale à celle $B g$; celle $D p$, égale à celle $B f$; celle $D o$, égale à celle $B e$; celle $D n$, égale à celle $B d$; celle $D m$, égale à celle $B c$; celle $D l$, égale à celle $B b$; & celle $D i$, égale à celle $B a$: puis des points $i , l , m , n , o , p , q , r$, & de celui D, comme centre, on décrit autant de demi-cercles qui repréfentent en plan les lignes horizontales de l'élévation, qui font données par les points de divifion du cintre de face, *fig.* 2 , d'après lefquels ils partent. Ces cercles concentriques étant tracés, on divife le pourtour du plan en un nombre de parties égales entre elles, & s'il eft poffible, aux divifions du cintre de face, en obfervant qu'il fe trouve un vuide au milieu, & que quand le plan eft demi-circulaire ou demi-ovale, comme à la *fig.* 5 , il y ait une divifion pleine jufqu'à la ligne du devant du plan. Cette divifion étant faite , de chaque point on mene autant de lignes au centre du plan, lefquelles donnent la divifion de largeur des carreaux vue en-deffus ; puis pour tracer ces mêmes lignes fur l'élévation, on prend la diftance qui fe trouve depuis la rencontre de chaque ligne tendante au centre du plan avec les cercles concentriques, jufqu'à l'axe du même plan, qu'on porte fur les lignes de l'élévation, qui font

correspondantes aux cercles du plan, c'est-à-dire, qu'on fait la distance *i* 9, *fig.* 1,
égale à celle *l a*, *fig.* 4; celle *h* 8 , égale à celle *m b* ; celle *g* 7 , égale à celle *n c* ;
celle *f* 6 , égale à celle *o d* ; celle *e* 5 , égale à celle *p e* ; celle *d* 4 , égale à celle
q f ; celle *c* 3 , égale à celle *r g* ; celle *b* 2 , égale à celle *s h* ; enfin celle *a* 1 , égale
à celle *t i* ; & de même pour toutes les autres cerces qui , toutes , doivent
être relevées du plan fur l'élévation , ainfi que cette dernière.

Quand le plan d'une calotte eft ovale , & que fon élévation eft plein-cintre ,
comme aux figures 5 & 7, on en fait le compartiment de la maniere fuivante. Le
grand & le petit diametre étant donnés , on trace à part le cintre de face *E F G*,
fig. 3 , fur lequel on fait les divifions à l'ordinaire , & par ces divifions on fait
paffer autant de lignes horizontales ; enfuite on trace la coupe de la calotte
fur la même figure : or, comme cette coupe ne peut être qu'une demi-ovale
E H I, elle coupe néceffairement les lignes horizontales en dedans du cintre
de face , ce qui donne des longueurs à chaque ligne horizontale , qui étant reportées fur le petit axe du plan , fixent le petit diametre de chaque ovale concentrique du plan , *fig.* 5 , dont le grand diametre eft pareillement donné par les
mêmes lignes prolongées jufqu'à la rencontre du cintre de face *E F G* ; ce qui
n'a pas befoin d'explication , d'après ce que j'ai dit en parlant de la calotte fphé-
rique, & d'après l'infpection de la fig. 3, où à la rencontre des lignes horizontales,
avec les cintres de face & de coupe , j'ai abaiffé autant de lignes ponctuées qui
indiquent les diftances qu'il faut porter fur le grand & fur le petit axe , lefquelles font toutes cotées des mêmes lettres , tant fur le plan que fur l'élévation ,
fig. 3 , & celles du grand axe marquées d'une × , pour les diftinguer des autres.

Quand tous les ovales font tracés , on divife le pourtour de l'ovale extérieur
en parties égales , ainfi que le plus petit ovale , qu'on divife auffi en un même
nombre de parties que le grand , & égales entre elles , & auxquelles divifions
on fait tendre des lignes croites fans s'embarraffer fi elles tendent au centre
du plan , ce qui ne peut pas être , vu que fi on les y faifoit tendre , les
divifions du petit ovale deviendroient plus étroites fur fon petit arc de cercle que
fur le grand , & cela en raifon de la différence des diametres de l'ovale du plan.

Quand les quarrés du plan font ainfi tracés vu en-deffus, on les trace fur
l'élévation , *fig.* 7 , par la même méthode dont je me fuis fervi , *fig.* 1 , ce
qui ne fouffre aucune difficulté.

Si au lieu de quarrés , on vouloit tracer des lozanges , on commenceroit
toujours par tracer des quarrés à l'ordinaire , par les angles defquels on feroit
paffer des lignes fervant à décrire les lozanges demandées , ainfi que je l'ai
obfervé à la moitié des figures 1 , 4 & 7.

Quand fur un plan rond , comme la fig. 8, on éleve une couverture conique , ou, comme difent les Ouvriers , en pain de fucre , ainfi que la fig. 6 ,
le développement s'en fait très-facilement ; car après en avoir déterminé la
hauteur & la largeur , on commence par tracer le plan qu'on divife en un

nombre de parties égales à volonté, (mais toujours le plus près les unes des autres qu'il eſt poſſible); enſuite d'une ouverture de compas égale au côté de l'élévation *L M*, *fig. 6*, on trace à part, *fig. 9*, un arc de cercle d'une longueur indéterminée, ſur lequel on porte un pareil nombre de diviſions & d'une diſtance égale à celles du plan, ce qui détermine la longueur de la partie inférieure du développement, qu'on acheve en menant des deux extrêmités *O*, *Q*, de l'arc de cercle, deux lignes droites à ſon centre *P*.

Quant au compartiment des parties coniques, il eſt très-facile ; car après en avoir tracé le plan & l'élévation de face, on diviſe le pourtour du plan en autant de parties qu'on le juge à propos, relativement à la grandeur des quarrés qu'on veut y faire ; & de chacune de ces diviſions, on mene une ligne droite au point de centre du plan ; enſuite on diviſe pareillement un des côtés de l'élévation en un nombre de parties égales à celles du plan ; & par chaque point de diviſion, on fait paſſer une ligne horizontale parallele à celle *L N* ; & la moitié de chacune de ces lignes horizontales donne autant de rayons de cercles qu'on trace ſur le plan, ce qui acheve ſon compartiment vu en deſſus ; puis de chaque diviſion extérieure du plan on éleve autant de perpendiculaires à la baſe *L N* ; de l'élévation & des points où elles rencontrent cette derniere, on mene des lignes au ſommet *M*, ce qui donne la largeur des quarrés vus géométralement.

Le compartiment de l'élévation développée, *fig. 9*, ſe fait en portant ſur un de ſes côtés les mêmes diviſions que celles du côté *L M* de l'élévation *fig. 6* ; & de chacune de ces diviſions, & du point *P*, comme centre, on décrit autant d'arcs de cercles ; enſuite de chaque diviſion de l'arc de cercle extérieur, (qui doivent être égales à celles du plan), on mene des lignes droites au centre *P*, leſquelles achevent les carreaux ſur la ſurface développée, leſquels, à proprement parler, ne ſont que des trapezes d'une égale hauteur, & dont la longueur va toujours en diminuant en approchant du centre, où les derniers ſont réduits à une forme triangulaire, comme on peut le voir dans cette figure, dont un des côtés eſt tracé en lozange, ainſi qu'aux fig. 6 & 8 ; ce qui ſe fait toujours à l'ordinaire, c'eſt-à-dire, après avoir tracé des carreaux par les angles deſquels on fait paſſer les courbes qui forment les lozanges.

Quand les couvertures coniques, au lieu d'être droites comme dans la fig. 6, ſe trouvent renverſées, cela ne change rien à la maniere d'en développer la ſurface ni d'y tracer les compartiments, parce que le plan *fig. 8*, devient l'élévation, & que l'élévation devient le plan, ce qui ne fait aucune difficulté.

Dans le cas où le plan d'une calotte ou d'une couverture conique ſeroit tronqué, comme à la fig. 10, cote *R*, cela ne feroit non plus aucun changement à la maniere d'opérer ; mais ſi le côté du plan étoit coupé par une ligne circulaire, comme le côté *S*, les lignes de diviſion tendantes au centre du plan

ne

ne peuvent plus être droites (du moins pour que le compartiment soit régulier) ; mais ce font autant de courbes dont la cerce est donnée par des points
de division égaux, pris sur chaque arc de cercle du plan, & en même nombre que sur l'arc de cercle extérieur de ce dernier.

J'ai dit plus haut qu'il n'étoit pas possible de faire le développement entier
d'une calotte, & généralement de toute partie cintrée sur le plan & sur l'élévation, & cela est très-vrai ; cependant on peut faire ce développement par
parties, & par ce moyen se rendre compte de la véritable forme des compartiments, ce qui se fait de la maniere suivante.

On trace à part, *fig. 11*, la ligne *a b*, dont la longueur est égale à la courbe
du cintre de face, *fig. 2*, développée sur une ligne droite, & on divise la
ligne *a b*, en autant de parties égales que cette derniere ; puis par chaque
point de division on éleve des lignes perpendiculaires en-dessus & en-dessous
de la ligne, dont la longueur doit être égale à celle de chaque arc de cercle
compris entre deux lignes de division tendantes au centre du plan, *fig. 4* ;
puis par l'extrémité de ces perpendiculaires, on fait passer deux lignes courbes qui se réunissent au point *b*, & qui donnent la surface développée d'un
des triangles du plan, *fig. 4*. On recommence la même opération pour chaque division du plan, & on a sa surface développée prise par parties ; & plus
ces parties sont multipliées, plus l'opération est juste.

J'ai fait toutes les divisions des figures de cette Planche en parties égales
prises sur les cintres de face, parce que c'est la méthode la plus ordinaire ;
cependant on pourroit les diviser proportionnellement sur les développements
des figures, comme je l'ai enseigné ci-dessus, & que je l'ai indiqué par des
lignes ponctuées *fig. 9 & 11*, cote *T & V*. Voilà, à-peu-près, tout ce qu'il
est nécessaire de dire touchant le développement des surfaces des Treillages
cintrés, & la maniere d'en tracer les compartiments : reste maintenant à donner quelques exemples des compartiments qu'on fait ordinairement, ou qu'on
peut faire aux ouvrages de Treillage, ce qui va faire le sujet du Paragraphe
suivant.

§. III. *Différentes sortes de Compartiments, tant droits que cintrés, propres à être exécutés en Treillage.*

La science des compartiments est une partie des plus essentielles de l'Art du
Treillageur, puisque tous les ouvrages de cet Art ne sont composés que
de compartiments, soit semblables ou différents les uns des autres, dont l'assemblage & le rapport parfait des pleins & des vuides, font tout le mérite, &
distinguent l'Ordonnateur vraiment homme de génie, d'avec l'Ouvrier purement méchanique, qui ne travaille que par routine, & sans se rendre compte
des raisons qui l'engagent à préférer une espece de compartiment à une autre,

ou à donner plus ou moins de grandeur à ces mêmes compartiments, qui peuvent être très-bien exécutés, sans pour cela faire un bon effet, & cela par rapport à la grandeur de l'ouvrage, & du point de distance d'où il doit être vu pour jouir à la fois de son ensemble & de ses parties de détail ; c'est pourquoi il faut beaucoup d'expérience pour déterminer la forme & la grandeur des compartiments des Treillages, ce qui ne s'acquiert qu'avec le temps, &, ce qui est encore mieux, par l'examen réfléchi des ouvrages de cet Art qui ont le plus de réputation, en faisant toujours attention à leur grandeur & à la place qu'ils occupent : tel compartiment fait très-bien dans de petits ouvrages, & par conséquent demande d'être vu de près, qui feroit très-mal dans de grands ouvrages, dont l'éloignement du point de vue fait disparoître les vuides, ou du moins les diminue considérablement en rapprochant les pleins, du moins en apparence, comme je le dirai en son lieu, en parlant de la disposition générale des Treillages.

En général, les compartiments des Treillages, ainsi que de toute autre sorte d'ouvrages, sont de deux especes ; savoir, ceux qui sont composés de lignes droites, & ceux qui sont composés de lignes courbes.

Les premiers sont disposés horizontalement, comme les *fig.* 1 & 3, ou diagonalement comme les *fig.* 2, 4 & 5.

Le plus simple des compartiments des Treillages, est celui qu'on nomme *à mailles quarrées*, représenté *fig.* 1, lesquelles sont plus ou moins grandes, selon les différents ouvrages, mais qui, dans tous les cas, doivent être régulieres, c'est-à-dire, que du dedans des bâtis, représentés par les lignes $a\,b$, $c\,d$, $a\,c$ & $b\,d$, il se trouve toujours un nombre juste de carreaux ; &, autant qu'il est possible, un vuide au milieu, tant de la hauteur que de la largeur, indiquée dans cette figure par les lignes $e\,f$ & $g\,h$.

Quand la forme des bâtis n'est pas parfaitement quarrée, c'est-à-dire, qu'ils ont plus de hauteur que de largeur (comme il arrive presque toujours), on met un plus grand nombre de quarrés sur le plus grand sens, ou bien on fait les mailles barlongues, comme on fait ordinairement aux Treillages d'espaliers & à ceux d'appuis, ce qui est égal, pourvu qu'il se trouve toujours des mailles entieres aux extrémités, ce qu'il faut toujours observer. Les carreaux ou mailles quarrées ou barlongues, (car il n'en faut jamais faire d'oblongues) sont celles qui sont le plus en usage ; cependant je crois qu'on pourroit quelquefois en varier la forme en faisant des compartiments mi-partis, c'est-à-dire, alternativement grands & petits, comme à la fig. 3, ce qui feroit un très-bon effet, qui remédieroit à la monotonie des carreaux, soit disposés horizontalement, comme la fig. 1, ou sur l'angle, comme la fig. 2 ; car on pourroit également disposer les compartiments mi-partis de cette façon, en observant de les compartir de maniere que le nud des bâtis passât par l'angle des quarrés barlongs, ainsi que les lignes $i\,l$ & $m\,n$, afin qu'il ne se trouvât pas de coupe irréguliere

dans les autres carreaux, ce qui arriveroit néceffairement fi les bâtis paffoient par
les angles des grands ou des petits quarrés, comme on peut le voir dans cette
figure, où j'ai indiqué par ces lignes ponctuées ces différentes manieres de terminer ces fortes de compartiments.

Les compartiments lozanges, *fig. 2* , fe divifent, ainfi que les quarrés, en
raifon de la grandeur de la place qu'ils doivent occuper, afin que tous les quarrés foient coupés réguliérement, & que la pointe des autres touche le nud
des bâtis, comme on peut le voir dans cette figure. Il faut auffi avoir foin
que fur la ligne du milieu du compartiment, tant de largeur que de hauteur,
il fe trouve un nombre jufte de carreaux, ou, que s'il arrivoit qu'on fût obligé
de couper les carreaux des extrémités de la ligne d'à-plomb, il faudroit s'arranger de maniere que ceux ce la ligne horizontale du milieu le fuffent également, comme l'indique les lignes *o p*, *q r* & *o q*, ce qui eft néceffaire pour
qu'il fe trouve un vuide fur la diagonale du compartiment, ce qui fait mieux
qu'un plein qui y feroit néceffairement, s'il y avoit un carreau plein fur un
fens, & un demi-quarré fur l'autre ; ce qu'il eft aifé de voir en prolongeant la
ligne *o q* de *o* à *s*, & de *q* à *t*, & en fuppriment celles *o p* & *q r*.

Quant à la maniere de divifer ces fortes de compartiments, elle eft très-
facile : on commence par fe rendre compte de la largeur des pleins ou lattes
qu'on trace à part, ainfi que ceux *A B*, *C D*, *fig.* 10, difpofés diagonalement
(& deffinés au double de grandeur de la *fig. 2*) ; on prend enfuite la moitié
de la ligne *u x*, qu'on porte en dehors de la ligne du nud du bâtis, *fig. 2* ,
de *y* à 3 ; enfuite on divife la largeur du bâtis depuis la ligne du milieu *z*,
en autant de parties qu'on veut de moitiés de carreaux, & toujours en nombre
impair, quand les lignes du milieu font terminées par des carreaux pleins.
Quand au contraire elles font terminées par des carreaux coupés, on fait cette
divifion en nombre pair, comme on peut le voir à la fig. 2 , où un des côtés
eft divifé en trois parties égales, & l'autre en quatre.

Quand on a fait la divifion fur la largeur, on fait la même chofe fur la
hauteur, fuppofé qu'elle foit égale à la largeur, comme dans cette figure, ou
que la hauteur plus ou moins grande contienne exactement un nombre de divifions foit pair ou non pair, felon qu'il eft befoin ; mais quand cette hauteur
ne peut pas contenir ce nombre exact de divifions, ou qu'on veut que les
lozanges foient allongées en raifon de la forme intérieure des bâtis, on commence par tirer deux diagonales des quatre angles de ces mêmes bâtis, qu'on
rapporte à part, & qui fervent à donner l'inclinaifon des lattes, comme celle
de la fig. 10, fuppofée plus inclinée en dedans ; puis on prend la moitié de
la ligne *u x*, qui, dans ce cas, devient plus courte, pour porter au-delà du
point *y*, pour les divifions de largeur, & la moitié de celle *a b*, *fig.* 10, qui,
par la même raifon, devient plus longue, qu'on porte en-deffus du point *y* ; puis
on divife le plus grand côté en un même nombre d'efpaces que le plus étroit,

afin que les côtés des lozanges foient paralleles avec les diagonales du bâtis.
Quand le pourtour du bâtis à remplir eft ainfi divifé , on tire de chaque
point de divifion autant de lignes paralleles aux diagonales du bâtis , foit qu'il
foit quarré ou barlong , (fuppofé que dans ce dernier cas les côtés des lozanges
leur foient paralleles , comme je viens de le dire ;) & fi l'opération eft bien
faite , ces lignes doivent rencontrer jufte les points de divifion de la ligne du
milieu du bâtis, qu'elles viennent joindre; on ajoute enfuite en dehors de chaque
point la largeur de la latte à laquelle on s'eft fixé , & le compartiment eft fini.

Il eft bon d'obferver que dans une même grandeur donnée , les carreaux
des compartiments lozanges ne peuvent pas être en même nombre ni de grandeur égale à ceux placés horizontalement dans ce même efpace , & cela par la
raifon de la différence de la diagonale du quarré avec fon côté ; c'eft pourquoi
il arrive toujours que les carreaux font plus grands ou plus petits, ainfi qu'on
peut le voir à la *fig.* 2, dont les carreaux font d'un côté plus grands & de l'autre plus petits que ceux de la *fig.* 1 , qui eft cependant d'une forme & d'une
furface égale à la *fig.* 2 , que j'ai divifée de deux grandeurs de carreaux inégales
entre elles , afin qu'on fente tout de fuite la raifon de cette différence (*).

De quelque forme que foient les compartiments quarrés , c'eft-à-dire , compofés de lignes droites , leurs divifions fe font toujours par les mêmes principes
que je viens de donner ci-deffus ; c'eft pourquoi je n'entrerai pas dans un plus
grand détail à ce fujet , me contentant de donner ici quelques exemples de diverfes fortes de compartiments applicables à différentes parties de Treillages.

La fig. 4 , repréfente une partie de pilaftre compofée de montants paralleles , diftants les uns des autres d'environ quatre fois leur largeur , par derriere
lefquels paffent des lattes paralleles entre elles , & inclinées à 45 degrés , ou
d'onglet. Ces fortes de compartiments , quoique très-fimples , font un affez
bon effet pour détacher les pilaftres & autres parties longues & étroites du
corps du Treillage, en obfervant qu'ils foient oppofés fymmétriquement les uns
aux autres , & qu'ils foient divifés de maniere qu'il y ait une latte qui parte
de l'angle du bâtis tant du haut que du bas , prife du dedans en dedans ,
comme de *c d*, *fig.* 4 , cote *G*, ce qui oblige quelquefois à ferrer ou à écarter plus ou moins les lattes , ou à les incliner davantage , foit en dedans ou en
dehors.

Ces fortes de compartiments font très-bien dans les parties circulaires , comme les fûts de colonnes & autres , ainfi que celle *fig.* 6, repréfentée en plan ,
fig. 8, parce qu'alors ils décrivent des lignes en hélices qui femblent tourner

(*) L'obfervation que je fais ici paroîtra peut-
être un peu minutieufe & peu effentielle, fur-
tout à ceux qui , verfés dans le deffin & dans
la Géométrie, regardent comme inutile dans un
ouvrage tout ce qu'ils favent & ce qui n'eft
pas nouveau pour eux ; mais on doit faire attention que c'eft à des Ouvriers que je parle , &
que je fuppofe moins inftruits que ceux qui pourroient me faire de femblables objections , & me
dire avec un grand Poëte de ce fiecle , *que le moyen
d'ennuyer eft celui de tout dire* : penfée peut-
être plus brillante que folide , & qui ne feroit
tout au plus applicable qu'à des ouvrages faits
pour l'amufement , & non pour l'inftruction , &
plus propres à parler à l'efprit qu'à la raifon.

au

au pourtour de la partie cintrée , & qui y tournent effectivement , quoique ce ne foit que des lignes droites quand la furface cintrée eſt développée fur un plan droit , ce qu'il eſt néceſſaire de faire pour tracer la courbure des lignes en hélices, ce qui fe fait de la même maniere qu'à la fig. 4, cote *G* ; c'eſt pourquoi je n'en parlerai pas davantage ici.

Quand on veut que les compartiments des pilaſtres foient plus riches que celui dont je viens de parler, on coupe ces compartiments en points d'Hongrie fur la hauteur, comme à la fig. 4 , cote *H* , ce qui fait un très-bon effet., fur-tout fi on a foin qu'il fe trouve fur la hauteur un nombre complet de révolutions , comme de *e* à *f* , ce qu'il faut abfolument obferver à tous les compartiments , rien n'étant fi défagréable à voir que des compartiments tronqués.

Au lieu de faire la coupe des compartiments fur la hauteur , on peut la faire fur la largeur , comme à la fig. 5 , cote *I* , de maniere que tous les joints ou coupes fe rencontrent au milieu d'un montant. Quelquefois ces fortes de compartiments fe continuent du même fens dans toute la longueur du pilaſtre , ou bien on les renverfe par travée , ce qui forme des carreaux à la rencontre de chaque travée , ainfi qu'on peut le voir dans cette figure , en obfervant qu'il fe trouve toujours un nombre complet de travées fur la hauteur , ainfi que je l'ai recommandé à la fig. 4 , cote *H*.

A la place des compartiments à points d'Hongrie , on en fait quelquefois à quarrés pofés fur la diagonale avec des quarrés pleins pofés au milieu des vuides , comme à la fig. 5 , cote *L* , ce qui fait très-bien , & qui eſt d'une très. facile exécution ; cependant il faut obferver qu'on ne doit déterminer la largeur des montants qu'après avoir tracé à part , *fig.* 10 , la largeur des lattes inclinées *A B* & *C D* , dont la diagonale *u x* , donne la largeur du montant *E F*, qui , par ce moyen , paſſe juſte par l'angle des carreaux. Si au contraire c'étoit la largeur du montant *E F* , qui fût déterminée la premiere , on traceroit fur ce dernier deux lignes diagonales *g h* & *i l* , qui fe rencontreroient au point *x* , un des côtés du montant , & on méneroit deux paralleles aux· lignes *g h* & *i l* , diftantes de ces dernieres autant qu'il feroit néceſſaire pour qu'elles rencontraffent le point *u* , oppofé à celui *x*; fans cette précaution , il arrive que les angles des carreaux entrent ou fortent de deſſous les montants ; ou que s'ils y arrivent juſtes , les lattes diagonales ne fe rencontrent plus vis-à-vis l'une de l'autre , comme on peut le remarquer à la fig. 5 , cote *I*, où les lattes *m* , *n*, *o*, *p* , ne font pas vis-à-vis l'une de l'autre , & cela parce que le montant eſt un peu plus étroit qu'il ne faut , ce que j'ai fait de ce côté de la fig. 5 , pour mieux faire fentir la néceſſité de ce que je viens de dire en expliquant la fig. 10.

La fig. 7 , repréfente différentes fortes de compartiments propres aux frifes, aux plattes-bandes & autres parties d'une forme longue & étroite , defquels on peut faire choix felon les différentes occafions , en obfervant toujours de ne jamais tronquer ces compartiments , pour quelque raifon que ce puiffe être , les compartiments en général devant être toujours faits pour les places , & non pas les places pour les compartiments.

La fig. 9 , enfin repréfente plufieurs compartiments qui , quoique très-compliqués , peuvent s'exécuter en Treillage fans aucune difficulté , fi ce n'eft celle de la main-d'œuvre , ce qui ne doit cependant pas en faire une pour un Ouvrier adroit & intelligent , qui n'en doit trouver que dans les chofes impoffibles , mais jamais dans celles qui font difficiles , fi ce n'eft le défaut du prix qu'on met à fon ouvrage , ce qui l'oblige fouvent de faire des chofes très-médiocres , quoiqu'avec beaucoup de talent.

La fig. 1 , repréfente le bout ou éventail d'un berceau de treillage , qui eft le plus fimple des compartiments cintrés , & qui fe difpofe de la maniere fuivante.

On commence d'abord par tracer autant de demi-cercles qu'il y a de montants à la partie droite du treillage , dont le deffus de la derniere latte doit paffer au nud du cintre de l'éventail ; enfuite on divife le pourtour intérieur du plus grand cercle de la fig. 1 , cote *A* , en un nombre de parties quelconques , égales , autant qu'il eft poffible , à la hauteur des mailles du bas , en obfervant un vuide au milieu , ainfi que la largeur des aiguilles ou lattes tendantes au centre de l'éventail , qui doivent être par un bout d'une même largeur que les lattes horizontales , & être diminuées en venant à rien de l'autre.

Cette maniere de faire le compartiment des éventails , eft la plus ordinaire , & même la plus naturelle ; car quoiqu'elle diminue beaucoup les carreaux du bas , elle conferve du moins l'égalité à ceux du haut , c'eft-à-dire , du cercle extérieur , qui , pour lors , répondent à ceux de la couverture du berceau ; au lieu que fi on faifoit la divifion des carreaux fur la courbe du milieu de l'éventail , comme je l'ai fait à cette figure , cote *B* , les carreaux du haut deviendroient trop larges , & ne répondroient plus à ceux de la couverture du berceau ; fi donc j'ai fait la divifion du côté *B* de cette maniere , ce n'eft que pour en faire connoître le défavantage.

La fig. 2 , repréfente un autre éventail dont les carreaux & les cercles concentriques font divifés de maniere qu'ils deviennent de grandeur proportionnelle les uns aux autres , ce qui fe fait de la maniere fuivante.

La divifion du grand cercle étant faite à l'ordinaire , on fait à part un triangle , *fig. 3* , dont les deux côtés *A B* & *C B*, font égaux aux rayons du cercle , *fig. 2* ; ou , pour mieux dire , on fait un triangle femblable à un de ceux de la fig. 2 , tant pour la forme que pour la grandeur (celui *fig. 3* , n'étant double de ceux de la fig. 2 , que pour faciliter l'intelligence du difcours) ; puis du point *B* , comme centre , & de la diftance *C* ou *A* , on décrit un arc de cercle prolongé au-delà du point *A* ; enfuite on prend la largeur d'une des lattes ou aiguilles tendantes au centre de l'éventail , qu'on porte de *A* à *D* ; & de ce point on mene une ligne droite au point *B* ; ce qui étant fait , on divife l'arc

A C en deux parties égales, au point *E* duquel on mene une autre ligne droite au point *B* ; puis on prend la distance *E C* ou *E A*, qu'on porte de *E* à *c* ; & du point *B*, comme centre, on décrit un arc de cercle qui donne, à peu de chose près, la moitié moyenne de la longueur du premier carreau. On prend ensuite la distance *c e*, qu'on porte de *c* à *f*, & celle *c d*, de *c* à *g* ; & du point *B*, comme centre, & des distances *f* & *g*, on décrit deux arcs de cercles, dont l'un termine la longueur du premier quarré, & l'autre donne la largeur du second cercle : on fait la même opération pour le second carreau, c'est-à-dire, qu'on fait *g h* égale à *g i* ; *h l* égale à *h o*, & *h m* égale à *h n* ; & ainsi des autres jusqu'à la fin, comme on peut le voir à la fig. 3 : en suivant cette méthode, touts les carreaux deviennent quarrés autant qu'il est possible, & les cercles concentriques diminuent, ainsi que les aiguilles, ce qui fait un très-bon effet, sur-tout dans le cas d'une rosace de plafond, & même dans une calotte, en faisant l'opération, *fig.* 3, sur une partie de cette derniere développée sur une ligne droite, comme je l'ai enseigné ci-devant, *page* 1097 & *fig.* 11, *Pl.* 346. On pourroit aussi employer cette espece de compartiment dans une partie en demi-cercle, comme la représente la fig. 2, à condition toutefois que si elle étoit placée verticalement, elle ne fût pas surmontée sur des treillages pleins, comme la fig. 1, aux compartiments desquels elle ne pourroit plus répondre, ce qui est absolument nécessaire.

Si au lieu des carreaux, on vouloit que les parties circulaires fussent remplies par des aiguilles en spirales, comme à la fig. 4, cote *C*, ou par des especes de lozanges, cote *D*, on commenceroit toujours par y tracer des carreaux composés d'une seule ligne, comme font les développements des surfaces, *Pl.* 345 & 346 ; & cela selon la méthode ordinaire, comme à la fig. 1, cote *A*, ou selon celle de la fig. 2, qui est celle que j'ai suivie pour la fig. 4 ; & par chaque angle des carreaux on fait passer des lignes courbes formant soit les spirales ou les lozanges, ce qui est égal, puisque les lozanges sont composées de deux spirales tracées en contre-sens l'une de l'autre ; on ajoute ensuite en dehors de chaque spirale, la largeur de l'aiguille qui vient en diminuant à rien au centre du rond, comme on peut le voir à la. fig. 4.

S'il arrivoit que la partie dans laquelle on veut tracer des compartiments, soit quarrés ou lozanges, fût d'une forme ovale, on commenceroit par faire les divisions sur le grand axe, puis on feroit à part un triangle-rectangle, *fig.* 5, dont l'hypoténuse *a c*, seroit égale à la moitié du grand axe ainsi divisé, & le moyen côté *b c*, égal à la moitié du petit axe ; puis de chaque point de division on abaisseroit autant de lignes perpendiculaires à celle *bc*, ce qui donneroit sur cette derniere des points de division qui étant reportés sur le petit axe de l'ovale, fixeroient les différents diametres des ovales concentriques, qu'on feroit passer par les points de division du petit axe & par ceux du grand axe qui leur seroient correspondants, & on acheveroit le reste du compartiment selon la méthode ordinaire.

On pourroit encore faire l'opération du triangle , *fig. 3* , sur le petit axe comme sur le grand , ce qui reviendroit à-peu-près à la même chose , excepté que les courbes ovales deviendroient un peu plus larges de cette façon que de l'autre.

Quand on a fait la division d'une partie , soit parfaitement ronde ou ovale , on doit faire ensorte qu'il se trouve des vuides aux quatre angles droits , c'est-à-dire , par les axes , comme je l'ai observé à la fig. 4 , ce qu'on doit en général observer à toutes sortes de compartiments , du moins autant qu'il est possible.

Dans les compartiments de frises circulaires , comme la fig. 6 , cote *E* & *F* , il faut observer la même chose que s'ils étoient pleins jusqu'à leur centre ; c'est-à-dire , qu'il faut toujours que leur division tende à ce dernier , & que les parties qui en forment les compartiments tiennent de la forme des spirales de la fig. 4 , comme je l'ai observé à la fig. 6 , cote *E*.

La fig. 7 représente une frise remplie par les ronds disposés de différentes manieres ; les uns sont joints les uns aux autres , d'autres sont enlacés , & d'autres alternativement grands & petits , soit joints , soit enlacés.

La fig. 8 représente une autre frise remplie de ronds enlacés les uns avec les autres de différentes façons , dont je ne ferai aucune description , non plus que de la frise précédente , vu que l'inspection seule des figures doit suffire.

Les fig. 9 & 10 représentent deux modeles de compartiment courant , propres pour les grandes frises , auxquels on peut joindre des feuilles d'ornements , & même des guirlandes en treillages , tant pour les orner davantage que pour en remplir les parties vuides. La fig. 9 est une spirale double tournante sur deux points de centre à l'ordinaire , dont une partie est d'égale largeur dans toute son étendue , & l'autre est diminuée en venant à rien à son centre.

La fig. 10 est contournée de la même maniere que la volute Ionique ; & j'en ai fait une partie égale dans toute son étendue , & l'autre diminuée à l'ordinaire , afin qu'on puisse faire choix de l'une ou de l'autre maniere.

La construction de la fig. 10 est plus difficile que celle de la fig. 9 , mais aussi est-elle plus parfaite , & je les ai représentées ici toutes deux pour qu'on en sente mieux la différence.

Il se peut faire une infinité d'autres compartiments , tant droits que cintrés , propres à être exécutés en treillage , que je n'ai pas voulu représenter ici , m'étant contenté de donner seulement quelques exemples sur lesquels j'ai dit à-peu-près tout ce qu'il est nécessaire de dire à ce sujet , & d'après lesquels on pourra non-seulement en composer d'autres , mais encore les distribuer de maniere qu'ils soient aussi réguliers qu'il est possible de le faire. Quant à leur application aux ouvrages de Treillage , je n'en parlerai qu'après avoir traité de la partie pratique de cet Art , qu'il est essentiel de connoître avant que de passer à l'application des principes de théorie qui ont fait le sujet du présent Chapitre.

CHAPITRE

CHAPITRE SECOND.

Des Bois propres à la construction du Treillage , & des Outils des Treillageurs en général.

Les bois propres à la construction du Treillage proprement dit , sont le Châtaignier, le Chêne & le Frêne ; ce sont du moins les seuls qu'on emploie ordinairement , quoiqu'en général on puisse y employer tous les bois qui sont d'une qualité liante & propre à la fente ; comme l'Aune, le Bouleau, le Cyprès, le Laurier, le Micocoulier, le Mûrier blanc, le Pin, le Saule ; mais, comme je viens de le dire, on ne fait usage à Paris que des trois premiers, à la description desquels je m'attacherai particuliérement, du moins quant à ce qui a rapport au Treillage.

Le Châtaignier qu'on vend pour la construction du Treillage , est de deux especes ; savoir, celui en échalas ou en cerceaux , & celui en piece ou bûche : les échalas sont des tringles d'environ un pouce de largeur , sur 8 à 9 lignes d'épaisseur, qui sont prises dans de jeunes brins d'arbres qu'on fend, ainsi que les autres merrains.

Les échalas se vendent par bottes , de trente-six toises chacune, quelle que soit leur longueur, qui varie depuis 2 pieds & demi , 3 pieds , 4 pieds & demi , 5, 6, 7, 8 & 9 pieds , qui est leur plus grande longueur ; de maniere que la botte de 9 pieds est composée de vingt-quatre échalas ; celle de 8 pieds , de vingt-sept ; celle de 7 pieds, de trente-un , & un pied de perte pour le vendeur ; celle de 6 pieds , de trente-six ; celle de 5 pieds , de quarante-trois échalas , & un pied de perte pour l'acquéreur ; ainsi des autres.

On doit choisir les échalas les plus quarrés & les plus droits possible , afin qu'ils soient plus aisés à employer ; il faut aussi qu'ils soient moyennement secs , parce que , s'ils étoient trop verts, on les travailleroit difficilement ; & que, si au contraire ils étoient trop secs, ils seroient sujets à se pourrir très-promptement. Les échalas, tels qu'on les vend en botte , sont en partie équarris ; c'est pourquoi , dans les ouvrages communs, on les emploie sans y rien faire que les redresser , quand ils se trouvent tortus sur leur longueur ; mais quand l'ouvrage est un peu de conséquence on les équarrit à la plane , comme je l'enseignerai ci-après.

Les cerceaux sont peu d'usage en Treillage , à cause de leur forme demironde par leurs coupes ; cependant on les emploie quelquefois dans les cintres des berceaux, où ils tiennent lieu de fers ; dans ce cas il faut prendre de gros cerceaux de cuves , qu'on équarrit pour les mettre à la grosseur des échalas.

Il faut obferver que les cerceaux employés aux Treillages , durent près de moitié moins que les échalas ; c'eſt pourquoi il n'en faut faire uſage que le moins qu'il ſera poſſible.

Les pieces de Châtaignier ne font autre choſe que des bûches de 3 à 4 pieds de longueur, & de 7 à 6 pouces de diametre, que l'on vend en grume ; c'eſt-à-dire, couvertes de leur écorce : il faut les choiſir bien droites & de fil, & ſur-tout vertes, afin qu'elles ſe fendent plus aiſément ; ce qui eſt néceſſaire pour en faire des copeaux & autres menus ouvrages.

Le Chêne entre dans la conſtruction des bâtis des Treillages , & dans leur rempliſſage ; dans le premier cas on emploie des chevrons , des membrures, & des planches de toutes ſortes de qualités , ainſi que dans la Menuiſerie de bâtiment , en obſervant de n'employer que du bois d'une qualité dure & liante, afin qu'il ſoit en état de réſiſter plus long-tems aux intempéries des ſaiſons , auxquelles ces ouvrages ſont continuellement expoſés.

Pour les ouvrages de rempliſſage, on ſe ſert de lattes de Chêne, le plus liant & de fil qu'on puiſſe trouver : on fait auſſi uſage de chêne de Boiſſelerie, comme je l'expliquerai en ſon lieu.

On ſe ſervoit autrefois d'échalas de Chêne, ce qui faiſoit de très-bons ouvrages ; mais on n'en trouve plus préſentement ; de ſorte que l'on ne fait uſage que d'échalas de Châtaignier, comme je l'ai dit ci-deſſus.

Le Frêne ne ſert qu'à faire des copeaux ; c'eſt pourquoi on l'achete en pieces ou bûches, à peu près ſemblables à celles de Châtaignier, dont j'ai parlé ci-deſſus : il faut les choiſir de même vertes & bien de fil ; ce qui eſt tout naturel, puiſqu'elles ſervent aux mêmes uſages.

Je n'entrerai pas dans un plus grand détail touchant les bois qu'on emploie à la conſtruction des Treillages , parce que, ce que je viens d'en dire eſt très-ſuffiſant, & que, d'ailleurs, j'ai parlé de la nature de ces différents bois dans le courant de cet Ouvrage, premiere Partie, *page 22*, & dans la troiſieme Section de la troiſieme Partie, *page 782*.

Les Outils des Treillageurs ſont de deux ſortes ; ſavoir, ceux qui leur ſont propres comme Treillageurs, & ceux de Menuiſerie dont ils font uſage, comme Menuiſiers & Treillageurs. Je ne ferai ici aucune mention de ces derniers, parce que je les ai décrits au commencement de la premiere Partie de mon Ouvrage, *page 49*, où on pourra avoir recours ; c'eſt pourquoi je vais paſſer tout de ſuite à la deſcription des outils des Treillageurs proprement dits, & donner en même-temps la maniere d'en faire uſage, pour n'avoir point à me répéter dans la ſuite.

SECTION PREMIERE.

Description des principaux Outils des Treillageurs, & la maniere
d'en faire usage.

LES Treillageurs sont dans le même cas que la plus grande partie des
Ouvriers ; c'est-à-dire, qu'ils font usage des outils appartenant à des Ouvriers de
différentes professions ; car, sans parler des outils des Menuisiers, des outils dont
je vais faire la description, les uns appartiennent aux Tourneurs, d'autres aux
Boisseliers, (qui anciennement ne faisoient qu'une même Communauté avec
les premiers) ; d'autres aux Tonneliers ; d'autres enfin aux Sculpteurs : cependant chacun de ces différents outils, quoique décrits dans différents Arts,
sont très-nécessaires aux Treillageurs, & je ne pourrois pas en omettre aucuns
sans faire tort à cette partie de mon Ouvrage.

La figure premiere représente une scie à main, dont l'arçon ou monture est
toute de fer, & a environ un pied de longueur ; la lame de cette scie est attachée d'un bout avec la branche de l'arçon en *a*, & de l'autre avec un mentonet
b, dont la tige qui est terminée par une vis, passe au travers de la branche
inférieure de l'arçon, & y est arrêtée en dessous avec un écrou *c*, par le moyen
duquel on tend la lame autant qu'on le juge à propos : il faut observer que la
tige du mentonet, ainsi que le trou de la branche au travers de laquelle elle passe,
doit être quarré, afin que, quand on serre l'écrou, la vis ne tourne pas avec ce
dernier.

Les Treillageurs font grand usage de cette scie, tant pour couper les échalas, que pour toutes les autres pieces de Treillage ; c'est pourquoi il faut
que sa denture soit moyennement forte, & qu'elle ait un peu de voie, pour
passer plus aisément dans le bois vert.

Les Treillageurs se servent de cette même scie pour tous leurs différents
ouvrages ; cependant il seroit bon qu'ils en eussent au moins deux semblables
pour la monture, mais qui différassent entr'elles pour l'épaisseur de la lame & la
grandeur des dents, afin de se servir de l'une ou de l'autre, selon que la force
des bois l'exigeroit ; ce qui est d'autant plus nécessaire, qu'une scie trop fine a
peine à passer, & s'engage dans du gros bois, & qu'au contraire celles qui sont
trop grosses, éclatent & déchirent les petites pieces, comme les lattes, les
copeaux, &c.

La figure 2 représente une serpe, dont la longueur du dessus du manche est
d'environ 9 pouces, sur 2 pouces & demi à 3 pouces de largeur. Cet outil est
affûté des deux côtés, comme un fermoir, ainsi que le représente sa coupe *A*,
& est d'un très-grand usage pour la construction des Treillages simples, comme
on le verra ci-après.

PLANCHE
349.

Le marteau des Treillageurs , *fig.* 3 , coté *B* & *C*, differe des marteaux ordinaires , tant pour la grandeur que pour la forme. La tête de ce marteau eft ronde , & a environ 9 à 10 lignes de diametre; fa pane eft applatie , & n'a tout au plus que 3 lignes d'épaiffeur , fur une largeur à peu près égale au diametre de la tête.

Il eft bon que les extrémités , tant de la pane que de la tête, foient garnies d'acier , & même trempé , afin qu'elles réfiftent plus long-temps & qu'elles ne s'émouffent pas en frappant fur les têtes des clous & fur les pointes.

Le manche de ce marteau a environ 1 pied de longueur , & eft diminué dans fon extrémité fupérieure , afin de donner plus de coup au marteau.

La tête du marteau des Treillageurs , ainfi que fon manche , font longs & menus , afin qu'ils puiffent s'en fervir dans des endroits creux & étroits ; ce qui ne pourroit être fi ces marteaux étoient conftruits à l'ordinaire.

Après le marteau , les tenailles , *fig.* 4 & 7 , font les outils qui font le plus néceffaires aux Treillageurs : elles different des tenailles ordinaires en ce qu'elles font plus petites de tête , & moins larges du dehors en dehors de leurs branches , ce qui eft néceffaire pour qu'un homme puiffe aifément les empoigner d'une feule main, fans être obligé d'ouvrir trop cette derniere , ce qui lui ôteroit une partie de fa force.

Les tenailles qui font ici repréfentées , *fig.* 7 , ont 18 lignes de largeur du dehors en dehors de la tête qui eft applatie en deffus , & n'a qu'un pouce de hauteur , afin d'avoir plus de force : l'extrémité des deux mords de ces tenailles doit être d'acier trempé , & affûtée en bifeau en deffous , afin qu'elle puiffe couper le fil de fer & les pointes , & on doit avoir grand foin que ces deux mords foient bien paralleles , & qu'ils affleurent parfaitement en deffus, afin que leurs vives-arêtes ne fe chevauchent pas , ce qui les empêcheroit de couper vif.

Les branches de ces tenailles font prefque droites & paralleles , lorfqu'elles font fermées , & ont 7 pouces de longueur depuis le clou au centre de mouvement , jufqu'à leur extrémité , ce qui fait environ 9 pouces pour la longueur totale des tenailles; quant à leur épaiffeur ou largeur des mâchoires , 15 à 16 lignes font fuffifantes; au refte, *voyez les fig.* 4 *&* 7 où elles font exactement deffinées.

Les Treillageurs fe fervent de vilbrequins & de vrilles de toute groffeur , mais plus communément d'une efpece de foret ou touret, (repréfenté *fig.* 5, 8 *&* 9), qu'ils nomment *Violon*; c'eft un morceau de bois d'environ 1 pied de long , fur 2 pouces d'épaiffeur , & 2 pouces & demi à 3 pouces de largeur: l'extrémité inférieure de ce morceau de bois eft diminuée & arrondie , pour qu'on puiffe l'empoigner plus aifément: à l'autre extrémité & à environ 2 pouces du bout, eft une entaille *d*,*e*,*fig.*8, de 3 pouces de longueur, dans laquelle on place la boëte du foret *D*, dont un des bouts *g* ,*fig.* 9, entre dans un trou pratiqué à

bois

bois de bout dans l'épaiffeur du violon , & l'autre bout *f* paffe dans une entaille , faite dans l'épaiffeur du violon, au travers duquel il paffe, & on l'arrête
en place par le moyen d'une cheville ou d'une vis *h*, *fig.* 8 , qu'on ôte quand
on veut retirer la boëte du foret ou en mettre une autre.

Quand on fait ufage du violon, on prend le manche de la main gauche ; &
de l'autre , c'eft-à-dire de la droite , on tient l'archet par le moyen duquel on
fait mouvoir la boîte du foret à l'ordinaire : au moyen de cet outil on fait des
trous dans des pieces très-minces , fans craindre de les éclater , ce qui eft un
très-grand avantage.

Je n'entrerai pas dans un plus grand détail au fujet de cet outil , parce qu'il
eft d'une compofition très-fimple , & que les figures doivent fuffire : quant
au foret & à fon archet , je n'en ferai aucune mention, parce que je les ai détaillés avec affez d'étendue dans l'Art de l'Ebénifte , Section troifieme de la troifieme
Partie de mon Ouvrage , *page 938 & fuiv.*

Les Treillageurs font auffi grand ufage du perçoir , *Fig.* 5 : c'eft un petit outil
à manche, dont l'extrémité *p* du fer eft aiguë & applatie fur les côtés, qui, par ce
moyen deviennent coupants, ce qui eft néceffaire pour qu'en enfonçant cet
outil dans le bois pour y faire un trou , les deux arêtes de côté coupent les fils
de ce dernier, & ne les faffent pas fendre ; ce qui arriveroit fi cet outil étoit rond
par fa coupe, ou qu'étant applati & coupant fur les arêtes, on ne difpofât pas
ces dernieres de maniere qu'elles fuffent perpendiculaires au fil du bois.

La figure 13 repréfente une maffe ou gros marteau dont les Treillageurs
font ufage pour enfoncer des poteaux & autres pieces de cette nature : cette
maffe doit avoir 4 à 5 pouces de longueur , fur 2 à 2 pouces & demi , & avoir
un manche de bois très-liant de 2 à 3 pieds de longueur.

La figure 14 repréfente un dreffoir, & un Ouvrier occupé à en faire ufage ,
c'eft-à-dire, à dreffer des échalas : ce dreffoir n'eft autre chofe qu'une piece de
bois longue de 6 à 7 pieds , de 4 à 5 pouces de largeur, & environ 2 pouces
d'épaiffeur ; à 9 à 10 pouces d'une des extrémités de cette piece , eft affemblée
une efpece de pied de treteau, dont la longueur du deffus du dreffoir doit être de
2 pieds 9 à 10 pouces ; ce pied ne doit pas être affemblé quarrément dans le
deffus du dreffoir , mais être difpofé de maniere que fon extrémité inférieure
tombe à plomb de celle du deffus, comme l'indique la ligne *i*, *l* : cette précaution eft néceffaire , pour que, quand on fait ufage du dreffoir , le point
d'appui de l'échalas fe trouve précifément à l'à-plomb du bas du pied, & que
l'effort que fait l'Ouvrier ne tende pas à faire relever l'extrémité inférieure du
dreffoir, dont l'écartement du pied eft retenu par une entre-toife en écharpe ,
affemblée d'un bout dans le deffus du dreffoir , & de l'autre dans la traverfe du
pied.

Sur le côté de ce dernier eft attachée une équerre de fer *m n o*, nommée
mâchoire , dont la branche horizontale *n*, *o*, s'éleve d'environ 3 pouces

au - deſſus du dreſſoir , & perpendiculairement à ſa longueur.

Cette mâchoire ſert de point d'appui pour dreſſer les échalas ; ce qui ſe fait comme je vais l'enſeigner ci-après.

Les échalas, tels qu'on les achete en bottes, comme le repréſente la figure 12, ne ſont pas exactement droits, mais le plus ſouvent remplis de ſinuoſités qui ſont plus ou moins conſidérables , ſelon que la piece de bois , dans laquelle ils ont été fendus, eſt plus ou moins droite , & de fil ; quelquefois ces ſinuoſités ſont ſi conſidérables, qu'il ſeroit impoſſible de redreſſer les échalas aux dépens de leur épaiſſeur ; c'eſt pourquoi on les redreſſe ſans les diminuer ; ce qui ſe fait de la maniere ſuivante.

On prend de la main gauche l'échalas qu'on veut redreſſer , & on le poſe ſur le dreſſoir ; enſuite , après avoir conſidéré de quel côté il eſt creux, on fait porter le côté oppoſé, c'eſt-à-dire, le bouge, ſur le bout du dreſſoir qui eſt un peu arrondi ; puis avec la ſerpe qu'on tient de la main droite , on en donne un coup ſur l'échalas; ce qui étant fait, on appuie de la main gauche ſur ce dernier, qui étant arrêté par la mâchoire de fer , eſt obligé de ployer, & par conſé- quent de ſe redreſſer. Il faut faire attention que le coup de ſerpe ou navrure ne doit pas être donné perpendiculairement à la longueur de l'échalas , mais au contraire obliquement à cette derniere , & du côté où le fil du bois ſe trouveroit le plus allongé, afin de couper moins de fibres ligneuſes ou autrement dit de fil, & de conſerver plus de force à l'échalas. Voyez la fig. 14 qui repréſente un Treilla- geur dans l'inſtant où, après avoir donné le coup de ſerpe (qu'il appuie ſur le bout du dreſſoir) , il fait ployer l'échalas pour le redreſſer; voyez auſſi les figures 10 & 11 , qui repréſentent, l'une un échalas tel qu'on le tire de la botte, & l'autre, ce même échalas après avoir été dreſſé comme je viens de l'enſeigner , & auquel on peut remarquer que les coups de ſerpe ou navrures ſont donnés des deux côtés, & en différents ſens, ſelon que les ſinuoſités de l'échalas, *fig.* 10 , l'ont exigé. Cette maniere de dreſſer les échalas eſt la plus prompte & la plus uſitée ; mais elle a le défaut d'être peu propre ; & quelque ſoin qu'on prenne, on ne peut pas parvenir à rendre les échalas parfaitement droits; de plus, quand le bois vient à ſe ſécher , les coups de ſerpe s'ouvrent , ce qui fait un aſſez mauvais effet ; c'eſt pourquoi, quand l'ouvrage eſt un peu de conſéquence, il faut choiſir les échalas les plus droits poſſibles, & achever de les dreſſer au chevalet & à la plane, comme je l'enſeignerai après avoir fait la deſcription du chevalet & de la plane.

§. I. *Du Planage des Bois, & des Outils qui y ſont néceſſaires.*

LE chevalet, *fig.* 1, 2, 3 & 4 , eſt une eſpece de banc d'environ 4 pieds 6 pouces de longueur , ſur 7 à 8 pouces de largeur dans ſa partie la plus étroite. Ce banc eſt ſupporté par quatre pieds de 18 à 20 pouces de hauteur, pris du

deffus, lesquels pieds font affemblés à tenon & mortaife dans le deffus du chevalet, & l'écart de ces pieds est retenu par des entre-toifes en écharpe, afin de ne
pas nuire au mouvement du levier, *A, B, fig.* 1. Ce levier ou montant eft un
morceau de bois d'environ 2 pouces quarrés, à l'extrémité duquel est affemblée
une autre piece de bois d'environ 3 pouces d'épaiffeur, fur 4 pouces de largeur
& 6 pouces de longueur ; cette piece de bois fe nomme *la tête du levier*, &
reçoit ce dernier qui y entre à tenon & affourchement à queue, pour qu'elle
tienne plus folidement. Cette tête affleure le dehors du levier & le déborde en
dedans, afin de pouvoir mordre fur la planchette *C, D*, & y arrêter l'ouvrage
d'une maniere fixe & ftable.

Le deffous de la tête du levier, du côté où il porte fur la planchette, eft
garni d'une lame de fer mince qui y eft incruftée de toute fon épaiffeur, & arrêtée
avec des clous ou avec des vis, ce qui eft encore mieux : on met cette bande de
fer pour que l'arête de la tête du levier fe conferve, & qu'elle morde également
dans toute fa longueur ; ce qui ne pourroit être fi on ne prenoit cette précaution,
parce que la vive-arête du bois feroit bien-tôt emportée, pour peu qu'on fît
ufage du chevalet.

Le levier paffe au travers de la planchette & du deffus du chevalet, avec lequel il eft arrêté, par le moyen d'une goupille ou broche de fer *a, fig.* 1 :
voyez la *fig.* 4 qui repréfente la coupe tranfverfale du chevalet, prife à l'endroit
de cette broche.

Ce levier eft placé à environ un pied & demi du devant du chevalet, & il
faut obferver que les mortaifes, tant de la planchette que du deffus du chevalet,
dans lefquelles il fe meut, foient d'une longueur fuffifante pour qu'on puiffe le
dreffer perpendiculairement, comme on le peut voir à la *fig.* 2, qui repréfente
la coupe de la partie antérieure du chevalet.

La planchette *C, D, fig.* 1 & 2, a environ 3 pieds de longueur depuis
fon extrémité *C*, jufqu'à la rencontre de l'emboîture du chevalet, avec laquelle
elle eft affemblée ; elle eft foutenue par un montant *E*, qui l'éleve de 9 à 10
pouces à fa plus grande hauteur ; ce montant eft affemblé à tenon & mortaife,
tant dans cette derniere que dans le deffus du chevalet, & il faut qu'il foit un
peu incliné du côté de la tête du levier, afin de faire effort, ou, pour mieux
dire, réfifter à la preffion de ce dernier, qui par fon action tend à abaiffer la
planchette.

Au bas du levier eft placée une cheville ou pédale *b, fig.* 1, qui paffe au
travers de fon épaiffeur, & fur laquelle celui qui fait ufage du chevalet pofe
fes pieds : 8 ou 10 pouces de longueur, & 8 à 9 lignes de diametre fuffifent à
cette cheville, comme on le peut voir à la *fig.* 9. Cette cheville doit être faite
avec du bois très-liant, comme du Cornouiller, ou autre bois de cette efpece, afin
qu'elle réfifte plus long-temps à la preffion des pieds, qui ne laiffe pas d'être confidérable. Tous les Treillageurs n'ont pas des chevalets conftruits avec tant de

solidité que celui dont je viens de faire la defcription : la plupart de ceux dont ils font ufage étant peu folidement conftruits , & par conféquent d'un ufage peu facile ; ce qui ne peut être autrement , rien n'étant fi difficile que de fe fervir de mauvais outils.

Quant aux dimenfions des différents chevalets, elles font toutes à peu près les mêmes, c'eft-à-dire , affujetties à la grandeur humaine, qui ne varie guere dans le plus grand nombre de fujets.

La plane , *fig. 5 & 6* , eft une lame de fer acérée , dont le tranchant, femblable à celui des cifeaux , eft fait fur fa longueur. La largeur de la plane eft d'un pouce & demi à 2 pouces, fur environ 15 pouces de longueur ; fon épaiffeur eft d'environ 2 lignes, & fa furface, du côté de la planche, doit être bouge fur fa longueur de 2 à 3 lignes, comme l'indique la ligne *c* , *d* , *fig. 5* , afin que quand on fait ufage de cet outil on puiffe bien dreffer le bois; ce qui ne pourroit être fi la planche ou côté du taillant de la plane étoit exactement droite , comme on le verra ci-après.

Les deux extrémités de la plane font diminuées de largeur, & reployées en retour d'équerre du côté de la planche d'environ 4 lignes, prifes du nud de cette derniere, d'après quoi elles font un fecond coude parallele au plat de la plane , & font terminées en forme de foies , pour recevoir deux manches ou poignées de bois, qui fervent à tenir cet outil : ces poignées ont environ 2 pouces de longueur & un pouce & demi de diametre , ce qui eft fuffifant pour qu'on puiffe les bien empoigner, & elles font, ainfi que leurs foies, reportées fur le derriere de la lame, afin que l'effort que fait l'Ouvrier, lorfqu'il fait ufage de cet outil , & la réfiftance qu'éprouve ce dernier, fe trouve fur le même plan; ce qui ne pourroit être fi les manches n'étoient pas reportés en arriere de la planche de l'outil, vu le bombage de cette derniere, par l'extrémité duquel bombage il faut que paffe le centre des deux manches, comme l'indique la ligne *c* , *fig. 5*.

Quand on fait ufage de la plane, on empoigne les manches des deux mains, un peu renverfées en dehors , & les pouces fur le deffus des manches , vers leurs extrémités fupérieures : la planche de la plane doit être en deffous , & parallele à la face de l'ouvrage, fur laquelle on la fait mordre en la levant un peu du derriere & en la tirant à foi. Cet outil eft très-facile à mener, pourvu qu'on ne l'engage pas trop dans le bois, & que les manches foient affez en arriere : car fi les manches de la plane n'étoient pas ainfi reportés en arriere , on ne pourroit faire ufage de cet outil que très-difficilement, parce que l'effort fe trouvant dans un plan plus élevé que la réfiftance , il faudroit néceffairement que la plane relevât du derriere , & que fon taillant s'engageât dans le bois plus qu'on ne voudroit ; & alors il arriveroit de deux chofes l'une, ou que l'on feroit expofé à gâter l'ouvrage en prenant trop de bois à la fois, ou que l'Ouvrier fatigueroit beaucoup pour fe rendre maître de fon outil & empêcher qu'il ne relevât du derriere, & par conféquent ne prît trop de bois.

Quand

Quand les Treillageurs veulent faire ufage de la plane, pour quelque ouvrage que ce foit, ils s'affoyent fur le chevalet, *fig. 9*, pofent les deux pieds fur la marche ou cheville, & après avoir placé la piece qu'ils veulent planer fur la planchette, ils la faififfent avec la tête du levier, qu'ils appuyent fortement deffus en pouffant les deux jambes en avant ; action qui leur eft toute naturelle, puifque, lorfqu'ils tirent la plane à eux, ils ont befoin d'un point d'appui pour oppofer à la réfiftance de l'outil.

Quand on plane des pieces d'une certaine longueur, comme des échalas & autres ; on les fait paffer le long de la planchette, à gauche ou à droite du levier, felon qu'on le juge à propos, & on les fait avancer à mefure, en relevant tant foit peu la tête du levier : quand les pieces font courtes, comme la fig. 9 ; on les place au milieu de la planchette ; & pour que la plane ne gâte pas cette derniere, lorfqu'elle s'échappe de deffus la piece qu'on plane, on y met une petite planche mince, qu'on y arrête légérement, & qui reçoit les coups de plane : on rechange cette planche autant qu'il eft néceffaire, c'eft-à-dire, autant qu'elle s'ufe plus ou moins promptement.

Quand les pieces qu'on plane font d'une certaine largeur, il faut avoir grand foin que le taillant de la plane foit très-droit, & même un peu bouge, afin qu'il ne prenne pas trop de largeur de bois à la fois ; c'eft pour cette raifon que la planche de la plane eft bouge ; car fi elle étoit droite il feroit impoffible de la mener fur des pieces un peu larges ; & fuppofé que cela fût poffible, la furface de ces pieces deviendroit prefque toujours bombée.

Lorfqu'on plane au chevalet, il faut fe tenir droit en face de fon ouvrage, & le corps placé de maniere que quand on eft au bout de fon coup, c'eft-à-dire, à l'extrémité de la piece qu'on plane, le corps ne foit pas trop renverfé en arriere, afin d'être toujours en force, & par conféquent le maître de fon outil.

Le chevalet, tel que je l'ai repréfenté dans la figure 9 de cette planche, eft propre pour des hommes d'une taille ordinaire, c'eft-à-dire, de 5 à 5 pieds & demi ; pour ceux qui font plus grands ou plus petits, il faut en augmenter ou di-minuer les dimenfions, pour que ceux qui en font ufage foient commodément deffus, de maniere qu'ils n'ayent les jambes ni trop ployées ni trop allongées ; que le deffus de la planchette leur vienne au bas de l'eftomach, & que, de l'extrémité de la planchette au devant de la tête du levier, il y ait affez de diftance pour que, quand on approche le dos de la plane de ce dernier, les bras fe trouvent tendus, fans cependant être roides ; & que quand ils font au bout du coup, le corps foit toujours en équilibre, & par conféquent en force.

Les Treillageurs font un très-grand ufage de la plane & du chevalet pour corroyer & dreffer toutes fortes de pieces, tant grandes que petites, ce qu'ils font avec beaucoup d'adreffe, fur-tout pour les pieces minces, comme les frifages & autres, qu'ils réduifent à une très-petite épaiffeur, & cela très-également, & prefqu'auffi liffes que s'ils s'étoient fervis d'un rabot.

Treillageur.   E 13

Les figures 7, 8 & 11, repréſentent deux eſpeces de coutres, qui ne different entre eux que par la maniere dont ils ſont emmanchés : dans l'un , *fig.* 7
& 8 , le manche entre dans une douille, pratiquée dans l'épaiſſeur même de
l'outil , laquelle douille eſt évaſée du côté du tranchant, qui eſt celui par lequel
on fait entrer le manche , afin que quand on frappe ſur le dos de l'outil le manche ne ſorte pas dehors.

La longueur de ce coutre eſt d'environ 10 pouces , ſur 3 pouces de largeur &
4 lignes d'épaiſſeur par le dos ; cette épaiſſeur diminue des deux côtés, en
venant à rien du côté du tranchant, qui eſt placé au milieu ; de maniere que
cet outil n'a , à proprement parler, point de biſeau , ſi ce n'eſt vers le tranchant
qu'il eſt bon de lui réſerver un peu d'épaiſſeur arrondie , en venant à rien , tant
pour empêcher que le tranchant ne ſe rompe , que pour aider à l'action de l'outil,
qui doit plutôt faire l'office d'un coin , & écarter & ſéparer les parties du bois ,
de que les couper.

L'autre coutre , *fig.* 11 , differe de celui dont je viens de parler , en ce qu'il
eſt un peu moins long de fer, & que ſon manche eſt placé comme aux autres
outils ; c'eſt-à-dire , ſur la même ligne que l'épaiſſeur du fer.

Le coutre, ſoit de l'une ou de l'autre eſpece, ſert aux Treillageurs pour fendre les pieces , ſoit de Châtaignier ou de Frêne, ainſi que l'indique la *fig.* 10,
& les réduire , ſoit en lattes ou en copeaux. Dans l'un ou l'autre cas , il faut
d'abord fendre la bûche en deux parties , puis chacune de ces parties en deux ;
après quoi on les fend, ſoit en ſuivant les rayons tendants au centre de la piece,
ou bien parallélement à une des premieres fentes , en obſervant dans l'un ou
l'autre cas de les fendre toujours en parties paires , & au milieu de leur groſſeur,
afin que la réſiſtance ſoit égale des deux côtés, & qu'on parvienne à fendre des
pieces très-minces , ſans en caſſer beaucoup ; ce qui ne manqueroit pas d'arriver
s'il reſtoit plus d'épaiſſeur de bois d'un côté que de l'autre. Quand les pieces qu'on
fend ſont très-fortes, & que le maillet ordinaire devient trop léger, on frappe
ſur le coutre avec une maſſe ou mailloche de bois ; mais cela arrive rarement, les
pieces que les Treillageurs fendent n'étant jamais aſſez groſſes, ni d'une longueur aſſez conſidérable pour cela.

On fend quelquefois les lattes qu'on achete en botte ; pour cet effet on les
met tremper pendant quelque temps dans l'eau , après quoi on les fend en
deux ſur l'épaiſſeur avec un fort couteau , ou avec une petite ſerpe ou couteau à
lame courbe en dedans, dont je parlerai ci-après.

Quand on fend ainſi des lattes , il faut choiſir celles qui ſont les plus épaiſſes,
& de fil , & ſur-tout qui ont été fendues ſur les couches concentriques de l'arbre , parce que celles qui ſont fendues ſur la maille en premier, ſe fendent très-
difficilement en ſecond ; de plus, quand on plane des lattes fendues ſur la maille,
& qu'elles ſont très-minces, il s'y fait des éclats , & même des trous , & cela,
parce que les mailles ou rayons ſe détachent des fibres ligneuſes qu'elles traverſent,

& auxquelles elles ne font que peu adhérentes, & quelquefois même point
du tout ; il arrive même qu'elles fe détachent quelquefois d'elles-mêmes. Quand
le bois eft très-fec, les mailles femblent être d'une autre nature que le refte du
bois, duquel elles different, & par la couleur & par la denfité, qui eft beaucoup
plus confidérable dans les mailles, que dans ce dernier.

De quelque forme que foient les bois qu'on plane, il faut toujours avoir grand
foin que la plane coupe bien vif & que fon tranchant foit bien égal, fur - tout
pour les bois minces ; c'eft pourquoi, après l'avoir aiguifé fur la meule, il faut lui
ôter le fil avec la pierre à affiler, qu'il faut paffer, tant fur le bifeau que fur la
planche, en obfervant de tenir la pierre bien parallele à cette derniere, afin
de n'y pas faire de faux bifeau, ce qui l'empêcheroit de couper vif, ou du moins
fans faire de grands efforts, ce qu'il faut abfolument éviter, fur-tout pour les pieces
minces, qu'on a bien-tôt coupées dans leur longueur, pour peu qu'on incline
trop la plane en dedans, ou qu'il fe trouve des rebours, qu'il faut avoir grand
foin d'éviter.

Il y a des Treillageurs qui donnent leurs planes à affûter aux Rémouleurs, &
cela, parce qu'ils n'ont pas l'habitude de le faire, ou qu'ils n'ont pas de meule,
ce qui eft abfolument néceffaire pour affûter cet outil ; cependant ceux qui le
font eux-mêmes, & qui par conféquent ont une meule, font très-bien, parce
que les meules font très-utiles pour bien affûter toutes fortes d'outils, & même
très-promptement ; ce qu'on ne peut pas fi bien faire fur un grès ordinaire,
comme je l'ai déja dit dans la partie de l'Ebénifterie, *page 806*, où j'ai fait la
defcription d'une meule & de fon auge, à laquelle on pourra avoir recours, ne
m'attachant ici qu'à faire la defcription des outils des Treillageurs proprement
dits.

Pour les ouvrages ordinaires, les Treillageurs font, ainfi que je l'ai dit plus
haut, dans l'ufage de corroyer tous leurs bois à la plane, tant les gros bois,
comme les échalas, que les bois minces deftinés à faire des ronds & autres ouvrages plus délicats, & les lattes de frifages ; & comme il eft néceffaire que ces
dernieres foient droites fur le champ, & d'égale largeur dans toute leur longueur, ils les dreffent & les mettent de largeur à la varlope, & cela par le
moyen d'un outil nommé *boîte à mettre de largeur*, repréfenté figure 1.

Cette boîte à mettre de largeur, n'eft autre chofe qu'un morceau de bois d'un
bon pouce d'épaiffeur, fur 3 à 4 pieds de longueur & 4 à 5 pouces de largeur,
aux deux côtés duquel, (c'eft-à-dire fur le champ) font attachées deux
bandes ou rebords de bois dur & liant, qui l'affleurent en deffous & le débordent
en deffus d'une faillie, égale à la largeur que doivent avoir les lattes : ces rebords
font ordinairement attachés à plat avec des clous tout fimplement ; mais il vaut
beaucoup mieux y mettre des vis, & fur - tout les affembler à rainure & languette avec le fond, afin qu'elles ne puiffent faire aucun mouvement fur la
hauteur : il faut auffi avoir foin de difpofer ces rebords, de maniere que leurs fils

PLANCHE
350.

PLANCHE
351.

aillent en montant du côté de la tête de la boîte , afin que la varlope ait moins de prife en paffant deffus ; entre les deux rebords & à une des extrémités de la boîte , qu'on nomme *la tête*, on attache une traverfe dont l'épaiffeur eft égale à la faillie des rebords qu'elle affleure en deffus. ; & pour que cette traverfe tienne plus folidement , il eft bon qu'elle entre à tenon & mortaife dans ces derniers , afin qu'elle réfifte mieux au choc des lattes qui pouffent contre lorfqu'on fait ufage de la boîte , ce qui fe fait de la maniere fuivante :

La boîte étant difpofée comme je viens de le dire ci-deffus, on la place fur l'établi , & la tête, c'eft-à-dire , le bout qui eft fermé contre le crochet ; puis on met dans la boîte autant de lattes fur le champ qu'elle peut en contenir , & on les dreffe d'un côté avec la varlope ; après quoi on les retourne , & on acheve de les mettre de largeur en paffant la varlope deffus , jufqu'à ce qu'elle porte fur les rebords de la boîte , qu'il faut bien fe donner de garde d'entamer , afin de n'en point diminuer la hauteur.

Quand on dreffe ainfi des lattes , il faut , avant que de les mettre dans la boîte, faire attention fur quelle rive elles font le plus droites , afin de les commencer toutes de ce côté , & qu'il n'y refte de faute (ou d'inégalité, ce qui eft la même chofe) que le moins qu'il fera poffible ; après quoi on les retourne , comme je viens de le dire ci-deffus.

Les lattes étant ainfi mifes de largeur , on les dreffe fur le plat , & on les met d'épaiffeur avec la plane , comme je l'ai dit ci-deffus ; ce qui eft affez bon pour les ouvrages ordinaires ; mais pour les ouvrages de conféquence il vaudroit mieux faire cette opération au rabot , ce qui les rendroit beaucoup plus unies & plus égales d'épaiffeur, & ne coûteroit guere plus de temps ni de foins , en fe fervant d'un rabot difpofé exprès pour cela , comme je l'enfeignerai ci - après , quand j'aurai terminé ce qui concerne la defcription des outils des Treillageurs proprement dits. La boîte à mettre de largeur fert non-feulement pour les lattes de rempliffages , mais encore pour toutes les autres pieces minces qui doivent être d'une largeur égale, comme, par exemple, celles qui font deftinées à remplir des membres de moulures , foit droits ou cintrés ; dans ce dernier cas, après qu'elles ont été planées , on les fait tremper dans de l'eau pour les rendre plus fouples, puis on les chauffe & on les tourne en cercle , à peu près comme on fait pour les cerceaux des futailles ; & on les retient en cet état en les nouant de diftance en diftance avec des liens de fil de fer, comme on peut le remarquer à la *fig*. 2.

On fait de ces cercles de différents diametres , afin d'avoir des pieces plus ou moins cintrées , & pour qu'elles confervent mieux leurs cintres on les laiffe liées en cercles le plus long-temps qu'il eft poffible , afin qu'en féchant dans cet état les fibres du bois ne tendent plus à fe redreffer ; c'eft pourquoi les Treillageurs apprêtent d'avance beaucoup de cercles ou bottes de bois minces de différentes largeurs & diametres, afin de les trouver au befoin : ils ont la même attention pour les copeaux ou bois de mâtinage , propres à faire des fleurs, qu'ils planent

long-temps

long-temps d'avance , pour ne les employer que très-secs , comme je le dirai en
son lieu.

La figure 3 repréſente un rond , propre à être employé dans les ornements
courants des Treillages , comme les plattes - bandes , les friſes , &c. ce qui eſt
égal , du moins quant à préſent , où il ne s'agit que de la conſtruction des ronds
& des outils dont on ſe ſert pour les conſtruire.

§. II. *Des Ronds & des différents Outils qui ſervent à leur conſtruction.*

EN général les ronds de Treillage , grands ou petits , ſe font avec du bois
mince & de fil , qu'on fait ployer & tourner deux fois ſur lui - même , du moins
pour l'ordinaire.

Pour bien faire un rond , & cela le plus réguliérement qu'il eſt poſſible , il
faut d'abord commencer par le tracer au compas , tant à l'intérieur qu'à l'extérieur , ainſi que la *fig.* 3 ; ce qui étant fait, on diviſe ſa circonférence en un nombre de parties égales quelconque, comme l'indiquent les lignes *a b*, *c d*, *e f*,
& *g h*; après quoi (ſi le bois doit faire deux révolutions ſur lui - même)
on diviſe l'épaiſſeur du rond en deux parties égales , & par cette diviſion on trace
un cercle intermédiaire , qu'on arrête des deux côtés de la perpendiculaire *c d*,
comme , par exemple , aux points *e, h*, prolongée au centre du rond ; après quoi
on prend une épaiſſeur de bois , qu'on porte au milieu de l'épaiſſeur du rond ,
ſur la ligne *c d*, de 1 à 9; puis par les points 2 , 1 & *e*, & ceux 8 , 9 & 10,
on fait paſſer deux lignes courbes , tendantes aux circonférences intérieures &
extérieures du rond , leſquelles laiſſent entre elles une diſtance égale à la
moitié de l'épaiſſeur du rond , qui eſt celle que doit avoir le bois avec lequel il
eſt conſtruit , & qui par ce moyen ſe trouve diminué , en venant à rien par ſes
deux extrémités : cette diminution ſe nomme *habillure*. Les Treillageurs emploient généralement ce terme , pour ſignifier une piece abattue en chamfrein par ſon extrémité.

Quand le rond eſt ainſi tracé , on le développe ſur une ligne droite , tant
pour avoir la longueur de la piece avec laquelle on le conſtruit , que pour avoir
celle des habillures ; ce qui ſe fait de la maniere ſuivante :

On trace à part une ligne droite , comme celle *e 16*, *fig.* 8 & 9 ; puis on
porte ſur cette ligne les diſtances qui ſe trouvent entre chaque diviſion des
cercles concentriques , pris intérieurement de ces mêmes cercles , en commençant au point *e, fig.* 3, & finiſſant au point 18, ainſi que je l'ai fait à la figure 3 &
aux figures 8 & 9 , dont les diviſions ſont cotées des mêmes chiffres que cette
derniere.

J'ai pris la diſtance des diviſions dans l'intérieur des cercles, d'abord parce qu'elles
ſont plus proches les unes des autres , enſuite parce que c'eſt le côté où le bois
reſte plein dans toute ſa longueur, les habillures ſe faiſant de l'autre côté , afin

que le bois ploye plus aifément dans l'intérieur du rond , & qu'à l'extérieur il tende moins à fe redreffer ; ce qui arriveroit néceffairement fi on ne prenoit cette précaution , c'eft-à-dire , fi on faifoit les habillures de l'autre fens.

Quand on fait ainfi le développement des ronds , il faut avoir grand foin de faire les divifions le plus près les unes des autres qu'il eft poffible , afin que la longueur de la piece , *fig.* 8 , foit égale aux circonférences des cercles concentriques ; ce qui ne peut pas être exactement vrai, quelque proche que foient ces divifions (la corde d'un arc étant toujours plus petite que l'arc qu'elle foutient); c'eft pourquoi il eft néceffaire d'ajouter quelque chofe à chaque diftance, prife fur les divifions des cercles , fur-tout quand ces derniers font d'un petit diametre, comme aux ronds dont il eft ici queftion.

La plupart des Treillageurs ne prennent pas beaucoup de précaution pour faire les ronds ; ils commencent d'abord par difpofer un morceau de bois de la largeur & épaiffeur qu'ils jugent convenable ; puis après y avoir fait une habillure par un bout , ils prennent un morceau de bois rond , nommé *moule* , *fig.* 5 & 6 , dont le diametre eft égal au diametre intérieur du rond qu'ils veulent faire ; & après avoir attaché deffus la piece planée , ils la font ployer autour jufqu'à ce qu'elle ait fait deux révolutions , plus la longueur de l'habillure prife de *i* à *l*, *fig.* 5 , & ils en terminent la longueur au point *m* , après avoir marqué le commencement de la feconde habillure en *n* ; ce qui étant fait, ils déployent la piece & la détachent du moule , afin qu'elle puiffe leur fervir de modele pour tous les autres ronds d'une même forme & diametre.

Cette méthode , toute pratique , de trouver la longueur des pieces propres à conftruire , feroit très-bonne & beaucoup plus prompte que la méthode théorique que j'ai donnée ci-deffus , fi les pieces étoient toutes parfaitement bien planées , & fur-tout égales d'épaiffeur , tant entre elles que dans toutes les parties de leur longueur , ce qui arrive rarement , d'où il arrive fouvent qu'on voit des ronds placés les uns à côté des autres , qui font inégaux d'épaiffeur & de diametre , ce qui eft encore pis.

On pourroit remédier à ce dernier inconvénient en faifant des moules creux , comme celui *fig.* 7 , ce qui alors affureroit le diametre extérieur des ronds qui ne pourroit plus varier ; ce qui feroit un très-grand avantage , vu que c'eft l'extérieur qui touche aux bâtis dans lefquels on les place; quant à leur épaiffeur, on parviendroit à la rendre parfaitement égale en mettant les pieces d'épaiffeur au rabot , comme je l'enfeignerai ci-après.

Quand les pieces propres à faire les ronds font toutes difpofées , on les attache fur les moules , & on les finit comme je l'enfeignerai après avoir dit quelque chofe des outils qui fervent à ces diverfes opérations : ces outils font le moule , la bigorne & le recaloir.

Le moule , *fig.* 5 & 6 , eft un morceau de bois rond , fur le côté duquel eft pratiquée une rainure *o* , dans laquelle on fait entrer l'extrémité de la piece avec laquelle on veut faire un rond; cette rainure doit être profonde & d'une épaiſſeur proportionnée à celle de la piece , & ſon arête droite doit être arrondie , afin de faire ployer le bois ſans le rompre. L'extrémité inférieure , ou queue du moule *A*, *fig.* 6 , doit être diminuée & réduite à un pouce & demi ou 2 pouces de diametre au plus, quelle que ſoit la groſſeur du moule, pour qu'on puiſſe l'empoigner plus aiſément: la longueur du moule doit être de 6 à 8 pouces, y compris la queue , & on doit obſerver de n'y faire la rainure ou entaille *o* , que juſqu'à environ 2 pouces de longueur , afin qu'il reſte par le bas du bois plein qui réſiſte à l'effort de la piece qu'on fait ployer dedans , & qui , ſans cette précaution , feroit fendre le moule.

La figure 7 repréſente un moule creux , qui , à mon avis , vaudroit mieux que ceux dont je viens de parler, ce dernier ayant l'avantage de former des ronds d'une forme très-réguliere à l'extérieur, qui eſt la partie du rond qu'il eſt le plus eſſentiel de faire très-juſte , comme je l'ai dit plus haut.

On fait des moules de toutes ſortes de groſſeur , ſelon le diametre des ronds, qui eſt lui-même borné par le deſſin & la grandeur de l'ouvrage ; ce qui n'a pas beſoin d'une plus grande explication , puiſque telle que ſoit la groſſeur de ces moules , on les fait toujours de la même façon , ſoit pleins ou vuides.

La bigorne , *fig.* 10 & 13 , eſt une eſpece de petite enclume ; c'eſt un outil tout de fer, dont la partie inférieure ſe place dans un billot de bois: une des branches ou bigornes eſt arrondie pour pouvoir entrer dans de petites parties creuſes ; l'autre eſt quarrée & diminuée à ſon extrémité ; au milieu de cette branche & vers ſa ſortie du tas ou corps de la bigorne , eſt pratiqué un trou dans lequel on fait paſſer la pointe des clous qu'on enfonce dans le bois : la longueur de cette bigorne eſt d'environ un pied , ſur 4 pouces de hauteur , pris du deſſus de ſa baſe.

On fait uſage de la bigorne étant aſſis ou ſur l'établi : dans le premier cas, il faut qu'elle ſoit montée dans un billot de bois de 6 à 8 pouces de diametre, pour qu'elle ait plus d'aſſiette , & il faut diſpoſer la hauteur de ce billot, de maniere qu'il y ait 2 pieds 4 à 6 pouces de terre au-deſſus de la bigorne. Quand on en fait uſage ſur l'établi, on la monte dans un morceau de bois d'environ 3 pouces d'épaiſſeur , & d'une longueur aſſez conſidérable pour qu'on puiſſe l'arrêter avec un valet quand on le juge à propos , ce qui d'ailleurs eſt preſque toujours néceſſaire.

Les Treillageurs font auſſi uſage d'une autre eſpece de bigorne , *fig.* 11 , qui differe de celle dont je viens de parler en ce qu'elle eſt beaucoup plus haute , & qu'elle n'a qu'une branche : cette bigorne ſert pour la conſtruction des vaſes & autres ouvrages de cette eſpece, & je n'en parle ici que pour terminer tout de ſuite ce qui regarde cet outil.

Le recaloir , *fig.* 12 & 14 , eſt un morceau de bois , dans l'épaiſſeur duquel on a fait un ravalement d'une profondeur égale à l'épaiſſeur, ou pour mieux dire, la hauteur des ronds qu'on y place à plat ; les deux côtés de ce ravalement font refouillés en deffous pour recevoir les languettes d'une planche ou couvercle *B*, *fig.* 12 & 14, laquelle eft creufée en demi-cercle par un bout, ainfi que la partie pleine du recaloir qui lui eft oppofée, afin d'embraffer le rond entre elle & cette derniere : il faut autant de recaloirs qu'on a de ronds de différents diametres, du moins d'une différence trop confidérable, & fouvent on les fait doubles fur l'épaiffeur, & d'une largeur inégale, comme on peut le voir à la figure 12, qui repréfente la coupe du recaloir double, *fig.* 14, où le deffous eft indiqué par des lignes ponctuées.

Il eft bon de faire les recaloirs ainfi doubles, non-feulement pour ne pas multiplier les outils, mais encore pour que le bois étant découvert & fouillé des deux côtés, il fe travaille moins, & ne fe cofine pas d'un côté ou de l'autre, ce qu'on peut en partie empêcher en emboîtant la partie pleine du recaloir.

Quand on veut monter un rond, on commence par faire entrer le bout inférieur de la piece dans le moule, & on la replie de gauche à droite en appuyant le pouce de la main gauche deffus, puis on faifit la queue du moule de la main droite, & on fait tourner ce dernier en dedans de droite à gauche, en obfervant toujours de bien appuyer de la main gauche fur la piece à mefure qu'elle tourne, afin qu'elle porte bien également, tant fur le moule que fur elle-même ; quand la piece a ainfi fait fes deux révolutions, on l'appuie fur l'établi, l'habillure en deffus, (fans pour cela la quitter de la main gauche), & on l'arrête vers l'extrémité de cette derniere avec une broquette à tête plate, *fig.* 4, qu'on n'enfonce qu'autant qu'il faut pour qu'elle n'entre pas dans le moule ; ce qui étant fait on ôte le rond de deffus le moule, & on met une autre broquette en dedans après avoir fait fon entrée avec le perçoir, comme à celle de dehors ; on enfonce la broquette de dedans fur la bigorne plate, afin que la pointe de la broquette paffe dans le trou de cette derniere, après quoi on retourne le rond & on le place fur la partie ronde de la bigorne, tant pour river le clou du dedans, que pour achever d'enfoncer celui du dehors, qu'on rive enfuite, ou pour mieux dire dont on replie la pointe, ainfi qu'à l'autre ; les rivures, proprement dites, ne pouvant fe faire que fur les métaux, du moins fans beaucoup de danger. Si au lieu de fe fervir des moules ordinaires pour monter les ronds, on vouloit faire ufage de celui *fig.* 7, cela ne fouffriroit aucune difficulté, parce qu'au lieu de commencer par placer le clou extérieur, on commenceroit par l'intérieur, comme on le peut voir dans cette figure, & le refte à l'ordinaire.

Quand les ronds font ainfi arrêtés, on les met de largeur avec la plane ; pour cet effet on place le rond dans le recaloir, dont on approche la couliffe autant qu'il eft poffible pour le tenir ferme.

Enfuite on met le tout fur la planchette du chevalet, *fig.* 15, dont on fait appuyer la tête du levier fur le deffus du recaloir, qu'on tient ferme par ce moyen ; puis on dreffe d'abord à la plane un côté du rond, & on le retourne

pour

pour le mettre de largeur ; ce qui se fait de la même maniere que pour mettre les lattes de largeur ; c'est-à-dire , qu'on ôte du bois jusqu'à ce que l'outil porte sur le recaloir, qu'il faut bien se donner de garde d'entamer.

Lorsqu'on recale les ronds , il faut toujours choisir le bois de fil , & retourner le rond dans le recaloir autant qu'il est nécessaire, afin d'éviter les éclats, qui ne manqueroient pas de se faire si on recaloit les ronds à bois de travers : cette maniere de recaler & de mettre les ronds de largeur , est la plus usitée par les Treillageurs ; cependant ils pourroient s'éviter une partie de cette opération, en mettant de longueur les pieces dont ils veulent faire des ronds, & cela avant que de les monter , & même de les mettre d'épaisseur, ainsi qu'ils font aux lattes de frisages ; de maniere que quand les ronds seroient montés , il n'y auroit plus rien , ou du moins très-peu de chose à faire.

Quand j'ai parlé plus haut des compartiments circulaires , *page* 1104, j'ai dit , qu'on faisoit des frises remplies de ronds qui se pénetrent les unes dans les autres, ainsi que je l'ai représenté *Pl.* 348 , *fig.* 7 & 8 : en exécution ces pénétrations se font par le moyen des entailles qu'on fait aux ronds, les unes en dessous, les autres en dessus , & à moitié bois de leur largeur , ce qui est très-facile à faire , du moins quant aux entailles ; toute la difficulté qu'il y a, ne consiste qu'à les bien tracer : les uns tracent ces entailles à la vue , en plaçant un rond sur un autre ; d'autres après avoir tracé en grand ces ronds ainsi entre-lacés , tracent leurs entailles sur le plan même , ce qui devient très-sujet , sans être beaucoup plus parfait : la meilleure maniere pour tracer ces entailles justes & très-promptement , est de faire une entaille ou espece de moule , *fig.* 16 & 18 , ravalée d'une profondeur égale à la largeur des ronds , & de faire la forme intérieure de ce ravalement , semblable à l'extérieur d'un rond , & du commencement d'un autre , enlacé avec le premier , & de continuer le ravalement droit & parallele d'un bout à l'autre du moule, qu'il est bon de faire d'une longueur capable de contenir 5 à 6 ronds enlacés les uns dans les autres ; le ravalement intérieur du moule étant fait, il faut tracer à sa partie supérieure C, deux entailles disposées comme s'il devoit y passer un rond pour s'enlacer avec le premier ; après quoi on ravale la partie extérieure du moule , afin de n'y laisser que peu de largeur de bois à l'endroit des entailles *q , r ,* qu'on fait d'une profondeur égale à la moitié de celle du ravalement intérieur.

Le moule étant ainsi disposé, on place les ronds dedans les uns après les autres, pour y faire deux entailles d'un côté seulement ; ce qui est très-aisé à faire , puisqu'il ne s'agit que d'assurer le rond dans le moule , & de faire passer la scie des deux côtés des entailles de ce dernier : cette opération étant faite à tous les ronds, & leurs entailles évuidées au ciseau, ce qu'on peut faire tout de suite, on assemble deux ronds l'un dans l'autre, ainsi qu'à la *fig.* 16 , & on les place dans le moule pour faire de nouvelles entailles à celui qui se trouve à l'extrémité supérieure du moule ; ces secondes entailles étant faites, on y assemble un troisieme rond, & ainſi de ſuite, ce qui eſt auſſi aiſé à comprendre qu'à exécuter. Cette maniere de faire les entailles des ronds eſt très-avantageuſe, parce qu'elle eſt très-prompte & très-ſûre, les ronds ne pouvant pas être plus avancés ou reculés les uns que les autres, ni s'enlacer de travers, vu qu'ils ſont contenus par les côtés du moule qui ſont droits, & paralleles d'un bout à l'autre.

Il faut cependant faire attention lorſqu'on fera uſage de cet outil, de ſe ſervir d'une ſcie qui ait très-peu de voie, afin de ne point uſer les côtés des entailles du moule, qui ne ſauroient trop être conſervées, pour que celles des ronds, qu'on fait d'après ces dernieres, ne deviennent pas trop larges; ce qu'il faut abſolument éviter, étant beaucoup plus expédient de les faire trop étroites que trop larges, parce qu'avec un coup de ciſeau on les met à la largeur convenable.

Comme il eſt preſque impoſſible qu'à la longue la ſcie n'uſe un peu les côtés des entailles du moule, on fera bien de conſtruire la partie ſupérieure de ce dernier avec du bois d'une qualité dure, comme du Cornouillier ou du Buis, ou même du bois de Fer, lequel donneroit moins de priſe aux dents de la ſcie, à laquelle, comme je l'ai dit, il ne faudroit de voie que le moins qu'il ſera poſſible.

Au premier coup-d'œil, la conſtruction d'un moule, tel que celui que je propoſe ici, deviendroit trop coûteuſe pour qu'on en fît uſage, ce qui ſeroit vrai ſi on n'avoit que quelques ronds à enlacer; mais comme, pour peu qu'un ouvrage ſoit conſidérable, les ronds & autres pieces de rempliſſage, ſont en très-grand nombre, on ne riſque jamais rien de faire des outils de diligence, ſur-tout quand ils tendent, ainſi que celui-ci, à la perfection de l'ouvrage.

De quelque forme que ſoient les enlacements des ronds, on peut en faire les entailles par le moyen d'un moule d'une conſtruction à peu près ſemblable à celui-ci; c'eſt pourquoi je n'en parlerai pas davantage, l'exemple que j'en donne ici pouvant ſervir à en faire d'autres, ſelon les différents beſoins.

Pour les vaſes & autres ouvrages de cette nature, les cercles ſe font ſans beaucoup de façons, du moins pour ceux qui ne ſont point ornés de moulures, on ſe contente de les tracer ſur un plan, comme la *fig.* 17, & on pointe des clous ſur ces cercles de diſtance en diſtance pour fixer les cercles de Treillage, ſoit en dedans ou en dehors, pour déterminer la place de leurs joints ou habillures, & pour les arrêter enſuite, ſoit avec des pointes ou avec des liens de fil de fer, que les Treillageurs appellent *fil à coudre* ou *fil nul*, comme je le dirai en ſon lieu.

§. III. *Des Ornements de Treillage en général , & des Outils propres à les découper & à les mâtiner.*

DEPUIS que les ouvrages de Treillage ont été confidérés comme faifant
partie de la décoration des jardins de propreté , on a cherché à les enrichir de
tous les ornements dont ces ouvrages peuvent être fufceptibles , & aux compartiments dont j'ai parlé ci-devant, on a joint les formes régulieres de l'Architecture , qu'on eft parvenu à imiter parfaitement , ainfi que les ornements de
Sculpture qu'on a adaptés à cette derniere , comme les ornements courants dans
les membres des moulures, les vafes , les guirlandes , &c. Cette partie du
Treillage , c'eft-à-dire, celle qui a pour objet les ornements, fut de peu de conféquence dans les commencements de cet Art ; ce n'étoit le plus fouvent qu'une
imitation groffiere & imparfaite des ornements de Sculpture , rendus fans goût
ni fans proportion ; mais depuis que les ouvrages de Treillage ont été dirigés par
des habiles Artiftes , & ce qui eft encore mieux , depuis que les Treillageurs
font devenus eux-mêmes capables de connoître les vraies beautés de l'Art, & cela
par l'étude du Deffin & de l'Architecture , ils font parvenus à faire aux ouvrages
de Treillage des ornements de toutes les efpeces , qui imitent ceux faits par les
Sculpteurs , du moins auffi parfaitement que la matiere qu'ils emploient peut
le permettre.

Tous les ornements de Treillage en général font conftruits avec des bois minces & de fil , fendus au coutre , & planés comme je l'ai dit ci - deffus ; &
comme il y a des ornements de toutes fortes de formes & grandeurs, les Treillageurs ont foin d'avoir beaucoup de copeaux ou bois de fente , tout préparés d'a-
vance , afin d'en trouver de fecs au befoin , étant très-effentiel que le bois avec
lequel on veut faire des ornements foit très - fec , pour les raifons que j'expliquerai ci-après.

Quand les bois qu'ils fendent eux-mêmes , ne font pas d'une grandeur affez
confidérable , ils font ufage de bois de Boiffellerie , de Chêne , qu'ils amincifent
ou qu'ils emploient en nature , felon que l'exige la forme & la grandeur de
l'ouvrage ; mais ils préférent leurs bois de fente , foit de Châtaignier ou de Frêne,
à celui de Boiffellerie , qui , étant toujours fendu fur la maille , ploye difficilement lorfqu'il eft fcié , & même fe caffe quand on veut le mâtiner avec les
tenailles.

Je n'entrerai pas ici dans une explication détaillée des divers ornements du
Treillage , ce qui fera traité dans la fuite ; je me bornerai à la partie pratique de
ces mêmes ornements , & au détail des outils qui font néceffaires à leur conftruction.

Ces outils fervant à la conftruction des ornements des Treillages , font de deux especes ; fçavoir, ceux qui fervent à les découper, & ceux avec lefquels on les mâtine. (*)

Les outils propres à découper les ornements de Treillage, font un étau de bois, *fig.* 1 & 2, une fcie à découper, *fig.* 3, & de petites ferpettes, *fig.* 7 & 8.

L'étau de bois, *fig.* 1 & 2, a environ 3 pieds un quart de hauteur, fur 4 pouces de largeur, à l'endroit des mâchoires ; fa vis eft de fer, & eft arrêtée dans un écrou auffi de fer, placé dans la partie dormante de l'étau, qui eft elle-même arrêtée avec l'établi, contre lequel il eft placé.

La partie mobile de l'étau eft arrêtée avec la partie dormante par le moyen d'une charniere, & cela le plus bas poffible, afin que l'arc de cercle qu'elle décrit en s'ouvrant foit moins confidérable, & que la preffion des mords de l'étau foit plus forte, fans être pour cela obligé de ferrer beaucoup la vis.

Au bas de la partie dormante de l'étau, & vis-à-vis du centre de mouvement, c'eft-à-dire, de la charniere, eft réfervé un talon *a*, *fig.* 1, afin de foutenir la pouffée de la partie mobile, qui fans cela tendroit à fe détacher d'avec la charniere, ce qui arriveroit infailliblement fi on ne prenoit pas cette précaution.

Il eft bon que la partie fupérieure des mords de l'étau foit garnie, foit de fer ou de cuivre, comme je l'ai fait ici, afin qu'elle s'ufe moins & qu'elle ferre plus également.

L'établi contre lequel eft placé l'étau, doit avoir environ 18 pouces de largeur, & être garni d'un rebord par devant, pour empêcher que les pieces qu'on pofe deffus ne tombent par terre.

L'étau, tel que je viens de le décrire, fert aux Treillageurs pour découper les grandes parties d'ornements qu'ils placent entre les deux mords ; ce qui ne fouffre aucune difficulté, fi ce n'eft qu'à chaque fois qu'il faut retourner la piece qu'on découpe, on eft obligé de defferrer & de refferrer la vis, ce qui fait perdre beaucoup de temps, & devient très-embarraffant, vu qu'il faut retirer la fcie à chaque fois, & la pofer fur l'établi pour prendre la manivelle de l'étau de la main droite, pendant que la gauche eft occupée à tenir la piece, qui fans cela tomberoit lorfqu'on defferre l'étau.

Pour obvier à ces difficultés, je crois qu'il feroit bon d'attacher une corde à la partie mobile de l'étau, au-deffous de la vis, & de faire paffer cette corde au travers de l'autre branche de l'étau, & de-là fur une poulie *b*, *fig.* 2, placée derriere cette derniere au-deffus de l'établi, au travers duquel on la feroit paffer, pour venir s'arrêter en deffous avec la pédale ou marche *c d* ; de forte qu'en mettant le pied fur cette derniere, on parviendroit à ferrer l'étau, fans être obligé de quitter la fcie, & que lorfqu'on voudroit retourner la piece, on n'auroit qu'à

(*) Par le terme de *mâtiner*, les Treillageurs entendent l'action par laquelle ils donnent à une feuille d'ornement la courbure ou le galbe qui lui eft néceffaire : je ne fais pourquoi ils ont adopté un terme auffi impropre, à moins que ce ne foit pour faire entendre que dans les com- mencements leurs ouvrages d'ornements étoient groffiérement faits & mal imités, ce qui n'étoit fouvent que trop vrai ; cependant il me femble qu'on devroit changer un terme auffi bas, & qui paroît annoncer la groffiéreté des mœurs de ceux qui en font ufage.

cefler

cesser d'appuyer sur la marche , l'étau s'ouvriroit tout seul par l'action du ressort *e f*, placé entre ces deux pieces ou mâchoires ; & pour que celle de devant ne s'ouvrît pas trop, on ne desserreroit la vis qu'autant qu'il seroit nécessaire , pour laisser un passage libre à la piece à découper, comme je l'ai observé *fig.* 1 , où j'ai supposé le ressort *e f* sans action, afin de faire voir l'étau tout fermé.

La scie à découper des Treillageurs, représentée *fig.* 3 , ne differe des scies ordinaires des Menuisiers que par la grandeur de sa monture , qui n'a guere que 9 à 10 pouces de dehors en dehors ; la lame de cette scie est très-étroite, pour pouvoir tourner plus aisément, & elle est arrêtée dans deux tourillons de bois , dont un est terminé par un manche, qui sert à conduire la scie , qui , quoique très-petite , ne l'est pas encore assez pour découper des pieces susceptibles de beaucoup de petits contours, comme, par exemple , celle représentée *fig.* 9 ; c'est pourquoi les Treillageurs feroient très-bien de se servir de la scie à découper des Ebénistes , ou du moins d'une semblable , dans laquelle ils pourroient mettre une lame d'une ou deux lignes de largeur, selon la nature de l'ouvrage ; ils feroient aussi très-bien de faire usage de l'étau ou âne des Ebénistes , ce qui leur feroit beaucoup plus commode que l'étau dont j'ai parlé ci-dessus , qui cependant ne leur seroit pas inutile pour cela , parce qu'ils ont beaucoup d'autres occasions d'en faire usage , même avec le levier que j'y ai ajouté.

A la place d'un âne , les Treillageurs pourroient se servir de leurs chevalets , en y ajoutant un petit étau , *fig.* 4 & 5 , lequel seroit arrêté sur la planchette du chevalet , comme on peut le voir à la figure 6.

Cet étau est composé de deux mâchoires d'environ 8 pouces de hauteur & 4 pouces de largeur ; l'une de ces mâchoires *A*, *fig.* 4, est mobile , & est arrêtée avec une planche *L i*, par le moyen d'une charniere , placée à son extrémité inférieure au point *g*; l'autre mâchoire *B* est plus épaisse du bas que la premiere, pour lui donner plus d'empatement, & est solidement assemblée avec la planché de dessous *k i*, dans laquelle sont placées quatre pattes ou queues de fer *l* , *m* , qui entrent dans l'épaisseur de la planchette *n o* , avec laquelle elles sont arrêtées (ainsi que l'étau auquel elles tiennent) par le moyen de deux broches de fer qui passent au travers de l'épaisseur de la planchette, & de ces dernieres , c'est-à-dire, des queues ou pattes de l'étau , comme on peut le voir dans la figure 4, qui représente la coupe longitudinale de ce dernier, & la figure 5 qui en représente la coupe transversale , prise à l'endroit d'une des broches ; cet étau ainsi construit , on le place sur la planchette, & par conséquent sur le chevalet , en observant de percer les mortaises de cette derniere de maniere que la tête du levier pose sur le mord mobile de l'étau , le plus haut qu'il sera possible , afin que ce dernier serre davantage lorsqu'on place les pieds sur la marche du levier, & qu'on le pousse en avant, comme pour planer : voyez la fig. 6, qui représente la partie antérieure d'un chevalet avec un étau placé dessus, comme je viens de l'enseigner.

TREILLAGEUR.   H 13

Qu'on fasse usage de l'étau, *fig.* 1 & 2 , ou bien de l'âne des Ebénistes, ou enfin du chevalet avec un étau dessus , comme la figure 6 , cela ne change rien à la maniere de découper les ornements ; ce qui se fait ainsi qu'il suit :

On commence d'abord par tracer la piece qu'on veut découper, après quoi on la met entre les mords de l'étau, en la tenant toujours de la main gauche, pendant que de la droite on fait aller la scie , en suivant les contours, dessinés le plus exactement qu'il est possible ; & pour que la scie aille plus doux , il faut avoir soin de tenir le trait de la piece qu'on découpe le plus près du mord de l'étau qu'il est possible, afin qu'elle ne tremble pas sous les dents de la scie , & qu'elle ne tende pas par ses secousses à faire ouvrir les mâchoires de l'étau, ce qu'on ne pourroit empêcher qu'en appuyant davantage , ce qui ne laisseroit pas de fatiguer beaucoup : à mesure que la scie avance , il faut avoir soin de retourner la piece qu'on tient toujours de la main gauche , pour que la scie ne s'écarte pas de dessus les mords de l'étau , & il est bon de faire ensorte que le trait se trouve toujours en dessus de la scie , afin qu'il ne se trouve pas caché par cette derniere , du moins autant que cela sera possible.

Quand on a beaucoup d'ornements d'une forme semblable , il faut d'abord commencer par en découper un le mieux possible , pour tracer les autres dessus ; & même dans le cas d'un très-grand nombre , il seroit mieux de faire ce modele en fer-blanc ou en tôle mince , afin qu'il résiste plus long-temps & que ses formes ne s'alterent pas.

On peut aussi , pour plus de diligence , mettre plusieurs pieces les unes sur les autres pour les découper, en prenant la précaution de les arrêter ensemble par une pointe ou deux, placées dans le milieu de leur largeur, & avec un petit étau à main , placé du côté opposé à celui qu'on découpe.

Pour peu qu'on travaille adroitement en découpant les ornements de Treillage , il n'y doit plus rien avoir à faire après que la scie y a passé ; cependant , quand il s'y trouve quelques inégalités défectueuses, on les répare avec la serpette courbe , *fig.* 7 , ou bien avec la droite *fig.* 8 , selon qu'on le juge plus convenable : la lame de ces deux outils doit être mince & avoir environ 2 pouces de longueur, sur 6 à 8 lignes de largeur, & être toujours bien affûtée , afin de couper vif & de ne point faire d'éclats au bois ; à ces différents outils on pourroit joindre de petites limes & des gouges de différentes grosseurs, pour évider des parties où la scie ne pourroit pas tourner aisément, comme dans les refends de la feuille *fig.* 9 , ou autres de cette espece.

Après que les ornements de Treillage ont été découpés , soit à la scie , ou simplement avec la serpette, comme il arrive quand ils ne sont pas susceptibles de beaucoup de contours , ou qu'ils sont très-petits , on les mâtine ; c'est-à-dire , qu'on leur donne la courbure qui leur est convenable , ce qui se fait de plusieurs manieres différentes.

La plus simple de toutes, est de les ployer dans les mains, comme le représente

la figure 10 ; & quand les copeaux font bien fecs , & de fil , ils confervent
affez volontiers la forme qu'on leur a donnée ; cette maniere de mâtiner n'eft
bonne que pour de petites pieces , & dont la courbure eft à peu près égale dans
toute leur étendue ; mais quand la forme de la courbure des pieces eft irréguliere , & quoique cela donnée , il faut les mâtiner aux tenailles , ce qui fe
fait de la maniere fuivante.

On prend la piece ou copeau à mâtiner de la main gauche , & de la droite les
tenailles , avec lefquelles on faifit le bout de la piece pour la faire ployer ,
comme le repréfente la figure 11 ; comme les arêtes du mord des tenailles font
très-aiguës , elles entrent dans l'épaiffeur du bois , & elles rompent les fibres
ligneufes de fa furface , qui , une fois rompues , reftent dans l'état où on les a
mifes , ce qui eft tout naturel , puifque la circulation de la féve fe trouve interrompue par ce moyen.

On recommence cette opération de diftance en diftance , autant de fois qu'on
le juge à propos , ou pour mieux dire qu'il eft néceffaire , & que la grandeur
des tenailles peut le permettre ; après quoi on prend la piece diagonalement de
chaque côté pour en achever la courbure , comme on peut le remarquer à la fig.
15 ; il feroit cependant beaucoup mieux de donner tous les coups de tenailles
parallelement entre eux , & du fens du galbe de la piece , comme à la figure 11,
& comme le font indiqués les cinq premiers de la figure 15 , ce qui obligeroit
d'avoir des tenailles d'une plus grande ouverture de tête , ainfi que plufieurs
Treillageurs en ont ; ce qui fait d'autant mieux , que les pieces ne contournent
parfaitement bien que parallelement aux coups de tenailles , qu'on ne doit
incliner que quand on veut qu'une piece fe contourne de côté , comme cela eft
quelquefois néceffaire , fur-tout quand elles doivent repréfenter des feuilles ou
des pétales de certaines fleurs.

A la place des tenailles ordinaires, on pourroit fe fervir d'une certaine efpece de
pince, *fig.* 13, dont la partie fupérieure, depuis le centre de mouvement, a environ
6 pouces de longueur & 12 à 15 lignes d'épaiffeur, comme l'indique fa coupe ,
cote C, D, même figure : l'épaiffeur de chacune des branches ou mords de
cette pince , eft d'environ 6 lignes ; une des deux cotée C eft creufe intérieurement , & l'autre au contraire , cotée D , eft bouge, mais moins que l'autre n'eft
creufe , afin qu'elle prenne mieux des arêtes , en appuyant fur le bois ; les deux
branches ou mords de cette pince ne font pas paralleles entre elles quand elles
font fermées, comme dans la figure 13 ; mais elles s'écartent un peu du bas , afin
que quand elles font ouvertes à environ une ligne ou une ligne & demie (qui
eft l'épaiffeur des copeaux) elles pincent également d'un bout à l'autre , &
même un peu plus du bout fupérieur, qui par l'ufage tend toujours à s'ouvrir plus
que celui qui eft proche du centre de mouvement.

Des pinces de cette efpece feroient beaucoup plus commodes pour mâtiner ,
que les tenailles ordinaires dont on fait ufage , qui quelque grandes qu'elles

foient, rompent plutôt le bois qu'elles ne le courbent, & y forment plutôt des pans que des courbures ; il eft cependant vrai qu'il eft néceffaire que les fils extérieurs du bois foient un peu rompus pour qu'ils fe courbent plus aifément, & qu'ils ne fe redreffent pas après avoir été mâtinés, comme je l'ai expliqué plus haut ; mais il ne faut pas que cette rupture foit trop confidérable, & l'action des deux arêtes des pinces que je propofe ici, feroit plus que fuffifante ; de plus, le bombage intérieur de la branche *D* empêcheroit que le bois ne reftât droit entre deux coups de pinces, ce qui arrive à toutes les pieces mâtinées avec des tenailles.

Soit qu'on fe ferve des tenailles ou des pinces que je propofe ici, on ne peut mâtiner de cette maniere que les pieces qui ne font pas trop découpées, ou qui font faites de bois de fente, foit de Châtaignier ou de Frêne (qui eft celui dont on fait un plus grand ufage) ; mais quand les pieces font faites avec du bois de Boiffellerie, il faut les mâtiner au feu, parce qu'elles fe romproient fi on les mâtinoit avec les tenailles ; c'eft pourquoi quand on a de ces fortes de pieces, on les ceintre de la maniere fuivante :

Après que les pieces ont été chantournées, on les met tremper dans l'eau environ une demi - heure, plus ou moins, felon qu'elles font plus ou moins feches ou de bois gras ; pendant ce temps, on fait du feu de charbon clair dans une poële de fer, *fig.* 16, au-deffus de laquelle on fait chauffer les pieces les unes après les autres, du côté où elles doivent être creufées, qui doit toujours être celui où elles l'étoient déjà lorfqu'on les a achetées ; & quand elles font fuffifamment chaudes, (ce qu'on connoît quand le côté oppofé au feu devient fec & ceffe de fumer), on les retire promptement, puis on les paffe fur un moule, arrêté fur le bout de l'établi, *fig.* 14, autour duquel on les fait ployer, après avoir pris la précaution de les envelopper à l'extérieur avec un morceau de peau, tant pour ne fe pas brûler les mains, que pour faifir toutes les parties de la piece à la fois, & la mieux appliquer fur le moule, qui n'eft autre chofe qu'un morceau de bois arrondi felon que la forme des pieces l'exige.

Le morceau de peau dont on fe fert doit être un peu confiftant, & il faut avoir grand foin de le mouiller de temps en temps, tant pour qu'il ne fe crifpe pas, que pour conferver de l'humidité à l'extérieur de la piece, & aider à l'allongement des fibres.

On fait des moules de toutes fortes de formes & grandeurs, felon que l'exigent les pieces qu'on veut mouler ; & quand une partie de ces dernieres doit refter droite, il eft bon de les difpofer comme celui repréfenté en coupe, *fig.* 12, c'eft-à-dire, avec une rainure *p*, dans laquelle on fait entrer la partie droite, afin que le cintre ne commence que quand on le juge à propos : il faut obferver que les moules foient toujours plus cintrés que la piece ne doit l'être, parce que quand on l'a retirée de deffus, & qu'elle eft entiérement refroidie, elle fe redreffe toujours un peu, à quoi on remédie en la cintrant un

peu

peu plus qu'il ne faut. A la place des moules fimples , comme ceux-ci, on
pourroit en faire de doubles ; c'eft-à-dire, compofés de deux parties, l'une
creufe & l'autre bouge, correfpondantes l'une à l'autre , & entre lefquelles on
mettroit les pieces après les avoir fait chauffer à l'ordinaire, ainfi qu'on fait pour
l'écaille, & même pour le placage en bois ; mais cette derniere méthode deviendroit un peu longue, & par conféquent trop coûteufe, & je ne la propofe
ici que pour enfeigner tous les moyens de mouler les ornements de Treillage le
plus parfaitement qu'il eft poffible de le faire.

Les outils dont je viens de faire la defcription, font ceux dont les Treillageurs
font le plus généralement ufage , auxquels ils peuvent en joindre beaucoup
d'autres , felon qu'il leur paroîtra utile & commode de le faire ; comme , par
exemple, une grande partie des outils des Menuifiers de bâtiment , dont on
trouvera le détail dans la premiere partie de mon Ouvrage, *p.* 49 *& f.* Ils ont auffi
befoin de plufieurs outils de Serruriers, comme des étaux , tant à pied qu'à
main, des pinces de différentes efpeces, des limes, des forets, &c. dont j'ai donné
quelques notions générales dans la troifieme Section de la troifieme Partie de cet
Ouvrage, *p.* 932 *& f.* c'eft pourquoi je n'en parlerai pas ici. Cependant avant que
de paffer à l'exécution des Treillages, tant fimples que compofés , je vais faire
le détail d'une efpece de rabot, propre à mettre d'épaiffeur les lattes de frifages,
& autres pieces de cette efpece , qui, par le moyen de cet outil , font d'une
épaiffeur parfaitement égale, tant entre elles, que dans toutes les parties de
leur longueur, & cela beaucoup plus proprement qu'on ne pourroit le faire à la
plane, & fans y employer plus de temps ; je donnerai auffi des exemples de
moules ou entailles, propres à découper différentes pieces de rempliffage, de
quelque forme qu'elles puiffent être.

§. IV. *Defcription d'un Rabot à mettre d'épaiffeur , & de différents Moules ou Bois à couper de longueur.*

Le rabot à mettre d'épaiffeur, repréfenté *fig.* 1 *& 2*, ne differe des rabots
ordinaires que par la forme de fon coin , & par l'action des deux joues mobiles,
rapportées des deux côtés de fon épaiffeur.

Les joues mobiles cotées *A , B , fig.* 2 *& 4* , ont environ quatre lignes d'é-
paiffeur , fur une longueur égale à celle du rabot ; elles entrent dans deux ravalements pratiqués aux deux côtés du rabot , qu'elles affleurent , tant par les
côtés que par - deffous, & elles font retenues en place par le moyen de deux
boulons à vis *C , D*, qui paffent tout au travers de l'épaiffeur de l'outil , ainfi
qu'on peut le voir à la *fig.* 4 qui en repréfente la coupe.

La tige de ces boulons eft d'une forme quarrée par leurs coupes, & ils ne
font taraudés à leurs extrémités, qu'autant qu'il eft néceffaire pour recevoir l'é-
crou, afin qu'il refte de la partie quarrée pour paffer dans les mortaifes *E F* de
la joue mobile ,*fig.* 5.

Treillageur.

I 13

Ces mortaifes font percées obliquement, leur extrémité la plus haute tendante au devant du rabot, pour que, lorfqu'on fait ufage de ce dernier, l'effort qu'on fait en appuyant deffus, ne tende pas à faire remonter les joues, qu'il eft effentiel de conferver toujours à leur même place ; c'eft pour cette même raifon que les tiges des boulons font quarrées, & qu'on les fait entrer très-jufte dans le corps du rabot, en fuivant toujours l'inclinaifon des joues mobiles, comme on peut le voir dans la figure 3, qui repréfente le rabot vu de côté, & dont la joue, *fig.* 5, a été ôtée, pour faire voir les trous par où paffent les boulons & l'intérieur du ravalement.

Trois à quatre lignes fuffifent au diametre des boulons, dont la tête, large de 6 à 8 lignes, peut être ronde ou quarrée, comme celle *I*, *fig.* 4 ; ce qui eft égal, pourvu qu'elle foit bien évuidée en deffous, pour qu'elle porte également dans toute fa largeur fur la joue mobile *B*.

Les écrous ne doivent pas porter fur l'autre joue *A* ; mais il faut mettre des platines (ou rondelles) de fer ou de cuivre *G*, entre eux & cette derniere, afin que le frottement ne les gâte pas, & n'y faffe pas des cavités, qui les empêcheroient de monter ou de defcendre quand on le jugeroit à propos, & de refter fixes en place après qu'on les auroit arrêtés.

Les écrous *H* doivent être un peu épais, afin qu'ils contiennent plus de pas de vis, & il faut, autant qu'il eft poffible, les faire de forme quarrée ou hexagone à l'extérieur, pour qu'ils ne puiffent être ferrés ou defferrés que par le moyen d'une clef ; ce qui vaut beaucoup mieux que des écrous à aîlerons, qui, nonfeulement nuifent par leurs faillies, mais encore qui peuvent être defferrés par la premiere perfonne qui touchera à l'outil, ce qui arrive très-fouvent.

Quand on veut faire ufage du rabot à mettre d'épaiffeur, on commence par mettre les lattes à la largeur qu'elles doivent avoir, puis on les rabote fur le plat pour les mettre à peu près d'épaiffeur ; ce qui étant fait, on prend un morceau de bois de 3 à 4 pieds de long, fur 5 à 6 pouces de large, qu'on a foin de parfaitement bien dreffer fur tous les fens ; on place ce morceau de bois, ainfi dreffé, fur l'établi, contre le crochet, & on pofe la latte deffus, en obfervant de l'arrêter avec le valet par fon bout inférieur ; après quoi on fait ufage du rabot, *fig.* 1, qu'on paffe fur la latte, jufqu'à ce que fes joues extérieures portent fur le morceau de bois fur lequel la latte eft placée.

Avant que de faire ufage du rabot, il faut d'abord l'ajufter, c'eft-à-dire, faire defcendre les joues felon l'épaiffeur qu'on veut donner à la latte, en obfervant qu'elles fe dégauchiffent bien entre elles, & qu'elles défaffleurent également le deffous du rabot, tant dans leur longueur que de chacun de fes côtés.

Et pour être plus fûr que cette épaiffeur eft bien égale, on peut mettre entre le deffus des joues mobiles & le deffous du ravalement du rabot des tringles d'une épaiffeur égale à celle qu'on veut donner aux lattes, pour que ces tringles, ainfi placées & retenues entre les joues & le deffus du rabot, puissent empêcher les joues de remonter, supposé que les vis viennent à se desserrer.

Il faut que le rabot à mettre d'épaisseur soit fait de bon bois de Cormier, très-sec, sur-tout les joues, qu'on doit faire aussi de bois très-dur, & de fil, afin qu'elles s'usent moins au frottement ; ce qu'on ne peut réparer qu'en les faisant remonter jusque sous le ravalement du rabot, pour ensuite les redresser avec ce dernier, qu'il faut toujours, (du moins dans cette occasion) qu'elles affleurent en dessous, sur-tout si l'on veut faire usage des tringles dont j'ai parlé ci-dessus.

Il est bon aussi que la pente de ce rabot soit un peu debout pour qu'il n'écorche pas le bois ; ce qu'il faut éviter avec grand soin, sur-tout quand on s'en sert pour des pieces très-minces, qui, se trouvant souvent disposées sur la maille, s'éclateroient très-aisément.

Le coin du rabot à mettre d'épaisseur, *fig. 1*, est fait différemment des autres, afin de pouvoir le retirer quand il est nécessaire, sans être obligé de frapper derriere le rabot, comme on fait ordinairement ; ce qui ne vaudroit rien à celui-ci, parce que les coups de marteau qu'on donneroit derriere feroient déserrer les vis, & par conséquent déranger les joues ; ce qu'il faut absolument éviter. (*)

La figure 6 représente un bois ou entaille à couper & recaler différentes pieces, tant droites qu'obliques : ce n'est autre chose qu'une piece de bois, choisie la plus dure & de fil qu'il est possible, dans laquelle on fait des entailles en divers sens, selon la grandeur & la forme des pieces qu'on veut mettre de longueur. Quelques-unes de ces entailles faites au travers de la piece, ainsi que celles *L M* ; d'autres, comme celles *N*, *O*, *P*, ne sont faites que jusqu'à une certaine distance, selon la longueur des pieces qu'on veut recaler, dont elles bornent la longueur d'une maniere fixe ; cet outil est très-commode quand on a un grand nombre de pieces semblables à faire ; ce qui arrive toujours aux ouvrages de Treillage ; cependant les Treillageurs ne le connoissent pas ; il n'y a guere que les Ebénistes qui s'en servent, comme on peut le voir dans la troisieme Section de la troisieme Partie de mon Ouvrage, *page* 835, à laquelle on pourra avoir recours pour ce qui concerne la maniere de s'en servir, qui d'ailleurs s'explique assez par l'inspection seule de la figure.

Comme les bois que les Treillageurs emploient ne sont pas toujours d'une longueur suffisante, ils les rallongent par le moyen d'une espece d'assemblage, ou pour mieux dire, de joint, *fig. 7*, qu'ils nomment *habillure* ; ce n'est autre chose que deux chamfreins ou biseaux, qu'ils font à l'extrémité de chaque

---

(*) Le rabot que je viens de décrire est très-propre à faire de menus ouvrages, & sur-tout des réglettes propres aux Imprimeurs, qui, par ce moyen, se trouvent très-égales d'épaisseur dans toute leur longueur, quelque minces qu'elles foient, en observant que le rabot soit debout, & que sa lumiere soit très-étroite, pour éviter les éclats qui les couperoient ou qui y feroient au moins des trous.

piece, à contre-sens l'un de l'autre, & qu'ils assujétissent ensemble par le moyen de deux coutures ou liens de fil de fer *c, d.*

Cette espece d'assemblage, quoique très-peu solide, est celui dont ils font le plus d'usage dans presque tous les cas, & ils le préparent à la plane sans y prendre beaucoup de précaution, d'où il résulte plusieurs difficultés, parce qu'il arrive souvent, en les préparant ainsi, qu'ils en éclatent les extrémités; de plus, ces joints, ainsi faits, sont rarement droits & égaux de longueur; de sorte qu'ils se trouvent obligés d'y retoucher; ce qui n'est pas toujours possible, sur - tout quand les pieces sont coupées de longueur: c'est pourquoi je crois que malgré l'usage ils feroient très-bien de se servir d'une entaille ou boîte à recaler, *fig.* 9, construite en bois liant & très-dur, dans laquelle ils recaleroient les joints de leurs pieces, ce qui leur seroit d'autant plus commode, que les mêmes pieces étant une fois coupées de longueur, & leurs *habillures* dégrossies, ils seroient très-sûrs qu'en les finissant dans la boîte, *fig.* 9, les joints seroient très-droits, & qu'ils n'auroient rien à y faire davantage; ce qui les indemniseroit sûrement bien du temps qu'ils pourroient employer de plus en se servant de cette seconde méthode. Voyez la figure 11, qui représente une piece dont le joint a été disposé de cette maniere.

Dans les pieces d'une certaine force, au lieu des habillures ordinaires, je crois qu'on feroit très-bien d'y substituer des joints *a, b,* disposés en entailles doubles, représentés *fig.* 8 & 10, lesquels feroient plus solides que les habillures, sans être beaucoup plus difficiles à faire, & n'auroient pas besoin d'être attachés avec des liens de fil de fer, à la place desquels on pourroit mettre des pointes reployées; ce qui feroit beaucoup plus propre, ainsi que je l'expliquerai en son lieu, en parlant de la construction des bâtis des Treillages.

Section Seconde.

Des différentes especes de Treillages en général.

Les ouvrages de Treillage peuvent être considérés comme faisant deux especes séparées & distinguées l'une de l'autre; sçavoir, les Treillages simples, qui, quoique susceptibles de richesses, ne sont construits qu'avec des échalas & autres bois de cette nature; & les Treillages composés, dans la construction desquels on fait usage des bâtis de Menuiserie, tant pour donner plus de solidité aux ouvrages de Treillage, que pour leur donner une forme plus constante & plus réguliere.

De ces deux especes de Treillages, la premiere est la plus ancienne & la moins coûteuse, & par conséquent celle dont on fait le plus d'usage, du moins dans les jardins des particuliers, qui ne veulent ou ne peuvent pas faire de grandes dépenses; & c'est aussi celle par laquelle je vais commencer la description théorie-

pratique

pratique de l'Art du Treillageur ; ce que je ferai après avoir dit quelque chose
du fil de fer & des pointes, dont les Treillageurs font usage pour lier & assujétir
ensemble les différentes parties de leurs ouvrages ; ce qui fera l'objet du paragraphe suivant.

§. I. *Du Fil de fer & des Pointes , & de la maniere de coudre le Treillage.*

LES pieces de bois qu'on emploie pour la construction des Treillages ,
comme les échalas , les lattes , &c. étant d'une trop petite capacité pour pouvoir
être assemblées les unes avec les autres , on n'a pas trouvé d'autres moyens pour
les assujétir ensemble , que de les lier avec du fil de fer ou de les attacher avec
des pointes.

Le fil de fer ou fil d'archal ou de Richard , dont les Treillageurs font usage ,
est de deux especes ; savoir , le fil à coudre & le fil à pointe : le premier de ces
deux especes de fils (qu'ils nomment aussi *fil nul*,) vient d'Allemagne & du
pays de Liége ; c'est , dit-on , le meilleur de l'Europe , & on le vend à Paris
par cerce ou meule de dix livres pesant.

Le fil à coudre doit être très-doux & d'une qualité liante & élastique , que
l'on augmente encore en le faisant recuire avant que de l'employer , supposé
qu'on l'ait acheté sans cette préparation , c'est-à-dire , tel qu'il sort de la Manufacture. Par le terme de *recuire* , on entend l'action par laquelle on rend au fer
(ou à tout autre métal) par le moyen du feu, la douceur & l'élasticité qu'il avoit
perdue en passant par le pertuis de la filiere, où en s'allongeant il avoit acquis une
qualité aigre , causée par la compression des parties qui le composent.

Les Treillageurs achetent ordinairement le fil à coudre tout recuit ; cependant il y en a d'autres qui l'achetent, (comme ils disent) tout crud , & qui le
font recuire eux-mêmes ; ce qui se fait de la maniere suivante :

On commence d'abord par disposer le fil par petites meules ou cerces, pour
qu'elles soient plus pénétrables à l'action du feu ; après quoi on allume un feu
clair de copeaux & de menus bois , dans le milieu duquel on met le fil de fer ,
en observant que le feu l'entoure également par-tout , & qu'il attaque à la fois
toutes ses parties ; & quand on s'apperçoit que le fil est d'un rouge couleur de
cerise, on le retire promptement du feu pour le laisser refroidir , non loin de ce
dernier , ou du moins dans un endroit très-sec , afin que la fraîcheur de l'air , ou
l'humidité, ne le saisissent pas trop vîte, ce qui empêcheroit une partie de l'effet
du recuit.

Il faut aussi avoir grande attention que le fil de fer s'échauffe également dans
toutes ses parties , & qu'elles deviennent toutes couleur de cerise en même-
temps , sans quoi il arrive qu'il n'est pas assez recuit dans un endroit où il n'a pas
rougi jusqu'à cette couleur , ou qu'il l'est trop dans d'autres où il a plus chauffé ,
ce qui en détruit la force , parce que , quand le fil de fer a passé la couleur de

cerife, il s'enleve de fa furface une quantité de fcories ou particules de fer brûlé, qui, par leur fuppreffion en diminuent la capacité ; ce qui par conféquent lui ôte une partie de fa force.

Il y a du fil à coudre de différentes groffeurs, qu'on emploie felon la nature de l'ouvrage ; mais le plus gros ne paffe pas le N°. 8, qui a à peu près une demi-ligne de diametre.

Quand le fil à coudre eft bien recuit, & d'une bonne qualité, on le ploye de telle façon qu'on le juge à propos, fans le rompre, & il refte volontiers dans la fituation où on l'a mis, ce qui eft très-néceffaire, comme on le verra ci-après.

Le fil à pointe, auffi nommé *fil Normand* par les Treillageurs (parce qu'on le fabrique en Normandie), ne doit point être recuit ; il faut, pour qu'il foit bon, qu'il foit d'une qualité liante, mais ferme & roide, pour réfifter aux coups de marteau, & entrer dans le bois fans fe rompre.

Ce fil eft ainfi nommé, parce que les Treillageurs le coupent par bouts de différente longueur, pour faire des clous ou pointes, avec lefquels ils attachent leurs ouvrages, lefquelles pointes fe nomment *pointes de frifages*, &c. felon la longueur & groffeur, ou pour mieux dire felon les divers ouvrages où on les emploie.

Quand on veut réduire ce fil en pointe, on prend les tenailles de la main droite, & de la gauche le fil, dont on fait entrer l'extrémité entre les mords de ces dernieres, felon la longueur qu'on veut donner à la pointe, puis on ferre fortement les branches des tenailles pour couper une partie du fil, qu'on rompt enfuite de la main gauche, avec laquelle on le tient le plus proche des tenailles qu'il eft poffible, afin de le caffer net, & de ne point faire ployer le refte du fil de fer, qu'il faut toujours conferver le plus droit poffible, afin de ne point être obligé de redreffer les pointes après qu'elles ont été coupées.

Le bout de ces pointes n'eft point diminué, ainfi qu'aux clous ordinaires ; mais on le laiffe tel qu'il eft coupé, afin qu'en les enfonçant dans le bois, ils le défoncent, au lieu de l'écarter, comme ils feroient s'ils étoient aigus comme aux autres clous, qu'on ne fauroit enfoncer dans du bois mince fans le faire fendre.

Les Treillageurs font encore beaucoup d'ufage d'une forte de petits clous, connue fous le nom de *femence* ou *broquette à tête plate* ; cette femence eft de deux efpeces ; favoir, celle qui eft la plus grande, qu'ils nomment de la *demi-livre allongée*, qui a la pointe longue & déliée d'environ 4 à 5 lignes de longueur ; & celle qu'ils nomment tout fimplement *femence*, dont la pointe n'a pas plus de 2 à 3 lignes de longueur au plus : la tête de ces deux fortes de clous eft plate en deffus, & d'une forme à peu près ronde, ou du moins d'un polygone irrégulier.

Les Treillageurs font encore ufage d'autres efpeces de clous, dont je ne

parlerai pas ici, parce qu'ils font très-connus, & que ce font les mêmes dont les
Menuifiers font ufage, & dont j'ai fait la defcription dans la feconde partie de mon
Ouvrage, *page* 258, m'étant borné à ne parler ici que de ceux qu'ils emploient
fimplement comme Treillageurs.

PLANCHE
353.

PLANCHE
354.

Les jours que forment les divers compartiments de Treillages fe nomment
mailles, comme je l'ai dit plus haut, *page* 1098 ; & lorfque le Treillage eft
conftruit avec des échalas, comme les figures 1, 2, 3, 4, 7 & 8, la rencontre
de chaque échalas perpendiculaire avec les échalas horizontaux, eft arrêtée par
un lien de fil de fer, qu'on nomme *couture*, lequel eft noué fur l'arête de l'é-
chalas perpendiculaire, & par conféquent fur la face de l'ouvrage, comme
le repréfente celui *A*, *fig.* 9. L'opération de coudre le Treillage eft une des
plus ufitées dans cet Art, & quoique très-fimple, demande cependant une certaine adreffe pour être faite avec diligence & folidité, comme on va le voir ci-
après.

Quand on veut coudre une maille de Treillage, on prend du fil de fer recuit
& d'une groffeur convenable à l'ouvrage, & on le fait paffer diagonalement
derriere la maille, de bas en haut, & le bout le plus court en deffus, comme en
a, *fig.* 11, ce qui étant fait, on faifit ce bout avec des tenailles qu'on tient de la main
droite *C*, & on le fait redefcendre diagonalement de *a* à *b*, en paffant par-deffus
l'autre bout du fil de fer, qu'on tient ferme de la main gauche *B*, en obfervant
de les bien ferrer tous deux fur l'arête de l'échàlas montant ; après quoi on les
fait reployer l'un fur l'autre, en faifant faire aux deux mains un mouvement
oppofé, c'eft-à-dire, en reportant la main gauche *B* de gauche à droite, & la
main droite *C*, avec laquelle on tient les tenailles, de droite à gauche, comme
le repréfente la *fig.* 10 : les deux bouts du fil de fer étant ainfi reployés l'un fur
l'autre, on fait redefcendre celui qu'on tient de la main gauche *B*, pour venir
joindre celui qui eft faifi avec les tenailles ; après quoi on ouvre ces dernieres
pour reprendre les deux bouts du fil de fer un peu au-deffus du nœud qu'ils
commencent à former, & on fait une pefée en appuyant un des mords des tenailles fur l'arête de l'échalas montant, pour allonger le fil de fer autant qu'il eft
poffible, & lui faire prendre la forme des angles des échalas, comme le repréfente
la *fig.* 12 ; après quoi, fans quitter les tenailles, on les fait tourner de droite à
gauche en montant, pour achever de ferrer le nœud, & pour rompre les extrémités du fil de fer, ou pour mieux dire les couper, parce qu'en achevant de
tourner les tenailles, il faut les ferrer fortement pour qu'elles coupent le fil de
fer, fans quoi on courroit rifque de le rompre au-deffous du nœud ; ce qui
occafionneroit la perte du temps & du fil de fer.

C'eft de l'opération de coudre le Treillage, que dépend une partie de fa folidité;
c'eft pourquoi on doit bien prendre garde que la couture foit très-ferrée & le
nœud bien fait, & fur-tout qu'il ne foit pas rompu trop court, parce qu'il
pourroit lâcher, pour peu qu'on fît d'effort contre l'ouvrage ; au refte, c'eft

une affaire toute de pratique , plus aifée à faire qu'à bien décrire ; c'eft pour-quoi je ne m'étendrai pas davantage à ce fujet.

Il y a des Treillageurs qui font le nœud de la couture en deffus , d'autres en deffous , mais à gauche , ce qui ne change rien à la maniere d'opérer ; cependant la maniere la plus ufitée , & même la plus facile , eft de le faire à droite & en deffous , comme le repréfentent les *fig.* 9 , 10 , 11 & 12.

Les mailles de Treillage , conftruites en échalas , font toutes arrêtées de cette maniere ; (c'eft-à-dire , coufues avec du fil de fer , quelle que foit la forme de leurs compartiments , ainfi que le repréfentent les *fig.* 1 , 2 & 7. Quand les com-partiments font diagonaux , comme aux figures 3 , 4 & 8 , on fait les coutures horizontalement ou perpendiculairement , ce qui eft égal : cependant , quand les lozanges font très-allongées , comme à la figure 8 , il eft bon de difpofer les coutures horizontalement , tant pour que ces mêmes coutures foient plus folides , que pour épargner le fil de fer , qui , quoique peu cher , ne laiffe pas que de faire une perte réelle pour l'Ouvrier , quand il ne le ménage pas comme il faut ; c'eft pourquoi à chaque couture il ne faut en laiffer paffer que ce qui eft néceffaire pour qu'on puiffe le prendre avec les tenailles , parce que ce qui eft coupé d'après le nœud eft abfolument perdu , du moins par un des bouts , l'autre tenant au refte de la meule ou botte de fil de fer , dans laquelle on prend le fil de chaque couture fans le couper , que quand le nœud eft fait , comme je viens de le dire ci-deffus.

Quand les Treillages font en frifages ; c'eft-à-dire , conftruits avec des lattes , comme la *fig.* 5 , on n'y fait point de couture ; mais on arrête la rencontre de chaque latte avec une broquette à tête platte ; la plupart des Treillageurs ne mettent pas des clous à chaque rencontre de latte , mais de deux en deux , & en liaifon , comme *c d , e f , g* & *h* , ce qui eft fuffifant quand les mailles font petites ; mais quand elles font grandes , il faut en mettre par-tout pour que l'ou-vrage foit plus folide. Il eft bon auffi que les broquettes foient affez longues , non-feulement pour paffer au travers de l'épaiffeur des deux lattes , mais encore pour les déborder par derriere , afin de pouvoir en reployer les pointes , pour empêcher qu'elles ne fe retirent de dedans les lattes , où elles ne peuvent guere tenir , vu le peu d'épaiffeur de ces dernieres.

Quand on veut river , ou autrement dit reployer les pointes des broquettes , il faut , fi l'ouvrage fe fait fur l'établi , appuyer leur tête fur un tas de fer ou fur le dos du valet , & avec le marteau faire ployer la pointe en frappant deffus à petits coups , & en obfervant de ne les faire ployer que fur la largeur du bois , afin qu'elles entrent dedans fans le faire fendre ; ce qui ne manqueroit pas d'arriver fi on faifoit ployer le clou fur l'autre fens ; c'eft-à-dire , fur le fil du bois.

Si l'ouvrage étoit d'une nature à ne pouvoir pas être placé fur l'établi pour river les clous , un Ouvrier appuie contre la tête des clous avec un fort marteau , pendant qu'un autre les rive par derriere , ainfi qu'on eft obligé de faire pour

les

les enfoncer, à l'exception qu'il faut dans ce dernier cas se servir d'un morceau de bois présenté à bois de bout pour soutenir le coup de marteau, & pour donner en même-temps passage à la pointe du clou ou broquette qui entre dedans; ce qui ne pourroit être si on se servoit d'un marteau ou tout autre morceau de fer, dans lequel la pointe du clou ne pourroit pas entrer.

Il est vrai qu'en se servant d'un marteau, on pourroit le placer auprès du passage de la pointe du clou pour la laisser passer librement; mais, outre que cela deviendroit plus sujet, il pourroit se faire que la pointe du clou fît éclater le bois qui se trouveroit sans soutien, ce qui ne peut être quand on se sert d'un morceau de bois, comme je viens de le dire ci-dessus.

Quand on fait des Treillages en frisage, c'est-à-dire, avec des lattes, on les fait passer les unes sur les autres à l'ordinaire, comme à la figure 5; cependant je crois qu'on pourroit les assembler en liaison, c'est-à-dire, les faire passer alternativement l'une sur l'autre, comme le représente la figure 26; ce qui, dans bien des cas, feroit un très-bon effet, encore que ce ne soit pas l'usage. L'extrêmité des frisages est arrêtée de deux manieres différentes; savoir, dans des bâtis, comme je le dirai en son lieu, ou bien sur des échalas, ce qu'on fait par le moyen des pointes de frisages, dont j'ai parlé ci-dessus : ces pointes s'enfoncent du côté des lattes, & quand elles sont entrées jusqu'aux trois quarts de leur longueur, on les reploie sur les lattes en travers de leur largeur pour les empêcher de se cofiner, comme je l'expliquerai plus amplement en parlant des diverses parties du Treillage à bâtis.

§. II. *De la construction du Treillage simple.*

Le Treillage simple est de deux especes; savoir, celui qui est appliqué contre les murs, & celui qui est isolé. La premiere de ces deux especes de Treillages se nomme aussi *espalier*, parce que, par sa position, il semble destiné à supporter les branches des plantes courantes & des arbres fruitiers, qu'on nomme *arbres d'espaliers*; quant à ceux de la seconde espece, ils prennent différents noms, selon leur forme & usage; on les nomme *Treillages en palissades*, tant d'appui que de hauteur, *berceaux*, *cabinets*, &c.

Les Treillages simples se construisent avec des échalas, dressés au dressoir, comme je l'ai enseigné ci-dessus, ou bien réparés à la plane; ce qui est très-rare pour ces sortes d'ouvrages : on les coud à l'ordinaire, & on les arrête de différentes manieres, selon que l'exige leur forme, ainsi que je vais l'enseigner.

Quand on veut construire des Treillages d'espaliers, on commence d'abord par se rendre compte de la hauteur & de la largeur, (ou pour mieux dire, de la longueur) du mur qu'il faut revêtir, afin de déterminer le nombre de carreaux ou de mailles qu'il y aura, tant sur la hauteur que sur la largeur, & cela à raison de la grandeur qu'on a jugé à propos de donner à ces mêmes mailles;

Planche 354.

Planche 355.

après quoi on prend un échalas d'une longueur convenable , fur lequel on trace la division de la hauteur des mailles , prife du deffus de chaque latte ou échalas horizontal , comme on peut le voir à la figure 4 , qui repréfente un échalas ainfi divifé , lequel échalas fe nomme *échalas de marque*.

On fait la même opération pour la largeur des mailles ; c'eft-à-dire , qu'après s'être rendu compte de leur grandeur & de leur nombre , on en fait la divifion fur un échalas , *fig. 6*, qu'on nomme *latte de marque* , pour indiquer que les divifions qui font tracées deffus font celles de largeur.

Il n'eft pas néceffaire , lorfqu'on fait les divifions , tant des échalas que des lattes de marque , de tracer les largeurs des bois ; il fuffit de déterminer leurs diftances du dedans au dehors de chacun , en obfervant que les divifions fe trouvent à droite en regardant l'ouvrage pour les lattes de marque , & en deffus pour les échalas de marque , ainfi que je l'ai déja dit.

Au haut de l'échalas de marque, & au nud de la premiere ou feconde divifion, eft placé un crochet de fer , *a* , *fig.* 4 , qui fert à retenir l'échalas de marque fur la premiere ou feconde latte , qu'on commence par pofer de niveau , afin de régler & dreffer toutes les autres lattes , comme on va le voir ci-après.

La divifion , tant de hauteur que de largeur des mailles , étant ainfi faite , on trace fur le mur des lignes de niveau à 2 ou 3 pieds les unes des autres , en commençant au - deffous de la feconde latte du haut du Treillage , & fous ces lignes on pofe des crochets de diftance , pareillement de 2 à 3 pieds les uns des autres , lefquels crochets reçoivent des lattes , & par ce moyen entretiennent tout le Treillage dans une fituation droite & ftable.

Ces crochets ne font ordinairement que de fimples clous à crochets à pointe , qu'on enfonce dans le mur à mefure que l'ouvrage avance , fe contentant d'arrêter de niveau la premiere ou la feconde latte du haut ; cependant je crois qu'il vaudroit mieux , pour la régularité & la folidité de l'ouvrage, faire ufage de crochets en plâtre, comme celui repréfenté *fig.* 10, qu'on fcéleroit dans les murs à la diftance & aux places convenables, en obfervant qu'ils fe rencontraffent dans le milieu des mailles , & bien à-plomb les uns des autres , du moins fur le devant de leur faillie , afin de dreffer parfaitement le Treillage qu'ils foutiennent & qu'ils retiennent en place , & qu'il eft bon , autant qu'il eft poffible , d'ifoler un peu du mur, pour que les feuilles mortes , & autres ordures qui peuvent tomber entre ces derniers & les Treillages ne s'y arrêtent pas, & par conféquent n'y faffent pas féjourner l'humidité, qui, à la longue pourriroit le bois: quand on ifole ainfi le Treillage, on arrête les lattes *A*, figure 10, avec le crochet, par le moyen d'un lien de fil de fer; ou fi on vouloit, on feroit à ce dernier, c'eft-à-dire , au crochet un mantonet par derriere, comme je l'ai indiqué par des ponctuations ; ce qui retiendroit les lattes d'une maniere très-folide.

Dans les angles des murs, il faut que les crochets foient placés vers la feconde maille , comme on peut le voir à la figure 1 , & il fuffit qu'en général ceux du bas soient placés à 2 ou 3 pieds de terre au - dessus des parpins de la muraille, supposé qu'il y en ait, parce que l'extrémité inférieure des échalas est enfoncée dans la terre de 3 à 4 pouces, du moins pour l'ordinaire.

Quand les crochets sont posés ainsi que je viens de le dire, on y attache des lattes, ainsi que celles *b*, *b*, *b*, *fig.* 1, après quoi on trace les divisions de largeur sur celle du haut, & on attache de distance en distance, comme de 3 en 3 pieds, des échalas, comme ceux *c*, *c*, *c*, qu'on a grand soin de poser bien d'à-plomb ; après quoi on acheve de poser toutes les autres lattes, c'est-à-dire, les pieces horizontales, lesquelles dans tous les cas doivent passer derriere les échalas ou montants, du moins c'est la coutume : en posant les lattes on fait usage de l'échalas de marque qu'on accroche sur la latte du haut, laquelle étant bien dressée, regle toutes les autres, qu'on arrête avec les échalas *c*, *c*, *c*, selon que l'indiquent les divisions de l'échalas de marque : quand toutes les lattes sont posées, on acheve de placer les autres échalas, qu'on arrête d'abord du haut aux divisions qui ont été tracées sur la premiere ou la seconde latte, comme dans la figure 1 ; après quoi on acheve de les coudre avec les lattes, en faisant usage de la latte de marque pour les dresser & les espacer également d'après les premiers échalas *c*, *c*, *c*, qui ont été posés bien d'à-plomb & bien droits.

Autant qu'il est possible, on fait les échalas d'une seule piece, du moins quand la hauteur du Treillage ne surpasse pas celle des échalas; quant aux lattes, comme il n'est guere possible de les faire d'une seule piece, on les ralonge par des habillures, en observant de faire des joints en liaison ; c'est-à-dire, alternativement opposés les uns aux autres, comme je l'ai observé aux lattes *d*, *d*, *d*, *fig.* 1.

Avant que de poser les Treillages d'espaliers, il est bon de faire crêpir les murs qui doivent les supporter, afin qu'étant lisses & sans cavités considérables ils amassent moins d'ordures, & par conséquent conservent moins d'humidité, qui, comme je l'ai dit plus haut, est très-contraire à la conservation des Treillages, que la peinture ne sauroit garantir absolument de la pourriture, quelque soin qu'on prenne.

Les Treillages d'espaliers se posent ordinairement en blanc, c'est-à-dire, sans être peints; cependant je crois qu'il seroit bon d'en imprimer les bois d'une ou deux couches, & de les laisser sécher avant que de les employer, parce qu'il n'est guere possible de le faire quand l'ouvrage est posé, sur - tout quand il est plaqué contre le mur, comme il arrive le plus souvent.

Les Treillages en palissades se construisent à peu près de la même maniere que ceux dont je viens de parler, excepté qu'on les appuie sur des poteaux de bois ou sur des bâtis de fer. La premiere maniere, représentée *fig.* 2, est la plus usitée & la moins coûteuse ; mais aussi a-t-elle le défaut d'être peu propre & de faire un mauvais effet, parce que ces poteaux, (qui pour être bons, ne peuvent avoir guere moins de 3 pouces de gros) bouchent & interceptent les mailles, ce qui fait toujours mal.

Les poteaux qui soutiennent les Treillages de palissades sont de deux sortes ; savoir , ceux qu'on emploie en rondins , c'est-à-dire , tels qu'on les a tirés des arbres , sans y faire autre chose que de les dépouiller de leurs écorces , & ceux qui sont équarris & corroyés sur toutes leurs faces ; les premiers ne s'emploient qu'aux jardins potagers de peu de conséquence , & à la campagne ; les seconds sont plus en usage , & en effet sont plus propres que les premiers , sans cependant l'être autant que les bâtis de fer dont je parlerai dans un instant.

En général les poteaux doivent être de bois de Chêne , sans nœuds vicieux , & bien de fil ; leur extrémité inférieure doit être diminuée pour faciliter leur entrée dans la terre , dans laquelle on les enfonce à coups de masse. Le bout inférieur des poteaux , c'est-à-dire , celui qui entre dans la terre , doit être brûlé , pour qu'il résiste plus long-temps à l'humidité ; l'autre bout doit être abattu sur les arêtes , afin qu'il ne s'émousse & même ne se fende pas par la violence des coups qu'on frappe dessus pour les faire entrer dans la terre , & il est bon aussi de les faire un peu plus longs qu'il ne faut , pour que , quand ils sont assez enfoncés , on puisse les couper par leur extrémité supérieure pour les rafraîchir , c'est-à-dire , en ôter les barbes , & pour les mettre à la hauteur où ils doivent être.

Quant à la longueur de la partie du poteau qui entre dans la terre , elle ne peut être déterminée au juste , parce que cela dépend du plus ou moins de densité de cette derniere , qui refuse ou qui facilite davantage l'entrée du poteau ; mais pour l'ordinaire il faut , autant qu'il est possible , les faire entrer en terre de 18 pouces à 2 pieds , afin qu'ils soient moins susceptibles d'ébranlements.

Dans les Treillages d'appui , comme par exemple la *fig.* 2 , il faut que les poteaux ne soient pas plus éloignés l'un de l'autre que de 5 à 6 pieds tout au plus , & il faut toujours les disposer de maniere qu'il s'en trouve un à chaque angle , soit saillant ou rentrant , & que ceux des intervalles soient au milieu d'un échalas , ou pour mieux dire , que l'échalas se trouve au milieu du poteau.

Comme les Treillages d'appui ou autres se trouvent quelquefois sur des plans contournés & composés de parties anguleuses , il faut qu'il y ait des poteaux à chaque angle , & qu'ils soient mis d'équerre , suivant l'obliquité des angles , sur-tout à l'extérieur , c'est-à dire , du côté qui porte le Treillage ; il faut aussi quand les parties creuses ou bouges du plan sont un peu considérables , y mettre un nombre de poteaux suffisant pour que les Treillages suivent exactement le contour du plan.

Aux angles saillants , comme la *fig.* 7 , on met ordinairement un échalas *e* sur une des faces du poteau , pour terminer les mailles d'angles , & pour recouvrir sur les joints des lattes *f* & *g* ; ce qui fait assez mal , parce que l'échalas d'angle n'étant pas quarré , non plus que les autres , il a une face plus large l'une que l'autre , & ne recouvre pas également des deux côtés ; c'est pourquoi je

crois

crois que pour la propreté & la solidité de l'ouvrage, il vaut mieux ne point mettre d'échalas aux angles saillants des Treillages d'appuis, mais faire deux ravalements aux poteaux d'angles, comme à la figure 8, dont l'un serve à porter les lattes, & l'autre représente l'échalas d'angle, qui par ce moyen devient quarré sur toutes ses faces : quant aux angles rentrants, comme à la figure 9, il faut absolument évider un angle dans le poteau pour recevoir les bouts des lattes qu'on attache dessus, comme on le verra ci-après.

Quand il y a des terreins qui ne sont pas de niveau dans leur longueur, il faut nécessairement que les Treillages d'appuis en suivent l'inégalité, du moins d'un bout à l'autre ; c'est pourquoi on commence par planter les poteaux des deux extrémités, & on tend un cordeau de l'un à l'autre, comme de *h* à *i*, *fig.* 2, afin de régler la hauteur des poteaux intermédiaires, ce qui ne souffre aucune difficulté.

Quand les Treillages d'appuis sont ainsi rampants, & en même-temps sur un plan circulaire, il faut, pour avoir la hauteur juste du dessus de chaque poteau, dessiner un peu en grand la masse générale du Treillage, développée sur une ligne droite avec la place de chaque poteau, afin d'avoir par ce moyen ce qu'ils excedent en dessus du niveau l'un de l'autre, ce qui vaut mieux que de se jauger du dessus du terrein, dont la surface ne rampe presque jamais bien également.

Quand les poteaux sont tous plantés à leur place, on y construit le Treillage, ce qui est très-facile à faire, puisqu'il ne s'agit que d'attacher la premiere latte du haut bien droite, & de niveau, ou en suivant la pente du terrein, & ensuite les autres, parallélement à cette derniere, par le moyen d'un échalas de marque à l'ordinaire.

On attache chaque latte avec un clou ou une forte pointe, comme on peut le voir à la figure 3, après quoi on pose les échalas, comme je l'ai dit ci-dessus.

Les échalas des Treillages d'appuis affleurent le dessus de la premiere latte du haut, & les poteaux débordent cette derniere de 3 à 4 lignes ; ce qui est suffisant pour que les chanfreins qu'on fait au pourtour de la tête du poteau soient au-dessus de la latte.

Quand les Treillages d'appuis, ou autres sont portés par des bâtis de fer, comme à la figure 5, ils en sont beaucoup plus parfaits, parce qu'on peut donner à ces derniers une forme semblable aux pieces de Treillage ; de maniere que quand le tout est imprimé on ne distingue plus le fer d'avec le bois.

Quand les bâtis de Treillage sont en fer, on fait les pieces des angles & celles de couronnement d'une grosseur égale à l'épaisseur des lattes, & des échalas pris ensemble : quant aux montants qui sont placés de distance en distance, il faut qu'ils soient d'une largeur à peu près semblable à celle des échalas : pour leur épaisseur, on peut la faire un peu plus forte qu'à ces derniers, pour leur donner plus de force, dût-on entailler un peu les lattes à l'endroit de ces montants, afin qu'elles ne reculent pas trop en arriere.

Aux angles faillants, comme la figure **14**, le bout des lattes vient battre contre le montant de fer *c*, avec lequel on l'arrête par le moyen des nœuds de fils de fer; ce qui ne peut être autrement, à moins que de faire une feuillure dans toute la longueur du montant, ce qui n'eft pas fort aifé à faire, fans cependant être impoffible, comme je le dirai ci-après. Quant au haut & au bas de ces Treillages, on les termine par une latte fur laquelle on attache les échalas, & la latte elle-même avec les fommiers ou traverfes des bâtis de fer.

Quand les Treillages ifolés font d'une certaine hauteur, il eft bon que leurs bâtis portent une ou deux lattes en fer, affemblées avec le refte du bâtis, afin de donner plus de corps à l'ouvrage; & quand cette derniere, ainfi que les bâtis de fer, font portés par des parpins de pierre, comme à la figure **5**, il faut né-ceffairement que la latte du bas foit en fer, parce que fi elle étoit en bois, elle feroit trop promptement pourrie.

Quand il n'y a pas de parpin, on laiffe entre la terre & la premiere latte une diftance à peu près égale à la hauteur d'une maille, & on fait entrer l'extrémité des échalas dans la terre de 3 à 4 pouces de profondeur; ce qui eft général à tous les Treillages; lorfque l'extrémité inférieure des échalas entre ainfi dans la terre, on la nomme *peigne* ou *herfe*; quelquefois aux Treillages de clôture on laiffe auffi un peigne par le haut, & on fait une pointe à l'extrémité de chaque échalas.

Les bâtis de Treillage, faits en fer, font portés fur un maffif de mâçonnerie, du moins à l'endroit des principales pieces ou montants, & ils font retenus par derriere avec des arcs-boutants qui en empêchent le devers.

La conftruction de ces bâtis eft toute entiere du reffort du Serrurier; cepen-dant le Treillageur, habile homme, doit préfider à leur exécution, ou du moins en déterminer toutes les formes & les dimenfions principales, fans quoi il eft très-rare que le travail du Serrurier fe trouve parfaitement d'accord avec celui du Treillageur.

Avant que de paffer à la defcription d'autre Treillage fimple, je vais parler des bandes ou bordures de parterre qui fe placent dans plufieurs jardins, au lieu des bordures de buis, de thim, & autres plantes aromatiques : ces bordures, *fig.* **11** & **12**, ne font autre chofe que des planches de bois d'un pouce ou d'un pouce & demi d'épaiffeur tout au plus, qu'on corroye d'un côté au moins à la moitié de leur largeur, (quoiqu'il vaut autant les corroyer tout à fait fur toute leur largeur); une des arêtes de ces planches eft mife d'épaiffeur, & on y pouffe un demi-rond entre deux quarrés, comme on peut le voir à la coupe *B*, *fig.* **11**; les bordures s'affemblent d'onglet à tous les angles, du moins fur la largeur d'un à 2 pouces, & on fait des queues d'aronde dans le refte de la largeur de la planche, comme à la figure **12**; ce qui vaut mieux que de les attacher avec des clous sans y faire aucun assemblage ; on enterre les bordures, de maniere qu'elles ne saillissent que 3 à 4 pouces ou 5 pouces tout au plus ; & pour qu'elles tiennent plus solidement on les appuie contre des petits pieux de bois *C*, *E*, & *F*, *fig.* 11, 12 & 13, qu'en fait entrer à force dans la terre, jusqu'à ce qu'ils descendent d'un bon pouce plus bas que l'arête intérieure des bordures ; de maniere qu'ils saillissent peu le nud de la terre, indiqué par la ligne *B D*, *fig.* 11 & 12 ; ces petits pieux se nomment *racineaux* ; ils sont diminués & brûlés par leur bout inférieur, comme les poteaux dont j'ai parlé ci-dessus, & on échancre leur tête ou partie supérieure pour en diminuer l'épaisseur, afin de n'être pas obligé d'y mettre de trop grands clous pour les arrêter avec les bordures, au travers desquelles il est bon que la pointe des clous passe pour qu'on puisse la river en parement.

On met des racineaux à tous les angles des bordures, & de 3 en 3 pieds dans la longueur de ces dernieres ; ce qui est suffisant pour les rendre très-solides : 2 à 2 pieds & demi de longueur, sur 2 à 3 pouces de grosseur, font les dimensions les plus ordinaires des racineaux.

On fait des bordures droites & des bordures cintrées ; dans ce dernier cas on est obligé de les prendre dans du bois d'une forte épaisseur, & quand leur cintre est considérable, & qu'on craint qu'ils ne deviennent trop tranchés ou qu'il ne faille de trop grosses pieces de bois pour pouvoir les faire d'une seule piece, on peut très-bien les construire de plusieurs pieces assemblées à traits de Jupiter au bout les unes des autres, en prenant la précaution de les faire imprimer d'une ou deux couches de grosse couleur à l'huile avant que de les poser, ce qui en général devroit être à toutes les bordures.

Les bordures cintrées peuvent être moins larges que les droites, parce que leur courbure leur donne naturellement de l'assiette, & qu'elles sont par conséquent moins en danger d'être renversées par la poussée des terres que ces dernieres, c'est-à-dire, les droites, qui, quoique soutenues par des racineaux, ont besoin d'être enterrées de 3 à 4 pouces au moins; les autres Treillages simples & isolés, sont, comme je l'ai dit plus haut, les berceaux, les cabinets, &c. Je n'entrerai pas dans le détail des différents ouvrages de cette espece de Treillage, ce qui seroit inutile d'après ce que je viens de dire ; je me contenterai de faire celui d'un grand berceau, supporté par des bâtis de fer d'après lequel on pourra aisément comprendre la construction des autres ouvrages de cette espece, quelles que soient leurs formes & leurs usages.

Les figures 1 & 2 de cette planche représentent le Plan & l'élévation, (la moitié devant être prise pour le tout) d'un grand berceau percé de cinq ouvertures sur une de ses faces, & reployé en aîle à ses deux extrémités : des cinq ouvertures du milieu, il y en a quatre petites *C*, *C*, & une grande *D*, laquelle fait avant-corps, comme on peut le voir par le plan, & forme lunette dans la voûte du berceau qu'elle affleure dans son extrémité supérieure ; le bout des aîles

Planche 355.

Planche 356.

en retour eft fermé, comme celui *A*, ou bien percé d'une ouverture moyenne *B*, ce que j'ai fait pour, autant qu'il m'a été poffible, renfermer divers exemples dans le même fujet.

Tous les bâtis de ce berceau font de fer, c'eft-à-dire, toutes les pieces qui forment les cintres d'arête, ceux des cintres de face, tous les pourtours des ouvertures, tant leurs montants que leurs cintres, les fommiers ou traverfes qui paffent au nud du cintre de la voûte, & dans laquelle toutes les autres font affemblées; plufieurs cerces de la voûte, & des entre-toifes ou échalas de fer affemblés ou du moins arrêtés avec ces derniers pour en retenir l'écart: de tous ces fers, tous ceux qui forment les arêtes des ouvertures, les fommiers & les cerces des cintres de face, doivent être d'une forte épaiffeur, c'eft-à-dire, qui égale celles des lattes & des échalas prifes enfemble, comme le repréfente la coupe du fommier *E*, *fig.* 3, & d'un des montants *F*, *fig.* 4; les autres fers, comme les montants des petites portes, depuis la naiffance du cintre de ces dernieres jufqu'au fommier, les cerces de la voûte, tant d'arête que de travers, & leurs entre-toifes, doivent être d'une épaiffeur égale à celle des échalas, ou bien peu de plus, afin de n'être pas obligé de faire des entailles trop profondes aux bois qui paffent, foit par deffus ou par-deffous.

Quant à la largeur de ces derniers fers, il faut qu'elle ne furpaffe pas celle des bois; il n'y a que les premiers auxquels il faut donner plus de largeur, laquelle doit être égale à leur épaiffeur, fur-tout à céux des angles, qu'il faut, autant qu'il eft poffible, évuider en angle creux; ce qui peut fe faire en conftruifant ces montants, de deux pieces jointes enfemble par le moyen du goujon arrêté dans l'une & rivé fur l'autre, au travers de laquelle ils paffent, & dont le joint eft fait au nud de l'angle, comme l'indique la ligne *a b*, *fig.* 4; on peut faire la même chofe aux cercles des faces, & aux fommiers en deffous pour foutenir le bout des échalas; en deffus, au lieu de feuillures, on peut y faire des entailles à l'endroit de chaque bout de cercle de bois pour en empêcher l'écart, ainfi que je l'ai indiqué par la ligne *c d*, figure 3, cote *E*: quant aux autres cerces de fer, comme celle *G*, *H*, *I*, *fig.* 3; on les affemble des deux bouts dans le deffus du fommier, & on les rive avec les entre-toifes qui paffent par-deffus, & qui viennent rencontrer la courbe d'arête à leur extrémité aux points *e* & *f*, *fig.* 2, où ils rencontrent des échalas de bois: comme il fe trouve une maille au milieu du deffus du berceau, j'ai difpofé les entre-toifes de maniere qu'elles ne fe rencontrent pas, afin que leurs rivures avec la courbe d'arête foit plus folide; & quand même ce feroit un échalas qui feroit le milieu du deffus du berceau, on pourroit faire la même chofe, & cela pour donner plus de folidité à l'ouvrage.

Quant à la conftruction des Treillages de ce berceau, c'eft toujours la même chofe qu'aux autres Treillages dont j'ai parlé ci-devant, comme on peut le voir aux figures de cette Planche, où tous les échalas montants paffent tous en-
deffus,

deſſus , à l'exception du deſſus du berceau , où ce ſont les lattes qui paſſent ſur les cercles , (qui ſemblent être la continuation des échalas montants) ; ce qu'on eſt obligé de faire pour donner plus de ſolidité à l'ouvrage , parce qu'en faiſant porter les lattes ſur les cercles du berceau , tant de fer que de bois , elles ne fatiguent pas les liens qui les arrêtent avec ces derniers; ce qui ne pourroit arriver ſi les lattes paſſoient en deſſous des cercles : de plus , comme c'eſt plutôt le deſſous de la voûte d'un berceau qui eſt apparente que le deſſus , il ſemble tout naturel d'en diſpoſer les Treillages de cette maniere , quoique cela préſente quelque irrégularité à l'extérieur à la rencontre de la voûte avec la partie verti- cale du berceau , comme on peut le voir à la figure 1 ; cette irrégularité eſt auſſi apparente au dedans qu'au dehors du berceau , & elle eſt d'autant plus ſenſible dans celui figure 1 , que la rencontre de la voûte avec la partie verticale , n'eſt interrompue en aucune maniere ; au lieu que s'il régnoit une corniche ou un impoſte au nud du cintre , la différence des Treillages feroit moins ſenſible ; c'eſt pourquoi je crois que , ſans s'embarraſſer de l'uſage , on feroit très-bien de faire paſſer les cercles en deſſus des berceaux , dont la voûte ſemble être une con- tinuation des faces verticales , comme celui figure 1 ; ce qui ne ſouffriroit aucune difficulté , pas même du côté de la ſolidité , parce que les lattes de la voûte étant une fois bien attachées , elles ne feroient pas plus expoſées à tomber , que celles des faces verticales. Quant aux berceaux , dont la naiſſance de la voûte eſt interrompue par une corniche , on pourroit conſtruire la voûte à l'ordinaire , c'eſt-à-dire , mettre les lattes en deſſus , ſur-tout s'il y avoit un double Treillage vertical , comme il arrive quelquefois , parce qu'alors les cercles de la voûte deviendroient une continuation des échalas montants de ce dernier , c'eſt-à- dire du Treillage double.

De quelque maniere qu'on diſpoſe la voûte des berceaux , il faut toujours que leurs lattes répondent aux aiguilles des cintres de face , ſoit que ces derniers ſe terminent au centre de l'éventail , comme à la partie cotée *A* , figure 1 , ou qu'elles ſoient interrompues par une ouverture de porte , comme celle *B* , même figure , dont toutes les lattes ou aiguilles doivent toujours tendre au centre de l'ouverture , & paſſer en deſſous des cercles , qui ſont la continuation des échalas perpendiculaires , qui ne ſont interrompus que par le ſommier , auquel ils affleurent , & qui ſemble faire impoſte , quoi- qu'à la rigueur on pourroit diminuer l'épaiſſeur de ce dernier , qui alors devien- droit une ſimple latte ; ce qui feroit très-bien dans le cas où il n'y auroit aucune corniche à la naiſſance du cintre de la voûte , & où les lattes de cette derniere paſſeroient en deſſous des cercles , comme je l'ai dit ci-deſſus.

Quand les berceaux & autres ouvrages de Treillages ſimples ne ſont pas ſup- portés par des bâtis de fer , comme ceux dont je viens de parler, on les appuie ſur des poteaux plantés en terre & placés à tous leurs angles , comme aux Treillages d'appuis ; quelquefois on y aſſemble par le haut des ſablieres ou

PLANCHE
356.

impoftes qui en terminent les parties verticales, & reçoivent la voûte, dont on forme les principales cerces avec de gros cerceaux de cuves ; qu'on équarrit à cet effet, & qui donnent un cintre plus régulier que ne font les échalas, qu'on ne peut faire ployer qu'en y faifant des navrures de diftance en diftance, du moins quand les cercles font d'un petit diametre.

Quand on conftruit les voûtes des berceaux, on commence par pofer les principales cerces (fuppofé qu'elles ne foient pas faites en fer), & on les arrête avec la latte ou entre-toife, la plus prochaine du milieu de la voûte ; après quoi la divifion des autres lattes étant donnée par celle des cintres de face, on les pofe toutes & on les arrête à mefure avec les premieres cerces ; ce qui étant fait, on acheve l'ouvrage, en y ajoutant les autres cerces, foit en deffous ou en deffus, ce qui eft égal.

Il y a des Treillageurs qui commencent par pofer les cerces les premieres, après avoir arrêté les principales avec une latte ou entre - toife, fur laquelle font tracées les divifions de largeur des mailles ; ce qui eft moins bien que de la premiere maniere, parce qu'on n'eft pas auffi fûr de donner un contour jufte aux cerces de rempliffage, qui ne fe trouvent affujéties que par leur extrémité & par le milieu ; c'eft pourquoi je crois qu'on doit préférer la premiere maniere d'opérer, ce qui au refte eft affez indifférent, pourvu que l'ouvrage foit bien fait.

En général les Treillages fimples, c'eft-à-dire, ceux qui n'ont pas de bâtis de Menuiferie, peuvent être fufceptibles de beaucoup de richeffe & d'or-nements de toutes fortes, comme les vafes, les guirlandes, &c. defquels je ne parlerai pas du tout ici, parce que ce détail fera placé plus naturelle-ment à la fuite de la defcription du Treillage compofé qui va faire l'objet du Chapitre fuivant.

CHAPITRE TROISIEME.

Du Treillage composé en général.

L E Treillage composé est, comme je l'ai dit plus haut, celui dans la construction duquel on fait usage de bâtis de Menuiserie, corroyés & assemblés avec toute la solidité possible, afin de donner à ces Treillages toute la perfection dont ils peuvent être susceptibles, & en assurer la durée.

PLANCHE 357.

Je n'entrerai pas ici dans le détail des divers ouvrages de Treillage composés, parce que ce détail seroit immense, sans être beaucoup utile; c'est pourquoi je me bornerai à donner quelques exemples de différents genres de Treillage, dont le détail suffira pour bien faire connoître la construction de ces sortes d'ouvrages, quelles que soient leurs formes & la richesse de leurs décorations.

Les figures de cette planche représentent les plans & élévations d'un portique en Treillage où préside un ordre Dorique composé, & l'expression de ce même ordre dans la face où il n'y a pas de pilastre, représentée *fig.* 2, laquelle est parfaitement semblable, du moins quant aux masses, à celle où il y a des pilastres, représentée *fig.* 1; ce que j'ai fait pour avoir occasion de donner sur un même projet deux exemples de décoration différente, & en même-temps pour avoir lieu de parler des décorations, dans lesquelles on ne fait entrer que l'expression d'un ordre d'Architecture, comme je l'ai annoncé au commencement de cet Art, *page* 1057 *& suiv.*

Le Portique, *fig.* 1, (la moitié étant prise pour le tout), est décoré de quatre pilastres de 18 pouces de diametre, & qui sont accouplés deux à deux de chaque côté de l'arcade; ces pilastres ont 24 pieds 9 pouces de haut; ce qui fait dix-sept modules ou huit diametres & demi, ce qui est la même chose; ce qui fait qu'ils sont d'une expression moyenne entre l'ordre Ionique & l'ordre Dorique, dont ils ont d'ailleurs la base & le chapiteau, à cette différence près, que le gorgerein de ces derniers a 14 parties de hauteur, & est orné de trois feuilles, comme je l'expliquerai ci-après.

Cette augmentation de hauteur donne plus d'élégance à cet ordre Dorique, & le rend plus propre à être employé dans des ouvrages légers, tels que les Treillages; mais c'est une licence qui n'est tolérable que dans ces sortes d'ouvrages, & encore même, quand par quelque raison on ne peut pas faire usage de l'ordre Ionique; c'est pourquoi j'ai donné à l'ordre qui décore ce portique le nom *d'Ordre Dorique composé.*

L'entablement qui couronne cet ordre a quatre modules & un quart de hauteur; ce qui est nécessaire pour l'accouplement des pilastres, comme je l'ai démontré ci-devant , *page* 1068 *& suiv.* cette hauteur est un peu considérable pour un ordre Dorique ordinaire ; mais ici elle n'est que ce qu'il faut , puisque quatre modules trois parties sont exactement le quart de dix - sept modules , qui est la hauteur de l'ordre qui décore ce portique.

Les moulures de la corniche de cet entablement sont les mêmes qu'à l'ordre Dorique ordinaire , tant pour la hauteur que pour la saillie, à l'exception du larmier supérieur qui a beaucoup moins de saillie, & cela par le raccourcissement des mutules qui servent de couronnement aux triglyphes que j'ai prolongés jusque sous ces derniers , & que j'ai contournés en consoles, ce qui en rend la forme plus élégante & plus riche ; à ces changements près, cet entablement est le même que celui de l'ordre Dorique , disposé pour couronner des colonnes & des pilastres accouplés.

Il faut faire attention que j'ai fait voir une console dans le retour de l'entablement ; ce qui ne peut être dans l'exécution , vu le peu de saillie de ce retour , étant nécessaire que le demi-métope de retour soit égal à celui de face , à moins qu'on ne voulût absolument voir un profil de console ; dans ce cas , on feroit paroître une console engagée dans l'angle , & dont l'épaisseur égaleroit à peu près la moitié de la saillie de l'avant-corps, comme je l'ai fait ici.

Dans les arrieres-corps la partie supérieure de la corniche est profilée en plinthe , c'est-à-dire, que la cymaise supérieure est supprimée , de maniere que le larmier monte jusqu'au dessus de cette derniere.

On profile ainsi les corniches en plinthes quand on veut diminuer de leur saillie , & sur-tout pour les rendre plus simples , & par ce moyen détacher les arrieres-corps d'avec les avant-corps, & faire dominer ces derniers ; il faut cependant éviter de faire trop souvent usage de cette mutilation des corniches, qui ne peut avoir lieu que dans les arrieres-corps qui terminent les façades , ainsi que je l'ai fait ici.

L'entablement est surmonté d'un socle d'une hauteur à peu près égale à celle de la frise & de l'architrave, prises ensemble ; ce socle profile à l'à - plomb du nud extérieur des pilastres, & supporte quatre vases, dont les axes tombent à-plomb de ceux de ces derniers.

Toute l'ordonnance est supportée par un socle , dont la hauteur, qui est d'environ trois modules & demi, est déterminée par la hauteur de l'arcade , dont la largeur est donnée par la distance des triglyphes, comme je l'ai enseigné plus haut *page* 1068 : dans la hauteur de ce socle est comprise celle d'un premier socle ou parpin de pierre , sur lequel tout l'ouvrage est posé , ce qu'on doit observer à tous les Treillages composés en général , afin de les préserver de l'humidité de la terre , & par conséquent de la pourriture. La hauteur de ce socle ou parpin varie selon les différentes occasions; mais il faut toujours faire en sorte qu'il entre pour quelque chose dans la décoration totale de l'ouvrage ; ce que j'ai fait ici, où le parpin qui a environ 4 à 5 pouces de hauteur, regne avec les

bordures

bordures des plates-bandes des Treillages qui avoisinent ce portique & qui revêtiffent les murs du jardin.

Il faut, du moins autant qu'il est possible, que la hauteur de ces Treillages ne surpasse pas le dessus de l'imposte de l'arcade, qui, étant continuée en dehors du portique, doit leur servir de couronnement, ainsi que dans la figure 1.

Et si par hasard le mur de clôture étoit plus haut que le dessus de l'imposte, on mettroit toujours une corniche qui régneroit avec l'imposte, & on regagneroit le surplus de la hauteur du mur par un socle placé au-dessus de cette derniere.

Au-dessus des Treillages de clôture, & aux deux côtés des arrieres-corps du portique, j'ai placé deux consoles, dont la partie supérieure vient se terminer contre l'architrave de l'entablement du portique ; ces consoles portent sur une plinthe ou partie lisse qui couronne la corniche des Treillages de clôtures, & elles tombent à-plomb du nud de ces derniers.

L'usage de ces consoles est de faire pyramider l'ensemble d'un édifice, & quoiqu'un abus dans des bâtiments construits avec solidité, elles peuvent être tolérées dans des ouvrages de Treillage, où même elles font assez bien.

La figure 2 représente le même portique que la figure 1, mais d'une décoration plus simple ; les pilastres étant supprimés ; ainsi que les triglyphes de la frise qui est nue à ce dernier portique.

La place des pilastres est occupée par un corps uni, au nud duquel l'entablement ressaute, tant en dedans qu'en dehors, & quand la distance qui reste entre les deux saillies intérieures de l'entablement se trouve trop étroite, on se contente de faire profiler, ou pour mieux dire ressauter en dedans la partie inférieure de la corniche ; de maniere que la saillie de l'avant-corps se perd dans la largeur du socle du larmier, à condition toutefois que cette saillie ne soit pas trop considérable.

La corniche du portique, *fig.* 2, est denticulaire, tant dans les avant-corps que dans l'arriere-corps du milieu : dans les arrieres-corps des extrémités, j'ai fait le larmier denticulaire plein, afin de simplifier cette partie de la corniche, & qu'elle réponde mieux à la plinthe qui la couronne.

L'arcade de ce portique n'a point d'imposte ni d'archivolte, comme celle de la figure 1 : mais elle est entourée d'un bandeau saillant, qui descend jusque sur le socle ; & quoiqu'il n'y ait pas d'imposte à cette arcade, cela n'empêche pas qu'il ne faille faire régner le dessus de la corniche des Treillages de clôture avec le centre de l'arcade, ainsi qu'au portique figure 1, dont celui figure 2 ne differe, ainsi que je l'ai dit plus haut, que par la richesse de sa décoration ; mais dont les masses sont exactement les mêmes, tant pour les raisons que j'ai données ci-dessus, que pour que ces deux décorations puissent s'appliquer au même portique, l'une en dedans & l'autre en dehors, bien entendu que la plus riche seroit du côté le plus apparent, qui ordinairement est celui du jardin.

En général quand on supprime les ordres d'une décoration, il faut que toutes les autres parties qui la compofent foient dans les mêmes proportions que fi ces ordres n'étoient pas fupprimés , & que toutes annoncent au fpectateur inftruit quelle eft l'expreffion de l'ordre qui préfide à cette décoration; il faut cependant obferver que quand les ordres font fupprimés, la décoration doit être moins riche dans toutes fes parties; mais cette diminution de richeffe ne doit avoir lieu que dans les parties de détail , mais jamais, quant à ce qui a rapport au nombre & à la forme des principales parties, & au rapport qu'elles doivent avoir les unes avec les autres , & avec l'enfemble général de la décoration.

Le Portique , tel que je viens de le décrire , & que je l'ai repréfenté figures 1 & 2, ne peut donner qu'une idée générale de fa décoration & du rapport que les parties qui le compofent ont les unes avec les autres : il faut maintenant entrer dans le détail de fa conftruction , en commençant par celle des bâtis qui reçoivent les Treillages , ce qui va faire l'objet de la fection fuivante.

S E C T I O N   P R E M I E R E.

Defcription de la conftruction des bâtis du Treillage compofé.

Ce que j'ai dit jufqu'à préfent touchant la pratique du Treillage , n'avoit de rapport qu'à ce qui regardoit le travail du Treillageur proprement dit ; il faut maintenant changer de langage , comme d'objet, ce même Treillageur devant être à la fois Menuifier-Treillageur , & même Sculpteur , quant à ce qui regarde la pratique , fans parler des connoiffances théoriques qui lui font néceffaires , & que je lui fuppofe toutes acquifes ; c'eft pourquoi , pour bien faire entendre ce qui concerne la conftruction des bâtis de Treillage , je vais faire la defcription de toutes les parties de ceux du portique , repréfenté dans la Planche 357 , comme fi ce deffin devoit être mis à exécution ; après quoi j'entrerai dans le détail de la conftruction des parties de Treillages qui doivent remplir ces mêmes bâtis , tant dans les parties droites que dans les parties cintrées, comme les membres de moulures & autres, enfuite je traiterai de toutes les efpeces d'ornements dont on peut enrichir les ouvrages de Treillages, en joignant enfemble la théorie avec la pratique , & cela relativement à deux deffins repréfentés ci-après , tant en plan qu'en élévation (Planches 365 , 366 , 367 & 368), dans lefquels j'ai tâché de raffembler divers genres de Treillage d'une décoration très - riche & réguliere en même-temps , ce que je n'ai pu me difpenfer de faire pour donner au moins une idée de la beauté & de la perfection où peut être porté cet Art, qui, quoique conféquent, eft regardé du plus grand nombre comme très-peu de chofe , & qui à peine mérite une defcription courte & abrégée.

La figure 1 repréfente l'élévation & la coupe des bâtis de l'entablement mutulaire , & la figure 3 le plan de ce même entablement , vu en-deffous : le deffus de la corniche , & par conféquent de l'entablement , doit être couvert par une forte planche *A B*, *fig.* 1 , laquelle doit être inclinée en devant pour faciliter l'écoulement des eaux ; & quand la saillie de l'entablement est trop considérable pour que la largeur d'une planche soit suffisante , il faut en mettre plusieurs à recouvrement les unes sur les autres, ce qui vaut mieux que de les joindre à rainure & languette , parce que , quelque bien faits que soient les joints , l'eau s'y introduit toujours, ce qui les pourrit promptement, ainsi que les autres parties de la corniche qu'elles couvrent.

Ce n'est pas la coutume de couvrir ainsi les entablements de Treillage, parce que , dit-on, cela les alourdit trop , & que cela masque le jour qu'il est nécessaire d'appercevoir au travers des compartiments & des ornements de la corniche, qui alors ne fait plus d'effet : la premiere de ces deux objections n'est pas juste , parce qu'on peut construire la corniche, de maniere que le poids de la planche qui la couvre ne puisse y faire de tort ; quant à la seconde, elle auroit quelque fondement si tous les Treillages qu'on exécute ne pouvoient être vus que de près, de maniere qu'on ne pût voir leur entablement qu'en dessous, où la planche qui les couvre feroit nécessairement du noir.

Mais comme ces sortes d'ouvrages sont presque toujours placés dans des lieux spacieux, & qu'ils sont même destinés à être vus d'un peu loin , il n'est guere possible qu'on s'apperçoive s'ils sont couverts ou non , sur - tout dans la partie saillante de leur corniche ; au surplus quand cela paroîtroit un peu , il vaudroit mieux souffrir ce petit inconvénient , que celui qui arriveroit si le dessus de la corniche étoit découvert ; ce qui donneroit un passage libre aux eaux de la pluie, qui, quelque précaution qu'on prenne , ne hâtent que trop la destruction des Treillages.

Le principal membre de la cymaise supérieure , c'est-à-dire , la doucine, est rempli par des Treillages à jour qui s'attachent d'un bout sous la planche *A B*, qui est ravalée à cet effet , & dont le devant forme le quarré de cette doucine ; l'autre bout s'attache sur le membre inférieur *C* de la cymaise, lequel est plein pour faire un repos entre la doucine & le larmier , qui tous deux sont percés à jour.

La partie inférieure *D E* du larmier est assemblée avec le larmier mutulaire , que j'ai laissé plein pour faire un repos dans la masse de la corniche ; ce qui est absolument nécessaire , parce que si tous les membres étoient percés à jour, ils y apporteroient de la confusion, de maniere qu'on ne pourroit plus en distinguer les différentes parties.

Le larmier mutulaire , le larmier & la cymaise supérieure , peuvent ne faire qu'une seule masse , en les arrêtant les uns avec les autres, par le moyen de plusieurs montants assemblés d'un bout sous la planche *A B* , & de l'autre dans le dessus du larmier mutulaire , comme je l'ai indiqué par des lignes ponctuées.

Toute cette masse est supportée de distance en distance par les triglyphes en consoles, qui sont assemblés d'un bout dans la partie supérieure *H* de l'architrave, où ils entrent à tenon & mortaife, & de l'autre dans la partie inférieure *G* de la corniche, dans laquelle ils entrent à tenon & enfourchement, comme on le peut voir à la figure 5, qui repréfente une des confoles vue de côté avec ces affemblages dans les pieces *G* & *H*, qui font les mêmes que celle de la figure 1, cotée des mêmes lettres.

Chaque confole forme un bâtis à part; elles font compofées de deux côtieres ou joues pleines *II, fig.* 1, 3 & 5, & de deux traverfes *L* & *M, fig.* 1 & 3, dans lefquelles font affemblés deux montants *N N*, mêmes figures, lefquels forment trois cannelures évidées, qu'on remplit enfuite par derriere avec des compartiments de Treillage quelconque; le quart de rond qui eft entre le larmier mutulaire *F*, & le chapiteau triglyphe *G*, eft vuide, & on le remplit avec des compartiments ou des ornements de Treillage, ainfi que toutes les autres parties vuides, comme je l'expliquerai en fon lieu, en parlant des ornements des Treillages & de leur conftruction.

Les métopes ou efpaces qui reftent entre chaque triglyphe, font remplis par des chaffis mobiles qui entrent tout en vie dans la piece *G, fig.* 1, & à feuillure dans celle *H*, ainfi que dans les confoles, comme on peut le voir à la figure 3 & à la figure 5: ces chaffis font feuillés intérieurement pour recevoir les compartiments de Treillages, & je les ai faits ainfi mobiles pour que l'ouvrage foit plus aifé à monter & à réparer, quand cela eft néceffaire; on les arrête en place avec des clous qu'on pointe dans la piece *H*, ou ce qui eft encore mieux avec des verroux attachés fur leurs traverfes.

Les deux faces de l'architrave, *fig.* 1, font évidées, pour être remplies par des compartiments de Treillage; c'eft pourquoi on la conftruit de trois pieces, dont une *H* porte le lifteau & un champ au-deffous; l'autre *O* termine la premiere face avec un champ *b*, d'égale largeur à celui *a* de la piece du deffus: au-deffus de ce champ eft obfervé un ravalement, contre lequel on appuie le rempliffage de Treillage, qu'on arrête par en haut avec des pointes ou des liens de fil de fer: le deffous de la piece *O* eft ravalé de ce que la premiere face doit faillir fur la feconde, & ce ravalement forme un champ *c*, qui eft répété en *d* à la piece *P* qui fait le deffous de la face inférieure de l'architrave, & par conféquent de l'entablement: le deffus de la piece *P* eft auffi ravalé pour recevoir le rempliffage de Treillage; & autant qu'il eft poffible il faut donner à cette piece une largeur fuffifante pour qu'elle recouvre fur le Treillage inférieur, & qu'elle le garantiffe de l'humidité autant qu'il eft poffible.

Quand les traverfes d'entablement font un peu longues, on y affemble par derriere des poteaux *Q R, fig.* 1 & 3, qui retiennent l'écart de toutes les pieces; & autant qu'il eft poffible on fait en forte de les placer, de maniere qu'ils ne foient pas apparents, comme je l'ai fait ici où ils fe trouvent cachés, du moins en partie, par la joue de la confole, & le champ du chaffis qui eft à côté; quand il n'y a pas moyen de cacher ces poteaux, il faut les fupprimer tour-à-fait,

&

& mettre à leur place des montants de fer qui sont beaucoup moins apparents, comme je l'ai dit plus haut.

Quoiqu'on fasse usage des poteaux, cela ne peut pas dispenser de mettre des fers qui entretiennent l'écart & la saillie des corniches ; & si je n'en ai pas exprimé dans les figures de cette Planche, ce n'a été que pour n'y pas faire de confusion ; au reste, on pourra voir ce que j'ai dit à ce sujet *page* 1098.

Dans les angles, soit saillants ou rentrants, toutes les pieces horizontales qui composent l'entablement, doivent être assemblées dans des poteaux *S, T, fig.* 1 *& 3,* qui montent de fond dans toute la hauteur de l'entablement, & même de tout l'ouvrage, quand cela est possible ; & au lieu de tenons & de mortaises, on moise les pieces, c'est-à-dire, qu'on y fait des entailles pour les assembler les unes avec les autres, comme je le dirai en son lieu en parlant des assemblages des bâtis des Treillages en général.

La figure 6 représente la piece *H, fig.* 1, vue en-dessus (c'est-à-dire l'architrave) avec la coupe des poteaux d'angles & d'intervalles, ainsi que les mortaises dans lesquelles entrent les pieds des consoles. J'ai dessiné cette piece ainsi à part, pour qu'on en voye mieux la construction & son rapport avec le plan, *fig.* 3.

La figure 2 représente l'élévation & la coupe de l'entablement denticulaire de la figure 2, de la Planche 357 ; & la figure 4, le plan de ce même entablement, dont la construction est à-peu-près la même que celui dont je viens de faire la description, excepté que le larmier de celui, *fig.* 2, est plein, ce qui est nécessaire, parce que le larmier denticulaire étant détaillé, le premier n'auroit pu l'être sans apporter de la confusion dans les divers membres qui composent la corniche de cet entablement, dont la forme & l'assemblage des parties qui la composent se font assez connoître par la coupe, *fig.* 2, pour n'être pas obligé d'entrer dans un plus grand détail à ce sujet ; excepté qu'il est bon de faire attention qu'au larmier denticulaire, représenté en plan, *fig.* 4, (ainsi que le reste de la corniche), la division des denticules n'est pas la même des deux côtés, ce que j'ai fait pour avoir occasion de faire voir un exemple des deux différentes manieres de disposer la division des denticules dont j'ai parlé ci-devant, *page* 1050.

Comme la frise de l'entablement, *fig.* 2, est lisse, j'ai pris les bâtis de cette même frise aux dépens tant de la piece inférieure de la corniche, que de celle qui forme le dessus de l'architrave & des poteaux montants des angles, soit saillants ou rentrants, afin qu'il y ait moins de joints dans lesquels l'eau puisse séjourner. Au reste, cette maniere de disposer les frises & celle de la figure 1, ont chacune leur avantage, cette derniere étant plus commode & plus facile, & l'autre plus solide & plus coûteuse en ce qu'elle exige de plus gros bois.

L'architrave de l'entablement, *fig.* 2, est semblable à celle de l'entablement, *fig.* 1, à l'exception que la premiere & la seconde piece de l'architrave, *fig.* 2, n'ont pas de champs ravalés en-dessous, ce qui ne peut quelquefois pas être, selon le genre des ornements dont les deux faces sont remplies, ou bien par rapport au peu de largeur de ces mêmes faces, qui, si elles avoient deux champs sur la hauteur, ne laisseroient pas assez de vuide entre ces derniers pour y faire des compartiments ou autres ornements quelconques.

La figure 7 représente le dessus de l'architrave, *fig.* 2, qui, quoique la même que celle figure 6, par rapport à la grosseur, en differe cependant par la forme, comme on peut le voir à sa coupe, *fig.* 2.

Il faut, autant qu'il est possible, que toutes les parties anguleuses des pieces horizontales, tant des entablements dont je viens de parler, que de tous les autres bâtis de Treillages, soient grasses, c'est-à-dire déversées soit en-dedans, soit en-dehors de l'ouvrage, selon qu'il est plus convenable ou plus commode de le faire, & cela pour faciliter l'écoulement des eaux pluviales, qu'il est de la derniere conséquence de n'y pas laisser séjourner ; & si le dessus de toutes les pieces des coupes des figures 1 & 2, ne sont pas disposées de cette maniere, c'est que je voulois, en les laissant de niveau, qu'on pût mieux juger de leur grosseur & de leur forme ; car, regle générale, il faut absolument que le dessus de toutes les pieces horizontales de bâtis de Treillages soient déversées, soit qu'il y ait des angles rentrants ou non, & cela en-dehors de l'ouvrage, c'est-à-dire, par-derriere autant que cela sera possible, afin que l'écoulement des eaux, joint à la poussiere qui nécessairement se trouve sur l'ouvrage, ne le tache pas, & n'y fasse pas des bavures qui en gâtent toute la couleur.

Après l'entablement des parties les plus considérables du portique représenté dans la Planche 357, sont les pilastres & les colonnes, supposé qu'on en voulût placer devant ces derniers, comme cela pourroit être. Mais avant que de passer à ce détail, qui sera très-compliqué, je vais terminer ce qui concerne les bâtis de la partie inférieure de ce portique, pour n'avoir plus à revenir sur cet objet.

Les figures 1 & 2 de cette Planche représentent l'élévation de la partie supérieure des socles qui supportent les bases des pilastres, avec une partie des bâtis de ces mêmes pilastres & des autres montants des parties de Treillage qui les avoisinent.

La figure 3 représente la coupe de ces dernieres, ainsi que des pilastres, prise au-dessus de leurs traverses & le dessus des bâtis des socles, lesquels sont isolés en devant des bâtis des pilastres de la saillie des bases de ces derniers, moins ce qu'ils recouvrent en-dessous de ces mêmes bases, indiquées par des lignes ponctuées, ainsi que sur l'élévation, *fig.* 1 & 2.

Tous les poteaux ou montants sont feuillés pour recevoir les remplissages de Treillage, & cela selon la forme & la disposition de ces derniers. Quand il arrive qu'un poteau est mince, c'est-à-dire, qu'il présente peu de largeur sur sa face , comme ceux *A* , *B* , *C* , *D* , des deux pilastres , ou celui *E* , de l'angle de la niche quarrée de l'arcade , & qu'on est obligé d'y faire une feuillure des deux côtés de son épaisseur, ou, pour mieux dire de sa largeur, il faut , autant qu'il est possible , que celle *a* cote *E* , *fig.* 3 , qui est la plus profonde , soit faite en venant à rien sur le derriere de la piece , afin de lui conserver plus de force ; & il est même bon de ne faire cette feuillure sur la longueur du poteau qu'autant qu'elle est nécessaire , & laisser le reste du bois plein. Ce que je dis pour cette feuillure , doit s'entendre de toutes les autres ; ce qui ne souffre aucune difficulté.

Il faut aussi , autant qu'il est possible , que les poteaux montent de fond, à moins qu'ils ne soient trop apparents ; mais quand ils peuvent être cachés derriere les bâtis des socles, comme ceux *F* , *M* , *N* , *Fig.* 1 *&* 2 , ou quand ils sont apparents , mais placés sur un plan plus reculé que les socles derriere lesquels ils passent , comme ceux *G* , *H* , *I & L* des pilastres , il faut absolument qu'ils montent du sol jusqu'au dessous de l'entablement , & même jusqu'au dessus de ce dernier , quand cela est possible , comme je l'ai dit plus haut. Il est aussi nécessaire de mettre des traverses dans les intervalles qui séparent les montants , soit qu'elles servent à la décoration de l'ouvrage , comme celles *O* , *Q* , *R* , *fig.* 1 *&* 2 , ou qu'elles soient cachées derriere quelques parties saillantes , comme celle *P*.

La figure 4 représente le plan des socles pris au milieu de leur hauteur , ainsi que la coupe des quatre montants de pilastres : ces socles sont des bâtis ornés de moulure en parement , & feuillés par-derriere sur l'épaisseur , pour recevoir le Treillage , à moins que ces derniers n'y entrent à rainures , comme cela arrive quelquefois , & que je l'expliquerai en son lieu. Ces bâtis doivent être d'une forte épaisseur , très-solidement assemblés ; & autant que cela peut être , il faut que leurs battants d'angles , soit saillants ou rentrants , soient construits d'une seule piece ; ce qui vaut beaucoup mieux que d'y faire des joints, qui se détruisent bien promptement à l'humidité , quelque soin qu'on prenne de les arrêter avec des vis ou autrement. Dans l'angle rentrant *S* , *fig.* 4 , il n'y a pas de battant ; mais la traverse est reployée en angle droit , ainsi qu'on l'observe aux piedestaux & autres parties d'Architecture de ce genre ; cependant quand une des parties de l'angle est très-étroite , comme dans cette figure , on fait mieux de la laisser lisse & pleine , comme celle *T* , *même figure* , dans laquelle les traverses de côté viennent s'assembler , & on y fait une feuillure pour recevoir le Treillage à l'ordinaire.

J'ai dit plus haut qu'il falloit faire les montants ou battants des angles saillants d'une seule piece ; cependant quand leur grosseur est très-considérable , on est obligé de les faire de deux pieces jointes à rainures & languettes , & on arrête le joint avec une quantité suffisante de vis , pour qu'il ne fasse d'effet

Planche 350.

que le moins possible : de plus , ces parties étant pour l'ordinaire de bois large & épais, elles font moins fujettes à fe tourmenter.

Les figures 5 & 6 repréfentent l'élévation & le plan des bâtis de la partie inférieure du portique de la Planche 357, *fig.* 2.

Ces bâtis , tant ceux de hauteur que ceux d'appui , c'eft-à-dire, les focles , font difpofés de la même maniere que ceux dont je viens de faire la defcription, à l'exception que j'ai terminé ceux de hauteur au-deffus du focle , indiqué par la ligne *c d e* , *fig.* 5 , au-deffous de laquelle ils defcendent en contrebas d'environ deux pouces pour recevoir ces derniers qui s'attachent deffus ; & fi j'ai ainfi terminé ces bâtis , ce n'eft pas qu'on ne puiffe & même qu'il ne faille les faire defcendre jufqu'au nud du fol ; mais c'eft pour donner un exemple de chaque maniere de conftruction.

Quand les bâtis font ainfi terminés à la hauteur des focles , il faut les faire porter fur des retraites ou des corbeaux de pierre pratiqués fur la furface des murs , ou , au défaut de ces derniers , fur des corbeaux ou des potences de fer , ce qui rend l'ouvrage auffi folide que fi les poteaux montoient de fond , mais ce qui eft pour le moins auffi coûteux ; c'eft pourquoi je crois qu'on fera très-bien de s'en tenir à la premiere méthode , du moins quand rien n'empêchera de le faire.

Lorfqu'il fe trouve des bâtis ifolés , comme celui *U X* , *fig.* 5 *& 6* , il faut les faire les moins lourds poffible , pour ne pas écrafer les Treillages qui font deffous ; & pour arrêter ces bâtis d'une maniere folide , il faut y mettre parderriere des liens de fer attachés avec des vis , tant fur ces derniers que fur les autres bâtis , en obfervant de placer ces liens aux endroits où ils peuvent être les moins apparents.

Le bas des bâtis des focles fe termine de la même maniere que le haut , c'eft-à-dire , que les champs & les moulures font les mêmes. Le tout doit porter fur des parpins ou doubles focles de pierre , qui les élevent au-deffus du fol , & les préfervent de l'humidité de la terre , comme je l'expliquerai après avoir traité de la conftruction des pilaftres & des colonnes en Treillages.

§. I. *De la conftruction des Bâtis des Pilaftres & des Colonnes , & la maniere de les garnir en Treillage.*

LES figures 1 & 2 de cette Planche repréfentent le deffin d'un des pilaftres du portique de la Planche 357, lequel pilaftre eft vu de face & de côté, c'eft-à-dire , fur fon épaiffeur , & monté fur fon focle ; le tout deffiné en grand , pour en mieux diftinguer toutes les parties , tant celles de bâtis que celles de rempliffages, dont je parlerai ci-après.

Le chapiteau *A*, le fût *B*, & la bafe *C* du pilaftre , *fig.* 1 *& 2*, quoique

trois

trois parties féparées & diftinctes les unes des autres , ne font plus qu'une , du moins quant à leur exécution, le même bâtis qui en forme le fût portant à la fois la bafe & le chapiteau , qu'on y arrête comme je le dirai ci-après. Le bâtis eft compofé de deux battants ou montants *D, E, fig.* 3 , & de deux traverfes *G & H, fig.* 3 *& 7*: les battants fe placent fur le champ , de maniere que leur épaiffeur devient leur largeur vue de face , & cette largeur eft déterminée par la diftribution des cannelures auxquelles ces battants fervent de lifteaux, ainfi que les montants qui font placés dans la largeur des pilaftres. Quant à la largeur des battants , elle eft déterminée par la faillie que doit avoir le pilaftre , fuppofé que cette faillie foit pleine, comme aux figures 4 & 8 ; car quand elle eft percée à jour , comme dans la figure 1 , il faut que le battant de l'angle du pilaftre foit quarré, afin qu'il préfente fur le côté une largeur égale à celle de la face. Quand on évide ainfi le côté, ou , pour mieux dire, la faillie des pilaftres , il faut que leur diametre foit un peu confidérable, afin que le battant de l'angle ait une force fuffifante ; fans quoi il vaut mieux le laiffer plein , & lui donner de largeur, comme je viens de le dire , la faillie du pilaftre , plus ce qui eft néceffaire pour recevoir les autres parties de Treillage qui avoifinent ce dernier, comme on peut le remarquer aux plans de ceux *A , B , C & D, fig.* 3 , *Pl.* 359.

Les montants *I, I, fig.* 3 *& 7*, doivent être d'un tiers ou environ plus étroits que les battants des angles , & leur largeur doit être le quart ou tout au plus le tiers de celle des cannelures , dont par conféquent il faut faire les divifions pour déterminer la largeur tant des battants que des montants ; quant à leur épaiffeur, elle doit être moindre que leur largeur , afin que leur faillie fur les Treillages foit moins confidérable, comme on peut le voir à la fig. 3 cote *M* (qui repréfente le chapiteau vu en-deffous) où l'épaiffeur des montants vient au nud de la feuillure du battant d'angle fur lequel on attache l'extrémité des lattes ou autres parties de Treillages, lefquelles paffent derriere les montants , où elles font pareillement attachées , comme je l'expliquerai ci-après.

Les traverfes *G & H, fig.* 3 , 5 , 7 *& 9*, font placées au haut & au bas des pilaftres , au nud du point de centre des cannelures ; & il faut qu'elles foient d'une largeur fuffifante pour contenir la largeur des cannelures , c'eft-à-dire, leur demi-diametre, plus le champ qui doit être entre leur extrémité & le deffous de l'aftragale ou le deffus de la bafe : d'après cette largeur apparente , il faut encore qu'elles ayent (pour celle du haut) la largeur de l'aftragale , & le champ du deffus qui, pour bien faire, doit être égal à la largeur des battants de rive, & pour celle du bas la largeur du premier membre de la bafe. L'épaiffeur de ces traverfes doit être un peu forte pour donner plus de folidité à l'ouvrage, & on les ravale par-derriere à l'épaiffeur des montants qui y font affemblés ou entaillés , & avec lefquels il faut qu'elles affleurent, comme on peut le voir à la *fig.* 6 , qui repréfente le pilaftre vu

par-derriere. Pour ne pas trop affoiblir ces traverses, on donne à ce ravalement le moins de largeur qu'il est possible, c'est-à-dire, environ un pouce d'a-
près le fond des cannelures, ce qui est suffisant pour arrêter les lattes de frisage. Les entailles qu'on fait dans les traverses pour recevoir les queues des
montants, doivent avoir de profondeur, environ la moitié de l'épaisseur de
ces derniers, & de largeur la moitié de ces mêmes montants, afin qu'il reste
de chaque côté assez d'épaulement pour ne pas craindre de faire sauter les deux
côtés de ces entailles, lorsqu'on vient à chantourner les traverses, ce qu'il ne
faut faire qu'après y avoir assemblé les montants, tant pour avoir au juste le nud
de ces derniers, que pour qu'en les présentant à leur place, ils ne fassent
pas sauter les épaulements, ce qui pourroit arriver si on chantournoit ces traverses avant que de les assembler.

Il est bon aussi de faire ces entailles à queues, afin que les montants y
tiennent plus solidement, ce qui vaut beaucoup mieux que de les arrêter seulement avec des pointes, comme on le fait le plus souvent.

Il faut aussi assembler les traverses dans les battants d'angle avant que de
les chantourner, & y ralonger d'après l'arrasement, une barbe *a*, *fig.* 3, d'un
bon demi-pouce au moins, pour qu'il reste du bois plein d'après le chantournement de la cannelure ; & quand il y a des moulures sur l'arête de cette
derniere, comme il arrive presque toujours, il faut que cette barbe soit prolongée autant qu'il est nécessaire, pour qu'il reste au moins trois à quatre lignes
de bois d'après la largeur de la moulure.

J'ai dit plus haut qu'il falloit que le dedans des traverses passât au nud du
centre des cannelures, ce qui, dans la théorie, est exactement vrai ; cependant il seroit bon de les faire redescendre en-dedans du pilastre d'une à deux
lignes pour avoir la facilité de placer la pointe du compas à découper (dont
j'ai fait la description dans la premiere Partie de mon Ouvrage, *page* 88),
avec lequel on trace & découpe la largeur des moulures & même le contour
intérieur de la cannelure beaucoup plus parfaitement & plus promptement
qu'on ne le pourroit faire autrement, c'est-à-dire, par le moyen des ciseaux &
autres outils ; ce qui n'empêche pas toutefois d'évider l'intérieur de la cannelure avec la scie à tourner, à laquelle le coup de compas à découper sert
de guide.

Quand les gorgerins des chapiteaux ne sont pas si hauts que dans les figures de cette Planche, on ne fait pas paroître de champ au-dessus de l'astragale, afin de ne pas diminuer la largeur du gorgerin : dans ce dernier cas, on
fait passer l'astragale en chapeau au-dessus de la traverse, comme l'indiquent
les lignes *b c*, *fig.* 5, cote *G* ; ce qui n'empêche pas qu'elle ne soit entaillée sur la face de cette derniere, comme on peut le voir dans cette
figure.

Le tailloir du chapiteau, *fig.* 3, est composé d'une planche *N L*, *fig.* 3, laquelle doit être d'une épaisseur égale au premier membre du tailloir ; cette planche doit être emboîtée des deux bouts, & à bois de fil (ou d'onglet, ce qui est la même chose) sur la face apparente, ce qui est nécessaire pour donner plus de propreté à l'ouvrage. En-dessous de cette planche, & du nud de la moulure, est assemblée en retour d'équerre la face ou gouttiere du tailloir qui entre dans ce dernier à rainure & languette, & y est arrêtée avec des vis qui passent au travers de son épaisseur.

Ces faces sont elles-mêmes assemblées à bois de fil sur l'angle ; & quand le chapiteau est d'une certaine grandeur, on les évide, c'est-à-dire, qu'on les dispose pour recevoir des remplissages de Treillage : dans ce dernier cas, on fait à ces faces un bâtis reployé en retour d'équerre, qu'on assemble & arrête dans la partie supérieure du tailloir, comme je viens de l'enseigner ci-dessus. Quand les faces du tailloir sont ainsi évidées, & cela à cause de leur grande largeur, la moulure du dessus peut être rapportée au pourtour de la planche qui forme le dessus du tailloir, afin de n'être point obligé à mettre du bois d'une trop forte épaisseur, en observant que la partie qui porte la moulure soit bien solidement assemblée tant dans les angles qu'avec la planche qui doit faire recouvrement sur les joints, afin de les préserver de la pourriture. Les montants entrent à tenon dans la planche du tailloir ; & quand il est possible on leur laisse assez de longueur pour qu'ils passent au-dessus, afin d'arrêter la planche, & par conséquent le tailloir, par le moyen de deux clefs qui passent au travers de l'épaisseur des montants, ainsi que je l'ai fait au-dessous de la plinthe de la base, *fig.* 7. Cette maniere d'arrêter le tailloir avec le bâtis du pilastre, est assez bonne ; mais elle n'est pas toujours praticable : de plus, en perçant ainsi le dessus du tailloir, on l'expose à la pourriture ; c'est pourquoi je crois qu'il vaut mieux ne faire la mortaise de la planche du tailloir que jusqu'à la moitié de son épaisseur, & l'arrêter avec des vis dans le bout des battants du bâtis.

L'ove ou échine du chapiteau est faite de remplissage ; il n'y a que sa partie inférieure O, *fig.* 3, c'est-à-dire, la baguette & le filet, qui soit pleine ; & on lui donne assez d'épaisseur pour qu'elle entre en-dedans du nud du pilastre de trois à quatre lignes au moins, tant pour qu'elle y soit arrêtée d'une maniere plus fixe, que pour faciliter la naissance de l'adouci ou congé, qui donne naissance au filet de dessous la baguette. Cette observation doit être générale pour toutes les parties qui s'adoucissent sur le nud de l'ouvrage, lesquelles doivent, ainsi que celles dont je parle, être entaillées pour qu'il reste du bois plein au-bas de l'adouci, afin que l'arête de ce dernier ne s'écorche pas, ce qui ne manqueroit pas d'arriver si on ne prenoit cette précaution, sur-tout aux ouvrages de Treillage, dont aucunes parties ne doivent ni même ne peuvent être collées.

Quand la partie O, *fig.* 3, a été ajustée dans les entailles des battants, on

Planche 360.

l'arrête avec ces derniers par le moyen des vis à têtes fraisées, dont on fait entrer la tête dans le nud du bois, ce qui vaut mieux que d'y mettre des pointes qui à la longue lâchent, & par conséquent laissent ouvrir les joints : il est bon aussi de mettre des vis, ou à leur défaut des pointes, dans les joints d'onglet qui, comme ceux-ci, se trouvent trop petits pour qu'on puisse y faire des assemblages.

L'astragale *P*, se construit de la même maniere que la baguette & le filet *O*, dont je viens de parler ; il en est de même du premier membre *Q* de la base, *fig.* 7 ; c'est pourquoi je n'en parlerai pas davantage.

Le tors de la base est fait de remplissages qui viennent s'appuyer sur la plinthe *R*, *fig.* 10, qui n'est autre chose qu'une planche emboîtée à bois de fil, & dans laquelle sont assemblées, à rainures & languettes, les faces de cette même plinthe, qui, dans le cas d'un Ordre d'un petit diametre, sont pleines, ainsi que les faces du tailloir dont j'ai parlé ci-dessus.

Quand la plinthe de la base est d'une hauteur assez considérable pour être ornée de remplissages, comme aux figures 1 & 2, ou tout autres quelconques, on la fait à bâtis évidé, qu'on assemble toujours avec la planche de dessus qui en forme le champ supérieur ; & pour qu'elle tienne solidement avec cette derniere, il est bon d'y mettre derriere les montants des angles, des équerres de fer qui les lient avec la planche du dessus.

Que la face de la plinthe soit pleine ou évidée, il faut toujours qu'elle descende en contre-bas du dessus du socle d'un à deux pouces, pour qu'on puisse attacher ces derniers dessus, comme je l'ai dit plus haut *page* 1156.

Quand le diametre des Ordres est trop petit pour qu'on puisse évider aucun des membres, soit du chapiteau ou de la base, on les fait en plein bois comme à la figure 7, cote *S*, & celle 10 cote *T*, (qui représente la base *fig.* 7, cote *S*, vue en-dessus) ce qui ne change rien à la construction totale de l'ouvrage, comme on peut le voir dans ces figures & dans celles 4 & 8, qui représentent le pilastre vu de côté.

Les figures 5 & 9 représentent la coupe du pilastre prise dans le milieu d'une cannelure, ce que j'ai fait pour qu'on apperçoive mieux le détail de toutes les parties qui le composent, & sur-tout la forme intérieure du battant d'angle, dont la feuillure est terminée par le haut, *fig.* 5, au nud du ravàle-ment de la traverse, afin de conserver au battant toute sa force dans sa partie supérieure, dût-on être obligé d'y faire une rainure comme celle *d e*, pour recevoir les frisages qui remplissent la largeur du gorgerin, ce qui vaut mieux que de faire la feuillure dans toute la longueur du battant, comme à la figure 9, parce que, comme je viens de le dire, cela en diminue la force & fait un vuide dans la mortaise dans laquelle ce dernier entre tout en vie sur son épaisseur, n'y ayant d'épaulement que sur la largeur, comme on peut le voir dans cette figure, où on voit le bout du battant *U*, qui passe en-dessous de

la

la bafe & la mortaife de ce même battant, dans laquelle fe place la clef qui l'arrête avec la planche ou plateau qui forme le deffus de cette derniere, c'eft-à-
dire, de la plinthe.

J'ai dit plus haut *page* 1060, qu'il falloit qu'il y eût un vuide, c'eft-à-dire,
une cannelure au milieu de chaque colonne ou de chaque pilaftre, ainfi que
je l'ai obfervé à la partie fupérieure du pilaftre repréfenté, *fig.* 1, ce qui fait
fûrement beaucoup mieux que d'y mettre un montant, comme dans la partie
inférieure de ce même pilaftre, & ainfi que l'obfervent prefque tous les Treillageurs ; cependant il y a certains compartiments, comme ceux repréfentés
fig. 4, cote *H*, & *fig.* 5, cotes *I & L, Pl.* 347, où il n'eft guere poffible
de faire autrement, parce que fi on laiffoit un vuide au milieu, tous les joints
des rempliffages fe trouveroient à découvert, ce qui deviendroit peu folide &
peu aifé à exécuter, fur-tout dans les colonnes où les joints de pieces de rempliffage n'étant pas appuyés tendent à fe redreffer, ce qui fait un mauvais effet,
fans parler de la difficulté d'arrêter folidement les joints ainfi découverts, ce
qui n'eft cependant pas impoffible, comme je le dirai en fon lieu ; c'eft pourquoi avant de décider fi on mettra un montant ou une cannelure au milieu
d'un pilaftre ou d'une colonne, il faut fe rendre compte de l'efpece de compartiment dont ils feront ornés, afin de joindre enfemble la folidité avec la
régularité de la décoration.

Les colonnes, ou, pour mieux dire, les bâtis des colonnes de Treillage
fe conftruifent à-peu-près par les mêmes principes que les pilaftres dont je viens
de parler ; cependant leur forme circulaire exige beaucoup plus de foins
pour les conftruire avec folidité, comme on va le voir ci-après.

Les figures de cette Planche repréfentent les parties fupérieures & inférieures d'une colonne de Treillage, ou du moins fes bâtis.

Toutes les parties des colonnes de Treillage fe démontent & fe conftruifent
indépendamment les unes des autres. Le chapiteau *fig.* 2 & 6, eft compofé de
deux parties, *fig.* 3 & 4, dont une contient le tailloir & l'autre le gorgerin ; la
colonne fe divife en deux parties fur fa largeur, comme l'indiquent les lignes *a b* & *c d, fig.* 6 & 13, qui repréfentent le chapiteau vu en-deffous & la
bafe vue en-deffus. La bafe *fig.* 10 & *fig.* 8 & 11, fait une autre partie féparée qui
eft quelquefois divifée en deux ou trois parties felon la forme de fon profil.

Le deffus du tailloir, *fig.* 1 & 5, eft plein, c'eft-à-dire, compofé d'un bâtis
(qui porte la moulure de ce dernier) affemblé à bois de fil, & rempli par un
paneau qu'il eft bon de faire recouvrir deffus, comme je le dirai ci-après. Les
faces du larmier font affemblées dans ce bâtis à l'ordinaire, & font remplies en-
deffous par des gouffets *A, B, fig.* 5, foit pleins ou évidés, qui bouchent le vuide
que forme l'angle du tailloir, d'après le nud de l'ove ou échine, qui eft rempli
par des ornements de Treillages quelconques ; la baguette de deffous l'ove
forme un rond ou cercle féparé, qu'on joint avec le tailloir par le moyen de

Planche
360.

Planche
361.

huit petits montants C, C, C, *fig.* 5, qui y font affemblés à tenons & mortaifes, & difpofés vis-à-vis les huit principaux points du cercle, afin que les
ornements qu'on place à ces points puiffent cacher ces montants, du moins en
partie. Le filet de deffous la baguette & fon congé, forment un autre cercle
qui entre à feuillure dans le premier, & fert à terminer le haut du gorgerin,
dont la partie inférieure & l'aftragale forment le deffous, c'eft-à-dire, la partie inférieure: ces deux cercles font liés enfemble par huit montants correfpondants à ceux du tailloir, & qui affleurent en-devant le nud de l'ouvrage.
Ces montants doivent être peu épais, parce qu'il faut qu'ils affleurent aux
ravalements qu'on fait à l'intérieur des cercles pour y placer les ornements de
Treillages, à moins que ces derniers ne fe placent en parement de l'ouvrage,
comme il arrive quelquefois; alors on recule les montants de l'épaiffeur de
ces treillages.

Quand les compartiments ou autres ornements qu'on met fur des gorgerins
de l'efpece de celui *fig.* 2, font d'une nature à ne pouvoir pas cacher les montants qui fervent à lier enfemble les cercles du haut & du bas, il faut fupprimer les montants de bois, & mettre à leur place des montants de fer, afin
qu'étant plus minces ils faffent moins de maffe, & ne s'apperçoivent pas de loin.
On pourroit même courber ces montants de fer en dedans, pour qu'ils foient
moins apparents, ce qui, au refte, n'eft pas fort néceffaire, vu qu'on peut les
faire d'un très-petit diametre.

Le fût de la colonne *fig.* 1, 7, 8 & 9, fe divife en deux parties fur fa largeur, & chaque partie eft compofée de deux demi-cercles, de neuf montants,
& deux demi-montants qui y font affemblés, ainfi que dans les pilaftres
dont j'ai parlé ci-deffus. L'intérieur de chaque demi-cercle eft rempli par un
plateau qui y eft affemblé à rainure & languette & arrêté avec des vis, ne
pouvant pas y mettre de colle. Les plateaux, tant du haut que du bas, entrent
les uns dans les autres à rainures & languettes, du moins chaque demi-cercle l'un avec l'autre; & il faut avoir grand foin que leurs joints fe trouvent
précifément au milieu du joint des demi-montants, ou, pour mieux dire, au
nud de ces derniers, comme on peut le remarquer à la *fig.* 13.

Il eft bon de faire un ou deux trous dans chaque plateau, & de les creufer à
leur furface extérieure, afin que l'eau qui tombe deffus ne s'infinue pas dans
les joints, mais qu'elle fe précipite promptement au travers des trous.

Quand les colonnes font d'un grand diametre, on n'y met pas des plateaux
pleins comme ceux-ci, mais au contraire des bâtis d'affemblage évidés au
milieu, ce qui eft beaucoup plus folide, & en même-temps rend l'ouvrage
moins lourd. De quelque maniere que foient difpofés les plateaux, il faut
toujours qu'il fe trouve du bois plein au milieu pour y faire un trou ou ouverture quarrée, dans laquelle paffe l'arbre ou axe de la colonne, qu'il faut toujours faire en fer, parce que non-feulement ils font plus folides que ceux de

bois ; mais encore parce qu'étant moins gros, ils peuvent plutôt être cachés par les montants des colonnes & les compartiments dont elles sont ornées.

La courbe du haut du fût des colonnes (les deux étant comptées pour une seule) *fig.* 1 & 7, est ravalée à l'extérieur pour recevoir celle qui porte l'astragale, laquelle en emboîtant ce dernier, empêche l'écartement des joints , qui d'ailleurs sont retenus par des clefs placées dans les plateaux, & par des clavettes de fer qui passent au milieu de l'épaisseur des demi-montants, comme je l'expliquerai ci-après.

La courbe du bas , *fig.* 8 & 9 , porte l'adouci & le filet de la base, & elle est ravalée en-dessous pour entrer dans le cercle qui en forme la baguette. L'intérieur des deux courbes est également ravalé à l'épaisseur des montants , auxquels ces ravalements doivent affleurer intérieurement, ainsi qu'aux traverses des pilastres dont j'ai parlé ci-dessus , *page* 1157.

Le fût des colonnes de Treillage est divisé en deux parties sur son diametre , pour avoir la facilité de les garnir de Treillage en-dedans , & pour les imprimer, ce qu'on ne pourroit absolument pas faire , s'ils étoient d'une seule piece , vu leur grande longueur; de plus , étant ainsi divisées , elles sont plus aisées à manier & à revêtir , ce qui est encore un avantage.

La base , *fig.* 9 , 11 & 14, est composée d'un cercle formant la baguette , & d'un bâtis quarré qui forme le dessus de la plinthe. Ce bâtis , *fig.* 14 , coté *E* , est assemblé à bois de fil ; & dans son milieu, qui est vide , il y a une traverse ou entre-toise , ou, ce qui est mieux, une croix qui en entretient l'écart, & au centre de laquelle passe l'axe ou arbre de fer. Le cercle qui porte la baguette & le dessus de la plinthe sont joints ensemble par de petits montants disposés comme au chapiteau , ainsi qu'on peut le voir aux *fig.* 9 , 10, 11 & 14. Quant aux faces de la plinthe, c'est la même chose qu'à celles des pilastres dont j'ai parlé ci-dessus.

Soit que ces mêmes faces soient pleines ou qu'elles soient évidées , comme cela arrive quand les colonnes sont d'un gros diametre , les socles des colonnes, sont disposés de la même maniere que ceux des pilastres, tant à leur partie supérieure qu'à leur partie inférieure, qu'il faut toujours, autant qu'il est possible, faire porter sur des parpins de pierre , comme celui *F* , *fig.* 12 , & pour qu'ils y soient arrêtés d'une maniere solide, il est bon de faire à ces derniers une feuillure contre laquelle le bois du socle vienne s'appuyer. Pour que l'humidité n'attaque le bois que le moins qu'il est possible, il faut faire déverser le dessus du parpin tant à l'intérieur qu'à l'extérieur; & dans le cas d'une colonne comme à la figure 12, il faut creuser toute la surface du parpin, & y percer un égout sur une de ses faces par où l'eau puisse s'écouler , afin de ne point pourrir le bois ni rouiller l'arbre de fer qui est scélé au milieu, ce qui arriveroit si on ne prenoit pas cette précaution, qui est absolument nécessaire.

Tous les chapiteaux des colonnes Doriques n'ont pas le gorgerin auſſi haut que celui du chapiteau repréſenté *fig.* 2 , *Pl.* 361 ; c'eſt pourquoi quand le gorgerin eſt réduit à ſa hauteur ordinaire , on le joint avec le reſte du cha-piteau , & dans ce cas il emporte avec lui la baguette de l'aſtragale , comme on peut le voir dans la figure 1 , qui repréſente la coupe de la partie ſupé-rieure d'une colonne Dorique , plus grande du double que les détails re-préſentés dans la Planche précédente , afin qu'on puiſſe mieux juger de la forme des différentes parties qui compoſent cette colonne , dont la coupe de la partie inférieure eſt repréſentée *fig.* 14.

Cette derniere coupe differe de celle repréſentée *fig.* 9 , *Pl.* 361 , en ce que c'eſt la courbe qui porte le filet de la baſe qui entre à recouvrement ſur celle qui porte la baguette , ce qui exige moins d'épaiſſeur de bois à la premiere courbe , qu'on fait intérieurement affleurer avec la ſeconde , comme on peut le voir dans cette figure. Cette ſeconde maniere d'aſſembler le fût de la colonne avec ſa baſe , eſt moins ſolide que la premiere , parce que l'écart des deux parties du fût n'eſt plus retenu par le premier cercle de la baſe , comme dans cette derniere ; c'eſt pourquoi on fera très-bien de ſuivre toujours cette méthode , à moins que pour quelque raiſon on ne fût obligé de retirer le fût de la colonne ſans déranger la baſe ni le chapiteau : alors il faudroit néceſſai-rement faire uſage de la ſeconde repréſentée *fig.* 14 , & faire la même choſe à la partie ſupérieure du fût repréſentée *fig.* 1 , comme l'indique la ligne *a b* , & prendre des moyens ſûrs pour arrêter ſolidement les deux extrémités du fût de la colonne , afin d'en empêcher l'écart.

Les coupes *fig.* 1 & 14 , ſont priſes à l'endroit des montants qui ſuppor-tent tout l'enſemble du fût , & que j'ai ſuppoſées être verticalement ſur une même ligne , & cela afin qu'on puiſſe voir d'un ſeul coup d'œil la maniere dont ils ſont aſſemblés , & leur correſpondance à l'à-plomb les uns des autres ; ce qui eſt abſolument néceſſaire pour donner à l'ouvrage toute la ſolidité poſſi-ble , & empêcher qu'il ne déverſe ni ne s'affaiſſe en aucune maniere , ce qui arriveroit certainement ſi tous les montants n'étoient pas diſpoſés à l'à-plomb les uns des autres , pris ſur leur épaiſſeur , c'eſt-à-dire , en coupe , comme on peut le voir dans les figures 1 & 14 , qui ſont diſpoſées ſelon les principes que j'ai établis ci-devant , tant par rapport à la ſolidité de la conſtruction que par rapport aux ſoins qu'il eſt néceſſaire de prendre pour faciliter l'écoulement des eaux pluviales , tous les angles des coupes étant ouverts ou adoucis ſelon que cela a été poſſible , les ſurfaces horizontales inclinées , ſoit en-dedans ou en-dehors , & le deſſus du plateau , *fig.* 14 , creuſé à ſa ſurface , comme l'indique la ligne *c d e* , ainſi que je l'ai recommandé plus haut.

Il eſt bon d'obſerver que tous les aſſemblages ſupérieurs des montants ne doivent pas paſſer au travers des pieces , afin que l'eau ne s'y introduiſe pas , & qu'au contraire on peut faire percer les aſſemblages inférieurs quand les

pieces

pieces ne font pas d'une forte épaisseur, tant pour rendre l'ouvrage plus
folide que pour faciliter l'écoulement de l'eau qui pourroit s'introduire dans
ces mêmes assemblages, qui n'étant pas percés, la conferveroient; ce qui
occafionneroit la pourriture des tenons & même des pieces dans lefquelles
ils font assemblés.

J'ai aussi fait paroître dans cette coupe toutes les vis qui font néceffaires
pour arrêter folidement les joints, & la maniere d'arrêter les remplissages, foit
d'ornements ou de frifages fimples, fur la pratique defquels je ne m'étendrai
pas davantage pour le préfent, parce que je le ferai dans la fuite en traitant
des divers ornements de Treillages & de leurs conftructions.

La figure 6 repréfente le montant du gorgerin vu de face, & les figures
9 & 12, les deux extrémités d'un des montants du fût de la colonne, aussi
vu de face, avec leurs tenons ou queues difpofés pour entrer dans leurs entailles *f*, *g* & *h*, *fig.* 17, qui repréfentent une partie de traverfe de pilaftre vue
intérieurement, à laquelle l'intérieur des courbes ou cercles des colonnes
eft parfaitement femblable, au moins quant à la difpofition.

La figure 15 repréfente une partie de l'axe ou arbre de fer, qui paffe au
milieu des colonnes de Treillage, auquel eft réfervé une bafe ou *embafe* C,
(comme difent les Ouvriers) qui fert à fupporter la partie inférieure de la
bafe, au travers de laquelle l'arbre paffe; au-deffus de cette embafe, & précifément au-deffous du premier plateau de la colonne, eft percée une mortaife dans laquelle on fait paffer une clef de fer qui fert à foutenir ce dernier
& à contre-balancer autant qu'il eft poffible le poids du fût de la colonne,
pour empêcher qu'elle n'appuie trop fur fa bafe, & ne la faffe fléchir, ce
qui pourroit arriver à des colonnes d'un gros diametre. Il faut faire la même
chofe au-deffus du fût & du chapiteau, c'eft-à-dire, y mettre des clefs de fer
pour empêcher que ces derniers ne remontent & ne faffent aucune efpece
de mouvement. Autant qu'il eft poffible, on fait paffer l'arbre de fer au travers de l'entablement & de fon focle, & même des vafes qui couvrent ce
dernier (fuppofé qu'il y en ait) afin de lier enfemble toutes les parties de
l'ouvrage, & les dreffer autant bien qu'il eft poffible de le faire.

Toutes ces précautions deviennent coûteufes, à la vérité, & rendent l'exécution des ouvrages de Treillage très-compliquée, mais aussi en affurent-elles
la perfection & la durée; c'eft pourquoi on n'en doit négliger aucune, ainfi
que de celles dont je parlerai dans la fuite, l'expérience confirmant tous les
jours ce principe, que rien n'eft plus cher que l'ouvrage mal fait.

Tout ce que je viens de dire touchant les bâtis des colonnes de Treillage,
a plus de rapport à leurs formes qu'à la conftruction proprement dite de
ces mêmes parties, fur-tout par rapport aux courbes, dont la conftruction
demande beaucoup de foin pour les faire aussi folides qu'elles peuvent l'être. La
plupart des Treillageurs, ou, pour mieux dire, des Menuifiers qui conftruifent

ces courbes, fe contentent d'y faire des joints en flûtes, ou, en terme de Treillageurs, des *habillures*, qu'ils collent pour avoir la facilité de les travailler ; après quoi ils y lardent des pointes de différents fens pour retenir les joints, qui fe décolleroient bien promptement à l'humidité, ce qui ne peut jamais faire de l'ouvrage bien folide ; c'eft pourquoi il vaut mieux, autant que cela eft poffible, les joindre à traits de Jupiter, placés fur le plat, comme aux figures 2 & 3, ou fur le champ, comme à celles 10 & 11, felon la forme & la deftination de ces courbes. Par exemple, à la figure 2 & 4, qui eft une portion de celle *A*, *fig.* 1, j'ai difpofé le trait de Jupiter fur le plat, parce que c'eft la maniere la plus folide, & que le joint peut paffer dans une partie pleine & large de cette courbe, comme de *m* à *n*. A la figure 7 & 10, qui eft une portion de la courbe *B*, *fig.* 1, je n'ai pas pu faire autrement que de mettre le trait de Jupiter fur le champ, comme de *o* à *p*, *fig.* 1, parce que c'eft le fens le plus large de la courbe, laquelle eft beaucoup élégie en parement, ce qui m'a obligé de rapporter l'affemblage fur le derriere, afin qu'il refte de la joue d'après l'élégiffement.

Les autres courbes fe conftruifent de la même maniere, c'eft-à-dire, qu'on y place l'affemblage ou trait de Jupiter de l'un ou de l'autre fens, felon que cela eft plus convenable ; cependant autant que cela fe pourra, on fera très-bien de les placer fur le plat, comme aux figures 2 & 4, ce qui eft la maniere la plus folide, vu qu'il ne s'y trouve jamais de bois tranché, ce qui eft inévitable de l'autre maniere, dont on eft cependant obligé de fe fervir quelquefois, ainfi que je l'ai dit plus haut.

Les courbes des colonnes font compofées d'un plus ou moins grand nombre de pieces, felon que l'exige le plus ou moins grand diametre de ces colonnes ; & il faut, autant qu'il eft poffible, éviter qu'il y ait trop de bois tranché, fur-tout à celles dont les joints font faits fur le champ, & qu'en général ces joints ne fe rencontrent pas à l'endroit des affemblages quelconques, ce qu'il faut abfolument éviter.

Les Menuifiers finiffent eux-mêmes toutes les cerces ou courbes des colonnes qui forment les divers membres, foit des bafes ou des chapiteaux, ou même des extrémités du fût de ces dernieres ; cependant je crois que pour donner plus de perfection à l'ouvrage, ils feroient très-bien de les ébaucher feulement, puis de les faire finir par les Tourneurs, ou de les tourner eux-mêmes (ce qui feroit égal, pourvu que l'ouvrage fût bien fait), cela accéléreroit la façon de l'ouvrage & le rendroit plus parfaitement rond, ce qui feroit très-effentiel, fur-tout pour les parties qui s'emboîtent les unes dans les autres : en fe fervant ainfi du Tour, on feroit les courbes qui terminent le fût de la colonne d'une feule piece, c'eft-à-dire, un cercle parfait ; & quand elles feroient terminées, on les diviferoit en deux parties égales par un trait de fcie fine, qui y feroit un joint net & égal, ce qui vaudroit beaucoup mieux que de les faire de deux pieces , qui se raccordent rarement bien. En disposant ainsi les cercles des extrémités du fût , on pourroit , avant de les tourner , & même d'arrêter & de coller les traits de Jupiter , y placer les fonds ou plateaux , qui entretiendroient ces courbes & serviroient à les centrer & à les placer sur le Tour ; & quand les pieces seroient tournées , on les traceroit pour y faire les assemblages nécessaires , ce qu'on ne pourroit faire auparavant , de crainte qu'en les tournant elles ne se décentrassent , ce qu'il est assez difficile d'éviter , sans cependant être absolument impossible.

Quant à la construction pratique de ces joints ou assemblages à traits de Jupiter , je n'en parlerai pas ici , parce que j'en ai déja traité dans la premiere Partie de mon Ouvrage , *page* 47 , & que l'inspection des figures 2 , 3 , 4 , 5 , 7 , 8 , 10 & 11 , doit suffire pour en donner une idée , au moins théorique , à ceux qui n'ont pas une grande connoissance de la Menuiserie.

PLANCHE 362.

La construction des montants des colonnes demande aussi quelques soins , quand on veut les faire diminuer de grosseur proportionnellement à la diminution de la colonne & à la courbure de cette même colonne , ce qui se fait de la maniere suivante.

PLANCHE 363.

Le plan & l'élévation de la colonne étant tracés , comme les figures 1 & 6 , (qu'on doit supposer faites sur une même échelle) , & les divisions de diminutions tracées sur l'élévation , *fig.* 1 , on prend sur la courbure de la colonne toutes les distances de ces divisions , qu'on ajoute les unes aux autres pour avoir la véritable longueur du montant ; c'est-à-dire , qu'on fait la distance $a\,b$, égale à celle $a\,1$; celle $b\,2$, égale à celle $i\,c$; celle $2\,d$, égale à celle $c\,3$; celle $d\,4$, égale à celle $3\,e$; celle $4\,f$, égale à celle $e\,5$; celle $f\,6$, égale à celle $5\,g$; celle $6\,h$, égale à celle $g\,7$; celle $h\,8$, égale à celle $7\,i$; & celle $8\,l$, égale à celle $i\,9$; de sorte que la distance $m\,a$, plus celle $a\,l$, devient celle du montant prise du fond des cannelures , moins ce qu'il faut pour que chaque distance étant prise sur la partie courbe de la colonne , elles égalent toutes ensemble la longueur de cette même courbe , ce qui se réduit à très-peu de chose , quoique cette différence soit vraiment existante , la corde d'un arc étant toujours plus courte que ce même arc , ce qui est une vérité incontestable.

Il y a une maniere pratique d'avoir au juste la longueur des montants des colonnes , qui est beaucoup plus prompte que cette derniere : il ne s'agit que de planter des pointes de distance en distance le long de la courbure de la colonne , & de prendre une regle droite & d'égale épaisseur , qu'on fait ployer contre ces dernieres , & sur laquelle on trace les arrasements des montants , qu'on a soin de marquer auparavant sur l'élévation de la colonne. Cette maniere , toute pratique , d'avoir la longueur des montants est aisée , & en même-temps très-juste , parce que la regle en ployant le long des pointes , & par conséquent de la courbure de la colonne , acquiert toute la longueur néceſſaire ſans être obligé de rien augmenter , comme de la premiere maniere, dont je n'ai parlé que pour joindre la théorie à la pratique , ainſi que je l'ai obſervé dans toutes les différentes Parties de mon Ouvrage.

Quand la longueur des montants eſt fixée , reſte à déterminer leur largeur, ce qui ſe fait de la maniere ſuivante. Le plan de la partie inférieure de la colonne étant tracé , comme à la figure 6 , cote *A B C*, on y marque toutes les diviſions des cannelures, & la largeur des montants, qu'on mene au centre du plan , ſur lequel on trace la partie ſupérieure du fût de la colonne *D E F*, qui , par ce moyen, ſe trouve diviſée , comme le plan inférieur *A B C*, ce qui donne ſur le premier la largeur des cannelures, & celle des montants à leur extrémité ſupérieure ; ce qui étant fait , on a la largeur intermédiaire par la même méthode, c'eſt-à-dire, qu'on prend un diametre de la colonne , comme, par exemple, celui *n g*, ſur la ligne *n o*, *fig.* 1 , & on le reporte ſur le plan , *fig.* 6 , où on a un troiſieme plan *G H I*, diviſé comme le ſecond *D E F*, ce qui donne des largeurs de cannelures, & par conſéquent de montants, correſpondantes à la hauteur de la ligne *n o*, *fig.* 1 , c'eſt-à-dire, au point 6 du montant repréſenté par la ligne *l m*, *fig.* 1. Ce qu'on fait pour un plan intermédiaire, on le fait pour tous les autres, pris aux différentes hauteurs de la colonne , ce qui , je crois, n'a pas beſoin d'une plus grande explication.

Quand il y a des moulures ſur les arêtes des montants , comme cela arrive toujours , on les trace ſur le plan inférieur, & on les fait tendre au centre du plan , ce qui en détermine la largeur dans toute la longueur du montant, dont les côtés ne ſont pas droits d'un bout à l'autre, mais un peu bombés , à-peu-près comme des douves de tonneaux. Quant à l'épaiſſeur des montants, on la détermine au juſte en faiſant pour l'intérieur de la colonne la même opération que pour l'extérieur, c'eſt-à-dire, qu'après avoir tracé ſur le plan inférieur l'épaiſſeur des montants, on diminue ce diametre intérieur d'un ſixieme, ce qui donne le diametre intérieur du fût ſupérieur de la colonne , & le reſte à l'ordinaire, comme je l'ai expliqué en parlant de la maniere de tracer la diminution des colonnes , *page* 1045.

L'opération que je viens de décrire pour tracer la largeur & l'épaiſſeur des montants d'une colonne , eſt un peu compliquée ; cependant on ne peut gueres faire autrement ſi on veut leur donner une forme gracieuſe & relative au fût de la colonne : de plus, un de ces montants étant ainſi diſpoſé , ou ſimplement une regle ou calibre de bois mince , on trace tous les autres deſſus, ce qui ne devient pas plus long que ſi on les corroyoit au hazard , comme font preſque tous les Treillageurs, qui ſe contentent de les faire diminuer d'un bout ſans les faire bombés par les côtés, ou s'ils le font, c'eſt ſans aucune regle, &, comme ils diſent, *à vue de ne₹* ; d'où il arrive qu'il eſt très-rare qu'ils le ſoient en proportion & tous également. D'un autre côté , quand , par habitude , ils

parviendroient

parviendroient à les bien faire, ils feroient plus long-temps que s'ils fe fervoient d'un calibre pour les tracer comme je le propofe ici, qui, une fois fait, leur épargneroit beaucoup de foin & de temps, vu le grand nombre de montants femblables qu'ils ont ordinairement à faire, étant très-rare qu'ils faffent pour une ou deux colonnes à la fois; & quand cela feroit, ils y gagneroient encore & du côté du temps & du côté de la perfection.

Ces montants doivent être hors d'équerre en tendant au centre de la colonne; & comme la différence de l'angle qu'ils forment dans leurs différentes hauteurs, n'eft prefque pas fenfible, il fuffit de fe borner à une feule équerre prife au milieu de leur hauteur.

Quand toutes les pieces qui compofent le fût des colonnes font préparées comme je viens de le dire ci-deffus, on les affemble pour les garnir de Treillages, ce qu'on fait après avoir déterminé la forme & l'efpece de compartiment qu'on veut y employer, ce qui demande beaucoup d'intelligence & de foins, non pas pour les attacher, mais pour les difpofer dans l'intérieur du fût des colonnes, comme on le verra ci-après.

Avant de fe déterminer pour une efpece de compartiment, & borner les dimenfions de ces derniers, il faut d'abord fe rendre compte s'il y aura feulement des colonnes employées dans une décoration, ou feulement des pilaftres, ou enfin des uns & des autres; dans ce dernier cas, il faut faire enforte que les compartiments des colonnes & des pilaftres s'accordent les uns avec les autres, ce qui peut fe faire de plufieurs manieres différentes, comme je l'ai exprimé dans les figures 2, 3, 4 & 5 de cette Planche, où j'ai fait ufage du même compartiment qu'aux pilaftres du portique repréfenté dans la Planche 357.

Il eft démontré que le périmetre au pourtour d'un pilaftre, *fig.* 10, fuppofé quarré par fon plan, eft à la circonférence d'une colonne, *fig.* 7, de même diametre, comme 14 eft à 11, ou du moins à peu de chofe près; de maniere que la face d'un pilaftre eft plus large que le quart de la circonférence d'une colonne, d'environ trois onziemes de ce même quart de circonférence, ou, ce qui eft la même chofe, ce dernier n'a de largeur que les 11 quatorziemes du pilaftre, ce qui fait environ un cinquieme de différence de largeur: d'où il réfulte que les compartiments qui deviennent d'une forme quarrée fur les pilaftres, comme à celui repréfenté *fig.* 2, deviennent oblongs fur le quart de la circonférence de la colonne; ou que s'ils font quarrés fur ce dernier, ils deviennent néceffairement barlongs fur le pilaftre. La différence du périmetre du pilaftre à la circonférence de la colonne développée, eft même plus confidérable que je ne viens de le dire, parce que le développement de la colonne repréfenté, *fig.* 3 & 4, eft pris intérieurement, c'eft-à-dire, en-dedans des montants, ce qui en diminue le diametre, & par conféquent la circonférence développée, fans cependant augmenter la différence des compartiments, parce que celui des pilaftres n'eft pris qu'entre les battants des angles, ce qui

Treillageur.   T 13

revient à peu près à la même chofe que fi la circonférence de la colonne étoit prife extérieurement , comme on peut le voir aux *fig.* 4 *&* 5 ; mais il étoit néceffaire de faire cette obfervation pour qu'on prenne garde , en faifant le développement de la colonne , de prendre ce développement intérieurement, comme je l'ai obfervé aux figures 3 & 4 , qui repréfentent celui du plan , *fig.* 7.

Quand les compartiments dont on orne les pilaftres de Treillages , font difpofés de maniere qu'ils occupent toute la largeur de ces derniers , comme aux figures 2 & 5 , & qu'on veut que ces mêmes compartiments regnent aux colonnes fur les quatre faces , il faut néceffairement augmenter le nombre des compartiments du pilaftre , c'eft-à-dire , qu'au lieu de fept quarrés que préfente celui du pilaftre , *fig.* 2 , il faut en mettre huit , comme à la figure 5 , lefquels deviennent un peu barlongs , à la vérité ; mais en même-temps ils donnent fur la colonne des quarrés , ou , pour mieux dire , des lozanges d'une forme très-agréable , & dont la largeur eft à-peu-près moyenne proportionnelle entre leur hauteur & la largeur de ceux des pilaftres.

Si au contraire on vouloit faire régner le compartiment de la figure 2 , il faudroit de deux chofes l'une , ou que les lozanges de la colonne devinffent très-allongées , ce qui feroit mal , ou qu'on ne fît que trois lozanges fur la furface développée de la colonne , ainfi qu'à la figure 3 , (la moitié devant être prife pour le tout) , ce qui ne feroit pas un fort bon effet , fur-tout fi cette derniere étoit un peu ifolée ; de plus , en ne mettant ainfi que trois rangs de lozanges fur le pourtour de la colonne , il faut néceffairement que le nombre des montants foit divifible par trois , comme 15 , 18 , 21 ou 24 ; car fi on n'en met que 16 ou 20 , comme dans la figure 3 , il arrive que l'extrêmité du compartiment du milieu de la colonne ne peut pas rencontrer le milieu d'un montant ou d'une cannelure , ou fi on le fait venir comme à la figure 3 , il faut que le lozange du milieu foit plus large que les autres , comme je l'ai obfervé dans cette figure , pour faire mieux fentir la difficulté qui fe rencontre lorf-qu'on veut difpofer les compartiments des colonnes de cette derniere maniere , laquelle eft abfolument vicieufe , & que je ne propofe ici que comme un exemple à éviter.

Aux figures 3 & 4 , qui repréfentent le développement de la furface inté-rieure de la colonne , *fig.* 7 , je n'ai tracé les compartiments que jufqu'à la ligne *L M* qui eft le commencement de fa diminution , parce que paffé cette ligne , cette furface ne peut plus être cenfée pleine ; c'eft pourquoi je me fuis contenté d'y indiquer les milieux & les extrémités de chaque compartiment , afin d'a-voir fur chaque montant des points par où doivent paffer les pieces de rem-pliffages.

Ce que je viens de dire par rapport aux compartiments des figures 2 , 3 , 4 & 5 , doit s'appliquer à toutes fortes de compartiments de quelque forme

qu'ils puissent être, qu'on ne doit jamais exécuter sans auparavant avoir fait
attention s'ils feront également bien sur les pilastres & sur les colonnes, afin
d'y faire les augmentations ou les changements qui y seront nécessaires pour
donner à l'ouvrage toute la perfection possible.

Planche
363.

Quand les compartiments, quels qu'ils soient, sont tracés sur l'intérieur des
montants des colonnes (ce qu'on doit faire avant même que de les arrêter tout-à-
fait avec leurs courbes), on travaille à les remplir, ce qui se fait de la maniere
suivante.

On commence, avant toute chose, par faire des moules ou entailles
D, *E*, *fig.* 13 & 16, lesquels sont des planches d'environ deux pouces d'é-
paisseur, sur une longueur & largeur suffisantes, c'est-à-dire, relative au demi-
diametre de la colonne : ces moules sont creusés en demi-cercle d'un diametre égal au diametre intérieur de la colonne, plus deux à trois lignes, ce
qui est nécessaire pour faire désaffleurer les montants, comme je l'expliquerai
ci-après, & qu'on peut le voir dans la figure 16.

Planche
362.

Avant de cintrer ce moule, on y trace bien exactement le diametre extérieur de la colonne, & la place que chaque montant doit occuper, après quoi
on l'évide, ainsi que les entailles dans lesquelles ces derniers doivent être
placés, en observant que le dehors, ou, pour mieux dire, le côté de chaque
entaille qui regarde les extrémités du moule soient coupés perpendiculairement à la base de ce dernier, & même un peu évasés en-dehors, pour faciliter la sortie de la colonne lorsqu'elle est toute garnie de Treillage.

Il faut plusieurs moules, comme celui *fig.* 16, pour monter une colonne ;
savoir, au moins un placé à l'endroit où commence la diminution de la colonne, & au moins deux autres dans le reste de la longueur, qu'il faut faire de
différent diametre, selon les places qu'ils doivent occuper. Quand la colonne est d'une longueur un peu considérable, il faut mettre un second moule entre le tiers & la base de la colonne, & un ou deux de plus dans le reste de la
hauteur, en observant que tous ces moules soient faits le plus exactement possible, que leurs demi-cercles soient bien perpendiculaires à leur base *s t*, &
que quels que soient leurs différents diametres, ils ayent tous la même hauteur
prise du dessus de la ligne qui passe par leur centre, comme celle *q r*, *fig.* 16,
jusqu'à leur base *s t*.

Quand tous les moules sont ainsi disposés, on les place sur un établi ou toute
autre chose dont la surface est bien droite & dégauchie, & tous à la place qui leur
convient, c'est-à-dire, aux différentes hauteurs de la colonne, auxquels leurs
diametres sont correspondants ; après quoi on y place la demi-colonne, dont
on attache les montants avec les moules par le moyen des liens de fils de
fer qui passent dans des trous qu'on fait aux moules à l'endroit de chaque entaille, comme on peut le voir aux figures 13 & 16. Ce qui étant fait, on regarde si les deux arêtes de la demi-colonne se dégauchissent bien, & si elles sont

parfaitement droites fur le plat ; on vérifie auffi fi elles font d'un jufte écart, & fi leur courbure eft réguliere, ce qu'on peut voir en plaçant deffus un calibre cintré, comme doit l'être la furface de la colonne prife fur fa perpendiculaire : il feroit même bon que ce calibre fût un chaffis de bois mince d'une grandeur & d'une forme femblables à celle de la coupe de la colonne, pour qu'en le préfentant fur la demi-colonne, on pût être plus fûr de fa perfection. Toutes ces précautions étant prifes, on garnit la colonne de ces frifages felon que l'exige la forme des compartiments dont on a fait choix, après quoi on la retire de dedans les moules pour en faire autant à l'autre moitié, & ainfi des autres.

Les pilaftres fe garniffent de la même maniere que les colonnes, à l'exception qu'un feul ou deux moules comme celui *fig.* 18, font fuffifants, & qu'il n'eft pas néceffaire d'attacher les montants comme à ces dernieres ; & pour que les pilaftres fortent plus aifément de dedans les entailles de ces moules, il faut les faire un peu évafés de l'entrée, & juftes du fond, en obfervant toujours que le deffus du bois qui refte entre les entailles foit un peu plus bas que l'épaiffeur des montants, ainfi qu'à la figure 16, afin qu'il ne nuife pas en attachant les frifages, & que ces derniers portent bien fur les montants où on les attache.

J'ai dit plus haut *page* 1162, que les montants qui terminoient les demi-colonnes, n'avoient de largeur que la moitié des autres montants, & cela pour avoir la facilité de féparer les colonnes en deux parties, comme cela eft néceffaire. Quand les colonnes font pofées, ces deux montants ne font, ou du moins ne femblent plus faire qu'un, & on retient l'écart de leur joint, qui ordinairement eft à plat, (comme celui du montant coté N, *fig.* 9), avec des coutures ou liens de fil de fer, placés de diftance en diftance fur la longueur des montants, ce qui eft peu folide, & fait un affez mauvais effet, vu que ces liens paroiffent toujours, fur-tout à l'endroit des moulures ; c'eft pourquoi je crois que quand la groffeur des demi-montants pourra le permettre, on fera très-bien de les joindre à rainures & languettes, comme ceux cotés P, *fig.* 9, & d'en retenir l'écart avec des boulons de fer p, q, *fig.* 9, cote O, qui paffent au travers des deux montants, & les tiennent liés enfemble par le moyen d'une broche ou goupille de fer qui paffe au travers de la queue du boulon tout à fon extrémité, comme on peut le voir dans cette figure & dans la figure 8. Pour que ces boulons foient moins apparents, on entaille leur tête dans un des montants, & on ne leur donne de longueur que ce qui eft néceffaire pour qu'ils affleurent l'autre montant, du moins à peu de chofe près, la goupille qui les retient entrant dans une rainure pratiquée dans le côté du montant, laquelle n'a de hauteur que ce qu'il faut pour contenir la goupille, & la refuite néceffaire pour la faire fortir lorfqu'on le juge à propos, comme on peut le voir à la figure 8.

Cette

Cette maniere d'arrêter & de joindre ensemble les deux parties des colonnes, est propre & très-solide ; c'est pourquoi on doit la préférer à celle dont on fait ordinairement usage, encore qu'elle soit plus coûteuse.

Les extrémités des colonnes n'ont pas grand besoin d'être arrêtées par aucune espece de ferrures, quand elles entrent dans la base & dans le chapiteau qui en retiennent suffisamment l'écart, comme aux figures 1, 9, 4, 7, 8 & 11, *Pl.* 361 ; mais quand au contraire c'est la base & le chapiteau qui entrent dans le fût de la colonne, comme aux figures 1 & 14, *Pl.* 362, il faut nécessairement arrêter les extrémités du fût, ce qu'on peut faire de différentes manieres, soit en y mettant des crochets entaillés dans l'épaisseur du bois, ou, ce qui est encore mieux, en y rapportant des tenons de fer comme celui *A , fig.* 1, dont un des bouts est arrêté à demeure dans l'une des deux courbes, & dont l'autre est percé pour recevoir une broche ou goupille de fer par le moyen de laquelle on arrête les deux courbes ensemble, & qu'on retire pour les séparer quand on le juge à propos, ce qui oblige à y faire une petite tête saillante qu'on puisse saisir soit avec des tenailles ou autre instrument.

Quand la forme ou la grosseur des courbes ne permettra pas de mettre les tenons de fer sur le plat, comme à la figure 1, on les mettra sur le champ, ce qui est égal ; & même quand des courbes seront trop minces pour y assembler solidement les tenons, on attachera ces derniers dessus intérieurement ; dans ce cas on pourroit les construire comme des loqueteaux à ressort, qu'on ouvriroit en dehors par le moyen d'un bouton placé à l'extérieur du Treillage.

J'ai dit plus haut que quand les colonnes étoient garnies de Treillages intérieurement, ces derniers entretenoient l'écart des montants, & conservoient la forme du fût de la colonne, ce qui n'est exactement vrai que quand les compartiments sont d'une nature à pouvoir embrasser tous les montants à la fois, comme ceux représentés *fig.* 3 & 4, de la Planche 363, ou autres de cette espece ; mais quand les compartiments n'embrassent qu'un ou deux montants, ou que les lattes qui forment ces compartiments, sont coupées à la rencontre de chacun des montants, il n'est guere possible d'empêcher qu'ils ne varient, & sur-tout qu'ils ne se redressent lorsqu'on a détaché ces colonnes de dedans les moules ; c'est pourquoi il est bon d'assujétir les montants sur des plateaux placés de distance en distance, dans l'intérieur de la colonne, qui, en les retenant dans un juste écart, conservent à cette derniere la forme qu'elle doit avoir.

Ces plateaux peuvent être faits de différentes manieres, selon la nature des compartiments de la colonne.

Quand, par exemple, ces compartiments présentent des parties horizontales, on peut faire les plateaux composés d'un cercle d'environ deux pouces de largeur, dont l'intérieur soit rempli par une croix pour leur donner plus de

PLANCHE
363.

PLANCHE
364.

solidité, & en même-temps pour recevoir l'axe ou arbre de fer qui paſſe au milieu de la colonne. Si au contraire les compartiments ne préſentent pas des parties horizontales (comme il arrive preſque toujours) il faut alors que les plateaux ſoient diſpoſés de maniere qu'ils ne préſentent aucun plein dans les eſpaces des montants, ainſi que celui repréſenté *fig.* 2, lequel eſt évidé dans toute ſa ſurface, & ne préſente que des rayons qui viennent butter contre chacun des montants avec leſquels on les attache par le moyen d'une pointe, comme on peut le voir à la figure 6.

Pour qu'un plateau de cette eſpece ſoit bon, il faut le faire d'aſſemblage, c'eſt-à-dire, compoſé de pluſieurs pieces, afin que les rayons ſe trouvent à bois de fil, du moins autant qu'il eſt poſſible. Celui qui eſt repréſenté *fig.* 2, eſt compoſé de ſix morceaux, dont quatre, comme celui *fig.* 4, portent chacun trois rayons, & deux, comme celui *fig.* 5, qui n'en ont que deux de chaque bout. Ces deux derniers, cotés *a b* & *c d*, *fig.* 2, ſont aſſemblés en entaille au milieu de leur épaiſſeur, & on y réſerve au milieu une largeur de bois ſuffiſante pour former un rond ſur lequel ceux *fig.* 4, cote *e f g h*, *fig.* 2, ſont attachés & ſont diſpoſés de maniere qu'ils recouvrent tout-à-fait le premier rond, en ſe joignant les uns aux autres à angles droits, comme on peut le voir dans cette figure; & pour que ces dernieres pieces ne ſailliſſent pas trop ſur les premieres, & qu'elles ne puiſſent pas reculer ni avancer, on les ravale à la moitié de leur épaiſſeur à la naiſſance des rayons, comme on peut le voir à la figure 4, & à la figure 3, qui en repréſentent la coupe priſe ſur la ligne *i l*, *fig.* 4.

Ce plateau ainſi diſpoſé, eſt très-ſolide, & n'a d'autre défaut qu'en ce que la plûpart de ſes rayons ſont tranchés, ce qui ne peut pas être autrement, à moins qu'on ne rapporte tous ces rayons au pourtour d'un premier plateau, comme celui que forme le cercle intérieur de celui-ci, ce qui alors leveroit toute eſpece de difficulté, & abrégeroit même beaucoup d'ouvrage; mais auſſi cela feroit-il moins ſolide que de la premiere maniere, qui, je crois, doit être préférée, en obſervant cependant que quand un plateau n'eſt compoſé que d'un cercle avec une croix au milieu, ou qu'il eſt à rayons rapportés, on peut aiſément le ſéparer en deux parties, qu'on arrête chacune ſéparément dans les demi-colonnes, ce qui eſt plus commode que s'il étoit d'une ſeule piece, parce qu'alors on ne peut arrêter les montants de la ſeconde demi-colonne que quand elle eſt poſée en place, ce qui alors empêche de la retirer quand on le juge à propos, à moins qu'on ne l'enleve par en-deſſus de l'axe, comme on l'a fait entrer toute bâtie, ce qui vaut mieux & eſt plus facile à faire que de la bâtir, c'eſt-à-dire, l'arrêter avec un des côtés des plateaux lorſqu'elle eſt en place.

On pourroit cependant ſéparer en deux parties le plateau *fig.* 2, en en refendant la piece *fig.* 5, ſur ſa longueur au milieu de deux rayons, comme

l'indique la ligne *m n*, & en coupant l'autre piece semblable à celle *fig.* 5,
au milieu de sa longueur, suivant la ligne *o p*, qui est la même que
celle *m n*, en supposant la seconde piece perpendiculaire à la premiere, comme cela doit être : en coupant ainsi les deux premieres pieces du plateau,
fig. 5, cela ne changeroit rien à la forme de celles *fig.* 4, excepté qu'il
faudroit changer la coupe de leur joint, soit en-dedans, soit en-dehors, pour
les faire correspondre à celui de la séparation du plateau, comme l'indiquent
les lignes *q l* & *r l*, *fig.* 4, laquelle est représentée en points sur la figure
5, pour mieux faire sentir la disposition & les coupes des différentes pieces
du plateau.

De quelque forme & construction que soient les plateaux, il faut, lorsqu'on les sépare en deux parties, que leurs joints soient entretenus par des
languettes, ou, ce qui est encore mieux, par des clefs, & que l'entaille qui est
faite au milieu de chaque partie pour former le passage de l'arbre, soit un peu
évasée d'un côté, pour en faciliter l'entrée. Cet évasement est nécessaire quand
c'est une cannelure qui se trouve au milieu de la colonne, parce qu'alors le
joint se trouve de biais, comme celui *m n*, *fig.* 5, & qu'il faut que l'arbre
se revêtisse perpendiculairement à ce joint, ce qui ne pourroit être si le côté
de l'entaille n'étoit pas évasé, à moins que l'arbre ne fût lui-même planté
selon l'inclinaison du joint de la colonne, ce qui pourroit encore être.

§. II. Des assemblages des Bâtis de Treillage, & la maniere de les disposer
pour recevoir les différentes sortes de garniture.

Les assemblages des bâtis de Treillages sont de deux especes ; savoir,
ceux qui servent à rallonger les bois, & ceux qui servent à en lier les différentes parties. Les premiers ne peuvent être autre chose que des traits de Jupiter,
comme les figures 7, 8, 9 & 10, auxquels, pour leur donner plus de force, on
fait le joint de biais sur l'épaisseur, comme de *s* à *t*, *fig.* 7, ce qui est tout
naturel, puisqu'en les disposant de cette maniere, on augmente la force du
bois dans le fond de l'entaille, & qu'au contraire on diminue son extrémité
pour qu'elle tende moins à faire renverser la partie qui lui est opposée.

Ces joints ne doivent pas être collés ; du moins la colle n'y serviroit pas à
grand chose ; c'est pourquoi il est bon de faire leurs coupes en angles rentrants du côté du plein bois, c'est-à-dire, du côté qui porte la rainure, afin
que si par hazard la clef venoit à se rétrecir, le joint ne puisse pas se déranger
sur le champ, ce qui pourroit arriver si on faisoit ces joints quarrés à l'ordinaire.

Il est bon aussi de faire les rainures peu profondes, afin de procurer à leurs
joues plus de résistance ; de plus, le bois de bout ne se retirant pas, ou du moins
très-peu, il suffit que les languettes soient faites bien justes, sans être longues,

une longueur égale à leur épaisseur étant plus que suffisante.

Les autres assemblages sont les tenons, les mortaises & les entailles, qui, dans bien des cas, sont préférables aux premiers, c'est-à-dire, aux tenons & mortaises, parce qu'ils affoiblissent moins les bois, & donnent moins d'entrée à l'humidité; les entailles sont sur-tout préférables dans le cas où deux pieces se croisent, comme aux figures 11 & 16, parce qu'au lieu de couper une des deux pieces, comme cela seroit nécessaire si on les assembloit à tenon & mortaise, les deux pieces restent toutes entieres par le moyen des entailles qu'on y fait à moitié de leur épaisseur. Ces entailles se clouent ordinairement, ou du moins les pieces entaillées, mais cela est peu solide; c'est pourquoi quand les pieces sont un peu fortes, on fait très-bien d'y mettre un boulon qui passe au travers de leur épaisseur, & qu'on arrête par-derriere avec des écrous.

Dans le cas où une piece recevroit dans sa longueur le bout d'une autre piece, comme aux figures 12 & 17, on pourroit l'assembler en entaille à queue, ce qui deviendroit très-solide, en observant toujours d'arrêter les deux pieces ensemble par le moyen d'un boulon, comme on peut le voir à la figure 13.

Pour faire un assemblage ainsi à queue, il faut avoir l'aisance de retirer de côté la piece qui porte la queue; si cela n'étoit pas possible, on feroit l'entaille à l'ordinaire, c'est-à-dire, dans toute la largeur de la piece; & pour empêcher que la piece dont le bout est assemblé en entaille, ne puisse se retirer, on peut y réserver un talon *u, fig.* 14 *&* 18, qui entre dans une seconde entaille *x*, faite à la piece montante, *fig.* 15; au moyen de cette double entaille & du boulon, il est impossible que l'assemblage fasse aucun mouvement; mais ce ne peut être que dans des pieces d'une certaine force, où on puisse faire usage de cet assemblage, parce qu'il affoiblit un peu les pieces montantes.

On fait aussi des entailles aux extrémités des pieces, c'est-à-dire, aux angles des bâtis; cependant je crois que ce ne doit être que quand les pieces ne sont pas assez fortes pour y faire des tenons & des mortaises d'une force suffisante, dont on craindroit que les joues & les épaulements ne se pourrissent trop vîte: car quand les pieces ont une force suffisante, comme deux pouces au moins d'épaisseur, sur quatre à cinq pouces de largeur, on ne risque rien de les assembler à tenon & mortaise aux angles seulement, & y faire des entailles dans tout le reste de leur longueur, comme je l'ai dit plus haut. Quant aux pieces qui seront moins fortes, il faut les assembler en entailles partout, & arrêter ces dernieres avec des vis, au lieu d'y mettre des pointes ou des clous, ce qui ne vaut absolument rien, parce que cela est mal-propre, & que pour qu'ils ne se retirent pas, il faut les river par-derriere l'ouvrage, ce qu'il n'est pas toujours possible de faire.

Quand on arrête les entailles avec des boulons, il faut que la tête de ces

derniers

derniers foit quarrée & platte, pour qu'elle affleure avec l'ouvrage dans lequel on l'entaille comme on peut le voir aux figures 13 & 17.

On met ordinairement des écrous à queue à ces fortes de boulons, comme à celui *fig.* 13 ; mais il vaut mieux, pour la folidité de l'ouvrage, y mettre des écrous quarrés à l'ordinaire, qu'on ferre par le moyen d'une clef, parce que ces fortes d'écrous fe ferrent plus fortement que les autres, & qu'ils ne peuvent pas être defferrés par le premier venu, à moins qu'il n'ait une clef. Quand les bâtis deviennent abfolument trop petits, leurs affemblages, quels qu'ils foient, ne peuvent pas être folides ; alors au lieu de les faire en bois, il faut les conftruire en fer, ce qui revient aux bâtis des Treillages fimples dont j'ai traité ci-deffus, *page* 1141 ; c'eft pourquoi je n'en parlerai pas davantage.

Quant à la forme des bâtis des Treillages, c'eft, comme je l'ai déja dit, la forme totale & la décoration de l'ouvrage qui la détermine, en faifant toutefois attention à l'efpece de Treillage dont ces bâtis doivent être remplis.

Ces rempliffages font, comme je l'ai déja dit, de deux fortes ; favoir, ceux qui font faits avec des échalas, comme à la figure 19, & ceux qui font faits avec des lattes de frifages, comme aux figures 20, 21 & 22.

Dans le premier cas, ces rempliffages entrent à feuillures par-derriere les bâtis, fur lefquels on les attache avec des pointes ; & il faut que les feuillures des traverfes, tant du haut que du bas, foient plus profondes fur l'épaiffeur que celles des battants, de l'épaiffeur des échalas, afin que l'extrémité des lattes porte fur les battants, comme celles des échalats portent fur les traverfes, ce qui fait que les quarrés de deffous les moulures deviennent inégaux, ce qu'il n'eft pas poffible de faire autrement, à moins qu'on ne fît toutes les feuillures femblables à celles des battants, c'eft-à-dire, au nud du devant des lattes, & des entailles aux traverfes, pour y faire entrer les bouts des échalas, ce qui feroit très-bien, mais en même-temps ce qui deviendroit plus fujet à faire, & par conféquent plus coûteux. Il y a des parties de Treillage, comme, par exemple, des focles, où on ne met pas de moulures fur l'arête, & où on fait affleurer les échalas avec le devant de l'ouvrage ; dans ce cas, on fait des feuillures au derriere des battants feulement pour appuyer l'extrémité des lattes qu'on y attache à l'ordinaire. Quant aux traverfes, on y fait les feuillures en parement pour porter l'extrémité des échalas, ce qui ne fouffre aucune difficulté, fi ce n'eft que fi on fait la divifion des mailles de l'arête des traverfes, la feuillure en diminue la hauteur, ou fi on fait ce compartiment du devant de la feuillure, les mailles du haut & du bas paroiffent trop hautes, ce qui fait un mauvais effet. On pourroit remédier à ces deux inconvénients, en fupprimant les feuillures des traverfes, & en y faifant des entailles pour placer l'extrémité des montants qu'on y arrête à l'ordinaire.

TREILLAGEUR. X 13

Quand les bâtis font remplis par des lattes, comme aux figures 20, 21 & 22, on y fait des feuillures d'une profondeur égale dans leur pourtour, comme à la figure 20, & on fait ployer l'extrémité des lattes pour venir porter contre la feuillure du battant, où on les attache comme je l'ai enfeigné, *page* 1137. Cette maniere de difpofer les bâtis pour recevoir les frifages, eft la plus ufitée, tant pour les compartiments à mailles quarrées, comme dans ces figures, qu'à ceux à mailles lozanges, où il faut abfolument qu'ils foient difpofés de cette maniere ; cependant quand les compartiments font à mailles quarrées, on pourroit, comme à la figure 21, faire la feuillure des battants moins profonde que celles des traverfes de l'épaiffeur des lattes montantes, ce qui difpenferoit de faire ployer les lattes horizontales.

Les rempliffages, foit à compartiments quarrés ou lozanges, s'attachent fur les bâtis dans lefquels on les conftruit ; cependant il vaudroit mieux les conf-truire à part, pour avoir la facilité de les ôter, quand on le juge à propos, in-dépendamment des bâtis : dans ce cas, il faut attacher l'extrémité des lattes fur une tringle ou échalas *B*, *fig.* 21, dont la largeur n'excede pas la lar-geur de la feuillure du bâti. On doit faire la même chofe par le haut & par le bas, c'eft-à-dire, attacher l'extrémité des lattes montantes fur des tringles femblables à celles des côtés, avec lefquelles on les arrête dans les angles, de forte qu'elles forment une efpece de bâtis qui entoure le paneau ou rem-pliffage de Treillage, foit que les mailles foient quarrées ou qu'elles foient lozanges. On peut auffi faire la même chofe pour les Treillages conftruits avec des échalas, ce qui ne fouffre aucune difficulté.

Quand les paneaux ou rempliffages de Treillages font ainfi conftruits, indé-pendamment des bâtis, on a beaucoup plus d'aifance à ajufter & à pofer l'ou-vrage, fur-tout quand il eft d'une grandeur un peu confidérable ; de plus, dans le cas où il faut faire quelque changement ou quelque réparation, il eft bien plus aifé de le faire que fi toutes les parties du Treillage étoient conftruites les unes avec les autres, de maniere qu'on ne pût en changer ou réparer une par-tie que fur la place même, ou fans être expofé à la détruire, ou celles qui l'avoifinent.

Quand les parties de Treillage ne font pas d'une grandeur confidérable, on fait entrer leurs rempliffages dans des rainures, comme à la figure 22 ; & quand les compartiments font lozanges, on fait ces rainures d'une épaiffeur affez confidérable pour qu'elles puiffent contenir aifément deux lattes l'une fur l'au-tre. Quand, au contraire, les compartiments font à mailles quarrées, comme dans cette figure, il ne faut faire des rainures que de l'épaiffeur d'une latte, & les difpofer comme les feuillures dont j'ai parlé ci-deffus.

Cette maniere de placer les paneaux de Treillage eft affez bonne, & même fort ufitée ; mais elle ne peut guere avoir lieu que dans des parties d'une mé-diocre grandeur, & qui peuvent s'enlever indépendamment du refte de

l'ouvrage : de plus , la rainure des traverses du bas retient l'eau qui en pourrit
bien vîte les joues , à quoi on peut remédier en y faisant plusieurs trous dans
le fond , pour faciliter l'écoulement de l'eau ; mais ces trous se bouchent
promptement, & l'eau séjourne toujours dans les rainures, qu'on feroit tout aussi
bien de supprimer tout à fait , du moins aux traverses du bas , c'est-à-dire , de
n'y faire qu'une feuillure , & de rapporter une tringle par-derriere pour retenir le bas du paneau de Treillage, en observant que la feuillure soit déversée
en-dehors , & que la tringle soit élevée au-dessus de cette derniere d'une à deux
lignes , pour laisser passer l'eau librement ; ce qu'en général on doit faire à
tous les paneaux de Treillage.

Ce que je viens de dire renferme toute la théorie-pratique des bâtis du
Treillage composé : je vais maintenant passer au détail des divers ornements
de Treillages , & donner la maniere de les construire.

SECTION SECONDE.

Du Treillage orné en général ; & description de deux morceaux de Treillage
d'une décoration différente.

L E portique en Treillage , représenté *Pl.* 357 , & dont la description m'a
servi à donner des principes touchant la construction des bâtis de Menuiserie,
quoique d'une décoration assez riche par rapport aux divers compartiments
dont il est orné , n'est cependant pas suffisant pour donner une idée de la richesse & de l'élégance dont les ouvrages de Treillage peuvent être susceptibles ; car aux compartiments ordinaires , on peut y joindre les ornements de
toute espece , comme les ornements courants propres aux divers membres
de moulures & aux frises, les vases, les enroulements, les bouquets & les
guirlandes de feuilles & de fleurs de toutes sortes, lesquels se font non-seulement avec des copeaux , mais aussi en Sculpture , comme dans les ouvrages de
Menuiserie. C'est de cette derniere espece de Treillage (que je nomme *Treillage*
orné) , dont je vais donner deux exemples, dans lesquels j'ai rassemblé , autant
qu'il m'a été possible , tous les différents genres d'ornements , afin d'avoir
lieu d'entrer dans le détail de leur construction, ce qui terminera la description
de l'Art du Treillageur proprement dit ; après quoi je parlerai de quelques
autres especes de Menuiserie d'usage dans les jardins, comme les chaises &
les bancs de jardins , les caisses de toutes sortes , & autres parties de Menuiserie
qui entrent dans la construction des Serres chaudes, afin de ne rien laisser à
désirer touchant ce qui concerne la Menuiserie des Jardins , qui fait le sujet
de cette quatrieme & derniere Partie de mon Ouvrage.

La figure 1 , *Pl.* 365 , représente un Sallon de Treillage (la moitié prise
pour le tout) , dont le plan est représenté *fig.* 1 & 3 , *Pl.* 366. Ce Sallon a 36

PLANCHES
365 & 366.

pieds 9 pouces de largeur, sur 52 pieds de hauteur, pris du dessus de son couronnement. Il est décoré sur sa face principale de quatre colonnes Ioniques de 20 pieds de hauteur, lesquelles sont portées par un socle de 3 pieds 3 pouces de haut, y compris le parpin de pierre sur lequel tout l'édifice est posé dont ces quatre colonnes forment le principal avant-corps. Cet avant-corps est percé d'une arcade qui donne entrée dans le Sallon, dont le plan intérieur forme un ovale qui a 33 pieds 4 pouces sur son grand diametre, & 26 pieds 9 pouces sur son petit diametre, qui est le sens où il se présente en entrant par la principale porte du Sallon, c'est-à-dire, celle qui est placée au milieu de l'avant-corps.

Les angles extérieurs du plan sont terminés par des parties arrondies, faisant arriere-corps d'après les colonnes de la face, & les faces latérales qui passent droites, & qui sont percées chacune d'une ouverture, par le milieu de laquelle passe le grand axe de l'ovale du plan. Les espaces qui restent entre les plans intérieur & extérieur peuvent être remplis par des niches, comme à la figure 3, *Pl.* 366, ou bien former des cabinets qui seroient très-utiles pour un Sallon de cette espece, qui peut servir à différents usages.

L'Ordre Ionique qui décore la face extérieure de ce Sallon est moderne; son entablement (qui a le quart de la hauteur des colonnes) est denticulaire, ce que j'ai fait à cause des mouvements du plan qui n'auroient pas souffert des modillons sans qu'ils se pénétrassent dans les angles, ou dans quelque espece de mutilation, du moins en laissant la forme & la saillie des corps du plan telles qu'elles sont.

L'entablement est surmonté d'un socle faisant ressaut au nud du fût supérieur des colonnes d'environ un sixieme de ces mêmes fûts. Sur le socle, & au milieu de l'avant-corps, est placé un cartel ou amortissement, dans lequel on peut placer des armes, un chiffre, ou toute autre chose de cette espece.

Sur ce même socle, & à l'à-plomb de chaque colonne, ainsi qu'aux angles des faces latérales, sont pareillement placés des vases qui portent des fleurs & qui servent à couronner les parties verticales de l'édifice, qui est enfin terminé par une calotte elliptique, montante de l'intérieur du Sallon, dont elle suit le plan: le milieu de cette calotte est couronné par une espece de lanterne en ornements, qui aide à la faire pyramider.

Aux deux côtés du Sallon, sont des galeries pareillement en Treillage, dont la voûte est soutenue par des colonnes Ioniques antiques, accouplées sur l'épaisseur pour assurer la solidité de ces mêmes galeries, dont les arcades retombent à l'à-plomb des colonnes qui sont couronnées par une architrave servant d'imposte aux arcades, au nud du centre desquelles elles passent.

Le tout est terminé par une corniche surmontée d'un socle dont le dessus vient au niveau du dessus de l'architrave de l'Ordre Ionique du Sallon; ce socle fait ressaut au-dessus de chaque colonne, & porte des cassolettes, desquelles sortent des guirlandes de fleurs qui se répandent sur sa face.   A

A chaque arcade, le deſſous de ces galeries forme des voûtes d'arête qui Planches 365 & 366.
ſont ſéparées par des avant-corps ou plates-bandes circulaires qui prennent
naiſſance de deſſus les architraves qui couronnent les colonnes , comme on
peut le voir à la figure 1 de la Planche 366 , qui repréſente le plan des
corniches du Sallon & des galeries vus en-deſſous , avec la forme des plates-
bandes & des voûtes , dont j'ai indiqué les arêtes par des lignes ponctuées ,
Voyez auſſi la figure 3 , *même Planche* (qui repréſente le plan du bas du Sallon & des galeries), où toutes les plates-bandes & les ſaillies des corniches
ſont pareillement indiquées par des lignes ponctuées.

La largeur de ces galeries eſt de 19 pieds 4 pouces , pris du devant des
ſocles qui portent les colonnes ; & cette largeur a été déterminée par celle
des faces latérales du Sallon , qui doivent déborder un peu la ſaillie de la corniche des galeries qui viennent s'arrêter contre , comme on peut le voir aux
figures 1 & 3.

Ces galeries ſont faites pour ſervir d'accompagnement au Sallon , & en
même-temps pour procurer la facilité d'y arriver ſans être expoſé au trop grand
ſoleil , & même à la pluie , & ſont ſuppoſées ſe terminer à quelques allées
couvertes , ou à quelques aîles de bâtiment. Tout l'édifice eſt poſé ſur un maſſif en forme de perron de 3 marches , qui regne tout au pourtour tant du
Sallon que des galeries , comme on peut le voir dans ces deux Planches , ce
qui garantit un peu l'ouvrage de l'humidité de la terraſſe , ſur laquelle j'ai ſuppoſé qu'il pouvoit être placé , & cela pour lui donner plus de grace en l'éle-
vant davantage au-deſſus du ſol du jardin , de maniere que la terraſſe ſemble être le ſoubaſſement du Treillage , ce qui eſt d'autant plus naturel , que
j'ai fait répondre la décoration de la terraſſe avec celle des Treillages , & que
les mouvements du plan de cette derniere ont été déterminés par celui du Sallon de Treillage & des galeries qui l'accompagnent (*).

La terraſſe a 9 pieds de hauteur , & eſt ornée de refends & de corps qui
reſſautent vis-à-vis des principales maſſes du Sallon & des galeries de Treillages. Dans les deux arrieres-corps , il y a deux eſcaliers à deux rampes , dont le
milieu répond avec celui des galeries , que je ſuppoſe avoir cinq arcades de face ,
dont trois ſont (dans la terraſſe) occupées par les eſcaliers ; ſavoir , celle du
milieu pour le premier repos ou palier , & les deux autres pour les rampes.

(*) C'eſt principalement dans une occaſion comme celle-ci , que le Treillageur a beſoin d'avoir
des connoiſſances aſſez étendues ſur l'Architecture, pour ſavoir tirer parti du terrein ou des ouvrages déja faits (comme , par exemple , cette
terraſſe) pour compoſer un édifice qui puiſſe
s'allier avec cette derniere , de maniere qu'on
puiſſe croire qu'ils ont été faits l'un pour l'autre;
ou ſi la terraſſe n'étoit pas faite (ce qui ſeroit
encore mieux), pour pouvoir compoſer de
maniere que la décoration du Treillage & celle
de la terraſſe fuſſent analogues l'une à l'autre, du
moins autant que peuvent l'être deux genres

d'Architecture ſi diſparates ; l'un devant annoncer beaucoup de légéreté apparente , avec
une ſolidité réelle ; & l'autre , au contraire , devant être vraiment ſolide , non-ſeulement quant
à l'exécution , mais même en apparence.

Ce que je dis ici par rapport aux Treillageurs ,
peut & doit s'appliquer aux Architectes , qui ,
pour la plûpart , négligent le détail de tout ce
qui n'eſt pas Architecture proprement dite , d'où
il réſulte tant d'ouvrages mal faits , ſans accord
ni vraiſemblance , & dont on voit tous les jours
tant d'exemples.

La figure 2, *Pl.* 365, & celles 2 & 4, *Pl.* 366, repréfentent l'élévation & les plans d'un Sallon élevé fur les mêmes maffes que le précédent,
dont il ne differe que par la décoration, qui n'eft affujétie à aucun Ordre d'Architecture apparent, quoique les principales maffes foient dans les mêmes
proportions qu'au Sallon repréfenté *fig.* 1, c'eft-à-dire, d'expreffion Ionique
ou moyenne, ce qui eft la même chofe.

L'avant-corps du Sallon, *fig.* 2, eft décoré de quatre efpeces de colonnes,
dont la partie fupérieure repréfente des palmiers; ces colonnes font plus me-
nues de tige que celle de la figure 1, afin qu'elles paroiffent plus légeres, &
elles portent un entablement compofé, dont la hauteur eft d'une proportion
moyenne entre le quart & le cinquieme des colonnes, afin qu'il paroiffe moins
lourd fur ces dernieres, fur lefquelles il porte à faux en avant & par les côtés,
pour que la faillie des feuilles de palmier ne paroiffe pas fi confidérable, ou
du moins ne l'excede pas trop, comme on peut le voir à la figure 2, *Pl.* 366.
La corniche de cet entablement eft contournée en S des deux côtés, & vient
s'enrouler au milieu de l'avant-corps, pour donner naiffance à une palmette
ou agraffe d'ornement qui couronne cette partie du milieu de la corniche, &
par conféquent de l'avant-corps du milieu du Sallon.

Cette corniche ainfi contournée, forme une efpece de fronton, dont le
milieu du tympan eft rempli par un cartel d'ornement, duquel fortent des
guirlandes de fleurs qui ornent le refte de la frife, tant de l'avant-corps que
du refte du Sallon. L'entablement eft furmonté d'un focle dont la hauteur
paroît un peu forte, ce que je n'ai pu faire autrement, parce que l'enroulement de la corniche en diminueroit trop la hauteur; & pour que ce focle
paroiffe moins haut, je l'ai divifé en deux parties, dont la moins haute, qui
eft proche de l'entablement, eft terminée en adouciffement fur ce dernier, ce
qui diminue de la hauteur, du moins en apparence.

Au-deffus du focle font pofées des corbeilles remplies de fleurs, dont la forme large & évafée remplit, à peu de chofe près, l'efpace qui eft donné par
l'écartement des deux colonnes ou palmiers du bas.

A la place de la calotte qui termine le Sallon *fig.* 1, j'ai couronné celui-
ci par un pavillon orné de huit pilaftres ou corps faillants, qui viennent s'appuyer fur un focle qui tombe à-plomb, & qui fuit le plan intérieur du Sallon,
de même que celui qui fupporte la calotte, *fig.* 1.

Les galeries qui accompagnent le Sallon, *fig.* 2, font, comme je l'ai déja
dit, élevées fur le même plan que celle *fig.* 1, dont elles ne différent que par
la décoration des arcades qui font toutes en ornement, & par la forme des
colonnes qui les fupportent, lefquelles font diminuées par en-bas en forme de
gaînes, pour leur donner plus de légéreté. Ces galeries différent encore des
premieres par la forme de leurs voûtes, qui, à celles dont je parle, font en
berceaux dans toute leur longueur, & dans lefquels chaque ouverture ou arcade

forme lunette, comme je l'ai exprimé par des lignes ponctuées dans la figure 2, *Pl.* 366, qui repréſente le plan de l'entablement & des galeries vu en-deſſous.

PLANCHES 365 & 366.

Des deux morceaux de Treillage dont je viens de faire la deſcription, le premier eſt le plus régulier, & le ſecond eſt le plus riche pour la variété & la quantité des ornements dont il eſt enrichi, ce que j'ai fait pour donner une idée d'un genre de décoration plus léger & moins froid que celui d'une Architecture réguliere, telle que celle de la figure 1. Il faut cependant conve-nir que la décoration de la figure 2, eſt ſuſceptible de beaucoup de licence (comme l'enroulement des corniches, la forme des colonnes, &c.) leſquelles, dans toute autre occaſion, ſeroient des abus, mais qu'on peut tolérer dans les ouvrages de Treillages, ſur-tout quand ces licences ne ſont que dans des par-ties de détail, & qu'elles n'altérent pas la forme principale des maſſes qui doivent toujours être régulieres, comme je l'ai obſervé dans la figure 2, qui, comme je l'ai déja dit, eſt parfaitement ſemblable à la figure 1, tant pour les maſſes du plan que de l'élévation, ainſi qu'on peut en juger par l'inſpection des figures des Planches 365 & 366.

Les deux Planches ſuivantes repréſentent l'élévation & les plans détaillés d'un autre Sallon en Treillage, dans la décoration duquel j'ai tâché de join-dre la richeſſe des ornements à la régularité de l'Architecture.

PLANCHES 367 & 368.

Ce Sallon eſt d'une forme circulaire par ſon plan, *fig.* 3 & 4, *Pl.* 368 : il a 34 pieds de largeur, pris intérieurement, & 47 pieds 6 pouces extérieu-rement du dehors des ſocles qui portent les colonnes, ſur 47 pieds de hau-teur du nud du perron, ſur lequel il eſt élevé juſqu'au deſſus des vaſes ou cor-beilles qui couronnent l'attique.

Il eſt décoré à l'extérieur de 16 colonnes Corinthiennes de 20 pieds de hauteur, y compris baſes & chapiteaux ; ces colonnes ſont iſolées & éloignées des pilaſtres adaptés au corps de l'édifice d'environ 2 pieds un quart, & ſont portés, ainſi que ces derniers, par un ſocle de 4 pieds de hauteur y compris le parpin de deſſous.

L'entablement qui couronne les colonnes, a de hauteur le quart de ces der-nieres : ſa corniche eſt modillonnaire, & ſa friſe eſt enrichie d'un ornement courant dans ſon pourtour.

Au-deſſus de l'entablement eſt un ſocle qui tombe à-plomb du nud ſupé-rieur des colonnes, & qui reſſaute d'après chaque groupe d'environ un ſixieme du diametre ſupérieur de ces dernieres.

Au-deſſus de l'entablement & de ſon ſocle, & à l'à-plomb du corps qui porte les pilaſtres, s'éleve un attique qui a de hauteur le tiers de l'Ordre de deſſous, y compris l'entablement & le ſocle de deſſous les colonnes ; cet attique eſt orné de 16 pilaſtres, dont les axes correſpondent à ceux des pilaſtres Corin-thiens : ces pilaſtres, c'eſt-à-dire, ceux de l'attique, ſont terminés en amortiſ-ſement par leur extrémité inférieure, pour venir regagner la ſaillie du ſocle qui couronne l'Ordre Corinthien, comme on peut le voir à la figure 1, *Pl.* 368, qui repréfente le plan de cet attique vu en-deffus.

La corniche de l'attique reffaute fur chaque grouppe de pilaftre, & elle eft furmontée d'un focle qui porte des ornements & des corbeilles remplies de fleurs, qui terminent tout l'édifice.

Les efpaces qui reftent entre les pilaftres de l'attique, font remplis par des cadres enrichis d'ornements, dont le milieu répond au milieu de chaque entre-colonnement de l'Ordre du bas, qui font au nombre de huit ; favoir, quatre grands, où font percés des arcades qui donnent entrée au Sallon, & quatre autres plus petits, au milieu defquels font placées des figures de marbre ou de pierre, pofées fur des focles de même matiere.

La diftance de ces différents entre-colonnements eft déterminée par la largeur des ouvertures, & par le nombre & l'écartement des modillons, qu'il faut compter, non pas d'après le nud des pilaftres ni des colonnes, mais d'après la faillie du larmier modillonnaire, comme je l'ai fait à la figure 2, qui repréfente le plan de l'entablement vu en-deffous, ce qui rend l'arrangement de ces différents entre-colonnements un peu difficile à faire, parce qu'il faut d'abord, après avoir déterminé la largeur extérieure du Sallon, prife au nud des pilaftres, & celle des principales ouvertures, faire tendre les axes des pilaftres au centre du plan, & prolongés au-dehors ; après quoi on cherche un diametre, ou, pour mieux dire, une circonférence qui foit capable de contenir un nombre de modillons complet, c'eft-à-dire, qu'il s'en trouve un certain nombre, foit pair ou impair, depuis un des axes des entre-colonnements jufqu'aux axes des colonnes, & pareillement un nombre complet entre les axes de ces dernieres. Cette ligne de circonférence étant trouvée, elle donne le devant du larmier modillonnaire, d'après quoi on reporte en-dedans fa faillie fur le nud de l'entablement, plus le demi-diametre du fût fupérieur des colonnes, ce qui détermine au jufte le plan de l'axe de ces dernieres, & par conféquent leur faillie d'après le nud des pilaftres, qui, dans ce plan, *fig.* 2, 3 & 4, font accouplés, c'eft-à-dire, approchés auffi près l'un de l'autre que cela eft poffible, fans qu'aucunes parties de leurs bafes & de leurs chapiteaux fe pénétrent.

Le plan intérieur de ce Sallon eft circulaire, ainfi que fon plan extérieur, & dans les efpaces qui fe trouvent entre chacune de ces ouvertures, font pratiquées des ouvertures faites en forme de niches, dans lefquelles on peut placer des bancs dont la faillie ne nuife point à l'intérieur de la piece.

Ce Sallon n'eft pas couvert, ainfi que celui repréfenté dans la Planche 365 : mais il eft percé au milieu par une ouverture de 17 pieds & demi de diametre ; le refte de fon diametre intérieur étant racheté par une vouffure que forme une efpece d'attique qui couronne la corniche intérieure. Cet attique en vouffure met à l'abri une partie du Sallon, & laiffe en même-temps jouir de la vue

du

PLANCHES
367 & 368.

du ciel, ce qui en rend l'intérieur plus agréable, & en même temps plus éclairé.

Ce Sallon est élevé sur un perron de cinq marches qui regne tout au pourtour, pour aider à le faire pyramider, & encore plus pour le garantir de la trop grande humidité ; & j'ai même supposé qu'il étoit placé à l'extrémité d'une terrasse, & qu'il étoit vu de l'extérieur du jardin terminé par cette derniere, afin qu'étant ainsi élevé, il fît un meilleur effet.

Les Sallons dont je viens de faire la description, sont très-considérables, tant pour le treillage proprement dit, que pour les ornements de Sculpture dont je les ai enrichis à l'extérieur. Quant à leur intérieur, à ces différents ornements on peut encore y joindre les figures de marbre ou de bronze, les peintures, les dorures, les glaces, & même les eaux jaillissantes ; & à ces ornements artificiels en ajouter de naturels, comme les fleurs, les arbrisseaux, & les plantes courantes & légeres, qui disposés artistement, sur-tout à l'extérieur, feroient un très-bon effet en se liant aux différentes parties de Treillages, où ils formeroient des guirlandes qui seroient d'autant plus agréables à voir, que l'art y paroîtroit moins, ce qu'on pourroit faire, non-seulement dans les parties inférieures des Treillages, mais même dans les parties supérieures, rien n'étant si aisé que de placer des caisses dans l'intérieur des socles (ou toute autre partie où elles ne seroient pas visibles,) d'où on feroit sortir des fleurs, qui, par ce moyen, pourroient se changer ou se renouveller quand on le jugeroit à propos.

A ces différents ornements, on pourroit encore joindre la mélodie tendre & naturelle des oiseaux, en formant des volieres dans l'épaisseur des corps de Treillages, où ces chantres du bonheur & du plaisir sembleroient s'unir aux productions de la nature & de l'art joints ensemble.

Ce que je viens de dire par rapport aux deux Sallons représentés dans les Planches 365 & 367, peut & doit s'appliquer à toutes les especes de Treillages, & cela à raison de leur forme & usage, & encore plus de la plus ou moins grande richesse de leur décoration, & sur-tout de la dépense qu'on veut y faire, ce qu'on doit bien consulter avant que d'entreprendre un ouvrage de quelque nature qu'il puisse être, afin de n'être pas obligé de le laisser imparfait faute de fonds, comme cela arrive très-souvent, ce qui donne lieu à tant d'ouvrages non-seulement mal faits ou peu solides, mais encore où il manque le plus souvent des parties essentielles à l'ensemble de leurs décorations.

En général, lorsque les ouvrages de Treillage sont bien faits, & d'une décoration relative à leur destination & à la place qu'ils occupent dans un jardin, on ne sauroit nier qu'ils n'entrent pour beaucoup dans la décoration totale de ces mêmes jardins, dont ils augmentent la magnificence.

Cependant quelqu'agréables que soient les ouvrages de Treillage, il ne faut pas les employer indifféremment dans tous les jardins ni dans toutes les parties d'un jardin, à moins que les Treillages ne s'accordent parfaitement avec sa fituation & décoration totale, foit pour terminer agréablement les extrémités d'une allée, ou même du jardin en général, ou pour en décorer les faces latérales, fuppofé que les uns & les autres foient bornés par des murs ou autre chofe défagréable à voir ; car quand les vues ou extrémités d'un jardin ne font pas bornées, du moins d'une maniere défagréable, il faut bien fe donner de garde d'y rien placer qui en interrompe la vue ; & fi pour quelque raifon on vouloit y placer des Treillages, il faudroit y obferver d'affez grandes ouvertures pour qu'on pût toujours, de l'intérieur d'un jardin, jouir de l'afpect des dehors, qui, quand il eft agréable, eft préférable à tous les ouvrages de l'art, quels qu'ils puiffent être (*).

Je n'entrerai pas ici dans le détail des différents ouvrages de Treillage orné, quelles que foient leurs formes & ufages, non plus que dans celui des parties de détail des deux Sallons dont je viens de faire la defcription, parce que cela deviendroit inutile, d'après ce que j'ai dit jufqu'à préfent au fujet des différentes efpeces de Treillages ; de plus, c'eft (comme je l'ai déja dit) la place, & fur-tout le plus ou moins de dépenfe que l'on veut faire, qui doivent décider de la forme & de la richeffe des ouvrages de Treillage ; c'eft pourquoi au lieu des préceptes que je ne donne pas ici, qui, d'ailleurs, ne pourroient être que des à-peu-près, je crois devoir confeiller aux jeunes Treillageurs qui veulent acquérir une connoiffance parfaite de leur Art, (quant à ce qui concerne la théorie) de vifiter & d'examiner avec foin les ouvrages de leur Art qui ont la réputation d'être les plus parfaits, d'en mefurer exactement toutes les dimenfions, tant générales que particulieres, afin de fe rendre compte des rapports qu'on a obfervés entre les pleins & les vides de ces mêmes ouvrages. Il faut auffi qu'ils examinent fi les ouvrages qu'ils mefurent font placés de maniere à être vus de loin ou de près ; s'ils font environnés de maffes, foit d'arbres ou de bâtiments, ou s'ils font placés au milieu d'un efpace vide ou fuppofé tel, ainfi que l'air qui nous environne, parce que toutes ces confidérations ont fervi, ou du moins ont dû fervir à déterminer les formes & les rapports de ces ouvrages, tant dans les parties qui en forment l'enfemble, que dans celles de détail. Ce n'eft pas cependant qu'il faille regarder tous les ouvrages faits comme des modeles parfaits à imiter dans toutes leurs parties ; il faut même avouer qu'il y en a peu qui le foient ; que la plus grande partie ne doivent leur perfection qu'au hazard, & qu'il en eft même qui font abfolument mauvais ; mais il faut toujours les examiner & les mefurer tous, ne fût-ce que pour éviter de tomber dans les mêmes défauts.

(*) C'eft la jouiffance des points de vue des dehors, qui fait la principale beauté des jardins. Celui de Seaux eft peut-être le plus magnifique, par rapport à ce genre de beauté, de tous les jardins de nos Maifons Royales, fans en excepter même celui de Marly, qui eft cependant un lieu délicieux, mais dans lequel, malgré tous les efforts de l'opulence & de l'art réunis, on n'éprouve pas la même fenfation que dans celui de Seaux, quoique beaucoup plus fimple, & cela parce que la fituation & la beauté des dehors de ce dernier, décoré par les mains de la nature, plaifent davantage que toutes les vues fuperbes, mais bornées, de celui de Marly, où de plus la nature femble être anéantie, ou du moins très-gênée par-tout.

Ces défauts ne peuvent pas échapper à celui qui a déja des connoissances théoriques & pratiques de son Art, connoissances que je suppose toutes acquises avant
l'examen que je recommande ici, & sans lesquelles il seroit absolument infruc-
tueux & même nuisible, puisqu'il serviroit plutôt à inspirer de l'orgueil en portant à l'esprit de critique, qu'à former le jugement ; au lieu qu'en faisant cet
examen avec les connoissances requises, on est moins prompt à juger, & par
conséquent à juger mal, & on ne juge même qu'après avoir mûrement réfléchi sur les raisons qui ont dû porter à choisir telle forme ou tel compartiment,
& à les préférer à d'autres qui auroient peut-être aussi bien ou même mieux
fait (*).

Après avoir ainsi puisé dans les ouvrages déja exécutés, toutes les connoissances qui peuvent servir à former le jugement, relativement à son Art, il faut
passer à l'exécution de l'ouvrage, non pas en nature, mais en dessin, qu'il faut
d'abord faire petit, pour décider des formes principales, ensuite plus en grand,
à demi-pouce, & même à pouce pour pied, pour se rendre compte des parties
de détail dont il est bon de faire des développements à part ; & quand l'ouvrage
est d'une certaine conséquence, il faut le tracer en grand sur le mur, afin de ne
rien faire au hazard, & d'être parfaitement sûr de l'effet qu'il fera lorsqu'il sera
exécuté.

Quoiqu'il soit rare qu'il y ait toujours de grands ouvrages à faire, & encore
plus que tous les Ouvriers soient dans le cas de présider à leur exécution, cela
ne les dispense pas de faire les études que je leur recommande ici, ne fût-ce
que pour les mettre à portée d'entrer plus facilement dans les vues de ceux sous
le commandement desquels ils travaillent, y ayant certains cas, sur-tout dans
les Arts méchaniques, où, pour bien obéir, il faut être en état de commander,
ou du moins de connoître les raisons qui déterminent celui qui commande.

PLANCHES
367 & 368.

SECTION TROISIEME.

Des Corbeilles de terre ; de leurs formes & construction.

LES ouvrages de Treillage servent non-seulement à orner les diverses parties
des jardins, comme revêtissements, ou comme des corps d'Architecture, tels
que ceux dont j'ai parlé ci-devant ; mais ils servent encore à orner l'aire ou
parterre de ces mêmes jardins, en entourant les compartiments des parterres soit

PLANCHE
369.

(*) Si tous ceux qui se mêlent de critiquer les ouvrages, (de quelque nature qu'ils soient) pre-
noient les précautions que je recommande ici, on ne verroit pas tant d'apologies ou de mauvaises critiques, faites le plus souvent sans connois-sance de cause, & on ne loueroit ou on ne dé-
crieroit pas si facilement des ouvrages qu'on n'a quelquefois pas lus, ou que très-superficielle-
ment, & dont on ne connoît même pas la ma-tiere. Ce n'est pas que de semblables apologies
ou critiques fassent rien à un ouvrage, qui n'en est pas pour cela meilleur ou plus mauvais ; mais
ce qui est un grand mal, c'est qu'elles en impo-sent aux ignorants, qui, malheureusement, forment le plus grand nombre de ceux qui lisent ces sortes d'apologies ou de critiques.

avec des bandes ou bordures dont j'ai parlé ci-devant, *page* 1142, ou avec des Corbeilles à compartiments, qu'on nomme *Corbeille de terre* & dont je vais faire la defcription.

Il y a des Corbeilles de terre de différentes efpeces, foit pour la forme ou la grandeur ; mais leur conftruction eft toujours à peu-près la même ainfi que leur ufage, toutes fervant également à enfermer des fleurs qu'on change quand on le juge à propos.

Ces Corbeilles de terre font ordinairement cintrées par leur plan, felon la forme qu'on veut leur donner, ou, ce qui eft encore mieux, felon que l'exige l'enfemble du parterre dans lequel elles font placées. Il y en a de fimples & de doubles ; les fimples ne forment qu'une enceinte d'environ un pied de hauteur, & les doubles en ont deux, trois, & quelquefois même davantage, diftantes les unes des autres d'un à deux pieds, & paralleles les unes aux autres, en fui-vant toujours les contours de la premiere.

Ces différentes enceintes ne font pas de niveau avec le deffus de la premiere ; mais elles s'élevent pyramidalement les unes au-deffus des autres, afin que les fleurs qui font placées entre, fe détachent mieux.

Quelquefois les enceintes des corbeilles doubles font d'un contour différent, comme celle repréfentée en plan, *fig.* 2, ce qui, à mon avis, fait très-bien ; parce que la différente forme des contours préfente comme autant de caffes féparées les unes des autres, ainfi que celles *A, B, C, D, fig.* 2, ce qui m'a fait choifir cette difpofition de préférence à toute autre, comme celle qui fait un meilleur effet.

La Corbeille de terre dont je fais la defcription, & qui eft repréfentée en élé-vation, *fig.* 1, & en plan, *fig.* 2, a 3 pieds 6 pouces de hauteur du deffus de la feconde enceinte, & 5 pieds 7 pouces du deffus du vafe qui eft placé au milieu, ce qui n'eft pas une hauteur trop confidérable, parce que je l'ai fuppofé placé au milieu d'un boulingrin de 15 à 20 pouces de profondeur, de forte qu'il ne peut pas interrompre la vue du jardin.

La plus grande Corbeille, c'eft-à-dire, celle qui eft la plus proche de terre, a 14 pieds 2 pouces de longueur, fur 10 pieds 4 pouces de largeur, & 13 pouces de hauteur du deffus de la marche ovale de gazon *E F G H*, fur laquelle la Corbeille eft élevée. Cette premiere enceinte de la Corbeille, quoique très-contournée, eft enfermée dans un ovale concentrique à la marche de gazon : elle eft compofée de quatre demi-ovales, dont les petits axes paffent par ceux du grand ovale qui l'enferme, & de quatre angles creux ou oreilles *I, L, M, N,* lefquels donnent naiffance à huit autres oreilles droites qui féparent ces dernieres d'avec les demi-ovales.

Cette premiere Corbeille eft évafée en dehors, fur fa hauteur, d'environ 6 pouces du devant de l'ouvrage, comme je l'expliquerai ci-après, en détaillant les développements de cette Corbeille.

La

La seconde enceinte a 5 pieds 11 pouces de longueur, sur 4 pieds 4 pouces de largeur, prise sur ses axes ; & 7 pieds 5 pouces de longueur, prise diagonalement sur la ligne *IN*, ou sur celle *L M*, ce qui est la même chose.

Le contour de cette seconde enceinte est composé de quatre parties d'ovale, correspondantes à celles de la premiere enceinte, auxquelles elles sont parfaitement semblables, de maniere qu'il forme avec ces dernieres des ovales parfaits, ce qui donne les quatre casses *A*, *B*, *C*, *D*, dont j'ai parlé ci-dessus. Les quatre angles de cette seconde enceinte sont abattus, c'est-à-dire, qu'ils présentent quatre faces diagonales 15 pouces de largeur, qui correspondent, autant qu'il est possible, avec les oreilles ou angles creux, & sont disposées de maniere qu'il reste assez de vuide entr'elles & ces dernieres, pour y placer des fleurs, & qu'elles n'empêchent pas la vue du milieu des ovales de côté.

Cette seconde enceinte est contournée sur sa hauteur, comme on peut le voir dans la figure 1, & chacun de ses huit angles est orné d'une agraffe ou console en sculpture, qui les couvre & qui semble les soutenir.

Le remplissage de cette seconde Corbeille ou enceinte, est beaucoup plus riche que l'autre, c'est-à-dire, la premiere ; ce qui est tout naturel, parce qu'étant plus élevée que cette derniere, elle est plus en vue & moins exposée aux accidents causés, soit par le voisinage de la terre, ou le choc des corps étrangers.

Du milieu de la seconde enceinte s'éleve une autre Corbeille en forme de vase applati, qui sert à faire pyramider le tout. Cette derniere Corbeille ou vase est d'une forme ovale par son plan : elle a 2 pieds de hauteur, & autant de largeur, prise sur son grand axe & à son extrémité supérieure.

A la place de cette derniere Corbeille, on pourroit mettre une figure, ce qui feroit très-bien ; & même dans le cas d'un jardin richement décoré, des eaux jaillissantes de peu de hauteur, comme des bouillons ou des champignons, ce qui ne pourroit que faire un effet d'autant meilleur, qu'en récréant la vue, elles procureroient beaucoup de fraîcheur aux fleurs placées dans la Corbeille.

Une Corbeille de terre telle que celle représentée *fig.* 1 & 2, seroit d'une très-riche exécution, & ne pourroit que très-bien faire, étant garnie de fleurs par les mains d'un Jardinier adroit & intelligent, lequel tireroit parti des diverses formes de ces plans, pour y distribuer les fleurs d'une maniere avantageuse à la forme totale de l'ouvrage, & de la maniere dont elles pourroient être vues ; c'est ce qui m'a engagé à représenter la Corbeille, *fig.* 1, toute garnie de fleurs, pour qu'on puisse mieux juger de l'effet qu'elle pourroit faire étant exécutée.

Quant au plan, *fig.* 2, j'y ai représenté les principales masses des bâtis qui forment les différentes enceintes de la Corbeille, afin qu'on puisse voir d'un coup d'œil la place qu'elles occupent, & leurs dispositions respectives à l'égard les unes des autres ; de plus, il étoit nécessaire de tracer le plan de ces différentes masses de bâtis, pour me rendre compte de l'effet de chacun des plans, ce qu'on

eſt également obligé de faire quand on vient à l'exécution de ces ſortes d'ouvrages, comme je l'expliquerai ci-après.

Quelles que ſoient la forme & la richeſſe des Corbeilles de terre, leur conſtruction eſt à peu-près toujours la même, & elles ſont toujours compoſées d'un
bâtis de Menuiſerie diſpoſé pour recevoir la garniture ou rempliſſage de Treillage, comme je l'ai déja enſeigné ci-deſſus, & qu'on peut le voir à la figure 3.

Ces bâtis de Menuiſerie ne ſont ordinairement que des membres de moulures
diverſement profilés, & dont le contour ſuit le plan de la Corbeille, & qui ſont
feuillés intérieurement pour recevoir les garnitures de Treillage qu'on attache
deſſus, comme on peut le voir à la cymaiſe *A*, *fig.* 3 & 4, laquelle ſert de
couronnement à la première Corbeille, dont la partie inférieure eſt terminée
par une plinthe *B*, *même Figure.*

Cette plinthe porte ordinairement ſur le nud de la terre, indiqué par la ligne
C D; mais il vaut beaucoup mieux la faire un peu plus large, afin qu'elle entre
d'environ 2 pouces dans la terre, afin de donner plus de ſolidité à l'ouvrage,
comme je l'ai obſervé aux deux figures 3 & 4, qui repréſentent, l'une une partie
de Corbeille vue de face & de profil, & l'autre cette même partie de Corbeille
vue en dedans & en coupe, pour qu'on puiſſe mieux juger de ſa conſtruction.

A tous les angles de la Corbeille ſont placés des montants *E*, *fig.* 4, qui
ſoutiennent les cymaiſes avec leſquelles on les aſſemble ſimplement en entaille,
vu le peu de conſiſtance de ces dernières. On ne fait pas d'aſſemblages par le
bas de ces montants, parce qu'ils pourriroient trop vîte ; mais on ſe contente
d'entailler les plinthes à l'endroit des montants, & de les arrêter deſſus avec
des clous, ou avec des vis, ce qui vaut encore mieux.

Comme ces montants ſont placés dans les angles, ſoit ſaillants ou rentrants,
& qu'ils ſont cintrés ſur leurs faces, leur conſtruction devient un peu ſujette,
du moins pour ceux qui n'ont pas de connoiſſance dans l'Art du Trait, ce qui
ſembleroit exiger que je donnaſſe ici quelques notions de la conſtruction de ces
ſortes de courbes; mais comme les principes de leur conſtruction ſont les mêmes
que ceux des fers des angles des Berceaux, dont j'ai parlé, *page* 1079, on pourra
y avoir recours ; ou, ce qui eſt encore mieux, à mon Art du Trait, Seconde
Partie de mon Ouvrage, *page* 354.

Les bâtis des Corbeilles de terre ſont feuillés pour recevoir la garniture,
quand cette dernière eſt double, comme aux figures 3 & 4; & en général à
toutes les Corbeilles ſimples on fait deux feuillures à la cymaiſe *A*, *fig.* 3, l'une
qui ſert à placer les montants perpendiculaires qu'on attache d'abord deſſus, &
l'autre pour faire entrer les extrémités de la garniture, qui, par ce moyen, ſe
trouve retenue d'une manière fixe.

Quant à la plinthe *B*, on n'y fait qu'une feuillure, dans laquelle ſe placent
& s'arrêtent d'abord les montants perpendiculaires, & enſuite la garniture à
l'ordinaire.

Quant aux montants des angles, on n'y fait pas de feuillures, mais simplement des rainures peu profondes, dans lesquelles on fait entrer les extrémités de la garniture.

Les montants perpendiculaires de la garniture doivent être un peu épais, pour donner plus de consistance à l'ouvrage, & que l'épaisseur de la joue des rainures des montants d'angles, qui doit être égale à celle des montants perpendiculaires, soit un peu plus forte.

Quand on veut donner plus de solidité à l'ouvrage, on y met de distance en distance (comme, par exemple, de 3 en 3 pieds dans les parties droites, & de 2 en 2 dans les parties cintrées,) des bandes de fer d'une forme parfaitement semblable aux montants perpendiculaires de remplissage, ce qui solidifie l'ouvrage, & lui assure une forme constante.

Les cerces qui composent les bâtis des Corbeilles de terre, ne peuvent pas être d'une seule piece, tant par rapport à la grandeur des parties cintrées, que par rapport au bois tranché, qu'il faut éviter autant qu'il est possible, ce qui oblige à les faire de plusieurs pieces, qu'on assemble les unes avec les autres à traits de Jupiter, du moins autant qu'on peut le faire, ainsi que je l'ai enseigné *page* 1175 ; cependant quand le trop peu de grosseur des pieces, ou la forme de leurs profils, empêcheront de les assembler ainsi, on se contentera de les joindre en flûte ou habillure, en observant toutefois d'y faire un ravalement à chaque piece, pour conserver un peu d'épaisseur à l'extrémité du joint, ce qui rend la piece plus solide, sur-tout quand son extrémité est à bois tranché, comme cela arrive à toutes les pieces cintrées.

En faisant les ravalements de ces joints, il faut faire en sorte que leur profondeur soit égale à celle de quelques-uns des membres du profil de la piece, comme je l'ai observé aux figures 7, 8, 9 & 10, parce qu'alors ces joints deviennent beaucoup plus propres, mais encore plus solides, en ce qu'ils présentent moins de parties aiguës, & par conséquent sujettes à s'éclatter & à pourrir plus vîte ; & si l'on vouloit donner à ces sortes de joints toute la solidité possible, ce seroit de les couvrir d'une ou deux bonnes couches de peinture à l'huile avant de les assembler, en observant de mettre la seconde couche avant que la premiere fût parfaitement seche, pour la conserver dans un état de mollesse qui l'empêchât de prendre corps avec le bois, avant que les deux parties du joint, ainsi imprimées, fussent réunies ensemble, ce qu'il faudroit faire avant que la seconde couche de peinture fût seche: au moyen de cette précaution on assure la durée de l'ouvrage, en solidifiant les joints des courbes auxquels la peinture sert de colle, ce qui les empêche de s'ouvrir à l'air ; & quand cela arriveroit, l'eau qui s'y introduiroit, ne pourroit y faire aucun tort, parce qu'elle trouveroit tous les pores du bois bouchés & occupés par la peinture. On pourroit même prendre la même précaution pour tous les joints, & même les assemblages des bâtis de Treillages, qui étant ainsi couverts de peinture, seroient moins sujets à reſſentir les mauvais effets de l'humidité, & même de la chaleur, qui, ainſi que cette dèrniere, s'introduit dans les pores du bois & en déſunit les parties en les reſſerrant les unes ſur les autres, ce qui donne à l'humidité une entrée beaucoup plus libre, & par conſéquent accélere la deſtruction totale du bois, qui, alors, ſe pourrit bien promptement.

Ce que je viens de dire par rapport aux courbes des Corbeilles de terre, peut & doit s'appliquer à toutes les autres courbes des Treillages, de quelque nature qu'elles puiſſent être; & même en général à toutes les parties des ouvrages de cet Art, qui ne ſont durables qu'autant qu'on apporte beaucoup de ſoins à leur conſervation, ſoit lors de leur conſtruction, ſoit quand ils ſont entiérement finis.

Les Corbeilles de terre s'arrêtent en place avec des racineaux qu'on enfonce en terre, & dont l'extrémité ſupérieure s'arrête contre la partie intérieure de la plinthe, comme je l'ai déja dit en parlant des bandes de parterre, *page* 1142; & pour que ces derniers les ſoutiennent mieux, on feroit très-bien d'y faire des entailles à environ la moitié de leur épaiſſeur, comme à celui *F*, *fig.* 3, ſur leſquelles paſſeroient les plinthes de la Corbeille, comme on peut le voir dans cette figure.

Cette maniere de diſpoſer les racineaux, n'a d'autres difficultés que la ſujétion qu'il y a de les poſer avant la Corbeille, ce qui demande beaucoup de juſteſſe pour les bien poſer à leur place, ſur-tout dans les angles, à quoi on pourroit remédier en ſcélant les racineaux ſur un petit maſſif de maçonnerie, au lieu de les enfoncer en terre à coup de maſſe, ce qui feroit beaucoup plus ſolide, & leveroit toute eſpece de difficulté, parce qu'alors on pourroit attacher les racineaux avec la Corbeille avant que de poſer cette derniere, & les ſcéler enſuite.

Il faut mettre des racineaux à tous les angles des Corbeilles de terre, & avoir ſoin que leurs entailles ſuivent bien exactement la forme de ces angles, afin qu'étant attachés ſur les pieces qui les forment, ils les maintiennent dans leur état primitif, ainſi que je l'ai obſervé à la figure 6.

La figure 1 repréſente la coupe des bâtis de la ſeconde enceinte de la Corbeille de terre repréſentée *fig.* 1 & 2, *Pl.* 369, & une partie de ces mêmes bâtis vus de face & par derriere, pour qu'on puiſſe mieux juger de leur forme.

Cette ſeconde enceinte, élevée d'environ un pied au-deſſus de la premiere, eſt portée par des racineaux *G H* & *I L*, qui ne different de ceux de la premiere enceinte que par la longueur & la groſſeur, & qu'il eſt bon de les ſcéler au lieu de les enfoncer, quoiqu'ils ſoient diſpoſés de cette maniere dans les figures de cette Planche. Ces racineaux ne paſſent pas le deſſus du ſecond membre de moulure du bas, afin de ne pas préſenter de maſſe apparente, & ils ſont remplacés par des montants de fer *M*, *N*, *O*, *P*, qui ſoutiennent l'enſemble des bâtis, & dont le peu de capacité ne peut pas faire un mauvais effet au travers des rempliſſages de la Corbeille, ſuppoſé même qu'on ne pût pas les cacher derriere, ſoit en tout ou en partie.

Quoique

Quoique des montants de fer soient très-solides pour entretenir les bâtis de cette Corbeille, il faut cependant, sur-tout dans le cas où elle seroit cintrée sur l'élévation, ainsi que celle-ci, il faut, dis-je, avoir soin d'y mettre de dif-tance en distance des cerces de fer qui en suivent le contour, & qu'on attache sur les moulures horizontales qui forment les bâtis. Ces cerces peuvent se dif-poser de deux façons différentes, soit en les plaçant derriere les garnitures de la Corbeille, ou en les faisant semblables à ces dernieres pour la forme extérieure, comme elles doivent l'être pour le contour.

Quant aux bâtis de cette derniere Corbeille, il faut, lorsqu'ils ne forment pas quelques membres de moulure apparents, ainsi que celui *R*, *fig.* 1, il faut, dis-je, qu'ils soient le moins gros possible, afin de ne pas présenter de trop grandes-masses, qui font toujours mal lorsqu'elles paroissent au travers des com-partiments de Treillage. Quant aux autres, qui font membres de moulures, comme ceux *Q S & T*, leur largeur, ou, pour mieux dire, leur hauteur est déterminée par le profil de l'ouvrage, à quoi on ajoute seulement ce qui est nécessaire pour appuyer ou pour porter les garnitures de Treillage, comme on peut le voir dans cette figure ; & quand leur hauteur est très-petite, comme cela arrive quelquefois, on les fait le plus larges qu'il est possible, afin de leur donner plus de force.

Comme cette seconde enceinte s'éleve beaucoup au-dessus de la premiere, & qu'il faut qu'elle soit remplie de terre, au moins jusqu'au-dessus de la piece *S*, *fig.* 1, & même 3 à 4 pouces au-dessus, on garnit tout l'intérieur avec des planches qui s'attachent sur les racineaux, & qui descendent jusqu'à environ au-dessus de la premiere enceinte, comme je l'ai indiqué par des lignes *a*, *b*, *c*, *fig.* 1. Ces planches ainsi disposées, forment une espece de caisse qui retient la terre de la seconde enceinte, sans pour cela empêcher qu'elle ne communique par-dessous avec la premiere, & n'y porte le superflu de son humidité.

La figure 2 représente la coupe & l'élévation, (la moitié prise pour le tout,) des bâtis de l'espece de vase qui termine le milieu de la Corbeille de terre, *fig.* 1 *& 2*, *Pl.* 369. Ces bâtis forment autant de cerces ovales, dont le profil est disposé en raison du galbe ou contour de ce vase, & qu'il a été par conséquent nécessaire pour recevoir & y adapter les garnitures de Treillages.

Le fond du vase est terminé par un morceau de bois plein, qui lui-même est soutenu par un montant de 2 à 3 pouces de gros, qui porte sur le plateau *U*, qui soutient le tout, & sur lequel le vase est fortement arrêté.

Le plateau est soutenu par quatre poteaux ou racineaux qui sont scélés en terre, ainsi que les autres dont j'ai parlé ci-devant, & doivent être assez gros pour ne pas pourrir trop promptement.

Il faut, en général, que toutes les parties qui composent le vase, *fig.* 2, (sur-tout les inférieures) soient très-solides, parce qu'il doit supporter &

TREILLAGEUR.   B 14

Planche
370.

contenir un autre vafe foit de terre ou de plomb, qui monte jufqu'à environ la ligne *e f*, & dans lequel on met de la terre & des fleurs.

Pour que le vafe *fig. 2*, ait toute la folidité poffible, il eft bon auffi d'y mettre au moins quatre lames de fer qui en fuivent exactement tous les contours, foit que ces lames foient placées derriere les garnitures de Treillage, ou qu'elles en faffent partie, ainfi que je l'ai dit plus haut.

Quant aux parties de détail de ce vafe, je n'en parlerai pas ici, non plus que de celles de rempliffage ou des garnitures du refte de la Corbeille, parce que ces différentes parties feront traitées avec plus d'étendue dans la Section fuivante.

On fait des Corbeilles de terre de toutes fortes de grandeurs, foit qu'elles foient fimples, doubles, & même triples, comme celle-ci. La forme du contour de leur plan eft auffi affez arbitraire, du moins quant à ce qui eft relatif à leur conftruction; car elle doit être en rapport avec la place qu'elle occupe dans un jardin, & avec les parties qui l'avoifinent, comme je l'ai dit plus haut. Cependant quelle que foit cette forme, il faut toujours que les contours en foient doux & coulants, que les parties qui forment l'enfemble du plan foient en rapport les unes avec les autres, & fur-tout qu'elles ne foient pas trop petites, comparaifon faite entr'elles & avec le tout.

Il faut auffi avoir grand foin, en traçant le plan de ces fortes d'ouvrages, de prendre garde fi les contours intérieurs feront auffi bien que les contours extérieurs; ce qui n'arrive pas toujours, comme on peut le voir à la figure *6*, dont le contour extérieur, qui eft celui de la cymaife, fait très-bien, pendant que l'intérieur, qui eft celui de la plinthe, fait moins bien; & cela parce que le centre de la partie ronde qui paffe au nud de la ligne *g h*, *fig. 6*, fe trouve trop en dedans de l'angle *i* du plan intérieur, ce qui oblige à terminer la partie ronde de ce plan, par une ligne droite *i l*, ce qui non-feulement rend l'exécution de l'ouvrage plus difficile à faire, mais encore fait un mauvais effet; ce qui eft cependant moins mal que fi on continuoit l'arc de cercle de *l* à *m*.

L'oreille ou angle creux de cette figure, eft dans le même cas que la partie ronde, c'eft-à-dire, qu'elle fait bien aux contours extérieurs, & mal aux contours intérieurs, parce que fon centre qui eft en *n*, eft trop éloigné du contour intérieur, ce qui le rend trop plat.

Pour remédier à ces différents inconvénients, & fur-tout dans le cas d'une Corbeille fimple, il faut reporter le centre de la partie ronde, *fig. 5*, au-devant de l'angle du contour intérieur, fur la ligne *o p*, & celui de l'oreille de *r* en *q*, ce qui donne plus de grace à ces différents contours, fuppofé toutefois qu'on puiffe le faire, & qu'on ne foit pas gêné par celui de l'enceinte intérieure de la Corbeille, lorfque cette derniere eft double, comme cela m'eft arrivé dans la diftribution du plan de celle repréfentée *fig. 2*, *Pl. 369*; parce qu'alors on eft obligé de facrifier les parties de détail à l'enfemble de l'ouvrage, ce qu'on ne doit faire qu'après y avoir bien réfléchi, & avoir effayé de différentes formes

& moyens pour juger de ce qu'il fera le plus convenable de faire pour donner à
fa compofition toute la perfection dont elle peut être fufceptible, & toujours
autant que cela pourra fe faire fans rien altérer de la folidité de la conftruction,
qu'on doit toujours préférer à la beauté de l'ouvrage.

SECTION QUATRIEME.

Des Ornements de Treillages en général, & de leurs différentes efpeces.

LES ornements de Treillages dont je vais traiter ici, font de plufieurs efpeces;
favoir, ceux qui font fimplement formés par des lignes droites ou courbes, mais
paralleles entr'elles, tels que les compartiments de toutes fortes, & ceux qui
font découpés & galbés d'une certaine maniere, de forte qu'ils repréfentent,
ou, pour parler plus jufte, imitent les ornements de Sculpture, comme ceux
de moulures, les fleurs, les guirlandes, &c.

Je ne parlerai pas ici de la premiere de ces deux efpeces d'ornements, du
moins quant à la théorie, parce que j'ai traité cette matiere avec affez d'étendue
au commencement de cette Partie de mon Ouvrage, *page 1097*, où à la théorie des compartiments, j'ai joint plufieurs exemples de ces mêmes compartiments, d'après lefquels on peut en compofer d'autres plus ou moins riches,
felon qu'on le jugera à propos, & que l'enfemble de l'ouvrage pourra le
permettre.

Tout ce que je puis dire ici, c'eft que dans le cas des ouvrages de conféquence, on peut augmenter la richeffe des compartiments, en y ajoutant quelquefois des ornements de la feconde efpece, comme des fleurons, des rofaces,
&c.

On peut encore augmenter la richeffe des compartiments, en employant
alternativement dans leur compofition, des lignes droites & des lignes courbes,
& en y faifant entrer quelquefois des cadres de menuiferie, & même des ornements de Sculpture, comme de grandes rofaces, des trophées, &c.

La perfection dans la main-d'œuvre augmente auffi la richeffe de l'ouvrage;
c'eft pourquoi on feroit très-bien, dans le cas d'un ouvrage de conféquence, de
dreffer & de corroyer à la varlope toutes les pieces qui fervent à former les
compartiments droits, ce qui les rendroit beaucoup plus réguliers. On pourroit même entailler les échalas avec les lattes, à moitié de leur épaiffeur, de
maniere qu'ils affleurent les uns avec les autres, ce qui feroit un très-bon effet,
mais ce qui rendroit l'ouvrage d'une exécution très-fujette, & par conféquent
plus longue & plus coûteufe.

Il faut cependant faire attention qu'en entaillant ainfi les pieces qui forment
les compartiments des Treillages, on en diminue la force, ce qu'il faut abfolument éviter dans des ouvrages où les compartiments forment eux-mêmes le

corps du Treillage ; mais à ceux où les compartiments font portés par des bâtis de Menuiferie , dont ils ne forment que les panneaux , il n'y a aucun danger de les faire de cette maniere, c'eft-à-dire, d'entailler les pieces qui forment les compartiments , à condition toutefois qu'elles auront au moins 6 lignes d'épaiffeur, & qu'on aura la précaution d'enduire les entailles de peinture avant que d'affembler les pieces les unes avec les autres.

Quant aux ornements de la feconde efpece, qui imitent les ouvrages de Sculpture , je vais les détailler autant qu'il fera néceffaire pour bien faire entendre cette partie de l'Art du Treillageur, qui eft celle qui demande le plus de génie & d'adreffe, du moins quant à ce qui concerne l'exécution de l'ouvrage.

§. I. *Des Ornements des moulures de Treillage en général, & de leur conftruction.*

LES moulures , abftraction faite de celles qui font droites & plates , comme les larmiers, les lifteaux, &c. font de trois efpeces ; favoir, les rondes ou convexes *A, fig.* 1, les creufes *B, fig.* 4, & les mixtes *C & D, fig.* 7 & 10. (*)

Dans les ouvrages d'Architecture, dont toutes les parties font & doivent être pleines & folides , tant de fait qu'en apparence, les moulures de ces mêmes ouvrages peuvent refter pleines & liffes , fans aucune efpece d'ornement à leur furface , comme les profils *A, B, C & D, fig.* 1, 4, 7 & 10. Dans les ouvrages de Treillage, au contraire, dont toutes les parties doivent être percées à jour, (à moins qu'elles ne foient abfolument trop petites,) les moulures ne peuvent pas être pleines ; de forte que quelque fimples qu'on veuille les faire , elles paroiffent toujours un peu ornées par rapport aux compartiments que forment les parties qui les compofent.

En général, les moulures de Treillage font compofées de parties droites ou courbes, difpofées en différents fens, ou de parties découpées qui imitent des ornements de Sculpture. Dans l'un ou l'autre cas, on ne peut rien décider touchant la grandeur & la forme des pieces qui compofent le rempliffage des moulures, fans avoir auparavant tracé à part le développement de ces mêmes moulures, ce qui fe fait en divifant leurs pourtours, c'eft-à-dire, celui de leur profil, en un nombre de parties égales, les plus petites poffibles, & en les reportant enfuite fur une ligne droite, comme de *a* à *b, fig.* 1, ce qui donne le développement de la furface du quart de rond *A, même figure.* Le profil *A* étant auffi divifé, ainfi que fon développement, on trace par chaque point de divifion autant de lignes paralleles qui fervent à déterminer la forme des pieces de rempliffage des moulures : comme la diftance *a b, fig.* 1 , en a donné la

(*) Je n'entrerai pas ici dans un plus grand détail touchant le genre, la forme & la divifion des différentes efpeces de moulures, ainfi que de leur conftruction géométrique, parce que j'ai traité ce fujet avec affez d'étendue au commencement de la premiere Partie de mon Ouvrage ; & que de plus cette defcription détaillée des moulures n'eft pas néceffaire ici, où il n'eft queftion que de leurs ornements, & de la maniere de les conftruire en Treillage.

longueur,

longueur, prife des angles *c, d*, du quart de rond *A*, *fig.* 1 : ces lignes
paralleles fervent auffi à déterminer la courbure des pieces de l'angle du profil, ce qui eft général pour toutes fortes de profils, & qui fe fait de la maniere
fuivante.

Les lignes paralleles provenantes des points de divifion du profil *A*, étant
tracées & prolongées jufqu'au profil d'angle, *même figure*, des points *e, f, g,*
h, i & l, où ils coupent la courbe de ce profil, & de ceux *d & m*, qui en
font les extrémités, on abaiffe autant de perpendiculaires à la furface développée, & on les prolonge jufqu'à ce qu'elles rencontrent les paralleles de
cette derniere, qui font correfpondantes à celles du profil, d'après lefquelles
on a abaiffé les perpendiculaires *d* 1, *e* 2, *f* 3, &c, ce qui donne la courbe
1, 2, 3, 4, 5, &c. laquelle n'eft autre chofe que le développement de
l'angle du profil, *fig.* 1.

Quand le profil eft creux, comme celui *fig.* 4, on fait toujours la même
opération pour avoir la courbure développée de l'angle du profil, comme on
peut le voir aux figures 4 & 7, & à leur développement placé au-deffous,
ainfi qu'à toutes les autres figures de cette Planche, ce qui n'a pas befoin,
je crois, d'une plus grande explication.

Ce que je viens de dire touchant le développement des angles des moulures, n'eft applicable qu'autant que le plan de ces mêmes angles eft quarré ;
car quand il eft aigu ou obtus, l'opération, quoique la même, eft plus compliquée, parce qu'il faut d'abord tracer en plan ces angles, ainfi que les divifions provenantes & abaiffées du profil *A* de l'élévation ; puis de chaque
point où ces lignes de divifion du plan rencontrent l'angle aigu ou obtus, on
éleve autant de perpendiculaires à l'élévation, où leur rencontre avec les lignes
paralleles de cette derniere, donne la courbure de l'angle du profil ; après quoi
on a cette courbure fur la furface développée, comme je viens de l'enfeigner
ci-deffus, c'eft-à-dire, qu'on abaiffe de l'angle du profil des perpendiculaires à
fa furface développée, &c.

Les rempliffages fimples fe font ordinairement avec de petits bouts de lattes
minces & paralleles, qu'on fait ployer felon la forme du profil, ainfi que je
l'ai enfeigné ci-devant, *page* 1116. Ces rempliffages fimples fe difpofent ordinairement inclinés à la bafe du profil d'environ 45 degrés, ou d'onglet, ce
qui eft la même chofe. Cette pente fur le profil n'eft plus la même fur la furface développée, comme on peut le voir à la figure 1, parce que le développement eft beaucoup plus large que n'eft le profil vu de face, & que les diftances de longueur font toujours les mêmes ; c'eft pourquoi on doit avoir attention, après avoir déterminé la pente des rempliffages fur l'élévation, d'abaiffer
des lignes perpendiculaires, ainfi que celles *n p & o q*, fur la furface développée, ce qui donne au jufte la longueur & la pente des lattes avec lefquelles
on veut remplir le membre de moulure, *fig.* 1.

TREILLAGEUR.   C 14

Il faut prendre garde que, lorfque les lattes font droites ainfi développées, elles paroiffent courbes fur l'élévation, où elles forment une moitié d'hélice qui paroîtroit toute entiere, fi la moulure étoit un demi-cercle au lieu d'être un quart de rond, ce qui, je crois, n'a pas befoin de démonftration.

Dans ce dernier cas, un membre de moulure ainfi difpofé, s'appelle *retors*; du moins c'eft ainfi que les Treillageurs le nomment. Ce retors eft fimple quand les lattes ou frifage qui le forment, ne font difpofées que d'un fens, comme à la figure 1, (la moitié prife pour le tout); & quand elles le font de deux fens, c'eft-à-dire, qu'elles fe croifent l'une fur l'autre, on dit que c'eft un *retors double*.

Quant à la courbure des parties d'hélices, on la trace fur l'élévation par le moyen des lignes perpendiculaires élevées de deffus le développement de la moulure, comme on peut le voir dans cette figure.

Si on vouloit que les lattes de rempliffage paruffent droites dans le profil vu horizontalement, comme, par exemple, à la figure 2, on opéreroit à l'inverfe de la figure 1, c'eft-à-dire, qu'on commenceroit par tracer les lattes droites fur l'élévation, *fig.* 2, puis on abaifferoit des perpendiculaires fur l'élévation développée, *même figure*, par le moyen defquelles on auroit la courbure des lattes, & leur longueur naturelle.

On difpofe quelquefois les lattes perpendiculairement à la bafe de la moulure, comme à la *fig.* 7, ce qui ne fait pas mal, fi ce n'eft dans les angles, foit rentrants ou faillants, où ils laiffent de trop grands vuides, qu'on eft alors obligé de remplir par une efpece de feuille d'ornement, comme je l'ai obfervé dans cette figure & dans fon développement.

Pour remédier à cette efpece d'inconvénient, il y a des Treillageurs qui difpofent les lattes du milieu d'un membre de moulure prefque droites, c'eft-à-dire, perpendiculairement à leur bafe, & qui les inclinent peu-à-peu jufqu'à ce qu'elles foient paralleles aux angles du profil, comme aux figures 1 & 4, ce qui fait un affez bon effet.

Ce que je viens de dire au fujet des rempliffages fimples, eft applicable à tous les autres rempliffages de moulures, quelle qu'en foit la forme, tant pour en avoir les contours que le développement; c'eft pourquoi je ne m'étendrai pas davantage à ce fujet.

Les autres figures de cette Planche repréfentent différentes fortes d'ornements propres à remplir les membres des moulures des ouvrages de Treillage, qui, toutes, font développées au-deffous de leur élévation, pour qu'on puiffe mieux juger de leurs formes, & ce qui étoit de plus néceffaire pour les deffiner juftes fur les élévations, à quoi je fuis parvenu avec le fecours des lignes horizontales tracées au travers de toutes les moulures & de leur développement, qui font, comme on peut le voir, cotées des mêmes chiffres fur les unes que fur les autres.

La Figure 2 repréfente une efpece de rempliſſage compoſé en partie de montants ou liſteaux droits , entremêlés alternativement de feuilles d'une forme très-ſimple & très-peu contournée. Cette efpece d'ornement peut également ſervir aux moulures creuſes & aux moulures rondes.

La Figure 3 repréfente des ornements nommés *oves*. Il y en a de plus ou moins riches ; mais c'eſt l'efpece d'ornement qui convient le mieux aux moulures rondes , c'eſt-à-dire , aux quarts de rond.

La Figure 5 repréfente un ornement nommé *à caneaux*. On entremêle quelquefois ces caneaux de feuilles d'eau ou d'autres feuilles ſimples ; quelquefois même on y met des feuilles de refend & des ronds , qui ſemblent lier ces carreaux les uns avec les autres , comme à la figure 11 , dont le profil eſt une doucine , où ces ſortes d'ornements font moins bien qu'aux moulures creuſes.

La Figure 6 repréfente un ornement nommé *à entrelacs* avec des roſes. Ces ornements , quoique deſtinés particuliérement aux moulures creuſes , font encore très-bien aux demi-rondes.

La Figure 8 repréfente un ornement nommé *rais de cœur*. Il eſt particuliérement affecté aux talons , ainſi que celui repréſenté *fig. 9* , qu'on nomme *treffle à fleurons*.

Les Figures 10 & 12 , repréfentent des ornements en feuilles , qui ne different les uns des autres que par le travail de ces mêmes feuilles , qui font ſimplement contournées dans la figure 10 , & qui font détaillées dans la figure 12. Ce genre d'ornement eſt celui qui convient le mieux aux doucines , quoiqu'on puiſſe l'employer à d'autres moulures , où il fait également bien.

Il ſe fait encore d'autres ornements de moulures : mais ceux là font les plus uſités ; c'eſt pourquoi je me contenterai des exemples que je viens de donner dans cette Planche , mon principal objet n'étant pas de donner des exemples de tous les différents genres d'ornements , mais plutôt d'enſeigner à les bien diſpoſer & à les conſtruire.

En général , il faut que les ornements des moulures ſoient d'une richeſſe relative à celle de l'ouvrage où on les emploie , qu'ils ſoient diſpoſés de maniere qu'ils préſentent toujours un milieu à chaque partie de moulure , & qu'ils ſoient diſpoſés à l'à-plomb les uns des autres , quand il y a pluſieurs membres de moulures ornés dans une corniche ; il faut auſſi qu'il s'en trouve toujours un dont l'axe enfile celui des modillons ou des denticules , & ſur-tout des colonnes & des principales parties d'un édifice , ce qui n'eſt pas difficile à faire , mais ce qui exige beaucoup de foins de la part de l'Artiſte , ſoit pour tracer les différents plans d'une corniche , ſoit pour en faire les diviſions ſelon les regles que je preſcris ici.

En aſſujétiſſant ainſi les ornements à une certaine diſtance donnée , il arrive quelquefois qu'on eſt obligé de diminuer la largeur des uns , & d'augmenter celle des autres , ce qui rend l'ouvrage un peu plus ſujet à faire , mais ce dont on ne peut pas ſe diſpenſer , quand on veut donner à ſon ouvrage ce degré de perfection, qui, au premier coup d'œil, fait distinguer l'Artiste habile d'avec l'Ouvrier purement méchanique, qui ne suit d'autre regle que celle d'un long usage.

PLANCHE
372.

Quand on fait choix des ornements, on les trace & on les découpe, comme je l'ai enseigné ci-dessus, *page* 1123 *& suiv.* du moins pour ceux d'une moyenne grandeur ; car pour les grands, comme, par exemple, la feuille de chapiteau, *fig.* 1 & 2, ou toute autre feuille d'ornement d'une certaine grandeur, quoiqu'on les découpe de la même maniere que les premiers, ils sont susceptibles d'un plus grand travail, comme on va le voir ci-après.

Aux grandes feuilles d'ornements, comme celle représentée *fig.* 1, la côte *a b*, se rapporte tant pour donner de la grace à la feuille, que pour en augmenter la solidité ; cette côte suit le contour de la feuille, & on a sa longueur, ainsi que celle de cette derniere, en développant le profil, *fig.* 2, sur une ligne droite à l'ordinaire, comme l'indiquent les lignes paralleles des figures 1, 2 & 3, en observant toutefois que ces divisions paralleles doivent être prises séparément sur le devant de la feuille & sur celui de la côte, afin qu'elles se rencontrent justes les unes avec les autres, & que par conséquent la longueur extérieure de la côte, lorsqu'elle est ployée, soit égale avec la longueur intérieure de la feuille aussi ployée, & sur laquelle elle doit être appliquée, ce qui fait que la côte & la feuille sont d'inégale longueur lorsqu'elles sont développées sur une ligne droite, comme on peut le voir aux figures 3 & 4.

Quand le revers ou la retombée d'une feuille d'ornement est très-considérable, comme dans la figure 2, il n'est pas absolument nécessaire que la côte suive tout le contour de la feuille, ainsi que je l'ai observé dans cette figure, parce qu'elle ne peut pas être apparente, & qu'il n'est pas fort aisé de lui faire suivre ce contour, ou du moins de l'arrêter avec la feuille ; cependant il est bon de la prolonger en longueur le plus qu'il est possible, parce que quand elle est arrêtée avec la feuille, elle en entretient le galbe, en l'empêchant de se redresser, ce qui est tout naturel, parce qu'étant plus courte que cette derniere, elle doit l'empêcher de se redresser lorsqu'elles sont arrêtées ensemble, & qu'elles s'affleurent par leur extrémité, ce qui ne peut être qu'en les faisant ployer l'une & l'autre. Quant à la largeur & à la forme de la côte, elles sont données par le dessin, ainsi qu'à la figure 1. On y forme des tailles ou nervures avec le burin & la gouge, *fig.* 6, 7, 8 & 9, dont je parlerai ci-après.

Quand la côte est disposée, ainsi que la feuille d'ornement sur laquelle on veut l'appliquer, après avoir galbé l'une & l'autre, on commence par les arrêter ensemble par l'extrémité supérieure, qui est la plus difficile à attacher, surtout dans le cas où une feuille a beaucoup de galbe, comme aux figures 1 & 2, où on est obligé de redresser la feuille & la côte pour poser les premiers clous ; ce qui étant fait, on reploye la feuille d'ornement, & par conséquent la côte

avec,

avec elle, puis on les arrête à leur extrémité inférieure, & après dans le reste de
leur longueur, en commençant toujours du haut en bas , afin de mieux conferver leur forme.

Ces côtes s'attachent avec des clous d'épingles courts , dont la tête est un peu
large , & on les rive ou reploie par derriere pour empêcher qu'ils ne fe retirent , comme je l'ai expliqué plus haut , *page* 1136.

Les grandes feuilles d'ornement fe conftruifent ordinairement avec du bois de
boiffellerie , qu'on découpe felon la forme donnée , *fig.* 1 , ainfi que le repréfente la figure 3 ; cependant comme la feuille *fig.* 1 , préfente plufieurs maffes
de feuilles qui paffent les unes fur les autres , il feroit néceffaire que la feuille ,
fig. 4 , fût compofée d'autant de pieces qu'il y a de maffes de feuilles , (ainfi que
je l'ai indiqué par des lignes ponctuées) , lefquelles recouvriroient les unes fur
les autres , & feroient toutes attachées fur la principale piece , c'eft-à-dire ,
celle qui monte de fond & qui porte la côte , laquelle pourroit recouvrir fur les
pieces de rapport , & en cacher les joints , du moins en partie.

Des feuilles d'ornement ainfi conftruites , deviendroient d'une exécution
un peu difficile ; mais elles feroient très-bien , & approcheroient davantage de
celles de Sculpture qu'elles imitent.

De quelque maniere qu'on difpofe les feuilles ou toute autre partie d'ornement de Treillage , il faut , d'après la longueur donnée par la furface développée de ces mêmes ornements , y augmenter une queue ou tenon *A B* , *fig.*
3 , pour les attacher en place , & cela par les deux bouts , quand il n'y en aura
pas un reployé fur le nud de l'ouvrage , comme aux *fig.* 1 *& 2.*

Et quand ils feront comme ceux-ci en faillie d'un bout , & que cette faillie
& le galbe de la feuille feront confidérables , comme dans ces figures , on fera
très-bien d'y mettre des liens de fil de fer , comme de *c* à *d* , *fig.* 2 , afin que la
feuille conferve toujours le galbe qu'on lui a donné : le même lien de fil de fer
peut être continué de *d* en *e* , qui repréfente le nud de l'ouvrage , pour retenir
la feuille avec ce dernier , & empêcher qu'elle ne retombe trop en devant.

Si on craignoit que la feuille ne fe redreffât de *d* en *e* , au lieu de fil à coudre
on prendroit de gros fil de fer pour faire le lien dont je viens de parler , afin
qu'il pût mieux réfifter à l'effort que feroit la feuille pour fe redreffer , &
qu'il fervît en même temps à en retenir la retombée.

Les ornements dont je viens de parler , ne peuvent guere imiter ceux de
Sculpture que par leurs contours , vu le peu d'épaiffeur des matieres qu'on emploie à faire les ornements de Treillage , qui font fuppofés n'avoir aucune efpece
de faillie , du moins lorfqu'ils font vus de loin , ce qui , au refte , ne fait pas
mal dans les parties d'une médiocre grandeur ; mais à ceux qui préfentent de
grandes maffes , il faut non-feulement les faire de plufieurs morceaux , comme
je viens de le dire ci-deffus , mais encore les faire de morceaux affez épais pour

TREILLAGEUR.   D 14

qu'on puiſſe y indiquer les ſinuoſités des feuilles, les arêtes des côtes, &c. ſoit avec la gouge ou avec le burin.

Ce dernier, repréſenté *fig. 6 & 7*, eſt une eſpece de ciſeau dont le fer eſt d'une forme triangulaire par ſon plan *C*, & eſt évidé en dedans, de maniere qu'il coupe des deux côtés & par ſon angle *f, fig. 7*, qui eſt un peu plus court que ſes deux extrémités *g & h, même figure*, afin qu'il coupe plutôt des deux côtés que de l'angle, & que par ce moyen il n'écorche pas le bois.

La gouge, *fig. 8 & 9*, eſt une eſpece de ciſeau, ou, pour mieux dire, de fermoir creux par ſa coupe, & qui n'a par conſéquent pas de biſeau ; cependant beaucoup d'Ouvriers preferent celles qu'on affûte intérieurement, & dont par conſéquent le taillant eſt ſur l'arête extérieure, ce qui, à mon avis, en rend l'uſage beaucoup plus facile, tant pour les ouvrages dont il eſt ici queſtion, que pour les ornements découpés à jour, dont je parlerai ci-après.

Il y a des gouges de toutes ſortes de grandeurs, de plates, de demi-rondes, &c, dans le détail deſquelles je n'entrerai pas ici, parce que j'ai traité de ces ſortes d'outils dans les différentes parties de mon Ouvrage, & particuliérement dans la premiere Partie, *page 88 & ſuiv.*

Les Figures 10 & 11 repréſentent une ſcie à découper, ou, pour mieux dire une ſcie à main, qui ne differe des ſcies à main ordinaires, qu'en ce que les dents de ſa lame ſont inclinées à rebours, c'eſt-à-dire, en remontant du côté du manche, ce qui eſt néceſſaire pour que la lame ne ſe ploye pas lorſqu'on en fait uſage.

Cette eſpece de ſcie, (ainſi que beaucoup d'autres outils des Menuiſiers, comme les ciſeaux, les rapes, les grêles & écouenes, &c.) eſt utile aux Treillageurs pour faire les ornements découpés dont je vais parler dans un inſtant, après avoir dit quelque choſe des rempliſſages ou garnitures en oſier, leſquels ne ſont autre choſe que des Treillages à compartiments, le plus ſouvent loſanges, dont toutes les pieces ſont enlacées les unes ſur les autres alternativement, & dont la ſurface de ces mêmes pieces eſt ſillonnée au burin & à la gouge, comme ſi elles étoient compoſées de pluſieurs brins d'oſier joints à côté les uns des autres, ainſi que le repréſente la figure 5.

Ces ſortes de pieces ſe font ordinairement avec des morceaux de bois de frêne d'environ 2 lignes d'épaiſſeur, & on les emploie ſouvent à la conſtruction des Vaſes, des Corbeilles, & autres ouvrages de cette eſpece.

Il eſt encore une autre eſpece d'ornements propres aux ouvrages de Treillages, qui ne ſont autre choſe que des morceaux de bois de *6 à 9* lignes & même un pouce d'épaiſſeur, qu'on découpe à jour pour y former différents comparti-ments, comme aux figures 12, 13 & 14.

La ſurface de ces ornements eſt toujours plate, & on l'enrichit de canaux & de filets, qui, lorſqu'ils ſont diſpoſés avec un certain art, font un très-bon effet.

La forme de ces ornements est très-variée, ainsi que leur usage ; c'est pourquoi je n'en parlerai pas ici, me contentant de recommander à ceux qui en feront usage, de les construire avec beaucoup de solidité, en observant sur-tout qu'il ne s'y rencontre pas trop de bois de travers, ce qu'il faut éviter le plus qu'il sera possible, en disposant les pieces à découper de maniere qu'elles se présentent toujours à bois de fil, étant bien plus expédient de les faire de plusieurs pieces jointes les unes avec les autres, que d'y laisser trop de bois de bout, qui se fendent & s'éclattent à l'air.

Les différentes parties qui composent les ornements découpés, ne peuvent pas être collées, non plus que toutes les autres parties qui composent les ouvrages de Treillage ; c'est pourquoi il n'y a d'autre moyen de les arrêter ensemble que des coutures ou liens de fils de fer qui passent dans des trous qu'on y fait exprès, & qu'on a soin de bien remplir de peinture, ainsi que les joints, qu'on peut, pour plus de solidité, faire à rainure & languette, ou au moins à feuillure, pour que les pieces ne débordent pas les unes aux autres.

Outre les différents ornements dont je viens de parler, on peut encore, dans le cas d'un ouvrage de conséquence, y employer ceux de Sculpture proprement dits, ainsi qu'on peut le voir dans les Sallons représentés *Pl. 365 & 367* ; mais comme la construction de ces sortes d'ornements est du ressort du Sculpteur proprement dit, je n'en parlerai point du tout ici, si ce n'est pour recommander de ne les point faire trop délicats, & divisés par trop de parties, ce qui détruiroit la solidité de l'ouvrage ; & il faut sur-tout, autant qu'il est possible, que leurs masses soient prises à bois de fil, ce qui dépend absolument du Treillageur, qui doit préparer les masses d'ornements avant de les donner au Sculpteur.

Les ornements de Sculpture doivent aussi (ainsi que ceux de Treillages proprement dits,) être d'une forme & d'une richesse proportionnée à celle du reste de l'ouvrage, & sur-tout être tous d'un même genre, c'est-à-dire, que si les feuilles des chapiteaux sont en persil ou en laurier, il faut que celles qui ornent les moulures soient semblables, &c.

Après avoir traité des différentes especes d'ornements propres aux Treillages, & de la construction de ces mêmes ornements, je vais passer à la construction des moulures en Treillage, ou, ce qui est la même chose, enseigner la maniere d'arrêter les ornements de Treillage pour former divers membres de moulures, quels qu'en soient la forme & le profil.

Les moulures plates, comme les faces & les larmiers, se remplissent ordinairement par des compartimens droits de différentes especes, & le plus souvent avec des chevrons brisés, comme aux figures 1, 2, 3, 4 & 5, ce que les Treillageurs appellent des V ou des U : (d'où ils ont donné à tous les larmiers, ou tout autre membre plat rempli de cette maniere, le nom de *membre d'*U). Ces compartiments sont composés de lattes de frisage *A, A, fig.* 1, & de pieces trian-

Planche 372.

Planche 373.

gulaires B, qu'on nomme *coins*, lefquels s'attachent fur les bâtis de différentes manieres, felon que ces derniers font difpofés.

Quand ces membres font ifolés, comme à la figure 1, & qu'ils portent la moulure qui les couronne, on fait ordinairement des feuillures en parement & fur l'arête intérieure de ces bâtis pour y arrêter les garnitures, comme on peut le voir dans cette figure, ce qui eft fujet à deux inconvénients, dont le moindre eft la malpropreté que produifent les pointes qui arrêtent ces garnitures, & qui font reployées deffus. L'autre inconvénient eft le plein que préfente le bois du fond des feuillures qui paroît entre les compartiments, ce qui en diminue les jours, & y fait un louche défagréable à voir. Quand la moulure qui couronne le larmier fe rapporte après coup, comme cela arrive le plus ordinairement, comme à la figure 2, on attache la partie fupérieure des garnitures fur une latte, qui, alors, fait partie du bâtis, mais ce qui laiffe toujours fubfifter l'inconvénient du plein bois; à quoi on a en partie remédié en reculant la latte du haut du bâtis, qui alors fe trouve entiérement cachée fous le recouvrement de la moulure qui paffe au niveau de celle *fig.* 1, & par conféquent par le milieu du compartiment, ce qui fait bien pour le haut du larmier, *fig.* 3, mais ce qui laiffe toujours le bas dans le même état.

C'eft pourquoi je crois qu'il vaut mieux, du moins autant que cela eft poffible, faire les feuillures par derriere les bâtis pour y attacher les garnitures, ou pour recevoir ces dernieres & les lattes fur lefquelles elles font attachées, ce qui, d'une façon ou de l'autre, rend l'ouvrage beaucoup plus parfait, comme on peut le voir à la figure 4, qui eft difpofée de cette maniere, & à la figure 5, qui repréfente le larmier, *fig.* 4, vu par derriere.

Si, au lieu d'attacher les garnitures fur le bâtis même, ainfi que je l'ai fait à la figure 5, on les attachoit fur deux lattes qui formeroient un fecond bâtis qui entreroit à feuillure dans le premier, cela n'en feroit que mieux; & c'eft même le meilleur parti qu'on puiffe prendre dans tous les ouvrages de Treillages à bâtis, ainfi que je l'ai déja dit plus haut, *page* 1178.

Quant à la conftruction des larmiers ou membres d'U, elle fe fait de la maniere fuivante. On commence d'abord par préparer toutes les lattes de frifage & les coins felon la mefure donnée; ce qui étant fait, quand les compartiments s'attachent fur des lattes, ou que leurs bâtis font très-foibles, comme cela arrive le plus fouvent, on attache ces derniers fur une ou plufieurs tables placées au bout les unes des autres, & fur lefquelles font tracées la largeur & la longueur intérieure de ces bâtis vrais ou faux, en fe fervant d'un modele ou échantillon, *fig.* 11, qu'on place entre deux de diftance en diftance à mefure qu'on attache la feconde latte fur la table, afin qu'elle foit bien parallele à la premiere, qu'on a d'abord attachée le plus droit poffible.

A mefure qu'on attache les lattes ou les bâtis des larmiers dont je parle, ou de toute autre partie de Treillage de cette efpece, on en fait les joints

ou

ou habillures (du moins c'eſt la coûtume) ; & on doit avoir ſoin que ces joints
ne ſoient pas aux deux lattes vis-à-vis les uns des autres , mais en liaiſon , afin
que des parties pleines ſe trouvant en oppoſition avec les joints , l'ouvrage en
ſoit plus ſolide (*).

Quand les bâtis du larmier ſont ainſi arrêtés , on y attache les lattes de friſage , en obſervant que celle qui ſe trouve en deſſous par le bas , & à gauche
de l'ouvrage (qui eſt le côté par où on commence ordinairement) , ſoit en
deſſus de celle qui la ſuit , & ainſi des autres alternativement , comme on peut
le voir aux figures 1 , 2 & 3.

Les coins s'attachent auſſi à meſure que l'ouvrage avance , & on les arrête ,
ainſi que les lattes de friſage , avec des pointes de friſage , qu'on n'enfonce que
juſqu'à environ les deux tiers de leur longueur , & qu'on reploie enſuite en travers le fil du bois , pour le tenir plus ſolidement , & l'empêcher de ſe tourmenter.

En faiſant ainſi paſſer les lattes de friſage les unes ſur les autres , il arrive un
inconvénient , qui eſt que quand la feuillure qui porte la garniture eſt en parement , il faut la faire aſſez profonde pour qu'elle puiſſe contenir l'épaiſſeur des
deux lattes l'une ſur l'autre : d'où il ſuit de deux choſes l'une , ou qu'il faut faire
les coins d'une épaiſſeur égale à celle des deux lattes de friſage priſes enſemble ;
ou que s'ils ſont plus minces , ils n'affleurent pas le devant du bâtis ; ce qui fait
très-mal , ſur-tout quand l'ouvrage n'eſt pas d'une grandeur aſſez conſidérable
pour que ces défauts diſparoiſſent à l'œil du ſpectateur.

C'eſt pourquoi je crois qu'il vaudroit mieux , du moins autant que cela ſeroit
poſſible , attacher les friſages , & par conſéquent les coins , par derriere l'ouvrage , comme aux figures 4 & 5 ; ou ſi cela n'étoit pas poſſible , faire venir
les friſages bout à bout les uns des autres , comme à la figure 5 , ce qui leveroit
toute eſpece de difficulté , & concourroit en même temps à la perfection de
l'ouvrage , parce que les friſages étant coupés d'onglet par les bouts , on ne
pourroit pas les faire avancer ou reculer , comme cela arrive quelquefois , d'où
il réſulte qu'il y a des compartiments inégaux en largeur , ce qui fait toujours mal.

Les coins *B* , *fig.* 1 , ſe placent ordinairement à bois de fil , parce qu'étant
de ce ſens , ils ſont moins ſujets à ſe fendre lorſqu'on les arrête ſur les bâtis ;
cependant je crois qu'il vaudroit mieux les mettre en ſens contraire , c'eſt-à-
dire , à bois de bout , parce qu'étant ainſi diſpoſés , ils ſeroient moins en danger

---

(*) Ce que je dis par rapport à la diſpoſition
des joints du bâtis dont je parle , peut & doit
s'appliquer non-ſeulement à tous les membres de
moulures (c'eſt-à-dire , aux bâtis qui les portent) , mais encore à l'enſemble de pluſieurs
membres placés les uns au-deſſus des autres ; de
ſorte que tous leurs joints ſe trouvent en liaiſon ,
ce qu'il eſt très-eſſentiel d'obſerver , ſur-tout
quand l'ouvrage eſt cintré , ſoit en plan ou en
élévation , comme dans les corniches qui couronnent des parties circulaires , des niches , des
arcades , &c. qui ſe détruiſent le plus ſouvent
par le défaut de liaiſon qui ſe trouve dans les
différentes parties dont ces corniches ſont compoſées ; ce qui ne demanderoit cependant qu'un
peu plus d'attention de la part de l'Ouvrier
lorſqu'il conſtruit ces ſortes d'ouvrages , &
un peu plus de matiere , à cauſe des fauſſes
coupes qu'on eſt obligé de faire ; c'eſt à quoi on
doit avoir égard , ainſi qu'à quantité d'autres
pertes de temps ou de matieres , lorſqu'on met
le prix aux ouvrages , de quelque nature qu'ils
ſoient.

d'être caffés au moindre choc, comme cela n'arrive que trop fouvent. Quant à la difficulté de les attacher, on pourroit y remédier en plaçant les pointes moins proches des extrémités des coins, & en y faifant des trous avec le perçoir ou avec le violon, pour faciliter le paffage des pointes, qu'on rabattroît en dehors, pour empêcher que les angles du coin ne levaffent.

Toute la difficulté qu'il pourroit y avoir en plaçant ainfi les coins à bois de bout, c'eft qu'ils emploient plus de bois que de l'autre maniere, où ils peuvent être pris les uns dans les autres, & cela dans un morceau de bois dont la largeur égale la hauteur perpendiculaire du coin, ce qui eft, je crois, la feule raifon pour laquelle les Treillageurs ne mettent pas les coins à bois de bout, comme je le recommande ici.

Les Treillageurs ne prennent pas ordinairement grande précaution pour la diftribution des membres d'U, tels que ceux *fig.* 1, 2 & 3 ; car après s'être rendu compte de la hauteur de leur compartiment, ce qui eft néceffaire pour couper de longueur les frifages & les coins, ils entreprennent de remplir le bâtis en commençant par le côté gauche, comme je l'ai dit ci-deffus ; & fur-tout quand ils ont une grande longueur à remplir, ils avancent l'ouvrage jufqu'à environ les trois quarts de cette longueur, après quoi ils compaffent le quart reftant pour voir s'il fe trouvera un compte jufte de révolutions, ce qui arrive quelquefois. S'il fe trouve du plus ou du moins de longueur, comme cela arrive le plus fouvent, ils augmentent ou diminuent la diftance ou le nombre des révolutions du compartiment, felon qu'ils le jugent le plus convenable, & ils achevent de conftruire le refte de leur rempliffage fur cette nouvelle divifion.

Cette maniere, toute pratique, de remplir les compartiments dont je parle, eft très commode, parce qu'elle accélere la conftruction de l'ouvrage ; mais elle a le défaut d'être peu réguliere ; c'eft pourquoi je crois qu'il vaut beaucoup mieux faire les compartiments pour les grandeurs données, & obferver fur-tout que les milieux des compartiments fe répondent entr'eux, & particuliérement avec ceux des principales parties de l'ouvrage, comme je l'ai recommandé.

Lorfque les profils des moulures font compofés de lignes courbes, ainfi que ceux des figures 6, 7, 8, 9 & 12, leurs rempliffages (quelle qu'en foit la forme,) s'attachent par leurs extrémités ou fur les bâtis de ces mêmes moulures, ou fur des lattes ; & cela felon que la grandeur ou la forme du profil permettent de le faire le plus commodément, fans cependant faire de tort à la folidité de l'ouvrage.

Au quart de rond repréfenté *fig.* 6, on peut attacher la garniture fur les deux taffeaux ou lattes *a* & *b*, & commencer indifféremment par celui du haut ou du bas, ce qui eft égal, parce qu'on enfonce les pointes par le parement de l'ouvrage. Si au contraire on fupprimoit le taffeau du bas *b*, pour attacher la garniture fur le membre de moulure C, il faudroit commencer par attacher la partie inférieure de la garniture fur cette piece, ce qui ne pourroit être autrement, parce que dans ce cas il faut enfoncer la pointe d'un autre fens, c'eſt-à-dire, par derriere la garniture.

Lorſqu'on ſupprime ainſi le taſſeau ou latte du bas, il faut laiſſer ſubſiſter celui du haut, parce qu'il ne ſeroit pas poſſible d'attacher la garniture par derriere, ou du moins très-difficile, ſur-tout ſi la partie ſupérieure du quart de rond étoit pleine, comme dans cette figure ; de plus, il eſt beaucoup plus avantageux d'attacher le haut de cette garniture en parement, parce qu'on voit mieux ce qu'on fait, & qu'il eſt d'ailleurs ſouvent néceſſaire que ce membre de moulure, ainſi que les autres, ſoit ſéparé d'avec les parties qui le couronnent, du moins lors du temps de la conſtruction, afin que l'exécution & le tranſport de l'ouvrage ſoient plus faciles.

Lorſqu'on conſtruit des moulures rondes comme le quart de rond dont je viens de parler, on peut, pour en aſſurer la forme, y mettre par derriere, & de diſtance en diſtance, des liens de fil de fer, comme de *a* à *b*, afin de retenir l'écart des deux taſſeaux, & pour empêcher par conſéquent la garniture de ſe redreſſer, ce qu'on peut également faire aux doucines & aux talons *fig.* 8 & 9.

La garniture du cavet ou congé, *fig.* 7, peut s'attacher ſur des taſſeaux ou ſur les bâtis de l'ouvrage, ce qui eſt égal, parce que par ſa forme rien n'empêche de l'attacher en parement, ſoit qu'on commence par ſa partie ſupérieure, ou par ſa partie inférieure, ce qui, au reſte, eſt toujours mieux.

Il faut obſerver à ces ſortes de moulures, & en général à toutes celles qui finiſſent par une partie creuſe, comme la partie ſupérieure de la doucine, *fig.* 8, & la partie inférieure du talon, *fig.* 9, que la garniture ne doit pas aller juſqu'à la vive-arête de la moulure ; mais qu'il faut réſerver du plein bois au bâtis, afin que la garniture vienne l'affleurer & s'appuyer contre, ce qui termine beaucoup mieux ces moulures que ſi leur arête ſe trouvoit découpée, comme cela arriveroit, ſi on faiſoit aller la garniture juſqu'à leur vive-arête.

La doucine, *fig.* 8, & le talon, *fig.* 9, ſont des moulures mixtes, qui participent de la forme du quart de rond, *fig.* 6, & du cavet, *fig.* 7, & qui doivent par conſéquent être conſtruites, quant à leurs garnitures, par les mêmes principes ; c'eſt pourquoi je ne m'étendrai pas davantage à ce ſujet, d'autant plus que l'inſpection des figures doit être ſuffiſante.

La figure 10 repréſente une moulure nommée *bec-de-corbin*, laquelle eſt très-uſitée pour ſervir de couronnement à divers ouvrages de Treillage, ou du moins pour en terminer la corniche. Quand on conſtruit les garnitures de ces ſortes de profils, on commence par attacher leur partie inférieure en *c* ; puis quand toutes les pieces ſont ainſi attachées, on les releve pour les attacher enſuite ſur le taſſeau *d*, comme on peut le voir dans cette figure.

En général, il faut avoir grand ſoin que toutes les pieces qui doivent compoſer la garniture d'une moulure quelconque, ſoient bien égales de longueur,

PLANCHE
373.

soit qu'elles ayent des queues par le moyen defquelles on les arrête fur les bâtis ou les taffeaux, comme à la figure 6, ou qu'elles n'en ayent point du tout, comme à la figure 7 : il faut auffi que les ravalements ou feuillures qu'on fait aux bâtis pour y placer les garnitures, foient d'une profondeur égale à l'épaiffeur de ces dernieres, & leur largeur égale à la longueur de la queue des garnitures. Il faut auffi que, quand il n'y aura pas de queue aux garnitures, & que le point de centre de ces dernieres fera plus loin que leur extrémité, comme à la figure 7, il faut, dis-je, que le ravalement qui doit recevoir les extrémités des garnitures, foit en pente pour fuivre le contour de ces dernieres, ainfi que je l'ai obfervé dans cette figure, & aux figures 7, 8 & 9.

Les foins que je recommande ici, paroîtront peut-être minutieux, & par conféquent peu néceffaires ; ce font cependant ces mêmes foins qui concourent à donner aux ouvrages des Artiftes habiles, le degré de perfection que l'homme connoiffeur faifit du premier coup d'œil, & que la multitude même admire quelquefois, fans cependant être en état de fe rendre compte de ce qui fait le fujet de fon admiration, & de ce qui peut en être la caufe.

La Figure 12 repréfente le profil d'une bafe attique, & par conféquent la coupe des garnitures de cette même bafe, dont j'ai fuppofé tous les membres percés à jour. Les bâtis de cette bafe doivent, ainfi que je l'ai dit plus haut, être faits d'affemblage à traits de Jupiter, & être tournés, pour plus de perfection, & foutenus par des montants qui les tiennent élevés à la hauteur néceffaire, comme on peut le voir dans cette figure, où fe trouvent en coupe les trois cercles D, E, F, qui compofent les bâtis de cette bafe, ainfi qu'une partie du plateau de fa plinthe GH, repréfentée en plan, *fig.* 13, & les cercles ci-deffus, qui y font cotés des mêmes lettres qu'à la figure 12.

Les membres de moulures de cette bafe, du moins ceux qui font garnis de Treillages, font au nombre de trois ; favoir, les deux tores I & M, & la gorge ou fcotie L ; la garniture du petit tore s'attache d'abord d'un bout fur la cerce D, puis on la reploie pour l'attacher de l'autre fur le taffeau e, qui eft ployé circulairement, comme je l'ai enfeigné *page* 1122. La garniture de l'autre tore s'attache d'abord fur le plateau de la bafe, un peu plus loin que le centre de ce même tore, indiqué par la ligne $g\,h$; enfuite on releve la garniture pour l'attacher fur un taffeau f, conftruit de la même maniere que celui e.

La garniture de la fcotie L, s'attache immédiatement fur les deux cerces E & F, de forte qu'elle forme avec ces dernieres comme une efpece de bâtis à part, ainfi que je l'ai repréfenté *fig.* 14 ; & on commence par attacher fa partie fupérieure en i, *fig.* 12, puis on la reploie pour attacher fa partie inférieure en l, ce qui eft tout naturel, puifque cette derniere partie excede de beaucoup la faillie de l'autre.

En conftruifant ainfi cette bafe en trois parties féparées, on a la commodité de travailler plus librement, & on n'eft pas expofé à détruire ou à endommager

une

une partie déja faite, tandis qu'on en conftruit une autre.

Quand tous les membres de moulures qui doivent compofer foit une corniche ou une bafe, comme celle *fig.* 12, font terminés chacun féparément,
on les réunit tous enfemble, & on les attache le plus folidement qu'il eft
poffible, foit avec des pointes ou avec des liens de fil de fer, fi on ne peut
pas y employer de pointes, où que l'ouvrage foit d'une nature à être démonté
pour être peint; dans ce dernier cas, il faut faire en forte que les liens
foient placés de maniere à n'être point apparents que le moins qu'il eft poffible,
& qu'il y en ait une quantité fuffifante pour que l'ouvrage foit folidement
attaché.

Quand les parties qui font compofées de plufieurs membres de moulures,
font cintrées fur leur plan, ainfi que la bafe, *fig.* 12, repréfentée en plan
fig. 13, on doit avoir grand foin de tracer fur ce plan toutes les parties qui
compofent tant les bâtis que les rempliffages ou garnitures des moulures, dont
les faillies font indiquées par les lignes ponctuées *m n o & p q H.* Il faut auffi,
comme je l'ai déja dit, tracer fur ce plan les divifions des compartiments ou
ornements des moulures, & les faire tendre aux divers centres du plan, fuppofé qu'il y en ait plufieurs: aux bafes des colonnes fur-tout, il faut faire ces
divifions tendantes au centre *N, fig.* 13, & les difpofer de maniere qu'elles
correfpondent au milieu des cannelures ou des lifteaux de ces dernieres, felon
la forme & la grandeur des ornements de la bafe, afin que ces derniers foient
correfpondants les uns aux autres, & aux cannelures qui ornent le fût de la
colonne.

Voilà, en général, tout ce qu'il eft néceffaire de dire touchant ce qui concerne les ornements des moulures de Treillage, & la conftruction de ces
mêmes moulures, les préceptes que j'ai donnés à ce fujet pouvant s'appliquer
à tous les cas, felon la forme & la nature des différents ouvrages.

§. II. *Des Vafes & des Chapiteaux de Treillages, & de la maniere de les conftruire.*

Le détail dans lequel je vais entrer au fujet des Vafes de Treillages, aura
plus pour objet la conftruction de ces mêmes Vafes, que leurs forme & décoration, qui, fi elle n'eft pas arbitraire, eft du moins très-variée, & cela par
rapport à la diverfité & au plus ou moins de richeffe des ouvrages où on en fait
ufage.

Les Vafes de Treillages repréfentés en élévation, *fig.* 1 & 3, & en coupe,
fig. 2 & 4, font, quant à leur conftruction, tous du reffort du Treillageur proprement dit, du moins à quelques parties près, comme on le verra dans la
fuite, & qu'il pourroit faire lui-même s'il le jugeoit à propos.

Pour bien entendre la conftruction des Vafes de Treillages, on doit les confidérer comme un compofé de plufieurs membres de moulures placés les uns au-deffus des autres, de maniere cependant qu'ils puiffent fe féparer quand on le juge à propos, ce qui eft néceffaire non-feulement pour les conftruire, mais encore pour les peindre après qu'ils font faits, ainfi qu'on peut le voir à la figure 5, où les diverfes parties *A*, *B*, *C* & *D*, qui compofent le Vafe, *fig.* 1, font toutes féparées les unes des autres ; & à la figure 7, où celles *E*, *F*, *G* & *H*, du Vafe, *fig.* 3, font pareillement féparées & cotées des mêmes lettres qu'à la figure 3.

Quand toutes les parties d'un Vafe font réunies, on les arrête enfemble par le moyen d'une tringle de fer *a b*, *fig.* 2, qui fert d'axe au Vafe, & qui paffe au travers des gobrioles *c*, *d*, du haut & du bas du Vafe, & du moyeu *e*, qui porte les fleurs, au-deffus duquel on place une clavette *f*, qui paffe au travers de l'axe de fer *a b*, & par ce moyen arrête toutes les parties du Vafe d'une maniere folide.

Les Treillageurs nomment *gobrioles* des morceaux de bois, *fig.* 9 & 10, (qui font les mêmes que ceux *c*, *d*, *fig.* 2, mais du double plus grands), qu'ils placent aux parties les plus étroites d'un Vafe, & le plus ordinairement par le bas, pour mieux en fupporter le poids, & fur lefquels ils attachent une partie des garnitures de ce dernier. Les gobrioles font percées pour laiffer le paffage de l'axe de fer qui monte dans toute la hauteur du Vafe, & on les affemble, fur-tout celui du bas, dans le plateau de la plinthe du Vafe repréfenté en coupe, *fig.* 9, & en plan, *fig.* 12.

Les gobrioles portent ordinairement plufieurs membres de moulures, qui, à moins que le Vafe ne foit très-grand, fe trouvent trop petites pour être faites en Treillage, ce qui oblige à faire tourner les gobrioles ainfi que celles *fig.* 9 & 10, lefquelles font repréfentées en plan *fig.* 6, 8 & 12.

Aux ouvrages communs, les Treillageurs ne prennent pas beaucoup de précaution pour faire les gobrioles des Vafes, qu'ils font avec un morceau de bois à peu-près arrondi, fur lequel ils attachent les garnitures ; & quand il eft néceffaire qu'il y ait des moulures, ils les font avec des cercles de bois plus ou moins épais, qu'ils ploient & attachent deffus, ce qui fait toujours un très-mauvais effet.

Le moyeu *e*, *fig.* 2, & *g*, *fig.* 4, n'eft autre chofe qu'un morceau de bois percé dans fa longueur pour le paffage de l'axe de fer, & fur la furface duquel font plufieurs trous deftinés à recevoir les tiges des fleurs dont on orne quelquefois la partie fupérieure des Vafes d'où ces fleurs femblent fortir.

Il feroit à fouhaiter que l'axe de fer qui paffe au travers du Vafe, fût adhérent au corps de l'ouvrage fur lequel ce dernier eft placé, ainfi que je l'ai dit plus haut, & que cet axe fût quarré par fon plan, afin que le Vafe ne fût pas fujet à tourner fur lui-même, comme cela arrive quelquefois, ce qui donneroit, à la vérité, un peu de fujétion en attachant les garnitures du Vafe fur les gobrioles, mais en même temps rendroit l'exécution de l'ouvrage beaucoup plus parfaite.

Les bâtis des autres parties des Vases, c'est-à-dire, de celles qui sont les plus évasées, se font avec des cercles qu'on fait ployer comme je l'ai enseigné ci-dessus, *page* 1122 ; & quand la forme de ces bâtis exige qu'il y ait des feuillures ou des corps saillants, on parvient à les faire en mettant plusieurs cercles les uns sur les autres, auxquels on donne une épaisseur & une largeur convenables, selon que l'exigent la forme & la grandeur du Vase, ainsi qu'on peut le voir, quoique très-en petit, aux figures 2 & 4.

Cependant s'il arrivoit que le Vase fût d'une certaine grandeur, comme de 2 à 2 pieds & demi de diametre, on feroit très-bien de faire ces bâtis d'assemblages, & de les faire tourner comme ceux du vase de la Corbeille de terre, *Pl.* 369, ce qui rendroit l'ouvrage beaucoup plus solide, & sur-tout plus parfait.

Quant à ce qui est de la construction proprement dite des Vases, c'est-à-dire, des garnitures de Treillage qui les décorent, c'est la même chose que pour les membres de moulures dont j'ai parlé ci-dessus ; c'est pourquoi je n'entrerai pas dans un plus grand détail à ce sujet, parce que ce ne pourroit être qu'une répétition de ce que j'ai déja dit, excepté que pour les gobrioles, les garnitures qui les entourent s'attachent d'abord dessus, en prenant la précaution de les placer sur la grande bigorne *fig.* 11, *Pl.* 351, tant pour que le coup de marteau porte mieux, que pour ne point froisser les garnitures déja attachées ; ce qui étant fait, on met la gobriole en place, & on acheve d'attacher ces garnitures sur le plateau du Vase, & ainsi des autres.

Quand toutes les parties qui composent un Vase sont terminées, on les assemble & on les arrête avec des liens de fil de fer, en observant de n'en mettre que ce qui est nécessaire pour que ces différentes parties ne se séparent pas, parce qu'il faut les désassembler de nouveau pour les peindre intérieurement avant de les mettre en place, ce qu'on ne fait qu'après les avoir remontés & attachés solidement.

Les Corbeilles, les Cassolettes, & même les Candelabres, se construisent de la même maniere que les Vases dont je viens de faire la description ; c'est pourquoi je ne m'étendrai pas davantage à ce sujet.

Avant de passer au troisieme Paragraphe de cette Section, où je traiterai des Fleurs en Treillage, je vais parler de la construction des Chapiteaux Ioniques & Corinthiens, lesquels, pour être bien faits, méritent quelques détails, comme on le verra ci-après.

Je ne parlerai pas ici de la forme & des ornements des Chapiteaux Ioniques & Corinthiens représentés dans cette Planche, parce que j'en ai traité avec assez d'étendue au commencement de cette Partie de mon Ouvrage ; je ne vais maintenant m'occuper que de ce qui a rapport à leur construction, relativement au Treillage.

PLANCHE 374.

PLANCHE 375.

Les figures 1 & 2 repréfentent la coupe & la face d'un Chapiteau Ionique antique, dont le tailloir eft fait en plein bois, ainfi que la baguette de deffous l'ove & fon filet, & l'aftragale du Chapiteau, dont le boudin fait partie de ce dernier. L'ove, ainfi que le gorgerin, font difpofés pour recevoir des garnitures de Treillage, ainfi que l'intérieur des révolutions de la volute, *fig.* 2.

Cette volute eft la partie du Chapiteau la plus difficile à exécuter en Treillage, à caufe de la régularité qu'exige la circonvolution de fon lifteau, qu'il n'eft guere poffible de bien faire avec du bois ployé, ce qui a quelquefois obligé les Treillageurs de faire conftruire ces lifteaux en fer : l'exécution des volutes eft devenue par-là plus parfaite & beaucoup plus folide, mais, à la vérité, bien plus coûteufe.

La trop grande dépenfe qu'exigeoient les fers des volutes, les a fait abandonner par la plupart des Treillageurs ; & au lieu de ces derniers, ils ont fait des volutes en plein bois qu'ils ont découpées à jour & remplies intérieurement de diverfes fortes d'ornements, ainfi qu'ils faifoient aux volutes dont les lifteaux étoient conftruits en fer.

Cette derniere maniere de faire les volutes, eft bien moins coûteufe que l'autre ; mais auffi a-t-elle le défaut d'être moins parfaite, & fur-tout bien moins folide ; parce que pour peu que les volutes foient petites, il n'eft pas poffible de les contourner autant qu'il eft néceffaire & à la fimple épaiffeur du lifteau, fans qu'elles ne fe caffent dans les endroits où ce dernier fe trouve à bois de bout ; & quand cela feroit poffible, de femblables volutes feroient bientôt détruites au grand air, à moins qu'au lieu de découper ces volutes tout-à-fait, on ne les prît dans une piece de bois très-épaiffe, & qui, dans le cas d'un Chapiteau Ionique moderne, fuffiroit pour prendre les deux volutes d'angle, & qu'on fculptât cette piece en forme de volute, & cela à une profondeur fuffifante pour pouvoir contenir les ornements de Treillage qu'on y adapte à l'ordinaire.

De femblables volutes faites par un bon Artifte, font très-folides, & ne peuvent que bien faire ; mais ce n'eft que de la Sculpture & non du Treillage ; c'eft pourquoi je crois qu'on doit préférer les volutes dont le lifteau eft fait en fer, ou, fi l'on veut ménager la dépenfe, avec du bois ployé, ce qui peut fe faire de la maniere fuivante.

On fait le développement du lifteau de la volute fur une ligne droite, afin d'avoir la longueur de la piece qui doit former le lifteau & fon épaiffeur dans les différentes parties de cette longueur ; ce qui étant fait, on prend un morceau de bois de frêne ou de châtaignier très-liant & bien de fil, qu'on corroye comme l'indique le développement qu'on en a fait, ainfi que je l'ai dit ci-deffus ; après quoi on le mouille & on le fait chauffer pour le rendre plus élaftique, puis on l'attache, par fon extrémité la plus menue, fur un morceau de bois arrondi, dont le diametre eft égal à l'œil de la volute : puis on fait ployer le

lifteau

liſteau en tournant, autant que cela eſt néceſſaire ; & pour qu'il prenne
une forme réguliere, on l'aſſujétit avec des liens de fil de fer ſur un ſemblable
liſteau fait en fer, pour, en cet état, recevoir les garnitures de Treillage, qui
étant une fois arrêtées en place, empêchent le liſteau de ſe redreſſer, & par
conſéquent de changer de forme.

Au lieu d'un modele de fer que je propoſe ici, on pourroit, par économie,
ſe ſervir d'un moule de bois creux, dans lequel on feroit entrer le liſteau de
bois du côté du parement, & à environ la moitié de ſon épaiſſeur, afin d'avoir
l'aiſance d'y attacher par derriere des liens de fil de fer qui, entretenant ces
diverſes révolutions les unes avec les autres, l'empêcheroient de s'écarter lorſqu'on l'auroit retiré du moule pour le garnir d'ornements à l'ordinaire.

Il faut avoir deux moules ſemblables, l'un à droite, & l'autre à gauche,
ce qui eſt fort aiſé à concevoir, puiſqu'à chaque face du Chapiteau il y a deux
volutes dont le contour eſt d'un ſens oppoſé.

Tant que les volutes ſont arraſées ſur leurs faces, ce que je viens de dire ne
ſouffre pas de difficultés ; mais quand on les fait ſortir du centre en forme de
limaçons, leur exécution devient beaucoup plus difficile, parce que ſi on ſe
ſert de modeles de fer pour les contourner, comme je l'ai dit ci-deſſus, il
faut alors en faire deux, l'un à droite & l'autre à gauche, ce qui, dans ce cas,
vaut mieux que des moules de bois, qu'on pourroit creuſer de même en limaçons, mais qui ne pourroient pas donner une forme auſſi réguliere aux volutes,
parce que, comme il faut les retirer du moule pour les garnir, elles pourroient
alors changer de forme en s'applatiſſant, ce qu'il faut éviter le plus qu'il eſt
poſſible.

Les couſſinets des volutes du Chapiteau Ionique antique, ſe conſtruiſent très-
facilement en Treillage ; & pour que tout l'enſemble des volutes & des couſſinets ne faſſe qu'un, on peut prolonger les axes des volutes de l'une à l'autre,
en paſſant en travers & ſur la longueur des couſſinets, ou, pour mieux dire,
prolonger l'axe des couſſinets autant qu'il eſt néceſſaire pour qu'il entre par
chacun de ſes bouts dans les morceaux de bois qui ſervent d'œils aux volutes,
qui, dans le cas d'un Chapiteau antique, peuvent être arrêtées avec le taillor,
& ſe revêtir enſuite, ainſi que ce dernier, ſur le tambour qui porte les oves,
& qui termine le fût ſupérieur de la colonne.

Les volutes du Chapiteau Ionique moderne, repréſenté en face, *fig.* 3,
& en coupe, *fig.* 4, ſe conſtruiſent de la même maniere que celles dont je
viens de parler ci-deſſus, à l'exception qu'il faut qu'elles ſoient creuſes ſur leurs
faces verticales, en ſuivant à peu-près le plan du taillor, ſoit qu'elles ſoient
arraſées ſur leurs faces, ou ſaillantes en forme de limaçons, ce qui fait toujours
mieux.

Ces volutes peuvent être adhérentes au taillor du Chapiteau ou au fût ſupérieur de la colonne, ce qui eſt égal ; mais d'une façon ou de l'autre, elles ſont

toujours jointes deux à deux à chaque angle par des garnitures de Treillage qui en fuivent extérieurement le contour ; & pour que le centre des volutes ne puiffe pas rentrer en dedans ni fortir en dehors, il eft bon de mettre entre-deux un faux axe arrêté avec les pieces qui forment l'œil de chaque volute.

Le tailloir du Chapiteau moderne fe fait d'affemblage, ainfi que celui du Chapiteau antique, & l'un & l'autre portent fur des montants qui font partie du fût fupérieur de la colonne, ou, pour mieux dire, du tambour qui termine ce fût, foit que ce tambour porte une partie de l'aftragale, comme à la figure 1, ou que ce dernier appartienne tout-à-fait au fût de la colonne, comme à la figure 4.

Il eft rare qu'on mette des aftragales aux colonnes Ioniques ; le contraire arrive même le plus fouvent : alors le fût de la colonne monte jufqu'au-deffous de la baguette de l'ove du Chapiteau, & le filet de deffous la baguette refte adhérent avec le fût fupérieur de la colonne, comme je l'ai obfervé à la figure 4, cote *A*.

Les figures 5 & 6, repréfentent un Chapiteau Corinthien vu de face & en coupe. Ce Chapiteau (du moins quant à fa conftruction) eft compofé de trois parties principales ; favoir, le tailloir, le tambour ou vafe, les feuilles & autres ornements qui entourent ce dernier.

Le tailloir repréfenté vu en deffous, *fig.* 7, cote *F*, & en deffus, *même figure*, cote *G*, eft compofé de quatre pieces de bois affemblées d'onglet, de maniere que le joint paffe par le milieu des faces des angles, comme on peut le voir dans cette figure, où quand ce joint eft bien fait, il eft peu apparent ; cependant on pourroit éviter de le faire ainfi au milieu de cette face, en y faifant deux coupes, l'une d'onglet, qui iroit jufqu'à la rencontre du profil, & l'autre qui fuivroit la coupe, ou, pour mieux dire, l'angle de ce même profil, foit en *a* ou en *b*, *fig.* 7, ce qui feroit égal ; mais, comme je viens de le dire, cette précaution n'eft pas fort néceffaire pour l'ouvrage dont il eft ici queftion, où la folidité des affemblages eft la partie la plus recommandable.

Le deffus du tailloir, cote *D*, *fig.* 6, & cote *G*, *fig.* 7, eft difpofé en chanfrein, pour faciliter l'écoulement des eaux qui tombent deffus, & le deffous eft fouillé circulairement pour recevoir la piece qui forme le deffus du tambour, laquelle entre dans le tailloir, & y eft, par ce moyen, arrêtée d'une maniere fixe. Dans le milieu du vide du tailloir, on affemble une croix, ou tout fimplement une traverfe, comme à la figure 7, dans le milieu de laquelle traverfe paffe l'axe de la colonne (que les Treillageurs nomment auffi *mandrin*, fur-tout quand il eft fait en bois) ; & pour que les affemblages qu'on feroit dans les pieces du tailloir pour recevoir une croix ou cette traverfe, n'en diminuent pas la force, on peut les fupprimer tout-à-fait, & mettre fimplement ces dernieres en entaille deffus, & les attacher avec des vis, comme je l'ai obfervé à la figure 6.

Quand les Chapiteaux sont d'une moyenne grandeur, les tailloirs se font ordinairement à bois apparent, comme à la figure 5, cote *B*, à la figure 7 & à la figure 6, cote *D*; mais quand ils sont très-grands, & qu'on craint que leurs masses ne produisent trop de plein, on fait très-bien de les orner de garnitures de Treillage, comme à la figure 5, cote *C*, où il n'y a que le filet qui sépare les deux moulures du tailloir, qui soit plein; & dans ce dernier cas, on dispose le profil du tailloir pour recevoir des garnitures de Treillage, ainsi qu'on peut le voir à la figure 6, cote *E*, en observant de lui laisser toujours sa hauteur ordinaire, comme je l'ai fait ici, afin que, quoique léger en apparence, il soit réellement solide, ce qui, d'ailleurs, ne change rien à sa construction, qui est, quant au reste, la même qu'à celui représenté en plan, *fig. 7.*

Le tambour ou vase du Chapiteau est composé de deux cerces, dont une, qui est l'inférieure, vient reposer sur l'astragale de la colonne, ainsi qu'à la figure 6, cote *D*, ou bien fait partie de cet astragale, comme à cette même figure, cote *E*.

L'autre cerce qui termine la partie supérieure du tambour, est très-large, afin de déborder autant que l'exige la saillie des levres du vase. Quant à son épaisseur, elle est aussi déterminée par l'épaisseur de la levre du vase, plus ce qu'il faut pour entrer en dessous du tailloir, comme on peut le voir dans cette figure.

Cette cerce, qui est représentée en plan & vue en dessous, *fig.* 8, cote *H*, & vue en dessus, *même figure*, cote *I*, est assemblée avec l'autre cerce du bas du tambour ou vase du Chapiteau, par le moyen de huit montants qui répondent aux huit points principaux du plan, de maniere qu'ils se trouvent en partie cachés par les feuilles du Chapiteau.

Toute la surface extérieure du tambour est garnie de Treillages à compartiments, qui en forment une espece de Corbeille, comme le représente la figure 5, cote *B*; il faut, autant qu'il est possible, qu'il se trouve un milieu de compartiment aux huit principaux points du cercle du plan, afin que ce qui en reste apparent se trouve au milieu des huit faces du Chapiteau, ainsi que je l'ai fait ici.

C'est par-dessus cette espece de vase, que se placent les volutes & les feuilles qui forment la décoration de ce Chapiteau, & cela selon l'ordre prescrit par les regles de l'Architecture, comme on a pu le voir au commencement de cette Partie de mon Ouvrage; c'est pourquoi je n'en parlerai pas ici, du moins quant à leurs formes: pour ce qui est de leur construction, c'est la même chose que pour les feuilles d'ornements dont j'ai parlé ci-dessus.

Les volutes & les hélices peuvent se construire avec du bois ployé; mais elles sont mieux faites lorsqu'elles sont sculptées, quoiqu'elles soient moins solides que de l'autre façon.

Toutes ces pieces se construisent à part, & on les réunit par le moyen des coutures ou liens de fil de fer, du moins pour les parties qui n'ont pas besoin d'être clouées.

Quand toutes font prêtes, on commence par pofer & arrêter en place les volutes & les hélices, dont les tiges fe réunissent en une feule à l'endroit des caulicoles; cette tige doit être très-menue par le bas, & amincie prefqu'à rien, afin de ne pas nuire à la feuille qui fe trouve placée deffus : les feuilles fe placent enfuite, en commençant d'abord par celles de derriere, qui font les plus longues, & en finissant par celles du bas, qui font les plus courtes, comme on peut le voir à la figure 5, cote C, où les feuilles font chacune à leur place, & deffinées en masses feulement.

Il faut avoir grand foin, lorfqu'on arrête les différentes parties d'un Chapiteau, de le faire très-folidement, mais de maniere cependant qu'elles puissent être détachées quand on le juge à propos, foit pour peindre l'ouvrage ou pour le réparer.

Les Chapiteaux Compofites fe conftruifent de la même maniere que les Chapiteaux Ioniques & Corinthiens, dont ils font un assemblage, comme je l'ai dit en fon lieu ; c'est pourquoi je n'en parlerai pas du tout ici.

§. III. *Des Fleurs en Treillages, & de leur conftruction.*

La conftruction des Fleurs en Treillages, est une partie de l'Art du Treillageur, qui, fi elle n'est pas la plus favante, est celle qui demande le plus de patience & d'adresse de la part de l'Artifte, & qui a été portée de nos jours à un degré de perfection dont on n'auroit jamais cru qu'elle fût fufceptible. Les Fleurs en Treillages ne font plus actuellement (du moins quand elles font bien faites) un assemblage de copeaux groffiérement travaillés, qui resembloient à peu-près à des fleurs d'une forme bizarre & fouvent faites au hazard ; mais c'est l'imitation la plus parfaite de ces belles productions de la nature : c'est, pour tout dire en un mot, un nouvel Art rival de la Sculpture, & qui s'efforce d'égaler cette derniere, s'il ne la furpasse pas quelquefois, du moins pour les ouvrages dont il est ici question.

En effet, les fleurs faites par le moyen de la Sculpture, quelque parfaites qu'elles puissent être, font toujours un peu lourdes, & ne peuvent pas être auffi détaillées qu'elles le font dans la nature ; au lieu que celles faites en Treillages en ont toute la légéreté, & imitent d'autant mieux les fleurs naturelles, qu'elles font, ainfi que ces dernieres, compofées d'une infinité de feuilles ou pétales qui recouvrent les unes fur les autres.

On ne fauroit cependant nier que les fleurs de Treillages, telles que je viens de les dépeindre, ne tiennent & ne doivent beaucoup à la Sculpture ; car c'est par le fecours de cette derniere, que les Treillageurs imitent certaines fleurs ou parties de fleurs, qu'ils ne pourroient pas exécuter autrement que par

le

le moyen du ciseau & de la gouge ; c'est pourquoi l'exécution des fleurs en
Treillages peut & doit même être considérée comme une espece de Sculpture
de pieces de rapport.

PLANCHE 375.

Je n'entrerai pas ici dans le détail des différentes fleurs qu'on peut exécuter
en Treillage, parce que ce détail seroit aussi immense qu'inutile, puisqu'il n'y
a pas de meilleur livre pour étudier la nature, que la nature même. C'est donc
à ce grand livre toujours ouvert aux yeux de l'homme studieux, que je renverrai
pour l'étude des fleurs, du moins quant à leurs formes, me contentant de donner ici quelques exemples de feuilles, tant composées que naturelles, & dont
l'usage est le plus commun dans les ouvrages ordinaires.

PLANCHE 376.

Les feuilles composées sont celles qui n'ont pas de modeles dans la nature,
du moins pour la forme de leur ensemble ; telles sont, par exemple, les feuilles
qui ornent les chapiteaux Corinthiens & Composites, lesquelles sont connues
sous les noms de *feuilles d'olivier*, de *persil*, de *laurier*, d'*acanthe*, &c. parce
qu'elles sont composées de plusieurs masses de ces sortes de feuilles.

Les feuilles naturelles sont celles dont la forme est exactement la même que
dans la nature, d'après laquelle on les a copiées, comme, par exemple, les
feuilles de chêne, de laurier, d'olivier, de myrte, de roses, de pavots, &c.
Ces sortes de feuilles servent à faire des guirlandes, des couronnes, &c ; &
l'on fait choix dans ces diverses especes selon l'expression de l'ouvrage où on
les emploie, afin que l'ensemble & les parties de détail de ces mêmes ouvrages,
soient d'accord entr'eux, & tous ensemble avec la destination totale de l'édifice.

Les quatre premieres figures de cette Planche, représentent des feuilles composées, dessinées d'après les beaux Chapiteaux Corinthiens & Composites de
l'Œuvre de Daviler, édition de 1710.

La figure 1 est une feuille de laurier; la seconde, une feuille d'acanthe ; la
troisieme, une feuille d'olivier; & la quatrieme, une feuille de persil. La seconde & la troisieme de ces especes de feuilles, sont particuliérement consa-
crées aux Chapiteaux Corinthiens, & les deux autres aux Chapiteaux Composites, du moins tel a été l'usage des Anciens & de la plus grande partie des
Modernes. Ces feuilles servent non-seulement à la décoration des chapiteaux
des colonnes, mais encore à beaucoup d'autres parties d'Architecture, comme
les gorges des corniches & des plafonds, les différents membres de moulures,
&c; c'est ce qui m'a engagé à en donner ici un exemple, avant de parler des
feuilles naturelles représentées dans les autres figures de cette Planche.

Les feuilles naturelles dont on fait le plus d'usage dans la composition des
guirlandes & autres ornements de cette espece, sont les feuilles de chêne, *fig.*
5 ; les feuilles de laurier, *fig.* 7 ; celles d'olivier, *fig.* 9 ; celles de myrte, *fig.*
11 ; enfin celles de roses & de pavots, *fig.* 13 & 15.

On fait des guirlandes avec ces différentes especes de feuilles, de plusieurs
manieres, c'est-à-dire, où elles sont diversement disposées. Les plus simples

& les plus naturelles se font avec des branches de ces différents arbres, garnies de leurs feuilles & de leurs fruits, représentées *fig.* 17, 18, 19 & 20. D'autres guirlandes se font simplement de feuilles attachées par paquets, qui sont indépendants les uns des autres, ce qui forme des intervalles dans le cours de la guirlande ; d'autres enfin sont, ainsi que ces dernieres, composées toutes de feuilles, mais qui sont disposées de maniere qu'elles ne laissent pas d'intervalles entr'elles, & recouvrent les unes sur les autres d'environ un tiers de leur longueur ; & chaque côte ou milieu de feuille est placé au milieu de l'intervalle que laisse celle qui la couvre.

Il est rare qu'on fasse des guirlandes seulement de feuilles de roses ou de pavots, ces sortes de feuilles se joignant toujours à leurs fleurs pour faire des guirlandes plus riches & plus ornées. Si donc je les ai représentées ici, ce n'est que parce qu'il arrive qu'on en fait quelquefois usage indépendamment de leurs fleurs.

Les feuilles que j'ai représentées ici, ne sont pas les seules dont on se sert pour faire des guirlandes : car on peut y employer également celles de palmier, de cyprès, de lierre, de vigne, &c ; mais comme les ouvrages de Treillages sont pour l'ordinaire d'une expression gaye & légere, tous les ornements n'y sont pas propres, soit par rapport à leurs formes générales, ou aux parties qui les composent ; & c'est pour cette raison que je ne fais mention que de ceux qui y sont les plus analogues.

Les feuilles dont je viens de parler sont simples ou ornées, c'est-à-dire, qu'on peut les faire comme les figures 6, 8, 10, 12, 14 & 16, qui, quoique les mêmes que celles *fig.* 5, 7, 9, 11, 13 & 15, ne sont susceptibles d'aucun relief apparent, & sont simplement contournées & quelquefois un peu galbées ; au lieu que les autres sont susceptibles de reliefs qui représentent les saillies des côtes, & les principales ramifications des feuilles.

Ces dernieres sortes de feuilles tiennent pour beaucoup à la Sculpture, & on ne les emploie que dans les ouvrages qui sont d'une nature à être vus de près ; car quand les guirlandes, ou autres ornements de Treillages, sont destinés à être placés loin de l'œil du spectateur, les feuilles simples font tout aussi bien que les autres, c'est-à-dire, celles qui sont sculptées.

De quelque maniere que les feuilles soient disposées, il faut toujours réserver à leur extremité inférieure un pédicule ou queue, tant pour imiter plus parfaitement la nature, que pour avoir le moyen de les attacher pour en faire des guirlandes, des bouquets, &c.

Je n'entrerai dans aucun détail au sujet des fleurs, du moins quant à leurs formes, pour les raisons que j'ai données ci-dessus. Je vais simplement dire quelque chose des diverses parties dont la plûpart sont ordinairement composées, après quoi je passerai à leur exécution en Treillages.

Les fleurs sont, en général, composées de plusieurs parties principales, soit

internes ou externes ; les parties internes font les étamines & le piftil, & les
parties externes font les pétales & le calyce : ce font ces dernieres dont la connoiffance eft la plus néceffaire aux Treillageurs.

Les pétales font les parties les-plus apparentes des fleurs : ce font ces feuilles
colorées qui en forment l'enceinte & la principale partie, lefquelles prennent
naiffance dans le calyce, où elles font attachées, (fuppofé qu'il y en ait un ;
car il y a des fleurs qui n'en ont pas). Le calyce eft la partie inférieure de la
fleur, d'où fortent toutes les autres ; c'eft une efpece d'enceinte formée par le
renflement des pédicules ou tiges qui portent les fleurs.

Les calyces des fleurs font prefque toujours découpés par leur extrémité
fupérieure : leurs formes font variées à l'infini, ainfi que celles des pétales
ou feuilles coloriées. Quant aux parties internes, elles font la plupart trop
petites pour être exactement copiées par les Treillageurs ; & comme elles
varient beaucoup felon les différents fujets, je n'en parlerai pas ici, parce qu'on
pourra avoir recours aux originaux pris dans la nature même, comme je l'ai dit
ci-deffus.

Les fleurs faites en Treillages font, en général, compofées de feuilles ou
pétales, & du bouton ou tige. Le bouton, *fig. 4*, n'eft autre chofe qu'un
morceau de bois tourné felon que l'exige la forme des fleurs qu'on veut exécuter. La partie fupérieure de ce bouton eft diverfement travaillée, pour repréfenter l'intérieur des fleurs autant bien qu'il eft poffible, & fa partie inférieure
eft coupée en biais ou habillure, pour la rejoindre à une tige plus longue,
fuppofé qu'on foit obligé de faire cette tige de deux pieces, foit pour avoir
la commodité de la tourner plus aifément, ou pour quelque autre raifon que
ce foit.

Aux ouvrages communs les Treillageurs ne font pas tourner les boutons ; ils
les font tout uniment avec un morceau de bois de frêne, dont ils fendent l'extrémité fupérieure en divers fens & à 6 ou 8 lignes de profondeur, pour y faire
une barbe, au milieu de laquelle ils laiffent fubfifter une efpece de bouton de
bois plein, fait au couteau ou au cifeau tout fimplement, comme on peut le
voir à la figure 7.

En préparant les boutons, il faut avoir foin que leur forme, & fur-tout
leur groffeur, foient relatives à celle de la fleur qu'on veut faire, & diminuer
fur cette épaiffeur celle des feuilles ou pétales qui doivent être attachées deffus,
foit que cette fleur ait un calyce ou non, parce que dans le premier cas le bas du
calyce eft formé dans le bouton, & on l'acheve avec de petits morceaux qu'on
rapporte après avoir attaché toutes les pétales.

Quant à ces dernieres, on les prépare toutes felon la forme & la grandeur
qu'elles doivent avoir & felon la place qu'elles doivent occuper ; ce qui étant fait,
on les courbe au feu, quand c'eft pour faire de l'ouvrage propre, ou on les mâtine
à la tenaille, fi c'eft de l'ouvrage commun ; après quoi on les attache fur le

bouton ou tige, en commençant par celles de l'intérieur de la fleur, où font les plus petites pétales, & en finissant par celles de l'extérieur, où font les plus grandes, comme on peut le voir aux figures 6 & 9, qui représentent les coupes des deux fleurs, *fig.* 5 & 8, dont la premiere est une rose, & l'autre un pavot.

Chaque pétale s'attache avec une ou deux broquettes à tête plate ; & quand les fleurs font petites, on fait usage de clous d'épingle, dont la tige est courte & la tête large & plate ; & il faut avoir foin, en attachant les pétales ou feuilles des fleurs, d'y faire des trous avec le perçoir, pour que les clous ne les faffent pas fendre.

Les fleurs qui fe trouvent trop petites pour être faites de pieces rapportées, comme le jasmin & autres, on les prend en plein bois qu'on découpe, ainsi qu'on peut le voir à la figure 11.

Ces fortes de fleurs ne deviennent trop petites pour être exécutées de plusieurs pieces, qu'autant qu'on les fait de grandeur naturelle, ce qui arrive rarement ; mais on peut presque toujours les faire en pieces de rapport, de quelque espece que puissent être ces fleurs.

On fait quelquefois des guirlandes de fleurs & de fruits ; alors ces derniers font sculptés dans du bois léger & liant, & on les monte fur un pédicule ou tige, par le moyen duquel on les attache, (ainsi que les fleurs), fur un mandrin ou masse de bois représenté *fig.* 1 & 3, qui est contourné felon la forme qu'on veut donner à la guirlande, laquelle doit être deffinée à part, comme celle représentée *fig.* 2.

Quand on veut faire des bouquets de fleurs qui terminent des Corbeilles ou des Vafes, on fait leur tige droite, & on la fait entrer dans des moyeux ou mandrins qui terminent ces derniers, *fig.* 12, comme je l'ai dit plus haut, ce qui n'est pas bien, & n'est guere tolérable que quand ils font élevés à une très-grande hauteur ; car quand ils font placés fous les yeux, il vaut mieux faire courber la tige des fleurs, afin qu'elles paroissent fortir naturellement de dedans la Corbeille ou le Vafe, dont on termine le deffus avec un morceau de bois épais, dans lequel on place & arrête les tiges des fleurs après qu'elles ont été peintes.

S'il arrivoit qu'on voulût faire beaucoup pyramider un bouquet, on feroit la piece de bois ou mandrin aussi élevé qu'il feroit nécessaire, & on y feroit des trous à différentes hauteurs, dont la direction feroit la même que celle qu'on voudroit donner à la tige des fleurs, & par conséquent à ces dernieres, comme on peut le voir à la figure 10.

Les Treillageurs qui font des fleurs, travaillent affis devant un établi ou table placé au jour, comme celui représenté *fig.* 1, *Pl.* 352. Cet établi doit avoir des tiroirs en deffous, pour y ferrer les pieces dont on fait les fleurs, & être garni d'un rebord fur le devant, pour empêcher qu'elles ne tombent & ne

fe

se perdent. Ils font usage de tous les outils dont j'ai parlé, *page 1123*, ainsi que de ceux des Sculpteurs, & enfin de tout ce qu'ils jugent convenable pour accélérer & perfectionner leur ouvrage, qui, pour être bien fait, exige beaucoup d'adresse & d'usage de la part de l'Artiste, comme je l'ai dit plus haut.

Je ne m'étendrai pas davantage au sujet de la construction des fleurs en Treillage, parce que c'est une affaire toute de pratique & de goût, choses qui ne s'enseignent guere dans des Livres, mais qu'on n'acquiert qu'en travaillant beaucoup, & sous les yeux d'habiles Maîtres; c'est pourquoi je vais terminer ici la description de l'Art du Treillageur proprement dit, & passer tout de suite à celle des autres parties de Menuiserie propres aux Jardins, dont je vais traiter dans le Chapitre suivant (*).

(*) La description de l'Art du Treillageur, quoiqu'assez étendue, n'est peut-être pas aussi complette qu'on l'auroit pu souhaiter; mais il faut faire attention que cet Art est presque encore dans sa naissance, & qu'il y a tout à croire qu'il fera des progrès dans la suite. Quoi qu'il en soit, j'ai fait tout mon possible pour ne rien laisser à desirer, du moins quant à son état actuel : en quoi j'ai été aidé, quant à ce qui regarde la pratique & la connoissance de certains outils & termes propres à cet Art, par M. Courfel, Compagnon Treillageur. Quant à la partie de la Menuiserie nécessaire & relative aux ouvrages de Treillages, j'ai fait en sorte de la détailler aussi parfaitement qu'elle pouvoit l'être; parce que cette partie, d'où dépend la beauté des formes & la solidité des Treillages, n'est pas bien familiere aux Treillageurs, & qu'il étoit par conséquent essentiel de la bien développer.

CHAPITRE QUATRIEME.

Des divers Ouvrages de Menuiserie néceffaires dans les Jardins.

DEPUIS que la coutume s'eft introduite de faire, dans les Jardins, des Sallons & des Cabinets de Treillages, non-feulement comme ceux dont j'ai fait mention ci-deffus, mais encore de ces mêmes Sallons & Cabinets bâtis en plâtre ou toutes autres matieres folides & revêtus de Treillages, les ouvrages de Menuiferie de toute efpece, comme les portes, les croifées, les jaloufies & les lambris, ont été néceffairement employés, foit pour fermer ou pour décorer ces pieces; ce qui exigeroit une defcription de ces fortes d'ouvrages, fi cette defcription n'étoit pas déja faite dans la Premiere & la Seconde Parties de mon Ouvrage, auxquelles on pourra avoir recours.

C'eft pourquoi je ne vais traiter ici que des ouvrages de Menuiferie dont l'ufage eft particuliérement confacré aux Jardins, & qui n'étoient faits que par les Menuifiers de Bâtiments, avant que les Treillageurs fuffent Menuifiers, ou, pour mieux dire, qu'ils euffent acquis le droit de faire ou de faire faire de la Menuiferie.

Les ouvrages que je vais décrire, font les Siéges de Jardins de toutes fortes, les Caiffes propres à mettre des arbriffeaux & même des arbres d'une certaine grandeur; enfin tout ce qui concerne les Serres chaudes, comme les Gradins, leurs chaffis de toutes efpeces, &c.

Je terminerai ce Chapitre, & en général la defcription de l'Art du Menuifier, par un Effai fur le toifé, & l'appréciation des Ouvrages de Menuiferie, & cela relativement aux ufages reçus, du moins pour les ouvrages de cet Art qui font fufceptibles de toifé, comme la Menuiferie de Bâtiment & le Treillage.

SECTION PREMIERE.

Des différentes fortes de Siéges de Jardins.

PLANCHE 378.

LORSQUE j'ai terminé la defcription des différentes efpeces de Siéges, j'ai dit, *page 664*, Seconde Section de la Troifieme Partie de mon Ouvrage, qu'il en étoit encore d'une autre forte, qu'on nommoit *Siéges de Jardins*, dont je traiterois à la fuite de l'Art du Treillageur. Ces Siéges font de deux efpeces; favoir, les *Chaifes* proprement dites, & les *Bancs*. Les Chaifes les plus ordinaires, font celles qui font d'une forme quarrée par leur plan, comme celle repréfentée *fig. 1, 2, 5 & 6*. Ces fortes de Chaifes font d'une forme très-fimple; & il fuffit qu'elles foient conftruites proprement & folidement : les bois de leurs bâtis doivent avoir un pouce & demi à 2 pouces en quarré, du moins pour leurs pieds, tant de devant que de derriere; ces derniers doivent avoir 2 pieds 6 à 8 pouces de haut, & être deversés en dehors d'environ 2 pouces pris du dessus du siége, qui doit être élevé de terre d'environ 16 pouces : le reste des bâtis, c'est-à-dire, les traverses du pourtour du siége & du dossier, ont 2 pouces à 2 pouces & demi de largeur, sur un pouce d'épaisseur. Quant à celles du bas, & l'entretoise *fig. 6*, il faut qu'elles soient d'une largeur égale à celle des pieds dans lesquels elles sont assemblées, & qu'elles affleurent des deux côtés, comme on peut le voir dans cette figure; l'épaisseur de ces dernieres traverses doit être d'environ 15 à 18 lignes, afin de donner plus de largeur, & par conséquent plus de force à leurs assemblages.

On orne les arêtes de traverses des Chaises de Jardins d'une petite moulure, & on se contente de faire un chanfrein sur celles des battants, tant dans leur partie inférieure qu'au dossier, où il vaudroit cependant mieux faire régner la même moulure qu'aux traverses, comme on peut le voir à la figure 1, en observant d'arrêter cette moulure au-devant de la traverse du bas du dossier, afin de ne point trop diminuer la largeur des battants. On pourroit aussi, au lieu de mettre des chanfreins au bas des pieds, les faire tourner en forme de petites colonnes, ce qui seroit beaucoup plus propre, & les rendroit plus légers, sans pour cela en diminuer la force, qui seroit toujours la même à l'endroit des assemblages des traverses, comme on peut le voir aux pieds du Banc représenté *fig. 9 & 10*.

Le dessus ou siége de ces Chaises est fait de planches d'environ 10 lignes d'épaisseur, qu'on arrête sur les traverses avec des clous à têtes perdues, c'est-à-dire, qu'on fait entrer tout en vie dans le bois, après en avoir fait sauter la tête, ce qui se fait de la maniere suivante. On prend le clou dont on veut faire sauter la tête, de la main gauche, & on le couche sur le dessus du valet, en observant que sa tête, ou du moins une partie, porte contre l'arête de ce dernier; puis avec le marteau qu'on tient de la main droite, on frappe sur la tête du clou, qui étant retenue d'un côté par l'arête du valet, ploie & se rompt de ce côté, & laisse une petite barbe à la tige du clou, dont on fait sauter les quatre côtés de la tête en les appuyant ainsi les uns après les autres, sur l'arête du valet, ou de toute autre chose capable d'opposer assez de résistance au coup de marteau pour faire sauter la tête du clou, qui, étant ainsi rompue, ne diminue point de sa longueur, & y conserve une largeur plus considérable qu'au reste de la tige, ce qui y fait une espece de petite tête qui empêche le bois de se coffiner.

Le dessus du siége saille d'environ un pouce, d'après le nud du bâtis de la Chaise, de trois côtés seulement, parce qu'on le fait affleurer avec la traverse de derriere, comme on peut le voir aux figures 2 & 5.

Le dossier des Chaises de Jardins est ordinairement vuide; cependant il vaut mieux qu'il foit rempli par des compartiments de Treillages quelconques, afin que ceux qui font ufage de ces Chaifes puiffent s'appuyer le dos plus commodément.

Les Tourneurs font des efpeces de Chaifes de Jardins qu'ils nomment *Pelles-à-cul*, & cela par rapport au fiége de ces fortes de Chaifes, qui eft fait comme une pelle, & percé au milieu de fa largeur pour faciliter l'écoulement de l'eau qui tombe deffus. Ces Chaifes n'ont que trois pieds, & font très-légeres, mais peu folides; ce qui en a fait imaginer d'autres d'une forme à peu-près femblable, mais en même temps plus commodes & d'une plus grande folidité.

Ces Chaifes, repréfentées *fig.* 3, 4, 7 & 8, font cintrées par leur plan; leur doffier eft creux & évafé, & elles n'ont que trois pieds ainfi que les Pelles-à-cul, afin qu'en quelqu'endroit qu'on les place dans un Jardin, elles prennent une affiete folide, ce qui n'arrive pas toujours quand les Chaifes ont quatre pieds, vu les inégalités qui peuvent fe rencontrer dans la furface du terrein, quelqu'uni qu'il puiffe être.

Les Chaifes dont je parle, peuvent être ornées de moulures & même de fculpture, du moins autant que cela ne nuira pas à leur folidité, qui doit être préférée à tout, parce qu'étant expofées à l'air, du moins pendant la belle faifon, on ne doit rien négliger de ce qui peut prolonger leur durée, ou, ce qui eft la même chofe, prévenir leur deftruction, qui n'arrive toujours que trop promptement, quelque précaution qu'on puiffe prendre.

Comme ces Chaifes n'ont que trois pieds, il s'en trouve néceffairement un par devant qui s'affemble en chapeau dans la traverfe de ceinture, qui vient s'affembler elle-même dans les deux pieds de derriere.

Cette traverfe doit être faite de trois pieces au moins, affemblées en enfourchement, ou, ce qui eft encore mieux, à traits de Jupiter; & pour qu'elle fatigue moins, on difpofe le deffus du fiége à bois de bout en devant de la Chaife, comme le repréfente la figure 7, afin que fon fil appuie & foutienne les joints de la traverfe fur laquelle on l'attache à l'ordinaire.

L'écart des trois pieds eft entretenu par une entretoife cintrée repréfentée *fig.* 8, laquelle eft compofée de deux pieces affemblées au point *a*, afin qu'elle foit à bois de fil, du moins autant que cela eft poffible, ainfi qu'on peut le voir dans cette figure.

Je n'entrerai pas dans un plus grand détail au fujet de la forme & de la conftruction de ces dernieres efpeces de Chaifes, (ou de toutes autres dont la forme peut varier à l'infini) parce que quant au premier objet, l'infpection feule des figures doit fuffire; & que pour le fecond, c'eft-à-dire, la conftruction, j'en ai traité amplement dans la feconde Section de la troifieme Partie de mon Ouvrage, à laquelle on pourra avoir recours fi on le juge à propos, ce qui, au refte, n'eft pas abfolument néceffaire.

Les Bancs de Jardins font de deux efpeces; favoir, les fimples & ceux à doffier. Les premiers ne font autre chofe que des planches d'un pouce ou d'un

pouce

pouce & demi d'épaiſſeur, dreſſées & corroyées ſur toute leur longueur, leſ-quelles ſont poſées & attachées ſur des ſupports plantés en terre. Ces ſupports ſont des bouts de planches dont la largeur eſt un peu moindre que celle des deſſus, afin que ces derniers les déſaffleurent d'environ un pouce de chaque côté.

Les ſupports doivent avoir au moins un pouce & demi d'épaiſſeur, & être enterrés d'un bon pied, afin qu'ils tiennent plus ſolidement; & il faut avoir ſoin de brûler le bout qui entre en terre, afin qu'il réſiſte plus long-temps à l'humi-dité. Quant à leur nombre, c'eſt la longueur du Banc qui le détermine, en obſervant qu'ils ne ſoient écartés les uns des autres que de deux pieds & demi à trois pieds, tout au plus; & que ceux des bouts ſoient éloignés de 8 à 12 pou-ces tout au plus, des extrémités du deſſus, dont les arêtes & les angles doivent être arrondis, & la ſurface extérieure un peu bouge, pour que l'eau ne ſéjourne pas deſſus.

Les deſſus des Bancs ſimples s'attachent ſur les ſupports ſans y faire aucune eſpèce d'aſſemblage, ce qui ne peut être, parce que ſi ces derniers paſſoient au travers du deſſus, ils donneroient entrée à l'eau, qui pourriroit les deſſus & leurs ſupports; cependant je crois qu'il feroit bon d'y faire en deſſous des rai-nures de 3 lignes de profondeur tout au plus, dans leſquelles les bouts des ſupports entreroient tout en vie, ce qui n'altéreroit pas la force du deſſus du Banc, & empêcheroit les ſupports de ſe coffiner ou de ſe fendre, comme il arrive quelquefois. On arrête les deſſus des Bancs avec des clous à tête perdue; mais il vaudroit mieux y mettre de bonnes vis à tête fraiſée, qu'on entreroit dans l'épaiſſeur du bois, ce qui feroit plus propre, & ſur-tout plus ſolide que des clous à tête perdue, qui ſouvent lâchent, ou bien paſſent au travers l'épaiſ-ſeur de la planche du deſſus, qui, n'étant plus retenue, ſe coffine aiſément, ſoit en deſſus ou en deſſous.

Quand on conſtruit ces ſortes de Bancs, il faut, autant qu'il eſt poſſible, mettre le côté de la planche qui eſt le plus proche du cœur de l'arbre, en deſſus, parce que quand le bois vient à ſe travailler, il ſe bougit de ce côté, & ſe creuſe par conſéquent de l'autre, qui, s'il étoit en deſſus, conſerveroit l'eau, ce qui, à la longue, le pourriroit.

Les Bancs à doſſier, *fig. 9 & 10*, different des Chaiſes dont j'ai parlé ci-deſſus, par leur largeur, qui eſt quelquefois de 12, 15, & même 18 pieds, & par les bras ou accotoirs qu'on met à leurs extrémités. Les pieds de derriere des Bancs ont 3 pieds de hauteur, ſur 2 à 3 pouces de gros, ſelon la force & la grandeur des Bancs; ceux de devant ont 25 à 26 pouces de haut, pris du deſſus des accotoirs, qui s'aſſemblent deſſus à chapeau d'un bout, & de l'autre à tenon & enfourchement dans le battant ou pied de derriere, à un pied au-deſſus du ſiége, pris perpendiculairement à ce dernier, comme on peut le voir à la figure 9.

Treillageur. K 14

Planche 378.

Les accotoirs font cintrés en S fur le plat, & ornés de moulures par le bout & par les côtés; leur largeur eft donnée par celle des pieds, qu'ils doivent déborder des deux côtés de la faillie de leurs profils au moins, comme on peut le voir à la figure 10. Quant à leur épaiffeur, elle ne peut guere être moindre de 2 pouces, à caufe de leur cintre, qu'on doit faire le plus doux poffible, fans cependant le faire plat.

La hauteur du fiége des Bancs de Jardins, doit être comme celle des Chaifes, c'eft-à-dire, de 15 à 17 pouces tout au plus; quant à leur profondeur, elle doit être un peu plus confidérable; c'eft pourquoi il eft bon qu'ils ayent environ 18 pouces, au lieu de 14 ou 13 qu'on donne aux Chaifes. Les fiéges des Bancs fe font de planches jointes à rainures & languettes, & arrêtées avec des clefs placées de diftance en diftance, pour qu'ils ne s'écartent pas fi la colle venoit à manquer, ce qui arrive fouvent à caufe de l'humidité à laquelle ils font continuellement expofés, à quoi on pourroit en partie remédier, en inclinant un peu la furface des fiéges fur le derriere, pour faciliter & accélérer l'écoulement des eaux pluviales. En inclinant ainfi le deffus de ces fiéges, on les rendroit d'autant plus commodes, qu'on ne feroit pas expofé à glifler de deffus lorfqu'on s'appuieroit contre le doffier, comme il arrive à tous les fiéges dont le deffus eft plein & de niveau.

Quand les Bancs de Jardins ont plus de 4 à 5 pieds de largeur, ou, pour mieux dire, de longueur, on y met des pieds de diftance en diftance, tant par devant que par derriere, & cela felon la plus ou moins grande longueur de ces mêmes Bancs. Ceux de devant s'affemblent en chapeau dans la traverfe, qu'il eft bon de ne point couper dans fa longueur, autant que cela peut fe faire. Quant à ceux de derriere, on les fait quelquefois monter de fond (ainfi que ceux des bouts), & on les affemble en chapeau dans la traverfe du haut du doffier, qu'on fait paffer droite dans toute la longueur du Banc, & on coupe les autres traverfes, c'eft-à-dire, celle du bas du doffier, & celle de deffous le fiége, à l'endroit du battant montant dans lequel on les affemble à l'ordinaire. Cependant je crois qu'il vaudroit mieux faire paffer cette derniere droite, & couper le pied de derriere à la hauteur du fiége, plus 3 à 4 pouces, pour y faire un tenon qui entreroit & feroit arrêté dans une entaille pratiquée dans le milieu de la largeur d'un montant qui feroit affemblé avec le refte du doffier, comme on peut le voir à la fig. 10, ce qui donneroit la facilité de faire ce dernier d'une largeur convenable, & de faire la traverfe qui porte le fiége, d'une feule piece dans toute fa longueur, ce qui eft très-effentiel pour la folidité de l'ouvrage.

Les doffiers des Bancs de Jardins font quelquefois vides; mais on les remplit le plus ordinairement par des montants de 3 pouces à 3 pouces & demi de largeur, ornés d'une moulure fur l'arête, & efpacés tant pleins que vides; ou bien à la place de ces montants, on y met des baluftres, comme à la figure 10, ce qui fait un très-bon effet. Que les doffiers foient remplis par des montants ou des baluftres, il faut que l'épaiffeur des uns & des autres ne furpaffe pas 6 à 8 lignes, afin qu'ils laiffent un quarré d'après le fond de la moulure des bâtis, comme on peut le voir à la figure 10.

Les Bancs de Jardins fe conftruifent tous à peu-près de la même maniere que celui dont je viens de faire la defcription, foit qu'ils foient droits ou circulaires par leur plan, comme il arrive très-fouvent quand ils font placés dans des Bofquets ou des Cabinets de verdure, dont il faut qu'ils fuivent la forme ; dans ce dernier cas, il faut mettre les pieds de devant plus proches les uns des autres, que quand les Bancs font droits, ce qui eft tout naturel ; parce que les traverfes cintrées, foit en bouge ou en creux, font moins fortes que les droites.

Quelquefois on met des patins aux pieds des Bancs de Jardins, ce qui les préferve davantage de l'humidité. Ces patins ne font autre chofe que des pieces de bois de 3 à 4 pouces d'épaiffeur, fur 5 à 6 de largeur, dans lefquelles on affemble les pieds des Bancs, en obfervant que l'affemblage ne foit pas plus profond que les deux tiers de l'épaiffeur du patin, parce que s'il l'étoit davantage, ou s'il paffoit au travers, l'humidité de la terre s'y introduiroit aifément, ce qui les détruiroit bien promptement.

Le pourtour des patins eft orné d'une moulure, & on les creufe un peu en deffous fur leur longueur, afin qu'ils portent mieux fur la terre, & donnent au Banc une affiette plus folide.

On fait encore des Bancs de Jardins avec marche-pied : ce n'eft autre chofe qu'une planche appliquée fur les patins, qu'on fait faillir en devant à cet effet. Ces marche-pieds fervent à élever davantage le fiége du Banc, & à préferver les pieds de ceux qui s'affeyent fur ce dernier, de l'humidité de la terre.

Il y a des Bancs de Jardins à doubles fiéges, ce qui eft très-commode pour jouir des différents afpects d'un Jardin comme on le juge à propos, & pour éviter d'avoir le foleil ou le vent dans les yeux.

Ces fortes de Bancs, repréfentés *fig.* 11, 12, 13 & 14, different de ceux dont je viens de parler, par la largeur de leurs fiéges, qui eft le double de l'ordinaire, & par la forme des accotoirs, qui occupent toute la largeur du Banc.

Le doffier de ces Bancs forme un bâtis à part, & eft mobile pour pouvoir fe renverfer foit à droite ou à gauche, felon le côté où l'on veut s'affeoir, & il eft arrêté par le bas en *b*, *fig.* 11 & 12 (où eft le centre de mouvement,) par le moyen de goujons de fer qui paffent au travers de l'épaiffeur des montants de doffier, & des petits montants affemblés au milieu des traverfes qui portent le fiége, comme on peut le voir à la figure 11, lefquels petits montants entrent dans une entaille ou enfourchement fait au milieu de la largeur des montants de doffier, ce qui forme des efpeces de charnieres, auxquelles les boulons *b* fervent de goupilles.

Le devers du doffier eft retenu par les accotoirs, dans lefquels font pratiquées des mortaifes où les battants entrent tout en vie fur leur largeur , ce qui vaut mieux que de les faire plus étroites , & de diminuer la largeur des battants à l'endroit des accotoirs , comme on le fait quelquefois. La longueur des mortaifes des accotoirs eft déterminée par la pente du doffier , laquelle doit être égale des deux côtés du Banc , comme on peut le voir à la figure **12** , où le doffier eft incliné de *b* en *c* , & de *b* en *d* , où ce même doffier eft indiqué par des lignes ponctuées , ce qui , comme je viens de le dire , donne la longueur des mortaifes & leur pente , qu'il faut cependant faire un peu plus droite , afin que le battant de doffier porte plutôt du haut que du bas.

Quand on fait ainfi des mortaifes aux accotoirs , on eft obligé d'y faire entrer les battants de doffier avant que de les affembler avec leur traverfe , ce qui devient affez incommode ; de plus , quand tout l'ouvrage eft monté , on ne peut plus retirer le doffier , fuppofé qu'on ait quelque chofe à y faire ; c'eft pourquoi je crois qu'il vaut mieux , comme aux figures **13** & **14** , féparer l'accotoir en deux parties fur la largeur , à l'endroit de la mortaife , & y rapporter une joue mobile plus longue que la mortaife de 2 à 3 pouces de chaque côté , dont le joint en pente fur la face intérieure de l'accotoir , feroit encore retenu par des languettes qui entreroient dans l'épaiffeur de l'accotoir , comme on peut le voir dans ces deux figures , qui repréfentent l'une , l'accotoir vu fur fa face intérieure , & fa joue mobile élevée au-deffus ; & l'autre , ce même accotoir vu en deffus , avec la joue à fa place : au moyen de cette joue mobile on peut , quand on le juge à propos , ôter le doffier du Banc , & le remettre enfuite , fans pour cela être obligé de rien défaffembler ; & quand il eft remis en place , on arrête cette derniere , c'eft-à-dire , la joue mobile avec deux vis en bois qui paffent au travers de fon épaiffeur , & fe taraudent dans le refte de l'accotoir.

Quant au fiége de ces fortes de Bancs , il fe fait quelquefois plein fur la largeur ; d'autres le font en deux parties avec un jour au milieu , comme aux figures **11** & **14** , ce qui devient néceffaire pour l'écoulement des eaux pluviales , fur-tout quand on fait deverfer des fiéges fur le derriere , comme je l'ai dit ci-deffus.

En général , les Siéges de Jardins doivent être conftruits avec beaucoup de foin & de folidité , & être faits de bois bien fain , d'une qualité ferme , & pas trop fec , pour que l'action du foleil & de l'humidité ne les faffe pas tendre trop promptement à la vermoulure. Le deffus , fur-tout , doit être fait avec de bon bois plein , & fans aucune efpece de fentes ni de givelures , qui s'ouvriroient bien promptement au grand air. Quant à leur décoration , on peut , comme je l'ai déja dit , la faire plus ou moins riche , autant que cela ne nuira pas à leur folidité.

SECTION SECONDE.

Des Caisses de Jardins ; de leurs différentes especes , formes & construction.

LES Caisses dont je vais faire la description , servent à placer des arbrisseaux qu'on ne plante pas en pleine terre , pour avoir la facilité de les transporter quand on le juge à propos , & les mettre pendant l'hiver dans des serres où ils sont à l'abri du froid , dont la plupart ne pourroient pas souffrir la rigueur , comme , par exemple , les grenadiers , les orangers , &c. Il y a des Caisses de toutes grandeurs , depuis 6 pouces en quarré , qui sont les plus petites , jusqu'à 4 pieds , & même 4 pieds 6 pouces , qui sont les plus grandes qu'on ait faites jusqu'à présent.

PLANCHE 379.

Les Caisses , en général , forment une espece de coffre , *fig. 1 & 5* , dont le dessus est découvert , & qui est composé de quatre pieds ou montants de quatre côtés , qui sont attachés sur ces derniers , & d'un fond.

Aux petites Caisses , c'est-à-dire , celles depuis 6 pouces jusqu'à 2 pieds en quarré , les côtés ou panneaux s'attachent dessus ; & à celles qui sont plus grandes , ils sont disposés de maniere qu'ils puissent s'ouvrir pour pouvoir changer les arbrisseaux , ou y faire quelque opération , comme je le dirai en son lieu , après avoir parlé des petites Caisses , qui se construisent de la maniere suivante.

Après s'être rendu compte de la grandeur de la Caisse qu'on veut construire , on commence par faire les côtés ou panneaux , qu'on équarrit & qu'on met de longueur , en observant d'en faire deux plus courts que les autres de l'épaisseur de ces derniers , afin que la Caisse étant montée , elle soit égale sur ses quatre faces. Quand les panneaux sont ainsi équarris , on les met d'épaisseur sur la rive de devant & par les deux bouts , en y faisant un ravalement d'une largeur suffisante pour que le pied de la Caisse , étant placé sur le panneau , joigne contre le ravalement , comme on peut le voir à la figure 6 , qui représente un panneau ainsi ravalé , sur lequel j'ai indiqué , par des lignes ponctuées , le dehors des pieds , ce panneau étant un des plus longs.

Après avoir préparé les quatre panneaux , les pieds étant corroyés & tournés par la tête , comme ceux de la figure 2 , on attache un des panneaux les plus courts sur deux pieds qui l'affleurent en dehors , comme le représente la figure 2. On en fait autant à l'autre panneau ; après quoi on attache sur les pieds , & en dedans de chacun des deux panneaux , un tasseau *a b, fig.* 3 , qui sert à porter le fond de la Caisse , qui doit affleurer avec le dessous des panneaux , comme on peut le remarquer à la figure 4. Ce tasseau s'attache tout à plat sur les pieds ; cependant il vaut mieux faire à ces derniers une entaille de 2 , 3 , 4 , ou même 6 lignes , selon leur grosseur , dans laquelle on fait entrer le tasseau , qui , par ce moyen, se trouve soutenu, & n'est pas exposé à se détacher par la trop grande pesanteur de la térre qui est dans la Caisse, comme cela arrive quelquefois. Quand les deux tasseaux sont attachés, on acheve de bâtir la Caisse, en attachant sur les deux côtés déja montés, les deux panneaux les plus longs, dont les extrémités doivent affleurer avec le nud des deux premiers, comme on peut le voir aux figures 1, 2 & 5, & à la figure 8, qui représente une partie de la Caisse vue en dessus, & prête à recevoir le fond, *fig.* 7, qu'on y place ensuite.

Ce fond doit entrer un peu à l'aise, & être percé de plusieurs trous pour faciliter l'écoulement de l'eau qu'on y verse pour arroser les arbrisseaux qu'on place dans la Caisse. Il faut que le fond soit de bon bois dur & liant : il n'est pas nécessaire qu'il soit corroyé ; & quand il est un peu grand, on y met une ou deux barres en dessous, attachées avec de bons clous qui doivent passer au travers, pour avoir la facilité de les river en dessus du fond, afin qu'ils ne lâchent pas, comme cela pourroit arriver quand le bois du fond viendroit à se pourrir.

Quant aux côtés ou panneaux du pourtour de la Caisse, il faut qu'ils soient corroyés proprement à l'extérieur, & joints à rainures & languettes, & collés, quoique cela ne soit pas absolument nécessaire. Quand ils sont d'une certaine grandeur, il faut y mettre des clefs dans les joints, & une ou deux barres à queue en dedans, prises dans l'épaisseur du ravalement, qu'il est bon de faire un peu profond, tant pour donner plus de prise aux barres à queue, que pour diminuer la saillie que font les côtés de la Caisse sur les pieds où ils sont attachés.

Ces pieds doivent être faits de bois sain, sans nœuds ni fentes, parce que les clous qu'on enfonce dedans, lorsqu'on attache les côtés de la Caisse, ne manqueroient pas de les faire ouvrir davantage, ce qui occasionneroit leur destruction. Le haut des pieds des petites Caisses est ordinairement orné d'une boule ; & aux grandes, dont je vais faire la description, d'une boule & d'une gorge au-dessous, ainsi qu'aux figures 9, 10, 11 & 12.

J'ai dit plus haut que les Caisses devoient être quarrées, ce qui est exactement vrai quant à leur plan ; mais il est bon de les faire un peu plus hautes que larges, parce que cela leur donne plus de grace, & en même temps plus de profondeur en dedans.

Il se fait cependant des Caisses barlongues par leur plan, pour mettre le long des murs ou des palissades. Ces sortes de Caisses ont rarement plus de 15 à 18 pouces de hauteur de corps, & leur longueur est déterminée par celle de la place qu'elles occupent ; cependant quand cette longueur est un peu considérable, il faut y mettre de faux pieds sur la longueur, dans lesquels on assemble des barres à queue qui supportent le fond de la Caisse, & qui en empêchent l'écart, du moins par le bas.

Quant au haut, on ne peut l'empêcher qu'en y mettant une semblable barre à queue, ou, ce qui est mieux, une tringle de fer qui prenne d'un côté à l'autre de la Caisse.

Quant à la force des bois des Caisses dont je viens de parler, elle varie selon leur grandeur : à celles d'un pied en quarré, les pieds doivent avoir un pouce & demi de gros, & les panneaux un demi-pouce d'épaisseur. A celles d'un pied & demi en quarré, les pieds auront 2 pouces de gros, & les panneaux 9 lignes d'épaisseur, & à celles de 2 pieds en quarré, les pieds auront 3 pouces de gros, & les panneaux un pouce d'épaisseur, & ainsi des autres. Quant aux fonds, il est bon de les faire un peu plus épais que les panneaux du pourtour, parce qu'ils portent tout le poids de la terre, & qu'ils sont plus exposés à l'humidité.

Les grandes Caisses sont celles qui passent deux pieds en quarré, & qui sont disposées de maniere que leurs panneaux ou côtés peuvent s'ouvrir quand on le juge à propos. Ces sortes de Caisses se construisent de deux manieres ; savoir, à feuillure, comme aux figures 9, 10 & 13, ou à recouvrement, comme aux figures, 11, 12 & 15.

La premiere maniere est la plus usitée, & en quelque façon la plus propre ; mais elle a le défaut d'être moins commode que l'autre, quand les panneaux n'ouvrent que de deux côtés, comme je l'expliquerai ci-après.

Quand on met les panneaux des Caisses à feuillures, on assemble leurs pieds avec de fortes traverses, dans lesquelles on fait des feuillures, ainsi qu'à ces derniers, où les panneaux entrent tout en vie, & viennent affleurer le nud des pieds & des traverses.

Les feuillures des pieds ne sont pas faites dans toute leur longueur ; mais on les arrête par le bas à l'endroit des traverses, & par le haut au-dessus des panneaux, comme on peut le voir à la figure 9, ce qui conserve aux pieds toute leur force, & n'en gâte pas la forme.

Les panneaux de ces Caisses sont retenus en place par des barres de fer arrêtées avec un crampon ou piton à vis dans un des pieds, & qui viennent s'accrocher dans un piton ou crampon placé dans l'autre, ce qui non-seulement empêche le panneau de sortir de ces feuillures, mais en même temps retient l'écart des pieds. On met deux barres de cette espece à chaque panneau ouvrant, & cela vers leurs extrémités supérieure & inférieure, pour empêcher qu'ils ne se coffinent, à quoi les barres à queue, qu'on met à ces panneaux, obvient en partie ; cependant je crois qu'il seroit bon, pour la solidité de l'ouvrage, qu'on fît les feuillures des traverses qui reçoivent les panneaux à l'intérieur de ces dernieres, comme à la figure 14, ce qui empêcheroit les panneaux de se tourmenter par le bas, & l'humidité intérieure de la Caisse de sortir dans la feuillure de la traverse, & d'y séjourner, comme il arrive presque toujours, ce qui la pourrit, ainsi que le bas du panneau.

Il y a beaucoup de ces sortes de Caisses où on ne fait ouvrir que deux panneaux ; alors on met des traverses par le haut des panneaux dormants, & quelquefois même à ceux qui ouvrent ; ce qui n'est pas bien, parce qu'elles nuisent lorsqu'on veut retirer l'arbrisseau ; de plus, les Caisses qui n'ouvrent que de deux côtés, quand même il n'y auroit pas de traverse par le haut des panneaux ouvrants, sont peu commodes, parce qu'il arrive quelquefois que les côtés qui sont pleins, se trouvent ceux qui devroient être ouverts, pour qu'on pût voir la cause de la maladie de l'arbrisseau qui est dans la Caisse, ou pour le changer, ce qu'on fait plus aisément quand les quatre côtés ouvrent également, ce qui leur a fait préférer les Caisses *fig.* 11, 12 & 13, dont tous les panneaux ouvrent, soit ensemble ou séparément, selon qu'on le juge à propos ; de maniere qu'il ne reste plus que les quatre pieds de la Caisse, le fond & les traverses qui la portent.

Ces traverses sont assemblées dans les pieds à l'ordinaire, & sont d'une épaisseur assez considérable pour déborder ces derniers & recevoir les côtés de la Caisse, avec lesquels ils affleurent ; & pour que ces traverses soient plus solidement assemblées dans les pieds, on fait entrer leur partie saillante en enfourchement dans l'épaisseur de ces derniers, comme on peut le voir à la figure 16, qui représente le bout d'une de ces traverses avec ses assemblages.

Les panneaux de la Caisse, *fig.* 11, sont retenus en place par le moyen de deux especes de pentures de fer qui y sont attachées, & qui tournent tout au pourtour de la Caisse, aux angles ou aux joints d'épaisseur de laquelle elles s'assemblent les unes dans les autres, comme des charnieres, dans lesquelles passent des broches de fer qui servent de goupilles à celles du haut & du bas, comme on peut le voir dans cette figure & à la figure 15 ; & pour que les côtés soient plus adhérents avec les pieds, on pose au milieu de la largeur de ces derniers & de celle du panneau, des loqueteaux à ressort qui passent au travers de l'épaisseur des panneaux, & les retiennent en place.

Les fonds des Caisses, *fig.* 9 & 11, portent sur des feuillures faites aux traverses du bas des bâtis ; & pour qu'ils ne ployent pas, on assemble dans ces dernieres de fortes traverses qui les soutiennent sur leur largeur.

Les bois des grandes Caisses dont je viens de faire la description, doivent, ainsi que ceux des petites Caisses dont j'ai parlé ci-dessus, être proportionnés à leur grandeur ; c'est pourquoi on fera les pieds depuis 3 pouces de grosseur jusqu'à 6, & les panneaux depuis un pouce d'épaisseur jusqu'à deux, & même 2 pouces & demi.

Les Caisses peuvent être susceptibles de quelque décoration à leur extérieur ; mais on doit bien prendre garde que cette décoration ne nuise à la solidité de leur construction, qu'on ne doit altérer en aucune maniere, sur-tout pour les grandes Caisses, qui portent de lourds fardeaux, tant des arbres que de la terre, qui est très-pesante, & pousse au vide avec beaucoup d'effort, sans compter la pesanteur de ces mêmes Caisses, qui est très-considérable, & qu'on ne pourroit par conséquent remuer sans risquer d'y faire quelques dommages, si elles étoient décorées de petits membres de moulures ou autres parties quelconques.

Les Caisses doivent être imprimées, tant en dedans qu'en dehors, de deux

ou

ou trois couches de groffe couleur avant de les employer ; & c'eft une précaution qu'il faut néceffairement prendre pour tous les ouvrages qui doivent être
expofés au grand air , de quelque nature qu'ils puiffent être.

PLANCHE
379.

SECTION TROISIEME.

Des Gradins & des Chaffis de Serres chaudes ; leurs formes & conftruction.

LES arbres & les plantes étrangeres à notre climat, ou qui viennent des pays
méridionaux de la France , ne peuvent refter ici expofés à l'air pendant l'hiver,
fans être en danger de périr , ce qui a fait imaginer de les enfermer dans des
pieces deftinées à cet ufage, pour les garantir du froid & des intempéries de
notre climat. Ces pieces font connues fous les noms d'*Orangeries* & de *Serres
chaudes.* Les premieres font toujours très-grandes , & fervent à ferrer les orangers & autres arbres & arbuftes, qui font placés dans les caiffes dont j'ai parlé
ci-deffus , pour avoir la commodité de les tranfporter comme on le juge à
propos.

PLANCHE
380.

Les Serres font moins grandes que les Orangeries , & fur-tout moins profondes ; & elles fervent, ainfi que ces dernieres, à retirer pendant l'hiver,
& même pendant toute l'année, des arbriffeaux & des plantes, qui, pour croître & fe conferver, ont befoin de beaucoup de chaleur.

Les Serres font de plufieurs efpeces ; les unes font des falles de 20 à 30 pieds
de hauteur, fur une profondeur de 12 à 15 pieds tout au plus, & dont la face
principale (qui doit être expofée au midi) doit être la plus ouverte qu'il eft
poffible, & fermée de chaffis vitrés, dont je donnerai la conftruction ci-après.
Les autres font des enceintes de murs d'appui faits en pleine terre, qu'on couvre de chaffis vitrés, & inclinés au midi d'environ 16 degrés.

Sous ces dernieres Serres, & quelquefois fous celles de la premiere efpece,
font pratiqués des foûterrains où il y a des fourneaux dans lefquels on fait du
feu pendant l'hiver, afin que la chaleur y foit, en tout temps, fuffifante pour
faire croître ou pour conferver les plantes qu'elles contiennent, ce qui leur a
fait donner le nom de *Serres chaudes.*

Il eft encore une autre efpece de Serre dont la conftruction eft toute du
reffort du Menuifier ; ce n'eft autre chofe qu'une efpece de caiffe fans fond,
dont le deffus eft formé par des chaffis dont je décrirai la forme & la conftruction ci-après.

La Menuiferie des Orangeries ne confifte qu'en des croifées & des portes
croifées, dont le bois doit être d'une très-forte épaiffeur, ainfi que l'exige la
grandeur de leur baye, qui a quelquefois 6 à 8 pieds de largeur, fur 12 à 15
pieds de hauteur pour les croifées, & 8 à 12 pieds de largeur, fur 15 à 25 pieds

de hauteur, pour les portes, ce qui eſt quelquefois néceſſaire pour le paſſage des Orangers de la groſſe eſpece.

On met auſſi de doubles croiſées & de doubles portes aux Orangeries, afin que ces dernieres ſoient plus hermétiquement fermées; & il faut toujours qu'elles ouvrent en dehors & de toute leur hauteur, pour qu'en les ouvrant dans les premiers jours du printemps, où le ſoleil commence à avoir un peu de force, ſes rayons puiſſent plus aiſément pénétrer au travers les vitres des autres croiſées, & par conſéquent échauffer l'intérieur de l'Orangerie.

Les autres croiſées doivent être ouvertes en dedans, quoiqu'il y ait des Orangeries où on les fait à couliſſe, ce qui, à mon avis, n'eſt pas bien, parce que ces ſortes de croiſées ne donnent pas aſſez de paſſage à l'air, & que quand elles ſont ouvertes, leur double épaiſſeur porte obſtacle aux rayons du ſoleil, qui ont peine à paſſer au travers.

Au reſte, on ne doit rien décider à ce ſujet, ſans avoir conſulté ceux qui en font uſage, c'eſt-à-dire, des Jardiniers habiles, qui ſont dans le cas, mieux que perſonne, de décider laquelle de ces deux manieres de conſtruire les croiſées des Orangeries, eſt la plus convenable.

La Menuiſerie des Serres de la premiere eſpece, c'eſt-à-dire, de celles qui ſont à peu-près conſtruites comme des Orangeries, conſiſte en des portes & des chaſſis vitrés qui en ferment les ouvertures, & en des gradins de bois de chêne, ſur leſquels on place les pots & les petites caiſſes, dans leſquels ſont miſes les plantes de toute eſpece.

Ces gradins ſont de différentes grandeurs, ſelon celles des Serres, & du nombre de pots qu'on veut y placer.

Celui repréſenté ici en élévation, *fig.* 1, & en plan, *fig.* 2, eſt de la moyenne grandeur; ſa hauteur eſt de 9 pieds, pris du ſol de la Serre, au-deſſus de ſon dernier rang ou tablette; & ſa largeur eſt de 7 pieds 6 pouces du devant de ſa premiere tablette, de maniere que le devant de ces gradins, indiqué par la ligne *a b*, forme avec celle de terre, un angle d'environ 53 degrés.

Ce gradin a douze rangs de tablettes qui ſont inégales de hauteur & de largeur, leſquelles vont en décroiſſant juſqu'à la ſeptieme, cotée *A*, qui eſt à 5 pieds & demi de hauteur, & recroiſſent enſuite dans la même proportion juſqu'à la douzieme. Il n'eſt pas ordinaire de diviſer ainſi inégalement les gradins des Serres; & ſi je l'ai fait ici, c'eſt que cette diviſion m'a paru d'autant plus naturelle, que les pots de terre qui renferment les plantes, ſont d'inégale grandeur, & cela en raiſon de celle de ces dernieres. Or, il eſt donc plus raiſonnable de faire la hauteur des gradins proportionnée à celle des pots qu'ils doivent porter, que de les faire tous égaux; de plus, la diviſion que je propoſe ici a cela d'avantageux, que les plus petits objets ſe trouvent le plus près de la vue, & que les autres s'en éloignent davantage à meſure qu'ils augmentent de capacité: au reſte, je ne propoſe ceci que comme une opinion qui m'eſt propre, & dont on fera ufage fi on le juge à propos, ce qui, d'ailleurs, ne peut rien faire à la conftruction de ces gradins, qui doit toujours être la même.

Les tablettes de ce gradin font faites de bois de chêne, d'un pouce au moins d'épaiffeur, (ce qui revient à peu-près à 15 lignes): elles font portées par des fupports d'affemblage, diftants d'environ 3 pieds & demi les uns des autres.

Ces fupports, dont un eft vu de côté, ou, pour mieux dire, de face, *fig.* 1, font compofés d'une forte planche *A B C*, de bois de chêne de 2 pouces d'épaif-feur, taillée en crémaillere pour recevoir les planches ou tablettes qui forment le gradin. La partie inférieure de cette planche eft affemblée à tenon & embreu-vement dans un patin *D E*, dont la partie antérieure eft prolongée pour porter la premiere tablette.

Ce patin a quatre pouces d'épaiffeur, fur 6 pouces de hauteur, & eft évidé en deffous, afin qu'il porte mieux des extrémités, & que les inégalités qui pourroient fe rencontrer au fol de la Serre, ne le faffent pas vaciller.

L'extrémité fupérieure de la planche *B C*, eft foutenue par un montant *F G*, qui eft affemblé d'un bout dans le patin, & de l'autre avec cette derniere, où il entre à tenon avec une barbe *c*, qui forme un point d'appui qui foulage le tenon, & affure la folidité de l'affemblage.

Le montant *F G* eft incliné en dedans par fa partie fupérieure, afin d'avoir plus de force pour réfifter au poids du gradin, qui, lorfqu'il eft chargé, ne laiffe pas d'être très-confidérable ; & pour diminuer l'effet de ce poids, & par conféquent foulager le montant *F G*, j'ai ajouté deux autres montants ou écharpes *L M* & *N O*, qui venant à butter contre la planche *B C*, en foutien-nent tout le poids, & l'empêchent de faire aucun mouvement en arriere.

Ces deux écharpes font affemblées à tenon & embreuvement dans le patin *D, E*, & fimplement en entaille dans la planche *D C*, comme je l'ai indiqué par des lignes ponctuées ; ce qui eft fuffifant, parce qu'on peut les arrêter avec cette derniere avec des clous ou avec un boulon à vis, ce qui eft encore mieux.

L'écharpe *L M* eft moifée avec la traverfe *H I*, c'eft-à-dire, qu'elle eft affemblée en entaille avec cette derniere, ce qui vaut abfolument mieux que d'y faire des tenons & des mortaifes : car cela obligeroit néceffairement à couper l'une ou l'autre de ces deux pieces, ce qui en diminueroit confidérablement la force, & nuiroit par conféquent à la folidité de l'ouvrage. Comme l'extrémité inférieure de l'écharpe *N O*, porte à faux fur le patin *D E*, on feroit très-bien de mettre une cale fous ce dernier quand l'ouvrage eft pofé, afin qu'il fe main-tînt toujours dans la même fituation.

Les fupports du gradin font, comme je l'ai dit plus haut, diftants les uns des autres d'environ 3 pieds & demi, & on en entretient l'écart par deux cours d'entre-toifes *P, P, fig.* 1 & 2, qui font entaillées comme celle *fig.* 3, à l'en-droit de chacun des patins, avec lefquels on les arrête par le moyen de boulons à vis.

On met auffi un autre cours d'entretoifes Q, Q, *fig.* 1 & 2, dans la partie fupérieure du gradin, lefquelles font entaillées, ainfi que celles du bas, pour recevoir les montants F, G, avec lefquels on les arrête avec des boulons à vis, ainfi que ces dernieres.

La difpofition des gradins, quant à leur plan, *fig.* 2, eft toujours fur une ligne droite, quoiqu'à mon avis on feroit très-bien de les conftruire fur un plan creux, afin que les rayons du foleil fuffent plus concentrés dans la Serre, que je fuppofe conftruite fur le même plan que le gradin, c'eft-à-dire, en creux.

Il arrive rarement qu'on faffe retourner les gradins en retour d'équerre, ce qui ne feroit même pas bien, par rapport à leur ufage ; mais s'il arrivoit, pour quelque raifon que ce fût, qu'ils fiffent un angle par leur plan, foit droit, comme à la figure 2, ou fimplement obtus, ce qui feroit plus vraifemblable, il faudroit mettre dans cet angle deux fupports joints l'un contre l'autre, ainfi que ceux $R\,S$ & $T\,U$, *fig.* 2, afin qu'ils portaffent les extrémités des tablettes, & qu'ils puffent fe féparer indépendamment l'un de l'autre, dans le cas d'une reftauration ou d'un changement ; & pour affurer ces deux fupports enfemble, on peut les lier avec des boulons à vis, ce qui eft d'autant plus facile que leurs patins font plus minces que ceux des autres, de maniere qu'ils affleurent intérieurement la planche ou crémaillere & les montants qui la fupportent.

Quant à la conftruction de ces fupports d'angle, c'eft la même que celle des autres dont j'ai fait le détail ci-deffus, à l'exception que les pieces qui les compofent font plus grandes qu'à ces derniers, & que leurs dimenfions & leurs coupes doivent être relevées de deffus la ligne d'arête de l'angle du plan, ce qui ne fouffre aucune difficulté, après tout ce que j'ai dit au fujet du rallongement des lignes d'arête, tant dans la partie de l'Art du Trait, que dans les notions de cet Art, qui font au commencement de cette quatrieme Partie de mon Ouvrage.

Quand on craint que la diftance qu'il y a de l'extrémité de l'angle du plan, jufqu'au premier fupport droit, ne foit trop confidérable, il faut y mettre dans l'intervalle des demi-fupports, comme ceux X, X, *fig.* 2, afin de diminuer la portée des tablettes, qui ne doit pas être plus confidérable que 3 pieds & demi à 4 pieds, ce qui eft encore beaucoup pour des planches qui n'auroient qu'un pouce à 15 lignes d'épaiffeur, parce que le poids des pots, qui eft confidérable, les feroit aifément ployer.

En général, la folidité eft la partie la plus recommandable des ouvrages dont je parle, dont les bois doivent être très-fains, pas trop fecs, & corroyés fur toutes les faces, fans aucune efpece de moulure, fi ce n'eft aux tablettes, qu'on peut orner d'une moulure fur l'arête, quoiqu'un arrondiffement foit fuffifant.

Ces tablettes doivent être corroyées proprement en deffus, afin qu'étant

peintes

peintes, leurs ſurfaces ſoient plus unies, & que l'eau gliſſe plus facilement deſſus : elles ſont clouées ſur les ſupports & à l'endroit où elles finiſſent (ce qui doit toujours être à l'endroit d'un ſupport) ; on doit les entailler à moitié bois de leur épaiſſeur, ſur 3 pouces de longueur, afin qu'en les attachant l'une avec l'autre ſur le ſupport, elles y tiennent plus ſolidement. Ce que je dis par rapport aux bouts des tablettes dans la longueur d'un gradin, doit auſſi s'obſerver dans les angles, & cela pour la même raiſon.

Si au lieu de clous, on ſe ſervoit de vis pour arrêter les tablettes, on feroit beaucoup mieux, parce que dans le cas où on voudroit les détacher, on ne ſeroit pas expoſé à les briſer, comme cela arrive le plus ſouvent.

La fermeture des Serres dont je parle, abſtraction faite des portes, conſiſte en des chaſſis dont les bâtis ſont réduits à la moindre largeur poſſible, afin de porter moins d'obſtacle à la chaleur du ſoleil, dont les rayons pénetrent au travers des verres dans l'intérieur de la Serre ; ce qui fait qu'on a quelquefois pris le parti de les faire en fer, ce qui eſt le meilleur moyen.

Quand on les fait en bois, il faut que toute leur force ſoit ſur leur épaiſſeur, ſoit qu'on les faſſe ouvrants ou à couliſſe ; ou non & pour conſerver plus de jour à ces chaſſis, on n'y met pas de petits montants ni de traverſes de petits bois, mais à la place de ces dernieres des tringles de fer qui ſupportent les carreaux de verre, & entretiennent l'écart des battants. Il y en a même où on ne met point du tout de traverſes de bois ni de fer dans toute la hauteur du chaſſis, ſi ce n'eſt une ou deux petites tringles qu'on poſe en dedans des chaſſis pour retenir l'écart des battants, & où les carreaux de verre recouvrant les uns ſur les autres, on arrête leurs extrémités avec des vis pour les empêcher de tomber, comme je l'expliquerai ci-après.

Les chaſſis des Serres dont je parle, montent de toute la hauteur de la face de ces dernieres, dans laquelle on ne laiſſe de plein que le moins qu'il eſt poſſible, & où on ne fait point d'entablement ſaillant qui pourroit porter obſtacle à la chaleur du ſoleil, ce qui, d'ailleurs, n'eſt pas néceſſaire, parce qu'on couvre ordinairement les Serres en appentis renverſés, c'eſt-à-dire, que l'égoût de leur comble ſe trouve ſur le derriere, de maniere que leur plafond, qui ſuit l'inclinaiſon de ce dernier, eſt beaucoup plus bas ſur le derriere de la Serre que ſur le devant.

La ſeconde eſpece de Serres, ſont celles qui ne conſiſtent qu'en une enceinte de murs d'appui faite en pleine terre, & qu'on couvre avec des chaſſis vitrés, comme je l'ai dit plus haut, leſquels chaſſis ſont la ſeule partie de ces Serres qui ſoit du reſſort du Menuiſier ; c'eſt pourquoi je vais paſſer tout de ſuite à la deſcription de celles qui ſont conſtruites tout en bois, & que, par rapport à leurs formes & leur uſage, je nommerai *Serres portatives.*

Les eſpeces de Serres repréſentées *fig.* 1, 4 *& 6*, ſont compoſées de deux

PLANCHE
380.

PLANCHE
381.

chaſſis qui en forment la couverture, & d'une eſpece de caiſſe ſans fond qui les ſupporte.

Cette caiſſe a environ 6 pieds de longueur, ſur 4 pieds & demi de largeur; ſa hauteur par-derriere eſt d'environ 2 pieds 3 à 4 pouces, & par-devant de 12 à 13 pouces ſeulement; de maniere que ſa ſurface ſupérieure eſt inclinée à l'horiſon d'environ 16 degrés, comme on peut le voir à la figure 1, qui en repréſente la coupe priſe ſur la largeur, comme celle 6 en repréſente la coupe ſur la longueur priſe ſur la ligne *a b*, *fig.* 1. Cette caiſſe doit être faite de bois d'un pouce & demi d'épaiſſeur, joint à rainures & languettes & avec des clefs; & pour qu'il ne ſe trouve pas de bois tranché aux côtés, qui doivent être d'inégale largeur d'un bout à l'autre, il faut y mettre une planche en deſſus & une en deſſous, & faire les alaiſes en biais, comme on peut le voir à la figure 1.

Les pourtours de cette caiſſe doivent être aſſemblés à queue d'aronde, & arrêtés avec de fortes vis à bois, après quoi on y met de bonnes équerres de fer qui en embraſſent les angles, & en empêchent l'écartement. Au milieu de la longueur de la caiſſe, & à ſa partie ſupérieure, eſt aſſemblée en entaille double une forte traverſe *I*, *fig.* 12, d'environ 4 pouces de large, laquelle ſert à porter les chaſſis, & qui eſt creuſée au milieu de ſa largeur pour faciliter l'écoulement des eaux qui tombent de deſſus ces derniers.

La caiſſe eſt garnie de quatre mains de fer placées ſur ſa longueur, deux de chaque côté, afin de pouvoir la tranſporter quand on le juge à propos pour couvrir de nouvelles couches.

Les Serres portatives ſont compoſées de pluſieurs caiſſes ſemblables qu'on place à côté les unes des autres, & qui ſont chacune couvertes de deux chaſſis qui les débordent au pourtour d'environ un pouce, tant pour faciliter l'écoulement des eaux, que pour qu'ils ne débordent pas trop en dedans de la caiſſe, dont l'intérieur eſt indiqué par les lignes ponctuées *c d*, *e f*, *c e* & *d f*, *fig.* 4.

Chaque chaſſis eſt compoſé de deux battants, de deux traverſes & de deux montants diſpoſés parallélement à ces derniers dans toute la longueur du chaſſis, dont tous les bois, du moins une partie, doivent avoir 2 pouces ou 21 lignes d'épaiſſeur au moins, comme on peut le voir aux figures 7, 8, 9, 10, 11, 12 & 13, qui repréſentent les différentes pieces de ce chaſſis, qui ſont deſſinées au tiers d'exécution.

Les traverſes du haut du chaſſis doivent être plus épaiſſes que les battants, de 4 à 6 lignes qu'ils les déſaffleurent en deſſous pour former un revers-d'eau *A*, *fig.* 7, qui écarte les eaux du bord de la caiſſe.

La traverſe du bas, *fig.* 8, doit être d'une épaiſſeur à peu-près égale à celle du haut, dont elle differe non-ſeulement par la forme, comme on peut le voir dans cette figure, mais encore en ce qu'elle déſaffleure le deſſus des battants, indiqué par la ligne *g h*, de la profondeur de la feuillure, ce qui eſt néceſſaire pour que les carreaux de verre, qui portent ſur cette derniere, paſſent ſur la traverse, afin que l'eau qui tombe sur les carreaux ne s'y arrête pas, & tombe tout de suite à terre, ce qui ne pourroit être s'il y avoit des feuillures à cette traverse, lesquelles arrêteroient l'eau, & la feroient passer en dedans du chassis, quelque bien mastiqués que les carreaux de verre pussent être.

En dessous de cette traverse, & d'après le nud du chassis indiqué par la ligne *i l*, est réservé intérieurement une espece de tasseau *B*, *fig.* 8, qui sert à retenir le chassis en place, en l'empêchant de glisser de dessus la caisse, comme sa pente sembleroit l'exiger. Le devant de cette traverse est terminé par un larmier *C*, lequel facilite l'écoulement des eaux en devant de la caisse.

Les montants du chassis s'assemblent dans la traverse du'haut à l'ordinaire, & dans celle du bas à tenon & enfourchement, ce qui ne peut pas être autrement, vu que cette derniere passe au nud du fond des feuillures, tant des battants que des montants, comme on peut le voir à la figure 8, & plus particuliérement à la figure 13, qui représente la coupe d'un montant, & celle de la traverse du bas du chassis avec leur assemblage.

La construction des battants de ces chassis, n'a rien de particulier, si ce n'est qu'ils sont fouillés en dessous pour recevoir une languette observée au côté de la caisse *H*, qui entre dans le battant de rive *D*, *fig.* 9, comme les languettes de la traverse *I*, *fig.* 12, entrent dans les battants de milieu *F* & *G*, *même figure.*

Il faut faire attention que ces rainures sont moins profondes que les languettes ne sont hautes, ce que j'ai fait afin que l'eau qui pourroit s'introduire extérieurement entre les deux pieces *D* & *H*, *fig.* 9, (ou celles *F* & *I*, *fig.* 12, ce qui est égal,) n'y séjourne pas; & que n'étant pas arrêtée par le frottement des deux joues, elle s'écoule plus vîte, à quoi elle est excitée par la pente de ces mêmes joues, comme on peut le voir dans ces figures.

Il faut aussi qu'il y ait beaucoup de jeu sur la largeur de ces rainures, afin que les chassis puissent se lever aisément, quand cela est nécessaire.

Les montants *E*, *E*, *fig.* 10 & 11, doivent être très-étroits, toute leur force étant sur leur épaisseur; & pour que le poids du verre, qu'on pose dessus, ne les fasse pas ployer, on met en dessous du chassis & dans la moitié de sa longueur, une tringle de fer *m n*, *fig.* 5, (qui représente un chassis vu en dessous) qui les soutient, & en même temps en empêche l'écart, ainsi que des battants sur lesquels elle est attachée avec des vis, de même que sur les montants, comme on peut le voir dans cette figure.

Les verres de ces chassis se posent à plat & à recouvrement les uns sur les autres d'environ 2 pouces, ce qui oblige à faire les feuillures plus profondes qu'à l'ordinaire, afin que le mastic ait plus d'épaisseur, & par conséquent de force en cet endroit de recouvrement du verre, qu'on ne doit poser qu'après avoir imprimé les chassis, & sur-tout les feuillures, de deux fortes couches de peinture, en observant qu'il ne faut pas attendre que la derniere couche soit

PLANCHE 381.

parfaitement feche, afin que le maftic s'incorpore plus parfaitement avec elle, & qu'il fe détache du bois plus difficilement.

Il y a des gens qui ne donnent que peu de profondeur aux feuillures de ces fortes de chaffis, & qui font difpofer le maftic comme une efpece de bourrelet qui porte autant fur le plat du battant que fur les verres, & cela par la raifon, difent-ils, que quand les chaffis font difpofés à l'ordinaire, l'eau s'introduit entre les feuillures & le maftic qui fe retire en féchant, & fe détache par conféquent du bois; mais cela n'arrive pas toujours, fur-tout quand on prend les précautions que j'ai recommandées ci-deffus. De plus, quand cela feroit inévitable, cette défunion du bois & du maftic n'arriveroit-elle pas auffi bien fur le plat que fur le champ? ce qui donneroit également entrée à l'eau; c'eft pourquoi je crois qu'on doit s'en tenir à la premiere méthode, qui eft la plus folide & la plus généralement fuivie; ce qui n'empêcheroit pas de faire excéder le maftic en bourrelet en deffus de la feuillure, fuppofé qu'on voulût le faire : on pourroit même, dans ce cas, l'arrêter fur l'arête des feuillures avec des petits clous d'épingle, qui, venant à faire corps avec le maftic, le rendroient plus adhérent au bois.

Les Serres dont le contour eft conftruit en maçonnerie, comme celle repréfentée en coupe, *fig. 2*, font quelquefois très-longues, fans être pour cela plus larges que celles dont je viens de faire la defcription : elles font également couvertes par des chaffis dont la forme & la conftruction font les mêmes qu'à ces dernieres, & qui font auffi portés dans la longueur de la Serre, par des pieces de bois femblables à celle *I*, *fig.* 12, & aux extrémités & fur la longueur de la Serre, par des dales de pierre taillées en revers-d'eau, comme on peut le voir à la figure 2.

On fait encore des Serres chaudes qui ne different de ces dernieres qu'en ce que leur pourtour eft fermé par des chaffis de Menuiferie, du moins des trois côtés les plus expofés au foleil. Ces chaffis font vitrés, ainfi que ceux qui forment la couverture de ces caiffes, dont le deffous eft ordinairement fouillé pour y placer des fourneaux, ainfi qu'à celles dont le contour eft conftruit en maçonnerie, dont les Serres vitrées au pourtour ne different, du moins quant à la forme, que par la hauteur, ces dernieres étant affez élevées pour qu'on puiffe entrer librement dedans.

Les chaffis qui forment le deffus des Serres chaudes, s'élevent, comme on a pu le voir, indépendamment les uns des autres, ou on les entr'ouvre pour donner de l'air à l'intérieur de la Serre, ce qu'on fait en les levant du derriere à la hauteur qu'on juge convenable, & on les retient ainfi ouverts par le moyen d'une crémaillere, *fig.* 3, laquelle a plufieurs crans pour élever plus ou moins le chaffis, dont le devant pofe fur le bout de la Serre, où le taffeau *B*, *fig.* 8, l'empêche de couler, quoiqu'il foit bon d'y mettre des crochets de fer pour prévenir tour accident.

Des

Des chaſſis tels que je viens de les décrire ci-deſſus, peuvent ſervir avec avantage à fermer les ouvertures des ſerres de la premiere eſpece, comme je l'ai dit plus
haut, en obſervant qu'il faudroit mettre des petits crochets de fer attachés avec des
vis ſur le battant des chaſſis, & qui fuſſent recourbés en dedans pour ſupporter le
poids des carreaux, qui étant poſés verticalement, doivent être ſoutenus plus
ſolidement qu'avec le maſtic.

Les mêmes chaſſis dont je viens de parler, ſont fort en uſage pour couvrir
les cours & autres pieces dont le jour vient d'en-haut; & on doit faire en ſorte
qu'ils ſoient conſtruits de maniere qu'ils faſſent pluſieurs parties ſéparées qui ſe
réuniſſent quand on le juge à propos, & qu'on rejoint enſemble avec des vis
paſſées dans l'épaiſſeur des battants, qu'on joint à rainures & languettes, en
prenant la précaution d'imprimer ces joints avec pluſieurs couches de groſſe
couleur, qu'on ne laiſſe pas ſécher parfaitement avant que de poſer les chaſſis,
pour que la couleur faſſe corps dans ces joints, & lie les chaſſis de maniere que
l'eau ne puiſſe pas paſſer au travers, ce qui n'eſt guere poſſible, parce qu'on
couvre ces joints avec des battements de bois ou de plomb, qu'on imprime,
ainſi que les chaſſis, & qu'il faut auſſi avoir ſoin de poſer avant que la peinture de ces derniers ſoit parfaitement ſeche.

Fin de l'Art du Treillageur.

ESSAIS SUR LE TOISÉ

Et l'Appréciation des Ouvrages de Menuiserie en général.

J'ai enfin terminé le détail des différentes especes de Menuiserie, quant à ce qui concerne la forme & la construction des différents ouvrages de cet Art, du moins autant que mes forces & l'étendue de cet Ouvrage ont pu me le permettre. Ce qui me reste à traiter présentement, quoique de moindre étendue, n'est pas d'une moindre conséquence, puisqu'il s'agit d'assurer à l'Ouvrier la propriété d'un gain légitime, & de préserver celui qui le fait travailler, des fraudes que l'amour du gain enfante sous mille formes différentes.

Mon dessein n'est pas d'entrer ici dans un détail circonstancié du Toisé, & de la valeur relative de tous les ouvrages de Menuiserie, ce qui seroit une entreprise, sinon au-dessus de mes forces, du moins trop considérable pour avoir lieu dans cet Ouvrage, qui a plus pour objet la théorie & la pratique de l'Art, que la discussion des intérêts de ceux qui l'exercent, ou de ceux qui en acquierent les ouvrages, de quelque nature qu'ils soient.

Je me contenterai donc de présenter ici la méthode la plus en usage d'apprécier les ouvrages de Menuiserie, les avantages & les désavantages qui en résultent, & ce qu'on pourroit faire de mieux pour apprécier les ouvrages de cet Art, pour que les intérêts des Bourgeois, & ceux des Ouvriers soient également en sûreté (*).

(*) Nous avons un Ouvrage qui traite du Toisé de la Menuiserie de bâtiment, qui a pour titre : *Détails des Ouvrages de Menuiserie pour les Bâtiments, où l'on trouve les différents prix de chaque espece d'Ouvrage, avec les Tarifs nécessaires pour leur Toisé*, par M. Potin, ancien Entrepreneur des Bâtiments du Roi. Vol. *in-8°*. A Paris, chez Jombert, 1749, &c.

Quoique cet Ouvrage (dit l'Éditeur de l'Architecture-pratique de M. Bulet) *sait susceptible de plus grands détails, il peut être d'un grand usage à ceux que leur état met dans l'occasion de régler des Mémoires de Menuiserie.* Oui, si cet Ouvrage étoit plus étendu, & fait avec plus d'équité, ou du moins de discernement dans l'appréciation des ouvrages, qui y sont portés, pour la plus grande partie, à un tiers ou au moins un quart plus bas que leur valeur réelle, dans le temps même de l'édition de cet Ouvrage : d'où il suit que ceux qui s'en rapporteroient aux réglements qu'on trouve dans cet Ouvrage, ruineroient l'Ouvrier qui auroit la foiblesse d'y passer, ou le jetteroient, ainsi que le Bourgeois, dans des procès où ce dernier succomberoit infailliblement, sans pour cela que l'Ouvrier y gagnât davantage, par rapport à la perte du temps & aux soins que demande la poursuite d'une affaire. Pour prouver la vérité de ce que j'avance, je ne citerai qu'un exemple tiré de cet Ouvrage, où l'Auteur dit, *page 160*, » que le lambris de sapin d'un pouce » d'épaisseur pour les bâtis, & les panneaux d'un » pouce refendu en deux, ledit lambris orné » d'une moulure simple, comme un bouvement » ou autre, vaut la toise superficielle, tout posé » en place, 12 liv. 13 s. 10 den. y compris une » livre 3 s. 1 den. pour le bénéfice de l'Entrepreneur; » laquelle somme est le dixieme de celle de 11 liv. 10 s. 9 den. à laquelle il fait monter la dépense d'une toise de cette espece de lambris, (qu'on paye actuellement 18 liv. la toise, au plus bas prix;) ce qui n'est pas vrai, du moins quant au prix de la façon, du déchet du bois & des faux frais. Mais quand cela seroit vrai, est-ce que le dixieme de bénéfice est suffisant pour dédommager un Maître de ses soins, & même pour le faire vivre ? Car, supposons pour un instant qu'un Maître ait chez lui six Ouvriers occupés à faire de semblables ouvrages, ils ne lui en feront guere qu'un tiers de toise par jour chacun, ce qui fait pour les six deux toises par jour, ou, ce qui est la même chose, 2 liv. 6 s. 2 den. de bénéfice, sur lesquelles il faut qu'il préleve d'abord sa nourriture & celle de sa famille, l'entretien de cette même famille, le loyer de son logement, qui ne peut pas être moindre de 2 à 300 liv. les droits du Roi & les

De tous les ouvrages des Arts méchaniques employés à la construction des édifices, la Menuiserie est la partie de ces mêmes Arts, où à quantité égale de matiere ou de valeur de la chose employée, il y a plus de main-d'œuvre & de perte de matiere, & où, par une singularité qu'on ne sauroit expliquer, la coutume accorde moins de dédommagement à l'Ouvrier, ou, pour mieux dire, à l'Entrepreneur, à qui on ne paye exactement que l'ouvrage apparent, sans s'embarrasser du déchet & de la perte du bois, occasionnés par la forme ou la grandeur des ouvrages, ou même des parties qui, souvent, se trouvent doubles d'épaisseur, ou enclavées les unes dans les autres ; pendant qu'aux autres Arts, comme la Maçonnerie, la Charpenterie, la Couverture, &c, il y a des usages établis pour indemniser les Entrepreneurs des pertes que leur causent le déchet de la matiere, & la difficulté de la main-d'œuvre.

La raison d'une coutume aussi bizarre, ne peut guere être fondée que sur la multiplicité des ouvrages de Menuiserie, & sur les différences que peuvent apporter le choix des matieres, & encore plus le plus ou moins de façon qu'il y a à ces différents ouvrages, & le plus ou moins de perfection avec laquelle ils sont traités, ce qui auroit demandé de la part des Appréciateurs, une expérience consommée de cet Art, & un détail immense, pour mettre à chaque espece d'ouvrage un prix qui lui fût convenable ; ce qui a fait qu'on a beaucoup mieux aimé, pour éviter tous ces détails, donner à chaque espece d'ouvrage un prix à peu-près convenable du plus au moins, & cela en raison d'une grandeur convenue, comme des Toises superficielles, des Toises courantes, &c.

Cette maniere d'apprécier & de mesurer les ouvrages de Menuiserie, a cela de commode, (sur-tout lors de la façon & de la vérification des Mémoires,) d'épargner beaucoup de temps, tant à l'Entrepreneur qu'au Vérificateur ; mais aussi quel mal n'en a-t-il pas résulté ? Que de procès entre les Bourgeois & les Entrepreneurs, & entre ces derniers & leurs Ouvriers, depuis que, pour le malheur de l'humanité & la destruction des Arts, la coutume de faire travailler les Ouvriers à leur tâche s'est introduite (*) ! Ce n'est pas que je veuille

---

frais de Communauté, le revenu de l'argent qu'il a donné pour acquérir le titre de Maître, le temps qu'il faut qu'il attende pour être payé de ses ouvrages, les pertes qu'il est souvent exposé à faire, & qu'il fait effectivement, l'usure des outils, &c. &c. &c. Par ce seul exemple, on pourra juger du reste de l'Ouvrage & de la sincérité de l'Auteur, qui, à la vérité, étoit Entrepreneur des Bâtiments du Roi, où les ouvrages se font au rabais, mais où les Entrepreneurs comptent souvent leur gain par leurs pertes, ce qui, je crois, n'a pas besoin d'autre explication.

(*) La plûpart des Maîtres & des Compagnons Menuisiers, ne feront sûrement pas de mon avis sur cet article, qui n'en fera pas pour cela moins vrai. Les premiers, c'est-à-dire, les Maîtres, préferent de faire travailler à la tâche, parce que, disent-ils, leur ouvrage est mieux fait, &

qu'il leur coûte moins cher de façon : ce qui est exactement vrai quant à ce second article ; car pour le premier, il souffre plus de difficulté, comme je le prouverai ci-après.

Les Compagnons préferent de travailler à leur tâche, parce qu'ils sont, disent ils, plus libres, & qu'ils gagnent davantage que s'ils travailloient à la journée : ce qui est vrai d'un sens, & faux de l'autre ; car en gagnant davantage, en sont-ils plus riches ? C'est ce qu'il faut examiner.

Dans l'état actuel des choses, on ne sauroit nier qu'un Ouvrier adroit, & à qui la nature a accordé la santé & la force du corps, ne gagne la moitié & même le double de plus que ceux qui travaillent à la journée, selon la nature des ouvrages ; mais quel profit le plus grand nombre tire-t-il de ces prétendus avantages ? Très-peu ; parce que ne se sentant pas gênés pour accuser les uns ni les autres de mauvaise foi, à Dieu ne plaise que j'en aye la pensée! ce seroit un trop grand malheur si cela étoit: au contraire, je suis persuadé que tous croient, selon leur conscience, avoir raison, & qu'il n'y a que le défaut de lumieres qui les rend injustes les uns envers les autres.

En effet, rien n'est si aisé que de devenir Juré-Expert ou Maître d'une profession: il ne faut que de l'argent pour acquérir ces titres; mais le titre donnet-il la capacité? Non; car l'expérience prouve journellement le contraire.

Que faudroit-il donc faire pour remédier aux abus dont je me plains ici? Il faudroit de deux choses l'une: ou réformer la coutume établie pour le Toisé & l'Appréciation des ouvrages de Menuiserie; ou qu'en laissant subsister les choses

remplir exactement leur journée, ils se livrent plus aisément à la dissipation, & même à la débauche, à quoi les excite la jouissance momentanée de leur prétendu gain, qui, au bout d'une semaine, dont ils ont perdu une journée ou deux, n'est pas plus considérable, & même quelquefois beaucoup moindre que s'ils avoient travaillé toute la semaine à la journée: ce qui seroit très-peu de chose, si la débauche & la perte du temps n'avoient pas de suite plus funeste pour le bien de l'humanité. Mais qu'arrive-t-il ordinairement lorsqu'un Ouvrier a perdu un jour ou deux, ou quelquefois même davantage? Il veut, dit-il, récompenser le temps perdu; il s'efforce & s'épuise de travail pendant le reste de la semaine; d'où suivent souvent les maladies, la ruine de sa santé, encore plus altérée par la débauche que par le travail, une vieillesse anticipée, & enfin la mort: trop heureux encore si, en mourant, il n'a pas le malheur de laisser des enfants en bas-âge, dont la santé foible & délabrée lui reproche tacitement le mauvais usage qu'il a fait de sa jeunesse & de ses talents!

Quant à la liberté sur laquelle se récrient si fort, comment l'entendent-ils, cette liberté? croyent-ils qu'elle consiste à faire ce qui est contraire à la raison & à l'humanité? Le Citoyen vertueux n'est-il pas toujours libre, lorsqu'il jouit en paix de lui-même & du fruit de son travail, qui, de quelque nature qu'il soit, n'est jamais un esclavage, mais une occupation honnête, qui égale en quelque façon les conditions, en ne faisant dépendre celui qui travaille que de lui-même, & en le rendant nécessaire aux Riches, qui lui payent le prix de son travail pour satisfaire leurs besoins réels ou imaginaires?

Il faut cependant avouer que dans l'état actuel, le travail de la journée a quelque chose de dur & de rebutant, du moins chez les Menuisiers, parce que ceux qui travaillent ainsi, ne font que les plus mauvais ouvrages, & les plus mal-propres, & qu'ils font, en quelque façon, méprisés de ceux qui travaillent à leur tâche, & quelquefois même des Maîtres, qui n'estiment ces derniers qu'en raison du profit qu'ils leur font.

Mais si tous les Ouvriers travailloient à la journée, & qu'en cet état le mérite & l'habileté fussent récompensés, ces difficultés s'évanouiroient, l'émulation & la concorde régneroient parmi les Ouvriers, & entre ces derniers & leurs Maîtres, qu'ils regarderoient comme leurs supérieurs quant au commandement, mais aussi comme leurs amis & leurs compagnons de travail,

puisqu'ils seroient obligés de travailler avec eux, ne fût-ce que pour les exciter par leur exemple.

De ce nouvel ordre de choses, (qui existoit encore à la fin du dernier siecle, & au commencement de celui-ci,) il s'en suivroit que l'ouvrage en seroit fait avec plus de soin & de solidité, soit qu'il fût conduit par le Maître ou par différents Ouvriers, mais toujours sous ses yeux, ce qui n'est pas une chose indifférente, encore que le Maître ne fût pas très-habile en son Art; l'Ouvrier seroit aussi moins fatigué, & jouiroit d'une santé plus parfaite, & d'une plus longue vie; enfin l'égalité se rétabliroit, & les Maîtres, qui alors travailleroient avec leurs Compagnons, ne seroient plus exposés à être les victimes d'un luxe destructeur, qui, comme on le voit tous les jours, cause la ruine de ceux qui ont le malheur d'oublier leur rang & les obligations de leur état.

Ce que je dis ici par rapport à la perfection des ouvrages faits à la journée, paroîtra peut-être un paradoxe, sur-tout pour ceux qui connoissent l'état actuel de la Menuiserie, où les ouvrages les plus considérables sont faits à la tâche, & même assez bien faits; mais le sont-ils tous également? L'avidité du gain, ou les efforts que font les Ouvriers pour récompenser le temps perdu, ne font-ils pas de tort à la perfection & à la solidité de l'ouvrage? L'expérience prouve tous les jours le contraire; & pour un Ouvrier qui est curieux de bien faire, il s'en trouve vingt qui ne s'occupent que de faire beaucoup, à quoi ils sont souvent forcés, par la médiocrité du prix des ouvrages.

De plus, pourquoi les ouvrages les plus importants se font-ils actuellement à la tâche? C'est qu'ils coûtent moins cher de façon que s'ils étoient faits à la journée, & cela aux dépens de la solidité de l'ouvrage, & de la santé de l'Ouvrier, qui s'épuise de travail pour gagner davantage.

D'un autre côté, en faisant travailler à la tâche, les Maîtres ne font pas obligés de fournir d'outils, excepté ceux d'affûtage; ce qui est pour eux un très-grand avantage, & un fardeau de plus pour l'Ouvrier, & ce qui diminue beaucoup de son gain; ajoutez à cela que le Maître n'a pas besoin d'être assidu chez lui pour conduire les ouvrages. Mais avec tout cela l'ouvrage en est-il mieux fait? Non; tous les ouvrages de Menuiserie les plus célèbres de Paris, ont été faits à la journée: donc on gagneroit beaucoup à les faire tous de même.

sur

sur le pied où elles sont, (ce qui seroit peut-être le meilleur parti qu'il y auroit à prendre,) ceux qui, par état, sont destinés à juger de la valeur des ouvrages, soit en totalité, soit par rapport à la façon, se donnassent la peine de s'instruire à fond de tout ce qui a rapport aux ouvrages qu'ils doivent juger, tant dans la théorie que dans la pratique, afin de savoir remédier à propos aux défauts de l'usage reçu, & d'être, par ce moyen, en état de rendre à chacun la justice qui lui appartient.

Il y auroit un autre moyen, qui seroit le meilleur & le plus certain de tous, s'il étoit aussi facile dans la pratique que dans la théorie ; ce seroit de se fier à la bonne-foi des Entrepreneurs, en ne les forçant pas d'être injustes, du moins en apparence, comme on le fait tous les jours, où on ne leur payeroit pas leurs ouvrages ce qu'ils valent, s'ils n'avoient pas la précaution d'en faire monter le Mémoire un tiers, & même la moitié plus qu'il ne leur faut légitimement, & qu'ils n'esperent même avoir, & cela pour que ceux qui doivent le régler, ayent quelque chose à diminuer, ce qui (par une bizarrerie, ou, pour mieux dire, une inconséquence inexplicable de l'esprit humain) ne leur fait aucun tort dans l'esprit de ceux pour lesquels ils travaillent, qui ne les estiment pas moins, & sont toujours contents pourvu qu'ils s'imaginent avoir payé moins cher que si le Mémoire eût été fait de bonne-foi, & n'eût pas été réglé par un Architecte ou tout autre, quel qu'il soit.

Cette façon d'agir avec les Ouvriers, les met dans un état continuel de guerre avec ceux pour lesquels ils travaillent, ce qui bannit toute confiance dans le commerce des hommes, qui, par état, doivent vivre les uns avec les autres. De plus, le Bourgeois paye-t-il moins en faisant régler & diminuer un Mémoire ? Point du tout ; parce que, comme je viens de le dire, l'Entrepreneur le fait monter de façon que quelque réduit qu'il soit, il y trouve toujours son compte, soit qu'il en ait imposé à celui qui le regle, par la maniere dont il a su arranger & présenter les articles dont son Mémoire est composé, soit en employant vis-à-vis de ce dernier, des moyens aussi deshonorants pour l'un que pour l'autre, & qu'on me dispensera d'exposer ici. Il est donc rare (sur-tout dans les grandes affaires) que l'Entrepreneur perde ; au lieu que le Bourgeois paye toujours davantage, puisqu'après avoir payé l'Ouvrier, il faut encore payer l'Expert ; & quand celui-ci n'est pas habile dans son Art, (comme cela arrive souvent, & ce que l'Entrepreneur au fait apperçoit au premier coup d'œil,) il laisse passer, & fait payer comme bon de mauvais ouvrage, que l'Entrepreneur n'auroit sûrement pas fourni, s'il n'avoit pas su à qui il avoit affaire.

D'un autre côté, le despotisme absolu que quelques Architectes exercent sur les Entrepreneurs, en les forçant de faire les ouvrages pour le prix qu'ils jugent à propos d'y mettre dans les marchés qu'ils leur font faire & signer d'avance, ou de perdre leurs pratiques s'ils ne le font pas, les met dans le cas de faire de mauvais ouvrage, tant pour la façon que pour la matiere ; &, ce qui est le comble du malheur, à faire tort aux Ouvriers, qu'ils font travailler à leur tâche, & qu'ils ne payent souvent que quand l'ouvrage est fait, & cela le moins qu'ils peuvent, & quelquefois même point du tout (*).

Je ne prétends cependant pas qu'il faille en croire l'Entrepreneur sur sa parole, ni recevoir les Mémoires qu'il présente sans aucune espece d'examen ; cette extrémité seroit peut-être aussi dangereuse que l'autre ; car de quoi les hommes n'abusent-ils pas, & quel empire l'intérêt n'exerce-t-il pas sur eux ? Mais je voudrois qu'on se dépouillât du préjugé où sont la plupart des hommes, de croire qu'il faut qu'un Mémoire soit diminué à la vérification, & qu'on considérât comme habile, &, ce qui est encore préférable, comme honnête homme, un Architecte qui, connoissant la valeur des ouvrages, ne diminueroit rien, & même augmenteroit le Mémoire d'un Entrepreneur, s'il jugeoit à propos de le faire, ce qui seroit également honorable pour tous les deux. En agissant ainsi, on rendroit les Entrepreneurs plus attentifs à faire ou à fournir de bons ouvrages, tant par l'honneur qu'il y a à bien faire, que par l'espoir d'être récompensés de leurs soins, par l'augmentation qu'on mettroit au prix de leurs ouvrages.

Je viens d'exposer en peu de mots les avantages & les désavantages qui résultent de la méthode de laisser les ouvrages de Menuiserie sans aucune espece d'indemnité pour l'Entrepreneur, ou du moins sans une connoissance parfaite dans cet Art, & sans un examen bien réfléchi des ouvrages dont on regle les prix. Il me reste à faire voir maintenant comment & dans quel rapport on a apprécié les différents ouvrages, relativement à cette méthode.

Les ouvrages de Menuiserie s'évaluent, ainsi que je l'ai dit plus haut, à raison d'un certain prix pour chaque toise superficielle, ou chaque toise courante de certaine largeur, comme de 2, 3, 4, 6 pouces, &c. ou enfin au pied courant de hauteur, sur 3, 4, 5, & même 6 pieds de largeur, ce qui n'est en usage que pour les croisées & leurs guichets (**).

(*) Ce que je dis ici est de la plus grande vérité ; j'ai les faits pour garants de ce que j'avance, & les Tribunaux de la Justice retentissent tous les jours des cris des malheureux Ouvriers qui y viennent réclamer le prix de leur travail, d'où dépend le soutien de leur existence, & quelquefois celle d'une nombreuse famille. On leur rend justice, il est vrai ; mais la longueur d'une procédure, aux frais de laquelle leurs moyens ne suffisent pas, quelle qu'en soit la médiocrité ; & plus que tout cela encore, l'impuissance d'un Maître, peut-être aussi malheureux qu'eux, & qui n'est souvent injuste que parce qu'on l'a forcé de l'être en ne le payant pas du prix de ses ouvrages : tout cela, dis-je, acheve de mettre le comble à leur infortune, & les porte quelquefois à des extrémités qu'on ne peut imaginer sans frémir, & que la voix de la nature qui s'éleve dans mon cœur m'empêche de détailler ici.

(**) Des cinq especes de Menuiseries dont j'ai fait le détail, il n'y a que celle de Bâtiment & la Menuiserie des Jardins, dont les ouvrages se vendent à la toise, soit courante, soit superficielle. Pour les trois autres especes de Menuiseries, les ouvrages se vendent à la piece, selon l'estimation, ou, pour mieux dire, selon que l'Ouvrier juge qu'elles peuvent valoir, ce qu'il peut certainement juger mieux que personne. Cette derniere maniere d'apprécier la Menuiserie, loin d'être onéreuse au Bourgeois, lui est même avantageuse ; parce que la concurrence entre les Ouvriers, établit entr'eux & comme malgré eux, des prix fixes dont ils ne peuvent guere s'écarter sans s'exposer à perdre leurs pratiques, à moins que leurs ouvrages ne l'emportent sur ceux de leurs Confreres, soit pour la bonne qualité de la matiere ou de la façon ; alors il en résulte ces avantages, que le Bourgeois qui paie un peu plus cher, est certainement mieux servi, & qu'en même temps l'Art se perfectionne par la concurrence & l'émulation qui regnent entre les Ouvriers ; ce qui ne peut pas être lorsque l'ouvrage se vend sur des prix courants qu'un Architecte suit aveuglément, sans s'embarrasser si l'ouvrage est bien ou mal fait.

Le prix ordinaire de la toise ou du pied courant, est le même pour les ouvrages de chaque espece, soit qu'il s'y trouve plus ou moins de matiere employée, ou de façon, comme on le verra ci-après ; & ce qu'il y a de plus singulier, c'est que les ouvrages où il y a plus de façon & de matiere, sont moins payés que ceux qui en ont moins : un exemple pris dans les ouvrages les plus ordinaires, & même de nécessité, en sera la preuve.

Une ou deux portes pleines, de bois de chêne d'un pouce d'épaisseur, joint à rainures & languettes, & emboîté par les extrémités, ou quelque chose d'équivalent, est payé à raison de 27 liv. la toise ; & une croisée de 4 pieds de largeur, sur 9 pieds de hauteur, comme celle *B*, *fig.* 1, la moitié prise pour le tout, ce qui fait également une toise superficielle, n'est pas payée davantage, (puisque 9 pieds à 3 livres, qui est le prix ordinaire de ces sortes de croisées, font également 27 liv.) quoiqu'il y ait près du double de façon, & autant de matiere ; car le vide des carreaux de cette croisée, en les comptant de 7 pouces & demi de largeur chacun, sur 9 pouces de hauteur, ne produisent, les quarante ensembles que . . . . 2700 pouces quarrés.

& le plus d'épaisseur des dormants meneaux & jets-d'eau,
produisent, le tout ensemble : 1703

Savoir, pour le plus d'épaisseur des deux battants de dormant, qui ont, les deux ensemble, 6 pouces de largeur, sur 108 de hauteur, font : . . . . 648 pouces quar.

Pour la traverse du haut, qui est double d'épaisseur des chassis, ainsi que les battants de dormants, & la piece d'appui qui est quadruple, 9 pouces de largeur, le tout ensemble, sur 43 pouces de longueur, font : . . . 387

Pour le plus d'épaisseur du battant meneau, 4 pouces de largeur, sur 104 de hauteur, font : 416

Pour le plus d'épaisseur des jets-d'eau, qui est triple de celle des chassis, 7 pouces de largeur, sur 36 de longueur, font : 252

Résumons. Battants de dormants 648
Piece d'appui & traverse du haut du dormant 387
Battant meneau 416
Jets-d'eau 252

T o t a l . . . 1703 pouces quarrés.

Ce qui fait d'abord plus des $\frac{17}{17}$ mes. du vuide des carreaux. Qu'on ajoute à cela le double emploi des feuillures & des languettes, la longueur des tenons & des barbes *D*, *fig.* 5, celle des pointes de diamants des petits bois ; le bois qu'il faut laisser à l'extrémité des battants, pour qu'en les assemblant les épaulements ne se fendent pas, ce qui exige un pouce & demi à 2 pouces de bois de

PLANCHE 382.

plus par chaque bout, comme on peut le voir à la figure 4, cote *C*; enfin le déchet du refendage du bois, qui eft d'autant plus confidérable, que les pieces font plus étroites, les gerçures, les nœuds qu'il faut abfolument éviter : on concevra aifément qu'il entre plus de bois dans une croifée que dans une porte pleine, ou tout autre ouvrage de cette efpece, les furfaces étant égales de part & d'autre, c'eft-à-dire, produifant également une toife chacune.

S'il y a une impofte à cette croifée, comme à celle cotée *A*, *fig.* 1, la différence du plus de façon & de matiere, fera encore plus confidérable; & cette différence augmentera encore fi les croifées augmentent de largeur & diminuent de hauteur, parce qu'il faut, dans ce cas, des traverfes plus longues; qu'il y a autant de gros bois employé aux traverfes de dormant, pieces d'appui & jets-d'eau d'une petite croifée de 6 à 7 pieds de haut, qu'à une de 9; & que la façon eft, à peu de chofe près, la même, puifqu'à une ou deux traverfes de petit bois, & deux ou quatre petits montants près, les affemblages & les moulures à poufler font les mêmes, & en égale quantité.

Si, après avoir comparé le prix d'une croifée d'une toife fuperficielle, avec une toife fuperficielle de porte pleine, je compare cette même croifée avec une toife de lambris, *fig.* 3, la différence de l'une à l'autre fera encore bien plus confidérable; car du côté du prix actuel, le lambris eft beaucoup plus payé que la croifée, puifque cette derniere, à raifon de 3 livres le pied, ne vaut que 27 livres, & qu'un lambris de bois de chêne d'un pouce d'épaiffeur pour les bâtis, & dont les panneaux, auffi de bois de chêne, font de 6 lignes d'épaiffeur, eft payé 32 à 34 livres la toife fuperficielle, lorfqu'il eft à petit cadre comme celui-ci, *fig.* 3, ce qui, au plus bas prix, fait 5 à 7 livres de différence par toife d'ouvrage, & cela en plus pour le lambris, où il y a un bon tiers de façon de moins qu'à la croifée, & près du tiers de moins de bois; car la croifée, comme je viens de le prouver ci-deffus, doit être cenfée pleine, ce qui équivaut à . . . . 5184 pouces quarrés.

& la toife de lambris, eu égard à la moindre épaiffeur des panneaux, n'en a que 3572

Savoir, pour les quatre battants, 12 pouces de largeur, fur 108 de hauteur, font : . . . . 1296 pouces quarrés.

Pour les quatre traverfes, tant des panneaux que du pilaftre, 15 pouces les quatre enfemble, fur 36 pouces, font : 540

Pour la traverfe de frife du lambris, 31 pouces fur 4, font : 124

Le tout enfemble . . . . 1960 pouces quarrés.

La

La toise superficielle fait : 5184

d'où il faut ôter pour la valeur des bâtis 1960

reste . . . . 3224 pouces quarrés.

dont il faut prendre la moitié pour la valeur des panneaux, plinthes & cymaises, parce qu'ils n'ont que 6
lignes d'épaisseur, ce qui fait : 1612

qui, joints à la valeur des bâtis, ... 1960

font, en tout, ... 3572

ce qui est moindre que la valeur de la toise superficielle :
Car de . . . . 5184 pouces quarrés.

ôtez 3572

la différence sera de 1612

ce qui revient au quart de moins, plus 316 pouces quarrés; ce qui fait un peu
moins que les cinq seiziemes d'une toise; de maniere qu'il entre près du tiers de
moins de bois dans une toise de lambris, que dans une croisée dont la surface
équivaut à une toise, comme je l'ai dit ci-dessus.

Les volets ou guichets, *fig.* 2, la moitié prise pour le tout, se payent, pour
l'ordinaire, au pied courant, ainsi que les croisées, à raison de 3 l. à 3 l. 10 s.
le pied, lorsqu'ils sont ornés d'une moulure de 8 à 9 lig. de profil; ce qui fait,
pour une toise de volet de 4 pieds de largeur, les quatre feuilles ensemble, sur
9 pieds de hauteur, 31 livres 10 s. ce qui atteint à peu-près, au prix du
lambris; mais quelle différence y a-t-il entre une toise de guichet & une toise
de lambris, tant pour la quantité de la matiere, que pour la façon! car, quant
à la matiere, il y en a près du double pour les bâtis; de plus, il faut que le
bois, tant de ces derniers que des panneaux, soit d'une qualité plus parfaite,
à cause que l'ouvrage doit être vu des deux côtés.

Quant à la façon, elle est presque double; car au lieu de quatre battants,
qui est tout ce qui peut se trouver dans une toise de lambris où il y a un grand
panneau, comme à la figure 3, il y en a huit à une toise de guichet, & par
conséquent huit longueurs de moulures & de plates-bandes; les assemblages y
sont aussi plus du double, puisqu'au lieu de dix-huit tenons & dix-huit mortaises qu'il y a à la toise de lambris, *fig.* 3, il y en a 48 à la toise de guichets,
fig. 2. Qu'on joigne à cela le travail du double parement, (qui, s'il n'est pas
orné de moulures, est du moins replani & mis à une épaisseur égale,) les bri-
sures qui joignent les feuilles des guichets, les feuillures & les quarts de rond
dont ils sont ornés au pourtour sur leur arête extérieure, & l'on jugera s'il est
possible de mettre au même prix des ouvrages d'une nature si différente.

Par le peu d'exemples que je viens de donner de l'appréciation des ouvrages
de Menuiserie, & cela en rapport à des grandeurs données, comme des toises,

des pieds courants ou superficiels, on pourra juger de tout le reste, & avec combien peu de réflexion & de jugement, ou, pour parler plus juste, de connoissance, ces appréciations ont été faites.

On m'objectera peut-être, & cela avec raison, que ces appréciations, tout imparfaites qu'elles sont, ne laissent pas d'avoir lieu, & n'empêchent pas les Entrepreneurs, qui y passent tous les jours, de bien faire leur état, & même de s'enrichir quelquefois ; ce qui est encore vrai. Comment donc cela peut-il se faire, si ce que je viens de dire est vrai, & n'est pas un paradoxe ? Mais voici le fait : dans le nombre des ouvrages ainsi appréciés, il y en a d'avantageux pour l'Entrepreneur, lesquels le dédommagent en partie de ceux qui ne le sont pas ; d'où il suit que quand le nombre des uns est moins considérable que celui des autres, il gagne raisonnablement & s'y enrichit, comme cela arrive à tous ceux qui ont de grandes entreprises, où il y a mille moyens (peut-être justes) de gagner beaucoup. Quand, au contraire, il n'a que des ouvrages dont les prix sont défavantageux, il arrive de deux choses l'une, ou qu'il se ruine, ou qu'il trompe le Bourgeois en lui donnant de mauvais ouvrage, en quoi sa conscience lui paroît en sûreté, puisqu'il lui en donne pour son argent, en épargnant le plus qu'il peut sur la matiere & sur la façon ; ou si cette derniere est passablement bonne, ce ne peut être qu'aux dépens d'un malheureux Ouvrier, auquel il ne paye les ouvrages que la moitié ou les deux tiers de ce qu'ils vaudroient légitimement.

Ainsi quelque chose qu'il arrive, la méthode de toiser les ouvrages de Menuiserie à face apparente seulement, sans aucune espece d'indemnité pour l'Entrepreneur, & l'appréciation trop générale & trop peu réfléchie de ces mêmes ouvrages, est vicieuse, comme je viens de le prouver. Il me reste maintenant à donner une idée de ce qu'il faudroit faire pour assigner à chaque espece d'ouvrage, un prix qui fût relatif à sa nature, c'est-à-dire, à la quantité de la matiere employée, à l'emploi de la matiere, ou à la façon de l'ouvrage, ce qui est la même chose, & au gain que doit légitimement faire l'Entrepreneur en raison de l'un & de l'autre.

Pour bien juger d'une chose, quelle qu'elle soit, il faut la bien connoître ; cette vérité est incontestable, & n'a pas besoin de preuve : ainsi pour bien apprécier les ouvrages de Menuiserie, il faut avoir une connoissance parfaite de cet Art, tant pour la théorie que pour la pratique, afin de se rendre un compte exact de la qualité & de la quantité de la matiere, & de son emploi.

La matiere, ou, pour parler plus clairement, les bois qu'on emploie à la construction des ouvrages de Menuiserie, ne sont pas tous d'une qualité également parfaite, & sont sujets à plus ou moins de déchet, soit en raison de leur qualité dure ou tendre, ou plus ou moins noueuse, ou enfin de la grandeur & de la forme qu'ils doivent avoir lorsqu'ils seront employés.

Le déchet n'est pas égal dans toutes les especes de bois ; mais quel qu'il soit il est toujours très-considérable, & cela d'autant plus que le Menuisier paie le

bois au Marchand comme s'il n'y avoit pas de déchet, une toise de bois, défec-
tueuse ou non, étant toujours comptée par ce dernier pour une toise ; c'est
pourquoi quand on veut apprécier avec équité la valeur des bois, il faut s'attacher à connoître d'abord le prix qu'ils coûtent chez le Marchand, le coût
des voitures de l'empilage dans le chantier de l'Entrepreneur, & le temps qu'il
faut qu'ils y restent jusqu'à ce qu'ils soient en état d'être mis en œuvre ; après
cela il faut se rendre compte de combien doit être la perte causée par l'aubier,
les flaches, les fentes, les nœuds, les givelures & autres défectuosités des
bois ; laquelle perte est quelquefois d'un quart de leur valeur réelle, ou tout
au moins d'un huitieme, selon la nature des bois.

A cette perte, sur laquelle il faut compter lorsqu'on achete les bois, il
faut joindre celle qui arrive inévitablement lorsqu'on les débite, & qui augmente d'autant plus, que les pieces débitées sont en plus petit volume ; car
chaque trait de scie des Sceurs de long, doit être compté pour 3 lignes au
moins, sans ce qu'on laisse de plus large aux pieces, pour qu'en les corroyant
on puisse les dresser parfaitement, ce qui va toujours de 4 à 5 lignes pour chaque trait de scie.

La perte de longueur est aussi très-considérable, à cause des fausses coupes
que donne la longueur des pieces, qui ne se rencontre pas toujours avec celle
des planches, dont la longueur est bornée de 3 en 3 pieds.

Combien cette perte augmente-t-elle, quand l'ouvrage est cintré sur le plan
ou sur l'élévation, ou sur les deux sens à la fois ; ou bien quand la couleur des
bois doit être appareillée, comme dans le cas d'un ouvrage qui doit être verni ?
Combien faut-il fonder, débiter, & même corroyer de bois qui ne servent
quelquefois pas, ou du moins sans beaucoup de perte, dans d'autres ouvrages
où on tâche de les employer le mieux qu'il est possible ?

Il faut aussi faire attention à la plus ou moins grande épaisseur ou longueur des
bois, qui, lorsqu'ils sont d'une mesure hors de l'ordinaire, ou d'une belle qualité
& parfaitement secs, n'ont plus d'autre prix que celui que ceux à qui ils appartiennent jugent à propos d'y mettre, ce qui, d'une façon, est juste, étant
bien naturel qu'ils fassent payer l'intérêt de la valeur de ces bois, & les frais de
l'emplacement qu'ils ont occupé quelquefois pendant une longue suite d'années.

Après ces connoissances, relatives à la matiere qu'on emploie aux ouvrages
de Menuiserie, il faut entrer dans le détail des façons de ces mêmes ouvrages.
Quelle immensité d'objets ce détail n'embrasse-t-il pas ! que de différences le
plus ou moins de perfection dans la main-d'œuvre, dans la forme des contours
ou des profils, n'apporte-t-il pas au prix des façons ! Ces derniers, sur-tout,
qui, au premier coup d'œil, semblent être d'une exécution aussi prompte les uns
que les autres, du moins, quand ils sont d'un même genre, emploient quelquefois le double du temps & de soins. Quelques exemples en seront la preuve.

Le bouvement, *fig.* 6, se pousse avec un seul & même outil, & à une seule fois; mais si ce même bouvement est dégagé par derriere, comme celui de la figure 7, & qu'il soit d'une certaine largeur, il faut pousser cette moulure à deux fois & avec deux outils, dont l'un forme le dégagement ou tarabiscot, & l'autre le bouvement. Si, au lieu de la baguette du bouvement, *fig.* 7, on vouloit faire un quarré, ce seroit encore une opération de plus, ce qui allongeroit la façon de l'ouvrage.

Ce que je dis pour les profils simples, comme les figures 6 & 7, doit s'entendre pour les profils à petits cadres, comme la figure 8; & s'il arrivoit que la moulure excédât le nud des champs, comme cela se pratique quelquefois, il faudroit ravaler ces derniers de l'excédant de la moulure, ce qui augmenteroit encore la façon de l'ouvrage, quoiqu'en apparence le profil fût toujours le même.

Les profils à grands cadres, comme ceux *fig.* 9 & 10, sont encore dans le même cas, soit qu'ils soient embreuvés ou ravalés, (quoique dans ce dernier cas ils emploient plus de bois, les bâtis devant être de même épaisseur que le cadre,) parce que la différence de hauteur des membres de moulures, ou celle de leurs formes, en rend l'exécution plus longue & plus difficile, ce qui est très-aisé à appercevoir par l'inspection seule de ces deux profils.

Les profils des plates-bandes des panneaux, *fig.* 11, 12, 13 & 14, sont dans le même cas que ceux des bâtis, c'est-à-dire, que quoiqu'à peu-près les mêmes en apparence, ils coûtent beaucoup plus de temps & de soins à faire les uns que les autres, sur-tout quand ces profils sont doubles, comme à la figure 14, parce qu'alors la moulure intérieure devient beaucoup plus difficile à faire que l'extérieure, tant à bois de bout qu'à bois de fil.

A ces difficultés, il faut joindre la grandeur & la forme des profils, qui obligent souvent à faire des outils exprès, ce qui devient toujours très-coûteux, soit à l'Ouvrier ou à l'Entrepreneur.

Combien la forme des cintres n'apporte-t-elle point de difficultés, & par conséquent de différences dans la façon de l'ouvrage? Un ressaut, une oreille de plus ou de moins, rendent quelquefois la façon d'une traverse cintrée du double, & même davantage, plus coûteuse qu'une autre traverse aussi cintrée, mais sans ces ressauts ou oreilles.

Les ornements de Sculpture, ajoutés aux ouvrages de Menuiserie, en augmentent encore la façon, parce qu'ils en rendent l'exécution plus longue & plus difficile à faire; & c'est encore une étude de plus pour bien juger quelle peut être cette augmentation.

Je ne finirois pas si je voulois détailler ici toutes les différences qui se rencontrent dans l'exécution des ouvrages de Menuiserie, considérés dans la partie du Bâtiment seulement, & dans les ouvrages ordinaires, desquels j'ai tiré les exemples que j'ai cités ci-dessus; car s'il falloit parler des ouvrages extraordinaires, ce seroit l'objet d'un Ouvrage considérable, qui, quoique très-nécessaire, ne peut pas avoir lieu dans cet Essai, où je me suis simplement proposé

de

de donner une idée du Toisé, & de l'Appréciation des ouvrages de Menuiserie, sans entrer dans aucun détail circonstancié à ce sujet (*).

La parfaite connoissance de la construction des ouvrages de Menuiserie, des différences & des difficultés qui s'y rencontrent, n'est pas encore suffisante pour apprécier ce que vaut la façon de ces mêmes ouvrages, il faut aussi savoir au juste le prix de cette façon, relativement à celui dont on paye le temps des Ouvriers, & à la quantité de temps qu'ils emploient à faire ces mêmes ouvrages; cette étude est toute de pratique, & on n'y peut faire de progrès qu'à l'aide de l'expérience : car ce n'est qu'en voyant travailler, (ou, ce qui est encore mieux,) en travaillant long-temps de ses mains, qu'on peut bien juger de la valeur d'un ouvrage, quant à la façon. Or il y a ici plusieurs choses à considérer : la premiere, & la plus essentielle, c'est qu'il faut absolument que le prix du temps de l'Ouvrier soit assez payé pour qu'il ait le nécessaire honnête, & qu'à l'aide d'une sage économie, il lui reste encore, après avoir pris sur son gain ce qui est nécessaire à soutenir son existence & celle de sa famille, & cela suivant son état, qu'il lui reste, dis-je, assez pour se soulager dans des temps de disette d'ouvrage ou de maladie, afin qu'encouragé par cette espece d'aisance il travaille avec plaisir, & ne se considere pas comme un forçat condamné à une peine dont il n'espere la fin qu'avec celle de sa vie.

Cette premiere condition remplie, on a déja un point fixe pour apprécier la valeur du temps des Ouvriers, & d'où l'on peut partir pour apprécier la valeur des ouvrages, relativement au temps employé à les faire, en prenant un milieu entre le plus ou le moins que peuvent coûter les ouvrages d'une même espece, & faits par différents Ouvriers, ou même en se réglant sur le travail du moins habile ; car il faut que les hommes vivent en travaillant, & du fruit de leur travail : or l'absolu nécessaire est dû à tous; & il est en même temps juste que celui qui a plus d'adresse ou de force de corps, jouisse de ces bienfaits de la nature, & qu'il gagne par conséquent davantage.

C'est pourquoi, comme je l'ai dit ci-dessus, il faut régler le prix de la façon des ouvrages, sur la quantité de temps que les Ouvriers les moins habiles, ou du moins de la moyenne force, emploient à les faire ; ce qui étant une fois connu, ainsi que la quantité, & par conséquent la valeur de la matiere employée, on peut ensuite juger de la valeur totale des ouvrages, en y joignant le gain de l'Entrepreneur.

Ce gain doit être modéré, mais fixe & relatif à la quantité des ouvrages

---

(*) Si l'Essai que je présente ici, est favorablement reçu du Public, je me propose de donner dans la suite un détail circonstancié des ouvrages de Menuiserie, où je ferai voir d'une maniere claire & précise, comment les différents ouvrages de cet Art peuvent & doivent être appréciés, tant en suivant la méthode du Toisé ordinaire, que par d'autres méthodes différentes, lesquelles reviendront toutes au même; ce qui ne doit ni ne peut être autrement, puisque d'une façon ou d'une autre, la valeur de la matiere, le prix de la façon, & le gain de l'Entrepreneur, doivent toujours être les mêmes, sous quelque point de vue qu'ils puissent être considérés.

TREILLAGEUR.

R 14

plutôt qu'à leur qualité, & être débarraffé de tous les faux-frais qu'il eft obligé de faire, indépendamment du prix de la matiere & de la façon dont j'ai parlé ci-deffus.

Ces faux-frais, pour un Maître Menuifier, font très-confidérables ; car fans parler de l'intérêt que doivent lui rapporter ce qu'il a payé pour parvenir à la Maîtrife, & les fonds qu'il a placés pour faire des provifions de bois, il y en a qui font journaliers, comme les droits du Roi & de Communauté, le loyer de l'emplacement qu'il occupe, (qui, dans les villes, eft toujours très-cher, vu la quantité de place qu'il lui faut pour placer fon bois & fes Ouvriers,) l'achat & l'entretien des outils, les clous, la colle, la chandelle, les voitures pour le tranfport de fes ouvrages, &c. &c.

Le gain de l'Entrepreneur doit, dis-je, être débarraffé de tous ces faux-frais, ou du moins être affez confidérable, pour que leur dépenfe prélevée, il lui refte encore le cinquieme au moins de bénéfice fur fes ouvrages, ou entre le tiers & le quart, en y comprenant les faux-frais, ce qui n'eft fûrement pas trop confidérable, fur-tout pour les Entrepreneurs, qui n'ont journellement que cinq à fix Compagnons chez eux, & qui doivent vivre auffi bien que ceux qui en ont davantage.

Je ne m'étendrai pas davantage fur le détail du Toifé & l'Appréciation des ouvrages de Menuiferie, pour les raifons que j'ai données ci-deffus ; de plus, je crois avoir rempli les conditions que je me fuis impofées en commençant cet Effai, qui ne pouvoit pas être mieux placé qu'à la fin d'un Ouvrage qui a pour objet la defcription de l'Art du Menuifier ; mais cet Ouvrage eft déja par lui-même fi confidérable, que j'ai craint de l'augmenter davantage, en m'étendant fur des matieres, qui, quoique relatives à cet Art, ne font & ne doivent pas même être confidérées comme faifant parties effentielles de fa defcription.

CONCLUSION
DE
L'ART DU MENUISIER.

L'Art que je viens de décrire, est un des plus considérables des Arts méchaniques, & c'est même le plus utile & le plus répandu, après les Arts d'une nécessité absolue, tels que l'Agriculture, la Charpenterie & la Maçonnerie.

La Menuiserie est très-ancienne, & doit, ainsi que les autres Arts, sa naissance au besoin, & ses progrès à l'industrie des hommes. Simple dans les commencements, ainsi que la Charpenterie, dont elle étoit une branche, on ne l'employoit que pour fermer les ouvertures des habitations, ou pour construire les parties les plus légeres de ces mêmes habitations, qui sûrement étoient aussi simples que les besoins de ceux qui en faisoient usage étoient peu étendus. Peu à peu les besoins venant à croître avec l'aisance que procura la Société devenue plus nombreuse, l'industrie fit aussi des progrès; les ouvrages ordinaires devinrent plus ornés & faits avec plus de soins, puis on en inventa d'autres, soit nécessaires ou simplement agréables.

Il est à présumer que les premiers ouvrages de Menuiserie étoient des Portes, des Fenêtres, & quelques Meubles, comme des Lits, des Siéges, des Tables, ou quelque chose d'équivalent, quel qu'en fût le nom ou la forme. D'après ces premiers ouvrages absolument nécessaires (du moins pour certains Peuples,) on fit des Meubles de sûreté, comme des Coffres, des Armoires, &c; & quand les Bâtiments furent construits avec de la pierre & autres matériaux, on revêtit de Menuiserie l'intérieur des Appartements, & même des Temples, pour en rendre l'habitation plus salubre ou plus magnifique; & aux ornements qui étoient propres & naturels aux ouvrages de cet Art, tels que les moulures & les compartiments quels qu'ils furent, on y joignit ceux de la Sculpture & de la Dorure, & on les enrichit de différents métaux & matieres précieuses, comme l'or, l'argent, le cuivre, les pierres fines, l'ivoire, &c.

Il feroit auffi impoffible qu'inutile, de chercher à fixer ici l'époque du commencement & des progrès de cet Art, dont l'origine fe perd dans l'antiquité la plus reculée, ainfi que celle des divers changements auxquels il a été fujet, foit dans la maniere d'opérer, foit par rapport aux noms & à la forme des outils ou des ouvrages, foit enfin fur les différents noms fous lefquels cet Art a été connu chez les divers Peuples qui en ont fait ufage; de femblables recherches ne pourroient guere être que des conjectures, & ferviroient plutôt à faire paroître l'érudition de leur Auteur, qu'à la perfection de l'Art, & à l'inftruction de ceux pour lefquels j'ai particuliérement écrit. Je me contenterai donc de dire que l'Art du Menuifier eft maintenant, fur-tout en France, un Art de néceffité & de goût, lequel eft devenu fi confidérable, que les Ouvriers qui le profeffent ont été obligés de fe féparer en cinq branches, qui font autant d'Arts diftingués les uns des autres, tant pour la maniere d'opérer, que par rapport à la diverfité des ouvrages, comme on a pu le remarquer en lifant la defcription de ces différents Arts.

Je ne m'étendrai pas non plus pour prouver l'utilité de ce bel Art néceffaire à tous, riches comme pauvres, & cela à raifon de leurs différents befoins. Car, en effet, c'eft à lui à qui nous fommes redevables d'une partie des commodités de la vie, tant à la ville qu'à la campagne, & même dans les voyages, & de la falubrité, de la commodité & de la fûreté de nos habitations; c'eft par fon fecours que nous fommes parvenus à décorer avec tant de richeffe & de magnificence les Palais des Rois & des Princes, les Hôtels des Seigneurs & des riches Particuliers, & même nos Temples, qui, quelquefois, tiennent de cet Art une partie de leur décoration, fans parler des ouvrages de ce même Art qui leur font particuliérement confacrés.

Et jufqu'à quel point de commodité & d'élégance nos Meubles, & fur-tout nos Voitures, n'ont-ils pas été portés dans le dernier fiecle & dans celui-ci, où tous les Arts femblent s'être réunis pour accompagner la Menuiferie, & en augmenter la magnificence?

Il n'y a pas jufqu'à nos Jardins, dans la décoration defquels on en faffe ufage avec le plus grand fuccès, fur-tout depuis que l'Art du Treillageur, uni à celui du Menuifier, en a formé la cinquieme & derniere branche.

Nos

Nos Théâtres enfin tirent de la Menuiserie une partie de leur éclat actuel, tant pour leur conftruction proprement dite, que pour celle des machines qui portent & en font mouvoir les décorations (*) : & à combien d'autres Arts la Menuiserie n'eft-elle pas utile, pour la conftruction des machines & inftruments néceffaires foit à la préparation ou à l'exécution des ouvrages de ces mêmes Arts ?

La Menuiserie a encore l'avantage de fournir au Citoyen aifé & laborieux, un objet d'occupation d'autant plus utile, qu'il exerce également le corps & l'efprit ; & comme il eft des Sciences, telles que la Phyfique expérimentale, la Méchanique, &c. où cet Art eft néceffaire, du moins comme moyen, il n'eft guere poffible à ceux qui s'occupent de ces Sciences, de fe paffer des connoiffances, élémentaires, de cet Art, ce qui fait que plufieurs hommes illuftres par leur rang & par leur favoir, fe font un devoir & un plaifir de travailler d'une Profeffion trop peu connue, & dont les Ouvriers vraiment habiles, pourroient aller de pair, & même être préférés à la plupart de ces Artiftes, à la vérité adroits & ingénieux, mais dont tout le mérite ne confifte qu'à favoir faire de ces précieufes bagatelles, qui n'ont fouvent d'autre prix que celui qu'y met l'opulence ou le caprice de ceux qui en font ufage.

Si la Menuiserie eft, par elle-même, un Art fi important, que de connoiffances ceux qui la profeffent, ne doivent-ils pas avoir, ou du moins s'efforcer d'acquérir pour devenir vraiment bons Menuifiers, tant dans la théorie que dans la pratique ? ce qui, malheureufement, n'eft pas bien commun à préfent ; c'eft pourquoi il feroit à fouhaiter que les Menuifiers (& fur-tout les jeunes gens,) fuffent bien perfuadés de ces vérités, afin que s'accoutumant à regarder leur Art comme une Profeffion honnête & diftinguée, ils fiffent tous leurs efforts pour acquérir les connoiffances néceffaires à la partie de la Menuiserie à laquelle ils fe font particuliérement confacrés, & une idée, du moins générale, des autres parties de cet Art, ainfi que des Arts analogues & relatifs

---

(*) La conftruction des Théâtres & des machines théâtrales, eft une partie des plus intéreffante de l'hiftoire des Arts modernes, & qui eft toute du reffort du Menuifier-Machinifte, qui y préfide. Mais comme cette partie de la Menuiserie eft très-compliquée, je n'en ai fait aucune mention dans la defcription de cet Art, m'étant réfervé de traiter à part ce qui concerne la Menuiserie des Théâtres, & des machines théâtrales, dont je vais donner inceffamment la defcription (qui eft déja très-avancée,) tant pour la théorie que pour la pratique, afin qu'elle foit également utile aux Curieux en ce genre, qu'aux Menuifiers, qui, pour la plupart, ne connoiffent pas cette partie de leur Art, & en même temps pour laiffer à la poftérité une idée jufte & précife de nos Théâtres, du moins quant à cette partie, qui n'en eft fûrement pas la moindre, & dont toutes les autres dépendent abfolument.

TREILLAGEUR.   S 14

au leur : c'êft ce que je n'ai ceffé de leur recommander dans le courant de mon Ouvrage, qui ne leur fera vraiment utile, qu'autant qu'ils joindront à beaucoup de bonne volonté & d'amour pour leur état, une grande affiduité à l'étude & au travail, n'y ayant que ce moyen pour acquérir les connoiffances théoriques & pratiques de leur Profeffion, les Livres pouvant bien aider le génie, mais ne le donnant jamais, quelque bien faits qu'ils puiffent être.

Quant à celui-ci, il feroit à fouhaiter que fa perfection répondît aux foins & au zèle avec lequel je l'ai fait ; & je fuis perfuadé que fi cela étoit, le Public, & fur-tout mes jeunes Confreres, n'auroient rien à defirer à cet égard ; car je puis bien affurer que je n'ai épargné ni peines ni dépenfes (*), enfin rien de ce qui pouvoit concourir à fa perfection, tant dans l'ordre & l'arrangement des matieres qui y font préfentées, que par rapport aux recherches & aux expériences que j'ai été obligé de faire pour ne rien dire d'après des rapports fouvent incertains, quelquefois peu fideles ou mal entendus, ayant voulu être moi-même perfuadé, & cela par le fecours de l'expérience, de ce que j'enfeignois aux autres.

J'ai auffi fait en forte de joindre toujours l'exemple au précepte, en n'enfeignant rien, de quelque chofe que ce fût, fans en faire remarquer les avantages & les défavantages, & les différentes occafions où certaines formes d'ouvrages, ou certaines manieres d'opérer devoient être préférées à d'autres, quoique meilleures, & dont j'avois montré l'avantage en d'autres occafions ; ce qui m'a quelquefois mis dans le cas de faire des critiques, peut-être un peu vives, mais dans lefquelles, en parlant mal de l'ouvrage, j'ai toujours refpecté l'Ouvrier, du moins telle a été mon intention.

Quant à l'arrangement & à la divifion de l'Ouvrage, j'ai eu attention de les faire de maniere que les Menuifiers en puiffent acquérir la Partie qui leur eft néceffaire indépendamment des autres, quoique toutes fe fuivent & faffent un corps d'Ouvrage complet, qu'ils feroient cependant très-bien de fe procurer, pour les raifons que j'ai données ci-deffus. Enfin après fept années d'un travail conti-

---

(*) La dépenfe la plus confidérable que j'ai été obligé de faire, & celle qui m'a été la plus onéreufe, eft la perte de mon temps (du moins par rapport à mon établiffement) laquelle a néceffairement entraîné celle de mon état, perte peut-être irréparable, & dont rien ne peut m'indemnifer, que le plaifir d'avoir été utile à mes Concitoyens : trop heureux encore fi mon travail & mes foins peuvent être vraiment utiles! & fi le facrifice que j'ai fait, (dont je ne me repents cependant pas,) peut m'être compté pour quelque chofe, & contre-balancer en quelque forte les fautes involontaires dont mon Ouvrage n'eft fûrement pas exempt !

nuel & affidu, paffées, tant à compofer & à faire des deffins des Planches de mon Ouvrage, (dont j'ai gravé un grand nombre) qu'à en faire l'explication, je jouis de la douce fatisfaction de le voir terminé, & d'avoir été affez heureux pour avoir atteint le but que je m'étois propofé, non pas en commençant cet Ouvrage; car je ne connoiffois pas alors toute l'étendue de mon entreprife, ni la grandeur des engagements que je prenois avec le Public & avec moi-même; mais lorfque j'eus fini la premiere Partie de mon Ouvrage, & bien avancé la feconde, ce fut alors que je m'apperçus de l'immenfité du travail qu'il me reftoit à faire pour ne rien négliger de ce qui pourroit contribuer à donner de l'ordre & de la clarté à mon Ouvrage, afin que s'il n'étoit pas agréable, il fût du moins utile.

J'avois cependant beaucoup d'obftacles à furmonter; car, exception faite de la Menuiferie de Bâtiment, & de l'Art du Trait, je n'étois pas familier dans la pratique des diverfes autres parties de la Menuiferie, dont, par conféquent, j'ai été obligé de faire une étude particuliere, afin de joindre la pratique à la théorie, tant pour la connoiffance, le choix, l'emploi des matieres & celui des différents outils, que pour la parfaite connoiffance des ouvrages auxquels on emploie les uns & les autres.

J'ai même été privé de tous fecours étrangers, étant le premier qui ait écrit fur l'Art du Menuifier, & n'ayant pas, par moi-même, les fecours que peuvent fournir une éducation foignée, ce qui ne pouvoit pas être, & ce qui fe trouve rarement dans la claffe des Citoyens dans laquelle la Providence m'a placé.

Né de parents honnêtes, mais pauvres comme le font tous les Ouvriers qui n'ont d'autres reffources que le travail de leurs mains, ils furent, par conféquent, hors d'état de me donner de bons Maîtres, & je ne reçus d'autre éducation que celle des Ecoles publiques de charité, où j'ai à peu-près appris à lire une Langue morte que je n'entendois pas (& que je n'entends pas encore,) & celle qui m'étoit naturelle; mais je n'y ai pas appris à parler ni l'une ni l'autre de ces deux Langues, ce qui ne pouvoit pas être, puifqu'on ne l'enfeigne pas, du moins dans les Ecoles dont je parle ici.

Je n'ai pas même joui long-temps de cette éducation, toute imparfaite qu'elle étoit, parce qu'à l'âge de 11 ans, (c'étoit en 1750) mon pere, qui étoit, & qui eft encore Compagnon Menuifier, me

fit commencer à travailler avec lui, pour me tranfmettre fes connoiffances & fon état, le feul bien qu'il eût à me donner, & qu'il
avoit pareillement reçu de fon pere, auffi Compagnon Menuifier.
(*)

Depuis ce temps jufqu'en 1768, où j'ai commencé à faire mon unique objet de la Defcription de l'Art du Menuifier, je me fuis plus
occupé des connoiffances pratiques de mon état, que de celles qui,
quoique propres à étendre l'ame & orner l'efprit, étoient étrangeres à
mon principal objet. J'ai eu le bonheur de faire des progrès dans ma
Profeffion pendant les dix-huit années que je l'ai exercée manuelle-
ment, & encore plus de connoître feu M. Blondel, dont j'ai fuivi
les leçons l'efpace de cinq années, pendant lequel temps il m'a rendu
tous les fervices poffibles, en me donnant gratuitement, tant en
public qu'en particulier, tous les fecours & les confeils qui pouvoient m'être utiles pour me faire acquérir les connoiffances théoriques néceffaires & relatives à mon état, & fur l'Architecture en
en général.

J'ai répondu à fes bontés avec tout le zèle & l'application dont
j'étois capable, & felon que le peu de temps que j'avois à moi, pouvoit
me le permettre, vu que je n'avois de libres que les Fêtes & Di-
manches, & quelques heures prifes fur mon repos; & j'ai reconnu,
par ma propre expérience, qu'il n'eft point d'obftacles que la bonne
volonté & un travail affidu ne furmontent.

Les connoiffances que j'avois acquifes, tant dans la théorie que
dans la pratique de mon Art, étoient fûrement beaucoup pour moi;
mais combien m'en manquoit-il encore pour pouvoir les tranfmettre aux autres par le moyen de cet Ouvrage, qui m'auroit été abfolument impoffible de faire, vu mon éducation primitive, fi je n'avois
trouvé dans la lecture des bons Auteurs François, (tels que MM.
Rollin, Montefquieu, de Buffon, J. J. Rouffeau, & autres,) des
fecours que ne m'auroit peut-être pas fourni une éducation plus
foignée, mais fouvent donnée & reçue dans un âge où l'homme
n'eft pas encore capable d'en profiter.

Au lieu que ces lectures, quoiqu'abfolument étrangeres à mon

(*) Claude Roubo, mon aïeul, eft mort au mois de Juillet 1765, âgé de 85 ans. Il avoit travaillé à la Menuiferie de Bâtiment jufqu'à l'âge de 78 ans, fans avoir reffenti aucune des incommodités de la vieilleffe : il n'avoit eu qu'une maladie en fa vie, & eft mort fans être malade.

objet,

objet, mais faites dans un temps où ma raison commençoit à se
développer, (à quoi m'a beaucoup servi l'étude de la Géométrie,)
m'ont mis en état de rendre mes pensées, sinon dans un style
fleuri & élégant, du moins avec précision & une sorte de clarté;
elles m'ont aussi mis à portée de connoître & de sentir l'ordre qu'il
étoit nécessaire de faire régner dans un Ouvrage didactique tel
que le mien, où toutes les phrases doivent être liées ensemble, &
souvent en conséquence les unes des autres, & où les répétitions
sont quelquefois inévitables, & même nécessaires pour faire mieux
connoître la vérité & l'importance de ce qu'on avance, & les con-
séquences qu'on doit ou qu'on peut en tirer.

Aussi est-ce à l'ordre & à l'arrangement des matieres à quoi je me
suis le plus attaché dans le courant de mon Ouvrage, sans me
mettre beaucoup en peine de la beauté du style, qui, d'ailleurs,
devoit être simple & à la portée des Ouvriers, mes Confreres, pour
lesquels je l'ai particuliérement écrit.

Ce n'est pas que, semblable à ce Consul Romain (Marius), je
fasse mépris des Arts que je ne connois pas, & sur-tout des Belles-
Lettres & de l'Eloquence; au contraire, je sais combien la pureté
du style, le choix & l'arrangement des mots donnent de grace à un
Ouvrage, & en rendent la lecture agréable. Mais, comme je l'ai déja
dit, cette perfection est au-dessus de mes forces; & je suis assuré que
si j'avois voulu écrire dans un style plus exact & plus châtié, j'aurois donné dans l'enflure ou dans le verbiage, auxquels ma simpli-
cité est certainement préférable.

Un des plus grands obstacles que j'aye eu à surmonter, c'est le cri
du Public contre les gros Livres, que les uns n'achetent pas, parce
qu'ils sont trop chers, ou que les autres achetent, mais ne lisent pas,
parce qu'ils sont trop volumineux. Mais comment falloit-il que je fisse?
Devois-je tromper le Public en travaillant, à la vérité, à son goût,
mais contre ses intérêts, en lui donnant un Abrégé peu considérable, & par conséquent peu cher, mais où il n'auroit rien appris, ou
tout au plus que des mots ou des noms d'Arts (*).

(*) Ce que je dis ici est une vérité incontestable: rien n'a fait plus de tort aux Sciences & aux
Arts, que les Abrégés qu'on a donnés des Ouvrages déja faits, ou bien les Ouvrages nouveaux
faits de cette maniere. J'ai donc cru être bien
fondé à donner à mon Ouvrage toute l'étendue
convenable, du moins autant que mes forces ont
pu me le permettre, afin d'être utile tant à présent qu'à l'avenir, en n'obligeant pas le Public
à faire une double dépense, comme il arrive tous
les jours, par les augmentations & les changements qu'on fait à la plupart des Ouvrages dont
on multiplie les éditions ainsi augmentées, lesquelles deviennent très-coûteuses, & demeurent
toujours très-imparfaites.

Il faut cependant avouer que j'ai été le premier trompé sur l'étendue de mon Ouvrage, que je ne croyois pas devoir être si confidérable, lorfque l'Académie Royale des Sciences me fit l'honneur d'accepter mon travail, & d'en permettre l'impreffion fous fon nom & avec fon approbation; mais à mefure que j'ai avancé, j'ai été entraîné malgré moi par l'abondance des matieres dont j'avois à traiter, comme je l'ai dit ci-deffus, & que je l'ai fait remarquer dans l'Avertiffement qui eft à la tête de la feconde Partie.

De plus, il n'eft pas poffible, pour peu qu'on ait lu cet Ouvrage avec attention, & qu'on foit de bonne-foi ou fans préjugés, il n'eft pas poffible, dis-je, qu'on ne convienne que le détail des différentes efpeces de Menuiferies eft immenfe; que quelque concis qu'on foit dans ce détail, il ne peut être que très-confidérable; & qu'il n'eft pas de l'ouvrage dont il eft ici queftion, comme de l'Hiftoire ou des ouvrages d'imagination, où on fe contente d'expofer les faits aux yeux du Lecteur, ou de l'occuper agréablement, mais où on lui laiffe la liberté de faire l'application de ce qu'il a lu, en ne prévenant pas fon jugement, ce qui deviendroit ennuyeux pour tout Lecteur raifonnable.

Ici, tout au contraire, & dans la defcription de tous les Arts en général, où il eft queftion d'enfeigner, il faut non - feulement tout dire, mais dire comment il faut faire, & pourquoi il faut faire; expofer les différentes manieres d'opérer dans tout leur jour, & en faire voir les avantages & les défavantages, & les occafions où une méthode eft préférable à une autre, ce qui entraîne néceffairement le détail des ouvrages de l'Art, foit en tout ou en partie.

Je fai qu'il eft des Arts qui ne confiftent qu'en certaines pratiques & manutentions, qui, une fois bien connues, font applicables dans tous les cas, du moins à peu de chofe près; mais auffi en eft-il d'autres, & fur-tout celui dont je viens de faire la defcription, où cette manutention change à chaque ouvrage de différente nature, & où, aux connoiffances néceffaires & relatives à l'état, il en faut joindre quantité d'autres qui y font acceffoires, & dont il faut donner des notions du moins élémentaires.

Le détail de ces connoiffances élémentaires, fe trouve, dit-on, dans d'autres Livres, où elles font traitées avec plus d'étendue qu'on ne le pouroit faire dans un Art, (ce qui eft en partie vrai;)

mais ces mêmes Livres font très-chers, & ce dont on a befoin y eft prefque toujours noyé dans une infinité de chofes dont l'Ouvrier peut fe paffer, & d'avec lefquelles il ne lui eft fouvent pas facile de diftinguer celles qui lui font vraiment utiles. De plus, le langage des Livres favants n'eft pas à la portée de tout le monde; & quand il le feroit, pourquoi obliger un Ouvrier qui fait la dépenfe de la Defcription de fon Art, d'acheter encore d'autres Livres pour y trouver ce dont il a befoin, quand on peut le lui procurer dans la Defcription de ce même Art?

C'eft pourquoi j'ai cru ne pouvoir pas me difpenfer de donner, dans le courant de cet Ouvrage, des notions, du moins élémentaires, des Sciences ou des parties des autres Arts qui font relatifs ou acceffoires aux différentes efpeces de Menuiferies, afin de rendre mon Ouvrage plus utile, & de faire mieux fentir l'analogie & le rapport que les Arts ont entr'eux, & ces derniers en général avec les Sciences de raifonnement & de goût, telles que quelques parties des Mathématiques, l'Architecture, le Deffin de différents genres, & autres, fans le fecours defquelles il n'eft pas poffible de faire de véritables progrès dans l'Art du Menuifier, où il faut abfolument joindre le flambeau de la théorie à l'habitude de la pratique.

Ce font ces différentes raifons qui m'ont engagé à ne rien omettre de ce qui pouvoit fervir à la perfection & à l'utilité de mon Ouvrage, tant pour répondre, autant qu'il étoit en moi, aux vues de l'Académie Royale des Sciences, toujours portée aux progrès & à la perfection des Arts, que pour témoigner à cette favante & illuftre Compagnie, combien je fuis fenfible à l'honneur qu'elle m'a fait en m'affociant à fes travaux, pour concourir avec elle & fous fes aufpices, à la perfection du plus beau Monument qu'on puiffe élever à l'efprit humain.

F I N.

TABLE
DES CHAPITRES ET TITRES
DE L'ART
DU TREILLAGEUR.

Fin de la Table.

TABLE

TABLE ALPHABÉTIQUE,

OU

VOCABULAIRE RAISONNÉ

Des différentes Matieres qui composent la Description
de L'ART DU MENUISIER.

A.

Acaja, bois rougeâtre & léger, qui croît à Ceylan. *3. Partie, Sect. 3, page 770.*

Acajou, bois rougeâtre & moyennement dur, originaire des isles de l'Amérique. *3. part. sect. 3, pag. 770.*

Accotoirs ou *Accoudoirs*. On nomme ainsi les traverses des côtés des voitures. *3. part. sect. 1, pag. 466.*

On nomme aussi *Accoudoirs* des pieces horizontales placées aux deux côtés des siéges, pour appuyer les bras de ceux qui s'asseyent dessus ces derniers. *3. part. sect. 2, page 636.*

Acroteres. Ce sont des especes de petits pieds droits, placés aux extrémités de chaque travée de balustres, pour les terminer & servir de point d'appui à la tablette. *4. part. pag. 1074.*

Affiler, donner le fil à un outil, c'est-à-dire, finir de l'affûter avec une pierre plus fine, qu'on nomme *pierre à affiler*. Les outils de moulures s'affûtent sur ces sortes de pierres, lesquelles sont placées dans une entaille. *1. part. page 84.*

Affiloires. On nomme ainsi des pierres minces & longues, d'une couleur grise, & parsemées de points brillants, qui servent à donner le fil aux outils à tranchant droit, & à affûter les outils de moulures; pour cet effet on assujétit les Affiloires dans un morceau de bois qu'on nomme *entaille à Affiloire*. *1. part. page 84.*

Affûtage. (Outils d') On nomme ainsi les gros outils que les Maîtres fournissent à leurs Compagnons, comme les Etablis, les Varlopes, les Guillaumes, le Feuilleret, le Rabot, le Ciseau, le Fermoir, le Valet & le Marteau : chaque Ouvrier doit avoir un Affûtage complet. *1. part. page 52.*

Affûter (maniere d') les outils, c'est-à-dire, d'en refaire le tranchant à mesure qu'il s'émousse par l'usage. Les Menuisiers affûtent la plupart de leurs outils sur un grès. *1. part. page 63.*

Aileron. (traverses d') On nomme ainsi celles qui prennent la place des accoudoirs, quand il n'y a pas de glaces aux custodes des voitures. *3. part. sect. 1, page 513.*

Alaise ou *Elaise* : c'est une planche étroite qu'on emploie pour rélargir quelque chose, ou pour en completter la largeur. *1. part. pag. 79.*

On dit aussi *qu'on met une Alaise à un panneau*, lorsqu'un certain nombre de planches n'est pas suffisant pour faire la largeur donnée.

On dit encore *un plancher d'Alaises*, c'est-à-dire, qui est fait avec des planches refendues en deux sur la largeur. *2. part. pag. 161.*

Alcove, partie de Menuiserie composée d'une niche, dans laquelle on place un lit. A la plupart des Alcoves on pratique des Cabinets, un de chaque côté de la niche, lesquels servent de Garde-robes ou de dégagements. *2. part. pag. 194.*

Alette. On nomme ainsi les pieds droits d'une niche quarrée. *4. part. pag. 1068.*

Alisier, bois François, plein, de couleur blanche : il s'emploie pour les ouvrages d'ébénisterie. *3. part. sect. 3, pag. 783.*

Aloës, bois rare & peu connu, de trois différentes especes, & en général de bonne odeur : il croît à la Cochinchine & ailleurs. *3. part. sect. 3, pag. 770.*

Alun, sel fossile, ressemblant à du crystal, dont on fait grand usage dans la composition des teintures. *3. part. sect. 3, pag. 794.*

Amaranthe, bois de couleur violette, qui croît à la Guiane, en Amérique. *3. part. sect. 3, pag. 770.*

Amortissement. Par ce terme on entend tous corps d'Architecture dont la forme pyramidale couronne & termine heureusement; c'est-à-dire avec grace, un avant-corps quelconque. *4. part. pag. 1072.*

Amourette, bois dur, de couleur roussâtre & varié de brun, qui croît aux Antilles. *3. part. sect. 3. pag. 771.*

Ane, espece de chevalet ou banc, sur lequel est placé un étau de bois. Les Ebénistes se servent de l'Ane quand ils veulent découper le placage, & ils s'affoient à califourchon deffus. 3. *part. fect.* 3. *pag.* 842.

Angle ; c'eft le point ou la rencontre de deux lignes, foit droites ou courbes. Les Angles prennent différents noms, felon l'ouverture ou la forme des lignes qui les compofent ; c'eft pourquoi on dit *Angle droit* ou *quarré*, *Angle aigu* ou *fermé*, *Angle obtus* ou *ouvert*, ou *Angle gras*, enfin *Angle rectiligne*, *curviligne* ou *mixtiligne*. 1. *part. pag.* 8.

Anis ou *Anil à l'étoile*, bois de couleur grisâtre, qui croît à la Chine. 3. *part. fect.* 3, *pag.* 771.

Anfe à panier ou *de panier*. On nomme ainfi un cintre qui a la forme d'un demi-ovale pris fur fon grand axe. 1. *part. pag.* 12.

A-plomb. Les Menuifiers nomment ainfi toutes lignes perpendiculaires à l'horizon. 2. *part. pag.* 275.

Appartement. Sous ce terme on entend l'enfemble de plufieurs pieces fervant à loger des perfonnes de diftinction. Defcription des différentes pieces d'un Appartement. 2. *part. pag.* 185.

Appui. Par ce mot, on entend, en général, toute partie de Menuiferie difpofée horizontalement, & dont la hauteur ne furpaffe pas 3 à 4 pieds.

Appui ; (piece d') c'eft la traverfe du bas d'un dormant de croifée, laquelle reçoit les deux chaffis : fes différentes formes & proportions. 1. *part. pag.* 92.

Appui de porte, dont la hauteur fe détermine par celle du lambris d'appui. 1. *part. pag.* 138.

Appui. (lambris d') On appelle ainfi toutes fortes de lambris dont la hauteur ne paffe pas 3 à 4 pieds. On dit *Appui de croifée*, tant du lambris dont cet Appui eft revêtu, que de la tablette qu'on pofe quelquefois deffus.

Appuis de voiture, appellés autrement *ceintures*. Les traverfes d'une caiffe qui font placées à l'endroit de la ceinture, fe nomment *traverfes de ceinture*, pour le devant & le derriere ; & celles de côtés fe nomment *traverfes de cuftodes* ou *d'accotoirs*. 3. *part. fect.* 1, *pag.* 466.

Apfichet, languette faillante faite pour retenir en place les glaces des voitures. 3. *part. fect.* 1, *pag.* 476.

Arbitraires. (Outils) Par ce terme, les Menuifiers en Carroffe entendent deux outils à fût qui forment la même moulure, quoique faits à contre-fens l'un de l'autre. 3. *part. fect.* 1, *pag.* 473.

Archet ; c'eft un morceau d'acier élaftique, monté dans un manche de bois : à l'extrémité de l'Archet eft attachée une corde de boyau ou une courroie de cuir qu'on arrête vers le manche, & on donne à cette derniere une longueur fuffifante, pour qu'après avoir fait deux fois le tour de la boîte à foret, l'Archet ou branche d'acier ploie, & par fa réfiftance

faffe tourner le foret ainfi entouré. 3. *part. fect.* 3, *page* 939.

Architrave, partie inférieure d'un entablement qui eft compofé de plufieurs faces & de moulures peu faillantes. 4. *part. p.* 1043.

Architravée. On nomme ainfi une efpece d'entablement dont on a fupprimé la frife, & où l'Architrave, dont on a auffi fupprimé la partie fupérieure, eft joint à la corniche. 4. *part. pag.* 1057.

Archivolte. On appelle ainfi le revêtiffement extérieur d'une arcade plein-cintre. Le plafond ou revêtiffement de cette même arcade, fe nomme auffi *Archivolte*. 2. *part. page* 312.

Archivolte. En Architecture, on nomme ainfi les moulures & les faces qui ornent le pourtour de la partie circulaire d'une porte, d'une croifée, &c. 4. *part. pag.* 1066.

Arête, *Arêtier*, piece droite ou circulaire, formant l'angle rentrant ou faillant d'une couverture ou toît, fimplement inclinée pour le premier cas, & cintrée en voûte pour le fecond. 2. *part. pag.* 341 & 354.

Argent ; c'eft le fecond des métaux pour la valeur : fa couleur eft blanche & brillante, & on peut en faire ufage à la place de l'étain dans les ouvrages de marqueterie. 3. *part. fect.* 3, *pag.* 990.

Arriere-corps, champ liffe qu'on met entre deux parties de lambris, ou à la place d'un pilaftre, lorfqu'on craint qu'il ne devienne trop étroit. 2. *part. pag.* 171.

Armoire, le plus grand des meubles fermants dont on faffe ufage actuellement : il fert dans les Offices, Garde-robes, & aux gens d'un état médiocre. 3. *part. fect.* 2, *pag.* 743.

On nomme auffi *Armoire*, toute devanture de Menuiferie fervant à fermer un renfoncement ou toute autre partie d'un appartement quelconque, à condition toutefois que cette devanture ait une ou plufieurs portes ouvrantes. Ce nom s'entend auffi du renfoncement couvert par la devanture de Menuiferie.

Arrafement, extrémité d'une traverfe à la naiffance du tenon, laquelle vient joindre le battant à l'endroit de l'affemblage. 1. *part. pag.* 46.

Arrafer un panneau ou une porte, c'eft-à-dire, faire affleurer l'un ou l'autre avec leurs bâtis, de forte qu'ils leur foient égaux d'épaiffeur d'un ou des deux côtés. 1. *part. pag.* 100.

Afphalte, bois peu connu des Modernes. 3. *part. fect.* 3, *page* 771.

Affemblages. L'art des Affemblages eft une partie très-intéreffante pour les Menuifiers, puifque les affemblages fervent à lier enfemble toutes les parties de leurs ouvrages. Il y a diverfes fortes d'affemblages, comme les tenons & les mortaifes, les enfourchements, les entailles, les traits de Jupiter de différentes especes, les queues, les rainures & les languettes, les embreuvements, &c. Voyez chacun de ces Articles, 1. *part. pag.* 46 & *suiv.*

On appelle encore les Assemblages *quarrés*, *d'onglets*, de *fausses coupes*, *doubles*, &c. selon les différentes manieres dont ils sont disposés. Voyez *idem*.

Assemblage. (Menuiserie d') On nomme ainsi la partie de l'Art du Menuisier, qui a pour objet la fermeture & les revêtissements des Edifices, ce qui lui a fait donner aussi le nom de *Menuiserie de Bâtiment*. En général, ce nom doit s'entendre de tous les ouvrages de cet Art qui sont composés de plusieurs pieces assemblées à tenon & mortaise, & qui renferment des panneaux qui y entrent à rainures & languettes.

Assemblage à la Carrossiere. On appelle ainsi le joint d'un cadre auquel on ne rallonge pas de barbe à la traverse, de maniere qu'on est obligé de pousser à la main un bout de la moulure du battant. 3. *part. sect.* 1, *pag.* 475 & 545.

Astragale, moulure composée d'un demi-rond fait en forme de boudin, & d'un filet au-dessous. L'Astragale sert à séparer le chapiteau d'avec le fût de la colonne. 4. *part. page* 1043.

Astragalée. On nomme ainsi un profil d'une corniche dont la partie inférieure est terminée par un Astragale. 2. *part. page* 165.

Attrape-mouche. On donne ce nom à une petite épaisseur de bois en saillie, qu'on réserve au bas de la partie inférieure de l'imposte d'une croisée à coulisse, pour que les mouches ne passent pas entre cette derniere & le haut du chassis, où on en a réservé une semblable. 1. *part. pag.* 116.

Attique ou *Dessus de porte.* On nomme ainsi la Menuiserie dont on revêtit le dessus des portes d'un appartement, laquelle est quelquefois ornée de Sculpture, ou bien est disposée pour recevoir un tableau. 2. *part. pag.* 184.

Attique, (Ordre) espece d'Ordre d'Architecture inventé à Athenes, pour servir de couronnement aux Edifices. Cet Ordre ne s'emploie jamais en colonne, mais en pilastre toujours engagé. Les Modernes y font des croisées qui ont des proportions qui leur sont propres, & qu'on nomme *croisées attiques*. 4. *part. pag.* 1077.

Attique, (base) ainsi nommée, parce qu'elle fut inventée à Athenes : elle est particuliérement affectée à l'Ordre Ionique. 4. *part. pag.* 1064.

Aubier, défaut dans le bois ; c'est la derniere croissance de l'arbre, qui se trouve immédiatement après l'écorce. L'Aubier est toujours plus blanc que le bon bois, & on ne doit jamais l'employer dans aucune espece de Menuiserie. 1. *part. pag.* 25.

Aulne, bois François, tendre, de couleur rougeâtre, propre à différents ouvrages d'Ebénisterie. 3. *part. sect.* 3, *pag.* 783.

Axe, quelquefois *Mandrin* ou *Arbre*. On nomme ainsi une piece de bois ou de fer qui passe par le centre d'une colonne ou de toute autre partie cylindrique. 4. *part. pag.* 1165.

B.

Baguette, moulure parfaitement ronde, excepté le côté où elle tient au reste de la piece. Cette moulure s'emploie rarement seule, & en accompagne toujours quelqu'autre. 1. *part. pag.* 44.

Baignoire, espece de Chaise-longue, dans laquelle est renfermée une cuvette de cuivre. 3. *part. sect.* 2, *pag.* 660.

Baignoire. (demi-) Voyez *idem*.

Bain-marie. (chauffer la colle au) On entend par ce terme l'action de faire chauffer la colle dans un vase de cuivre qui est placé dans un autre plus grand, qu'on remplit d'eau, qui, en s'échauffant, fait fondre & chauffer la colle qui est dans le premier vase. Voyez *Pot à colle*, 1. *part. pag.* 81, & 3. *part. sect.* 3, *page* 850.

Baleine. On nomme ainsi les lames ou fanons qui servent de dents au poisson de ce nom. La Baleine est filandreuse, & ordinairement de couleur noire. 3. *part. sect.* 3, *pag.* 988.

Balustrade. On nomme ainsi une espece de socle, ou quelquefois de piédestal dont le dé est évidé de distance en distance pour y placer des balustres ou petites colonnes qui y sont espacées tant pleins que vides. 4. *part. pag.* 1073.

Balustre, espece de petite colonne d'une forme contournée, circulaire par son plan, & quelquefois quarrée. 4. *part. pag.* 1073.

Bambou, (bois de) espece de grosse canne qui croît dans les pays maritimes des Indes Orientales. 3. *part. sect.* 3, *page* 1035.

Banc de jardin, espece de siége à dossier & à accotoirs. Il y a aussi des Bancs de jardins qui n'ont ni l'un ni l'autre. 4. *part. pag.* 1225.

Banc de tour. On nomme ainsi l'établi sur lequel on tourne. 3. *part. sect.* 3, *pag.* 904.

Bandeau, corps lisse & saillant, quelquefois orné d'une moulure sur l'arête, qu'on met souvent à la place des chambranles. Voy *Chambranles*.

Bandeaux, pieces de bois minces, ornées de moulures qu'on met par le haut des lambris, à la place d'une corniche. 2. *part. pag.* 276.

Bandes ou *Bordures de parterre.* Ce sont des planches dont une des rives est ornée d'une moulure, & qui servent à border les parterres dans certains jardins. On les fait entrer dans la terre, qu'ils désaffleurent de 3 à 4 pouces, & on les arrête sur des pieux nommés *racineaux*. 4. *part. page* 1142.

Bandes de billard. Ce font des pieces de bois ornées de moulures , lefquelles fervent de rebord à une table de billard. 3. *part. feét.* 2, *pag.* 706.

Banquette ou *Soubaffement*, efpece de petit lambris d'appui, fervant de revêtiffement aux appuis de croifée , dont la hauteur eft moindre que celle du lambris d'appui de la piece. 2. *part. pag.* 181 *& fuiv.*

Banquette, fiége fans doffier, d'une longueur capable de contenir plufieurs perfonnes affifes à côté les unes des autres. 3. *part. feét.* 2, *pag.* 613.

Barbe. On appelle de ce nom le bois qui excede l'arrafement intérieur d'une traverfe, ou, pour mieux dire, la ligne qui indique fur cette derniere le nud intérieur de la moulure des battants , de forte que la longueur d'une barbe eft toujours déterminée par la largeur des moulures ou des feuillures qui font faites fur le battant dans lequel elle doit s'affembler. Quand il y a des moulures des deux côtés de l'ouvrage , on rallonge des barbes des deux côtés des traverfes. 1. *part. pag.* 46.

Barre à queue. On appelle ainfi une piece de bois qu'on rapporte fur le meneau d'une croifée à manfarde, laquelle eft rainée pour recevoir les chaffis : cette piece s'ôte de place quand on veut retirer ces derniers. 1. *part. pag.* 115.

On appelle auffi *Barres à queue*, des pieces de bois dont la largeur eft inégale d'un bout à l'autre , & qui font en pente fur leur épaiffeur. Ces fortes de Barres à queue fe placent derriere les panneaux & autres ouvrages de cette nature. 2. *part. pag.* 172.

Barres d'enfonçures. On nomme ainfi une ou deux barres placées au milieu d'une couchette, au - deffous des goberges , qu'elles foutiennent au milieu de leur longueur. 3. *part. feét.* 2, *pag.* 666.

Bafe ou *Embafe* , en terme d'Ouvrier, faillie pratiquée à la partie fupérieure du fer des outils à manche, pour appuyer ces derniers. 1. *part. pag.* 65.

Bafe, moulure faillante qui fe pofe fur les parquets des portes-cocheres. 1. *part. pag.* 125.

Bafe , partie inférieure des colonnes ; maniere de les conftruire en Menuiferie. 2. *part. pag.* 289.

Les bafes font toujours ornées de moulures qui fuivent le contour des colonnes, & font terminées par une plinthe ou partie liffe d'une forme quarrée par fon plan. 4. *part. pag.* 1043.

Bâtis. Par ce terme , les Menuifiers entendent toute la partie de leur ouvrage qui doit recevoir les cadres & les panneaux, ou les panneaux feulement, (ce qui arrive quand l'ouvrage eft à petit cadre) ; c'eft pourquoi on dit *Bâtis de lambris, Bâtis de parquets, &c.*

Bâtis. Par ce terme , les Ebéniftes entendent le corps ou la carcaffe de leurs ouvrages, & généralement tous les meubles quelconques, fur lefquels ils plaquent des feuillets de bois mince. 3. *part. feét.* 3, *pag.* 811.

Bâtis de Treillage. Sous ce nom on comprend toutes les parties de Menuiferie qui entourent & foutiennent le treillage. 4. *part. pag.* 1150.

Battant. Par ce mot , on entend toutes pieces de bois placées perpendiculairement, & dans les extrémités defquelles on fait des mortaifes où viennent s'affembler les tenons des traverfes, foit que ces dernieres foient plus courtes que les battants, comme il arrive ordinairement, ou qu'elles foient d'une longueur égale à celle des battants, ou qu'elles foient même plus longues, ce qui eft égal.

Les Battants prennent différents noms, felon les ouvrages où ils font employés : on les nomme *Battants de croifée, de porte, de lambris, de parquet*. On appelle encore *Battants de portes-cocheres*, des pieces de bois de 3 à 4 & même 6 pouces d'épaiffeur, fur un pied de largeur, & de 12 à 18 pieds de longueur. Voyez 1. *part. pag.* 28 *& 29*.

Battement. On nomme ainfi une partie excédente qui forme la feuillure d'une porte ou de toute autre partie ouvrante. Les Battements font toujours rapportés d'après le nud de l'épaiffeur du bois, afin de lui conferver toute fa force. 1. *part. pag.* 104.

Baye , ouverture ou place propre à recevoir une porte, une croifée, &c.

Bec-d'âne, outil de fer garni d'un manche. Le Bec-d'âne fert à faire des mortaifes. Il y en a de différentes groffeurs ; mais ils font tous de la même forme. 1. *part. pag.* 77.

Bec-de-canne, outil à fût, dont l'extrémité du fer eft recourbée en forme de croiffant, de maniere qu'il coupe plus fur les côtés qu'autrement. Cet outil fert à dégager & arrondir le derriere des talons , & le deffous des baguettes, où la Mouchette à joue ne fauroit aller. 1. *part. pag.* 85.

Bec-de-corbin, moulure, efpece de boudin renverfé, dégagé en deffous de fon talon. 1. *part. pag.* 44.

Berceau, efpece de petit lit propre aux Enfants. 3. *part. feét.* 2, *pag.* 692.

On nomme auffi *Berceau*, le chaffis d'une preffe d'Imprimerie, fur lequel eft placé le coffre & tout ce qui compofe ce qu'on appelle le *train*. 3. *part. feét.* 3, *pag.* 967.

Berceau. Par ce terme, les Treillageurs entendent toute partie de Treillage dont la voûte eft terminée par un cintre, foit circulaire ou ovale ; quoique fes bouts foient quelquefois terminés en arc de cloître, ou en voûtes d'arête. 4. *part. pag.* 1080.

Bergere, efpece de fauteuil dont le fiége eft bas & profond. 3. *part. feét.* 2, *p.* 642.

Berline

Berline, voiture fort à la mode à présent, laquelle est d'un usage très-commode, & peut contenir quatre personnes. On les nomme *Berlines*, parce qu'elles ont été inventées à Berlin, ville Capitale de Prusse. 3. *part. sect.* 1, *pag.* 459 & 463.

Il y a des Berlines de campagne qu'on nomme *Berlines Allemandes*, lesquelles ont quatre portieres & trois rangs de siéges. 3. *part. sect.* 1, page 573.

Berlingot ou *Carrosse coupé.* Voy. *Diligence.*

Bibliothéque. Espece d'armoire propre à mettre des livres. 2. *part. pag.* 206 & *suiv.*

On donne aussi ce nom à de vastes pieces dans lesquelles on rassemble une quantité de livres de toute espece, & qu'on place dans des corps de Menuiserie adhérents aux murs de ces dernieres.

Bidet, petit fauteuil qui differe des autres fauteuils, non-seulement par la grandeur, mais encore parce que les pieds de devant montent de fond pour porter les bras ou accoudoirs. 3. *part. sect.* 2, *pag.* 640.

Bidet ou *Chaise de propreté*, petit siége dans lequel est renfermée une cuvette de fayence. 3. *part. sect.* 2, page 661.

Bigorne, outil tout de fer; c'est une espece de petite enclume qui se place sur l'établi ou sur un billot de bois. Les Treillageurs font usage de deux sortes de bigornes. 4. *part. pag.* 1119.

Billard, grande table de jeu portée sur un pied d'une construction solide & compliquée. 3. *part. sect.* 2, *pag.* 703 & *suiv.*

Biseau. On entend par ce terme le chanfrein ou pente qu'on donne à un fer pour y faire un tranchant aigu. Le Biseau se fait toujours du côté du fer qui n'a point d'acier. La plupart des fers d'outils n'ont qu'un biseau : il n'y a que les fermoirs & quelquefois les gouges qui en ont deux. 1. *part. p.* 63.

Biseaux. Voyez *Garnitures.*

Bistoquet, instrument propre au jeu de billard. 3. *part. sect.* 2. *pag.* 710.

Blanc d'Espagne, espece de terre ou marne blanche, dont on fait usage pour terminer le poli des bois & des métaux. 3. *part. sec.* 3, *p.* 860.

Blanchir. Par ce terme on entend l'action de découvrir la face du bois, & d'en faire disparoître les inégalités les plus considérables, sans cependant s'assujétir à le dresser & le dégauchir parfaitement, en quoi le blanchissage differe du corroyage; de plus, le blanchissage se fait presque toujours à la demi-varlope & au rabot, & sur le plat du bois simplement.

Blouse, trou rond pratiqué dans la table d'un Billard. 3. *part. sect.* 2, page 707.

Bois, substances végétales & compactes, avec lesquelles on fait les ouvrages de Menuiserie de toutes les especes : Quels bois sont propres à la Menuiserie de Bâtiment. 1. *part. pag.* 22.

Leurs différentes qualités. *Idem. pag.* 23.

Bois François ou *de Pays*, *Bois de Lorraine* ou *de Vosges.* Voyez *idem.*

Bois de Fontainebleau, *Bois de Hollande*, *Bois de Merrain* ou *Corson.* Idem. *pag.* 24.

Bois de Châtaignier. Idem. *pag.* 25.

Bois de Noyer blanc & noir, *Bois d'Orme*, *Bois de Hêtre*, *Bois de Sapin*, &c. Idem. *pag.* 26.

Bois d'échantillon, ou Bois assujétis à différentes épaisseurs & largeurs. Table des différents échantillons. 1. *part. pag.* 29.

Bois à ajuster. On nomme ainsi des morceaux de bois sur lesquels on fait des entailles de la grandeur & de la forme des pieces qu'on veut ajuster. 3. *part. sect.* 3, *pag.* 835.

Il y a d'autres Bois à ajuster qui sont ravalés des deux côtés de leur épaisseur, & dans toute leur longueur, jusqu'à environ 2 pouces de leur extrémité, où on réserve des talons coupés à angle droit & d'onglet, à contre-sens l'un de l'autre. 3. *part. sect.* 3, *pag.* 836 & *suiv.*

Bois à mettre de largeur. Ce n'est autre chose qu'une piece de bois sur laquelle est observée une petite élévation dans toute sa longueur, pour y appuyer le feuillet qu'on veut mettre de largeur. 3. *part. sect.* 3, *pag.* 832.

Il y a d'autres Bois à mettre de largeur, où au lieu d'une saillie, on fait un ravalement dans lequel on place la piece à mettre de largeur. 3. *part. sect.* 3, *pag.* 834.

Bois à polir. Ce sont des morceaux de bois le plus souvent de noyer, auxquels on donne différentes formes, pour qu'ils puissent s'introduire dans toutes les parties de l'ouvrage qu'on veut polir. 3. *part. sect.* 3, *pag.* 860.

On se sert aussi de ces Bois pour polir les métaux. *Idem. pag.* 952.

Bois à recaler, ou moule à ajuster les pieces de Treillage. Ce sont des especes d'entailles semblables aux Bois à ajuster des Ebénistes. 4. *part. pag.* 1131.

Bois à refendre; c'est un morceau de bois ravalé, qui sert pour refendre les pieces de placage au trusquin. 3 *part. sect.* 3, *pag.* 832.

Bois de fonds. Voy. *Garnitures.*

Bois tranché. On appelle ainsi tout bois dont le fil n'est pas dirigé parallélement à sa surface. 1. *part. pag.* 26.

Boissellerie. (Bois de) Ce sont des feuillets de chêne très-minces, fendus au coûtre, & roulés en cercles. Les Treillageurs en font usage pour faire de grandes parties d'ornements. 4. *part. pag.* 1106.

Boîte à la graisse; c'est un morceau de bois creusé, dans lequel on met de la graisse avec laquelle on frotte les outils, pour qu'ils glissent plus aisément sur le bois. Les Menuisiers appellent quelquefois cette boîte *Godemiché*; mais ce terme est impropre, & on ne doit pas en faire usage. 1. *part. pag.* 57.

Boîte à mettre de largeur; c'est une espece

de boîte découverte en deſſus, & qui n'a qu'un bout. Les Treillageurs en font uſage pour mettre de largeur leurs lattes de friſage. 4. *part. pag.* 1115.

Boîte à recaler, outil compoſé de quatre morceaux de bois aſſemblés à rainures & languettes, & dont un des bouts eſt coupé en onglet. Cette boîte ſert à recaler les joints des cadres qu'on fait paſſer dedans. 1. *part. pag.* 87.

Boîte de crochet; c'eſt un morceau de bois d'environ un pied de longueur, ſur 3 pouces quarrés, dans lequel eſt placé le crochet de l'établi. Voyez *Établi* & *Crochet*.

Boîte de rappel. Voyez *Rappel*.

Boîte de toilette, eſpece de coffre de différentes formes & grandeurs, dans lequel on place ſûrement les divers uſtenſiles propres à la toilette, & même les bijoux des Dames. 3. *part. ſect.* 3, *pag.* 978.

Boîte de vilbrequin ou *Boîte à meche*, petit morceau de bois quarré, dans le milieu duquel on fait entrer la meche; l'autre bout de la boîte eſt terminé par un tenon ou queue qui entre dans la partie inférieure du fût, où on l'arrête quand on le juge à propos. 1. *part. pag.* 90.

Bondieu; c'eſt un petit coin de bois dont les Scieurs de long font uſage pour écarter les pieces qu'ils refendent. 1. *part. pag.* 39.

Borax, ſubſtance foſſile aſſez ſemblable à de l'alun. On l'emploie pour faire des ſoudures. 3. *part. ſect.* 3, *pag.* 994.

Bordures de tapiſſerie, de tableau & de glace. On nomme ainſi des tringles de différentes largeurs & épaiſſeurs, ornées de moulures, qu'on ajuſte au pourtour des tapiſſeries, tableaux, &c. 2. *part. pag.* 167 & 181.

Boudin à baguette, eſpece de moulure compoſée d'un boudin ou tors applati, & d'une baguette ou petite moulure ronde. L'outil à fût qui ſert à former cette moulure, porte le même nom. 1. *part. pag.* 84.

Bouge. Par ce terme les Menuiſiers entendent qu'une piece eſt bombée, ſoit ſur la longueur, ſoit ſur la largeur : ce terme eſt, parmi eux, le contraire de *creux*; c'eſt pourquoi ils diſent telle choſe eſt cintrée en *creux*, ou bien en *bouge*. 1. *part. pag.* 66.

Boule, habile Ébéniſte demeurant à la Manufacture des Gobelins, ſous le regne de Louis XIV. 3. *part. ſect.* 3, *pag.* 765.

Boutique du Menuiſier, nommée auſſi *Atelier*, eſt le lieu où travaillent les Menuiſiers. Comment elle doit être conſtruite ſelon les différentes-eſpeces de Menuiſerie. 1. *part. pag.* 50 & *ſuiv.*

Bouton ou *tige*. Les Treillageurs nomment ainſi la partie intérieure des fleurs, ſur laquelle ils attachent les pétales de ces mêmes fleurs. 4. *part. pag.* 1219.

Bouvement ſimple, moulure compoſée de deux parties de cercles diſpoſée à l'inverſe l'une de l'autre & d'un filet. L'outil à fût qui forme cette moulure, porte le même nom. 1. *part. pag.* 84.

Bouvement ou *Doucine à baguette*, moulure & outil ſemblable à ceux ci-deſſus, à l'exception de la baguette, qui eſt de plus, & qu'il y a deux fers à l'outil, l'un qui forme la doucine, & l'autre la baguette. *Idem. même pag.*

Bouvet, outil compoſé d'un fer & d'un fût, dont la partie qui poſe ſur le bois eſt ſaillante en forme de languette, afin qu'en le pouſſant ſur ce dernier, il y faſſe une cavité nommée *rainure*. Ces ſortes de Bouvets, ſont de différentes groſſeurs, & ont tous des joues ou conduites au bas de leur fût, afin de les appuyer contre le bois, & que les rainures qu'on fait avec, ſoient toujours bien paralleles avec le devant de la piece. 1. *part. pag.* 72.

Les Bouvets propres à joindre des planches enſemble, ſont deux outils ſéparés, dont l'un fait la rainure & l'autre la languette. Quand les planches n'ont que 9 lignes d'épaiſſeur au plus, les Bouvets qui ſervent à les joindre, ſe nomment *Bouvets à panneaux*, leſquels different de ceux dont je viens de parler, en ce que le fer qui fait la rainure, & celui qui fait la languette, ſont montés ſur le même fût, l'un d'un côté, & l'autre de l'autre, en ſens contraire. 1. *part. pag.* 78 & *ſuiv.*

Il eſt encore une autre eſpece de Bouvet qu'on nomme *Bouvet de deux pieces*, parce que ſon fût eſt compoſé de deux pieces ſur l'épaiſſeur, dont l'une, qui porte le fer, eſt aſſemblée avec deux tiges qui paſſent au travers de la ſeconde piece qui ſert de joue au Bouvet, de ſorte qu'on peut, avec cet outil, faire une rainure à telle diſtance du bord de la piece qu'il eſt néceſſaire, du moins tant que peut le permettre la longueur des tiges. 1. *part. pag.* 72 & *ſuiv.*

Les autres Bouvets prennent différents noms, ſuivant leurs uſages. On les nomme *Bouvets à ravaler*, *Bouvets à couliſſes*, *à embreuver*, *à dégager*, *&c.*

Brancard ou *Bateau*. On nomme ainſi le fond de toutes ſortes de voitures. 3. *part. ſect.* 1, *pag.* 465 & 539.

Bras, appuis ou accotoirs de fauteuils, leſquels font différer ces derniers d'avec les chaiſes ordinaires. 3. *part. ſect.* 2, *pag.* 638.

Bréſil, (bois de) de couleur rougeâtre, veiné de jaune, bon à la teinture & à l'Ebéniſterie. 3. *part. ſect.* 3, *pag.* 771.

Breté. (fer) On nomme ainſi des fers de rabots ou autres, dont la planche eſt cannelée ſur la longueur, de maniere que ſon taillant préſente une quantité de petites dents, leſquelles grattent plutôt le bois qu'elles ne le coupent. 3. *part. ſect.* 3, *pag.* 809.

Brigantin, ſorte de lit portatif ou de campagne. 3. *part. ſect.* 2, *pag.* 685 & *ſuiv.*

Brisement d'un Carrosse. On nomme ainsi le ressaut que font les deux côtés du brancard des Carrosses anciens, sous lesquels Brisements on plaçoit les boîtes des ressorts. 3. *part. sect.* 1, *pag.* 464.

Brisure ou *joint* à rainure & languette, dont les arêtes intérieures sont arrondies, de maniere qu'elles puissent se séparer aisément ; c'est pourquoi on dit la *Brisure d'une table, d'une porte, d'un guichet, &c.* 1. *part. p.* 107.

Broche. On nomme ainsi une cheville de fer dont la tige est ronde & pointue, & dont l'extrémité supérieure est refoulée à froid pour y former une petite tête : c'est avec les broches qu'on arrête en place la Menuiserie ordinaire. 2. *part. pag.* 259.

Bronze. On appelle ainsi tous les ornements de cuivre soit fondus, forgés ou limés, dont on embellit les ouvrages d'Ebénisterie : leurs différentes especes & usages. 3. *part. sect.* 3, *pag.* 1026.

Brou de noix. On appelle ainsi l'écorce des noix vertes, laquelle étant bouillie, donne une teinture fauve & brunâtre. 3. *part. sect.* 3, *pag.* 795.

Brouette ou *Roulette*, petite voiture à deux roues, traînée par un homme. 3. *part. sect.* 1, *pag.* 460 & 587.

Brouter. On dit qu'un outil broute, lorsqu'au lieu de couper le bois vif & facilement, il ne fait que ressauter dessus, ce qui en rend la surface mal unie. 2. *part. pag.* 281.

Brunissoir, outil d'acier à manche, dont la coupe est à peu-près de la forme d'une olive : il est diminué sur sa longueur en venant à rien à son extrémité supérieure. Cet outil doit être bien poli & très-dur, & on s'en sert pour polir le cuivre & en effacer toutes les inégalités. 3. *part. sect.* 3, *pag.* 1018.

Buffet, espece de meuble qui se place dans les Salles à manger, & qui sert à serrer le linge de table, & quelquefois l'argenterie. 2. *part. pag.* 189 & *suiv.* & *pag.* 749, 3. *part. sect.* 2.

On nomme aussi *Buffet*, toute la Menuiserie propre à contenir toutes les pieces servant à former un Orgue. 2. *part. pag.* 246.

Buis, bois de France & d'Espagne, très-dur, de couleur jaunâtre. 3. *part. sect.* 3, *pag.* 783.

Bureau, ou petit Buffet à hauteur d'appui. 2. *part. pag.* 189.

On appelle aussi *Bureaux*, différentes sortes de tables à écrire. 3. *part. sect.* 2, *page* 720.

Bureau, sorte de table à écrire, avec des tiroirs, & quelquefois des faux-dessus mouvants à coulisses. 3. *part. sect.* 2, *pag.* 720.

Bureau à cylindre. On nomme ainsi des Bureaux ou tables à écrire dont le dessus est fermé avec des tables à coulisse d'une forme circulaire sur leur plan. 3. *part. sect.* 2, *page* 722.

Burgaut, coquille de limaçon de mer, semblable à la nacre de perle. *Voyez* Nacre.

Burin à bois, outil d'acier, à manche, dont le fer un peu courbe est d'une forme triangulaire par sa coupe, & évidé en dessus dans une partie de sa longueur. Il sert aux Ebénistes pour graver leurs ouvrages. 3. *part. sect.* 3, *pag.* 884.

Burin, outil d'acier d'environ une ligne & demi de gros, lequel est quarré ou quelquefois lozange par sa coupe : il est affûté d'angle en angle, & est monté dans un petit manche de bois dont un côté est applati. Cet outil sert à graver le cuivre. 3. *part. sect.* 3, *page* 1017.

C.

Cabriolet, voiture extrêmement légere, dont la caisse est terminée à la hauteur de la ceinture. 3. *part. sect.* 1, *pag.* 584.

Cadre, ornement que forme l'entourage d'un profil sur une partie de Menuiserie quelconque, à laquelle il donne un caractere distinctif ; c'est pourquoi on dit que la Menuiserie est à *grand* ou à *petit Cadre*, selon la forme de ces derniers. 1. *part. pag.* 44.

On dit aussi *Cadre ravalé*, *Cadre embreuvé*, *Cadre à plate-bande*.

Caisse d'une voiture. On nomme ainsi toute la partie d'une voiture quelconque, dont la construction est totalement du ressort du Menuisier. 3. *part. sect.* 1, *pag.* 165 & *suiv.*

Caisse ou *Cave* d'une voiture, petite espece de coffre pratiqué au-dessous du brancard, & dont l'ouverture est en dedans de la voiture. 3. *part. sect.* 1, *pag.* 467.

Caisse, espece de coffre découvert, monté sur quatre pieds, dans laquelle on met des arbustes, & même de gros arbres, comme les orangers, les grenadiers, &c. afin de pouvoir les transporter quand on le juge à propos. 4. *part. page* 1229.

Caléches, voitures de campagne à 6, 8, & même 10 places : ces voitures sont toutes ouvertes au pourtour, au-dessus de la ceinture, excepté par derriere. 3. *part. sect.* 1, *page* 579.

Calibre, courbe ou modele d'un cintre, servant à tracer ce dernier autant de fois qu'on le juge à propos. On nomme *Calibre rallongé*, celui qui est tracé par des points de projection pris sur le plan horizontal d'une courbe, & renvoyé sur un autre plan dont la longueur est donnée par l'obliquité ou rampant de l'élévation de cette même courbe, dont l'épaisseur est toujours la même, tant sur le plan horizontal, que sur son calibre rallongé, du moins en suivant les équerres de la piece. 2. *part. pag.* 365 & *suiv.*

Calotte, espece de voussure cintrée, tant sur le plan que sur l'élévation. 2. *part. p.* 312.

Calotte. On nomme ainsi toutes sortes de voûtes dont le plan est circulaire ou elliptique, foit que leur élévation foit de l'un ou de l'autre de ces deux différents centres. 2. *part.* *pag.* 312. 4. *part. pag.* 1094.

Calque. On nomme ainfi la copie d'un deffin qu'on a fait, en pofant fur ce dernier du papier affez fin & tranfparent pour qu'on en apperçoive tous les traits, qu'on marque fur le Calque, foit avec le crayon, la plume, ou enfin la pointe à graver. 3. *part. fect.* 3, *pag.* 854 *&* 878.

Calquer. Par ce terme on entend la maniere de prendre fur un papier les formes & les contours d'un deffin quelconque. 2. *part.* p. 280. *&* 3. *part. fect.* 3, *p.* 853, 878 *& fuiv.*

Calyce. On nomme ainfi la partie inférieure des fleurs, de laquelle fortent les pétales. 4. *part. pag.* 1219.

Canapé, efpece de banquette à doffier, ou, pour mieux dire, de fauteuil, dont la largeur eft fuffifante pour contenir plufieurs perfonnes affifes les unes à côté des autres. 3. *part. fect.* 2, *page* 650.

Cannelure. On appelle ainfi une cavité d'une forme demi-circulaire ou approchante, faite dans l'épaiffeur du bois.

On nomme auffi cannelures des cavités dont on orne le fût des colonnes : leurs proportions & divifions. 4. *part. pag.* 1059.

Cannelures. (Machine propre à faire les) Elle eft compofée de deux jumelles & de deux collets, dans lefquels la piece à canneler eft affujétie : maniere d'en faire ufage. 3. *part. fect.* 3, *pag.* 916.

Canne ou *Roting*, efpece de rofeau des Indes, fervant à la garniture des fiéges, &c. 3. *part. fect.* 2, *pag.* 624.

Canelle, bois qui ne croît qu'à Ceylan. 3. *part. fect.* 3, *page* 771.

Cannier, (l'Art du) qui a pour objet l'emploi de la Canne quant à ce qui concerne la garniture des fiéges & des voitures. 3. *part. fect.* 2, *pag.* 624.

Carabaccium, efpece de bois jaunâtre, de très-bonne odeur. 3. *part. fect.* 3, *pag.* 772.

Carré ou *filet*, partie liffe & plate, qui fert à couronner, ou, pour mieux dire, à féparer les moulures. 1. *part. pag.* 44.

Carroffes, anciennes voitures dont on a commencé de faire ufage en France fous le régne de François I. 3. *part. fect.* 1, *p.* 457.

Carroffes modernes, voitures qui ont commencé à être en ufage fous le régne de Louis XIV, jufqu'au commencement de celui de Louis XV, & qui ne fervent maintenant que chez le Roi ou chez les Princes, pour les cérémonies. 3. *part. fect.* 1, *pag.* 463.

Carroffe coupé ou *Berlingot.* Voyez l'article des Voitures modernes, 3. *part. fect.* 1, *page* 459.

Caffe. On nomme ainfi toutes divifions ou cloifons faites dans des tiroirs ou autres caiffes quelconques, & particuliérement à celles

dans lefquelles on met les caracteres de fonte propres à l'Imprimerie, qui doivent toujours être doubles, c'eft-à-dire, compofées de deux caiffes nommées *Caffeaux*, d'une même grandeur, mais divifées différemment, & en un nombre inégal d'efpaces ou de caffetins. 3. *part. fect.* 3, *pag.* 964.

Caffolette, efpece de petit vafe d'une forme large & applatie. 4. *part. pag.* 1074.

Cathete, petit quarré fur l'angle, dans lequel font les différents points de centre de la volute Ionique. 4. *part. pag.* 1059.

Caulicoles, efpece de feuilles qui fortent des tigettes du chapiteau Corinthien, & qui embraffent la naiffance des volutes & des hélices. 4. *part. pag.* 1061.

Cave, efpace vide obfervé en deffous de la table d'un Secrétaire, dans laquelle on place les chofes les plus précieufes. 3. *part. fect.* 2, *pag.* 734.

Cayenne, (bois de) veiné de jaune & de rouge, & quelquefois de brun & de gris. 3. *part. fect.* 3, *pag.* 772.

Cédre, bois odorant, blanc & rouge, qui croît en Afie & en Amérique. 3. *part. fect.* 3, *pag.* 772.

Cerce. Les Menuifiers nomment ainfi toute courbe faifant partie d'une vouffure, d'une calotte, &c. 2. *part. pag.* 314.

Quelquefois, par ce terme, ils entendent le cintre d'une courbe irréguliere, &c.

Cerceau, cercle fait avec de jeunes brins d'arbres fendus en deux fur leur diametre. Les Treillageurs en font quelquefois ufage pour la conftruction des berceaux. 4. *part. pag.* 1105.

Cerifier, bois de couleur rougeâtre, originaire d'Afie, d'où il fut apporté en Europe par Lucullus. 3. *part. fect.* 3, *pag.* 783.

Chaire à prêcher, efpece de tribune élevée, ordinairement placée contre un des piliers d'une Eglife. 2. *part. pag.* 239.

Il y a deux efpeces de Chaires à prêcher, les unes qui font mobiles, & d'autres qui font placées à demeure.

Chaife, fiége avec un doffier, lequel prend différents noms, felon la forme de fon plan; c'eft pourquoi on dit : *Chaifes à la Reine, Chaifes en Cabriolet, &c.* 3. *part. fect.* 2, *pag.* 614 *& fuiv.*

Chaife-à-porteurs, petite voiture portée par deux hommes. 3. *part. fect.* 1, *pag.* 460 *&* 587.

Chaife de commodité, autrement dit *Chaife percée*, petit fiége fermé tant en deffous que par les côtés, dans lequel on place un feau de faïence, & qui eft recouvert par un couvercle. 3. *part. fect.* 2, *pag.* 663.

Chaifes de jardins, voitures propres à la promenade, & découvertes pour la plupart, lefquelles font traînées ou pouffées par des hommes. 3. *part. fect.* 1, *pag.* 590.

Chaife-longue, fiége peu différent des

fauteuils

fauteuils ordinaires. 3. *part. sect.* 2, *pag.* 642.

Chaise de poste, voiture propre à faire des voyages, comme son nom l'indique. 3. *part. sect.* 1, *pag.* 460 & 581.

Chambranle, partie de Menuiserie le plus souvent ornée de moulures, dont on revêtit extérieurement les bayes des portes, & sur lesquels leurs vantaux sont ferrés. 1. *part. pag.* 134.

Il y a aussi des Chambranles de croisée. 2. *part. pag.* 183.

On fait aussi des Chambranles pour revêtir la face extérieure d'un manteau de cheminée; mais ils sont peu d'usage à présent.

Chambranle en Architecture; c'est un corps saillant orné de moulures, qui entoure l'extérieur d'une ouverture quelconque. 4. *part. pag.* 1066.

† *Champs.* On appelle de ce nom les parties lisses & unies que forment les bâtis autour des cadres & des moulures de toute espece de Menuiserie, lesquelles en donnant du repos à l'ouvrage, en marquent, d'une maniere sûre, les formes bonnes ou mauvaises. 2. *part. pag.* 170.

On appelle aussi *Champ* ou *Chan*, la partie la plus étroite d'une piece de bois; ainsi on dit qu'*une planche est sur le champ*, lorsqu'elle est placée verticalement le long de l'établi, soit pour la dresser sur le côté ou sur le champ, ce qui est la même chose, ou pour y faire des rainures, &c. Quand, au contraire, la planche est sur l'établi pour la corroyer, on dit qu'*elle est sur le plat*. Il en est ainsi de toutes les autres pieces de bois dont la face la plus large se nomme le *plat*, & la plus étroite le *champ*. 1. *part. pag.* 66.

Chanfrein. (abattre en) Par ce terme on entend l'action de mettre hors d'équerre ou de biais l'arête d'une piece quelconque. 1. *part. pag.* 72.

Chantourné. On appelle de ce nom une partie pleine contournée en dessus, laquelle se pose au-dessus des dossiers des lits. 3. *part. sect.* 2, *pag.* 671.

Chantournement. Par ce terme, on entend les sinuosités que forment les différents cintres dont on orne la Menuiserie; c'est pourquoi on dit *chantourner une traverse, un panneau, &c.* ce qui se fait par le moyen de la scie à tourner ou à chantourner, du ciseau, de la rape à bois, & du racloir. Voyez ces différents articles. Diverses manieres de chantourner les traverses. 1. *part. pag.* 142.

Chapelle. Sous ce nom on entend la Menuiserie dont sont quelquefois revêtues les chapelles des Eglises. 2. *part. pag.* 244.

Chapier, espece d'armoire remplie de tiroirs d'une forme demi-circulaire par leur plan, dans lesquels on serre les chapes & autres ornements. 2. *part. pag.* 229.

Il est une autre espece de Chapier, qu'on nomme *Chapier à potence*; ce n'est autre chose qu'une grande armoire, dans laquelle sont placées plusieurs potences tournantes à pivot sur la branche horizontale desquelles on place les chapes. 2. *part. pag.* 233.

Chapiteaux, parties supérieures des colonnes; maniere de les construire en Menuiserie. 2. *part. pag.* 289. Les Chapiteaux sont différents, suivant les Ordres. 4. *part. pag.* 1043.

Chapiteaux pilastres, Ioniques & Corinthiens, différents de ceux des colonnes; maniere de les disposer. 4. *part. pag.* 1063.

Charbon pour polir les bois ou les métaux. On préfere celui de hêtre ou de fusain, & on l'emploie en piece ou en poudre. 3. *part. sect.* 3, *pag.* 860 &

Charme, bois de France, dur & de couleur blanche, très-propre aux ouvrages d'Ebénisterie. 3. *part. sect.* 3, *pag.* 783.

Chasse-bondieu; c'est un morceau de bois long & applati d'un bout, avec lequel les Scieurs de long enfoncent le coin qu'ils nomment *bondieu*. 1. *part. pag.* 40.

Chasse-pointe; c'est une broche de fer dont la partie supérieure est recourbée en équerre: elle sert à ferrer l'Ebénisterie. 3. *part. sect.* 3, *pag.* 942.

† *Chassis.* On appelle ainsi tout bâtis de Menuiserie dont l'intérieur n'est pas rempli par un panneau; c'est pourquoi on appelle *Chassis à verre* les deux vantaux d'une croisée: on dit aussi *Chassis de tableau, Chassis pour porter la tapisserie, Chassis de lit, &c.* Voyez ces différents Articles.

Chassis de glaces de voiture, espece de petit bâtis dans lequel les glaces sont contenues. 3. *part. sect.* 1, *pag.* 503.

Chassis de lit, ou *Chassis sanglé*, qu'on pose dans l'intérieur d'une couchette, à la place des goberges & des barres d'enfonçure. 3. *part. sect.* 2, *pag.* 666.

Chassis de siége. On nomme ainsi des bâtis destinés à porter les garnitures d'étoffe, pour en changer au besoin. 3. *part. sect.* 2, *p.* 622.

Châtaigner, bois de France, à peu-près semblable au chêne, dont on fait usage dans la Menuiserie. 1. *part. page* 25. 4. *part. pag.* 1105.

Cheminée. Par ce mot on entend la Menuiserie servant à revêtir le dessus des cheminées des appartements, laquelle est, pour l'ordinaire, disposée pour recevoir une glace, & quelquefois un tableau au-dessus. Cette espece de Menuiserie est quelquefois nommée *Trumeau de Cheminée*, ce qui n'est pas juste, parce qu'un trumeau n'est autre chose que l'espace plein qui reste entre deux croisées. 2. *part. pag.* 174 & *suiv.*

Chêne, bois de France, de Lorraine & de Hollande, le plus utile pour la Menuiserie. 1. *part. pag.* 23.

Cherche. On donne ce nom à un cintre

d'une courbe irréguliere, qu'on ne peut tracer que par plusieurs traits de compas, ou simplement à la main, d'après plusieurs points donnés, comme, par exemple, un calibre rallongé, & autres cintres irréguliers. 1. *part. page* 12. 2. *part. pag.* 364.

Chevalet, outil de Treillageur. C'est une espece de petit banc sur lequel s'éleve une planche inclinée nommée *planchette*, laquelle est traversée dans le milieu de sa largeur, ainsi que le dessus du chevalet, par un montant ou levier arrêté dans ce dernier, & dont la tête vient s'appuyer sur la planchette pour y arrêter l'ouvrage qu'on veut planer. 4. *part. pag.* 1110.

Chevet. On nomme ainsi un dossier de lit. Voyez *Lit* & *Dossier.*

Chevet d'une couverture de pied; c'est la partie la plus élevée de la couverture. 1. *part. pag.* 31.

Cheville. On nomme ainsi de petits cylindres ou prismes de bois, (car il s'en fait de rondes & de quarrées) diminués un peu d'un bout pour leur donner de l'entrée. Les chevilles servent à arrêter les assemblages de la Menuiserie. 1. *part. page* 89.

Cheviller. Par ce terme, on entend l'action de fixer ensemble les différentes pieces qui composent un ouvrage de Menuiserie quelconque, & cela par le moyen de chevilles de bois, qu'on fait passer au travers des assemblages. 1. *part. pag. idem.*

Chevron, piece de bois de 3 pouces quarrés, sur 6, 9, ou même 15 pieds de longueur. 1. *part. pag.* 28 & 29.

Chiffonniere, petite table garnie de deux ou trois tiroirs en dessous. On appelle encore de ce nom des corps de tiroirs d'environ 4 pieds de haut. 3. *part. sect.* 2, *pag.* 757.

Chine ou *Serpentin*, bois dur, de couleur rougeâtre, marqué de taches noires. 3 *part. sect.* 3, *pag.* 772.

Chœur d'Eglise. Sous ce nom, les Menuisiers entendent les stalles ou siéges, & les lambris dont le chœur de certaines Eglises est revêtu. 2. *part. pag.* 214.

Ciels de lit, autrement dit *Dais*, *Impérials* ou *Pavillons*, parties de Menuiserie composées d'un ou plusieurs chassis, qui se placent au-dessus des lits pour porter les rideaux, &c. 3. *part. sect.* 2, *pag.* 673.

Ciment. Voyez *Mastic.*

Cintre plein ou *plein-cintre.* On donne ce nom à un cintre qui forme un demi-cercle parfait. 1. *part. pag.* 7.

Cintre surhaussé. On nomme ainsi un cintre qui représente un demi-ovale pris sur son petit axe ou diametre. 1. *part. pag.* 12.

Cintre surbaissé; c'est celui qui est pris sur son grand axe. Voyez *Anse de panier.*

Cintre bombé. On nomme ainsi un cintre dont la courbure est une portion de cercle. 1. *part. pag.* 12.

Cintre en S, celui qui est mixte, & composé d'une partie creuse & d'une partie bombée, disposées en contre-sens l'une de l'autre.

Cire à polir; c'est ordinairement un composé de cire jaune & de suif, du moins pour les ouvrages communs; cependant il vaut mieux ne se servir que de la cire jaune toute seule, & même de bonne cire blanche, lorsqu'on veut faire un beau poli. 3. *part. sect.* 3, *pag.* 859.

Ciseau, outil à manche dont le fer n'a qu'un biseau; du reste il est semblable au fermoir. 1. *part. pag.* 66.

Citron, bois de couleur jaunâtre, & de très-bonne odeur, qui croît dans les Isles de l'Amérique. 3. *part. sect.* 3, *pag.* 773.

Citronnier, bois blanc, originaire d'Asie, très-estimé chez les Romains vers la fin de la République. *Idem.*

Clairembourg, bois. Voyez *Jaune.*

Claire-voie. (pile à) On nomme ainsi une pile de bois où les planches sont espacées les unes des autres tant plein que vide, ou à peu-près. 1. *part. pag.* 31.

Claire-voie ou *Claire-voir*, partie supérieure des tourelles & des plates-faces d'un Orgue, contre lesquelles les tuyaux de la montre sont appuyés. 2. *part. pag.* 248.

Claveau, piece de bois disposée en biais, de maniere qu'elle tende au centre d'une arcade. 2. *part. pag.* 315 & *suiv.*

Claveau; c'est la piece du milieu d'une arcade qu'on fait saillir sur la face de cette derniere en tendant à son centre; quelquefois ces claveaux sont ornés de sculpture, soit en forme de console ou autre. 4. *part. pag.* 1067.

Clefs, espece de tenons de rapport qu'on place sur le champ dans les planches des portes pleines, avec lesquelles on les cheville pour en retenir les joints. 1. *part. pag.* 149.

Clef à vis; c'est un morceau de fer plat qui a une queue recourbée qui lui sert de manche; la clef à vis est percée de plusieurs trous quarrés d'inégale grandeur, pour pouvoir aller à toutes sortes de têtes de vis. 2. *part. pag.* 261.

Cloison. Par ce terme, on entend toute Menuiserie servant à séparer une piece d'appartement quelconque, ou à enclore quelque chose. Les Cloisons faites par les Menuisiers sont de deux especes; savoir, les pleines, qui sont composées de planches jointes ensemble à rainures & languettes; les Cloisons à claire-voie, qui sont faites avec des planches brutes, de 4 à 5 pouces de largeur, entre lesquelles on laisse autant de vide qu'elles ont de plein. Ces sortes de Cloisons se nomment aussi *Cloisons à ourder*, parce qu'elles sont toujours recouvertes de plâtre. 2. *part. pag.* 195.

Clous, especes de chevilles de fer dont la tige est quarrée & pointue, & qui ont une tête saillante, du moins pour l'ordinaire. Il

y a des clous de différentes formes & grandeurs , & qui prennent différents noms, felon leur groffeur & les ufages où on les
emploie. On dit *Clous de quatre, de fix, de
huit, de dix; Clous à parquet*, dont la tête eft
applatie, ou même qui n'en ont point du
tout ; *Caboche*, clous qui n'ont qu'une tête
très-peu faillante, mais épaiffe ; *Clous à tête
ronde*, ceux dont la tête eft arrondie comme
une demi-fphere ; enfin *Clous d'épingle*, ceux
qui font faits avec du fil de fer paffé à la
filiere : la tête de ces derniers eft ronde &
plate ; leur pointe eft courte & faite fur la
meule. Les Menuifiers font ufage de ces différents clous. 2. *part. pag.* 258.

Clou à patte, efpece de petit clou dont la
tête eft reployée d'un côté en retour d'é-
querre. Il fert pour affujétir de petites parties de placage. 3. *part. fect.* 3, *pag.* 853.

Coches, efpece de voitures anciennes, dont
on a fait ufage jufqu'au régne de Louis XIV.
3. *part. fect.* 1, *pag.* 457 & *fuiv.*

Cofiner, cauffiner ou *déjetter*, terme qui
fignifie qu'une piece de bois s'eft tortuée
fur fa longueur & fur fa largeur, foit par
l'impreffion de la chaleur ou de l'humidité,
ou parce qu'elle n'a pas été empilée, ou
qu'elle ne l'a pas été avec foin. 1. *part. pag.*
31.

Coins. Les coins font des morceaux de bois
qu'on place dans les lumieres des outils pour
retenir leur fer en place. Ces Coins font de
différentes formes , felon les outils. 1. *part.
pag.* 63 , & les articles *Feuillerets, Guillaumes* & *Outils de moulures.*

Coins. Voyez *Garnitures.*

Col. On nomme ainfi la partie fupérieure
du fût d'un baluftre. 4. *part. pag.* 1073.

Colifichet, petite piece de bâtis de parquet.
2. *part. pag.* 159.

Collage des bois. Par ce terme, on entend
l'art de joindre & lier enfemble , par le
moyen de la colle, plufieurs morceaux de
bois, foit droits ou circulaires. 2. *part. p.* 283.

Ce terme s'emploie auffi pour fignifier des
maffes de bois qu'on a collées.

Colle, matiere factice & tenace , dont les
Menuifiers fe fervent pour unir enfemble les
diverfes parties de leurs ouvrages. Il y a de
deux fortes de Colles pour la Menuiferie
ordinaire ; favoir, celle d'Angleterre & celle
de Paris : mais celle d'Angleterre eft la plus
belle & la meilleure ; c'eft pourquoi on doit
la préférer à l'autre : comment il faut la préparer. 1. *part. pag.* 80 & *fuiv.*

Colle de poiffon, laquelle eft beaucoup meilleure que celle ci-deffus, mais auffi eft-elle
plus chere ; c'eft pourquoi on ne l'emploie
qu'aux ouvrages d'Ebénifterie les plus précieux. 3. *part. fect.* 3 , *pag.* 991.

Colle, (pot à) vafe de cuivre d'une
moyenne grandeur, monté fur trois pieds,
& auquel eft attaché un manche de fer pour

pouvoir le porter commodément. 1. *part.
pag.* 80.

Colonne, pilier cylindrique dont le diametre diminue par le haut ; maniere de les
conftruire en Menuiferie. 2. *part. pag.* 286.

Maniere de les terminer fur le Tour, &
d'y faire des cannelures. 3. *part. fect.* 3 , *pag.*
916 & *fuiv.*

Chaque Colonne eft portée par une bafe ,
& couronnée par un chapiteau, qui en font
les principales parties. 4. *part. page* 1042.

Colophane, efpece de réfine de couleur
brune , ou plutôt noirâtre, dont on fait
ufage pour finir l'Ebénifterie : c'eft de le
térébenthine cuite dans de l'eau jufqu'à ce
qu'elle devienne folide. 3. *part. fect.* 3, *p.* 859.

Commode, meuble dont la hauteur n'ex-
céde pas 2 pieds & demi à 3 pieds, & dont
la capacité eft remplie par des tiroirs. On fait
de différentes fortes de Commodes , qui
changent de nom felon leurs formes & ufages. 3. *part. fect.* 2, *pag.* 753.

Commodités à l'Angloife, ou autrement
dit, *Lieux à foupape.* Ce font des fiéges de
commodité dont le deffus eft compofé de
plufieurs trapes, qui, étant une fois fermées,
ne laiffent entrer aucune mauvaife odeur dans
la piece , la cuvette de ces Commodités
étant d'ailleurs exactement bouchée par la
bonde. 2. *part. pag.* 203.

Compas, outil de fer ou de cuivre , trop
connu pour être décrit ici.

Compas à verge, efpece de trufquin dont
la tige a depuis 6 jufqu'à 12, & même 15
pieds de longueur, lequel fert à tracer de
grands cintres. Il y a des Compas à verge
tout de fer ou de cuivre, dont l'ufage eft de
tracer & de découper, ainfi que ceux de
bois, compofés d'une tringle de bois & de
deux têtes, dont l'une eft fixe , & l'autre
mobile , & fous chacune defquelles eft placée une pointe d'acier. 1. *part. pag.* 69.

Compas d'epaiffeur. Il differe des Compas
ordinaires , en ce que fes branches font recourbées en dedans. Il fert pour prendre le
diametre des corps ronds. 3. *part. fect.* 3 ,
page 911.

Compofé, (Ordre) ou *Compofite* ou *Ordre
Romain.* On appelle ainfi une efpece d'Ordre
d'expreffion Corinthienne , dont le chapiteau eft un compofé des chapiteaux Ioniques
& Corinthiens. 4. *part. pag.* 1056.

Cône, efpece de pyramide qui a un cercle
pour bafe. 1. *part. pag.* 13.

Conduit ou *Conduite*, partie excédente du
fût d'un outil , foit en deffous ou par le côté,
laquelle fert à l'appuyer contre le bois , & à
l'empêcher de defcendre trop bas. Il y a des
outils de moulures qui n'en ont qu'une en
deffous, & d'autres deux, dont l'une eft
en deffous, & l'autre par le côté. 1. *part. pag.*
64 & 71.

Confeffionnal, ouvrage d'Eglife en forme

d'armoire, compofé de trois parties, dont une qui eft fermée, pour le Confeffeur, & les deux autres qui font ouvertes fur la face, pour les Pénitents. 2. *part. pag.* 235.

Confeffionnal, efpece de fauteuil qui a des côtés ou joues pour appuyer la tête des malades qui en font ufage. 3. *part. fect.* 3, *page* 640.

Congé, efpece de moulure creufe en forme de quart de cercle, & outil à fût propre à la former. Cet outil a deux conduits, l'un par le côté, & l'autre en deffous. 1. *part.* p. 84.

Confoles, ou petits montants cintrés qui fupportent les bras des fauteuils avec lefquels ils font affemblés. 3. *part. fect.* 2, *page* 639.

On appelle ainfi la piece chantournée qui fert à féparer les ftalles. Voyez *Parclofe*.

Contours. Voyez *Chantournement*.

Contre-marche. Voyez *Marche*.

Contre-partie. Par ce terme, on entend tout ouvrage fait à contre-fens d'un autre; c'eft pourquoi on appelle *Contre - partie de Marfeille*, une vouffure dont la forme eft directement oppofée à celle d'une vouffure de Marfeille, &c. 2. *part. pag.* 322.

Contre partie. Voyez *Partie*.

Contre-profiler. Par ce terme, on entend l'action de creufer une piece de bois, de maniere que les moulures pouffées fur une autre, entrent exactement dans la premiere, dont la partie creufée fe nomme *Contre-profil*. 2. *part. pag.* 282.

Contre-tenir. Par ce terme, on entend l'action d'appuyer derriere l'ouvrage, foit avec le marteau ou le maillet, pendant qu'un autre frappe par-devant.

Contre-vents, efpece de fermeture de Menuiferie pleine qu'on pofe au - dehors des bayes des croifées. Ils font ordinairement emboîtés d'un bout, & ont une ou deux barres fur leur hauteur. 1. *part. pag.* 149.

Copaiba, bois plein, de couleur rouge foncé, & parfemé de taches rouge vif. C'eft de l'arbre de Copaiba d'où découle le baume de Copahu. Il croît dans l'Amérique. 3. *part. fect.* 3, *pag.* 773.

Copeaux ou *Coupeaux.* Par ce terme, on entend généralement tout le bois qu'enlevent les outils lorfqu'on travaille, foit qu'ils foient gros ou petits; mais les Treillageurs donnent ce nom à de petites pieces de bois qu'ils fendent très-minces, & qu'ils uniffent avec la plane, pour enfuite en faire des fleurs & autres ornements de leurs ouvrages. 4. *part. pag.* 1114.

Corail, bois rouge veiné, qui croît aux Ifles du Vent, en Amérique. 3. *part. fect.* 3, *pag.* 773.

Corbeille de terre, ouvrage de Treillage qu'on place dans le parterre d'un jardin pour contenir des fleurs. Il y a diverfes fortes de Corbeilles de terre; mais toutes font peu hautes, & elles font toujours contournées par leur plan. 4. *part. pag.* 1187.

Corbillards, forte de voitures anciennes; dont on ne fait plus d'ufage maintenant que pour les convois des grands Seigneurs. La forme de ces voitures eft à peu-près la même que celle des anciens Coches. 3. *part. fect.* 1, *pag.* 462.

Corinthien; (Ordre) c'eft le plus élégant & le plus riche des trois Ordres d'Architecture Grecs. Il fut inventé à Corinthe par un Sculpteur nommé *Callimachus* ou *Callimaque*. Cet Ordre eft auffi nommé *Ordre virginal*, à caufe de fon expreffion fvelte & délicate : fes proportions & divifions. 4. *part. pag.* 1052.

Corinthien, (chapiteau) fes formes & proportions. 4. *part. pag.* 1061.

Cormier, bois de France, dur, de couleur rougeâtre, propre aux ouvrages d'Ebénifterie. 3. *part. fect.* 3, *pag.* 783.

Corne d'Angleterre. On appelle ainfi des feuilles de corne blanche, dont les Ebéniftes font ufage dans les ouvrages de contre-partie de marqueterie, c'eft-à-dire, où le cuivre fait le fond, & l'écaille les deffins. 3. *part. fect.* 3, *pag.* 987.

Corniche, affemblage de moulures fervant de couronnement à l'ouvrage. 2. *part. page* 290.

Corniches volantes. On nomme ainfi des corniches compofées d'un ou de plufieurs morceaux de bois choifis de moindre épaiffeur poffible, & dont les maffes fuivent l'inclinaifon des divers membres de moulures dont elles font compofées. 2. *part. pag.* 290.

Les Ouvriers donnent auffi ce nom (par dérifion) aux auvents qu'on place au-deffus des ouvertures des boutiques.

Corniche; c'eft la partie fupérieure & faillante d'un entablement : fes différentes divifions. 4. *part. pag.* 1042.

Corroyer. On entend par ce terme l'action d'applanir, de dreffer, mettre de largeur & d'épaiffeur une piece de bois quelconque; ce qui fe fait par le moyen de la varlope & autres outils. Voyez l'article *Varlope*, &c.

Côte, partie excédente qu'on obferve aux battants de dormants & de meneaux des croifées, pour porter les volets ou guichets. 1. *part. pag.* 91 & 96.

Côtieres, pilaftres qui fervent de revêtiffement aux côtés d'une cheminée dont le corps ou tuyau eft en faillie fur le mur d'une piece. 2. *part. page* 176.

Coudre. Par ce terme, les Treillageurs entendent l'action d'arrêter enfemble les différentes parties de leurs ouvrages, & cela par le moyen de liens de fil de fer. 4. *part. pag.* 1135.

Couleurs; leurs différentes efpeces; & une Table de tous les Bois des Indes & de France, difpofés felon l'ordre des couleurs. 3. *part. fect.* 3, *pag.* 787 & *fuiv.*

Couliffeau, piece de bois qui differe des

couliffes;

coulisses; en ce qu'au lieu d'avoir une rainure comme ces dernieres, on y fait une languette en saillie, laquelle sert à porter la chose qui doit couler dessus.

Coulisseaux. Sous ce nom on comprend toutes sortes de bâtis dans lesquels on place des tiroirs. 3. *part. sect.* 2, *pag.* 744.

Coulisses. On nomme ainsi toute piece de bois dans laquelle est pratiquée une rainure capable de recevoir la partie qui doit mouvoir dedans, telle qu'une porte, une tablette, les bouts des planches d'une cloison, &c.

Coulisses & Coulisseaux propres à recevoir les glaces des voitures. 3. *part. sect.* 1, *p.* 499.

Coulottes, grandes & fortes pieces de bois que les Scieurs de long mettent sur leurs tréteaux, pour porter le bois qu'ils ont à refendre. 1. *part. pag.* 37.

Coupe. Par ce terme, on entend la maniere de disposer les joints des moulures & des champs des bois. On fait des Coupes quarrées, d'onglet ou à bois de fil, des fausses Coupes, &c. Les *Coupes quarrées* sont celles qui se font en travers d'une piece de bois perpendiculairement à sa longueur. Les *Coupes d'onglet* sont celles qui se font diagonalement dans la largeur d'une piece de bois, de maniere que les fils de chaque piece ainsi assemblée, viennent joindre les uns contre les autres; les Coupes d'onglet forment toujours un angle de 45 degrés avec le champ du bois.

Les *fausses-Coupes* different de celles d'onglet, en ce qu'elles forment un angle plus ou moins ouvert que ces dernieres. Il ne peut y avoir de fausses-Coupes que quand les traverses & les battants ne forment pas un angle droit lorsqu'ils sont assemblés, ou que la largeur des champs est inégale, quoiqu'assemblés à angle droit. 1. *part. pag.* 46 *& suiv.*

Couperose verte, espece de vitriol qui vient dans les mines de cuivre. On fait usage de cet acide dans la composition de la teinture des bois. 3. *part. sect.* 3, *page* 795.

Courbe. Par ce terme, les Menuisiers entendent toute piece de bois dont la face (ou le plat, ce qui est la même chose,) est cintrée, soit en plan, soit en bouge.

Couteau à scie, qui differe de la scie à main en ce que sa lame est plus étroite, & qu'elle est montée dans un manche d'une forme ordinaire. 3. *part. sect.* 3, *pag.* 900.

On fait quelquefois l'inclinaison de la denture de ces sortes de Scies à rebours, c'est-à-dire, du côté du manche, afin qu'elles ne ploient pas, & ne fassent d'effort qu'en les retirant à soi.

Il y a d'autres Couteaux à scie, ou *Scie à conduite*, ou, pour mieux dire, *à incruster*, qui different de ces derniers, en ce qu'ils ont une ou deux conduites mobiles rapportées sur le plat de leurs lames. 3. *part. sect.*

3., *pag.* 901.

Couteau de taille, espece de couteau dont la lame est courte & aiguë. Il y en a à long manche qui ont jusqu'à 18 pouces de long, & d'autres dont le manche n'a que 5 à 6 pouces. Tous les deux servent à découper les places où on veut faire des incrustations. 3. *part. sect.* 3, *pag.* 848 *&*

Coûtre, outil de fer acéré, dont le tranchant est sur la longueur, & a deux biseaux. Il y a deux sortes de Coûtres, qui different par la maniere dont leur manche est placé, mais qui servent également aux Treillageurs. 4. *part. pag.* 1114.

Couture. On nomme ainsi un lien de fil de fer avec lequel on arrête le treillage. Voyez *Coudre.*

Couverture de pile. On nomme ainsi des planches qu'on place dans une situation inclinée sur les piles de bois, pour les garantir de la pluie. 1. *part. pag.* 31.

Craie ou *Craye*, pierre calcaire, de couleur blanche, dont on se sert pour débiter le bois. La meilleure vient de Champagne. 1. *part. pag.* 36.

+ *Crémaillere*, tringle de bois dentelée sur le champ, pour recevoir le bout des tasseaux servant à porter les tablettes d'une bibliothéque. 2. *part. page* 209.

Crochet d'établi, espece de patte coudée, posée dans un morceau de bois nommé *Boîte du crochet*, laquelle est placée au bout supérieur du devant de l'établi. Le Crochet est dentelé comme une scie, & sert à retenir le bois en place sur l'établi lorsqu'on le corroye, ou qu'on y fait des moulures. 1. *part. pag.* 54.

Crochet, (clous à) espece de clous reployés en retour d'équerre, dont les Treillageurs font usage pour arrêter les espaliers contre les murs. 4. *part. pag.* 1138.

Croisées, vantaux de Menuiserie, dans lesquels on place des verres pour fermer les appartements, & y conserver le jour. Les Croisées prennent différents noms, selon leurs formes & usages. 1. *part. p.* 90 *& suiv.*

Croisées (*doubles*). On appelle ainsi celles qui sont posées à l'extérieur des tableaux des Croisées: leurs différentes especes. 1. *part. pag.* 102.

Croisées-jalousies, especes de doubles Croisées qui different de celles ci-dessus, en ce qu'elles n'ont point de croisillons, & que leurs chassis sont remplis par des lattes posées obliquement, pour garantir des rayons du soleil l'intérieur des Appartements. 1. *part. pag.* 104.

Croisées-mansardes & à coulisses. Ce sont, pour l'ordinaire, de petites Croisées composées de deux chassis sur la hauteur, lesquels n'ouvrent pas verticalement comme ceux des autres Croisées, mais, au contraire, qui coulent à rainure & languette les uns fur les autres dans leurs dormants. 1. *part. pag.* 114.

Croifées, en terme d'Architecture. On nomme ainfi toute ouverture qui ne defcend pas jufques fur le fol de l'édifice ; & quand elle y defcend, mais qu'elle eft deftinée à être remplie par des vantaux vitrés, alors elle prend le nom de *Porte-Croifée*. 1. *part. pag.* 100. 4. *part. pag.* 1065.

Croifillons. On appelle de ce nom en général, tous les petits bois qui rempliffent les chaffis des Croifées. 1. *part. pag.* 97 *& fuiv.*

Croffe. (montants de) On nomme ainfi de petits montants cintrés qui portent les glaces de cuftode des voitures. 3. *part. fect.* 1, *pag.* 466.

Croffette. On nomme ainfi des faillies ou reffauts à angle droit qu'on fait faire à des cadres ou à des champs, & notamment aux tables faillantes des portes-cocheres.

On nomme auffi *Croffette*, le reffaut qu'on fait faire au dernier membre d'un chambranle, d'un cadre, &c. 1. *part. page* 123. 4. *part. pag.* 1066.

Cuivre, métal élaftique & moyennement pefant. Il y en a de deux fortes ; le rouge, qu'on nomme *Rofette*, & le jaune, qui eft un métal factice, compofé de deux parties de rofette & d'une partie de calamine, ou terre calaminaire. 3. *part. fect.* 3, *pag.* 988.

Cul-de-lampe, ou, pour mieux dire, *Amortiffement renverfé*. On nomme ainfi toute partie faillante & diminuée en contre-bas. On n'emploie guere ce terme en Menuiferie que pour indiquer le fupport d'une pendule. 3. *part. fect.* 3, *pag.* 1002.

Cuftode. On nomme ainfi toute la partie d'une voiture qui eft comprife entre fes fonds & fes portieres, au-deffus des traverfes de ceinture ou d'appui. 3. *part. fect.* 1, *pag.* 466.

Cymaife, piece de bois ornée de moulures, fervant de couronnement aux lambris d'appuis. 2. *part. pag.* 165.

Cymaife, partie d'une corniche qui eft toujours ornée de moulures : leurs différentes efpeces. 4. *part. pag.* 1042.

Cyprès, bois folide, de couleur jaunâtre, originaire de Candie & des Ifles de l'Archipel. 3. *part. fect.* 3, *pag.* 774.

Cytife, ou *Ebénier des Alpes*, bois à peuprès femblable à l'ébene verte. 3. *part. fect.* 3, *page* 784.

D.

Damier, petite table de jeu fans pieds. Voyez l'article *Trictrac*.

Dé ou *Socle*. On nomme ainfi la partie liffe d'un piedeftal, comprife entre fa corniche & fa plinthe. 4. *part. pag.* 1042.

Débillarder. Ce terme fignifie dégroffir une courbe, foit à la fcie ou au fermoir, afin qu'elle foit prête à être corroyée. 2. *part. part.* 315.

Débit du bois. Par ce terme, on entend la maniere de tirer d'une piece de bois tout le parti poffible ; c'eft pourquoi avant que de la refendre, foit en long, foit en travers, il faut fe rendre compte des pieces qu'on pourra prendre fans y faire trop de perte, ce qui eft une partie très-effentielle à connoître pour les Menuifiers, puifqu'il y va de leur intérêt & de la folidité de l'ouvrage. On appelle encore de ce nom, la maniere & l'action de refendre le bois & de le couper par pieces à la longueur de chacune d'elles. Voyez cet Article, 1. *part. page* 32 *& fuiv.*

Décompofés. (entablements) On nomme ainfi les entablements dont la forme n'eft pas réguliere. On n'emploie ces fortes d'entablements que quand on ne met pas d'Ordre d'Architecture. 4. *part. pag.* 1057.

Dégauchir. On entend par ce terme l'action de dreffer parfaitement une piece de bois, de maniere que tous les points de fa furface ne foient pas plus élevés les uns que les autres, & qu'en la bornoyant d'un côté, l'autre rive s'éleve également d'un bout que de l'autre. 1. *part. pag.* 66.

Demi-livre allongée, efpece de broquette dont les Treillageurs font ufage. Voyez *Semence*.

Denticules, petites parties faillantes quarrées par leur plan, & dont la largeur eft à la hauteur, comme deux eft à trois ; la diftance qu'il y a entr'elles doit être égale à la moitié de leur largeur. Les Denticules fervent à orner les corniches. 4. *part. pag.* 1049.

Défobligeante, voiture qui ne differe d'une Diligence, qu'en ce qu'elle eft plus étroite, & qu'elle ne peut contenir qu'une perfonne feule. 3. *part. fect.* 1, *page* 460.

Deffus-de-porte ou *Attique*. On nomme ainfi la Menuiferie qui décore le deffus des chambranles des portes d'un Appartement. 2. *part. page* 184.

Diable, voiture, efpece de Caléche coupée, dont l'impériale ou pavillon eft élevé de maniere qu'on puiffe s'y tenir commodément debout. 3. *part. fect.* 1, *pag.* 580.

Diligence, efpece de voiture qui n'eft autre chofe qu'une Berline coupée dans fa longueur au nud du pied d'entrée de devant. 3. *part. fect.* 1, *pag.* 459 *& 548*.

Dorique, (Ordre) le plus fimple & le plus régulier des trois Ordres Grecs. Il a été inventé par les Doriens, d'où lui vient le nom de *Dorique*. Cet Ordre fe nomme auffi *Ordre viril* ou *folide*, à caufe de fon expreffion grave & réguliere : fes proportions & divifions. 4. *part. pag.* 1047.

Dormant ou bâtis dans lequel entrent les chaffis des croifées : leurs formes & conftruction. 1. *part. pag.* 91.

E.

Dormante. (Menuiserie) Sous ce nom on entend toute espece de Menuiserie qui est d'une nature à rester en place, & comme adhérente avec le lieu où elle est posée. 1. *part. pag.* 1. *& 2. part. pag.* 153.

Dormeuses, sorte de voitures pour aller en campagne, & dans lesquelles on peut se coucher comme dans un lit. 3. *part. sect.* 1, *pag.* 565.

Dosseret. On nomme ainsi l'espace qui reste entre l'angle d'une piece & l'arête de la baye d'une croisée ou d'une porte. 1. *part. pag.* 130. *& 2. part. pag.* 171.

Dossier. On nomme ainsi la partie du dessus d'un siége, contre laquelle on s'appuie. Les Menuisiers en Meubles appellent de ce nom les traverses de dossier, tant de haut que du bas, qu'ils distinguent par *grand & petit Dossiers.* 3. *part. sect.* 2, *pag.* 615.

Dossier de lit. On nomme ainsi la partie pleine d'un des bouts d'une couchette, laquelle est plus élevée que l'autre, qui, alors, se nomme *pied du lit.* 3. *part. sect.* 2, *pag.* 671.

Dosses. Les Dosses sont les premieres levées faites sur le corps de l'arbre, & sont utiles à peu de chose.

Les pieces prises après les Dosses, se nomment *contre-Dosses,* & sont d'un meilleur usage, selon la maniere dont elles sont refendues. 1. *part. pag.* 27.

Doublure. (panneaux de) On appelle de ce nom des panneaux de bois blanc placés dans l'intérieur des voitures, pour porter la matelassure & la garniture d'étoffe. 3. *part. sect.* 1, *page* 467.

Doucine, moulure & outil. Voyez *Bouvement à baguette.*

Doucine, sorte d'ouverture de croisée, dont la coupe est faite en doucine. 1. *part. page* 96.

Dressoir; c'est une espece de banc qui n'a des pieds que par un bout, de maniere que sa surface est inclinée à l'horizon; au bout qui a un pied, & au-dessus de ce dernier, est placé une équerre de fer, qui, ainsi que le banc, sert aux Treillageurs pour dresser les échalats. 4. *part. pag.* 1109.

Drille ou *Trépan,* outil composé d'une verge de fer, au bout de laquelle est placé un foret, lequel sert à percer les métaux ou les bois durs, ce qui se fait en faisant tourner le drille sur lui-même par le moyen d'une corde qui passe par son extrémité supérieure, & qui est arrêtée par les deux bouts à une traverse de bois, au milieu de la longueur de laquelle passe la tige du drille. 3. *part. sect.* 3, *pag.* 940.

Duchesse, espece de grand fauteuil dont le siége est assez profond pour qu'une personne puisse être assise commodément dessus, les jambes étendues. 3. *part. sect.* 2, *page* 643.

Eau de chaux; c'est de l'eau dans laquelle on a fait éteindre de la chaux vive: on y mêle du sublimé corrosif, afin de lui donner plus d'action pour brûler les bois. 3. *part. sect.* 3, *page* 882.

Ebarboir. Cet outil differe du Grattoir, en ce qu'il a quatre côtés au lieu de trois, & il sert à peu-près au même usage que ce dernier. Voyez *Grattoir.*

Ebene, bois dur, de différentes couleurs; savoir, la noire, la rouge, la verte, & la noire & blanche. L'Ebene, en général, croît à Madagascar. 3. *part. sect.* 3, *page* 774.

Ebénisterie, (Art de l') ainsi nommé, parce qu'anciennement tous les ouvrages de cet Art étoient faits avec de l'ébene, du moins le plus grand nombre. Cet Art vient d'Asie, d'où il fut apporté à Rome, & y fut oublié jusqu'au quinzieme siecle. Il est venu en France avec les deux Reines de la Maison de Médicis. 3. *part. sect.* 3, *page* 764 *& s.*

Ebénisterie pleine. On nomme ainsi les ouvrages d'Ebénisterie faits en plein bois, & où on n'emploie le placage que par incrustation. 3. *part. sect.* 3, *pag.* 896.

Ebénistes. On appelle ainsi les Ouvriers qui travaillent à l'Ebénisterie.

Ecaille, substance du genre des cornes, ou du moins à peu-près semblables. Ce sont des feuilles provenantes de la couverture d'un animal amphibie nommé *Tortue.* Il y en a de diverses grandeurs & qualités. Celles connues sous le nom de *Carrettes,* sont les plus belles; mais les Ebénistes emploient plus volontiers celle qu'on appelle *Cahoane* ou *Kaouane.* 3. *part. sect.* 3, *pag.* 984.

Ecaille. (Maniere de travailler, mouler, & souder l'). 3. *part. sect.* 3. *pag.* 1006. *& suiv.*

Echalats. On nomme ainsi de petites tringles de bois de chêne ou de châtaigner, qui sont fendues dans de jeunes arbres. On se sert d'Echalats pour faire le Treillage, & on les achette par bottes de différentes longueurs. 4. *part. page* 1105.

Echantillon. (bois d') Par ce terme on entend le bois que les Marchands vendent à une longueur & épaisseur déterminées, comme 6, 9, 12 pieds de long, sur un pouce 15 lignes, un pouce & demi & 2 pouces d'épaisseur, &c. 1. *part. pag.* 27.

Echarpe, piece placée diagonalement dans un bâtis. On appelle aussi de ce nom une piece de bâtis de parquet. 2. *part. pag.* 159.

Echaudé, petit siége ployant ou de campagne. 3. *part. sect.* 2, *pag.* 690.

Echelle de Meûnier, sorte d'escalier droit. 2. *part. pag.* 426.

Echelles ou *Mesures,* ou, pour mieux dire, certaines longueurs divisées en parties égales, représentant des toises, des pieds, &c.

Les Echelles servent à régler & à mettre en ordre les différentes parties d'un deſſin., & à juger de la grandeur que les objets qu'il repréſente, auront en exécution. *Echelle de pieds, Echelle module.* 4. *part. pag.* 1047.

× *Echiquier,* eſpece de compartiment compoſé de quarrés diſpoſés parallélement avec les côtés de l'ouvrage. 3. *part. ſect.* 3, *pag.* 824.

Echope. Voyez *Burin.*

Ecoinſon, eſpece de petit bureau d'une forme triangulaire par ſon plan, lequel ſe place dans les angles des Appartements. 3. *part. ſect.* 2, *pag.* 756.

Ecouènes, eſpeces de limes dentelées ſur leur largeur comme les dents d'une ſcie, leſquelles ſervent à travailler les bois durs & les métaux. 3. *part. ſect.* 3, *pag.* 937.

Ecran, meuble à bâtis, compoſé d'un patin & de deux montants, dans leſquels coule un chaſſis garni d'étoffe, pour garantir de l'ardeur du feu. 3. *part. ſect.* 2, *pag.* 741.

Egout. On nomme ainſi une planche qu'on poſe à l'extrémité d'une pile de bois, qu'elle déſaffleure d'une partie de ſa largeur, ainſi que par les bouts : c'eſt ſur cette planche que porte le bout de celles qui forment la couverture de la pile. 1. *part. pag.* 31.

× *Elégir.* Par ce terme on entend l'action de diminuer une piece de bois en certains endroits. Ce mot eſt ſynonyme à *ravalement.* Voyez cet article.

Elégiſſement. Voyez *Elégir.*

Ellipſe, figure à peu-près ſemblable à un ovale. L'Ellipſe eſt donnée par la coupe oblique d'un cylindre ou d'un cône. 1. *part. pag.* 14. 2. *part. pag.* 296 *&* 298.

× *Emboîture,* eſpece de traverſe dans laquelle on fait des mortaiſes & des rainures pour recevoir les tenons & les languettes du bord des planches qui compoſent les portes pleines & autres ouvrages. 1. *part. pag.* 149.

On appelle auſſi *Emboîtures,* les traverſes de chambranles. 1. *part. pag.* 135.

Embraſement ou *Embraſure.* On entend par ce terme la partie intérieure des bayes de portes ou de croiſées. On appelle auſſi de ce nom la Menuiſerie dont ces parties ſont revêtues. 1. *part. pag.* 136, 2. *part. pag.* 181.

× *Embreuvement,* embreuver, faire ſur le champ de deux pieces de bois dont l'épaiſſeur eſt inégale entr'elles, des rainures & des languettes, leſquelles entrent juſte les unes dans les autres, de maniere que la piece la plus mince ſoit contenue dans la plus épaiſſe, & que les pleins de l'une rempliſſent exactement les vides de l'autre. 1. *part. pag.* 44 *&* 140.

Emeri ou *Emeril,* pierre métallique qu'on trouve dans les mines. On le réduit en poudre plus ou moins fine, ſelon le degré dont on a beſoin. L'Emeri broyé avec de l'huile ſert à polir le fer : c'eſt ce qu'on appelle de la *Potée d'Emeri.* 3. *part. ſect.* 3, *pag.* 952.

× *Emmarchement.* On nomme ainſi les entailles faites dans les timons pour recevoir les marches d'un eſcalier. 2. *part. page* 422.

Empenoir; c'eſt une eſpece de ciſeau recourbé par les deux extrémités, qui ſont également tranchantes, mais ſur divers ſens. Cet outil ſert aux Ebéniſtes pour poſer les ferrures de leurs ouvrages. 3. *part. ſect.* 3, *pag.* 942.

Empiler, Empilage. Par ce terme on entend l'action d'arranger le bois par piles. Voyez *Piles.*

× *Encorbellement.* On nomme ainſi la cymaiſe intermédiaire d'une corniche. 4. *part. p.* 1042.

Enéyer. On entend par ce terme ôter les nœuds de la canne avant de la fendre. 3. *part. ſect.* 2, *pag.* 628.

Enfilade. Par ce terme, on entend la rencontre de pluſieurs ouvertures de portes, leſquelles ſont diſpoſées de maniere que leur point milieu ſe trouve ſur une ligne droite. 1. *part. pag.* 129. 2. *part. pag.* 276.

× *Enfourchement,* aſſemblage qui differe de la mortaiſe ordinaire, en ce que cette derniere n'a pas d'épaulement, de ſorte que le tenon peut y entrer de toute ſa largeur, encore que le dehors de la traverſe affleure l'extrémité du battant. 1. *part. pag.* 46.

Entablement. On nomme ainſi la partie ſupérieure d'un édifice, & qui lui ſert de couronnement. A un Ordre d'Architecture, l'Entablement poſe immédiatement ſur la colonne. 4. *part. pag.* 1042.

Entaille, outil. Sous ce nom on comprend toutes ſortes de morceaux de bois dans leſquels on a fait des entailles pour pouvoir contenir différentes pieces d'ouvrage ou autres, qui y ſont arrêtées par le moyen d'un coin; c'eſt pourquoi on appelle *Entaille à limer les ſcies,* celles qui ſervent à cet uſage, 1. *part. pag.* 59. On dit de même *Entaille à ſcier les arraſements,* pag. 76. id. *Entaille à pouſſer les petits bois,* pag. 85. idem. *Entaille à rallonger les ſergents,* pag. 82. idem.

On fait auſſi des Entailles cintrées propres à coller & cheviller les parties circulaires. 2. *part. page* 286.

Entaille, (aſſemblage en) lequel conſiſte en un ravalement fait dans l'épaiſſeur de deux pieces de bois d'une largeur égale à celle de chaque piece, de maniere qu'elles puiſſent entrer à plat l'une dans l'autre. 4. *part. page* 1176.

Entre-colonnement. On nomme ainſi la diſtance qu'il y a de l'axe d'une colonne à l'axe d'une autre colonne. Les Anciens comptoient les Entre-colonnements du nud du fût de ces dernieres; mais les Modernes les comptent des axes de ces mêmes colonnes, à cauſe de la diſtribution des modillons des corniches, ou des triglyphes de la friſe de l'ordre Dorique. 4. *part. pag.* 1065.

Entrelacs,

Entrelacs, espece d'ornement qu'on emploie aux moulures creuses. 4. *part. pag.* 1199.

En général, on donne ce nom à tout ornement dont les parties se répetent & s'enlacent alternativement les unes dans les autres.

Entre-sol. On appelle de ce nom une petite piece ou appartement pris sur la hauteur d'une grande piece, ce qui a donné le nom aux croisées qui les éclairent, qu'on appelle par conséquent *Croisées-entre-sol.* 1. *part. pag.* 101.

Entre-toise. On donne ce nom en général, à toutes les traverses dont l'usage est de retenir l'écart des pieds d'un banc, d'une chaise, &c. Les Entre-toises s'assemblent toujours dans les traverses des pieds. 3. *part. sect.* 2, *pag.* 613.

Entre-voux, espece de planche qui n'a que 9 à 10 lignes d'épaisseur. 1. *part. pag.* 28 & 29.

Epaulement. On nomme ainsi la partie pleine qui reste entre deux mortaises, ou depuis la mortaise jusqu'à l'extrémité du battant. On dit aussi *épauler un tenon*, c'est-à-dire, diminuer de sa largeur, pour qu'elle soit égale à celle de la mortaise dans laquelle il doit entrer. 1. *part. pag.* 46.

Epi de bled, bois rayé de brun & de rougeâtre, & très-poreux, dont la coupe à bois de bout est semblable à celle du jonc. 3. *part. sect.* 3, *pag.* 775.

Epine-vinette, bois François, plein & de couleur jaune, qui sert à l'Ebénisterie & à la teinture des bois. 3. *part. sect.* 3, *pag.* 784.

Equerre, fausse-Equerre ou *Sauterelle*, espece de triangle dont la lame est mobile, de maniere qu'on peut lui donner l'inclinaison que l'on juge à propos. 1. *part. pag.* 70.

On appelle aussi *fausse-Equerre*, de grands compas de fer, qui ne different des compas ordinaires que par la grandeur. 1. *part. pag.* 70.

Equerre ou *Croix mobile*; c'est un instrument propre à tracer & découper des ovales d'une même courbure que celles qui sont faites sur le Tour ovale. Cette machine est très-simple, & faite à peu-près dans le goût de la conchoïde ancienne de Nicoméde. 3. *part. sect.* 3, *pag.* 1003.

Equerre, outil de bois composé de deux branches assemblées à angle droit, pour servir à équarrir les pieces de bois. 1. *part. pag.* 65.

Equerre à chaperon, outil de fer ou de cuivre, composé de deux branches, sur l'une desquelles est une conduite ou chaperon ajouté sur le champ. Cette espece d'Equerre est très-commode pour les ouvrages délicats & qui demandent de la précision. 3. *part. sect.* 3, *pag.* 899.

Il y a encore une autre espece d'Equerre

de fer ou de cuivre, nommée *Equerre à croix*, dont une des branches, qui est mobile, passe au travers de l'autre, & est arrêtée en place par le moyen d'une vis de pression. 3. *part. sect.* 3, *pag.* 899.

Erable, bois de France & d'Amérique, plein & léger, de couleur blanche & ondée, très-utile pour les ouvrages d'Ebénisterie. 3. *part. sect.* 3, *pag.* 784.

Ensubles. On nomme ainsi des pieces cylindriques percées de deux mortaises à contre-sens l'une de l'autre à chacune de leurs extrémités. Ce sont les principales pieces d'un métier à broder. 3. *part. sect.* 3. *p.* 956.

Escaliers en vis, c'est-à-dire, qui tournent sur eux-mêmes autour d'un poteau. 2. *part. pag.* 427.

Eschine ou *Ove*; c'est la partie du chapiteau Dorique qui supporte le tailloir. L'Eschine est composée d'un quart de rond, d'une baguette & d'un filet, & suit le contour du fût de la colonne. 4. *part. pag.* 1049.

Espalier. (treillage d') On nomme ainsi celui qui est destiné à revêtir les murs d'un jardin. 4. *part. pag.* 1137.

Esprit de nitre, violent acide dont on fait usage pour ombrer les bois. 3. *part. sect.* 3, *pag.* 882.

Etabli, grande & forte table de bois d'orme ou de hêtre, montée sur un pied de chêne. Maniere de construire les Etablis; leurs formes & proportions. 1. *part. pag.* 54 & *suiv.*

Etablis à l'Allemande, qui different des Etablis ordinaires, en ce qu'au lieu du crochet, ils ont une boîte de rappel, laquelle se meut par le moyen d'une vis, de sorte que le bois qu'on travaille est arrêté sur l'Etabli sans avoir besoin de valet. 3. *part. sect.* 3, *pag.* 803.

Etablissements. Ce sont certaines marques dont les Menuisiers se servent pour distinguer une piece d'avec une autre, & faire connoître le haut ou le bas de chacune d'elles, ou leurs faces apparentes, qu'ils nomment *parement de l'ouvrage*; c'est pourquoi on dit *qu'on établit les bois*, c'est-à-dire, qu'on les marque d'un caractere distinctif & relatif à la place qu'ils doivent occuper. 1. *part. pag.* 68. Voyez aussi l'Article de la maniere de marquer l'ouvrage. 2. *part. pag.* 277.

Etain, métal léger, mou & de couleur blanche, qui, uni aux autres métaux, les rend cassants comme du verre. Ce métal est d'usage pour les ouvrages de Marqueterie. 3. *part. sect.* 3, *pag.* 989.

Etamoir; c'est une petite palette de bois, garnie de fer-blanc en dessus. On frotte le fer à souder sur l'Etamoir pour en faire l'essai, & pour l'étamer. 3. *part. sect.* 3, *page* 1029.

Etau de fer ou *de bois*, outil composé de

deux pieces nommées *mords* ou *mâchoires*, qu'on approche ou qu'on éloigne l'une de l'autre par le moyen d'une vis qui passe au travers d'une d'elles, & qui est taraudée dans l'autre. 3. *part. sect.* 3, *pag.* 843 & 932.

Etau de Treillageur. Cet Etau est de bois, & est disposé de maniere qu'on le fait serrer par le moyen d'une pédale, quoiqu'il y ait une vis comme aux autres Etaux. 4. *part. pag.* 1124.

Etrégnoirs, outils dont l'usage est de serrer les joints des panneaux, & de les tenir très-droits sur leur largeur. Ces outils sont composés de deux fortes pieces de bois, percées de plusieurs trous vis-à-vis les uns des autres, dans lesquels on fait passer de fortes chevilles, pour qu'elles puissent résister à l'effort des coins qu'on met entr'elles & le panneau. 1. *part. pag.* 82.

Etrésillon ou *Goberge*; c'est une piece de bois quelconque, qui butte entre deux parties pour les tenir en place 1. *part. pag.* 37.

On appelle encore *Goberges,* les barres qui remplissent le fond d'un lit. Voyez *Goberges.*

Etuves, sortes d'armoires propres aux offices & aux garde-robes, pour faire sécher le linge ou autre chose. Les tablettes de ces sortes d'armoires sont ordinairement à claire-voie. 3. *part. sect.* 2, *pag.* 748.

Eventail. On appelle de ce nom toute croisée dont la partie supérieure se termine en demi-cercle ou en demi-ovale. 1. *part. pag.* 100.

On donne aussi ce nom à la partie verticale qui termine le haut d'un berceau de treillage. 4. *part. pag.* 1102.

F.

Faces. (plates) On nomme ainsi les parties de la montre d'un buffet d'orgues, qui sont entre les tourelles, & qui n'ont pas de saillie sur le massif, ainsi que ces dernieres. 2. *part. pag.* 248.

Fauteuil, espece de siége qui differe des Chaises, en ce qu'il a des accotoirs ou accoudoirs pour appuyer les bras de ceux qui s'en servent. 3. *part. sect.* 2, *page* 634.

Fauteuil de cabinet, siége propre à ceux qui s'occupent long-temps à écrire. 3. *part. sect.* 2, *page* 643.

Faux Acacia, bois originaire d'Amérique, d'une couleur jaune & verdâtre. 3. *part. sect.* 3, *pag.* 784.

Faux-panneaux. On nomme ainsi des panneaux de bois mince & léger, qu'on substitue quelquefois à la place des glaces d'une voiture, ou avec lesquels on remplit les custodes & le derriere des voitures, au-dessus de leur ceinture ou appui. 3. *part. sect.* 1, *pag.* 504.

Fendoir, petit morceau de bois cylindrique, & évidé en angle par un de ses bouts; c'est avec cet outil que les Canniers divisent la canne. 3. *part. sect.* 2, *pag.* 629.

Fer à chauffer; c'est une masse de fer un peu barlongue, en forme de bateau, laquelle est terminée par une tige d'environ un pied de long, avec laquelle on tient le fer pour réchauffer la colle qui est dessous le placage. 3. *part. sect.* 3, *pag.* 849.

Fer d'outil. On appelle ainsi un morceau de fer mince garni, ou, pour mieux dire, doublé d'acier d'un côté, qu'on nomme *la planche.* Le taillant des fers est droit ou cintré, selon la forme des fûts dans lesquels ils sont placés. Dans l'un ou l'autre cas, ils sont toujours trempés, & leur biseau doit être abattu du côté qui est de fer, afin que le taillant se trouve tout d'acier. 1. *part. pag.* 63.

Fer à mouler, espece de cylindre de fer, sur le côté duquel est réservée une languette excédente, laquelle sert à retenir le bois qu'on cintre sur ce cylindre après l'avoir fait chauffer. 3. *part. sect.* 3, *pag.* 856.

Fer à souder. On appelle ainsi un outil de fer, qui a au bout de sa tige une masse de fer ou de cuivre, qu'on fait chauffer à un degré capable de faire fondre le plomb & l'étain. Il y a différentes sortes de fers à souder. 3. *part. sect.* 3, *pag.* 1029.

Fer. (bâtis de) On nomme ainsi les montants & les traverses de fer qui soutiennent les treillages, ou qui en font partie. 4. *part. pag.* 1141.

Fers de Treillage. Sous ce nom, on comprend tous les fers qui entrent dans la construction de ce dernier. 4. *part. pag.* 1086.

Fer, (bois de) de couleur brune, tirant sur le noir, & d'une qualité extrêmement dure. 3. *part. sect.* 3, *pag.* 776.

Fereol, bois qui croît à Cayenne; sa couleur est blanche, tachetée de rouge. 3. *part. sect.* 3, *pag.* 776.

Fermoir. Outil à manche dont le fer est à deux biseaux. Cet outil sert à dégrossir le bois. 1. *part. pag.* 65.

Fermoir-néron ou *à nez-rond,* outil à manche, dont le tranchant est en biais, pour pouvoir entrer plus facilement dans les angles rentrants. 1. *part. pag.* 88.

Ferrure. Par ce terme, on entend toute espece de Serrurerie propre à lier ensemble les diverses parties de la Menuiserie, & à la poser solidement, ou du moins à l'arrêter en place. 2. *part. pag.* 258.

Ferrure des ouvrages d'Ebénisterie; leurs différentes especes, & la maniere de les poser. 3. *part. sect.* 3, *page* 943.

Feuilles de volet, de parquet. On nomme ainsi chaque volet ou parquet en particulier. Voyez les Articles *Volet* ou *Guichet* & *Parquet.*

Feuille. On nomme ainsi une piece ou bâtis de parquet, qui est d'une forme quarrée, & qui a ordinairement 3 à 3 pieds 3 pouces sur tous les sens. 2. *part. pag.* 159.

Feuille. En général, on nomme ainsi toute partie d'ornement large & plate, qui représente, à peu de chose près, les feuilles de différentes plantes ou arbres. Il y a des feuilles de laurier, d'acanthe, d'olivier, de palmier, de persil, &c. Les Chapiteaux Corinthiens sont ornés de seize feuilles principales, dont huit se nomment *Feuilles de dessous*, & les huit autres *grandes Feuilles* ou *Feuilles de dessus*. 4. *part. pag.* 1061.

Feuilles. On nomme ainsi les bois que les Ebénistes emploient à leurs placages: maniere de les refendre & de les débiter. 3. *part. sect.* 3, *pag.* 799 & 818.

Feuilleret, outil à fût, au bas duquel il y a un conduit qui sert à l'appuyer contre le bois. Cet outil sert au corroyage du bois. 1. *part. pag.* 64.

Feuillet, espece de planche mince propre à faire des panneaux & autres ouvrages. Les Feuillets ont ordinairement 6 à 7 lignes d'épaisseur; ceux de bois de Hollande n'en ont que 5 pour l'ordinaire.

Il y a encore un Feuillet de Hollande plus épais que celui-ci, qu'on nomme *Trois-quarts*, lequel a depuis 6 jusqu'à 8 lignes d'épaisseur. Le Feuillet de sapin a jusqu'à 9 lignes d'épaisseur. 1. *part. page* 25.

Feuillet ou *Réglette.* Voyez *Garnitures*.

Feuillure. On appelle ainsi tout angle rentrant fait dans le bois parallélement à son fil. On fait de grandes & de petites Feuillures; les petites Feuillures se font avec un outil à fût, nommé *Feuilleret*, lequel a, pour l'ordinaire, deux conduits, ce qui le distingue du Feuilleret d'établi, qui, d'ailleurs, est plus long que ce dernier. 1. *part. pag.* 64.

Les Feuillerets prennent différents noms selon leurs usages; c'est pourquoi on dit *Feuilleret d'établi*, *Feuilleret à petit bois*, *Feuilleret à mettre au mollet*, &c.

Figures en Architecture. On entend toute représentation humaine faite par le moyen de la Sculpture. Les Figures se placent au-dessus des colonnes & des principales parties d'un édifice, ou dans des niches, ou dans des entre-colonnements, ce qui est encore mieux. Les Figures doivent être en proportion avec l'Architecture. 4. *part. pag.* 1074.

Filets, petites tringles de bois de placage, réduites à une demi-ligne de largeur, & quelquefois moins. Ils servent à séparer & à entourer les compartiments de la Marqueterie. 3. *part. sect.* 3, *pag.* 832.

Filet, (tire-) outil composé d'un fer, d'un fût à peu-près semblable à un rabot, & d'un levier attaché dessus. Cet outil sert à mettre les filets de largeur. 3. *part. sect.* 3, *pag.* 833.

Filet. Voyez *Carré*.

Filiere en bois. Voyez *Tarau*.

Fil Normand ou *Fil à pointe.* Les Treillageurs nomment ainsi du fil de fer non recuit, avec lequel ils font des pointes qu'ils appellent *Pointes de frisage*, dont ils se servent pour arrêter les différentes parties du Treillage. 4. *part. pag.* 1134.

Fil nul ou *Fil à coudre.* Les Treillageurs appellent ainsi du fil de fer recuit avec lequel ils arrêtent les échalas & autres pieces de Treillage. 4. *part. pag.* 1133.

Fistules. Ce sont des coupes de corps étrangers qui endommagent la surface du bois. 1. *part. pag.* 26.

Flache, défaut d'équarrissage d'une piece de bois, qui la fait souvent rebuter. 1. *part. pag.* 25.

Fleurs de Mosaïque faites en bois; la maniere de les construire & de les terminer. 3. *part. sect.* 3, *pag.* 888.

Fleurs en Treillage. Ces Fleurs sont faites de plusieurs copeaux taillés d'une forme semblable à celle des pétales des Fleurs que les Treillageurs veulent imiter, & ils les attachent avec des pointes sur une tige ou bouton de bois. 4. *part. pag.* 1216 & *suiv.*

Flottée. (traverse) On nomme ainsi toute traverse qui passe par derriere un panneau, & qui n'est pas apparente en parement. 1. *part. pag.* 133.

On nomme aussi *Panneaux flottés*, ceux qui sont posés à plat l'un sur l'autre. 1. *part. pag.* 141 & *suiv.*

Flûte ou *Sifflet*, espece d'assemblage, ou, pour mieux dire, de joint propre au rallongement des bois, dans lequel le bout de chaque piece de bois est aminci à rien d'une certaine longueur, & à contre-sens l'un de l'autre, afin qu'étant collés l'un sur l'autre, elles ne semblent faire qu'une même piece. A quoi bon cet assemblage. 1. *part. pag.* 48.

Foret. On nomme ainsi un petit outil de fer acéré d'un bout, & qui est monté dans une boîte ou bobine de bois, qu'il déborde des deux bouts. On fait usage de cet outil pour percer le bois & les métaux. 3. *part. sect.* 3, *pag.*

Fourrure. On nomme ainsi des pieces ou tringles de bois plus ou moins épaisses, qu'on met sur le plancher pour poser le parquet, quand il n'y a pas assez de place pour y mettre des lambourdes. 2. *part. pag.* 155. *Note.*

Foyer, c'est un bâtis de bois qui entoure l'âtre ou foyer d'une cheminée, & dans lequel les feuilles de parquet, coupées à cet endroit, viennent s'assembler. 2. *part. page* 158.

Frêne, bois de France, très-liant, de couleur blanche rayée de jaune. 3. *part. sect.* 3, *pag.* 784.

Frisage, espece de Treillage construit avec des lattes ou autres bois minces. 4. *part. pag.* 1136.

Frise. On appelle de ce nom toute partie de Menuiserie étroite & longue, soit pleine ou à panneaux, dont la longueur se trouve parallele à l'horizon, & qui divise d'autres grandes parties; c'est pourquoi on dit *Frises de lambris, de porte, de croisée-entresol, de parquet, &c.*

Frises. On nomme ainsi des pieces de bois de 3 à 4 pouces de largeur, qu'on pose avec les feuilles de parquet, auxquelles elles servent comme de cadre. 2. *part. pag.* 158.

On nomme aussi *Frise*, la traverse du haut de la caisse d'une voiture, au-dessus de la portiere. 3. *part. sect.* 1, *page* 466.

Frise. On donne aussi ce nom à la partie lisse & intermédiaire d'un entablement. 4. *part, pag.* 1043.

Fronton. Par ce terme on entend deux parties de corniche qui s'élevent des deux extrémités d'un avant-corps, & viennent se rencontrer au milieu, où ils forment un angle obtus. Il y a des Frontons triangulaires, & des Frontons circulaires; leurs proportions sont les mêmes. 4. *part. pag.* 1071.

Fuir, Fuit. On dit qu'un outil fuit, lorsqu'en le poussant, on ne le tient pas assez ferme, de maniere qu'il se dérange de sa place. On dit *fuir en dedans* ou *en dehors*, selon que l'outil se dérange de l'un ou l'autre sens. 1. *part. pag.* 74.

Fusain, bois de France, dur, de couleur jaune pâle. 3. *part. sect.* 3, *pag.* 785.

Fuset, bois d'une belle couleur jaune, mais d'une qualité peu solide. 3. *part. sect.* 3, *pag.* 776.

Fût ou *Monture d'un outil*; c'est le bois dans lequel le fer est placé; c'est pourquoi on dit *le Fût d'une varlope, d'un rabot, d'un boudin, &c.* Ainsi tous les outils dont la monture est du côté du conduit, d'une forme semblable à celle du coupant du fer, doivent se nommer *Outils à fût.* 1. *part. pag.* 53.

Fût, partie de la colonne comprise entre le chapiteau & la base. 4. *part. pag.* 1042.

Fûtée ou *Mastic*. Les Menuisiers nomment ainsi une espece de pâte faite avec du blanc d'Espagne & de l'ocre jaune détrempée ou broyée avec de l'huile de lin ou même de l'huile d'olive. Quelquefois, au lieu d'huile, ils se servent de colle claire, afin que quand l'ouvrage est peint en détrempe, la Fûtée ne fasse pas de taches à la peinture. Pour les ouvrages communs, on fait de la Fûtée avec de la pierre de S. Leu réduite en poudre, & de la brique pareillement pulvérisée & délayée dans de la colle, à la consistance de pâte.

On fait encore de la Fûtée très-forte en faisant fondre de la cire jaune & du suif, dans lesquels on mêle soit du blanc d'Espagne & de l'ocre, ou de la pierre de S. Leu : cette derniere espece de Fûtée, ou pour mieux dire de mastic, ne s'emploie que chaud.

La Fûtée sert à remplir & à cacher les défauts de l'ouvrage, comme les fentes, les trous des nœuds, & même les joints mal faits.

Fustoc, bois. Voyez *Jaune.*

G.

Galée, petite planche d'une forme barlongue, qui est garnie d'un rebord de trois côtés, dans lequel entre une coulisse sur laquelle on place les caracteres d'impression à mesure qu'on les arrange ensemble. 3. *part. sect.* 3, *pag.* 965.

Gale, espece de petits nœuds qui défigurent la surface du bois. 1. *part. pag.* 26.

Galet, sorte de table de jeu d'une forme barlongue, entourée de bandes ou rebords. 3. *part. sect.* 2, *pag.* 711.

Garniture, troisieme & derniere opération du Cannier, par laquelle il place les brins diagonalement. 3. *part. sect.* 2. *pag.* 633.

Garniture d'un siége. Par ce terme, on entend ce qui remplit le vide de ces bâtis, à l'endroit du siége & du dossier. 3. *part. sect.* 2, *pag.* 622.

Garnitures. On nomme ainsi différents morceaux de bois qui servent à séparer les pages d'impression, & à les assujétir dans un chassis de fer. Les feuillets de bois qu'on place quelquefois entre les lignes, pour les espacer plus ou moins, doivent être compris sous ce nom, ainsi que les coins, les biseaux, &c. 3. *part. sect.* 3, *pag.* 965.

Garnitures. Les Treillageurs nomment ainsi les parties de Treillage qui forment différents compartiments, & qui servent à remplir les vides que forment les bâtis de leurs ouvrages. 4. *part. pag.* 1177.

Gauche. Par ce terme, on entend une surface dont tous les points ne sont pas dans le même plan; de sorte qu'une des extrémités de ses rives est plus haute ou plus basse que celle qui lui est opposée. 1. *part. pag.* 66. Il y a des ouvrages qui doivent être gauches. 2. *part. pag.* 318.

Gaude, plante commune en France, dont on fait usage dans la teinture en jaune. 3. *part. sect.* 3, *page* 794.

Gayac ou *Bois saint*, d'une qualité très-dure, & d'une couleur verdâtre rayée de brun. 3. *part. sect.* 3, *page* 776.

Gelifs ou *Gelivures*, & en terme d'Ouvriers, *Givelures*, fentes qui se trouvent dans les bois; par quoi causées. 1. *part. p.* 25.

Géométrie, partie des Mathématiques, qui a pour objet la mesure de l'étendue. Cette science est la base de toutes les autres, & est très-nécessaire aux Menuisiers. Eléments de Géométrie-pratique. 1. *part. pag.* 4 *& suiv.*

Giron

× *Giron des marches.* On entend par ce ter-me la largeur que doivent avoir les marches d'un escalier, prises au milieu de leur lon-gueur. 2. *part. pag.* 427.

Goberge, tringle de bois qu'on place entre le plafond de la boutique & l'ouvrage, pour fixer ce dernier sur l'établi. 3. *part. sect.* 3, *pag.* 855.

Goberges, ou petites traverses qui forment le remplissage d'une couchette, & qui en-trent toutes en vie dans les entailles des pans. 3. *part. sect.* 2, *pag.* 666.

Gobriole. On nomme ainsi un morceau de bois ordinairement rond par sa coupe, & sur lequel on monte les principales parties d'un vase de Treillage. 4. *part. pag.* 1210.

Gommier, bois de couleur blanche, veiné de gris. Il y en a de dur & de très-tendre, quoique d'un grain fin & serré. 3. *part. sect.* 3, *pag.* 777.

Gondole, grande voiture de campagne, dans laquelle on peut tenir 12 à 15 person-nes. 3. *part. sect.* 1, *pag.* 572.

Gorge & Gorget, espece de moulure creuse qui se place entre la moulure principale d'un cadre, & le champ de l'ouvrage. On distin-gue les Gorges des Gorgets, en ce qu'elles sont plus grandes que ces derniers, & qu'elles ont un petit carré ou filet de chaque côté, au lieu que les Gorgets n'en ont qu'un.

On nomme aussi de ce nom les outils pro-pres à les former dans le bois, lesquels outils sont composés d'un fer & d'un fût. 1. *part. pag.* 71.

Gorge fouillée, espece de bec-de-canne dont l'extrémité du fer est recourbée & arrondie avec un filet, de maniere que cet outil fait à la fois l'office d'un rabot rond de côté, & d'une mouchette. 1. *part. pag.* 85.

Gorgerin, partie lisse du chapiteau Dori-que, qui semble être une continuation du fût de la colonne. 4. *part. pag* 1043.

Gouge, outil à manche, espece de fermoir creux sur la largeur, servant à pousser des moulures à la main. Il y a des Gouges de toutes grandeurs, & de plus ou moins cin-trées. 1. *part. pag.* 88.

Goujon, espece de petit tenon d'une for-me cylindrique, lequel est en usage pour les jalousies d'assemblage, & pour les tenons à peigne. 1. *part. pag.* 49 & 104.

Gousset. On nomme ainsi un morceau de bois d'environ un pouce d'épaisseur, chan-tourné en console, lequel sert à porter des tablettes.

On fait aussi des goussets d'assemblage en forme de potences.

Les Menuisiers en Carrosse appellent aussi *Gousset*, un morceau de bois mince taillé en creux pour supporter la glace d'une custode. 3. *part. sect.* 1, *pag.* 545.

Gradin de serre chaude. On nomme ainsi plusieurs rangs de tablettes disposés en gra-dins, sur lesquelles on place des pots qui contiennent différentes plantes qu'on veut soustraire à l'intempérie de notre climat. 4. *part. pag.* 1234.

Grattoir, outil d'acier à trois côtes, com-me une lime en tiers-point. Les arêtes de cet outil sont affûtées à vif dans une grande par-tie de sa longueur. Son usage est d'enlever les ébarbures qui se forment aux deux côtés des tailles qu'on fait sur le cuivre lorsqu'on le grave. 3. *part. sect.* 3, *pag.* 1018.

Gravure, (Art de la) nécessaire aux Ebé-nistes, pour tracer, soit sur le bois ou sur les métaux, les parties les plus délicates des dessins qu'ils veulent représenter, & qui ne peuvent pas être découpées avec la scie de Marqueterie. 3. *partie, section.* 3, *page* 884.

Grêles, espece de petites écouenes. Voyez *Ecouenes.*

Grès. Les Menuisiers se servent de Grès pour affûter dessus leurs gros outils, comme ciseaux, fermoirs, fers de varlopes, de ra-bots, &c ; & ils donnent en général le nom de *Grès*, au lieu où ils affûtent, en y com-prenant le banc sur lequel le Grès est placé, l'auge de bois ou tout autre vaisseau dans le-quel il y a de l'eau, enfin l'*Ange* avec lequel ils versent cette derniere. 1. *partie, pag.* 63.

Guéridon, espece de petite table d'une forme circulaire, supportée sur un pied droit. 3. *part. sect.* 3, *pag.* 972.

Guéridon à l'Angloise, (espece de) dont la table a un mouvement horizontal. 3. *part. sect.* 3, *pag.* 973.

× *Gueule de Loup.* On nomme ainsi l'ouver-ture du milieu d'une croisée, dont le battant meneau est fouillé en creux sur le champ, pour recevoir le petit battant de l'autre chassis qui y entre tout en vie. 1. *part. p.* 90. & 96.

On fait quelquefois les ouvertures des portes-cochères à gueule de loup, ce qui est d'un très bon usage.

× *Guichet*, petite porte qu'on fait ouvrir dans le vantau d'une porte-cochere ou autre. 1. *part. pag.* 122. *bis.*

On donne aussi ce nom aux volets des croisées. Voyez *Volets.*

Guillaume, outil composé d'un fer & d'un fût mince & long. Cet outil differe des var-lopes & des rabots, en ce que son fer, qui est d'une forme semblable à celle d'une pelle à four, affleure en dehors des deux côtés de son fût, ce qui rend cet outil propre à faire des angles rentrants. Les Guillaumes pren-nent différents noms, selon leurs formes & usages. On les nomme *Guillaumes courts, debout, cintrés, à navette, &c.* 1. *part. page* 75.

Guillaume de côté, outil à fût, dont le fer est placé perpendiculairement & un peu en biais sur l'épaisseur, afin qu'il coupe sur le côté, ce qui eſt l'unique deſtination de cet outil. 1. *part. page* 86.

Guillaume à plate-bande, outil qui differe des Guillaumes ordinaires, en ce qu'il a un conduit en deſſous, & que ſon fer, qui eſt placé un peu de biais ſur l'épaiſſeur, eſt arrondi ſur le coin ; de plus, cet outil a un ſecond fer qui forme un filet ſur le devant de la plate-bande. 1. *part. pag.* 89.

Guimbarde, outil compoſé d'une piece de bois d'une largeur capable d'être tenue d'une main par chaque bout, au milieu de laquelle eſt placé un fer un peu de pente, & d'une épaiſſeur capable de réſiſter à l'effort de cet outil. Son uſage eſt de fouiller des fonds parallélement au-deſſus de l'ouvrage. 2. *part. pag.* 281, & 3. *part. ſect.* 3, *pag.* 841.

Guimpé ou *Guimbé*. On appelle *Doucine guimbée*, celle dont la baguette eſt plus élevée que le bas du devant du talon ou bouvement.

× *Guinguin*, petit panneau de parquet. 2. *part. page* 159.

H.

Habillure. Par ce terme, les Treillageurs entendent une eſpece de joint fait en flûte, c'eſt-à-dire, diminué en venant à rien par ſon extrémité. 4. *part. pag.* 1117 & 1131.

Happe. Voyez *Vis* ou *Preſſe à main.* 3. *part. ſect.* 3, *page* 849 *& 850.*

Hélice, figure géométrique ; c'eſt une ligne circulaire qui tourne ſur elle-même en rampant autour d'un cylindre ou d'un cône. 2. *part. pag.* 304.

× *Hélice.* On nomme ainſi un plafond rampant, faiſant le deſſous d'un eſcalier cintré par ſon plan. 2. *part. pag.* 337.

Helice. On nomme ainſi les petites volutes d'un chapiteau Corinthien. 4. *part. pag.* 1062.

Hêtre, bois François, plein, de couleur blanche, d'uſage pour le Meuble. 1. *part. pag.* 26. 3. *part. ſect.* 2, *pag.* 603.

Hotte, terme dont ſe ſervent les Menuiſiers en Meubles, pour exprimer un doſſier de ſiége qui eſt cintré ſur le plan, & incliné ou évaſé ſur la hauteur. 3. *part. ſect.* 2, *pag.* 634.

Houx, bois de France très-plein, de couleur blanche, d'un très-grand uſage en Ebéniſterie. 3. *part. ſect.* 3, *pag.* 785.

Huile de ſoufre, acide moins violent que l'eſprit de nitre, mais dont on fait également uſage pour brunir le bois. 3. *part. ſect.* 3, *pag.* 882.

× *Huiſerie*, bâtis de charpente ou de Menuiſerie, qu'on poſe dans les cloiſons pour ſervir de baye aux portes. 1. *partie*, *pag.* 148.

Hyperbole, courbe & ſurface qui ſont données par la coupe d'un cône, parallélement à ſon axe. 1. *part. pag.* 13. 2. *part. pag.* 298.

I.

If, bois de France, très-dur, de couleur rouge mêlée de brun & de jaune, d'uſage en Ebéniſterie. 3. *part. ſect.* 3, *pag.* 785.

Impériale, partie ſupérieure d'une voiture à trois cintres. Voyez l'Article *Pavillon.*

× *Impoſte*, traverſe d'un dormant de croiſée, laquelle ſépare les chaſſis du bas d'avec ceux du haut. 1. *part. pag.* 93.

On appelle encore de ce nom les traverſes ou pieces ornées de moulures, qui paſſent au nud du cintre d'une porte-cochere, ou qui régnent ſeulement au-deſſous de la retombée de l'archivolte d'un cintre. 1. *part. pag.* 119. *& ſuiv.* 4. *part. pag.* 1067

Imprimerie de Cabinet, (deſcription d'une) & de toutes les pieces qui y ſont néceſſaires. 3. *part. ſect.* 3, *pag.* 964.

Incruſtation. Les Ebéniſtes entendent par ce terme, l'action de creuſer dans la ſurface de l'ouvrage, les places que doivent occuper les pieces des compartiments, ou les ornements de moſaïque, & de les y coller. 3. *part. ſect.* 3, *pag.* 832, 883 ; *& 891.*

Inde (bois d') ou *de Campêche*, de couleur rouge, brillant, glacé de jaune. Il ſert à l'Ebéniſterie & à la Teinture. 3. *part. ſect.* 3, *pag.* 777.

Indes. (bois des) Sous ce nom on comprend tous les bois étrangers propres à l'Ebéniſterie : leurs différentes eſpeces, qualités, couleurs & odeurs. 3. *part. ſect.* 3, *pag.* 768 *& ſuiv.*

Indigo, cendre bleue, provenante des feuilles d'une plante qui croît dans l'Amérique & dans l'Indoſtan ; ſon uſage pour la teinture des bois. 3. *part. ſect.* 3, *pag.* 794.

Inverſable, eſpece de voiture où la portiere eſt par-derriere. 3. *part. ſect.* 1, *p.* 562.

Ionique ; (Ordre) c'eſt le ſecond des trois Ordres Grecs. Il fut inventé par les Ioniens, Grecs d'Aſie. Le fameux Temple d'Epheſe étoit décoré de cet Ordre, qui eſt auſſi nommé *Ordre moyen*, parce que ſa forme, ou, pour mieux dire, ſon expreſſion eſt moyenne entre celle de l'Ordre Dorique & celle de l'Ordre Corinthien ; ſes formes & ſes proportions. 4. *part. pag.* 1050.

Ioniques, (chapiteaux) de deux eſpeces ; l'un qu'on nomme *Antique*, qui a deux de ſes faces diſſemblables, & dont le tailloir eſt quarré ; & l'autre qu'on nomme *Moderne*, dont les quatre faces ſont ſemblables, & dont le tailloir eſt creux des quatre côtés, & ſes angles abattus. 4. *part. page* 1058.

Ivoire, ſubſtance oſſeuſe, provenante des défenſes de l'Eléphant. Il y a deux ſortes d'Ivoire, le blanc & le verd ; le dernier eſt le plus eſtimé, parce qu'il ne change pas aiſément de couleur. 3. *part. ſect.* 3, *pag.* 986.

J.

Jacaranda, espece de bois dur, dont la couleur est mêlée de blanc & de noir. Il croît aux Indes orientales. 3. *part. sect.* 3 , *pag.* 777.

Jalousies. On nomme ainsi de petits treillis de bois faits pour boucher des ouvertures quelconques, de maniere qu'on puisse voir au travers sans être vu de dehors, du moins que de très-près, telles que sont, par exemple, les Jalousies d'un Confessionnal. 2. *part. pag.* 237.

Jalousies de voitures, à peu-près semblables à celles des croisées. On les met à la place des glaces aux voitures de campagne. 3. *part. sect.* 1 , *pag.* 506.

Jarret. Par ce terme on entend tout point qui s'éloigne d'une ligne courbe quelconque, soit en dedans, soit en dehors ; c'est pourquoi les Menuisiers disent qu'un cintre *jarrette*, lorsqu'il s'y trouve des inégalités ou des ressauts dans son contour. 2. *part. pag.* 303.

Jaune ou *Fustoc*, bois de couleur jaune, approchant de celle de l'or. Il croît aux Antilles ; c'est le même que le *Satiné jaune*. 3. *part. sect.* 3 , *page* 777.

Jean de Vérone, Restaurateur de l'Art de l'Ebénisterie en Italie. 3. *part. sect.* 3 , *p.* 765.

Jet-d'eau, traverse du bas des chassis de croisées, laquelle les excede en dehors en forme de doucine, pour rejetter l'eau au-delà de la feuillure de la piece d'appui du dormant. 1. *part. pag.* 97.

Joint. Voyez *Assemblage*.

Joue, épaisseur de bois qui reste de chaque côté des mortaises, ou entre deux, quand il y en a deux à côté l'une de l'autre, comme dans le cas d'un assemblage double. On dit aussi, par la même raison, *Joue d'une rainure*, &c.

Jumelles. On nomme ainsi les deux principales pieces qui forment le dessus d'un banc ou établi de Tour. 3. *part. sect.* 3 , *pag.* 903.

Jumelles. On donne ce nom aux deux principaux montants d'une presse d'Imprimerie en Lettres ou en Taille-douce. 3. *part. sect.* 3 , *pag.* 966.

Jupiter, (trait de) espece d'assemblage propre au rallongement des bois, ainsi nommée à cause que cet assemblage, vu de profil, est à peu-près disposé comme on représente la foudre. Cet assemblage est très-solide, & se fait de différentes manieres. 1. *part. pag.* 47.

L.

Laine à débouillir. Ce sont des écheveaux de laine teinte en rouge, dont on tire une eau propre à teindre les bois. 3. *part. sect.* 3 , *pag.* 794.

Lambourdes, pieces de bois de 2 à 3 pouces de gros, qu'on scelle & arrête sur le plancher pour porter le parquet. 2. *part. pag.* 155.

Lambris. Sous ce nom, on entend toute espece de Menuiserie servant au revêtissement des Appartements. On distingue deux sortes de Lambris, l'un d'appui, qui n'a que 2 à 3 , ou tout au plus 4 pieds de hauteur, & l'autre dont la hauteur égale celle de la piece dans laquelle il est posé. 2. *part. pag.* 164. & *suiv.*

Languette, partie excédente observée sur le champ ou épaisseur d'une piece de bois, pour pouvoir entrer dans la rainure d'une autre piece, à laquelle rainure il faut qu'elle soit égale, tant en épaisseur qu'en profondeur, afin de faire des joints solides. Voyez les Articles *Rainures*, *Joints*, *Bouvets* & *Panneaux*.

Lapiré, bois de bonne odeur, de couleur rouge & jonquille. 3. *part. sect.* 3 , *part.* 777.

Laque ; c'est une espece de gomme ou résine de couleur rouge, dont on fait usage pour polir l'Ebénisterie. 3. *part. sect.* 3 , *pag.* 859.

Larmier, partie lisse & saillante d'une corniche ; diverses sortes de Larmiers. 4. *part. pag.* 1042.

Latte. On se sert de Lattes de chêne pour faire des ouvrages de Treillage qui n'ont pas besoin de beaucoup d'épaisseur. Ces ouvrages se nomment *Frisages*, d'où les Lattes prennent le nom de *Lattes de frisages*. 4. *part. pag.* 1107.

Laurier aromatique. Voyez *Inde*.

Levier. Voyez les Articles *Meule* & *Tirefilet*. 3. *part. sect.* 3. Voyez aussi *Chevalet*. 4. *part. pag.* 1111.

Liberté, outil de Cannier, qui n'est autre chose qu'un brin de canne qui leur sert à monter. 3. *part. sect.* 2 , *pag.* 632.

Lieux à l'Angloise, ou Cabinet d'aisance, dont la construction est presque toute du ressort du Menuisier. 2. *part. pag.* 203.

Ligne, trait simple tracé sur l'ouvrage. En Géométrie, une ligne est considérée comme n'ayant ni largeur ni profondeur, mais seulement de la longueur ; & on donne différents noms aux Lignes, selon leur forme & leur situation ; c'est pourquoi on dit *Ligne droite*, *Ligne courbe*, *Ligne mixte*, *Ligne spirale*, *Ligne perpendiculaire* ou *d'à-plomb*, (ce qui est la même chose,) *Ligne horizontale* ou *de niveau*, *Ligne diagonale*, *Ligne tangente*, *Ligne sécante*, &c. 1. *part. pag.* 5.

Lime, outil d'acier trempé, dont la surface est sillonnée en divers sens, pour pouvoir entamer les métaux & les bois durs. Il y a des Limes de diverses formes & grosseurs, & la plupart sont garnies d'un manche, pour pouvoir les tenir plus aisément. Il y a des Limes d'Allemagne & d'Angleterre : elles different entr'elles tant par la forme, que par la maniere dont elles font taillées. 3. *part. fect.* 3, pag. 935.

Limons ou *Echifres*, pieces rampantes dans lesquelles les marches d'un escalier viennent s'assembler. 2. *part. pag.* 422.

On nomme *faux-Limon*, une piece rampante posée contre le mur, laquelle ne reçoit pas le bout des marches, comme le vrai Limon, mais qui est découpée pour les porter en dessous, & en appuyer les contre-marches. 2. *part. pag.* 423.

Liftel, partie plate & saillante, dont on accompagne quelquefois le derriere des moulures. 1. *part. pag.* 44.

Lit ou *Couchette*, autrement dit *Bois de lit*. Par ce terme, on entend la partie de Menuiserie sur laquelle on place des matelas, &c. *Lit à la Françoise* ou *à la Duchesse*, *Lit à la Polonoise*, *Lit à l'Italienne*, *&c.* 3. *part. fect.* 2, *pag.* 665 *& 681*.

Lit de camp. Voyez *Brigantin* ou *Lit de campagne*.

Lit de repos, espece de petit Lit à un ou deux chevets, à l'usage des gens riches. 3. *part. fect.* 2, *pag.* 691.

Lit de sangle, espece de Lit portatif, composé de deux chassis disposés en X. 3. *part. fect.* 2, *pag.* 688.

Litiere, voiture portée par des chevaux ou des mulets, laquelle peut contenir deux personnes assises vis-à-vis l'une de l'autre. Ces sortes de voitures ne servent que pour faire des voyages dans des pays montueux, ou bien à transporter les personnes malades. 3. *part. fect.* 1, *pag.* 585.

Losange, espece de petit panneau quarré, placé sur la diagonale, & qu'on assemble dans les feuilles de volet, dans le milieu des plafonds des pilastres, &c. 1. *part. pag.* 111.

Loupes. On nomme ainsi les excroissances, les nœuds & les racines de différents bois, comme le buis, l'érable, & sur-tout le noyer: elles sont d'un grand usage en Ebénisterie. 3. *part. fect.* 3, *pag.* 785.

Lumiere; c'est une cavité pratiquée dans le fût d'un outil, pour y placer le fer, & pour faciliter la sortie du copeau. 1. *part. page* 62.

Lunette. On nomme ainsi une ouverture percée dans une voûte, ou, pour mieux dire, la jouée que fait cette ouverture dans la voûte, où elle forme des arêtes à la rencontre des deux cintres. Quand cette ouverture est aussi haute que la voûte qu'elle rencontre, elle change de nom; & alors on dit que c'est *une voûte d'arête*. 2. *part. page* 313. 4. *part. page* 1082. Voyez *Voûte d'arête*.

Lunette, petite trappe percée d'un trou rond, qu'on pose au-dessus des cuvettes des Commodités à l'Angloise, & dans les chaises percées. 2. *part. pag.* 204. 3. *part. fect.* 2, *pag.* 663.

M.

Mâchoires ou *Mords*. On nomme ainsi les deux côtés d'un étau, soit de fer ou de bois. Voyez *Etau*.

Les Treillageurs appellent *Mâchoire*, une équerre de fer placée sur le devant du dressoir. Voyez *Dressoir*.

Maille. Les Menuisiers appellent *le bois refendu sur la maille*, lorsque les refentes ont été faites selon la direction des rayons de l'arbre, ce qui ne peut être exactement vrai, qu'à trois ou quatre pieces dans un même arbre. 1. *part. page* 33 *& suiv.*

Maillet, morceau de bois de frêne ou de charme, dans le milieu de la longueur duquel est placé un manche servant à en faire usage. Cet outil est très-nécessaire aux Menuisiers pour la construction de leurs ouvrages, & est préférable au marteau de fer, parce qu'il ne meurtrit pas l'ouvrage, & ne casse pas les manches des outils. 1. *part. page* 57.

Mailles. On nomme ainsi les vides que forment les compartiments de Treillage. Il y a des Mailles quarrées, d'oblongues, de losanges, &c. 4. *part. page* 1098.

Malandres, défauts de bois; ce font des veines de bois rayées & blanches, qui tendent à la pourriture. 1. *part. pag.* 25.

Manchette, partie de l'accotoir d'un fauteuil, qu'on garnit d'étoffe, & qui s'enleve quelquefois. 3. *part. fect.* 2, *pag.* 638.

Mandrins, outils ordinairement de bois, sur lesquels on place quelquefois l'ouvrage qu'on veut tourner. 3. *part. fect.* 3, *pag.* 909.

Mantelets, rideaux de cuir ou d'étoffe, placés au dessous de l'impériale des corbillards, pour les fermer au besoin. 3. *part. fect.* 1, *pag.* 462.

Marche. On nomme ainsi la piece de bois d'un escalier, sur laquelle on pose le pied pour monter ou descendre ce dernier; & *contre-Marche*, celle qui est posée verticalement, & qui fait par conséquent le devant de la marche. 2. *part. page* 420. *& suiv.*

Marche. Voyez *Pédale*.

Maronnier, bois originaire des Indes orientales, blanc & très-mou, peu d'usage pour les ouvrages de Menuiserie.

Marque; (échalat de) c'est un échalat ou toute autre tringle de bois, sur laquelle les Treillageurs tracent les divisions de hauteur de leurs Treillages. Ils nomment de même *Latte de marque*, une tringle sur laquelle font tracées les divisions de largeur de ces mêmes Treillages. 4. *part. pag.* 1138.

Marquer l'ouvrage. Par ce terme les Menuisiers entendent l'action de le tracer sur le plan. 2. *part. pag.* 277.

Marqueterie. (ouvrage de) Sous ce nom,

les

les Ebéniſtes entendent les ouvrages de placage, dans la conſtruction deſquels ils emploient avec le bois & l'écaille, les différents métaux, comme le cuivre, l'étain, &c. 3. *part. ſect.* 3, *pag.* 982.

Marqueterie, ou *Ebéniſterie à compartiment.* Voyez *Placage.*

Marteau, outil trop connu pour en faire la deſcription; d'ailleurs ceux des Menuiſiers ordinaires n'ont rien de particulier.

Marteau à plaquer. Il ne ſert qu'aux Ebéniſtes, & differe des autres Marteaux, en ce qu'il a la pane très-large & mince, & quelquefois cintrée. 3. *part. ſect.* 3, *pag.* 848.

Marteau de Treillageur. Il differe des Marteaux ordinaires par la forme de ſa tête, qui eſt ronde & menue; ſa pane eſt auſſi menue & applatie, & ſon manche long d'environ un pied. 4. *part. pag.* 1108.

Maſſe, faire de la Menuiſerie *en maſſe* ou *en plein bois.* Par ce terme on entend toute eſpece d'ouvrage qui n'eſt point fait d'aſſemblage, & dont les champs & les panneaux ſont pris dans un ſeul morceau de bois, ou, pour mieux dire, dans pluſieurs morceaux collés les uns ſur les autres. 2. *part. pag.* 314.

Maſſe, inſtrument propre au jeu de Billard. 3. *part. ſect.* 2, *pag.* 710.

Maſſe; c'eſt un très-gros marteau de fer qui ſert aux Treillageurs pour enfoncer des pieux ou poteaux en terre. 4. *part. pag.* 1109.

Maſſif, partie inférieure d'un buffet d'Orgues. 2. *part. pag.* 247.

Maſtic. On nomme ainſi toute compoſition tenace & coagulante, laquelle ſert à fixer & arrêter diverſes matieres, ſoit minérales ou métalliques, ou enfin factices, comme les verres & les émaux, &c. On fait différentes ſortes de Maſtics, ſelon les différentes matieres. 3. *part. ſect.* 3, *pag.* 992.

Mâtinage. Par ce terme, les Treillageurs entendent l'action de donner aux copeaux avec leſquels ils font les ornements ou les fleurs, la courbure qui leur eſt néceſſaire. 4. *part. page* 1124.

Meche, petit outil de fer ſervant à faire des trous. Il y a des Meches de différentes groſſeurs, & qui prennent différents noms ſelon leurs formes & uſages. 1. *part. pag.* 89, & 3. *part. ſect.* 3, *pag.* 941.

Membrures, pieces de bois de 3 pouces d'épaiſſeur, ſur 5 à 6 pouces de largeur, & depuis 6 juſqu'à 15 pieds de longueur. 1. *part. pag.* 28 & 29.

Meneaux. (battants) Ce ſont les battants de milieu du chaſſis d'une croiſée, qui portent les côtes, & dans leſquels on creuſe la gueule de loup. 1. *part. pag.* 96.

Manſardes, croiſées qui ouvrent à couliſse: elles tirent leur nom de l'étage en manſarde où elles furent d'abord employées. 1. *part. pag.* 114.

Treillageur.

Menuiſerie, Art méchanique, qui a pour objet la conſtruction des ouvrages faits en bois, excepté ceux de la Charpenterie, dont la Menuiſerie faiſoit une branche autrefois. Il y a cinq ſortes de Menuiſeries; ſavoir, Menuiſerie de Bâtiment, Menuiſerie en Voitures, Menuiſerie en Meubles, Ebéniſterie & Menuiſerie des Jardins. Voy. ces Articles. 1. *part. pag.* 1 & 2.

Merin ou *Creſſon.* On nomme ainſi du bois de chêne ou de châtaignier, qui n'a pas été refendu à la ſcie, mais au coûtre; ce qui oblige à choiſir ce bois bien de fil. 1. *part. pag.* 24.

Meriſier, bois de France à peu-près ſemblable au ceriſier, d'un grand uſage en Ebéniſterie. 3. *part. ſect.* 3, *pag.* 785.

Métiers à broder. Il y en a différentes eſpeces, tant à pieds qu'à mettre ſur les genoux. 3. *part. ſect.* 3, *pag.* 956 & ſuiv.

Métier à filet, petit métier compoſé d'une table, au milieu de laquelle eſt placé un petit pied qui porte un axe de bois, aux extrémités duquel eſt arrêté un cylindre ſur lequel on attache l'ouvrage. 3. *part. ſect.* 3, *pag.* 963.

Métier à tambour, eſpece de métier à broder compoſé de deux cercles de bois, dont un, qui eſt monté ſur un pied, a un mouvement vertical, & l'autre, dans lequel entre le premier, a un mouvement horizontal. 3. *part. ſect.* 3, *pag.* 960.

Métopes. On nomme ainſi les parties de la friſe Dorique, compriſes entre les triglyphes. Les Métopes doivent toujours être quarrées, c'eſt-à-dire, avoir autant de largeur que de hauteur. 4. *part. pag.* 1048.

Meubles des Anciens, peu connus: Meubles anciens par rapport à nous, en petit nombre & peu connus. 3. *part. ſect.* 2, *pag.* 604.

Meubles de différentes eſpeces; Meubles à bâtis, Meubles à bâtis & à panneaux, autrement dit *gros Meubles.* 3. *part. ſect.* 2, *pag.* 600.

Meule; (la) c'eſt un diſque de grès percé à ſon centre pour y placer un arbre de fer dont le bout eſt terminé par une manivelle; le tout eſt placé ſur une auge de bois, de maniere que la Meule puiſſe tourner ſur elle-même pour affûter les outils. 3. *part. ſect.* 3, *pag.* 806.

Miſéricorde, petit ſiége en forme de cul-de-lampe, attaché au-deſſous du ſiége d'une ſtalle, & dont on fait uſage quand ce dernier eſt relevé. 2. *part. page* 223.

Mobile. (Menuiſerie) Sous ce nom on entend la Menuiſerie qui a pour objet la conſtruction des ouvrages ouvrants, comme les portes, les croiſées, &c. 1. *part. pag.* 1.

Modillon, eſpece de petite conſole, ou, pour mieux dire, de partie ſaillante & contournée, qui ſemble ſoutenir le larmier fupérieur d'une corniche. 4. *part. pag.* 1051.

Module ou mefure fervant à régler les dimenfions des différentes parties d'un Ordre
d'Architecture. Le Module doit toujours
être égal ou à demi-diametre de la colonne.
4. *part. pag.* 1044.

Molet, petit morceau de bois dur de 2 à
3 pouces de long, où on fait une rainure,
dans laquelle on fait entrer les languettes des
panneaux, pour voir fi elles font juftes d'é-
paiffeur, ce qu'on appelle *mettre les panneaux
au Molet*. 1. *part. pag.* 87.

Montant. On appelle de ce nom toute
piece de bois placée perpendiculairement.
Les Montants different des battants, en ce que
leur extrémité eft terminée par des tenons :
les Montants prennent, ainfi que les battants,
différents noms, felon les ouvrages auxquels on les emploie. On dit, par exemple,
*Montant de dormant, de croifée, de lambris,
de parquet, &c.*

Monter, terme de Canniers, qui fignifie la
feconde opération qu'ils font pour garnir les
fiéges de canne. 3. *part. feét.* 2, *page* 632.

Montre d'un Orgue. On nomme ainfi toute
la partie fupérieure de cet inftrument, dans
laquelle les tuyaux font apparents. 2. *part.
pag.* 247.

Mordache. On nomme ainfi un morceau
de bois refendu fur fon épaiffeur & dans une
partie de fa longueur, lequel fe place entre
les mâchoires d'un étau, pour faifir l'ouvrage que ces dernieres pourroient meur-
trir. 3. *part. feét.* 3, *pag.* 933.

Morefque, efpece de mofaïque compofée
de deux efpeces de bois feulement, dont
l'un fait le fond, & l'autre les ornements
de l'ouvrage. 3. *part. feét.* 3, *pag.* 892.

Mortaife ou *Mortoife*, cavité pratiquée
dans l'épaiffeur d'une piece de bois, pour
recevoir le tenon d'une autre piece, par le
moyen duquel les deux pieces tiennent enfemble, foit en formant fur leur champ un
angle droit, ou de toute autre ouverture.
1. *part. pag.* 45.

Mofaïque, efpece d'Ebénifterie, par le
moyen de laquelle on repréfente les fleurs,
les fruits, &c. On l'appelle auffi *Mufaïque
ou ouvrage infpiré par les Mufes.* 3. *part. feét.*
3, *pag.* 765 & 866.

Mouchette, outil à fût, dont l'ufage eft
d'arrondir l'ouvrage, & dont, par conféquent, le fer eft affûté en creux. 1. *part.
pag.* 84.

Il y a encore une autre efpece de Mouchette qu'on nomme *Mouchette à joue*, laquelle differe de celle dont je viens de parler, en ce qu'elle a deux joues à fon fût,
pour appuyer deffus & contre la piece de
bois qu'on travaille. L'ufage de ces Mouchettes eft de former & d'arrondir les baguettes. 1. *part. pag.* 85.

Mouffle. On appelle ainfi deux morceaux
de bois creufés dans le milieu de leur largeur, avec lefquels on embraffe la tige du
fer à chauffer. 3. *part. feét.* 3, *pag.* 849.

Moule à mouler le bois de placage & l'écaille ;
ce font des morceaux de bois creufés en
contrefens l'un de l'autre, entre lefquels on
met le bois ou l'écaille après l'avoir échauffé
au degré convenable. 3. *part. feét.* 3. *pag.* 856.
& 1009.

Moule, outil de Treillageur ; c'eft un
morceau de bois arrondi fur le bois de fil,
dont l'extrémité eft diminuée pour pouvoir
le tenir plus aifément ; le côté du Moule
eft fendu pour recevoir l'extrémité du rond
qu'on tourne deffus, pour l'affujétir à un
diametre donné. 4. *part. pag.* 1118.

On fait auffi des Moules creux qui font
préférables à ceux ci-deffus, & fervent au
même ufage, c'eft-à-dire, à fixer la grandeur des ronds. *Ibid. pag.* 1119.

Moule à entailler les ronds ; c'eft un morceau de bois creufé pour recevoir les ronds
qu'on y arrête : aux deux côtés de ce Moule,
font des entailles difpofées comme doivent
être celles des ronds, qu'on fait très-régu-
liérement d'après ces dernieres. 4. *part. pag.*
1121.

Moule à mâtiner au feu ; c'eft un morceau
de bois rond, fur lequel les Treillageurs
appuient les pieces de boiffellerie ou toutes autres, pour les faire ployer par le
moyen du feu. 4. *part. pag.* 1128.

Moulures. Ce font des ornements faits fur
les ouvrages de Menuiferie, fur le nud defquels ils faillent quelquefois, ou bien qui
font faits aux dépends de fon épaiffeur ; l'affemblage de plufieurs Moulures forme ce
qu'on appelle des *profils*. Voyez *Profils*.

Les Moulures de Menuiferie ont différents noms, & font de plufieurs efpeces :
ils peuvent fe tracer géométriquement. 1.
part. pag. 40 & *fuiv.*

Moyeu. Les Treillageurs nomment ainfi
un morceau de bois dans lequel font placées
les tiges des fleurs dont ils couronnent ordinairement les vafes. 4. *part. pag.* 1210.

Mûrier, bois d'Europe & d'Afie, de couleur tirant fur le jaune-verdâtre. 3. *part. feét.*
3, *page* 785.

Mufeaux. On nomme ainfi les appuis faillants des ftalles, lefquels font arrondis par les
bouts & ornés de moulures. 2. *part. pag.* 217.

Mutules. On nomme ainfi des efpeces de
modillons plats, & d'une forme quarrée par
leur plan, dont on orne la corniche Dorique. 4. *part. pag.* 1048.

Mufcadier, bois qui croît aux Indes orientales. 3. *part. feét.* 3, *page* 777.

N.

Nacre de perle ; c'eft l'écaille d'une efpece
d'huître dans laquelle fe forment les perles ;

son usage en Ebénisterie. 3. *part. sect.* 3, *pag.* 987.

Navette. (Guillaume à) On appelle ainsi un Guillaume dont le fût est diminué sur l'épaisseur, comme une navette de Tisserand. 1. *part. pag.* 75.

Nécessaire. Voyez *Boîte de toilette.*

Niche. On nomme ainsi toute sorte de renfoncement pratiqué dans une piece, lequel est revêtu de Menuiserie, pour placer un lit, un sopha, &c. On appelle aussi *Chambre en niche,* celle dont la place du lit est indiquée par un renfoncement fait exprès. 2. *part. pag.* 196.

Niche. On appelle ainsi toute cavité pratiquée dans l'épaisseur des murs, pour y placer une figure, un vase, &c. Il y a des Niches quarrées, & d'autres demi-circulaires par leur plan ; celles qui sont quarrées par leur plan, le sont aussi par l'élévation ; & celles qui sont demi-circulaires par le plan, le sont également par l'élévation. 4. *part. pag.* 1066.

Niche quarrée en Architecture. On entend par ce terme un corps saillant & droit, tant sur la perpendiculaire qu'horizontalement, lequel enferme les arcades, pour empêcher que leur imposte ne vienne pénétrer les pilastres ou les colonnes placés à côté de ces ouvertures. 4. *part. pag.* 1068.

Niveau de Menuisier, espece d'équerre de bois, dont les branches sont égales, & qui sont entretenues par une traverse placée vers leur extrémité inférieure ; cette traverse est divisée au milieu de sa longueur par un fort trait qui répond à l'angle de l'équerre ou Niveau, où est un trou par lequel passe un fil, au bout duquel est attaché un plomb ; ce fil doit passer par le milieu du trait qui divise la traverse, pour que le dessous des branches du Niveau soit dans une situation parallele à l'horizon. 1. *part. pag.* 90.

Niveau. (mettre de) Par ce terme, on entend l'action de mettre un ouvrage dans une situation parallele à l'horizon, c'est-à-dire, qui ne leve pas plus d'un bout que de l'autre. Voyez l'article précédent. 2. *part. page* 269 *& suiv.*

Nœud ou sortie d'une branche dans le corps de l'arbre, qui en rend souvent les pieces défectueuses : différentes especes de Nœuds. 1. *part. pag.* 25.

Noix, rainure dont le fond est arrondi en creux. On appelle de ce nom le bouvet qui fait cette rainure & la languette qui doit y entrer. 1. *part. page* 91.

Noix de galle, excrescence qu'on trouve sur le chêne verd nommé *Rouvre.* Elles servent pour teindre en noir. 3. *part. sect.* 3, *pag.* 795.

Noyer, bois de France, un des plus beaux qu'on emploie pour la Menuiserie ; sa couleur est d'un gris cendré veiné de noir. 1.

part. page 26. 3. *part. section* 3. *page* 785.

Nud. Par ce terme les Menuisiers entendent le devant d'une partie quelconque ; ainsi ils disent que telle longueur est prise du *Nud* du mur, du *Nud* du chambranle, &c.

O.

Œil de perdrix, espece de bois de fer qui croît à la Chine. 3. *part. sect.* 3, *pag.* 777.

Ogive ou *Ogif,* espece de voûte gothique, composée de plusieurs arcs de cercles, & formant arête au milieu de sa largeur. 2. *part. pag.* 361.

Olive, espece de moulure dont la coupe est d'une forme à peu-près semblable à celle d'une olive ou d'un ovale très-allongé. 1. *part. pag.* 44.

Olivier, bois de couleur jaunâtre, rayé de brun, qui croît en Asie & au Midi de l'Europe. 3. *part. sect.* 3, *pag.* 778.

Ombrer (maniere d') les pieces de mosaïque, ce qui se fait par le moyen du feu ou des acides. 3. *part. sect.* 3, *pag.* 881 *& suiv.*

Onde. On appelle ainsi les marques que font sur le bois les fers des varlopes & des rabots, à chaque copeau qu'ils enlevent.

Ondes, (outil à) ou machine propre à onder la surface & le champ des moulures. Comme cette machine est très-compliquée, on pourra avoir recours à sa description. 3. *part. sect.* 3, *pag.* 925.

Onglet. On appelle de ce nom tout joint coupé diagonalement suivant l'angle de 45 degrés. Voyez l'Article *Coupe.*

Or ; le plus beau, le plus précieux & le plus dangereux de tous les métaux. On ne l'emploie que dans des ouvrages de très-grande conséquence. 3. *part. sect.* 3, *pag.* 990.

Oranger, bois de couleur jaunâtre, & blanc vers le cœur, qui est originaire de la Chine. 3. *part. sect.* 3, *pag.* 778.

Orangeries, vastes pieces dans lesquelles on met les arbres qui ne pourroient pas résister au froid de l'hiver, du moins dans ce climat. 4. *part. pag.* 1233.

Ordres d'Architecture Grecs ; leur caractere distinctif, leurs noms & proportions. 4. *part. pag.* 1041.

Oreilles. On nomme ainsi de petits cintres qui forment ordinairement un quart de cercle ou d'ovale. Les Oreilles se placent aux angles des traverses, soit qu'elles soient droites ou contournées dans toute leur longueur. On fait aussi des Oreilles quarrées ; ce n'est autre chose qu'un angle saillant qu'on fait à l'angle d'un panneau. 1. *part. pag.* 144.

Oreille-d'âne. On nomme ainsi une voussure dont la partie supérieure est droite en devant, & dont le fond est bombé en arc : elle est de l'espece des voussures de Marseille. 2. *part. pag.* 324.

Orme , bois de France très-liant, qui n'eſt guere d'uſage en Menuiſerie, que pour la conſtruction des caiſſes des voitures. 3. *part. ſect.* 1 , *pag.* 468.

Ornement. Par ce terme , les Menuiſiers entendent toute ſorte de ſculpture quelconque faite ſur leurs ouvrages , ſoit qu'elle ſoit priſe dans le même bois , ou qu'elle ſoit ſeulement appliquée deſſus. 1. *part. pag.* 44. & 2. *part. pag.* 280.

Ornements de Moſaïque ; la maniere de les découper & de les conſtruire. 3. *part. ſect.* 3 , *pag.* 880.

Oſier , bois de France , tendre & blanc , qui n'eſt d'uſage que pour l'Ebéniſterie. 3. *part. ſect.* 3 , *pag.* 786.

Oſſelet ; c'eſt un écrou fait en bois , dont les extrémités ſont chantournées & un peu allongées pour qu'on puiſſe le ſerrer & le deſſerrer plus aiſément. 3. *part. ſect.* 3 , *p.* 806.

Ottomane , grand ſiége qui ſert à la fois de ſopha & de lit de repos. 3. *part. ſect.* 2 , *pag.* 652.

Ourdir , terme de Canniers , par lequel ils déſignent la premiere paſſe de la canne. 3. *part. ſect.* 2 , *pag.* 631.

Outils de moulure. Par ce terme , on entend tous les outils à fût propres à pouſſer des moulures quelconques, comme les mouchettes , les rabots ronds , les congés , les ronds entre deux quarrés , les boudins à baguettes les bouvements ſimples & à baguettes, & les talons renverſés. 1. *part. pag.* 83 & *ſuiv.* & chacun des Articles ci-deſſus.

Outils des Menuiſiers en Carroſſes , à peu-près ſemblables à ceux des Menuiſiers de Bâtiment. 3. *part. ſect.* 1 , *pag.* 473.

Outils des Menuiſiers en Meubles , peu nombreux, & à peu-près les mêmes que ceux des Menuiſiers de Bâtiment. 3. *part. ſect.* 2 , *page* 602.

Outils des Ebéniſtes , aſſez nombreux, dont une partie differe de ceux des autres Menuiſiers. 3. *part. ſect.* 3. *pag.* 802.

Outils des Treillageurs , peu nombreux , mais différents de ceux des Menuiſiers pour la plus grande partie. 4. *part. pag.* 1107.

Ouverture. Par ce terme on entend le vide que préſente une porte, une croiſée, une niche , &c. Il ſe prend auſſi pour faire connoître la maniere dont les joints ou ouvertures des différentes parties ſont diſpoſés : ainſi on dit , *une porte, une croiſée, une armoire, &c. ouvrante à feuillure, à noix, à gueule de loup, à doucine, &c.* 1. *part. pag.* 90 , 121 & 129.

Ouvertures en Architecture. Par ce terme on entend toute eſpece de vides , comme ceux des portes , des croiſées , des niches , &c. qui ſont eux-mêmes ſous-entendus par leur baye ou pourtour , ſans avoir aucun égard aux rempliſſages de ces mêmes ouvertures. 4. *part. pag.* 1065.

Ove , eſpece d'ornement particuliérement conſacré aux quarts de rond. 4. *part. p.* 1199.

P.

Palette à foret ; c'eſt une piece de bois garnie d'un morceau dans lequel il y a pluſieurs trous , dans leſquels on place un des bouts du foret pour appuyer deſſus. 3. *part. ſect.* 3 , *pag.* 939.

Palier , ou repos obſervé aux angles, ou , pour mieux dire , à chaque révolution d'un eſcalier. 2. *part. pag.* 433.

Paliſſade. (treillage) On nomme ainſi toute partie de Treillage iſolée , & qui ſert de ſéparation dans un jardin. 4. *part. pag.* 1137.

Paliſſandre ou *Palixandre* , eſpece de bois violet , tirant ſur le brun. Il eſt très-poreux & de bonne odeur. 3. *part. ſect.* 3 , *pag.* 780.

Pance ; c'eſt le nom qu'on donne à la partie inférieure du fût d'un baluſtre. 4. *part. pag.* 1073.

Panne. On appelle ainſi la partie la plus menue d'un marteau ; la Panne eſt ordinairement mince & arrondie. 1. *part. pag.* 57. (*)

Panneau , partie de Menuiſerie compoſée de pluſieurs planches jointes enſemble, lequel entre à rainure & languette dans les cadres ou les bâtis de l'ouvrage. 1. *part. page* 78 & 2. *part. page* 171.

On nomme *Panneau arraſé* , celui qui affleure le bâtis ; & *Panneau recouvert* , celui qui fait ſaillie ſur ce même bâtis.

Panneaux propres aux voitures , faits de bois de noyer , minces & d'une ſeule piece , qu'on fait cintrer au feu , ce que les Menuiſiers en carroſſes appellent *faire revenir les panneaux.* 3. *part. ſect.* 1 , *pag.* 491.

Pans des lits , ou battants d'une couchette, dans leſquels les goberges ſont aſſemblées. 3. *part. ſect.* 2 , *pag.* 666.

Paphoſe , grand ſiége ou lit de repos. *Voy.* Ottomane.

Parabole , courbe & ſurface donnée par la coupe d'un cône, faite parallélement à un de ſes côtés. 1. *part. p.* 13 , 2. *part. pag.* 298.

Paravent , eſpece de meuble à bâtis, compoſé de pluſieurs feuilles jointes enſemble par des charnieres. 3. *part. ſect.* 2 , *pag.* 742.

Parclauſes , petites traverſes minces qu'on rapporte aux pilaſtres ravalés.

Parclauſes ou *Conſoles.* On nomme ainſi les montants chantournés qui ſervent à ſéparer les ſtalles. 2. *part. pag.* 221.

Parquets. Ce ſont des parties de Menuiſerie compoſées de bâtis & de panneaux arraſés les uns avec les autres , & diſpoſés ſelon différents compartiments. Il y a de deux ſortes de Parquets , les uns qu'on applique dans le devant & au bas des portes-

(*) Il y a , dans le Texte , une faute en cet endroit : on y lit *tête* pour *Pane.*

cocheres ,

cocheres, & les autres qui servent à revêtir les aires ou planchers des appartements. 1. *part. pag.* 123 *bis*, & 2. *part. p.* 154 & *suiv.*

Parquet de glace. On nomme ainsi la Menuiserie qui porte les glaces de cheminée, &c. Ces sortes de Parquets sont composés de panneaux & de bâtis, auxquels ces derniers désaffleurent. 2. *part. pag.* 176.

× *Parement.* Par ce terme, les Menuisiers entendent la face apparente de leurs ouvrages ; c'est pourquoi ils appellent *Ouvrage à double parement*, celui dont les deux côtés sont apparents, ou, pour mieux dire, qui est travaillé des deux côtés.

Patin. On appelle de ce nom toute piece servant à porter quelque chose ; c'est pourquoi on nomme ainsi les plinthes qui portent les stalles, & dans lesquelles elles sont assemblées. 2. *part. pag.* 220.

Patin, forte piece de bois dans laquelle on assemble les pieds des bancs de jardins & autres. 4. *part. pag.* 1227.

Parpin ou massif de pierre, sur lequel on éleve quelquefois les ouvrages de Treillage. 4. *part. pag.* 1142.

Partie. Dans les ouvrages de Marqueterie où on emploie les métaux, on nomme ainsi celle où ces métaux forment les ornements de l'ouvrage, & le bois, ou plus communément l'écaille, le fond ; & quand, au contraire, ce sont les métaux qui forment le fond de l'ouvrage, & l'écaille les ornements, on dit que c'est *de l'ouvrage en contrepartie.* 3. *part. sect.* 3, *pag.* 1014

Patte, espece de clou dont l'extrémité est applatie & élargie en forme d'ovale, & percé d'un ou deux trous pour l'attacher contre l'ouvrage. 2. *part. pag.* 261.

Patte ; c'est la partie mobile d'un sergent. Voyez cet Article.

Pavillon. On nomme ainsi la partie supérieure d'une caisse de voiture ; quelquefois on appelle les Pavillons *Impériales*, quoiqu'il y ait de la différence de l'un à l'autre. 3. *part. sect.* 1, *pag.* 467, 527 & *suiv.*

Pavillon de lit. Voyez l'Article *Ciel de lit.*

Peau de chien ; c'est la dépouille d'un poisson nommé *Chien marin* ; cette peau est parsemée de petits grains terminés en pointes, ce qui la rend propre à polir le bois. Le côté de la tête est le plus rude de la peau ; la queue & les nageoires, appellées, par les Ouvriers, *oreilles*, sont les parties les plus douces, & servent à terminer l'ouvrage. 1. *part. page* 88. 3. *part. sect.* 3, *page* 859.

Pédale ou *Marche* ; ce n'est autre chose qu'un morceau de bois sur lequel on pose le pied pour faire mouvoir soit une meule, le tour, le levier d'un âne ou d'un chevalet, &c. Voyez ces différents Articles.

× *Peigne ;* (tenon à) c'est un tenon de rapport qu'on colle dans des traverses, soit droites ou cintrées. Ces tenons ont des goujons de leur épaisseur, qui entrent dans l'épaisseur des traverses, ce qui leur a fait donner le nom de *Tenons à peigne.* 1. *part. pag.* 49. 2. *part. pag.* 409.

Peigne ou *Herse.* On appelle ainsi les extrémités des échalats de Treillage, qu'on fait entrer dans la terre, ou bien qui surpassent la derniere latte du haut de ces mêmes Treillages ; dans ce dernier cas, on les termine en pointes. 4. *part. page* 1142.

Peinture en bois. Voy. *Mosaïque.*

Pelle-à-cul, espece de Chaise de Jardins, dont le dessus du siége a la forme d'une pelle. 4. *part. pag.* 1224.

Pendentif ou *queue de paon.* On nomme ainsi la retombée d'une partie de voûte, qui, d'un plan quarré ou à pans, vient regagner un plan circulaire dont la circonférence passe en dedans du premier. 4. *part. pag.* 1083.

Pendule. (boîte de). On nomme ainsi des caisses ou chassis de Menuiserie ordinaire, ou plus souvent d'Ebénisterie, dans lesquels on place des horloges de moyenne grandeur, nommées *Pendules*, lesquelles ont donné leur nom aux boîtes dans lesquelles elles sont placées. 3. *part. sect.* 3, *pag.* 995.

Pénétration. Par ce terme on entend l'action par laquelle un corps entre dans un autre, soit en tout ou en partie, & la connoissance de la courbe que forme l'approximation ou les points d'attouchement de ces deux corps. La science de la pénétration des corps est très-nécessaire aux Menuisiers. 2. *part. pag* 307.

Pénétration en Architecture. On entend, par ce terme, l'action, ou, pour mieux dire, le défaut qui résulte de l'approximation de deux corps, dont les membres saillants entrent les uns dans les autres, soit en tout ou en partie. Les pénétrations font un grand vice en Architecture, & on doit faire tout son possible pour les éviter. 4. *part. pag.* 1068.

Pente. Les Menuisiers entendent par ce terme l'inclinaison qu'ils donnent au fer de leurs outils. On dit encore *la pente d'un joint, &c.* 1. *part. pag.* 62.

Perçoir ; c'est un petit outil à manche, dont le fer, long de 2 à 3 pouces, est aigu & d'une forme applatie par sa coupe, de sorte qu'elle présente deux arêtes qui coupent les fils du bois lorsqu'on l'enfonce dedans pour y faire un trou. 3. *part. sect.* 3, *pag.* 901, & 4. *part. pag.* 1109.

Perroquet ou *Chaise ployante*, espece de siége de campagne. 3. *part. sect.* 2, *pag.* 689.

Perspective, Art qui a pour objet de représenter, & cela par le moyen du dessin ou de la peinture, différents objets, non pas tels qu'ils sont, mais tels qu'ils paroissent à notre vue. Cet Art est nécessaire aux Ebénistes ; la maniere de l'exécuter en bois de rapport. 3. *part. sect.* 3, *pag.* 867 & *suiv.*

Perſiennes ; ce ſont des eſpeces de jalou-ſies qui n'ont pas de bâtis, mais qui ſont faites avec des lattes attachées à certaine diſtance les unes des autres, avec des rubans de fil, & qu'on fait mouvoir par le moyen de pluſieurs cordes qui paſſent au travers. 1. *part. pag.* 105.

Pétales, ce ſont les feuilles colorées qui forment la partie la plus apparente des fleurs. 4. *part. pag.* 1219.

Petits bois. Voyez *Croiſillons.*

Peuple, bois de France, très-mou, d'un blanc un peu rouſsâtre. Il n'eſt guere d'uſage que pour le dedans des voitures. 3. *part. ſeɛ̃t.* 1, *pag.* 469.

Phaéton, voiture deſtinée à la promenade ſeulement, laquelle n'a pas d'impériale. 3. *part. ſeɛ̃t.* 1, *pag.* 580.

Piece quarrée, eſpece d'équerre pleine, propre à vérifier ſi l'ouvrage eſt aſſemblé quarrément. C'eſt auſſi une des pieces qui entrent dans la conſtruɛ̃tion du parquet. 1. *part. pag.* 87.

✗ *Piece d'appui.* On appelle ainſi la traverſe du bas d'un dormant de croiſée. Différen-tes manieres de faire les pieces d'appui. 1. *part. pag.* 92.

Piece-onglet ; c'eſt une de celles qui com-poſent le bâtis d'une feuille de parquet : elle eſt coupée d'onglet par les deux bouts. 2. *part. pag.* 149.

Piece. Sous ce nom, les Treillageurs en-tendent une bûche, ſoit de châtaigner ou de frêne, qui eſt ſans nœuds & bien de fil, afin de pouvoir la fendre en parties auſſi minces qu'ils le jugent à propos. 4. *part. pag.* 1106.

Piece. On nomme ainſi les traverſes du pourtour d'un ſiége quelconque ; c'eſt pour-quoi on dit *Piece de devant*, *de derriere* & *de côté.* 3. *part. ſeɛ̃t.* 2. *pag.* 615.

Pied-de-biche ; c'eſt un morceau de bois dur, dans le bout duquel eſt faite une en-taille triangulaire, ſervant à retenir le bois ſur le champ le long de l'établi. 1. *part. page* 67.

Pied-de-biche. On nomme ainſi tout pied de ſiége ou de table, qui eſt cintré en S ſur ſa hauteur ſur tous les ſens. 3. *part. ſeɛ̃t.* 2, *pag.* 619.

Pied-cormier ou *cornier*, ce qui eſt mieux. On nomme ainſi tout battant formant angle ſail-lant, dont l'arête eſt arrondie. 2. *part. p.* 236.

On appelle auſſi *Pieds-cormiers*, les quatre battants d'angle de la caiſſe d'une voiture. 3. *part. ſeɛ̃t.* 1, *pag.* 466.

Pied d'entrée, battant ou montant d'une voiture, ſur lequel la portiere eſt ferrée, ou contre lequel elle vient battre. 3. *part. ſeɛ̃t.* 1, *pag.* 466.

Piédeſtal, partie d'Architeɛ̃ture qui eſt ornée d'une corniche & d'une plinthe. Le Piédeſtal ſert à ſupporter une colonne. 4. *part. page* 1042.

Pieds droits. Ce ſont des parties liſſes qui ſoutiennent les impoſtes d'une ouverture quelconque. 4. *part. pag.* 1067.

Pieds de lit. On nomme ainſi les quatre montants d'un bois de lit ou couchette, dont l'extrémité inférieure eſt le plus ſouvent tournée en forme de baluſtre ; & ils ſont quelquefois nommés *Pieds de port* ou *de porc.* 3. *part. ſeɛ̃t.* 2, *pag.* 666.

Pieds de ſiége. En général, on nomme *Pieds*, ſoit de tabouret, de chaiſe ou de fau-teuil, toutes les pieces perpendiculaires de ces ſortes d'ouvrages ; qu'on nommeroit *Bat-tants* ou *Montants* à tous autres. 3. *part. ſeɛ̃t.* 2, *pag.* 615.

Pierre à l'huile. Il y en a de différentes eſ-peces ; les meilleures ſont celles qui viennent d'Aſie : elles ſervent à adoucir les tranchants des outils, après qu'on les a affûtés ſur la meule. 3. *part. ſeɛ̃t.* 3, *pag.* 808.

Pierre noire, Pierre foſſile qui ſert à mar-quer l'ouvrage. Cette Pierre ſe conſerve bien à l'humidité ; mais elle ſe durcit & s'exfolie lorſqu'elle eſt expoſée à la chaleur & au grand air. 1. *part. pag.* 68.

Pierre-ponce ; c'eſt une eſpece de pierre calcinée, poreuſe & légere, dont on fait uſage pour polir ſoit les bois ou les métaux. 3. *part. ſeɛ̃t.* 3, *pag.* 859.

Pierre rouge ou *ſanguine* ; c'eſt une eſpece de pierre foſſile, de couleur rouge, avec laquelle on établit l'ouvrage. 1. *part. pag.* 68.

✗ *Pigeon* ou *Pignon*, petit morceau de bois mince qu'on place dans un onglet ſur le champ du cadre, pour que quand le bois vient à ſe retirer, on ne voie pas le jour au travers du joint. 1. *part. pag.* 140.

Pilaſtre, partie de Menuiſerie compoſée de bâtis & de panneaux, qui eſt d'une forme oblongue, & qui ſert de revêtiſſement aux petites parties d'un appartement, ou à ſépa-rer deux grandes parties de Menuiſerie, ſur leſquelles ils font ſouvent avant-corps ou ſail-lie, ce qui eſt la même choſe. 2. *part. pag.* 169.

Pilaſtre. On nomme ainſi une eſpece de colonne, ou, pour mieux dire, de pilier quarré par ſon plan, & d'un diametre égal dans toute ſa hauteur, en quoi il differe des colonnes. Les pilaſtres ont des baſes & des chapiteaux ainſi que ces dernieres, mais ne ſont jamais iſolés, & ne ſailliſſent le nud des corps ſur leſquels ils ſont placés, que d'un ſixieme de leur diametre, ou d'un quart tout au plus. 4. *part. pag.* 1045.

Pile de bois. Sous ce nom on entend une quantité quelconque de pieces de bois arran-gées par lits & avec ordre les unes ſur les autres, de maniere que l'air puiſſe circuler librement entr'elles. Chaque Pile doit être un peu élevée de terre, & être couverte avec un toît de planches. Voyez la maniere d'empiler les bois. 1. *part. pag.* 30 *& ſuiv.*

Fin, bois de France. Voyez *Sapin*.

Pince à brûler ou *brunir les bois.* Les mords de cette Pince font longs, & ont une petite faillie par les bouts & en dedans, pour ne toucher les bois que par cet endroit. 3. *part. fect.* 3, *pag.* 881.

Pince à mâtiner, efpece de Pince dont les branches font longues & épaiffes; une de ces branches eft creufe, & l'autre bouge en dedans, afin d'aider au bois à ployer fans le rompre, comme font les tenailles ordinaires. 4. *part. pag.* 1127.

Placage. Par ce terme on entend toute forte d'ouvrage dont la furface eft revêtue de feuilles de bois très-minces qu'on colle deffus. 3. *part. fect.* 3, *pag.* 765 & 815.

Placage, (Ebénifterie de) efpece d'Ebénifterie compofée de feuillets de bois très-minces, appliqués fur un fond de Menuiferie ordinaire. 3. *part. fect.* 3, *pag.* 765.

Placards. On nomme ainfi les portes d'appartements faites d'affemblage, foit qu'elles foient à un ou à deux vantaux. Quelquefois les Placards n'ouvrent pas, & ne font placés fur les murs d'un appartement que pour le rendre plus fymmétrique; alors on les nomme *Placards feints.* 1. *part. pag.* 129 & *fuiv.*

Plafond. On nomme ainfi toute efpece de Menuiferie placée horizontalement, fervant à revêtir le haut des embrafements des portes, des croifées, &c. 2. *part. pag.* 181.

Plafond de brancard. Les Menuifiers en Carroffes appellent ainfi des trapes qui fervent à remplir les vides des bâtis d'un brancard; & par conféquent ne font, à proprement parler, que le plancher de la voiture. 3. *part. fect.* 1, *pag.* 540.

Plan. Par ce terme, les Menuifiers entendent également ce qui repréfente la coupe, l'élévation & le plan de leur ouvrage. 2. *part. pag.* 277.

Planche. On nomme ainfi toute piece de bois refendue depuis un jufqu'à 2 pouces d'épaiffeur, fur différentes longueurs & largeurs. 1. *part. pag.* 28 & 29.

Planchers, efpece de Menuiferie compofée de planches ou d'alaifes jointes enfemble, dont on revêtit les planchers ou aires des appartements. 2. *part. pag.* 161.

Planchette. Voyez *Chevalet.*

Plane, outil tout de fer, dont on fe fert pour mettre la canne d'épaiffeur. 3. *part. fect.* 2, *pag.* 629.

Plane ou *Plaine*, outil de Treillageur; c'eft une lame de fer acérée, dont le tranchant eft fur la longueur, & n'a qu'un bifeau; les deux bouts de la Plane font recourbés du côté du tranchant & en deffous de ce dernier, & font chacun garni d'un manche ou poignée de bois, avec lequel on tient la Plane lorfqu'on veut en faire ufage. 4. *part. pag.* 1112.

Plane ou *Platane*, efpece de bois blanc qui vient de l'Amérique feptentrionale. 3. *part. fect.* 3, *pag.* 778.

Planer. Par ce terme, on entend l'action de dreffer & unir le bois par le moyen d'une plane & du chevalet. 4. *part. page* 1113. Voyez auffi *Plane* & *Chevalet.*

Plaquer. Par ce terme on entend l'action de coller toutes les pieces de revêtiffement d'un ouvrage; c'eft une des parties de l'Ebénifterie qui demande le plus d'attention & d'expérience de la part de l'Ouvrier. 3. *part. fect.* 3, *pag.* 848 & 850.

Plateau ou *Tourte.* On nomme ainfi un rond de bois plein ou évidé, qui fert à porter quelque chofe, ou plus particuliérement à entretenir l'écart des tringles qui compofent une colonne. 2. *part. page* 287. 4. *part. page* 1162 & 1173.

Plate-bande, efpece de ravalement orné d'un adouci & d'un filet qu'on pouffe au pourtour des panneaux. 1. *part. pag.* 86, & 2. *part. pag.* 171.

Plate-bande en Architecture. On entend par ce terme, le deffous de l'architrave, ou, pour mieux dire, d'un entablement, qui paffe droit d'une colonne à une autre. Les Plates-bandes n'ont de largeur que le diametre du fût fupérieur des colonnes fur lefquelles elles portent. 4. *partie page* 1076.

Plates-faces, parties de la montre d'un Orgue, qui font ordinairement fur un plan droit, & qui féparent les tourelles en rempliffant l'efpace qui eft entre ces dernieres. 2. *part. pag.* 248.

Plein bois. (ouvrage en) Par ce terme, on entend tout ouvrage dans la conftruction duquel il n'y a pas d'affemblage, mais dont toutes les pieces font collées les unes fur les autres à joints droits, foit horizontaux ou perpendiculaires. 2. *part. pag.* 314.

Plinthe, partie liffe, contre laquelle viennent heurter les moulures d'un montant de croifée ou d'un chambranle. 1. *part. pag.* 98 & 135.

On nomme auffi *Plinthe* ou *Socle*, une partie liffe qui regne au bas du lambris, au pourtour d'un appartement. 2. *part. pag.* 166.

Plinthe. On nomme ainfi la partie inférieure d'un piédeftal, laquelle eft faillante & ornée de moulures. 4. *part. pag.* 1042.

Ployant, petit fiége dont les pieds en X font mobiles. 3. *partie fection* 2, *page* 610.

Point de Hongrie, forte de parquet, ou, pour mieux dire, de plancher, compofé d'alaifes ou de frifes de 3 à 4 pouces de largeur, difpofées en zig-zag, & qu'on nomme auffi *Plancher à la Capucine.* 2. *part. pag.* 161.

Point de vue, terme de perspective ; c'est le point où toutes les lignes horizontales des corps doivent tendre. 3. *part. sect. 3 , pag.* 868.

Pointe de diamant. Par ce terme on entend la jonction de quatre joints d'onglet, tels que ceux des croisées à petits montants. Voy. cet Article. 1. *part. pag.* 98.

Pointes de frisage. Les Treillageurs nomment ainsi des bouts de fil de fer sans tête ni pointe, dont ils se servent comme de clous d'épingle. 4. *part. pag.* 1134.

Pointe à graver, petit outil à manche, dont le fer n'est autre chose qu'une vieille lancette ou un morceau de ressort affilé & aigu par le bout. Cette Pointe sert aux Ebénistes pour incruster & graver les ouvrages délicats. 3. *part. sect. 3 , pag.* 886.

Pointe à tracer, outil qui n'est autre chose qu'une broche de fer, dont un des bouts est garni d'un manche, & l'autre est aiguisé pour pouvoir marquer des traits fins sur le bois ; c'est pourquoi il est bon que ce bout soit au moins d'acier trempé. 1. *part. pag.* 69.

Poirier, bois de France, très-doux quoique plein, d'une couleur rougeâtre, d'un grand usage pour diverses sortes d'ouvrages, & sur-tout pour l'Ebénisterie. 3. *part. sect. 3 , pag.* 786.

Poli. Maniere de polir l'Ebénisterie, & la description des ingrédients qui servent aux différents polis. 3. *part. sect. 3 , pag.* 858 & *suiv.*

Poli du fer & du cuivre, & la description des ingrédients qui y sont nécessaires. 3. *part. sect. 3 , pag.* 952.

Polir, action par laquelle on unit la surface de quelque chose, autant bien qu'il est possible, & on la rend claire & luisante.

Polissoir ; c'est un faisceau de jonc dont on se sert pour étendre la cire lorsqu'on polit l'Ebénisterie. 3. *part. sect. 3 , pag.* 859.

Pommier, bois de France, de couleur blanche, moins en usage que le poirier. 3. *part. sect. 3 , pag.* 786.

Porches. On nomme ainsi des especes de vestibules de Menuiserie, qui se placent à l'entrée des Eglises. 2. *part. page* 244.

Porte, partie de Menuiserie servant à fermer l'entrée d'une maison, d'une chambre, d'une armoire, &c. 1. *part. pag.* 119.

Les *Portes cocheres*, sont celles qui ferment l'entrée des Hôtels & des Palais. 1. *part. pag.* 119 & *suiv.*

Les *Portes bâtardes*, sont celles qui ferment les maisons particulieres. 1. *part. pag.* 128.

Les *Portes à placard*, sont celles qui ferment les Appartements ; & les *Portes vitrées*, celles dont la partie supérieure est disposée pour recevoir des verres. Voyez ces Articles.

Portes coupées. On nomme ainsi celles qui ne doivent pas être apparentes, & qui sont prises dans des lambris, dont les panneaux se

trouvent quelquefois coupés sur la hauteur ou sur la largeur, & souvent même sur les deux sens à la fois. 1. *part. page* 146, & 2. *part. pag.* 194.

Portes-croisées. On nomme ainsi des croisées dont la partie inférieure est remplie par un panneau, & qui sont posées dans une baye qui donne sur une terrasse ou un balcon, ou, pour mieux dire, qui sont ouvertes jusqu'au nud du plancher d'une piece. 1. *part. pag.* 100.

Porte-montre, espece de petite boîte de pendule, dans laquelle on place une montre portative, ou une très-petite horloge à ressort. 3. *part. sect. 3 , pag.* 1002.

Portes pleines. On nomme ainsi les Portes unies, lesquelles sont composées de planches jointes ensemble à rainures & languettes, & avec des clefs. 1. *part. pag.* 149.

Porte en Architecture. On nomme ainsi toute ouverture qui descend jusque sur le sol d'un édifice, ou sur le plancher de ce même édifice, supposé qu'il ait plusieurs étages. 4. *part. pag.* 1065.

Porte-tapisserie. On nomme ainsi le dernier membre de la corniche d'un Appartement, contre lequel le lambris de hauteur vient joindre. 2. *part. pag.* 173.

On appelle encore *Porte-tapisserie*, un chassis attaché sur la porte d'une piece, lequel monte jusques sous la corniche, & sert à porter la tapisserie qu'on attache dessus, afin qu'elle s'ouvre avec la porte qu'elle cache, ce qui n'est guere d'usage que dans les Appartements de peu de conséquence.

Porte-tapisserie. Par ce terme, les Menuisiers entendent la saillie que fait la corniche d'un Appartement, tant sur les murs que sur le nud de l'ouvrage. 2. *part. pag.* 275.

Portieres. On nomme ainsi les portes d'entrée des voitures. Aux Chaises-de-poste, les Portieres sont placées par-devant, & ouvrent horizontalement ; dans ce cas on les nomme *Portieres à la Toulouse*. 3. *part. sect. 1 , pag.* 466 & 547.

Pose, posage de la Menuiserie. Par ce terme on entend l'action d'ajuster & d'arrêter en place les divers ouvrages de cet Art. 2. *part. page* 264.

Positif, petit buffet d'orgue qui se place toujours au-devant d'un grand. 2. *part. pag.* 247.

Pot à colle, petit vase de cuivre rouge, supporté par trois pieds, & garni d'un manche. Il sert à faire chauffer la colle. 1. *part. pag.* 80.

Poteaux ou *Pieux*, pieces de bois diminuées & brûlées d'un bout, que les Treillageurs enfoncent en terre pour soutenir les treillages, soit d'appui ou de hauteur. 4. *part. pag.* 1139.

Poupées, fortes pieces de bois placées sur le banc du Tour, & avec lequel elles sont arrêtées, de maniere cependant qu'on puisse

les

les faire aller & venir entre les jumelles quand on le juge à propos. Au haut des Poupées sont placées des pointes de fer qui servent à centrer l'ouvrage qu'on veut tourner. *3. part. sect. 3, pag. 904.*

Pousser. Par ce terme on entend l'action de former sur le bois des moulures, des rainures, des feuillures, &c ; c'est pourquoi on dit *pousser un bouvet, un guillaume, une gorge, &c.* Ce terme est général pour l'usage de tous les outils à fer & à fût. Quand les parties sur lesquelles on forme des moulures, sont cintrées, & qu'on ne peut se servir des outils de moulures ordinaires, les moulures se font avec des outils à manche nommés *gouges*, & autres, ce qu'on appelle *pousser les moulures à la main. 1. part. page 88.*

Prêle, espece de jonc marin, dont la surface est rude & cannelée. On s'en sert pour polir l'ouvrage, & principalement l'Ebénisterie. *3. part. sect. 3, pag. 859.*

Préparer l'ouvrage au Sculpteur, c'est-à-dire, y réserver ou y coller des masses de bois de la forme générale, & de la grandeur des ornements de sculpture. *2. part. pag. 280.*

Presse d'établi. Elle est composée d'une vis en bois ou en fer, & d'une jumelle ou mord. L'usage des Presses d'établi est le même que celui des valets-de-pied. Voyez l'Article *Valet. 1. part. page 56.*

Il y a encore des Presses d'établi qui sont composées d'une jumelle & de deux vis taraudées dans le dessus de l'établi. *1. part. page 56. 3. part. sect. 1, page 472 & sect. 3, page 805.*

Presse à scier ou *à refendre debout* ; c'est une espece d'établi dont font usage ceux qui refendent le bois de placage. *3. part. sect. 3, page 800.*

Presses ou *Vis à main.* Ce sont des outils d'Ebéniste, composés de trois morceaux de bois assemblés en retour d'équerre, dans l'un desquels est taraudée une vis de bois, qui, en passant au travers, vient butter contre l'autre. Cet outil sert à assujétir en place des pieces de placage. On fait de ces sortes de Presses tout en fer ou en cuivre, sur-tout lorsqu'elles sont petites ; & alors on les nomme *happes. 3. part. sect. 3, pag. 849 & suiv.*

Presse, outil d'Ebéniste. Elle est composée de deux jumelles, & de deux longues vis de bois : elle sert à retenir les joints des pieces qu'on a collées ensemble. *3. part. sect. 3, pag. 806.*

Presses, machines servant à l'impression, soit en Lettres ou en Taille-douce. Il y en a de grandes & de petites ; les petites se nomment *Presses de Cabinet*, & ne peuvent servir que pour faire de petits ouvrages de peu de conséquence. *3. part. sect. 3, pag. 966 & suiv.*

Profil. On appelle de ce nom l'assemblage de plusieurs moulures dont on orne les diverses especes de Menuiseries. *1. part. pag. 40.*

Par le mot de *Profil*, on entend encore la figure que doit représenter le relief de ces mêmes moulures, coupées dans leur largeur & perpendiculairement à leur surface.

Profiler. Par ce terme on entend l'action de tracer des profils sur le papier, ou de les exécuter en bois. Ce terme signifie encore que deux membres de moulures ou de profils se rencontrent parfaitement à l'endroit de leurs joints, ou enfin qu'on entaille un morceau de bois selon la forme d'un profil, ce qui s'appelle *contre-profiler.* Voyez cet Article.

Prunier, bois de France doux & léger, d'une couleur ventre-de-biche, veiné de rouge, d'un bon usage en Ebénisterie. *3. part. sect. 3, pag. 786.*

Puant, bois de très-mauvaise odeur, qui croît au Cap de Bonne-Espérance. *3. part. sect. 3, pag. 778.*

Pupitre, espece de petite cassette dont le dessus est un peu incliné, pour la commodité de ceux qui écrivent dessus. *3. part. sect 2, pag. 738.*

Pupitre, espece de petite table dont le dessus est disposé obliquement, & garni d'un rebord par le bas, afin de retenir les livres qu'on place dessus. Il y a des Pupitres de différentes sortes, les uns avec des pieds & mobiles, tant sur la hauteur qu'horizontalement, d'autres sans pieds, &c. *3. part. sect. 3, pag. 975.*

Q.

Quart de rond, profil & outil de moulure composé d'un quart de cercle ou d'ovale, & de deux filets. Voyez *Rond entre deux quarrés.*

Quartier tournant. On nomme ainsi la révolution que font les marches autour d'un angle quelconque. *2. part. pag. 429.*

Queue, espece d'assemblage qui se fait au bout des pieces de bois pour les réunir en angle les unes avec les autres. On les nomme *Queues d'aronde* ou *d'ironde*, à cause de la forme évasée de l'espece de tenon ainsi nommé. *1. part. pag. 47.*

Queue. (piece à) On nomme ainsi toute partie assemblée à queue, ou rapportée à queue, dans le corps de l'ouvrage. Voyez *Barre à queue.*

Queues recouvertes ou *perdues.* On nomme ainsi celles qui ne sont pas apparentes à l'extérieur du bois. *1. part. page 47.*

Queue, sorte d'instrument propre au jeu de billard. *3. part. sect. 2, pag. 710.*

Queue de morue. On nomme ainsi une planche dont la largeur est inégale d'un bout à l'autre : on doit éviter de mettre des planches en queue de morue dans les panneaux & autres ouvrages apparents, parce que l'obliquité de leurs joints eſt déſagréable à l'œil, & que de plus les joints ainſi diſpoſés font plus d'effet en ſe retirant que ceux qui ſont paralleles.

R.

Rabot, outil à fût d'une conſtruction à peu-près ſemblable aux varlopes, dont il ne diffère que par la longueur, & parce qu'il n'a point de poignée. Cet outil ſert à finir l'ouvrage, & aux endroits où il n'eſt pas néceſſaire de ſe ſervir de la varlope. 1. *part. pag.* 66.

Rabot à dents. On nomme ainſi les rabots dans leſquels on met des fers bretés. Voyez *Breté*.

Rabot de fer. On nomme ainſi un Rabot dont le fût eſt tout de fer. On s'en ſert pour les métaux & les bois de bout ou extrêmement durs. 3. *part. ſect.* 3, *pag.* 810.

Rabot à mettre d'épaiſſeur. Il diffère des Rabots ordinaires, par l'addition de deux joues mobiles qui y ſont rapportées aux deux côtés, & qui y ſont arrêtées avec des vis. Ce Rabot ſert à mettre d'épaiſſeur égale des tringles, quelque minces qu'elles ſoient. 4. *part. page* 1129.

Rabot rond, outil à fût, dont l'uſage eſt de creuſer dans le bois, & dont, par conſéquent, le fer eſt affûté en rond. 1. *part. pag.* 84.

Racineaux. On nomme ainſi de petits pieux de bois qu'on enfonce dans la terre pour ſoutenir les bandes de parterre & autres ouvrages de cette nature. 4. *part. pag.* 1143.

Racler. Par ce terme on entend l'action d'unir & d'achever d'ôter les inégalités d'un morceau de bois, & cela par le moyen du racloir. Voyez l'art. ſuiv.

Racloir. Cet outil eſt une lame de fer à laquelle on donne le mord-fil, & qui eſt emmanchée dans un morceau de bois pour la tenir commodément. 1. *part. pag.* 83 & 3. *part. ſect.* 3, *pag.* 858.

Il y a des Racloirs auxquels on ne donne point de morfil, & dont les arêtes ſont même un peu arrondies. Ces ſortes de Racloirs ſervent aux Ebéniſtes à enlever le ſuperflu de la cire qu'ils ont étendue ſur leurs ouvrages. 3. *part. ſect.* 3. *pag* 859.

Raccord. Par ce terme on entend la maniere de faire rejoindre enſemble les moulures d'une piece horizontale, avec celles d'une piece rampante. Il y a des Raccords à angles & des Raccords droits. 2. *part. pag.* 377 & *ſuiv.*

Rainure, cavité faite ſur l'épaiſſeur d'une piece de bois parallélement à ſa longueur, dans laquelle les languettes viennent s'aſſembler pour pouvoir joindre deux pieces de bois enſemble. Voyez les Articles *Languette*, *Joint*, *Bouvet* & *Panneau*.

Rais de cœur, eſpece d'ornement particuliérement affecté aux moulures nommées *talons*. 4. *part. pag.* 1199.

Rallongement des bois. On entend par ce terme, l'augmentation de longueur d'une piece quelconque, lorſqu'on y ajoute une ou pluſieurs pieces au bout les unes des autres, ce qui ſe fait par le moyen des entailles, des enfourchements, &, ce qui eſt le mieux, des joints en flûte, & des aſſemblages à trait de Jupiter. 1. *part. page* 47. Voyez les Articles *Flûte* & *Jupiter*.

Rampante. On donne ce nom à toute piece poſée dans une ſituation inclinée. Ainſi on dit qu'*une Rampe eſt droite*, ou *qu'une piece eſt ſimplement rampante*, lorſqu'elle eſt droite ſur ſa longueur, ou ſimplement inclinée ; ſi, au contraire, cette piece eſt ſur un plan cintré, on la nomme *courbe rampante*. 2. *part. pag.* 337 & 365.

Rampe. On nomme ainſi l'appui d'un eſcalier, lequel ſuit l'inclinaiſon de ſes limons. 2. *part. page* 493.

Rape à bois, eſpece de lime dentelée, dont les dents ſont plus ou moins groſſes, ſelon les différents ouvrages où on les emploie. 1. *part. pag.* 83. & 3. *part. ſect.* 3 *pag.* 937.

Rappel. (boîte de) On nomme ainſi une eſpece de boîte longue dans laquelle eſt placée une vis qui la fait avancer & reculer. Cette boîte ſert aux établis de Menuiſiers, nommés *établis à l'Allemande*. Voyez cet Article.

Raquette, eſpece de ſcie dont les Scieurs de long font uſage pour refendre les pieces cintrées. 1. *part. pag.* 39.

Ratelier ; c'eſt une planche, ou ſimplement une tringle de bois attachée contre le côté de l'établi ou ſur le mur de la boutique, pour y placer les outils à manche, comme ciſeaux, becs-d'âne, &c. ce qui oblige d'iſoler le Ratelier de 5 à 6 lignes au moins, & cela par le moyen de deux taſſeaux qu'on met entr'eux & le mur, ou le côté de l'établi. 1. *part. pag.* 57.

Rebour. (bois de) On nomme ainſi celui dont les fils ne ſont pas paralleles à ſa ſurface, & à contre-ſens les uns des autres, de ſorte qu'on ne peut le travailler que difficilement. Par ce terme on entend auſſi travailler le bois en contre-ſens de ſon fil. 1. *part. page* 26 & 27.

Ravalement. On entend par ce mot la diminution d'une piece de bois en certains endroits pour en faire ſaillir quelque partie, ſoit qu'on veuille y former des moulures ſaillantes, ou y réſerver des maſſes pour de la ſculpture. 1. *part. pag.* 71.

Recaler. Par ce terme on entend l'action de dreſſer & finir un joint quelconque, ce qui ſe fait au ciſeau, au guillaume, au rabot ou à la varlope-onglet, ſelon que le cas l'exige. 1. *part. pag.* 83 & 87.

Recaloir ; c'est un morceau de bois ravalé dans une partie de sa longueur, & dont l'extrémité du ravalement est terminée en demi-cercle. Les deux côtés du ravalement sont fouillés en dessous pour faire place aux languettes du couvercle du Recaloir, qui est aussi creusé en demi-cercle par son extrémité, pour pouvoir saisir les ronds qu'on met dans le Recaloir pour les recaler, c'est-à-dire, les mettre d'une épaisseur égale. 4. *part. pag.* 1119.

Recouvrement. On nomme ainsi toute saillie que forme la joue d'une piece embreuvée dans une autre ; c'est pourquoi les panneaux qui sont en saillie sur leurs bâtis, se nomment *panneaux à recouvrement.* 1. *part. page* 100.

Recuire. Par ce terme on entend l'action de donner de l'élasticité au fil de fer, & cela par le moyen du feu. 4. *part. pag.* 1133.

Refuite. (donner de la) On entend par ce terme la facilité qu'on donne aux planches des ouvrages emboîtés, de se retirer sur elles-mêmes, ce qu'on fait en élargissant les trous des chevilles dans les tenons, & en dehors de chaque côté, c'est-à-dire, du côté des rives de l'ouvrage. 1. *part. pag.* 149.

Regle, tringle de bois mince & droite, dont on se sert pour prendre des mesures. Il y a des Regles de différentes longueurs, depuis quatre jusqu'à douze & même quinze pieds : celles qui ont six pieds de longueur & qui sont divisées en six parties égales, se nomment *Toises.* Voyez cet Article.

Regle à panneau. On nomme ainsi une petite Regle mince, à laquelle on a fait une entaille d'un pouce de profondeur à une de ses extrémités. Cette Regle sert à prendre la mesure des panneaux, dont la longueur des deux languettes, soit à bois de bout ou à bois de fil, se trouve indiquée par la saillie de l'entaille faite au bout de la Regle.

Réglet, outil tout de bois, servant à dégauchir les planches & autres pieces d'une certaine largeur. Il faut deux Réglets pour faire cette opération. 1. *part. pag.* 64.

Relever les moulures. Par ce terme on entend l'action d'achever les moulures, & d'y faire les dégagements nécessaires, soit avec les becs-de-canne, les tarabiscots, les mouchettes à joue, &c. 1. *part. pag.* 85.

Remplissage, l'action de remplir. Voyez *Garniture.*

Par ce terme, les Treillageurs entendent toutes sortes de parties de Treillages qui servent à garnir les vides des bâtis.

Renflement. Par ce terme, les Menuisiers en Carrosses entendent le bombage du plan de leurs voitures ; c'est pourquoi ils nomment *traverses de renflement,* les traverses du milieu d'un brancard. 3. *part. sect.* 1, *pag.* 479.

Replanir. Par ce terme on entend l'action de finir l'ouvrage au rabot & au racloir,

en ôtant toutes les inégalités qui y restent après avoir été corroyé. 1. *part. pag.* 87.

Reprise, outil du Cannier, qui sert à monter, ce qui est la derniere opération. 3. *part. sect.* 2, *pag.* 633.

Retable. On nomme ainsi le coffre d'un autel ; cependant les Menuisiers donnent aussi ce nom aux parties de Menuiserie qui accompagnent les autels. 2. *part. pag.* 241.

Retombée. Par ce terme on entend la saillie d'un cintre, ou, pour mieux dire, la distance qu'il y a depuis sa plus grande profondeur, jusqu'à l'endroit où il rencontre les battants ou autres parties droites. 1. *part. pag.* 143.

Retors. Les Treillageurs nomment ainsi des garnitures de moulures d'une forme demi-ronde, lesquelles forment des hélices sur cette derniere. 4. *part. pag.* 1198.

Revenir. Les Menuisiers en Carrosses emploient ce terme pour exprimer l'action de cintrer les panneaux des voitures, & cela par le moyen du feu. 3. *part. sect.* 1, *pag.* 194.

Revers-d'eau. On entend par ce terme une petite élévation qu'on observe au-dessus d'une corniche ou toute autre partie saillante, pour faciliter l'écoulement des eaux qui tombent dessus. 4. *part. pag.* 1046.

Rhode ou *Rose,* bois ferme, d'une couleur mêlée de rouge-violet, de jaune & de roussâtre. On le nomme aussi *Bois marbré.* 3. *part. sect.* 3., *pag.* 778.

River. Par ce terme les Treillageurs, & en général les Menuisiers, entendent l'action de reployer la pointe des clous par-dessus l'ouvrage, pour empêcher qu'ils ne se retirent. 4. *part. pag.* 1135.

Rochoir, petite boîte de cuivre ou de fer-blanc, dans laquelle on met le borax. 3. *part. sect.* 3, *pag.*

Rond. On nomme ainsi une frise circulaire qu'on assemble souvent dans les feuilles de guichets, dans les plafonds & autres ouvrages de cette nature ; maniere de les construire. 1. *part. page* 111.

Rond. Les Treillageurs nomment ainsi de petits cercles faits avec du bois de fente, qu'ils font ployer, ou, pour mieux dire, tourner deux fois sur lui-même, & dont ils arrêtent les extrémités avec des petits clous. 4. *part. pag.* 1117.

Rond entre deux quarrés, espece de moulure ronde en forme de quart de cercle ou d'ovale, avec deux filets ou quarrés. On appelle aussi de ce nom l'outil à fût propre à former cette moulure. 1. *part. pag.* 80.

Rouge ou *de sang,* bois dur, d'un très-beau rouge, & qui sert à la teinture & à l'Ebénisterie. 3. *part. sect.* 3, *pag.* 779.

Rougeur. Les Rougeurs dans le bois annoncent sa pourriture prochaine & que

l'arbre étoit en retour lorfqu'on l'a coupé.
1. *part. pag.* 26.

Roulure. On appelle ainfi le défaut de liaifon qui fe rencontre entre les couches concentriques du bois. 1. *part. pag.* 26.

S.

Sabots , fortes d'outils de moulures, compofés, comme les autres, d'un fer & d'un fût, dont ils ne different que parce qu'ils font plus petits & prefque toujours cintrés, foit fur un fens, foit fur un autre, & quelquefois même fur tous les deux. Les Sabots font très-utiles pour pouffer des moulures dans des parties cintrées. 1. *part. pag.* 89.

Safran , plante qui croît dans le Gâtinois, & dont le piftile donne une belle couleur jaune. 3. *part. fect.* 3 , *pag.* 794.

Santal , bois qui croît à la Chine. Il y en a de rouge, de jaune & de blanc : les deux derniers font de bonne odeur. 3. *part. fect.* 3 , *pag.* 779.

Sainte-Lucie ou *Padus* , bois qui croît en Lorraine & en Italie. Il eft de bonne odeur, & à peu-près femblable au cerifier. 3. *part. fect.* 3 , *pag.* 786.

Sapin , bois de France & de Hollande, tendre & léger, d'une couleur blanche rayée de veines verdâtres, qui jauniffent en vieilliffant. 1. *part. pag.* 26.

Satiné , bois qui croît aux Antilles, de couleur nuancée & brillante. 3. *part. fect.* 3 , *pag.* 779.

Sauvageon. On nomme ainfi le bois des arbres fruitiers qui n'ont pas été greffés. 3. *part. fect.* 3 , *pag.* 786.

Scie , outil compofé d'une monture ou chaffis, & d'une lame dentelée, qui eft vraiment la fcie. Les Scies prennent différents noms, felon la forme de leur monture, ou des ufages auxquels on les emploie ; c'eft pourquoi on dit *Scie à refendre* , *Scie à débiter* , *Scie à tenon* , *Scie à arrafement* , *à arrafer* , *à tourner* , *&c.* 1. *part. pag.* 57 *& fuiv.* Voyez auffi chacun de ces Articles.

Scie à arrafer , efpece de bouvet dont la languette eft un morceau de fcie attaché au fût, qu'on fait porter contre une tringle de bois droite, pour fcier des arrafements d'une grande largeur, tels que ceux des portes emboîtées & autres. 1. *part. pag.* 76.

Scie à cheville , morceau de fer plat dentelé & attaché à une tringle de fer recourbée, garnie d'un manche. Cette Scie fert à couper les chevilles quand l'ouvrage eft chevillé. 1. *part. pag.* 890.

Scie à découper les ornements de Treillage. Cette Scie eft à peu-près femblable aux Scies à tourner des Menuifiers de Bâtiment, finon qu'elle eft plus petite, & qu'elle a un manche dont l'extrémité tient avec la lame de la Scie. 4. *part. page* 1125.

Scie à découper , efpece de petit cifeau ou fer dentelé qui fe place dans un trufquin ou compas à verge. 1. *part. pag.* 88.

Scie à dégager , outil à manche, dont l'extrémité eft recourbée & dentelée en forme de fcie. 1. *part. pag.* 88.

Scie à dépecer , qui eft montée dans un chaffis de fer, à l'extrémité duquel eft placé un manche, par le moyen duquel on fait mouvoir la Scie. 3. *part. fect.* 3 , *pag.* 801.

Scie à l'Angloife , à peu-près femblable aux Scies à découper. 3. *part. fect.* 3 , *pag.* 900.

Scie à main ; ce n'eft autre chofe qu'un morceau de lame d'acier, un peu plus large que les Scies ordinaires, & qui vient en diminuant par fon extrémité : cette lame eft attachée par le bout le plus large à une poignée, dans laquelle on paffe la main pour faire mouvoir la Scie. 1. *part. pag.* 90.

Scie à main des Treillageurs ; c'eft une Scie dont l'arçon ou monture eft toute de fer : elle fe tend par le moyen d'une vis, comme les Scies à l'Angloife. 4. *part. pag.* 1107.

Scie de placage ou *de marqueterie* , efpece de Scie dont la lame eft très-fine, & dont la monture eft toute de fer. Cette Scie fe tend & détend par le moyen d'une vis qui paffe au travers du manche, & fert à découper des fleurs ou des ornements de marqueterie. 3. *part. fect.* 3 , *pag.* 843 & *fuiv.*

Scie à preffe , à peu-près femblable à celle à refendre des Menuifiers de Bâtiment ; maniere de la conftruire & d'en faire ufage. 3. *part. fect.* 3 , *pag.* 800.

Scie à refendre. Elle eft compofée d'un chaffis plus long que large, au milieu duquel eft placée la lame, dont les dents font difpofées verticalement à la face du chaffis ; c'eft en quoi cette Scie differe des autres, dont les lames font partie du chaffis, & font tournées du même fens que le plat de ce dernier, c'eft-à-dire, fur fon épaiffeur. 1. *part. pag.* 57.

Scie à tourner. Cette Scie ne differe des autres, qu'en ce que fa feuille ou lame eft très-étroite, & eft attachée des deux bouts dans des tourillons de fer, lefquels fe meuvent à volonté dans les bras de la monture de la Scie, au travers defquels ils paffent. 1. *part. pag.* 61.

Scieurs d'ais ou *Scieurs de long* , Ouvriers employés par les Menuifiers pour refendre leurs bois felon la largeur & l'épaiffeur dont ils ont befoin. 1. *part. pag.* 27.

Outils des Scieurs de long , & leur maniere d'en faire ufage. 1. *part. pag.* 37 *& f.*

Scotie , efpece de moulure creufe compofée de 2 ou 3 arcs de cercles. 1. *part. pag.* 42.

Seau de propreté , efpece de petit fiége compofé de quatre pieds, d'un deffus percé d'un trou rond, dans lequel paffe un feau ou cuvette de fayence, laquelle porte fur une tablette affemblée dans les pieds du fiége. 3. *part. fect.* 2 , *pag.* 661.

Secrétaires.

Secrétaires. On nomme ainsi de petits meubles fermés, portés sur un pied comme une table, & dont le dessus se rabaisse pour servir de table à écrire. 3. *part. sect.* 2, *page* 734.

Secrétaires à culbute, qui different de ceux ci-dessus, en ce que leur partie supérieure redescend, quand on le juge à propos, dans la hauteur des pieds, de sorte qu'ils peu- vent alors servir de table. 3. *part. sect.* 2, *page* 737.

Secrétaires en armoires, lesquels sont d'une forme quarrée d'environ 4 pieds de hauteur, & servent en même temps de Secrétaire & de coffre-fort. 3. *part. sect.* 2, *pag.* 757.

Sederbandes, especes de plates-bandes ou parties étroites, qui sont ordinairement ac- compagnées de deux filets, & qui servent à accompagner ou à séparer les compartiments de marqueterie. 3. *part. sect.* 3, *pag.* 820.

Semelle ou *talon.* On appelle ainsi un feuil- let de bois propre à être plaqué, lequel est refendu obliquement dans une piece de bois. 3. *part. sect.* 3, *pag.* 819.

Semence ou *Broquette à tête plate*; c'est une espece de petit clou dont les Treillageurs font grand usage pour la construction de leurs ouvrages. 4. *part. pag.* 1134.

Sergent ou *Crochet*, ou quelquefois *Davier*, outil tout de fer, dont on se sert pour serrer & faire approcher les joints de l'ouvrage. Il y en a de toutes sortes de grandeurs, depuis un pied jusqu'à huit. 1. *part. pag.* 81.

Quand les Sergents ne sont pas assez longs, on se sert d'une entaille à rallonger les Ser- gents, décrite *page* 82, 1. *part.*

Serres-chaudes. On nomme ainsi des pieces dont la destination est à peu-près la même que celle des Orangeries, mais qui sont moins vastes & d'une construction différente. Il y a des Serres-chaudes qui sont toutes du ressort du Menuisier, qu'on nomme *Serres portatives.* 4. *part. pag.* 1233 & *suiv.*

Serre-papier. Sous ce nom on entend de grandes armoires de Menuiserie, divisées par cases, sur lesquelles on place les papiers de conséquence. 2. *part. pag.* 205.

Serres-papiers, espece de corps de ta- blettes formant plusieurs cases, dans les- quelles on place des cartons & des papiers. 3. *part. sect.* 2, *pag.* 723.

Serpe, outil à manche, dont le fer, qui a environ 9 pouces, s'affûte sur la longueur & des deux côtés, comme un fermoir. Les Treillageurs en font grand usage, sur-tout pour les ouvrages communs. 4. *part. pag.* 1107.

Serrurier, (partie de l'Art du) dont la connoissance est absolument nécessaire aux Ebénistes. Description de quelques outils de cet Art, & la maniere d'en faire usage. 3. *part. sect.* 3, *pag.* 932.

Servante, petite table à l'usage des per- sonnes d'un état médiocre, ou qui ne veu- lent pas se faire servir à table. 3. *part. sect.* 2, *pag.* 702.

Seuil. On appelle ainsi une feuille de par- quet qui sert à revêtir l'aire d'un embrase- ment de porte. 2. *part. pag.* 159.

Quelquefois les Seuils ne sont que des frises, lorsque l'embrasement n'est pas d'une épaisseur assez considérable pour les faire d'assemblage.

Siéges anciens, d'une forme singuliere. 3. *part. sect.* 2, *pag.* 606.

Siéges modernes, depuis vers la fin du 16me. siécle jusqu'au commencement de celui-ci. 3. *part. sect.* 2, *pag.* 608.

Siéges de voiture. On nomme ainsi des es- peces de petits coffres placés dans les deux fonds d'une berline, sur lesquels on s'asseoit. Il y a d'autres Siéges de voiture, qu'on nom- me *Bancs, Strapontins, &c.* 3. *part. sect.* 1, *pag.* 467 & 554.

Siéges de lieux à soupapes, autrement dit *à l'Angloise*, partie de Menuiserie composée d'un bâtis & de plusieurs trapes mobiles. Quelquefois ces Siéges sont très-riches, & revêtus d'Ebénisterie. 2. *part. pag.* 203.

Simblo. Par ce terme on entend l'action de tracer une courbe, & d'en déterminer le cintre. Ce terme est peu usité, & il n'y a guere que les Treillageurs & quelques autres Ouvriers, qui en fassent usage. 4. *part. pag.* 1079.

Socle; c'est, en général, une partie lisse, servant à porter quelque partie d'Architec- ture, ou à la terminer. 4. *part. pag.* 1073.

Soffite. On nomme ainsi toutes sortes de plafonds horizontaux, & plus particuliére- ment le dessous d'un larmier. 4. *part. pag.* 1042.

Solide. (corps) On entend sous ce nom tout ce qui a de la solidité, ou, ce qui est la même chose, de l'étendue en longueur, largeur & profondeur. Les Solides prennent différents noms, selon leurs formes: on les nomme *cubes, parallélépipedes, prismes, cy- lindres, pyramides, cônes, spheres, &c.* 1. *part. pag.* 12.

Sommiers, pieces de bois dans lesquelles sont assemblées les consoles des stalles, à l'endroit du siége. 2. *part. page* 222.

Sommiers de Presse d'impression. Ce sont des pieces disposées horizontalement, dans l'une desquelles la vis est assemblée. 3. *part. sect.* 3, *page* 967.

Sonder. On sonde le bois en découvrant sa superficie soit à la demi-varlope, ou avec un fermoir, pour en connoître les défauts & la couleur, ce qui se fait en le débitant, afin de ne pas s'exposer à couper des pieces qui ne puissent pas servir. 1. *part. page* 33. & *suiv.*

Sopha, grand siége peu différent d'un Ca- napé. 3. *part. sect.* 2, *pag.* 652.

TREILLAGEUR.

Sorbonne ou *Etuve*, lieu où on fait chauf-fer les bois & la colle : comment elle doit être conftruite. 1. *part. pag.* 51.

Soubaffement, petit appui de croifée. Voy. *Banquette*.

Soubaffement, efpece de grand piédeftal, quelquefois percé de portes & de croifées, lequel fert à élever l'ordre d'un édifice au-deffus du rez - de - chauffée. 4. *part. pag.* 1075.

Souder. Par ce terme on entend l'action d'arrêter enfemble différentes pieces de mé-tal, foit homogenes ou hétérogenes, & cela par le moyen d'un métal compofé, nommé *foudure*, qui doit toujours être à un plus bas titre que celui qu'on veut fouder, ou, au-trement dit, qui puiffe entrer en fufion plus promptement que ce dernier. Maniere de faire différentes Soudures. 3. *part. fect.* 3, *pag.* 1028.

Soudure, métal compofé. Il y a diverfes fortes de Soudures, à raifon de la diffé-rence, ou, pour mieux dire, de la nature des métaux qu'on veut fouder. 3. *part. fect.* 3, *pag.* 993.

Soupente. On nomme ainfi un plancher conftruit dans la hauteur d'une piece pour en faire deux d'une ; c'eft auffi le nom de celle de deffus. 1. *part. page* 101.

Stalles ou *Formes*, efpeces de fiéges pro-pres aux chœurs d'Eglifes. 2. *part. pag.* 217.

Stéréotomie, ou la fcience de la coupe des folides, Art néceffaire aux Menuifiers. 2. *part. pag.* 294.

Stores, efpeces de rideaux avec lefquels on ferme les ouvertures des portieres de voi-tures. 3. *part. fect.* 1. *pag.* 507.

Strapontin, efpece de fiége de voiture. 3. *partie, fect.* 1, *pag.* 556.

Support, piece de bois ou de métal, fur laquelle on appuie l'outil lorfqu'on tourne quelqu'ouvrage. 3. *partie, fection* 3, *page* 905.

Surbaiffé, cintre demi-ovale pris fur fon grand axe. Les Menuifiers appellent auffi ce cintre *Anfe de pannier*. 1. *part. pag.* 12.

Sureau, bois François, très - plein, de couleur jaunâtre, à peu-près femblable à celle du buis. 3. *part. fect.* 3, *pag.* 786.

Surface, *plan* ou *fuperficie*. On nomme ainfi une étendue quelconque en longueur & en largeur, fans aucune profondeur, com-me, par exemple, celle que repréfente un deffin fait fur le papier, ou le papier même. Les Surfaces prennent différents noms, felon leurs formes ou le nombre de leurs côtés, ou, pour mieux dire, des li-gnes qui les entourent ; c'eft pourquoi elles prennent les noms de *cercles*, de *triangles*, de *quarrés*, de *parallélogrammes*, de *rhombes* ou *lofanges*, de *trapezes*, de *polygones*, d'*ova-les*, de *rhomboïdes*, de *trapézoïdes*, &c. 1. *part. pag.* 9.

Table, meuble à bâtis, compofé d'un pied & d'un deffus, fervant à différents ufages ; c'eft pourquoi on dit *Table à manger*, *à écrire*, *à jouer*, &c. 3. *part. fect.* 2, *page* 694.

Table brifée ou *de campagne*, propre pour les voyages. 3. *part. fect.* 2, *pag.* 690.

Table d'attente ou *faillante*, petit panneau faillant placé au haut du vanteau d'une porte-cochere, immédiatement au-deffous de l'im-pofte. 1. *part. page* 123.

Table de lit, petite table à manger à l'u-fage des perfonnes malades. 3. *part. fect.* 2, *page* 701.

Table de nuit, petite table dont le deffus eft conftruit en forme de caiffon, dont on fe fert dans les chambres à coucher. 3. *part. fect.* 2, *pag.* 741.

Table à quadrille, table à jouer d'une for-me quarrée. 3. *part. fect.* 2, *pag.* 712.

Table de berlan, table à jouer d'une forme circulaire. *au même endroit.*

Table de tri, autre forte de table à jouer d'une forme triangulaire. *au même endroit.*

Table faillante ; c'eft un corps d'Architec-ture orné de moulures, qu'on fait faillir fur une partie liffe, pour qu'elle paroiffe moins nue. 1. *part. pag.* 123. 4. *part. pag.* 1068.

Tableau. On appelle de ce nom l'intérieur de la baye d'une croifée ou d'une porte ; & c'eft toujours du Tableau qu'on doit préfé-rablement prendre les mefures de ces fortes d'ouvrages. 2. *part. pag.* 275.

Tablette. On nomme ainfi toute efpece de Menuiferie pleine, pofée horizontalement, foit dans les armoires ou ailleurs.

Tablette à claire-voie. On nomme ainfi des tablettes d'affemblage, à peu-près femblab-les à des feuilles de parquet fans panneaux, lefquelles Tablettes font très-propres à l'u-fage des armoires & des étuves. 3. *part. fect.* 2, *pag.* 747.

Tablette en Architecture. On nomme ainfi la corniche qui couronne une baluftrade, ou, pour mieux dire, les baluftres. 4. *part. pag.* 1073.

Tabouret, petit fiége fans doffier, d'une forme quarrée par fon plan. 3. *part. fect.* 2, *pag.* 613.

Tailloir, partie fupérieure d'un chapiteau. 4. *part. pag.* 1043.

Talon renverfé, moulure dont la forme eft inverfe de celle des bouvements. Cette mou-lure eft quelquefois accompagnée d'un quarré ou d'une baguette dans fa partie inférieure, & toujours d'un filet par le haut, ce qui fait que dans tous les cas l'outil qui forme cette moulure, a deux fers, l'un qui forme le quarré ou filet fupérieur, & l'autre qui for-me le talon avec fa baguette ou fon filet. 1. *part. pag.* 84.

Talon. On appelle de ce nom le derriere

d'une moulure, lequel est arrondi & dégagé ; c'est pourquoi on dit le *Talon d'un boudin, d'une doucine, &c.*

Tambour, partie lisse du chapiteau Corinthien, autour duquel sont placées les feuilles, les tigettes, &c. Le Tambour est évasé par le haut en forme de vase. 4. *part. pag.* 1061.

Tampons, morceaux de bois qu'on place dans les murs pour recevoir les broches ou les vis avec lesquelles on arrête la Menuiserie. 2. *part. pag.* 270.

Taquets, petits morceaux de bois échancrés à angles droits, lesquels servent à porter le bout des tasseaux, lorsqu'on ne peut ou ne veut pas attacher ces derniers à demeure. 1. *part. pag.* 209, & 3. *part. sect.* 2, *pag.* 750.

On appelle encore de ce nom un petit morceau de bois percé au milieu de sa largeur pour laisser passer un clou, avec lequel on arrête des masses de bois sur l'ouvrage, pour que le Sculpteur y taille des ornements. 2. *part. pag.* 282.

Tarabiscot ou *grain-d'orgé*, petit dégagement ou cavité qui sépare une moulure d'avec une autre, ou d'avec une partie lisse. L'outil qui forme cette moulure se nomme du même nom, & est composé d'un fer & d'un fût. 1. *part. pag.* 40. *& suiv.*

Tarau, outil de fer en forme de vis, qui sert à creuser des écrous en bois. Chaque Tarau a toujours sa filiere, qui n'est autre chose qu'un morceau de bois méplat, terminé par deux poignées ou manches, au milieu duquel on a fait un trou avec le Tarau. La filiere est composée de deux morceaux sur l'épaisseur ; & dans celui qui est le plus épais, est placé un fer d'une forme triangulaire par son plan, qui coupe le bois des cylindres, sur lesquels on fait des pas de vis par le moyen de la filiere. 3. *part. sect.* 3, *p.* 912.

Tas, espece de petite enclume ou cube de fer, dont la surface est acérée. Cet outil est nécessaire à tous les Menuisiers, & surtout aux Ebénistes. 3. *part. sect.* 3, *pag.* 1035. *en note.*

Tasseau, petite tringle de bois qu'on attache contre le mur ou les côtés d'une armoire, pour supporter le bout des tablettes. 2. *part. pag.* 208.

Teinture, Art par le moyen duquel on change la couleur des corps : les teintures sont d'un grand usage en Ebénisterie : différentes compositions de Teintures pour les bois. Description des ingrédients dont elles sont composées, & la maniere d'en faire usage. 3. *part. sect.* 3, *pag.* 792.

Tenailles ou *Triquoises*, outil de fer composé de deux branches, dont les extrémités supérieures sont applaties & recourbées : elles sont jointes ensemble par une goupille, de sorte qu'en pressant leur extrémité infé-

rieure, elles pressent du haut. 1. *part. pag.* 90.

Tenailles de Treillageur. Elles different des Tenailles ordinaires par la forme de leur tête, qui est plus petite & applatie en dessus. L'extrémité des mords de ces Tenailles est acérée, pour pouvoir couper les pointes. 4. *part. pag.* 1108.

Tenon, partie excédente à l'extrémité d'une traverse, laquelle est diminuée d'épaisseur des deux côtés, de sorte que le tenon se trouve réduit à une épaisseur égale à celle de la mortaise dans laquelle il doit entrer, avec laquelle il ne fait plus qu'un, ce qu'on appelle *faire un assemblage à tenon & mortaise.* 1. *part. pag.* 45.

Terre à jaune ou *Ochre jaune*. On fait usage de cette terre pour la teinture des bois. 3. *part. sect.* 3, *pag.* 794.

Tête ; c'est ainsi qu'on nomme la partie la plus grosse d'un marteau : elle est ordinairement plate & quarrée. 1. *part. pag.* 57. *Nota*, qu'il y a faute dans le Texte, où la pane est mise pour la tête.

Tête de mort. Les Menuisiers nomment ainsi une cavité qui se trouve à la surface d'un ouvrage, & qui a été occasionnée par la rupture d'une cheville qui se trouve rompue plus bas que le nud de l'ouvrage ; ce qui arrive presque toujours, quand au lieu de scier les chevilles on les renverse d'un coup de marteau après les avoir suffisamment enfoncées, ce qu'il faut absolument éviter. 1. *part. pag.* 89.

Tiers-point, espece de lime triangulaire par sa coupe, propre à affûter les dents des scies. 1. *part. page* 58.

Tigettes ou *Tiges*. Ce sont des especes de faisceaux, desquels sortent les caulicoles & les volutes du chapiteau Corinthien. Les Tigettes sont au nombre de huit à chaque chapiteau. 4. *part. pag.* 1061.

Tilleul, bois plein & léger, de couleur blanche, d'usage dans la Menuiserie de Bâtiment. 1. *part. pag.* 27.

Tire-filet, outil d'Ebéniste. Voyez *Filet.*

Tire-fond. On appelle ainsi une espece de pilon, dont l'anneau a depuis un pouce jusqu'à 2 de diametre intérieurement, & dont la tige est taraudée d'un pas de vis en bois à deux filets. Cet outil sert à poser l'ouvrage. 1. *part. pag.* 90.

Toilette, (table de) petit meuble à l'usage des femmes. 3. *part. sect.* 2, *pag.* 739.

Toise. On nomme ainsi une piece de bois qui a six pieds de longueur, & qui est divisée en six parties égales, ce que les Ouvriers appellent *Toise piétée* : une des six divisions, & à une des extrémités de la regle, doit être divisée en 12 pouces. 2. *part. pag.* 273.

Toise mouvante, espece de regle creuse dans toute sa longueur, pour y placer une autre regle mobile. 2. *part. pag.* 274.

Toifé de la Menuiferie; fes défauts, & les moyens d'y remédier. 4. *part. pag.* 1242.

Toptink, table à jouer fervant au jeu de ce nom. 3. *part. feĉt.* 2, *pag.* 718.

Tour, (partie de l'Art du) dont la connoiffance eft abfolument néceffaire aux Ebéniftes. Defcription du banc du Tour, de fes poupées & de leurs pointes, des fupports & de la perche; des principaux outils propres à tourner le bois, & la maniere d'en faire ufage. 3. *part. feĉt.* 3, *pag.* 902.

Tour à pâte, efpece de table de cuifine. 3. *part. feĉt.* 2, *pag.* 698.

Tourelles, parties de la montre d'un buffet d'orgue, qui failliffent en demi-cercle fur le nud de l'ouvrage. 2. *part. pag.* 247.

Tourne-à-gauche, outil à manche, dont l'extrémité du fer eft applatie & eft entaillée à divers endroits; quelquefois ce n'eft qu'un morceau de fer plat entaillé par les deux bouts. Cet outil fert à donner de la voie aux fcies, c'eft-à-dire, à en déverfer les dents à droite & à gauche, pour qu'elles paffent plus aifément dans le bois. 1. *part. pag.* 58.

Tourne-vis: les Ouvriers difent auffi *Tourne-à-gauche*; c'eft un petit outil d'acier trempé, mince & applati d'un bout, pour pouvoir entrer dans la fente de la tête des vis, & les faire tourner. Le Tourne-vis eft monté dans un manche de bois, qu'on fait large & plat, afin qu'il ne tourne pas dans la main, & qu'on ait par conféquent plus de force. 2. *part. p.* 260.

Tourniquet; c'eft un petit morceau de bois de 3 à 4 lignes d'épaiffeur, & 2 à 3 pouces de longueur. Il eft taillé par fes extrémités en forme de pied-de-biche. Les Tourniquets s'attachent fur le dormant des croifées à couliffe, & fervent à en foutenir les chaffis lorfqu'ils font levés.

Tracer. Les Menuifiers entendent par ce terme l'action de déterminer & de marquer fur les différentes pieces de bois la place & la grandeur des affemblages, les différentes coupes qu'il faut y faire, &c. 1. *part. pag.* 68 *& fuiv.*

Traîneau, efpece de petite voiture fans train ni roues, pour aller fur la glace. 3. *part. feĉt.* 1, *pag.* 586.

Traînée. Les Menuifiers nomment ainfi un trait de compas fait fur le bois, en appuyant l'autre branche du compas contre le mur ou toute autre partie faifant un angle avec le bois où on fait la Traînée. 2. *part. page* 267.

Trait, (Art du) lequel contient non-feulement la fcience des courbes & de la coupe des bois, mais encore celle de prendre les mefures de la Menuiferie, & de la marquer fur le plan. 2. *part. pag.* 273.

Trait de Jupiter, efpece d'affemblage qu'on emploie pour rallonger les bois. 1. *part. p.* 47.

Tranché. (bois) On nomme ainfi celui dont les fils ne font pas paralleles à fa furface, ce qui lui ôte une partie de fa force, & l'ex-pofe à fe rompre aifément. 1. *part. pag.* 26.

Travée. On nomme ainfi une partie de baluftrade comprife entre deux dés ou focles, c'eft-à-dire, où font placées les baluftres. 4. *part. pag.* 1074.

Traverfes. Les Menuifiers appellent ainfi toutes pieces de bois dont la fituation doit être horizontale, lefquelles prennent différents noms, felon la nature de l'ouvrage; c'eft pourquoi on dit *Traverfes du haut, du bas, du milieu, de croifée, de porte, de lambris, &c.* 1. *part. pag.* 39.

Traverfer. Par ce terme on entend l'action de corroyer le bois en travers de fa largeur, foit avec la varlope ou le rabot. On traverfe les bois durs & de rebours. 1. *part. pag.* 67.

Treffle, profil ufité aux croifées, lequel eft compofé de deux baguettes, entre lefquelles eft placé un demi-cercle ou un demi-ovale. 1. *part. page* 90.

Treffle, efpece d'ornement propre aux talons. 4. *part. pag.* 1199.

Treillage, efpece de Menuiferie compofée d'échalats & de lattes attachés les unes fur les autres, pour former divers compartiments à jour. 4. *part. pag.* 1037.

Treillage fimple. On appelle ainfi le Treillage dans la compofition duquel on ne fait entrer que des échalats & autres bois de cette efpece. 4. *part. pag.* 1132.

Treillage compofé. On nomme ainfi celui dans la conftruction duquel on emploie des bâtis & autres parties de Menuiferie. 4. *part. page* 1147.

Treillage orné. On nomme ainfi celui où aux compartiments ordinaires, & aux bâtis de Menuiferie, on ajoute des ornements, foit de copeaux découpés & mâtinés, ou de Sculpture. Cette efpece de Treillage eft la plus riche de toutes. 4. *part. page* 1179.

Treillageur, (Art du) cinquieme efpece de Menuiferie, qui a pour objet la décoration des Jardins; fon origine & fes progrès en France. 4. *part. pag.* 1037.

Trépan. Voyez Drille.

Triangle, efpece d'équerre dont une des branches eft beaucoup plus mince que l'autre, de maniere que la plus épaiffe puiffe s'appuyer contre la piece de bois fur laquelle on veut tracer un trait quarré ou d'équerre, ce qui eft la même chofe. Il y a encore une autre efpece de triangle, qu'on nomme *Triangle-onglet*, parce qu'il eft difpofé de maniere que toutes les lignes qu'on trace avec, font inclinées de 45 degrés. 1. *part. pag.* 69 *& fuiv.*

Trictrac, petite table de jeu fans pieds, compofée de deux efpeces de caiffons joints enfemble par des charnieres. 3. *part. feĉt.* 2, *pag.* 719.

Tripoli, efpece de craie d'un blanc-rougeâtre, & rude au toucher. On s'en fert pour

polir

polir le bois & les métaux. 3. *part. sect.* 3. *pag.*
860.

Triglyphes, parties faillantes dont la frise
de l'entablement Dorique est ornée. Les Triglyphes sont fouillés en forme de caneaux,
& font toujours disposés de maniere que leur
axe tombe à-plomb de celui des colonnes.
4. *part. pag.* 1047.

Trompe, partie faillante en angle, dont le
dessous est échancré en creux. 2. *part. pag.*
313. 4. *part. pag.* 1084.

Trophée, assemblage de plusieurs instru-
ments d'Arts quelconques, qu'on place sur
des socles ou des piédestaux pour couronner
un édifice, ou qu'on attache contre les pa-
rois de ces derniers. Les Trophées sont tous
du ressort de la Sculpture ; mais ils doivent
être analogues à la destination de l'édifice,
& en rapport de proportions avec l'Architecture qui le décore. 4. *part. pag.* 1074.

Trumeau. On nomme ainsi toute partie de
Menuiserie servant à revêtir l'espace qui se
trouve entre deux croisées, soit que cette
Menuiserie soit disposée pour recevoir une
glace, comme les cheminées, ou simplement des panneaux, comme la Menuiserie
ordinaire. 2. *part. pag.* 181.

Trumeau. On donne ce nom à tous les
parquets de glace ; cependant il n'appartient
qu'à ceux qui sont placés entre deux croisées, vu que cette partie de Menuiserie se
nomme ainsi. 2. *part. pag.* 174.

Trusquin, outil de bois composé d'une
tête & d'une tige, au bout de laquelle est
placée une pointe de fer. Cet outil sert à tracer des lignes paralleles sur des pieces de
bois. Il y a deux sortes de Trusquins, l'un
dont je viens de parler, qu'on nomme *Trusquin d'établi* ou *à longues pointes*, & l'autre
Trusquin d'assemblage. 1. *part. pag.* 65.

Tympan ; c'est l'espace compris entre les
corniches d'un fronton. Le Tympan est souvent orné de sculpture. 4. *part. pag.* 1072.

U.

U. (membre d') Les Treillageurs nomment ainsi les parties de leurs ouvrages d'une
forme longue & étroite, comme les larmiers,
les bandeaux, &c. lesquels sont remplis par
des compartiments disposés en chevrons brisés en forme d'U, ou, pour mieux dire, de
V. 4. *part. pag.* 1203.

V.

Valet, outil de fer servant à retenir le bois
sur l'établi d'une maniere fixe & inébranla-
ble. Il y a deux sortes de Valets ; savoir,
les Valets d'établi dont je viens de parler,
& d'autres plus petits, qu'on nomme *Valets
de pied*, dont l'usage est de retenir les pieces
de bois le long de l'établi, ou, pour mieux

TREILLAGEUR.

dire, sur le côté de ce dernier. 1. *part. pag.*
55 *& suiv.*

Vanteau, Vantail ou *Battant*, ce qui signifie la partie d'une porte quelconque ; ainsi
on appelle *Porte à un vanteau*, celle qui n'est
composée que d'une seule partie sur la largeur, *Porte à deux vanteaux*, celle qui est
composée de deux parties, &c. 1. *part. pag.*
122.

Varlope, grand outil composé d'un fer &
d'un fût, lequel sert au corroyage du bois. Il
y a deux sortes de Varlopes ; l'une qu'on
nomme *demi-Varlope*, qui est la plus petite,
& qui sert à dégrossir le bois ; & l'autre
nommée *grande Varlope*, avec laquelle on
acheve de le dresser. 1. *part. pag.* 62.

Varlope-onglet ou *à onglet*, espece de rabot de 12 à 13 pouces de longueur, lequel
ne sert qu'à faire des joints fins, & à recaler
des onglets. 1. *part. pag.* 88.

Vase, partie de Sculpture dont on couronne quelquefois les édifices : ils doivent
être d'une proportion relative à celle de
l'Architecture qu'ils ornent. 4. *part. pag.*
1074.

Veau. On nomme ainsi la levée qu'on fait
dans une piece de bois pour la cintrer, soit
sur le plat ou sur le champ. 1. *part. pag.* 37.

Veilleuse, grand siége ou lit de repos.
Voyez *Ottomane*.

Verd-de-gris, espece de rouille qu'on tire
des lames de cuivre. On s'en sert pour teindre les bois. 3. *part. sect.* 3, *pag.* 795.

Vernis, liqueur visqueuse & luisante qu'on
applique sur la surface des bois. Les Ebénistes appliquent sur leurs ouvrages du Vernis
blanc, nommé *Vernis de Venise.* 3. *part.
sect.* 3, *pag.* 864.

Vernis propre pour les métaux, connu en
France sous le nom de *Vernis d'Angleterre* ;
sa composition & la maniere de l'employer.
3. *part. sect.* 3, *page* 1031.

Vie. (tout en) ou tout à vif. Par ce terme,
les Menuisiers entendent une piece de bois
qui entre dans une autre sans qu'on ait rien diminué de sa grosseur. La même chose s'entend
de l'ouvrage, comme, par exemple, une porte, qui, dit-on, entre *toute en vie* dans ses
bâtis, c'est-à-dire, à laquelle on n'a point
fait de feuillure au pourtour, & dont le devant affleure avec le bâtis.

Vilbrequin ou *Virebrequil*, outil propre
à faire des trous, lequel est composé d'un
fût de bois, & d'une meche de fer montée
dans une boîte de bois. 1. *part. page* 89.

Violet, bois qui vient des Indes orientales : il est d'une très-bonne odeur ; sa couleur est violette mêlée de blanc-vineux. 3.
part. sect. 3, *pag.* 780.

Violon, outil de Treillageur ; c'est une
espece de touret de bois à main, dans lequel
est placé un foret qu'on fait mouvoir par le
moyen d'un archet à l'ordinaire. 4. *part. pag.*

1108. Voyez les Articles *Foret* & *Archet.*

Vis à bois; ce sont de petits cylindres de fer, dont une des extrémités est diminuée & cannelée en spirale. Ces cannelures doivent être un peu larges, & leur arête très-aiguë, pour mieux prendre dans le bois. A l'autre extrémité est une tête ronde fendue par le milieu, pour pouvoir les tourner avec le tourne-vis. Le dessus des têtes des Vis est arrondi: quelquefois on les fait plates, & alors elles prennent le nom de *Vis à tête fraisée.* Les Menuisiers font un très-grand usage de l'une & de l'autre espece de Vis, pour la construction & la pose de leurs ouvrages. 2. *part. page 259.*

Vis d'armoires & de lits. Ces Vis sont longues de tige: elles sont taraudées dans un petit écrou de fer d'une forme plate & à peu-près quarrée. Leur tête est quelquefois quarrée & saillante. On en fait à tête ronde, & d'autres à tête percée en forme de piton. 2. *part. pag.* 260, 3. *part. sect.* 2, *pag.* 669 & 744.

Vis à parquet de glace. Ce sont des Vis en fer. La tête de ces Vis est large & plate; leur tige est courte & taraudée dans un écrou de fer, dont les extrémités sont recourbées pour les arrêter dans le plâtre où on les scele. 2. *part. pag.* 261.

Vis-à-vis, espece de Berline étroite, qui ne peut contenir qu'une personne sur la largeur. 3. *part. sect.* 1, *pag.* 459.

Visorium, petit montant de bois terminé en pointe par le bas, & sur lequel les Compositeurs d'Imprimerie placent les feuillets de la copie, ou, pour mieux dire, de l'original de leur ouvrage. 3. *part. sect.* 3, *pag.* 964.

Vitriol, (huile de) liqueur acide, qui sert à faire la teinture en bleu. 3. *part. sect.* 3, *page* 794.

Voie. (donner de la) Par ce terme on entend l'action de déverser de côté & d'autre les dents d'une scie, pour qu'elles prennent plus de bois, &, par ce moyen, facilitent le passage de la lame. 1. *part. pag.* 39 & *suiv.*

Voitures, (Menuiserie des) ou Carrosses: Voitures anciennes & modernes, Voitures de ville & de campagne, Voitures de fantaisie, &c.

Voitures arrasées. On nomme ainsi celles auxquelles les portieres ne sont pas apparentes, de sorte que le panneau de côté de la voiture semble être d'une seule piece. 3. *part. sect.* 1, *pag.* 559.

Voitures à trois cintres. On nomme ainsi celles dont le battant de l'impériale est cintré en trois endroits; savoir, au-dessus de la portiere & des deux custodes. 3. *part. sect.* 1, *pag.* 530.

Voitures à l'Angloise, fort à la mode à présent. 3. *part. sect.* 1, *pag.* 482 & 578.

Volets ou *Guichets*, vantaux de Menuiserie posés sur les croisées pour fermer sûrement les Appartements; leurs différentes especes & construction. 1. *part. pag.* 107.

Voliges ou *Voliches.* On nomme ainsi des planches de bois blanc, ordinairement de peuple, qui n'ont que 5 à 6 lignes d'épaisseur. Le bois mince, soit de chêne ou de sapin, se nomme *Feuillet.*

Voliges à pavillons, petites planches très-minces, avec lesquelles on couvre le dessus des pavillons. 3. *part. sect.* 1, *pag.* 530.

Volute, principale partie du chapiteau Ionique, en forme de spirale. Les chapiteaux antiques en ont quatre, & les modernes huit; leurs proportions, & la maniere de les tracer. 4. *part. pag.* 1059.

Vource ou *Wourst*, voiture de chasse, qui n'est presque pas du ressort du Menuisier. 3. *part. sect.* 1, *pag.* 581.

Voussure, (arriere-) partie supérieure d'une baye de porte ou de croisée, dont le cintre de face est différent de celui du fond. Les Voussures prennent différents noms selon leurs formes. 2. *part. page* 312.

Voûte d'arête. On nomme ainsi une Voûte qui est rencontrée par une autre Voûte dont le cintre est de même hauteur que la premiere, soit que ces Voûtes se croisent à angle droit ou non, ou qu'elles soient d'un diametre égal. 2. *part. pag.* 313. Voyez *Arête* & *Arêtier.*

Vrille, petit outil de fer garni d'un manche qui y est adapté perpendiculairement à la longueur du fer, de maniere que ce dernier entre dans le milieu du manche; l'autre bout du fer est terminé par une meche en forme de vis, afin de s'introduire plus aisément dans le bois, l'usage de cet outil étant d'y faire des trous quand on ne peut pas se servir du vilbrequin. 1. *part. pag.* 90.

Vrillon. On nomme ainsi une espece de petit tariere, dont l'extrémité du fer est terminée comme une vrille.

F I N.

EXTRAIT DES REGISTRES

DE L'ACADÉMIE ROYALE DES SCIENCES.

Du Mardi 20 Décembre 1774.

AYANT été chargé par l'Académie d'examiner l'*Art du Treillageur*, qui lui a été préfenté par le fieur ROUBO, Maître Menuifier, je vais mettre fous les yeux de l'Académie, la route qu'a fuivie l'Auteur.

Les ouvrages de Treillage font de püre décoration, fi l'on en excepte les Treillages d'efpaliers, qui, étant très-fimples, font ordinairement exécutés par les Jardiniers, & pour cette raifon n'ont guere fixé l'attention du fieur Roubo. Il s'eft principalement attaché aux ouvrages d'ornements, qui entrent pour beaucoup dans la décoration des Jardins de propreté, tels que des Baluftrades d'appui, des Berceaux, des Cabinets, des Sallons, des Portiques, des Galleries, des Colonnades : car il n'y a aucun ouvrage d'Architecture qu'on ne puiffe imiter en Treillage; mais plus ces ouvrages font riches, & plus il eft effentiel de les affujétir aux régles de la bonne Architecture; c'eft pourquoi l'Auteur donne dans le premier Chapitre, & dans les trois Sections qui le compofent, des notions élémentaires des principes d'Architecture & de l'Art du Trait, fe renfermant dans ce qui eft abfolument néceffaire au Treillageur, non-feulement pour exécuter la partie de fon ouvrage qui eft en bois, mais encore pour deffiner exactement au Serrurier ce qu'il doit exécuter en fer, afin de donner de la folidité à l'ouvrage.

Le fecond Chapitre eft deftiné à rapporter les différentes efpeces de bois dont les Treillageurs font ufage. On peut, dit le fieur Roubo, employer beaucoup de différentes efpeces de bois; mais à Paris on a coutume de ne faire ufage que du Chêne, du Châtaignier & du Frêne. Le Chêne qu'on achete en planches, en membrures, &c. fert pour les principales pieces des Bâtis & des Corniches; les échalas de Chêne font auffi très-bons, mais rares. On fait auffi ufage de lattes de Chêne pour les rempliffages, ainfi que des cercles de boiffellerie. Le Châtaignier, qu'on achete en échalas ou barreaux d'un pouce de largeur, fur 8 à 9 lignes d'épaiffeur, fert pour les parties droites; ceux qu'on achete en cerceaux s'emploient dans les cintres; & pour le mieux, on prend des cerceaux deftinés pour les cuves, qu'on réduit aux groffeurs convenables; enfin on en achete en bûches pour faire des copeaux, ainfi qu'on l'expliquera dans la fuite. Comme le Frêne ne fert qu'à faire des copeaux, on l'achete ordinairement en bûches : quoique le fieur Roubo entre à ce fujet dans des détails intéreffants, il renvoie néanmoins à ce qu'il a dit dans la premiere & la troifieme Parties de l'Art du Menuifier.

Notre Auteur paffe enfuite au détail des Outils dont les Treillageurs font ufage. Il en diftingue de deux efpeces; les uns qui leur font communs avec les Menuifiers, & pour ceux-là il renvoie à la premiere Partie de fon Ouvrage; mais il décrit avec foin ceux qui font propres aux Treillageurs. Outre les Scies à débiter, les Treillageurs ont des Scies à arçon, dont la feuille eft tendue par un écrou à aîle, dont ils font grand ufage, fur-tout pour les ouvrages fimples, & d'une Serpe à deux bifeaux. Les Marteaux dont ils fe fervent, ont d'un côté une maffe, & de l'autre une pane qui n'eft pas refendue : il faut que l'un & l'autre foient menus & longs, ainfi que le manche, pour pouvoir frapper dans des parties creufes.

Les Treillageurs font auffi un ufage très-fréquent des Tenailles : il faut que les mors foient bien acérés & tranchants ; pour couper le fil de fer & les pointes de clous ; les branches doivent être longues & parallèles, pour qu'elles puiffent entrer aifément par-tout, & que les Treillageurs puiffent s'en fervir pour couper.

Dans ces fortes d'ouvrages on a beaucoup de trous à percer, & on fe fert pour cela d'un Vilbrequin, & pour les pieces minces, d'un Poinçon ; mais ils emploient fouvent un Foret à main, ou un Touret, qu'ils font mouvoir avec un archet, & que pour cela ils nomment *violon*. Il y a des circonftances où il leur faut une maffe de 4 à 5 pouces de longueur, fur 2 pouces en quarré, & dont le manche ait 2 à 2 pieds 6 pouces de longueur.

Les échalas que les Treillageurs achetent, font prefque toujours courbes ; on les redreffe au moyen d'un inftrument qu'on nomme *Redreffoir*. Pour s'en former une idée, il faut imaginer un banc qui n'a de pied qu'à un de fes bouts, dont par conféquent la planche eft inclinée ; le bout oppofé a un pied portant à terre : auprès de ce bout élevé, eft folidement établi un crochet de fer ; le Treillageur pofe fon échalas entre le crochet & le banc, il fait porter la partie courbe fur le bord du banc, & donne à cet endroit, obliquement, un petit coup de ferpe ; en appuyant enfuite fur l'échalas, il s'en détache en petit éclat, & la courbure difparoît. Ce moyen eft expéditif ; mais on ne doit y avoir recours que pour les ouvrages qui n'exigent pas beaucoup de propreté ; c'eft pourquoi il vaut mieux fe fervir de la Plane ou Pleine, avec la fellette ou chevalet des Tonneliers.

Quand les Treillageurs veulent planer des pieces très-minces, comme des copeaux pour faire des frifages, ils les appuient fur une planche qui a affez d'épaiffeur pour fournir un appui folide à la piece mince, au moyen de quoi ils les redreffent avec la Plane auffi précifément que s'ils les avoient paffés à la Varlope. Ils ont fouvent à refendre des billes de bois, & pour cela ils fe fervent d'un inftrument que les Fendeurs & les Charrons nomment un *Coûtre* ; les uns font emmanchés comme un couperet ; aux autres le manche eft à l'équerre, relativement à la lame : en ce cas le manche fert de levier pour ouvrir la fente qu'on a déja commencée en frappant avec le maillet fur le dos de la lame.

Comme les Treillageurs ont befoin d'un nombre de lattes minces qui foient d'une même largeur, ils en arrangent une quantité dans une forte boîte, bien ferrées les unes contre les autres ; & avec la Varlope ou la Plane, ils les mettent toutes d'une même largeur en un inftant. Quand les lattes font ainfi dreffées, elles peuvent fervir à des rempliffages ; mais comme pour les ornements courants, il faut beaucoup d'annelets, ou, comme difent les Treillageurs, *de ronds*, il faut rouler ces lattes minces comme les Cercliers font des cerceaux dans les forêts, ou les Fendeurs des cercles de boiffellerie ; mais les ronds dont les Treillageurs font ufage, doivent être faits avec beaucoup de régularité & de précifion, ce qui exige bien des attentions de la part de l'Ouvrier.

En général, les Ronds de Treillage, grands & petits, fe font avec du bois mince & de fil, qu'on fait ployer & rouler deux fois fur lui-même. Il faut que ces annelets foient d'une égale épaiffeur dans toute leur circonférence, ce qui oblige de tailler en chamfrein les extrémités des bois qu'on emploie. Il faut auffi que tous ceux qu'on emploie pour une partie d'ornement, une Frife, par exemple, foient d'une même épaiffeur & d'un égal diametre ; toutes ces précifions exigent bien des précautions, & un nombre d'opérations que le fieur Roubo décrit avec beaucoup d'ordre & de clarté, mais qu'il feroit trop long de détailler dans ce Rapport.

Quelquefois on place ces Ronds les uns à côté des autres ; mais d'autres fois on veut qu'ils fe pénetrent en entrant les uns dans les autres pour former un enlacement, ce qui oblige de les entailler à mi-bois dans le fens de leur épaiffeur. M. Roubo indique plufieurs moyens d'exécuter ces Ornements avec beaucoup de régularité.

L'Auteur traite enfuite des différents Ornements dont on décore les Treillages, & de

la

la maniere de les découper. En général, tous les Ornements dont on décore les Treillages, font faits avec du bois mince & de fil, fendu au Coûtre, & plané ainfi qu'il a été expliqué. Comme il y a des Ornements de toutes fortes de formes & grandeurs, les Treillageurs ont foin d'avoir une bonne provifion de ces bois, qu'ils nomment *Copeaux*. Dans certaines circonftances, ils emploient des cercles de Boiffellerie ; mais c'eft le moins qu'ils peuvent, les bois qu'ils fendent eux-mêmes, réfiftant beaucoup mieux aux efforts des tenailles lorfqu'on veut les mâtiner.

Les Outils qui fervent pour les Ornements, font, en général, de deux fortes ; les uns fervent à découper les Feuilles d'ornements, les Rofettes, &c ; & les autres à leur faire prendre des contours agréables, ce qu'on appelle *mâtiner*. Il faut, pour découper, avoir un Etau de bois ; & comme il eft néceffaire de changer fouvent de pofition la piece qu'on découpe, on ferre l'Etau en mettant le pied fur une marche, qui, au moyen d'une corde de boyau paffant fur une poulie, & aboutiffant à la mâchoire mobile de l'Etau, le ferme, pendant qu'un reffort, qui eft entre les deux mâchoires, les écarte. Les Treillageurs découpent leurs Feuilles d'ornements avec de petites Scies à tourner, dont la lame eft étroite ; mais il s'en faut beaucoup qu'elles foient auffi commodes que celle des Ebéniftes. M. Roubo invite les Treillageurs à l'adopter, ainfi que plufieurs autres Inftruments qu'ils pourroient prendre des Ebéniftes. Pour réparer les défauts de la Scie à découper de petites parties, on fe fert de Couteaux tranchants, les uns droits, les autres courbes.

Quand les pieces font découpées, on les *mâtine*, c'eft-à-dire, qu'on leur fait prendre la courbure néceffaire, ce qui s'exécute de différentes manieres. Quand les pieces font minces, & qu'il s'agit de leur faire prendre une courbure uniforme, on les plie dans les mains ; & quand la force des mains n'eft pas fuffifante, on fe fert de Tenailles de différentes grandeurs, avec lefquelles on ferre fortement la piece qu'on veut courber ; les mors qui font coupants, font dans le bois une impreffion qui aide à l'autre main à faire prendre la courbure, dont on change la direction en variant la difpofition des Tenailles ; mais ces moyens ne peuvent être employés que pour les pieces minces ; quand elles ont de l'épaiffeur, il faut, après les avoir fait tremper dans l'eau, les chauffer fur un feu clair, & leur faire prendre la courbure qu'on defire, en les roulant fur des moules de bois, à qui on donne différentes formes, fuivant que le cas l'exige. M. Roubo termine ce qu'il s'étoit propofé de dire des Outils des Treillageurs, par la defcription d'un Rabot très-commode pour mettre les bois d'épaiffeur.

La plupart des pieces qui forment les Treillages, font attachées avec des pointes, ou liées & en quelque façon coufues avec du fil de fer. Celui dont on fait les coutures, doit être fouple, & pour cette raifon bien recuit. On en emploie de différentes groffeurs, fuivant la force des pieces qu'on veut affembler. Le fil pour les pointes doit, au contraire, être ferme & point recuit. Les pointes des Treillageurs ne font point appointies : ils prétendent qu'elles fendent moins les copeaux. Ils emploient outre cela différentes efpeces de clous, les uns plus longs que les autres, & tous menus & à tête plate. M. Roubo détaille les différentes manieres de faire les maillons pour coudre les pieces qui doivent former le Treillage ; car c'eft de la perfection des coutures que dépend la folidité de ces ouvrages.

Après tous ces détails particuliers, qui font clairement expliqués dans l'Ouvrage, M. Roubo entre, pour ainfi dire, en matiere, & parle de la conftruction des Treillages, qu'il divife en fimples & en compofés ; les fimples, qui font faits avec des échalats équarris, ou des lattes, forment des Efpaliers appliqués contre les murs, les Berceaux, les Cabinets, les contre-Efpaliers, les Treillages d'appui, les Rampes aux côtés des Efcaliers, &c.

Pour ne rien omettre, l'Auteur parle des Bordures en bois qu'on fubftitue, dans les Jardins, à celles de buis ; mais enfuite il donne le plan & l'élévation d'un grand Berceau

percé de cinq ouvertures fur une de fes faces, dont les unes font grandes & les autres petites. Ce Berceau eft reployé en aîle à fes deux extrémités : tout le bâtis eft en fer. L'Auteur explique les attentions que le Serrurier doit apporter pour donner du goût & de la folidité à fon ouvrage.

A l'égard du rempliffage en bois, il eft très-fimple. L'Auteur ne néglige point de faire
remarquer qu'on ne peut éviter plufieurs difformités qu'en ajoutant certaines parties d'ornements, comme des Corniches, des Frifes, qui favorifent le raccordement des parties
cintrées.

Comme, par économie, on retranche fouvent les fers, l'Auteur décrit les affemblages
de charpente légere qu'on fubftitue au fer, & remarque que pour les parties cintrées on emploie des cercles de cuves équarris : au refte ces Treillages fimples font fufceptibles de différents ornements, ainfi que les compofés, dont l'Auteur parle enfuite fort en détail.

Les Treillages compofés font ceux dont les bâtis font faits en Menuiferie, bien affemblés
& ornés de Moulures, de Corniches & de tous les Ornements qui conviennent à la bonne
Architecture. Ainfi, comme on le voit dans un Portique que l'Auteur donne pour exemple,
la Menuiferie fait la partie principale de l'ouvrage, & le Treillage en forme les rempliffages, qui forment comme une Mofaïque, & qu'on rend très-agréables par la variété des
mailles, ce que M. Roubo fait très-bien appercevoir, n'omettant rien pour rendre très-
fenfible tout ce qui regarde tant la partie du Bâtis, qui fe fait par le Menuifier, que ce
qui concerne plus particuliérement le Treillageur.

On trouvera dans l'Ouvrage de M. Roubo, plufieurs morceaux de Treillages de la plus
belle exécution, & dans lefquels il a fait entrer tous les Ornements dont ces fortes d'ouvrages font fufceptibles, Corniches, Frifes, Pilaftres, Colonnes, Vafes de beaucoup de
différentes formes, Groupes & Guirlandes de fleurs, ce qui lui fournit l'occafion d'expliquer en détail la conftruction de ces différentes fortes d'ouvrages.

Je fuis fâché qu'il ne me foit pas poffible de fuivre plus en détail l'Ouvrage de M. Roubo,
pour en donner à l'Académie une idée plus précife ; mais je puis affurer l'Académie que
tout y eft bien vû & expofé avec clarté, de forte que je le crois très-digne de l'impreffion.
A l'Académie ce 20 Décembre 1774. *Signé*, DUHAMEL DU MONCEAU.

Je certifie l'Extrait ci-deffus conforme à fon original & au jugement de l'Académie.
A Paris, le 7 Janvier 1775.

GRANDJEAN DE FOUCHY,
Secrétaire perpétuel de l'Académie Royale des Sciences.

ERRATA de l'Art du Treillageur.

PAGE 1043, *ligne* 18, & le gorgerin *d*; *lisez* : & le gorgerin *f*.
Ibid. *ligne* 20, l'astragale *f*; *lisez* : l'astragale *g*.
1045, *ligne* 12, la ligne *h*; *lisez* : la ligne *h i*.
1050, *ligne* 8, dans la figure 6. *lisez* : dans cette figure.
1071, *ligne* 36, à l'à-plomb des corniches; *lisez* : à l'à-plomb de ceux des corniches, &c.
1083, *ligne* 17, ces pendants; *lisez* : ces pendentifs.
1085, *ligne* 24, *A G*; *lisez* : *A C*.
1089, *ligne* 23, *D F*; *lisez* : *D E*.
1093, *ligne* 7, *I M*; *lisez* : *I N*.

Page 1109, *ligne* 15, fig. 5; *lisez* : fig. 6.
1118, *ligne* 24, à construire; *lisez* : à construire les ronds.
1137, *ligne* 14, figure 26; *lisez* : figure 6.
1149, *ligne* 25, du socle; *lisez* : du soffite.
1180, *ligne* 4, sur lequel tout l'édifice est posé; *lisez* : sur lequel pose tout l'édifice.
1184, *ligne* 34, de ces ouvertures; *lisez* : de ses portes.
1198, *ligne* 15, fig. 2; *lisez* : fig. 4.
Idem. *ligne* 17, fig. 2; *lisez* : fig. 4.
1210, *ligne* 22, fig. 12; *lisez* : fig. 11.
1233, *ligne* 28, au midi; *lisez* : à l'horizon.

Dans le Vocabulaire.

Page 1272, *ligne* 2, centres; *lisez* : cintres.
1274, *ligne* 18, de pied; *lisez* : de pile.
1276, *ligne* 7, Sect. 3; *lisez* : Sect. 2.
1283, *ligne* 15, des coupes; *lisez* : des coups.

Page 1298, *ligne* 54, raccords droits; *lisez* : raccords adoucis.
1301, *ligne* 29, davier; *ajoutez* : ou david.
1303, *ligne* 47, pilon; *lisez* : piton.

Errata des Planches.

A la Planche 339, *fig.* 3, il manque la ligne qui indique le dessous du tailloir du chapiteau.
A la Planche 340, *fig.* 2, le haut de la niche quarrée est indiqué par un *O*; ce doit être un *Q*.

A la Planche 358, il manque les lettres *G* & *H* à la figure 5.
A la Planche 374, il manque la lettre *g* à la figure 4.

Additions.

Page 1266, *ligne* 3, il manque : *Ange*; c'est un morceau de bois long de 7 à 8 pouces, & de 9 à 10 lignes de gros, à l'extrémité duquel est attachée une éponge, ou plus communément la partie antérieure d'un soulier, par le moyen de laquelle on prend de l'eau dans l'auge pour la verser sur le grès.

Ibidem, *lig.* 17, il manque : *Anti-bois*. On nomme ainsi des tringles de 9 à 10 lignes en quarré, dans lesquelles sont assemblés de 18 à 20 pouces de distance en distance les uns des autres, des petits montants de 6 pouces de longueur, & d'une grosseur semblable à celle de la tringle, dont la longueur varie à l'infini. Les Anti-bois se placent à plat sur le parquet & le long des murs, ou, pour mieux dire, des lambris des appartements, pour arrêter les pieds des siéges, afin que quand on s'assied dessus, le dossier de ces derniers ne vienne pas frapper contre les lambris, & en gâter la peinture.

Page 1267, *ligne* 7, il manque : *Auvents*. On nomme ainsi des especes de plafonds saillants, placés au-dessus des ouvertures des boutiques, pour en écarter les eaux pluviales. Les Auvents sont inclinés dans leur largeur, pour faciliter l'écoulement de l'eau, & sont construits de deux façons différentes. Les uns (& ce sont les plus simples) sont faits avec deux ou trois planches de chêne, posées à recouvrement d'un bon pouce & demi les unes sur les autres, pour, en cet état, être clouées ensemble & sur le chassis de bois qui les porte. Les autres sont faits avec des planches de 2 à 2 pieds & demi de longueur, selon la saillie de l'Auvent; ces planches sont jointes à rainures & languettes, & leurs joints recouverts avec des tringles de 9 lignes d'épaisseur, au moins, & environ 2 à 3 pouces de largeur, qu'on cloue en place quand les planches de l'Auvent sont posées. De quelque maniere qu'on dispose les planches des Auvents, il faut toujours qu'elles soient d'un bon bois de chêne, d'un pouce d'épaisseur au moins; il faut qu'elles soient traversées au moins d'un côté, & qu'elles soient portées par un chassis de bois de chêne de 3 pouces de gros, & soutenu par des arcs-boutants ou écharpes de semblable grosseur & qualité.

Page 1394, *ligne* 21, il manque, *Trappe de cave*. On nomme ainsi deux vantaux de Menuiserie pleine, placés dans un chassis, lesquels étant posés horizontalement, servent à fermer l'entrée des caves des maisons à loyer. Les Trappes de caves doivent être faites en bois de 2 pouces d'épaisseur, au moins, jointes à clefs & languettes rapportées, & être garnies en dessous de deux ou trois fortes barres à queue. Leur chassis, dans lequel elles entrent tout en vie, doit avoir 3 pouces d'épaisseur, au moins, sur 4 pouces de largeur. Les feuillures de ce chassis doivent être faites en dépouille, ainsi que le joint du milieu des deux Trappes, pour en faciliter l'ouverture.

Faute à corriger dans la IIe. Section de la IIIe. Partie.

On observera qu'à la figure 8 de la Planche 259, de la Seconde Section de la Troisieme Partie de cet Ouvrage, laquelle figure représente l'intérieur d'un Trictrac, les pointes sont disposées à contre-sens, c'est-à-dire, qu'au lieu d'être perpendiculaires au joint du milieu, elles doivent être du même sens.

Fautes à corriger dans la IIIe. Section de la IIIe. Partie.

Page 768, n°. 7, asphalate; *lisez* : aspalathe.
Page 771, *ligne* 19, même faute.
Depuis que l'Ebénisterie est au jour, M. la Forge, Menuisier d'Epinal en Lorraine, m'a communiqué les deux recettes suivantes pour teindre les bois en rose & en argentin, qui sont, pour le rose, quatre onces de cochenille bouillie dans un pot de vin blanc l'espace d'une demi-heure de temps, & cela dans un vase de terre vernissé. Quand le tout a bouilli, on y ajoute quatre onces de cendre laque; puis quand tout est froid, on y met de l'huile de vitriol, jusqu'à ce qu'on s'apperçoive qu'un morceau de bois qu'on y trempe prend bien la couleur, & qu'elle soit assez foncée. On trempe le bois dans cette teinture à froid, & on le laisse autant de temps qu'il est nécessaire pour qu'elle le pénetre.

Pour l'argentin, on fait une caisse de bon bois, d'environ 2 à 3 pieds de longueur, & d'un pied sur les autres sens, & on la gaudronne en dedans, après quoi on y met deux seaux de l'eau de l'auge des

1312

Gouteliers, avec la boue qui se trouve au fond de l'auge ; puis on y met quatre onces de sel de tartre, quatre onces de sel de nitre ou de salpêtre, en égale quantité ; quatre onces d'alun de glace, & quatre onces de vitriol blanc ; on pulvérise bien le tout avant que de le mettre dans l'eau, qu'il est bon de faire tiédir pour faciliter la fonte de ces sels ; après quoi on remue bien le tout, & on y met le bois de plane refendu sur la maille, en observant de le placer sur le champ, & qu'il soit totalement couvert de la teinture ; puis on met la caisse dans un lieu humide l'espace de quinze jours ; après quoi on retire le bois, qu'on laisse ensuite sécher sans le laver, & il se trouve teint d'un beau gris argentin.

N. B. J'ai fait des Errata à la fin de chaque Partie de mon Ouvrage, pour corriger les fautes qui s'y étoient glissées, & que j'ai apperçues après l'impression de chacune de ces différentes Parties ; cependant malgré mes soins je ne les ai pas toutes vues, soit qu'elles m'ayent échappé en relisant mon Ouvrage, ou que rempli de mon objet, j'y aye vu les choses, non pas telles qu'elles étoient, mais telles qu'elles devoient être. Cependant comme ces fautes ne sont pas très-considérables, n'étant, pour la plupart, que des omissions ou des transpositions de quelques lettres, soit dans les Planches ou dans leur explication, je n'ai pas cru devoir faire une nouvelle révision de mon Ouvrage pour corriger ces sortes de fautes, auxquelles un Lecteur un peu intelligent pourra aisément remédier.

Quant aux omissions des choses, soit des ouvrages ou des outils, je crois en avoir peu fait ; & celles dont je me suis apperçu, je les ai rapportées dans le Vocabulaire, soit en tout ou en partie, afin de ne rien laisser à desirer dans la description de mon Art, dont la premiere Partie est cependant traitée un peu trop briévement, du moins quant à ce qui concerne la pratique & la manutention des outils, & certains ouvrages communs, que je regardois, dans ce temps, comme devant être connus de tout le monde, & par conséquent peu susceptibles d'une description plus ample.

Ce défaut n'est pas réparable pour le présent ; mais si on fait une seconde Edition de mon Ouvrage, je la reverrai avec soin, & j'y ferai alors toutes les augmentations qui y seront nécessaires,

DE L'IMPRIMERIE DE L. F. DELATOUR. 1775.

LES TROIS ORDRES D'ARCHITECTURE GRECQUE avec leurs Divisions.

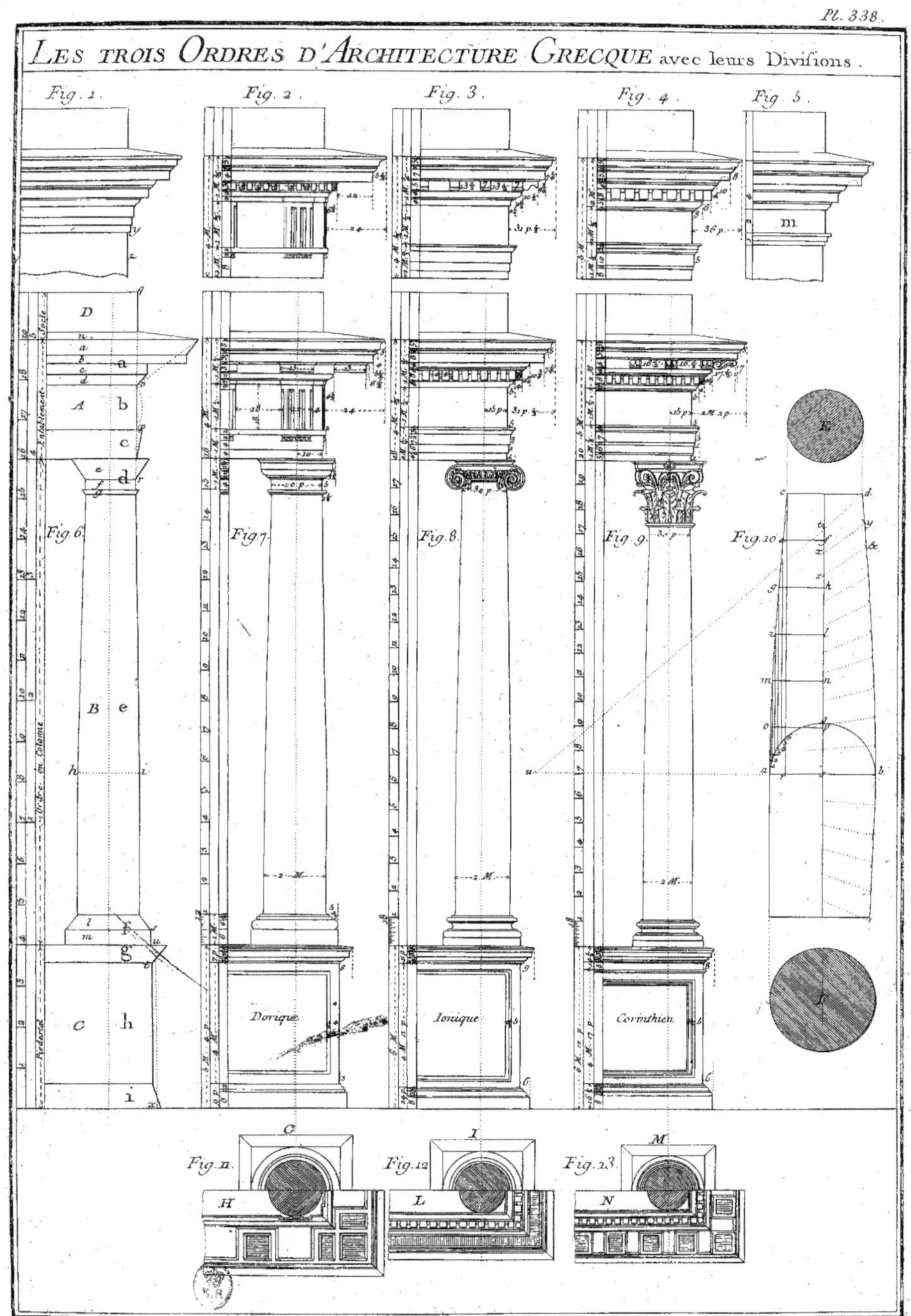

CHAPITEAUX IONIQUES CORINTHIEN et Composite avec leurs Developpement

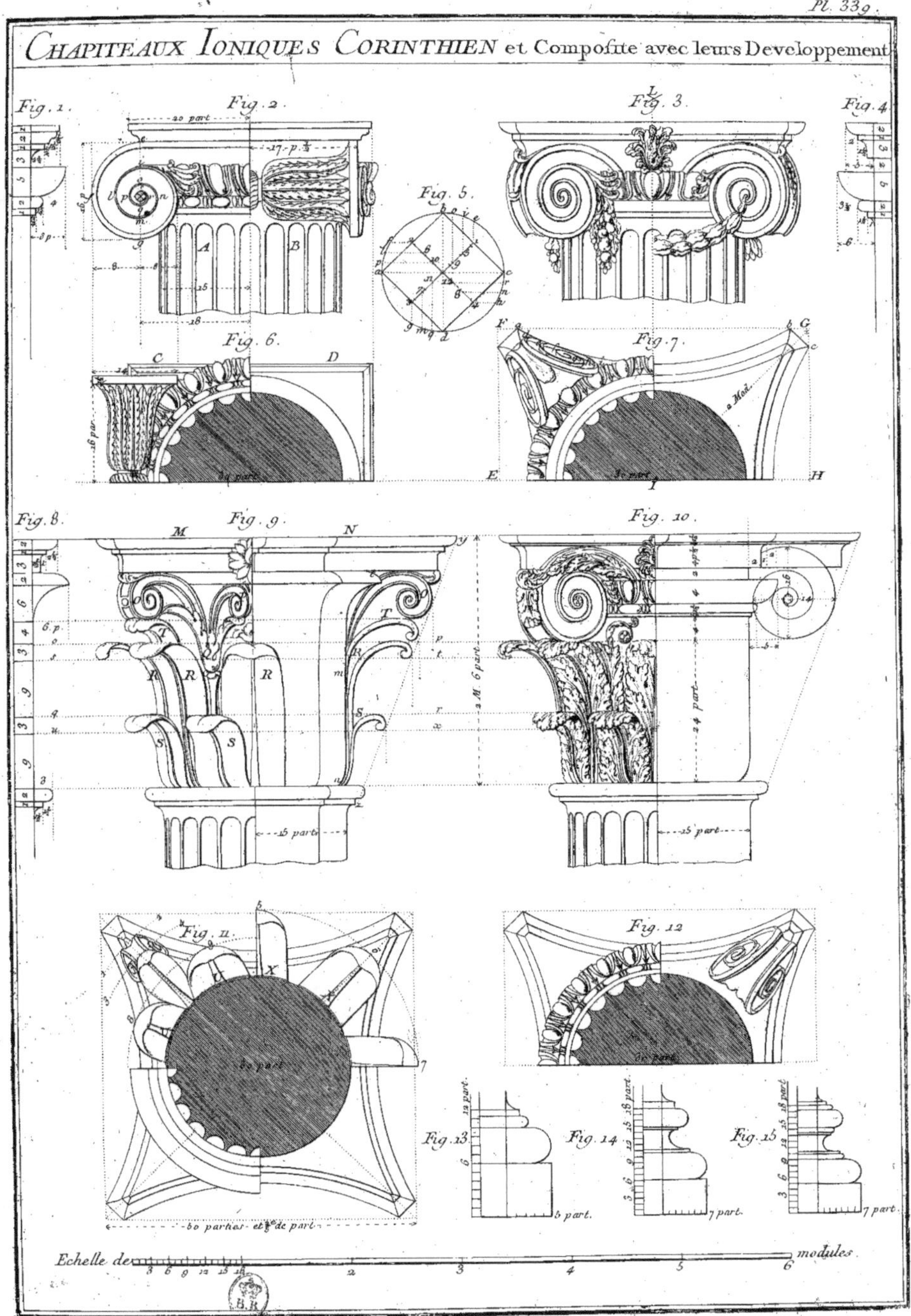

A. J. Roubo Inv. Del. et Sculp.

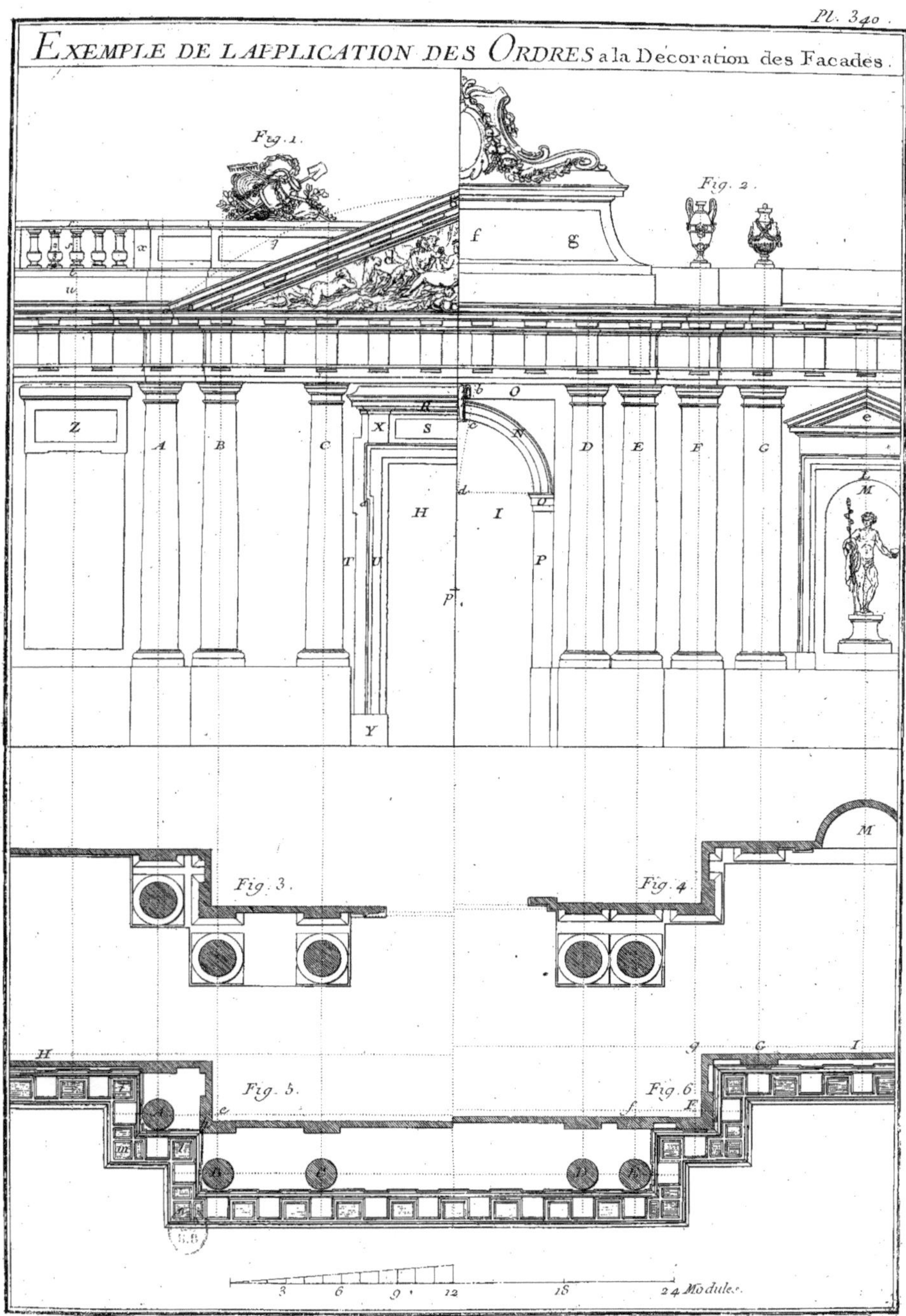

A. J. Roubo Inv. Del. et Sculp.

SUITE DE L'APPLICATION DES ORDRES A LA DECORATION des Facades.

A. J. Roubo Inv. Del. et Sculp.

MANIERE DE DÉTERMINER LA COURBURE des Angles des Berceaux.

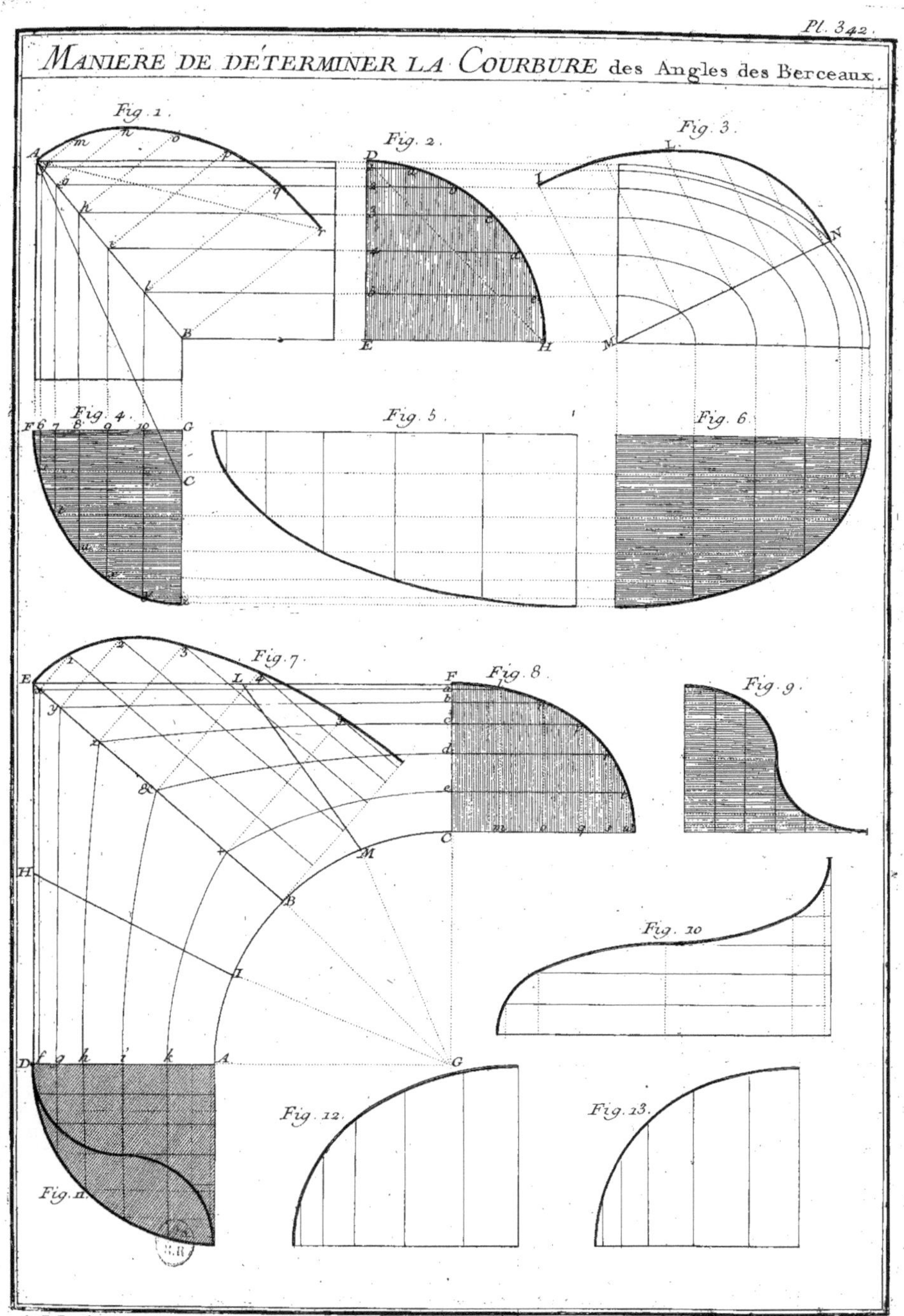

A. J. Roubo Inv. Del. et Sculp.

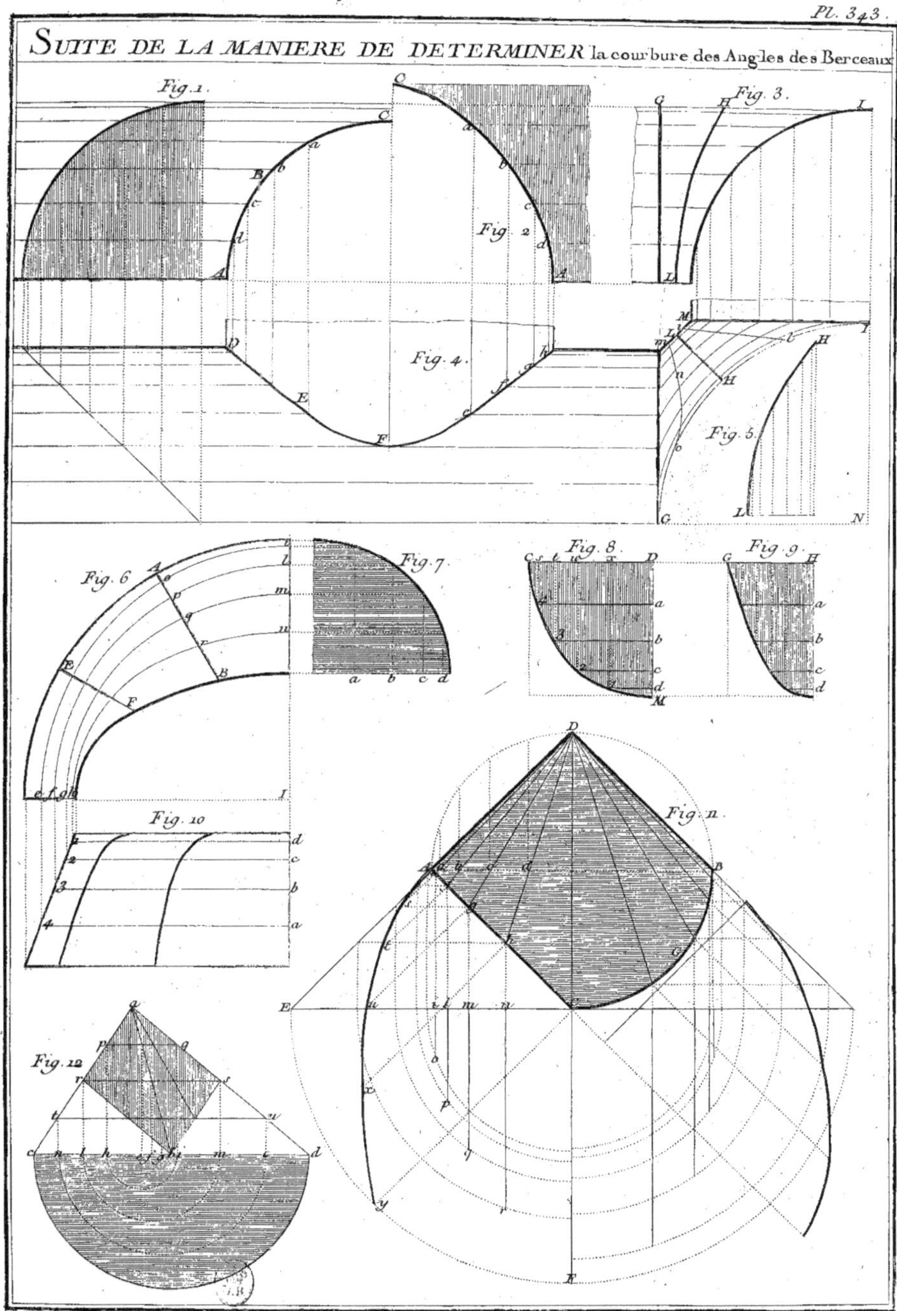
SUITE DE LA MANIERE DE DETERMINER la courbure des Angles des Berceaux
Fig. 1.
Fig. 2
Fig. 3.
Fig. 4.
Fig. 5.
Fig. 6.
Fig. 7.
Fig. 8.
Fig. 9.
Fig. 10.
Fig. 11.
Fig. 12.
A. J. Roubo Inv. Del. et Sculp.

MANIERE DE DISPOSER LES FERS PROPRES A SOUTENIR LE TREILLAGE

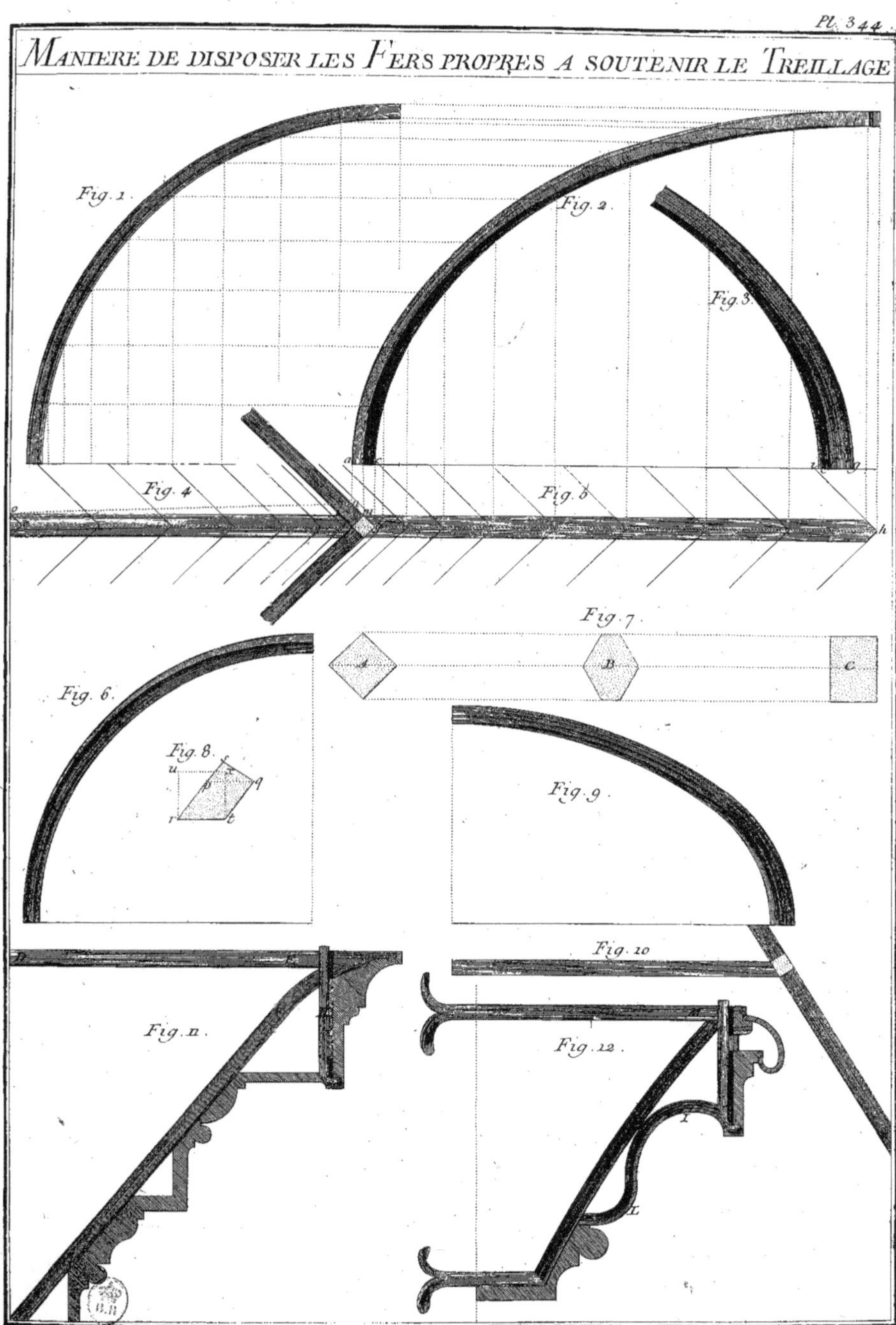

A. J. Roubo Inv. Del et Sculp.

MANIERE DE DEVELOPPER LES SURFACES DES Treillages Ceintrés.

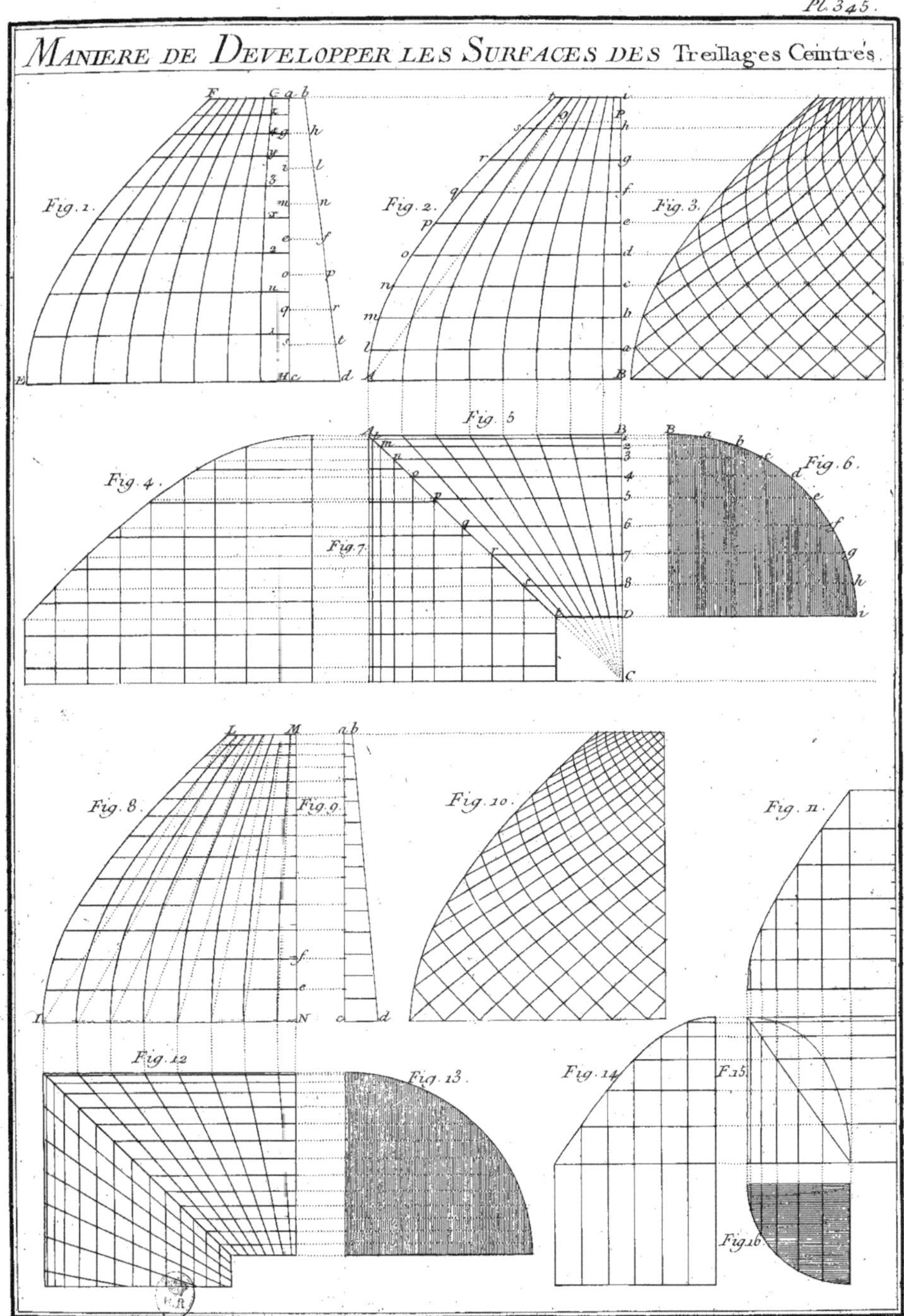

A. J. Roubo Inv. Del. et Sculp.

SUITE DU DEVELOPPEMENT DE LA SURFACE des Treillages Ceintrés.

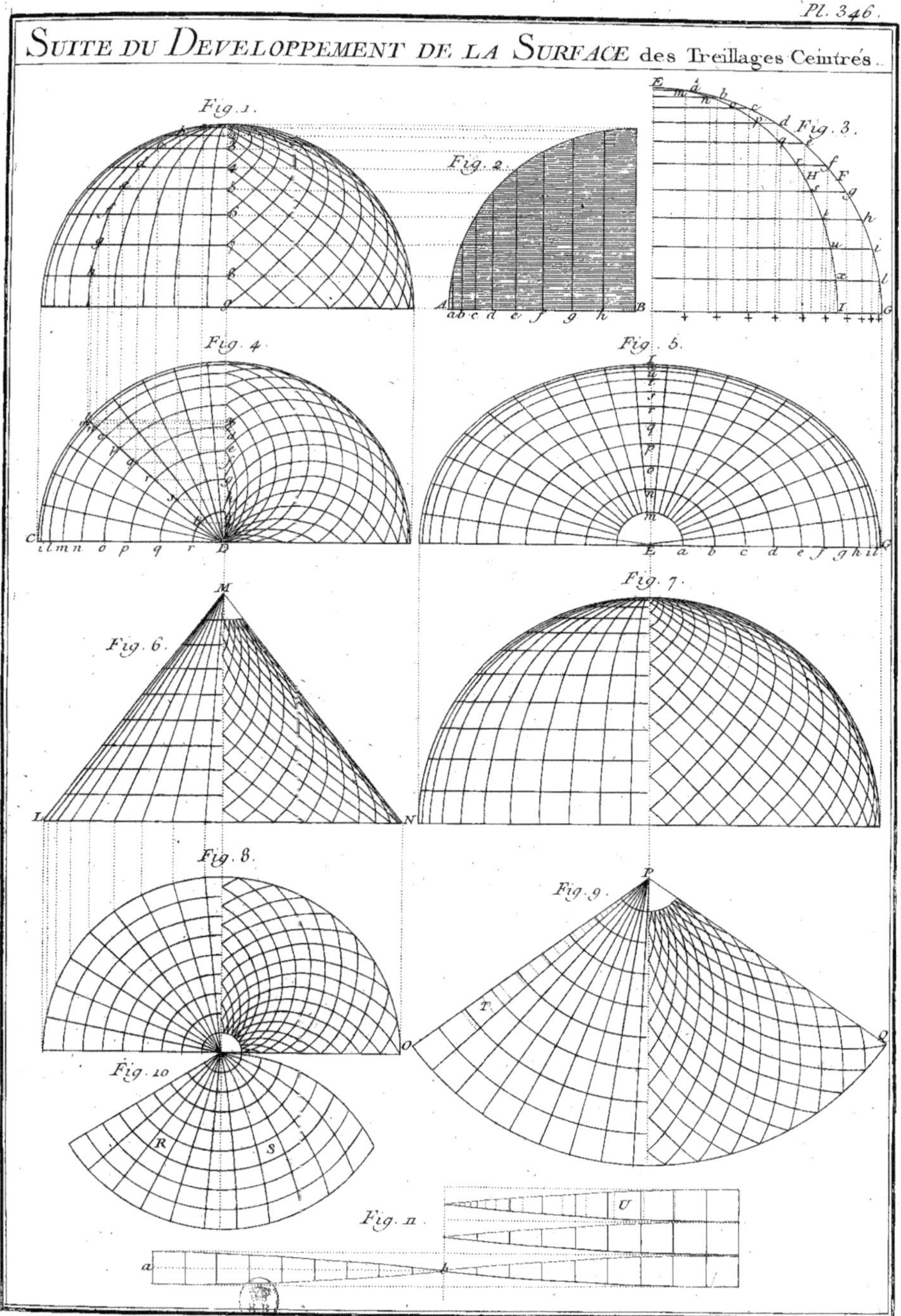

COMPARTIMENTS DROITS PROPRES A ETRE EXECUTÉS en Treillage.

A. J. Roubo Inv. Del. et Sculp.

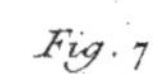

COMPARTIMENTS CEINTRÉS PROPRES A ETRE EXECUTÉS en Treillage

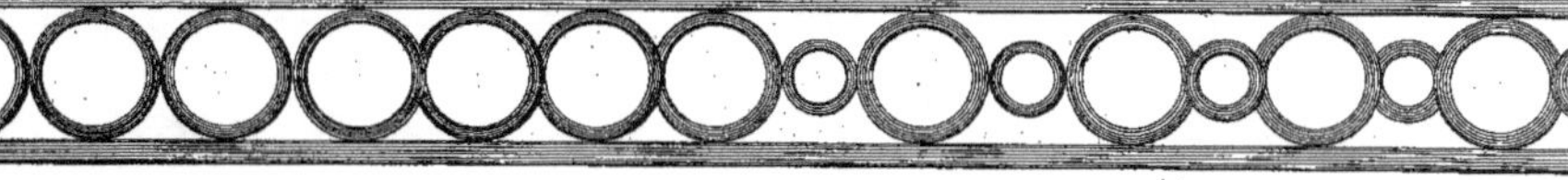

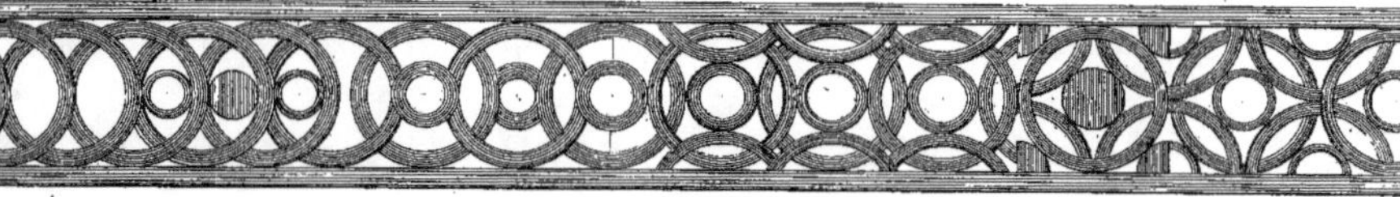

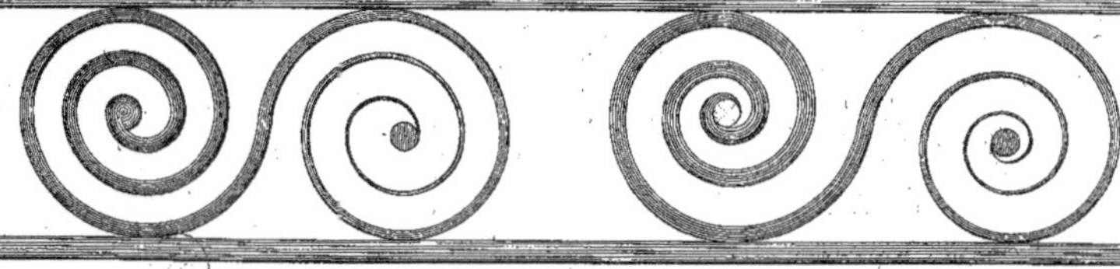

A. J. Roubo Inv. Del et Sculp.

DIFFERENTES SORTES D'OUTILS, et la maniere de dresser les Echalats.

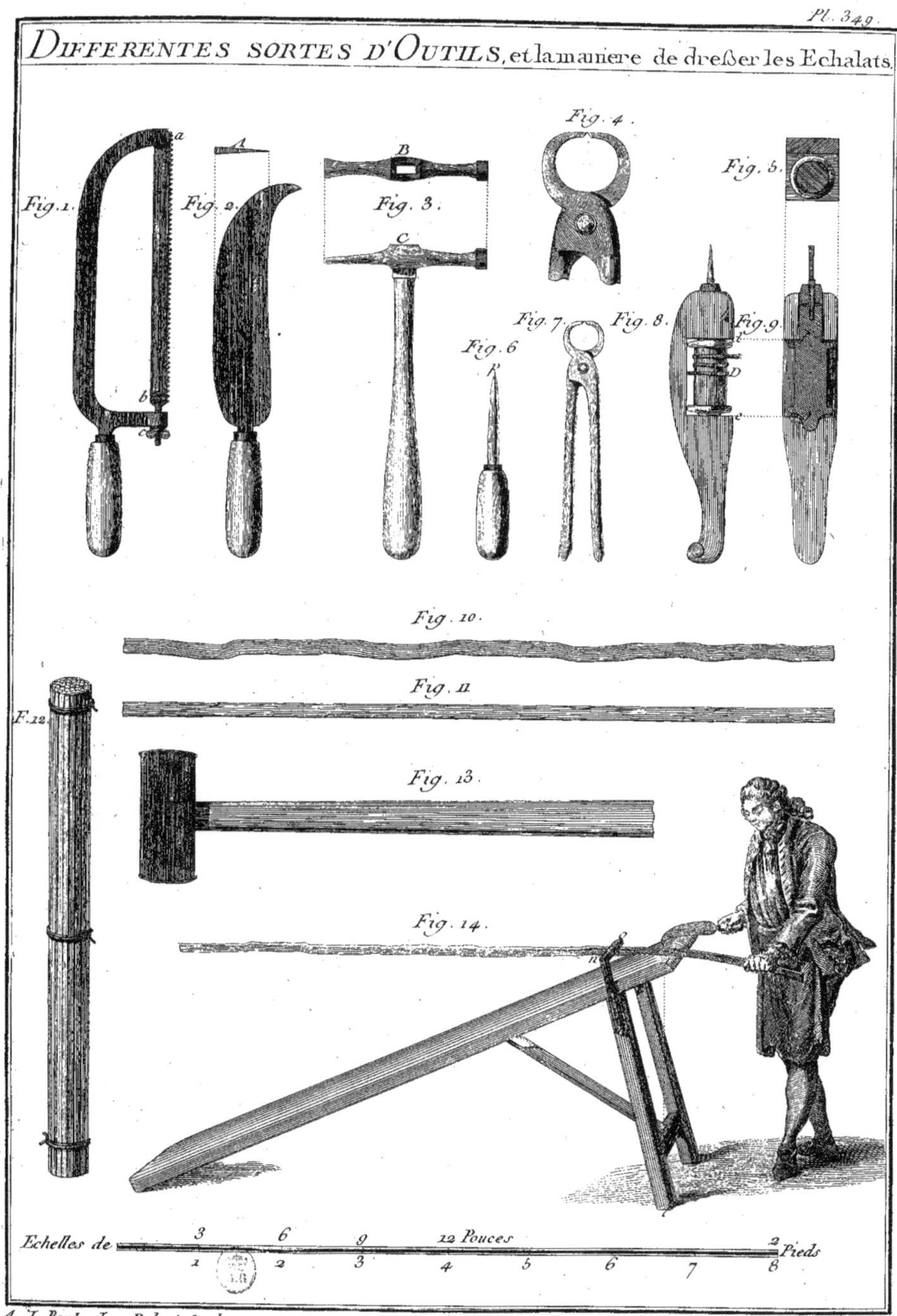

A. J. Roubo Inv. Del. et Sculp.

Plan, Coupes, et Elevations, d'un Chevalet, et la maniere d'en faire usage

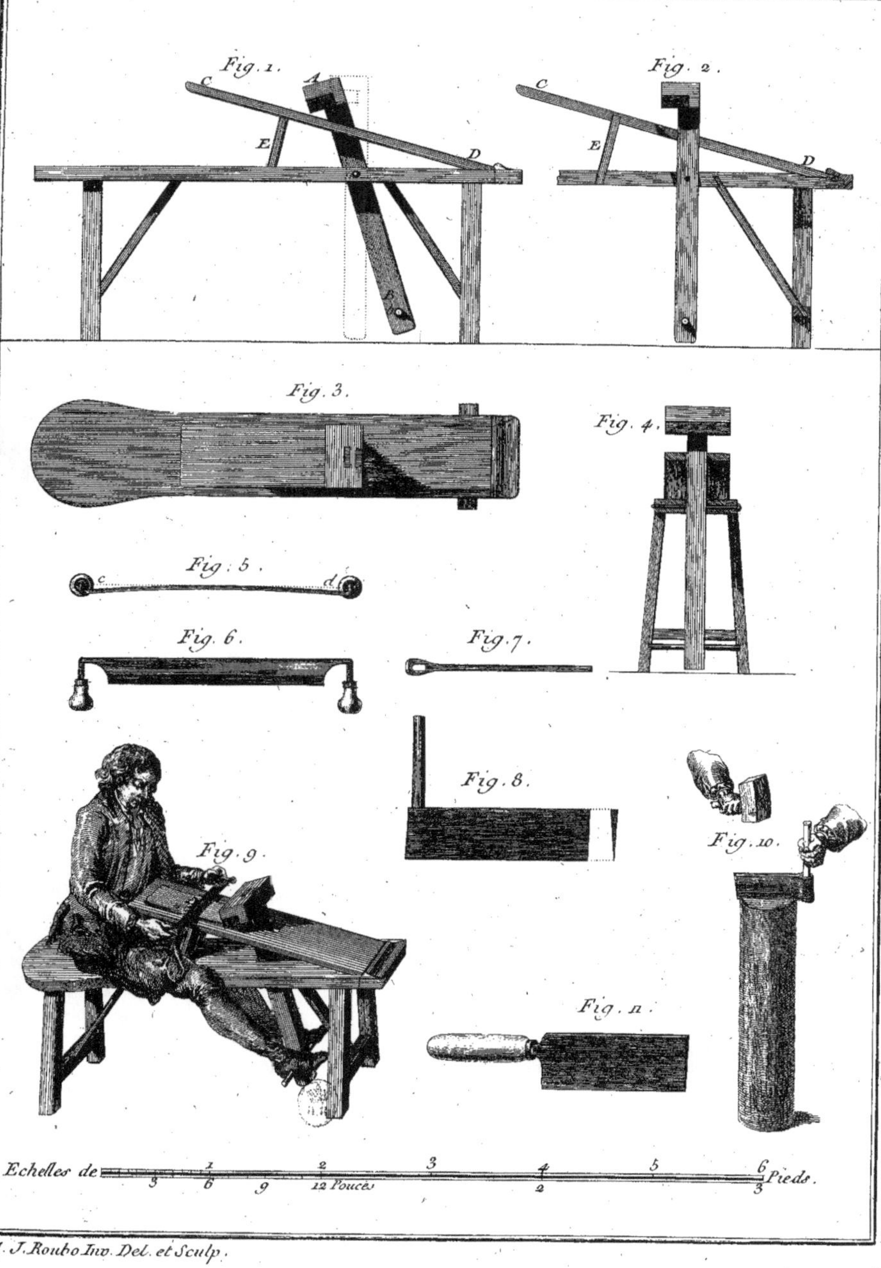
Fig. 1.
A
C
E
D
B
Fig. 2.
C
E
D
Fig. 3.
Fig. 4.
Fig. 5.
c
d
Fig. 6.
Fig. 7.
Fig. 8.
Fig. 9.
Fig. 10.
Fig. 11.
Echelles de
1 2 3 4 5 6 Pieds.
3 6 9 12 Pouces 2 3

A. J. Roubo Inv. Del. et Sculp.

BOITE A METTRE DE LARGEUR ET LA MANIERE DE FAIRE les Ronds.

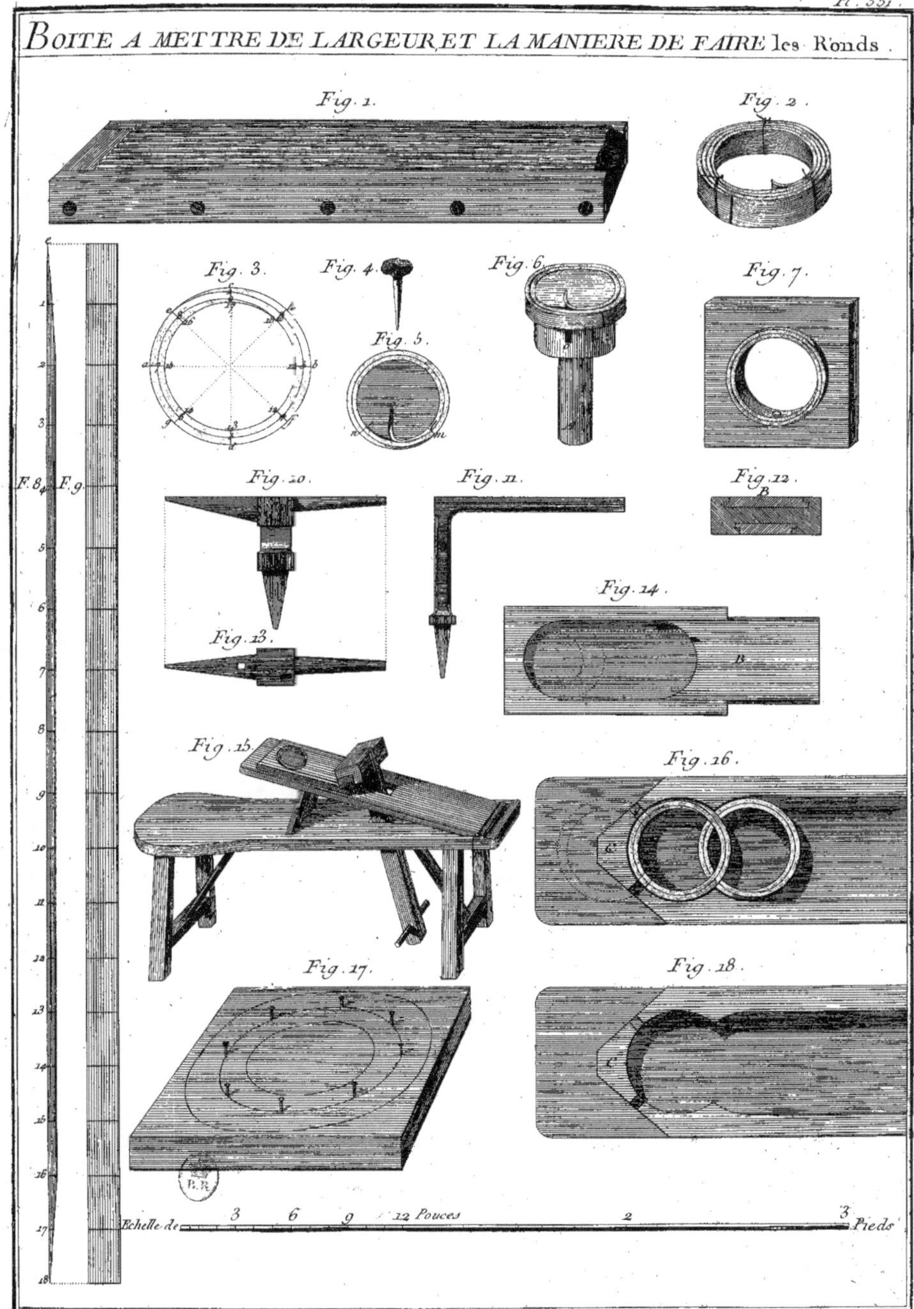

A. J. Roubo Inv. Del. et Sculp.

MANIERE DE DÉCOUPER ET DE MATINER LES FLEURS.

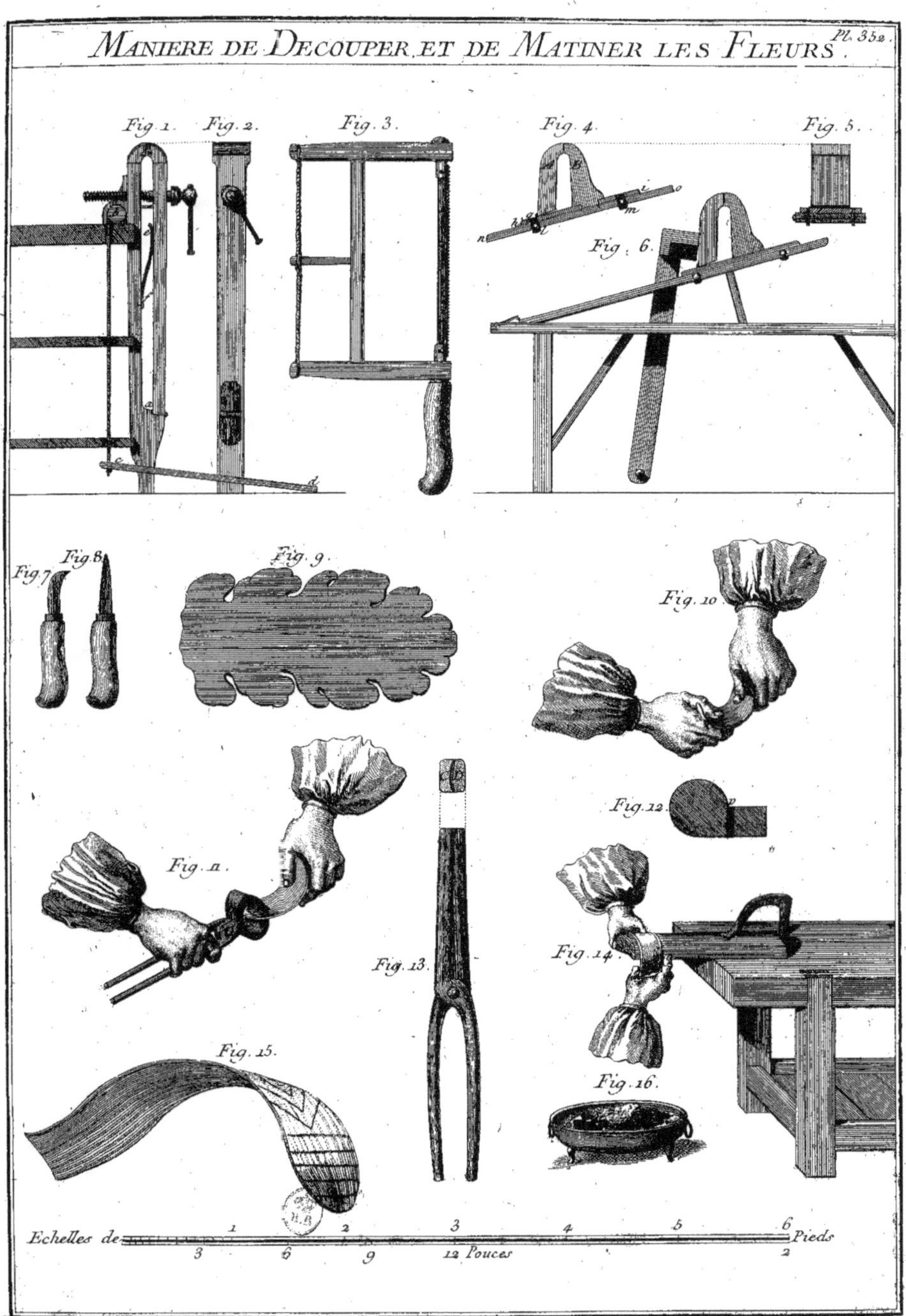

A. J. Roubo Inv. Del et Sculp.

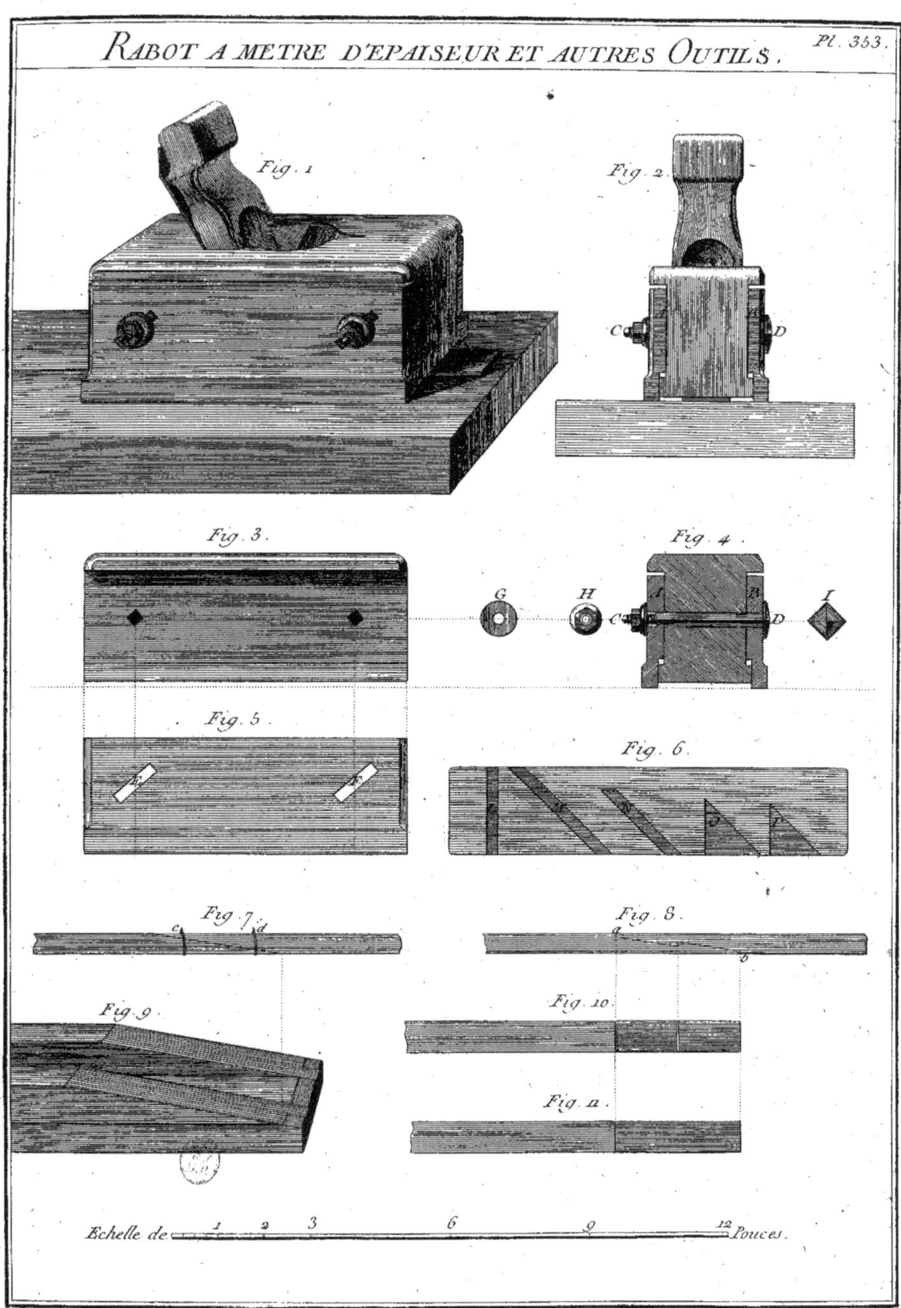
RABOT A METRE D'EPAISEUR ET AUTRES OUTILS.
Fig. 1
Fig. 2
Fig. 3.
Fig. 4.
Fig. 5.
Fig. 6.
Fig. 7
Fig. 8.
Fig. 9
Fig. 10
Fig. 11
Echelle de   1   2   3   6   9   12 Pouces.

DIFFERENTES SORTES DE MAILLES ET LA MANIERE de les Coudres.

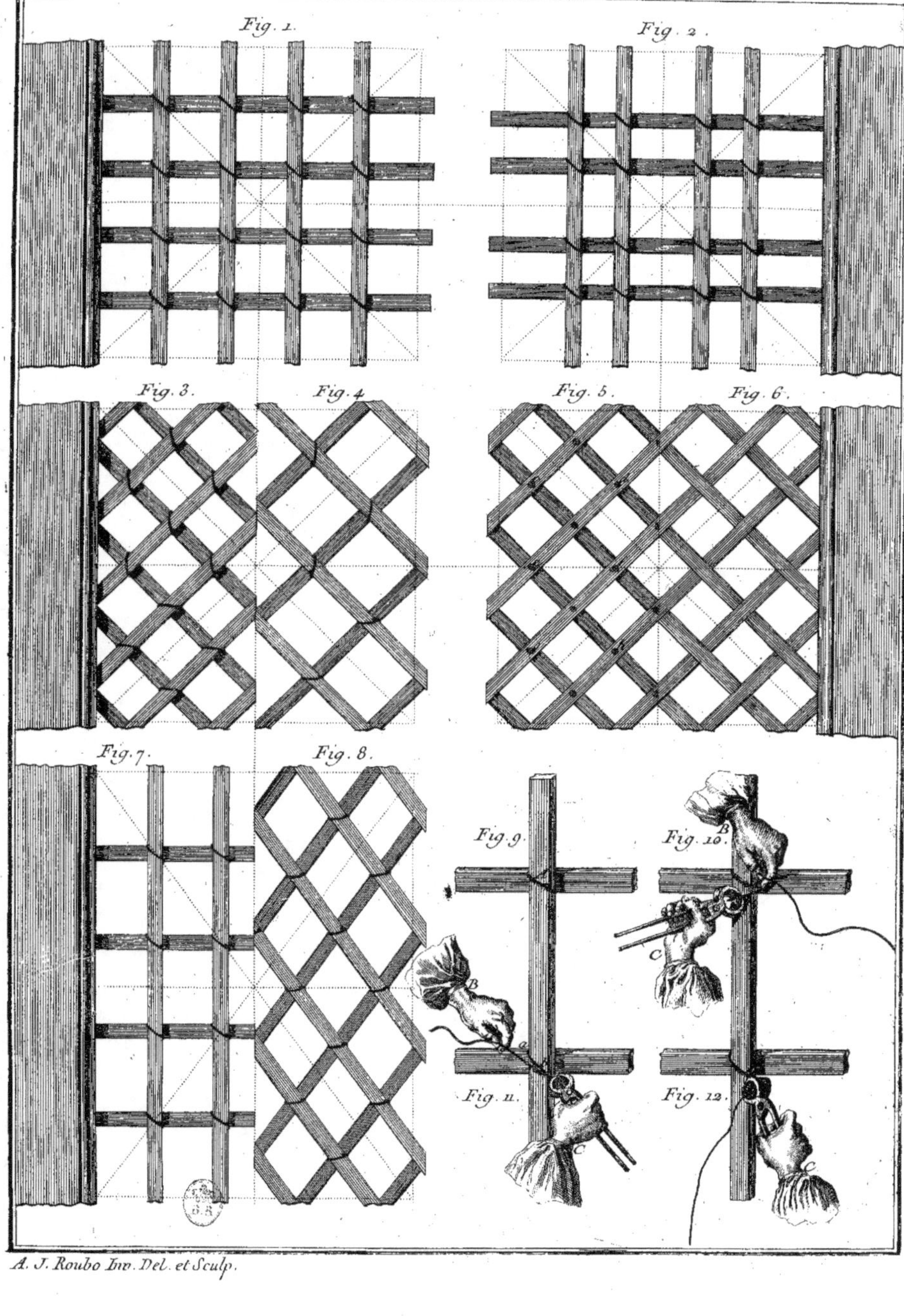
Fig. 1.
Fig. 2.
Fig. 3.
Fig. 4.
Fig. 5.
Fig. 6.
Fig. 7.
Fig. 8.
Fig. 9.
Fig. 10.
Fig. 11.
Fig. 12.
B
C
a
B
C
C

A. J. Roubo Inv. Del. et Sculp.

MANIERE DE CONSTRUIRE LE TREILLAGE tant d'Appui que de Hauteur.

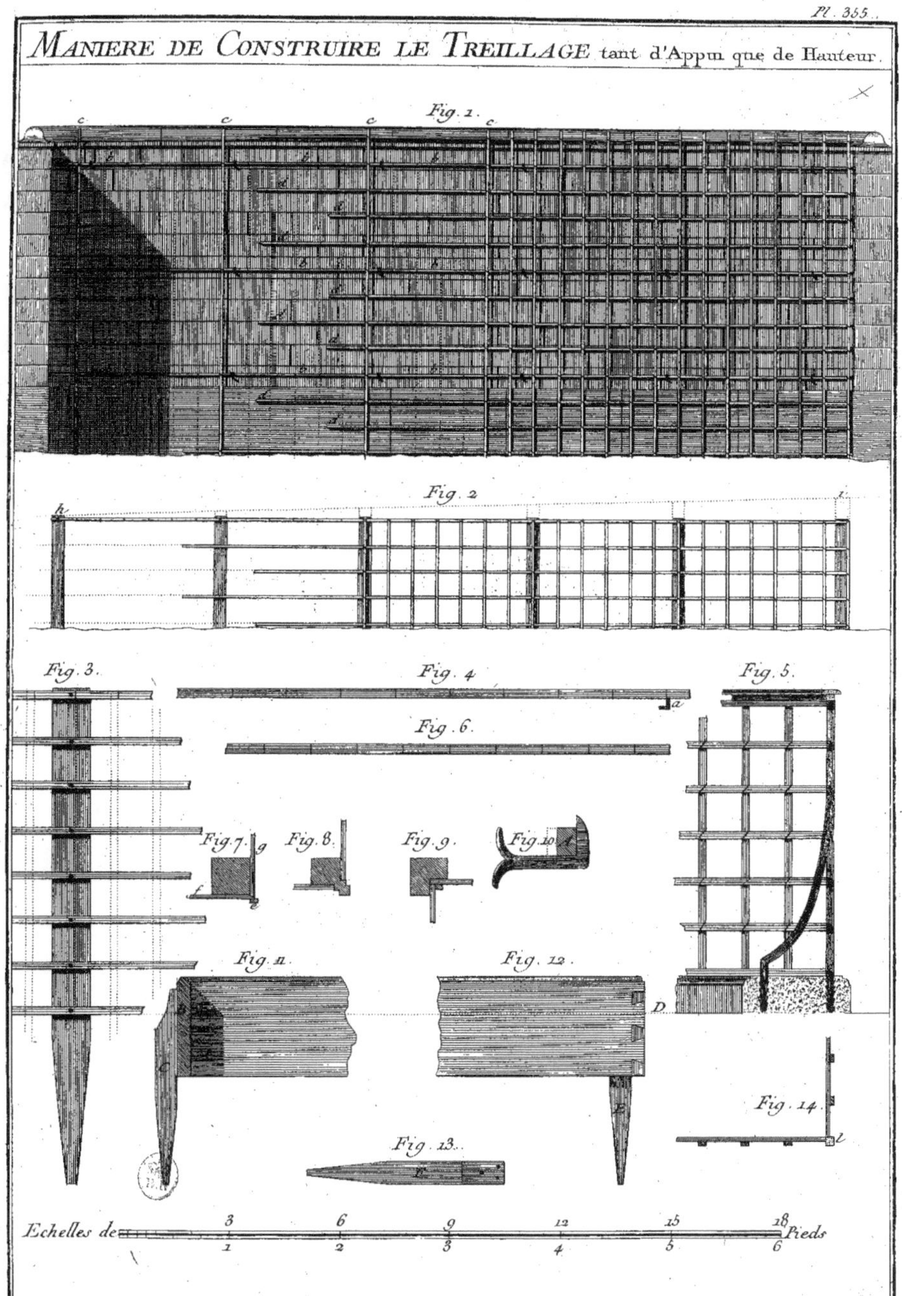

A. J. Roubo Inv. Del. et Sculp.

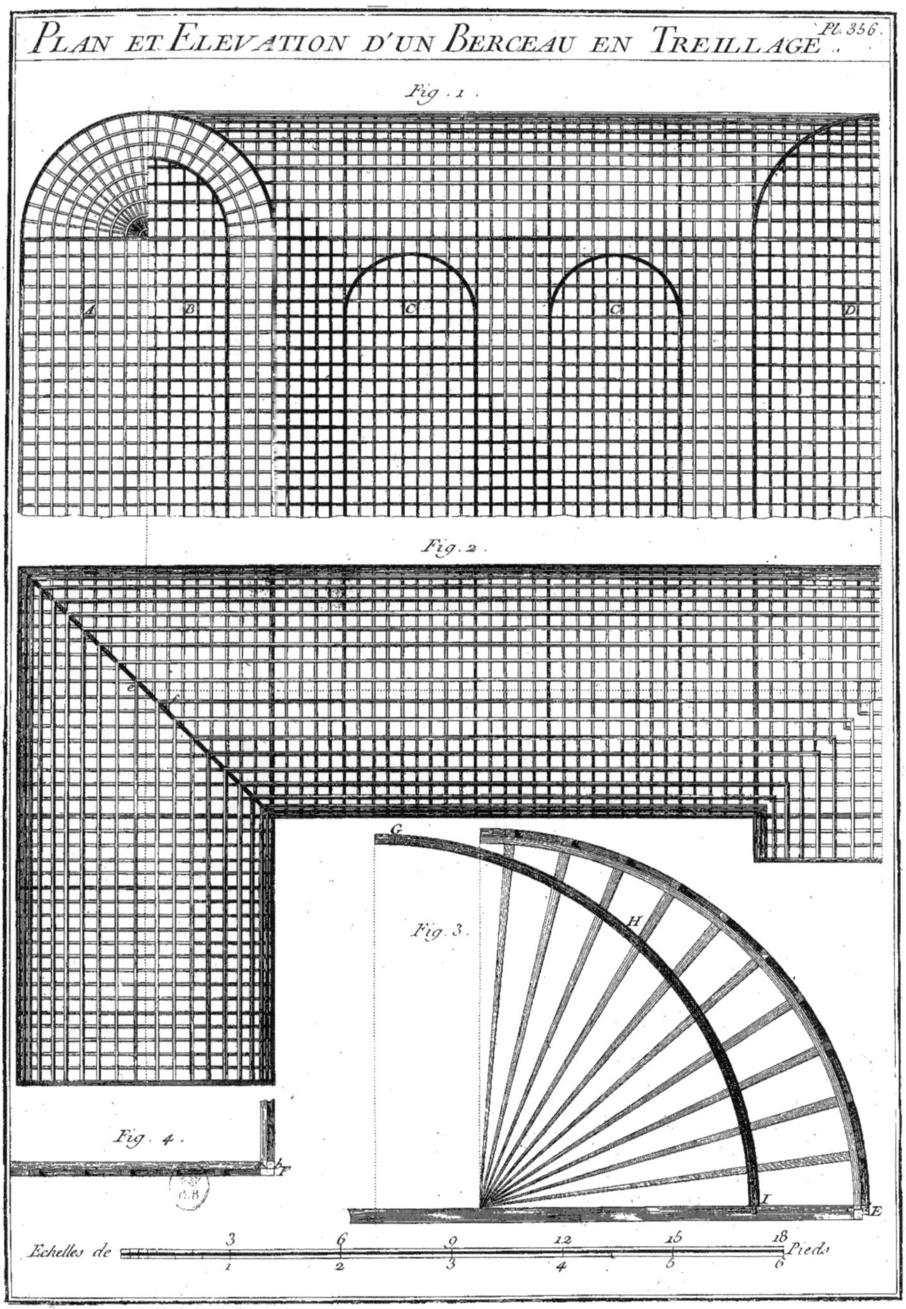

PLAN ET ELEVATION D'UN BERCEAU EN TREILLAGE.
Pl. 356.
Fig. 1.
A
B
C
C
D
Fig. 2.
e
G
Fig. 3.
H
Fig. 4.
F
I
E
Echelles de
3
6
9
12
15
18
Pieds
1
2
3
4
5
6
A. J. Roubo Inv. Del. et Sculp.

A. J. Roubo Inv. Del et Sculp.

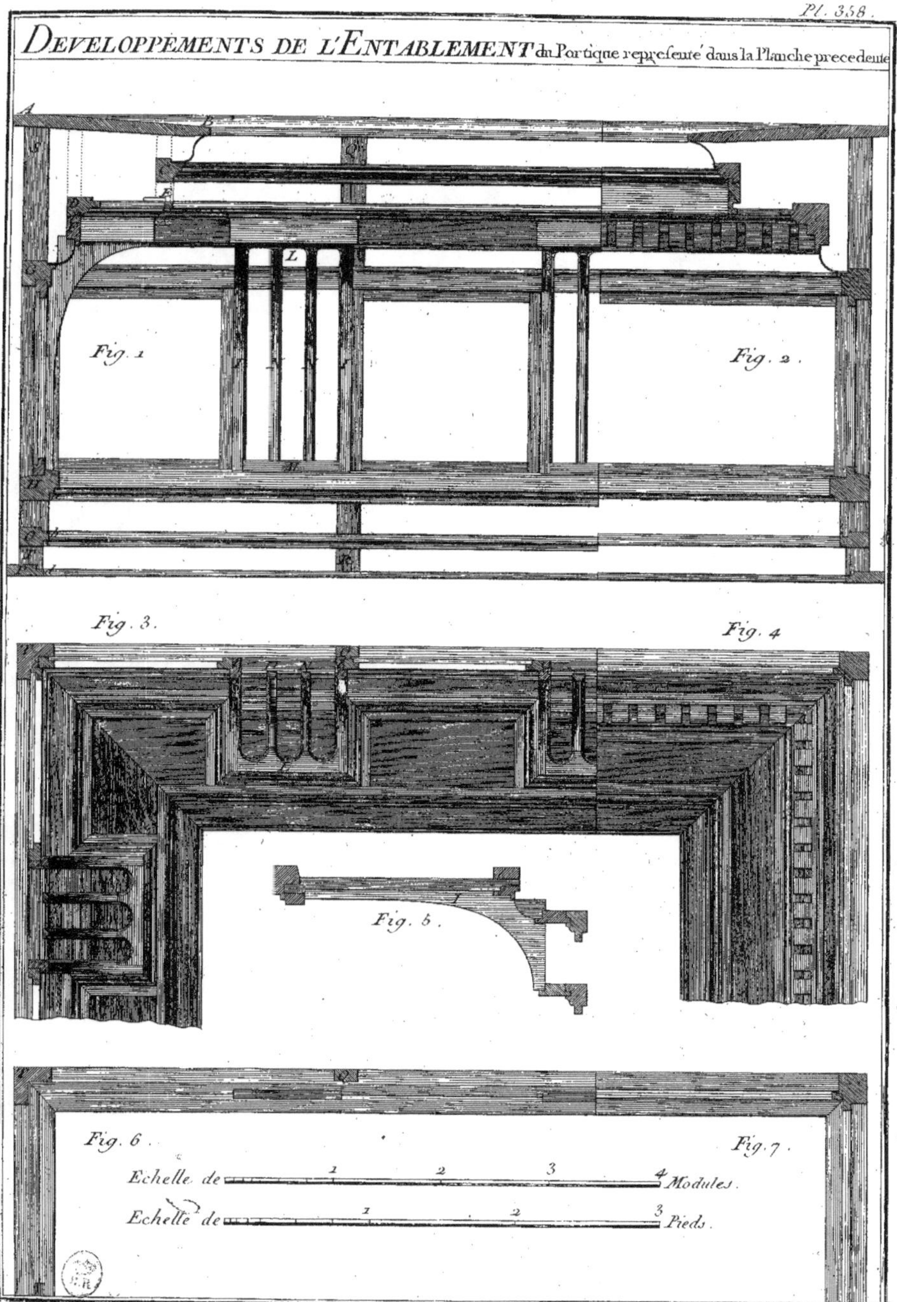

A. J. Roubo Inv. Del. et Sculp.

SUITE DES DEVELOPPEMENTS DU PORTIQUE EN TREILLAGE.

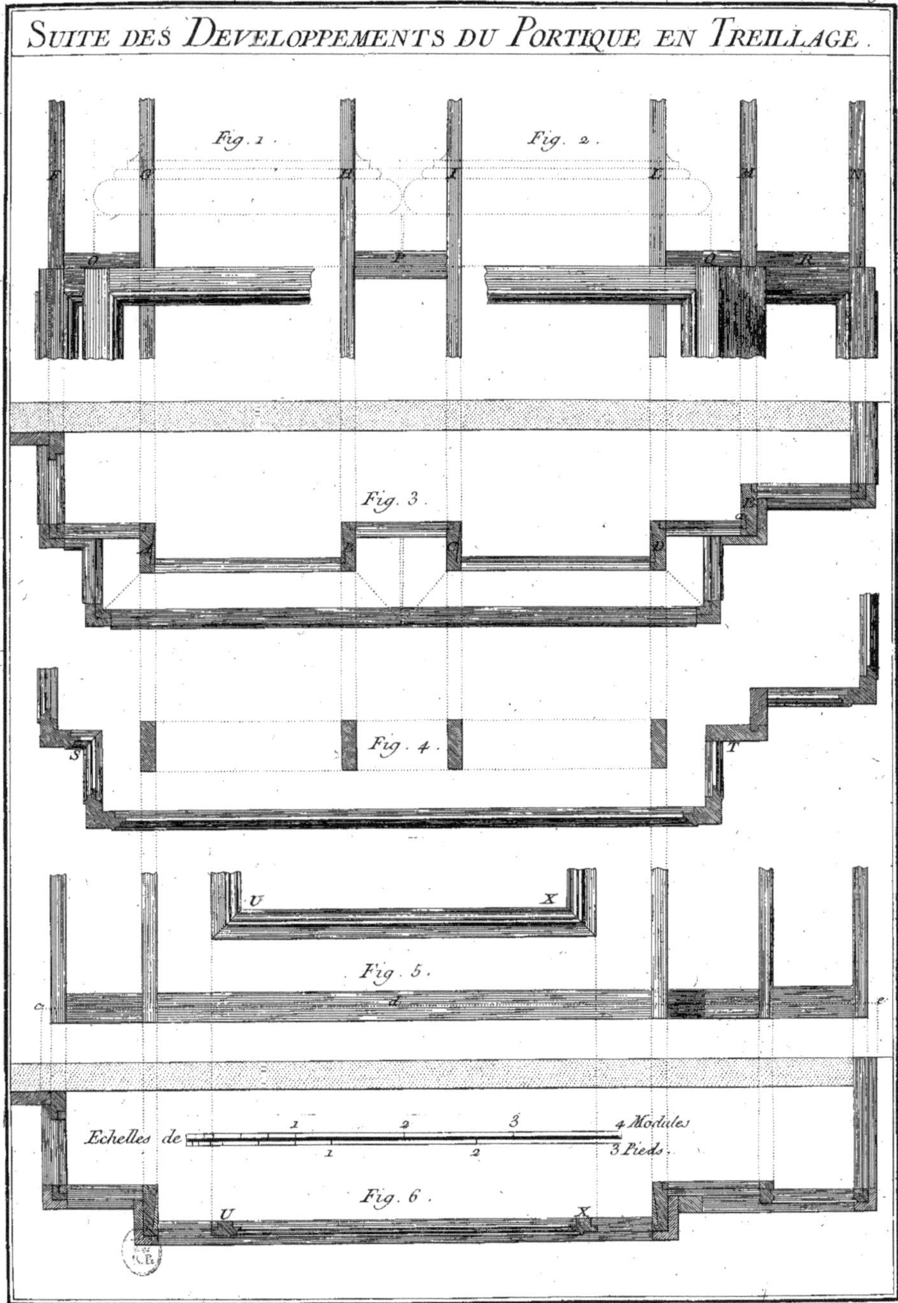

A. J. Roubo Inv. Del et Sculp.

PILASTRE DE TREILLAGE AVEC SES DEVELOPPEMENTS.

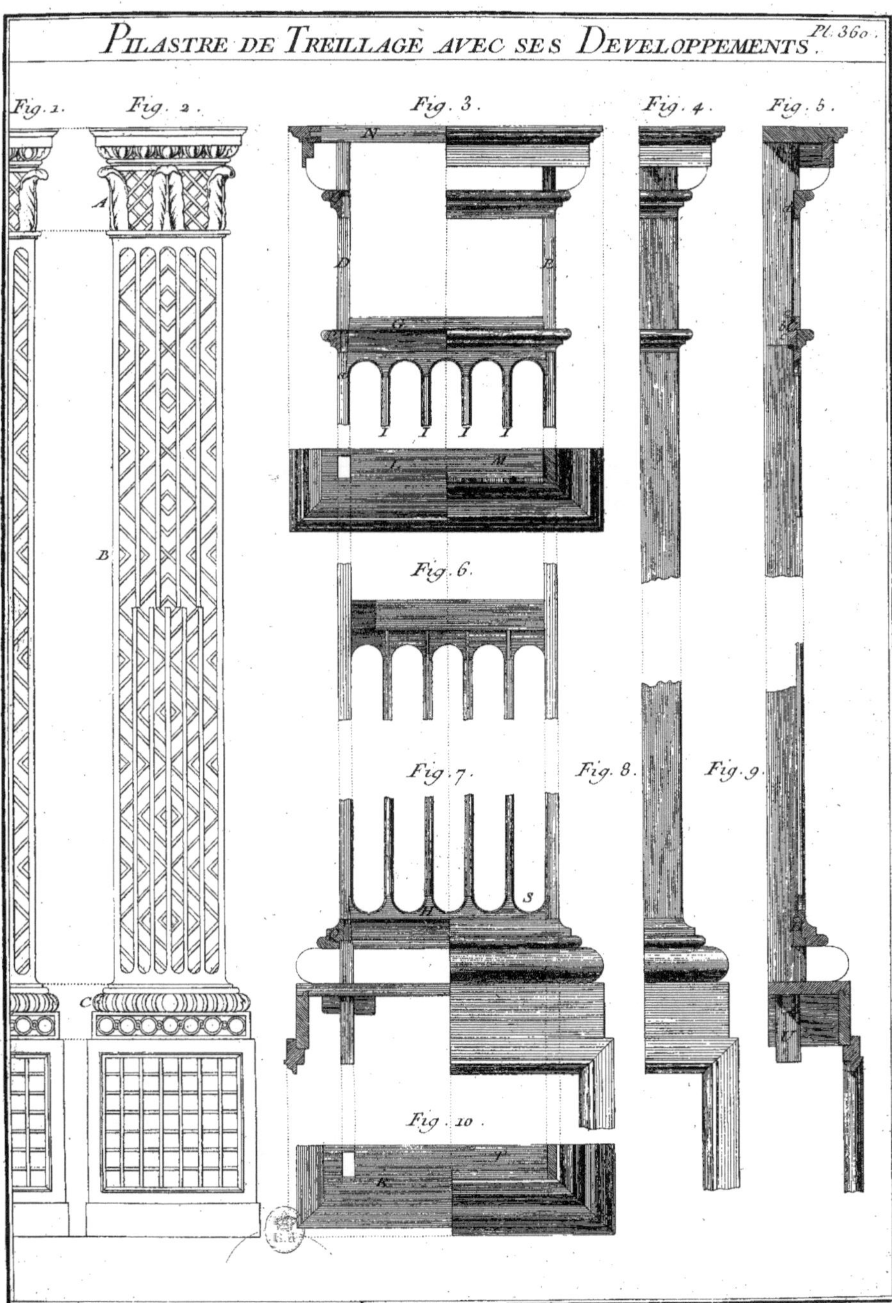

A. J. Roubo Inv. Del. et Sculp.

COLONNE DE TREILLAGE AVEC SES DÉVELOPPEMENTS.

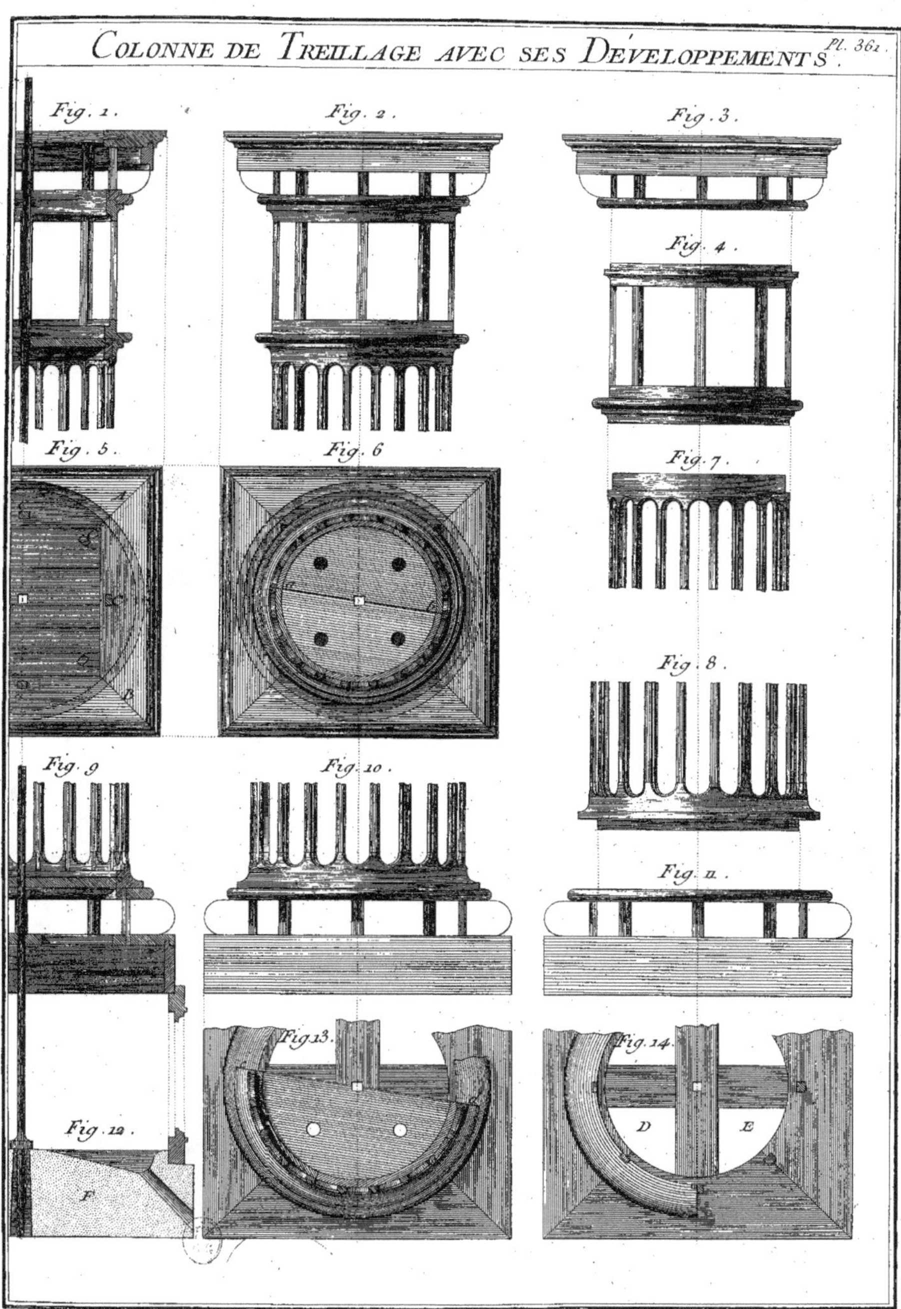

A. J. Roubo Inv. Del. et Sculp.

MANIERE DE CONSTRUIRE LES PRINCIPALES PIECES DES COLONNES.

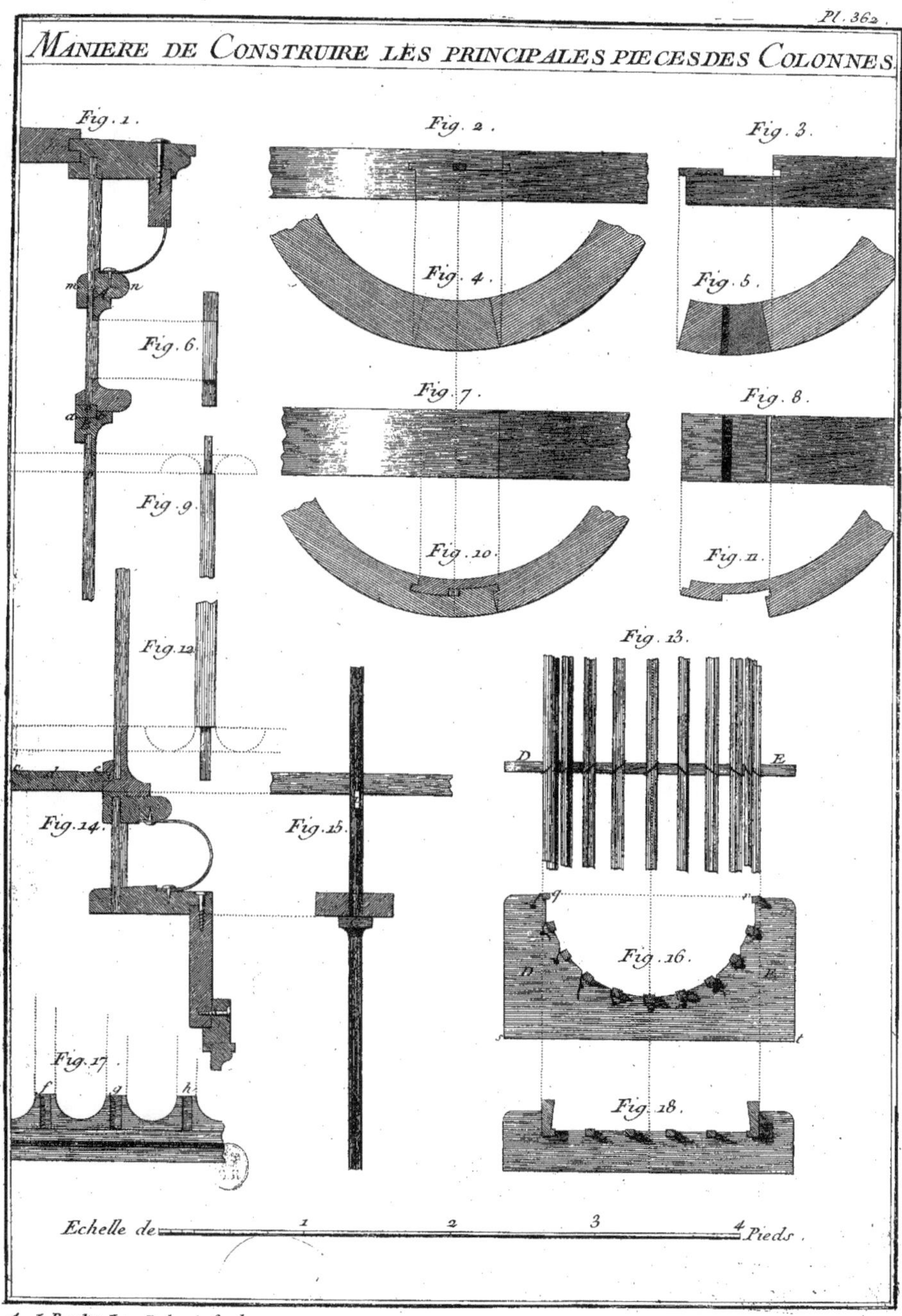

A. J. Roubo Inv. Del. et Sculp.

MANIERE DE DISPOSER LES COMPARTIMENTS DES COLONNES.

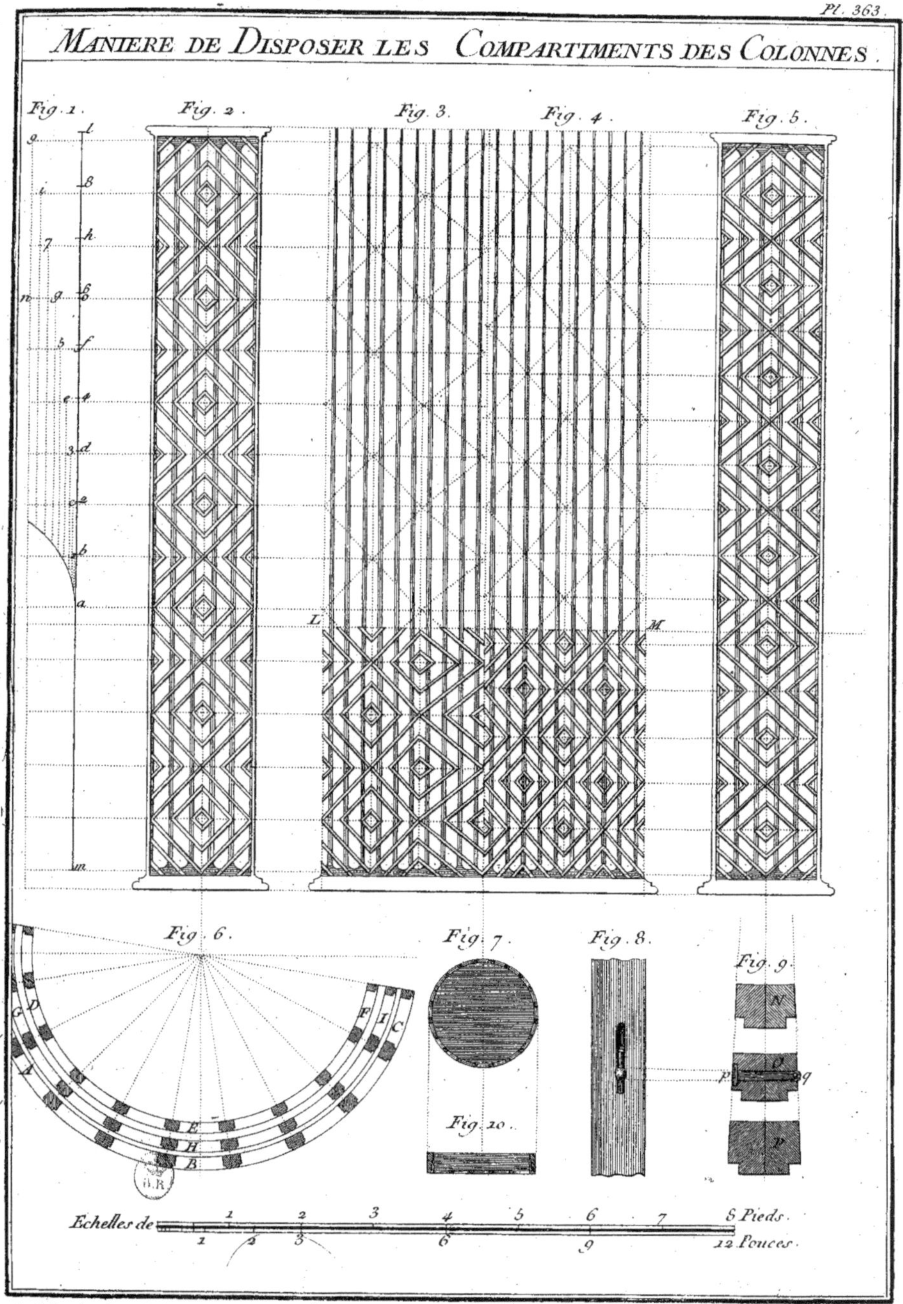

A. J. Roubo Inv. Del. et Sculp.

SUITE DES DEVELOPPEMENTS DES BATIS DU TREILLAGE.

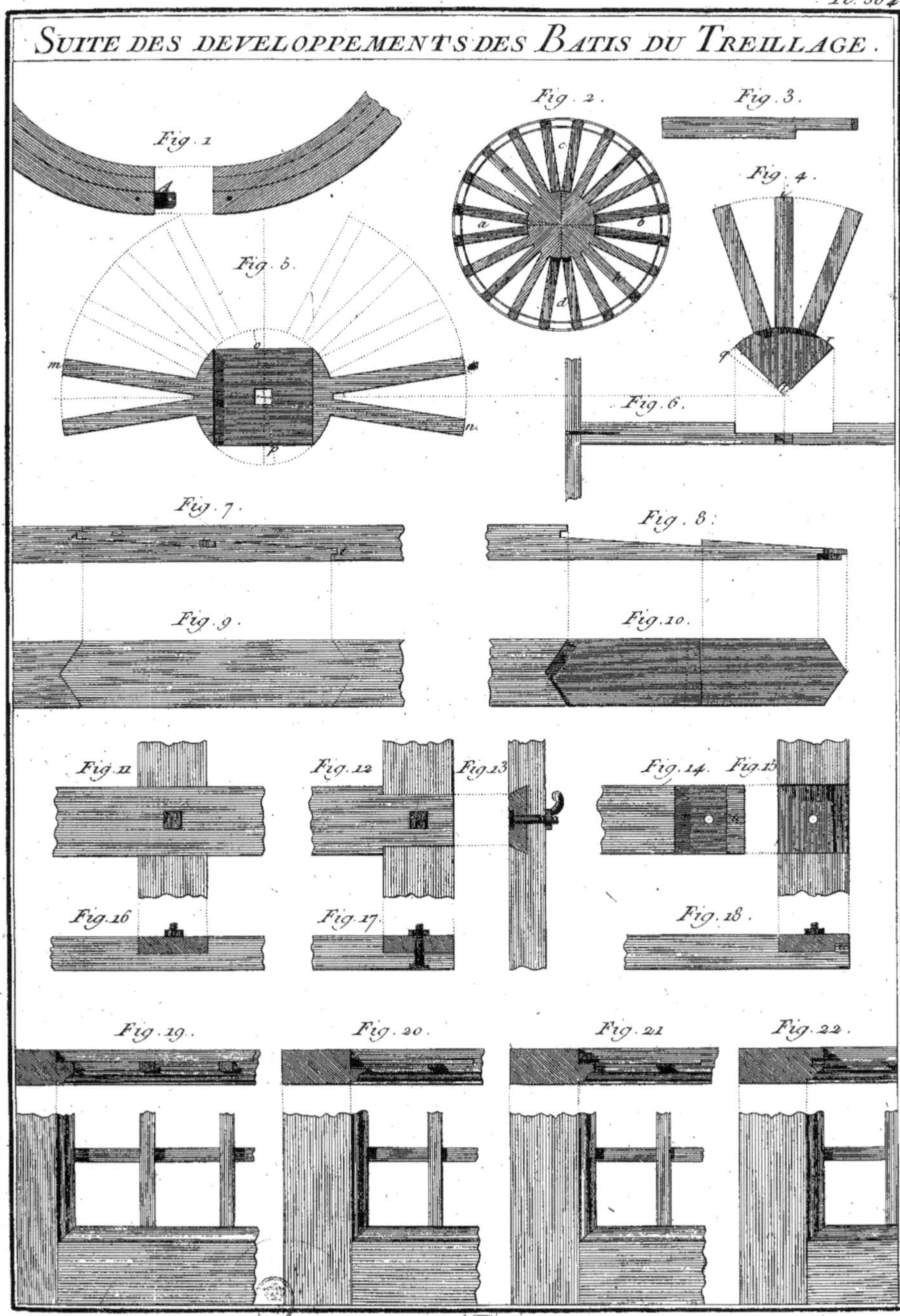

A. J. Roubo Inv. Del. et Sculp.

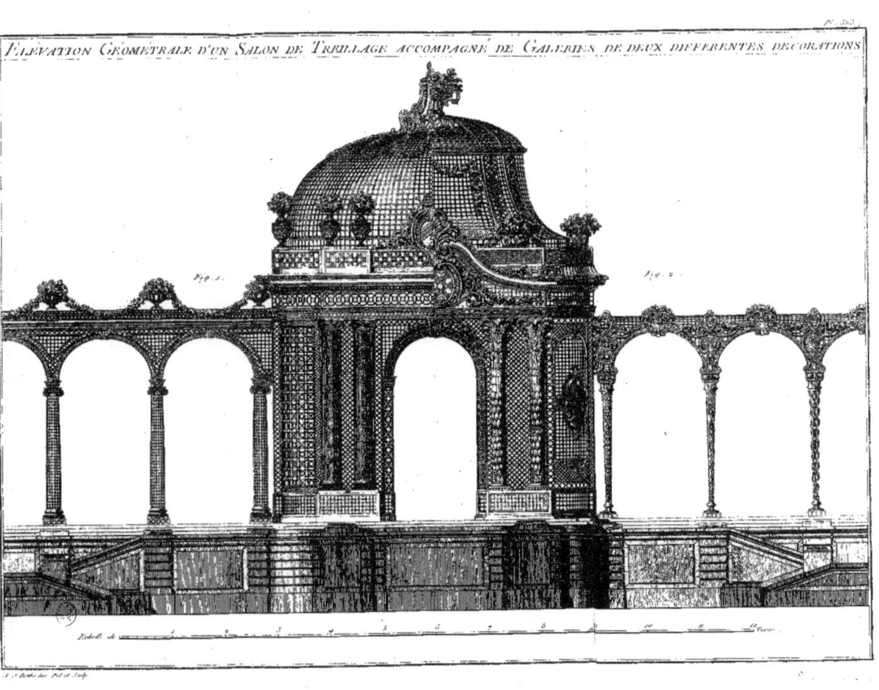

ÉLÉVATION GÉOMÉTRALE D'UN SALON DE TREILLAGE ACCOMPAGNÉ DE GALERIES DE DEUX DIFFÉRENTES DÉCORATIONS

PLANS DU SALON REPRESENTÉ DANS LA PLANCHE PRECEDENTE.

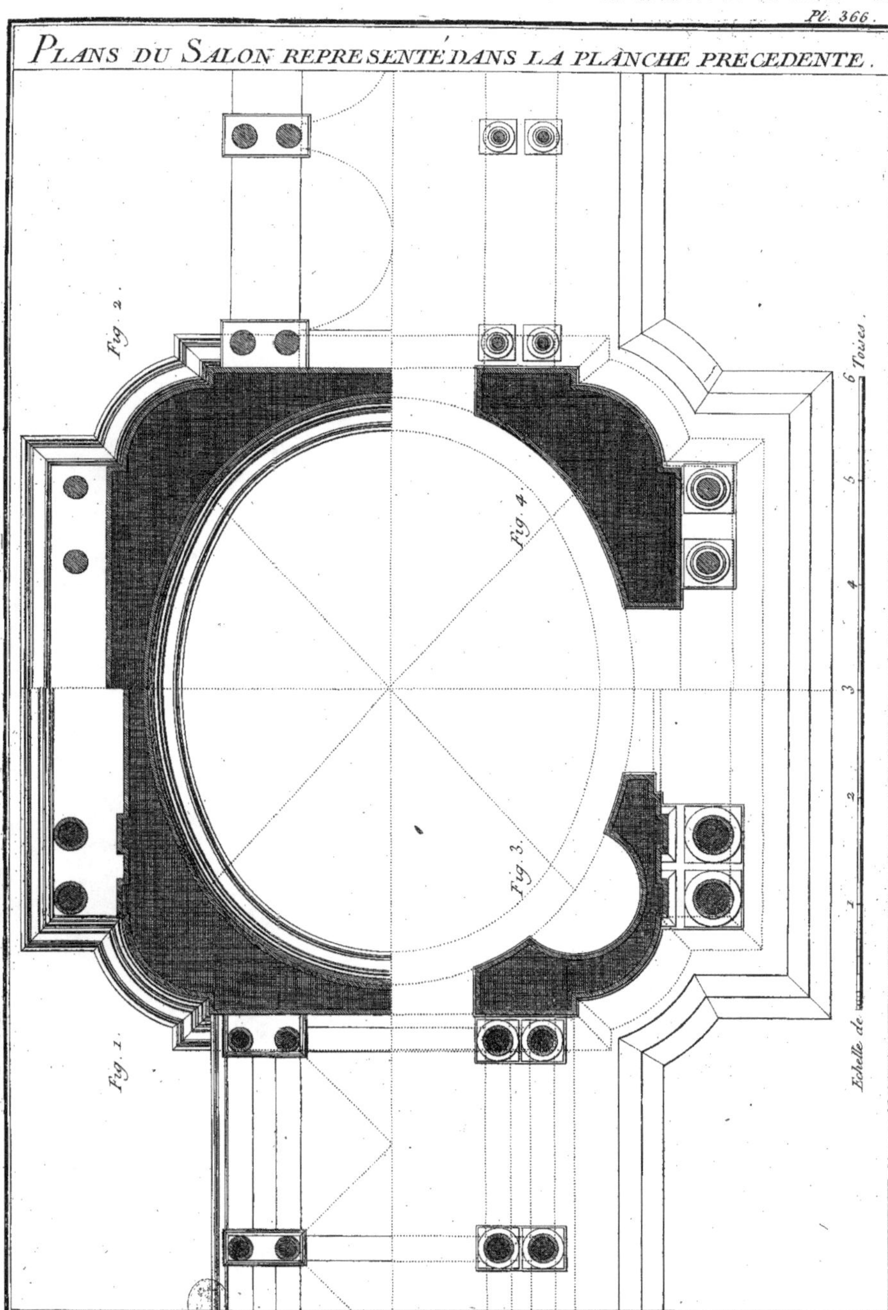

A. J. Roubo Inv. Del et Sculp.

ÉLÉVATION GÉOMÉTRALE D'UN SALON DÉCOUVERT D'ORDONANCE CORINTHIENE.
Pl. 367.

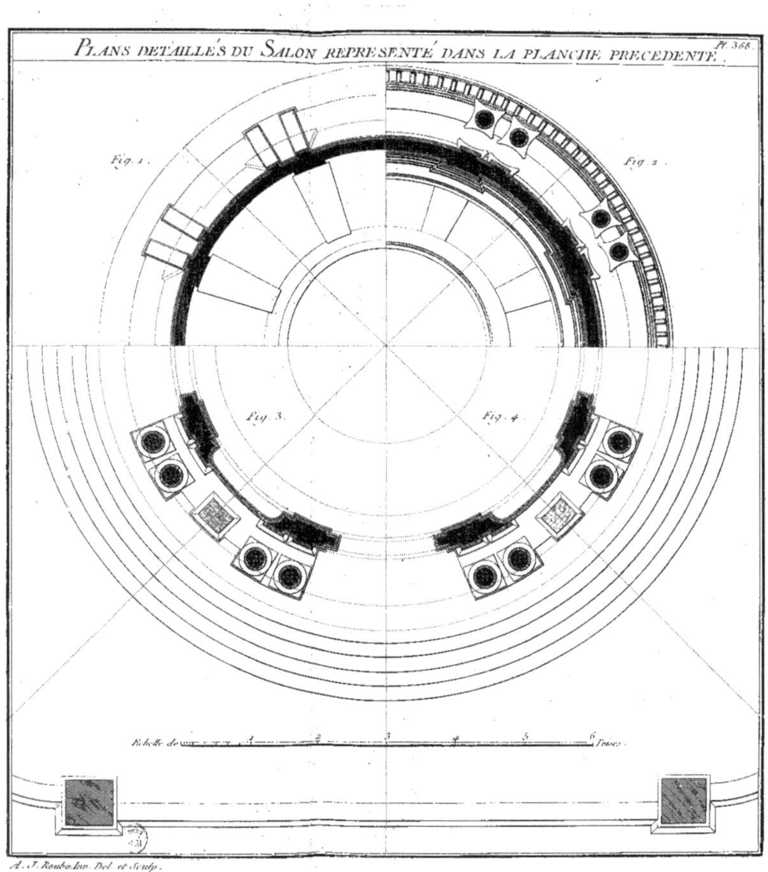

A. J. Roubo Inv. Del. et Sculp.

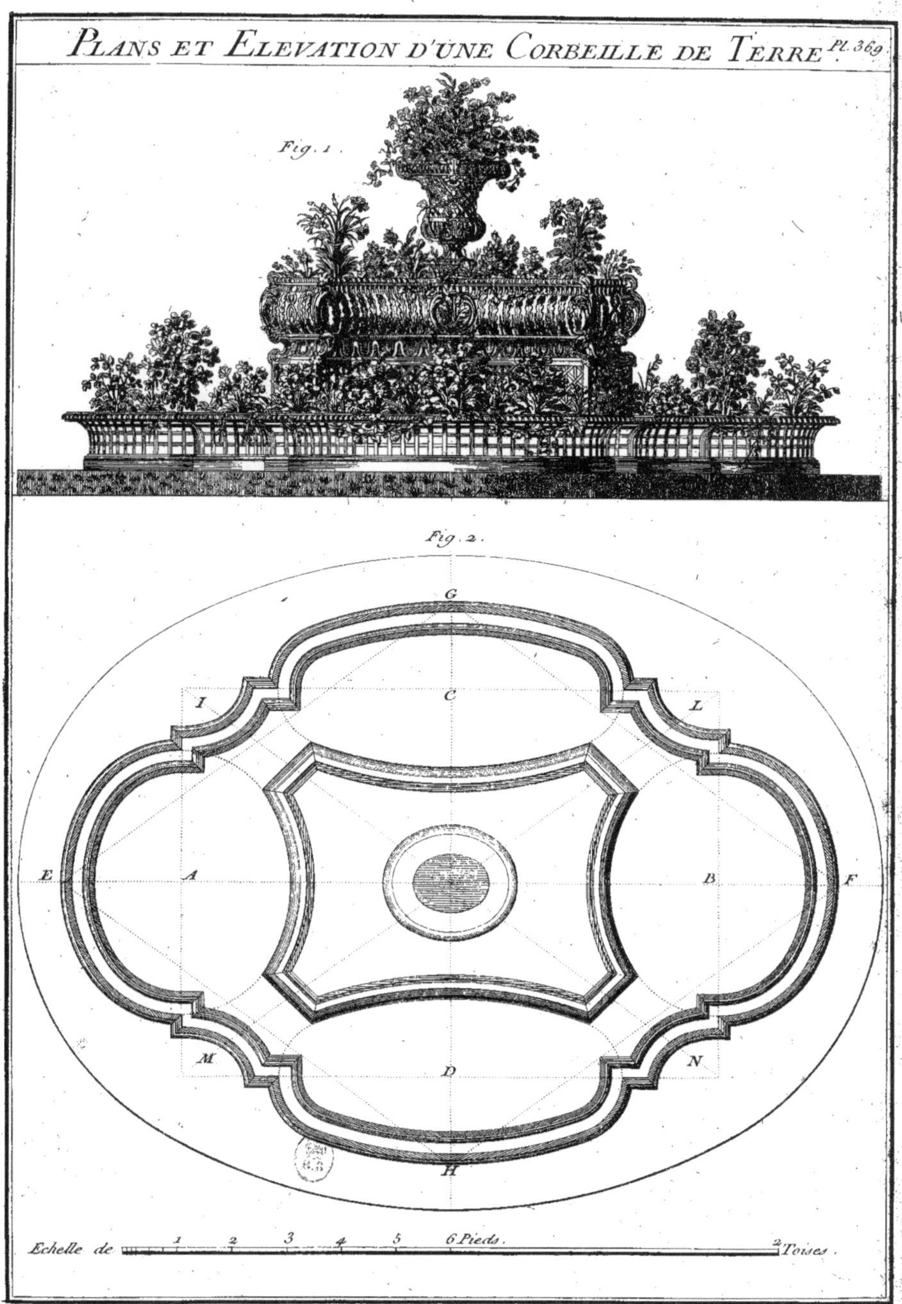

A. J. Roubo Inv. Del. et Sculp.

DEVELOPPEMENTS DE LA CORBEILLE Representée dans la planche precedente.

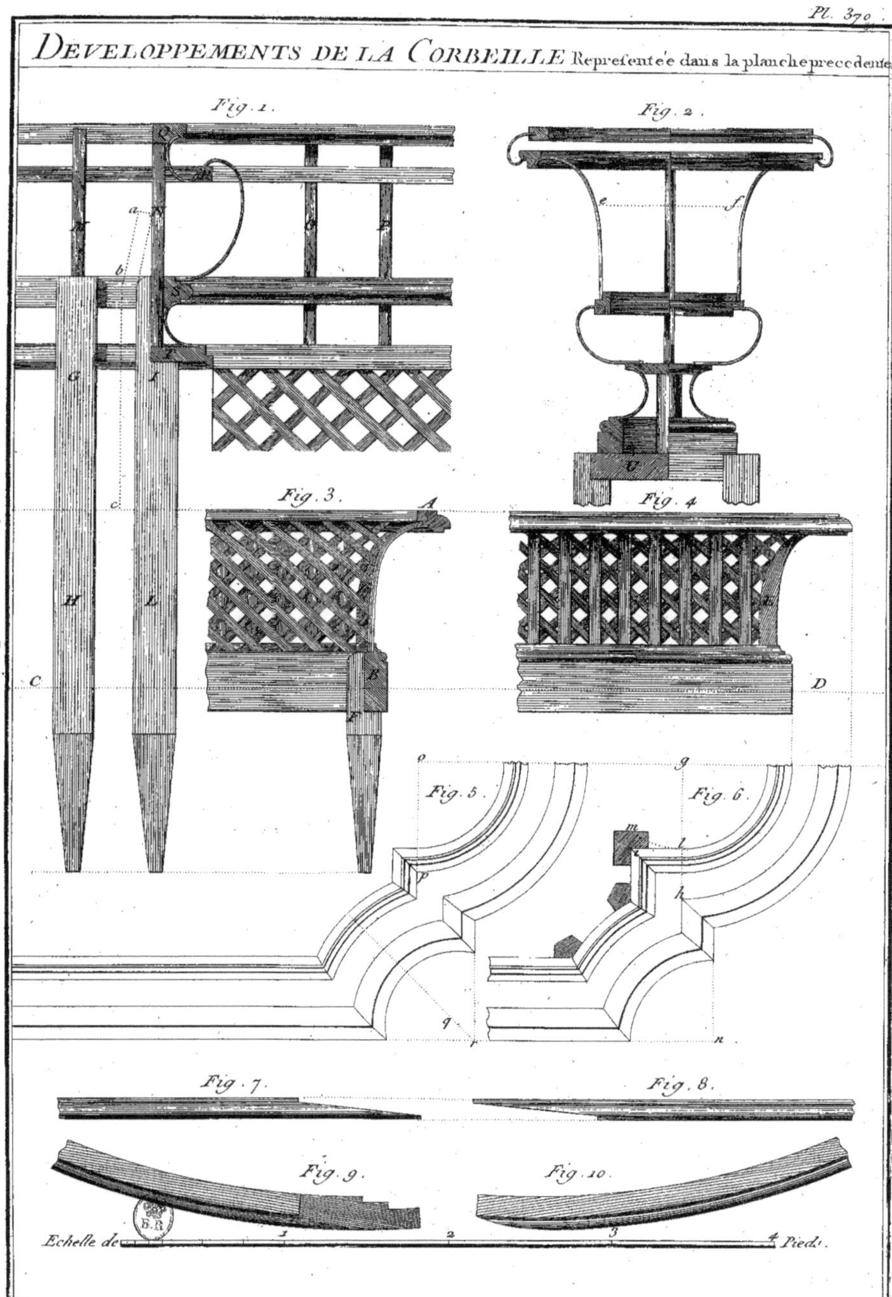

A. J. Roubo Inv. Del et Sculp

DIVERS ORNEMENTS DES MOULURES AVEC LEURS DEVELOPPEMENTS.

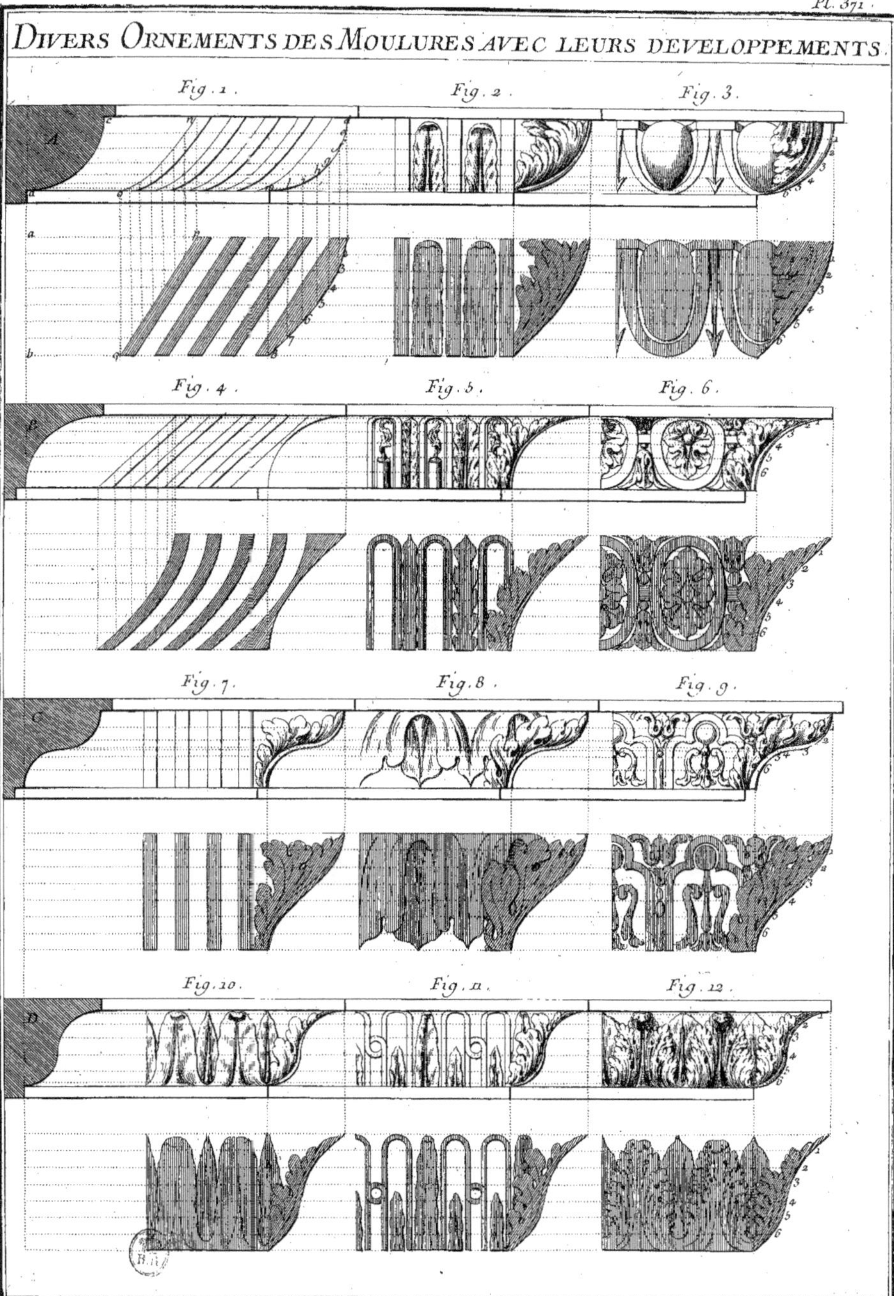

A. J. Roubo Inv. Del. et Sculp

MANIERE DE CONSTRUIRE LES ORNEMENTS DE TREILLAGE

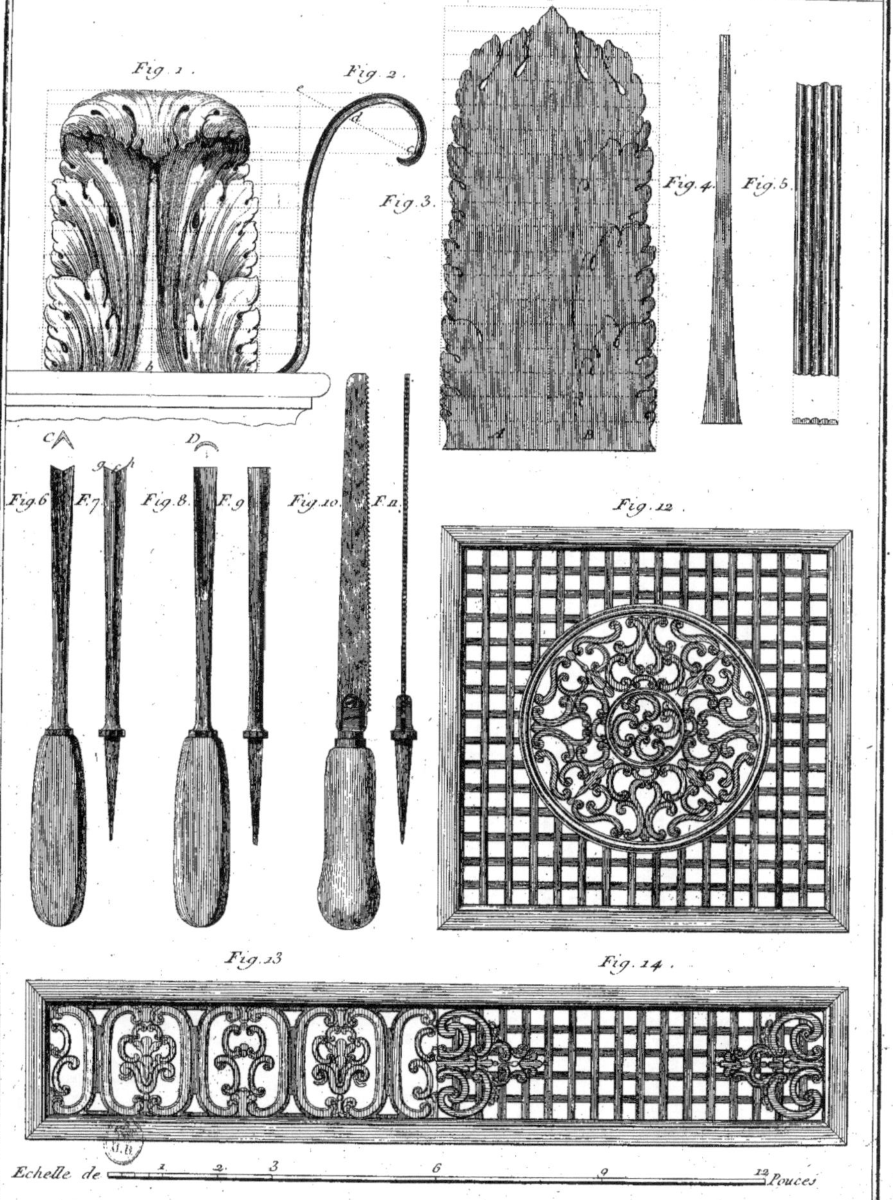
Fig. 1.
Fig. 2.
Fig. 3.
Fig. 4.
Fig. 5.
Fig. 6
F. 7.
Fig. 8.
F. 9
Fig. 10.
F. 11.
Fig. 12.
Fig. 13
Fig. 14.
C
D
Echelle de 1 2 3 6 9 12 Pouces

A. J. Roubo Inv. Del et Sculp.

MANIERE DE CONSTRUIRE LES DIVERS MEMBRES de Moulures.

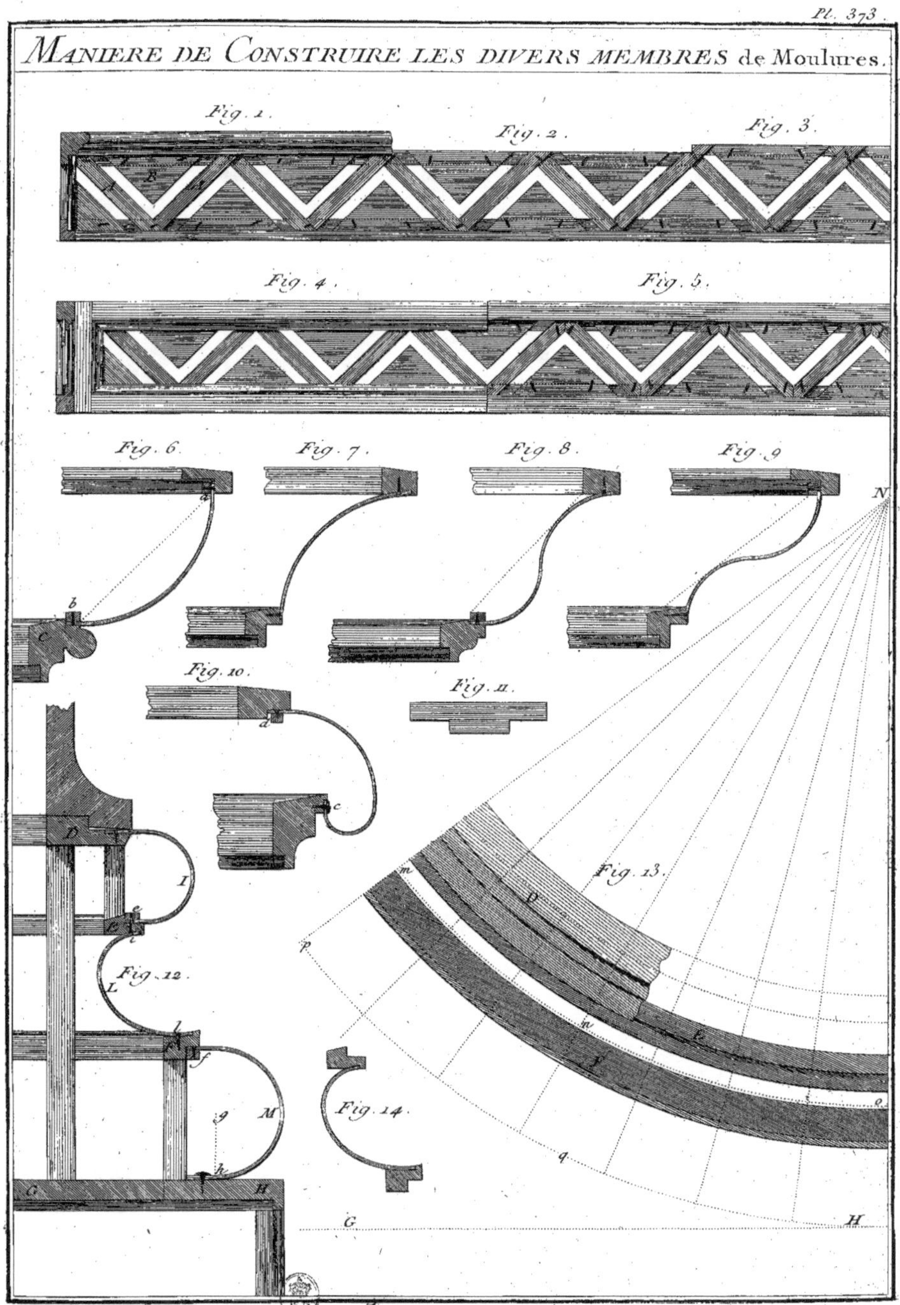

VASES EN TREILLAGES AVEC LEURS DEVELOPPEMENTS

A. J. Roubo Inv. Del. et Sculp.

CHAPITEAUX EN TREILLAGES AVEC LEURS DEVELOPPEMENTS

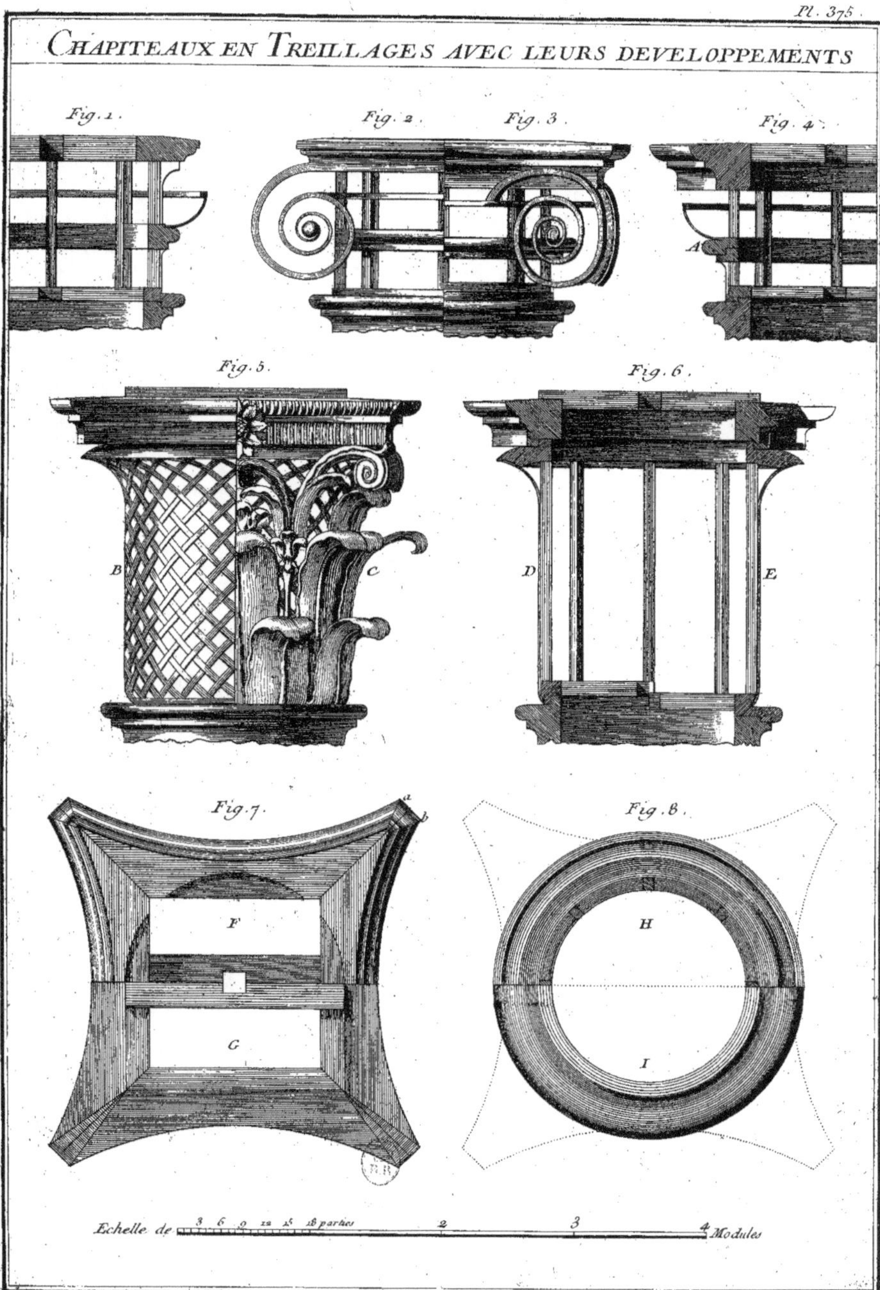

A. J. Roubo Inv. Del. et Sculp.

DIVERSES SORTES DE FEUILLES PROPRES aux Ornements de Treillage

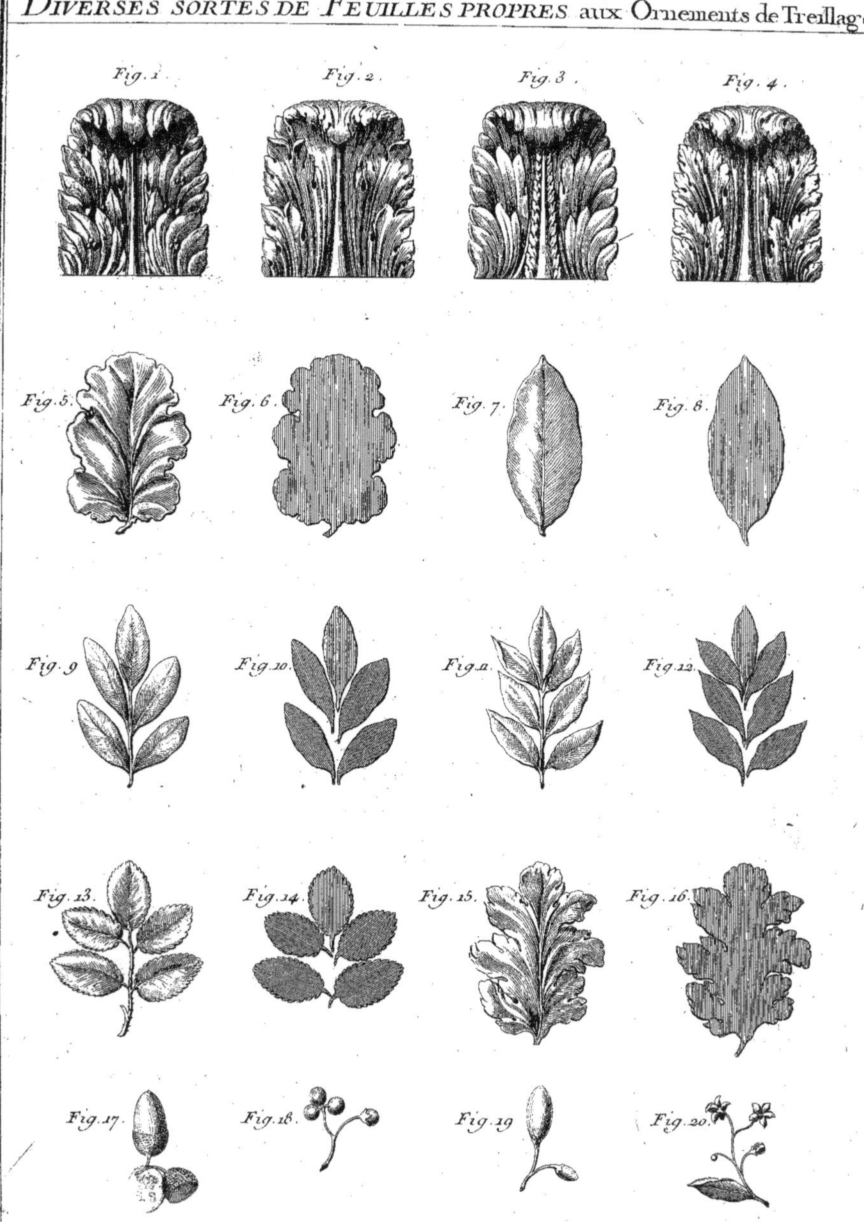

Fig. 1.   Fig. 2.   Fig. 3.   Fig. 4.

Fig. 5.   Fig. 6.   Fig. 7.   Fig. 8.

Fig. 9.   Fig. 10.   Fig. 11.   Fig. 12.

Fig. 13.   Fig. 14.   Fig. 15.   Fig. 16.

Fig. 17.   Fig. 18.   Fig. 19.   Fig. 20.

A. J. Roubo Inv. Del. et Sculp.

FLEURS EN TREILLAGES AVEC LEURS DEVELOPPEMENTS.

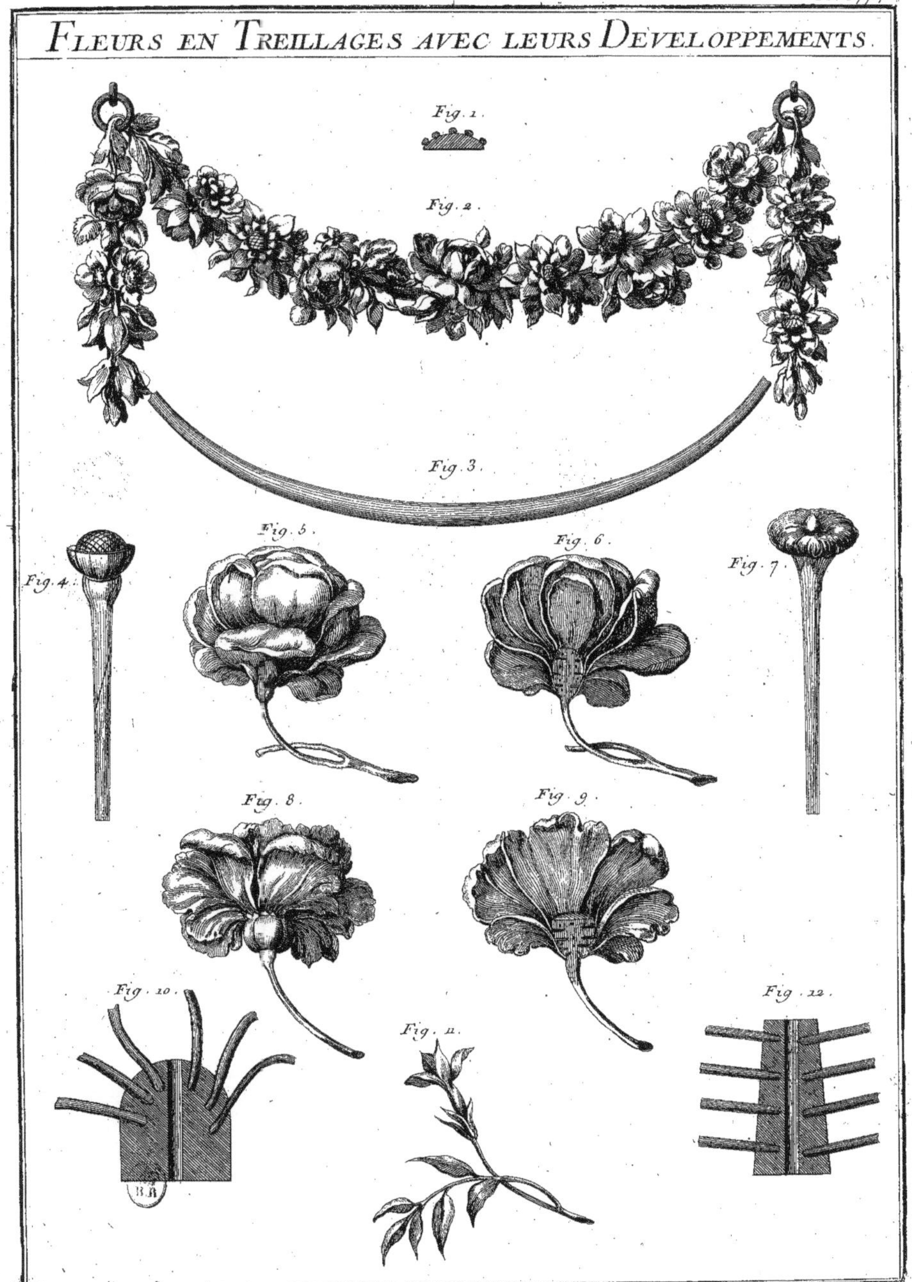

A. J. Roubo Inv. Del. et Sculp.

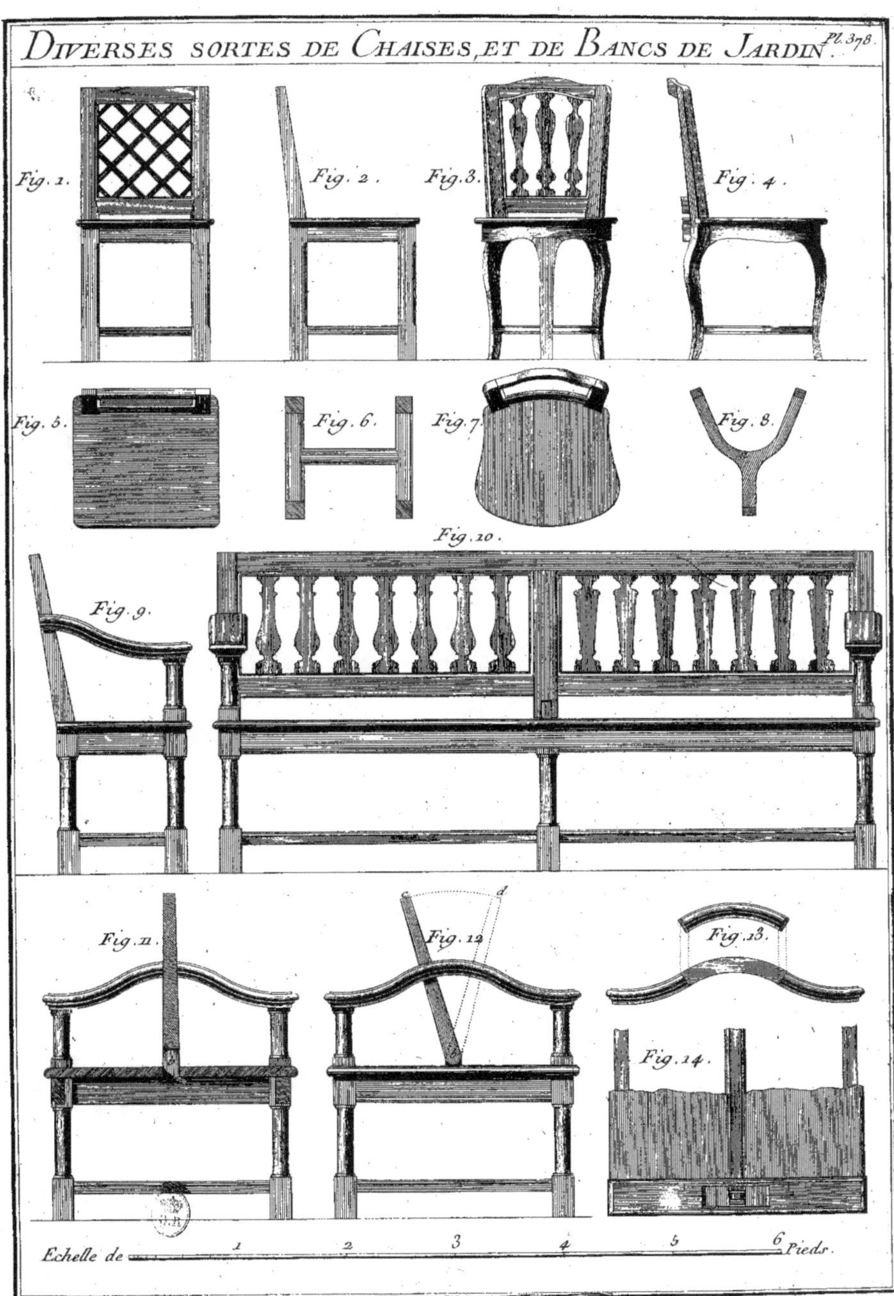

DIVERSES SORTES DE CHAISES, ET DE BANCS DE JARDIN
Pl. 378.
Fig. 1.
Fig. 2.
Fig. 3.
Fig. 4.
Fig. 5.
Fig. 6.
Fig. 7.
Fig. 8.
Fig. 9.
Fig. 10.
Fig. 11.
Fig. 12.
c
d
Fig. 13.
Fig. 14.
Echelle de
1
2
3
4
5
6 Pieds.
A. J. Roubo. Inv. Del et Sculp.

DIFFERENTES SORTES DE CAISSES AVEC LEURS DEVELOPPEMENTS.

Fig. 1.

Fig. 2.

Fig. 3.

Fig. 4.

Fig. 5.

Fig. 6.

Fig. 7.

Fig. 8.

Fig. 9.

Fig. 10.

Fig. 11.

Fig. 12.

Fig. 13.

Fig. 14.

Fig. 15.

Fig. 16.

Echelle de 1 2 3 4 5 6 Pieds.

A. J. Roubo Inv. Del et Sculp.

PLAN ET ELÉVATION D'UN GRADIN DE SERRE CHAUDE.

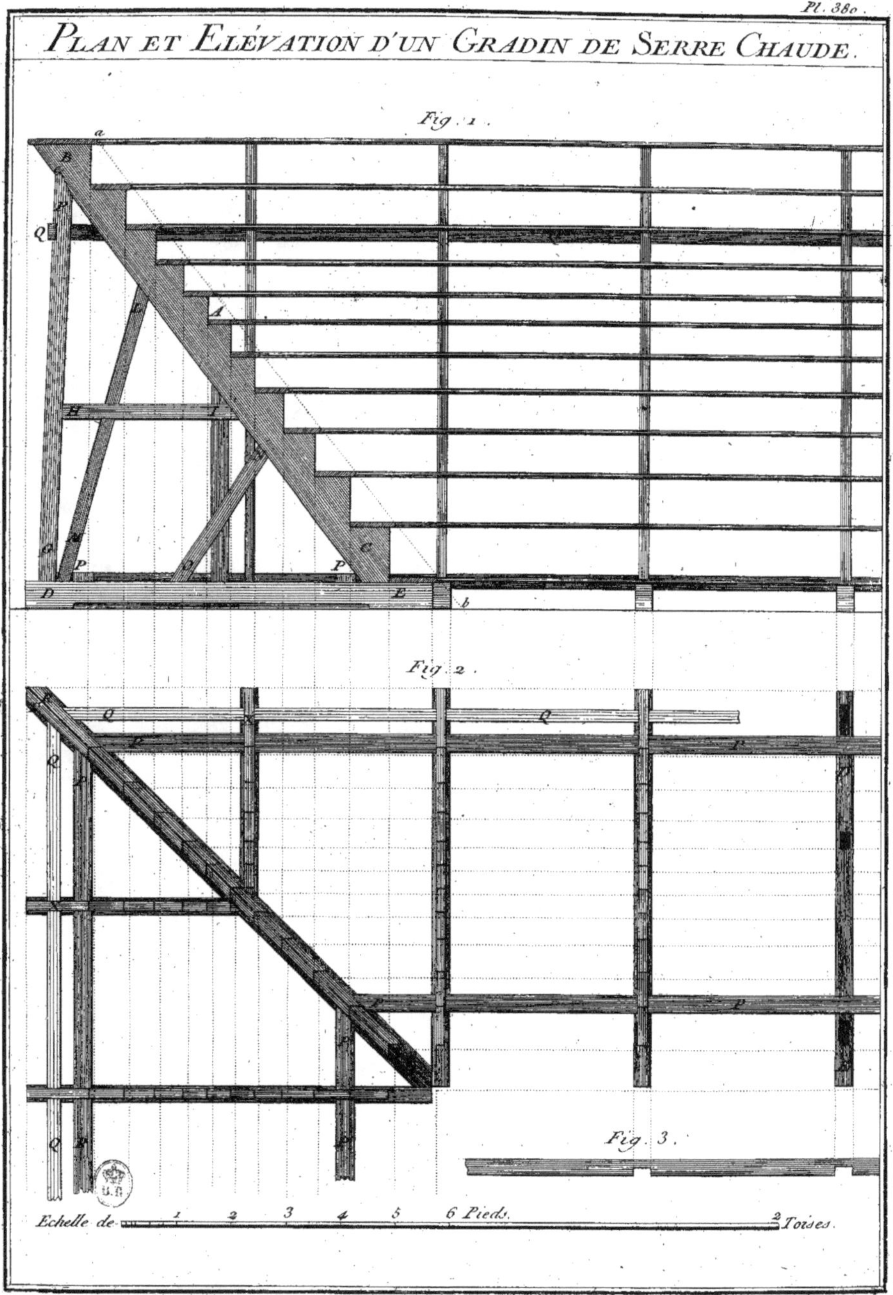

CHASSIS DE SERRE CHAUDE AVEC LEURS DEVELOPPEMENTS

EXEMPLE DE DIVERSES OUVRAGES Relativement au Toisé de la Menuiserie
Fig. 1.
Fig. 2
Fig. 3.
Fig. 4.
Fig. 5.
A
B
C
D
Fig. 6.
Fig. 7.
Fig. 8.
Fig. 9.
Fig. 10.
Fig. 11.
Fig. 12.
Fig. 13.
Fig. 14.
Echelle de 1 2 3 4 5 6 7 8 9 Pieds.
Echelle de 1 2 3 4 5 6 Pouces.
A. J. Roubo Inv. Del. et Sculp.

9 782013 056052